ECE/TRANS/325 (Vol. II)

COMMISSION ÉCONOMIQUE POUR L'EUROPE

Comité des transports intérieurs

Accord européen relatif au transport international des marchandises dangereuses par voies de navigation intérieures (ADN)

y compris le Règlement annexé, en vigueur le 1er janvier 2023

Volume II

NATIONS UNIES
New York et Genève, 2022

Les appellations employées dans la présente publication et la présentation des données qui y figurent n'impliquent de la part du Secrétariat de l'Organisation des Nations Unies aucune prise de position quant au statut juridique des pays, territoires, villes ou zones, ou de leurs autorités, ni quant au tracé de leurs frontières ou limites.

Publication des Nations Unies établie par la Commission Économique des Nations Unies pour l'Europe.

ECE/TRANS/325

ISBN: 978-92-1-139226-5
eISBN: 978-92-1-001912-5

ISSN: 2411-9024
eISSN: 2411-9032

Numéro de vente: F.22.VIII.3

Édition complète des 2 volumes.
Les volumes I et II ne peuvent être vendus séparément.

TABLE DES MATIÈRES

VOLUME II

Table des matières (suite)

RÈGLEMENT ANNEXÉ
(suite)

PARTIE 2

Classification

CHAPITRE 2.1

DISPOSITIONS GÉNÉRALES

2.1.1   **Introduction**

2.1.1.1   Selon l'ADN, les classes de marchandises dangereuses sont les suivantes:

Classe 1   Matières et objets explosibles
Classe 2   Gaz
Classe 3   Liquides inflammables
Classe 4.1   Matières solides inflammables, matières autoréactives, matières qui polymérisent et matières explosibles désensibilisées solides
Classe 4.2   Matières sujettes à l'inflammation spontanée
Classe 4.3   Matières qui, au contact de l'eau, dégagent des gaz inflammables
Classe 5.1   Matières comburantes
Classe 5.2   Peroxydes organiques
Classe 6.1   Matières toxiques
Classe 6.2   Matières infectieuses
Classe 7   Matières radioactives
Classe 8   Matières corrosives
Classe 9   Matières et objets dangereux divers

2.1.1.2   Chaque rubrique des différentes classes est affectée d'un numéro ONU. Les types de rubrique utilisés sont les suivants:

A.   Rubriques individuelles pour des matières ou objets bien définis, y compris les rubriques pour les matières recouvrant plusieurs isomères, par exemple:

No ONU 1090   ACÉTONE
No ONU 1104   ACÉTATES D'AMYLE
No ONU 1194   NITRITE D'ÉTHYLE EN SOLUTION

B.   Rubriques génériques pour des groupes bien définis de matières ou d'objets, qui ne sont pas des rubriques n.s.a., par exemple:

No ONU 1133   ADHÉSIFS
No ONU 1266   PRODUITS POUR PARFUMERIE
No ONU 2757   CARBAMATE PESTICIDE SOLIDE, TOXIQUE
No ONU 3101   PEROXYDE ORGANIQUE DE TYPE B, LIQUIDE.

C.   Rubriques n.s.a. spécifiques couvrant des groupes de matières ou d'objets d'une nature chimique ou technique particulière, non spécifiés par ailleurs, par exemple:

No ONU 1477   NITRATES INORGANIQUES, N.S.A.
No ONU 1987   ALCOOLS, N.S.A.

D.   Rubriques n.s.a. générales couvrant des groupes de matières ou d'objets ayant une ou plusieurs propriétés générales dangereuses, non spécifiés par ailleurs, par exemple:

No ONU 1325   SOLIDE ORGANIQUE, INFLAMMABLE, N.S.A.
No ONU 1993   LIQUIDE INFLAMMABLE, N.S.A.

Les rubriques sous B, C et D sont définies comme rubriques collectives.

| 2.1.1.3 | Aux fins d'emballage, les matières autres que les matières des classes 1, 2, 5.2, 6.2 et 7, et autres que les matières autoréactives de la classe 4.1, sont affectées à des groupes d'emballage en fonction du degré de danger qu'elles présentent: |

Groupe d'emballage I: matières très dangereuses;
Groupe d'emballage II: matières moyennement dangereuses;
Groupe d'emballage III: matières faiblement dangereuses.

Le ou les groupes d'emballage auxquels une matière est affectée sont indiqués au tableau A du chapitre 3.2.

Les objets ne sont pas affectés aux groupes d'emballage. Aux fins d'emballage, toute prescription d'un niveau de performance d'emballage spécifique est donnée dans l'instruction d'emballage applicable.

| 2.1.1.4 | Aux fins du transport en bateaux-citernes certaines matières peuvent être encore subdivisées. |

2.1.2 Principes de la classification

| 2.1.2.1 | Les marchandises dangereuses couvertes par le titre d'une classe sont définies en fonction de leurs propriétés, selon la sous-section 2.2.x.1 de la classe correspondante. L'affectation d'une marchandise dangereuse à une classe et à un groupe d'emballage s'effectue selon les critères énoncés dans la même sous-section 2.2.x.1. L'attribution d'un ou plusieurs dangers subsidiaires à une matière ou à un objet dangereux s'effectue selon les critères de la ou des classes correspondant à ces dangers, mentionnés dans la ou les sous-sections 2.2.x.1 appropriées. |

| 2.1.2.2 | Toutes les rubriques de marchandises dangereuses sont énumérées au tableau A du chapitre 3.2 dans l'ordre numérique de leur numéro ONU. Ce tableau contient des renseignements pertinents sur les marchandises énumérées comme le nom, la classe, le ou les groupes d'emballage, la ou les étiquettes à apposer, et les dispositions d'emballage et de transport[1]. Les matières qui figurent nommément dans la colonne 2 du tableau A du chapitre 3.2 doivent être transportées selon leur classification dans le tableau A ou sous les conditions énoncées au 2.1.2.8. |

| 2.1.2.3 | Une matière peut contenir des impuretés techniques (par exemple celles résultant du procédé de production) ou des additifs utilisés à des fins de stabilisation ou autres qui n'affectent pas son classement. Cependant, une matière nommément mentionnée, c'est-à-dire qui figure en tant que rubrique individuelle au tableau A du chapitre 3.2, contenant des impuretés techniques ou des additifs utilisés à des fins de stabilisation ou autres affectant son classement doit être considérée comme une solution ou un mélange (voir 2.1.3.3). |

| 2.1.2.4 | Les marchandises dangereuses énumérées ou définies dans les sous-sections 2.2.x.2 de chaque classe ne sont pas admises au transport. |

| 2.1.2.5 | Les marchandises non nommément mentionnées, c'est-à-dire celles qui ne figurent pas en tant que rubrique individuelle au tableau A du chapitre 3.2 et qui ne sont ni énumérées ni définies dans l'une des sous-sections 2.2.x.2 susmentionnées, doivent être affectées à la classe pertinente selon les procédures de la section 2.1.3. En outre, le danger subsidiaire, le cas échéant, et le groupe d'emballage, le cas échéant, doivent être déterminés. Une fois établis la classe, le danger subsidiaire, le cas échéant, et le groupe d'emballage, le cas échéant, le numéro ONU pertinent doit être déterminé. Les arbres de décision indiqués dans les sous-sections 2.2.x.3 (liste de rubriques collectives) à la fin de chaque classe indiquent les paramètres pertinents permettant de choisir la rubrique collective appropriée (No ONU). Dans tous les cas, on choisira, selon la hiérarchie indiquée en 2.1.1.2 par les lettres B, C et D, respectivement, la rubrique collective la plus spécifique couvrant les propriétés de la matière |

---

[1]   **Note du secrétariat**: *Une liste alphabétique de ces rubriques a été préparée par le secrétariat et figure dans le tableau B du chapitre 3.2. Ce tableau ne fait pas officiellement partie de l'ADN.*

ou de l'objet. Si la matière ou l'objet ne peuvent être classés sous les rubriques de type B ou C selon 2.1.1.2, alors et alors seulement, ils seront classés sous une rubrique de type D.

2.1.2.6   Sur la base des procédures d'épreuve du chapitre 2.3 et des critères présentés dans les sous-sections 2.2.x.1 des diverses classes, on peut déterminer, comme spécifié dans lesdites sous-sections, qu'une matière, solution ou mélange d'une certaine classe, nommément mentionnés au tableau A du chapitre 3.2, ne satisfont pas aux critères de cette classe. En pareil cas, la matière, solution ou mélange ne sont pas réputés appartenir à cette classe.

2.1.2.7   Aux fins de la classification, les matières ayant un point de fusion ou un point de fusion initiale inférieur ou égal à 20 °C à une pression de 101,3 kPa doivent être considérées comme des liquides. Une matière visqueuse dont le point de fusion spécifique ne peut être défini doit être soumise à l'épreuve ASTM D 4359-90 ou à l'épreuve de détermination de la fluidité (épreuve du pénétromètre) prescrite sous 2.3.4.

2.1.2.8   Si l'expéditeur a identifié, sur la base de résultats d'épreuves, qu'une matière figurant nommément dans la colonne 2 du tableau A du chapitre 3.2 remplit les critères de classement correspondant à une classe qui n'est pas indiquée dans la colonne (3a) ou (5) du tableau A du chapitre 3.2, il peut, avec l'accord de l'autorité compétente, expédier la matière:

–   Sous la rubrique collective la plus appropriée figurant dans les sous-sections 2.2.x.3, qui tienne compte de tous les dangers recensés; ou

–   Sous le même numéro ONU et le même nom mais en ajoutant les informations de communication du danger nécessaires pour indiquer le ou les dangers subsidiaires supplémentaires (documentation, étiquette, plaque-étiquette), sous réserve que la classe reste inchangée et que toute autre condition de transport (par exemple, limitation de quantité, dispositions relatives aux emballages et aux citernes) qui s'appliquerait normalement aux matières présentant une telle combinaison de dangers s'applique aussi à la matière indiquée.

NOTA 1:   L'autorité compétente donnant son accord peut être l'autorité compétente de tout État partie à l'ADN qui peut également reconnaître l'approbation par l'autorité compétente d'un pays qui ne serait pas État partie à l'ADN à condition que cette approbation ait été accordée conformément aux procédures applicables selon le RID, l'ADR, l'ADN, le Code IMDG ou les prescriptions techniques de l'OACI.

2:   Lorsqu'une autorité compétente accorde une telle autorisation, elle devrait en informer le Sous-Comité d'experts du transport des marchandises dangereuses de l'ONU et soumettre une proposition d'amendement à la Liste de marchandises dangereuses du Règlement type de l'ONU en vue d'y apporter les modifications nécessaires. Si la proposition d'amendement est rejetée, l'autorité compétente devrait retirer son autorisation.

3:   Pour le transport conformément au 2.1.2.8, voir aussi 5.4.1.1.20.

2.1.3   Classification des matières, y compris solutions et mélanges (tels que préparations et déchets), non nommément mentionnées

2.1.3.1   Les matières, y compris les solutions et les mélanges, non nommément mentionnées doivent être classées en fonction de leur degré de danger selon les critères indiqués dans la sous-section 2.2.x.1 des diverses classes. Le ou les dangers présentés par une matière doivent être déterminés sur la base de ses caractéristiques physiques et chimiques et de ses propriétés physiologiques. Il doit également être tenu compte de ces caractéristiques et propriétés lorsqu'une affectation plus stricte s'impose compte tenu de l'expérience.

2.1.3.2   Une matière non nommément mentionnée au tableau A du chapitre 3.2, présentant un seul danger, doit être classée dans la classe pertinente sous une rubrique collective figurant dans la sous-section 2.2.x.3 de ladite classe.

2.1.3.3   Si une solution ou un mélange répondant aux critères de classification de l'ADN est constitué d'une seule matière principale nommément mentionnée dans le tableau A du chapitre 3.2 ainsi que d'une ou plusieurs matières non visées par l'ADN ou des traces d'une ou plusieurs matières nommément mentionnées dans le tableau A du chapitre 3.2, le numéro ONU et la désignation officielle de transport de la matière principale mentionnée dans le tableau A du chapitre 3.2 doivent lui être attribués, à moins que:

a)   la solution ou le mélange ne soit nommément mentionné dans le tableau A du chapitre 3.2;

b)   le nom et la description de la matière nommément mentionnée dans le tableau A du chapitre 3.2 n'indiquent expressément qu'ils s'appliquent uniquement à la matière pure;

c)   la classe, le code de classification, le groupe d'emballage ou l'état physique de la solution ou du mélange ne diffèrent de ceux de la matière nommément mentionnée dans le tableau A du chapitre 3.2; ou

d)   les caractéristiques de danger et les propriétés de la solution ou du mélange ne nécessitent des mesures d'intervention en cas d'urgence qui diffèrent de celles requises pour la matière nommément mentionnée dans le tableau A du chapitre 3.2.

Dans les cas ci-dessus, sauf celui décrit sous a), la solution ou le mélange doivent être classés, comme une matière non nommément mentionnée, dans la classe pertinente sous une rubrique collective figurant dans la sous-section 2.2.x.3 de ladite classe en tenant compte des dangers subsidiaires éventuellement présentés, à moins qu'ils ne répondent aux critères d'aucune classe, auquel cas ils ne sont pas soumis à l'ADN.

2.1.3.4   Les solutions et mélanges contenant une matière relevant d'une des rubriques mentionnées au 2.1.3.4.1 ou au 2.1.3.4.2 doivent être classés conformément aux dispositions desdits paragraphes.

2.1.3.4.1   Les solutions et mélanges contenant l'une des matières nommément mentionnées ci-après doivent toujours être classés sous la même rubrique que la matière qu'ils contiennent, à condition qu'ils ne présentent pas les caractéristiques de danger indiquées en 2.1.3.5.3:

–   Classe 3

No ONU 1921 PROPYLÈNEIMINE STABILISÉE;
No ONU 3064 NITROGLYCÉRINE EN SOLUTION ALCOOLIQUE, avec plus de 1 % mais pas plus de 5 % de nitroglycérine.

–   Classe 6.1

No ONU 1051 CYANURE D'HYDROGÈNE STABILISÉ, avec moins de 3 % d'eau;
No ONU 1185 ÉTHYLÈNEIMINE STABILISÉE;
No ONU 1259 NICKEL-TÉTRACARBONYLE;
No ONU 1613 CYANURE D'HYDROGÈNE EN SOLUTION AQUEUSE (ACIDE CYANHYDRIQUE EN SOLUTION AQUEUSE), contenant au plus 20 % de cyanure d'hydrogène;
No ONU 1614 CYANURE D'HYDROGÈNE STABILISÉ, avec moins de 3 % d'eau et absorbé dans un matériau inerte poreux;
No ONU 1994 FER PENTACARBONYLE;
No ONU 2480 ISOCYANATE DE MÉTHYLE;
No ONU 2481 ISOCYANATE D'ÉTHYLE;
No ONU 3294 CYANURE D'HYDROGÈNE EN SOLUTION ALCOOLIQUE, contenant au plus 45 % de cyanure d'hydrogène.

–   Classe 8

No ONU 1052 FLUORURE D'HYDROGÈNE ANHYDRE;
No ONU 1744 BROME ou No ONU 1744 BROME EN SOLUTION;
No ONU 1790 ACIDE FLUORHYDRIQUE, contenant plus de 85 % de fluorure d'hydrogène;
No ONU 2576 OXYBROMURE DE PHOSPHORE FONDU.

2.1.3.4.2   Les solutions et mélanges contenant une matière relevant d'une des rubriques de la classe 9 suivantes:

No ONU 2315 DIPHÉNYLES POLYCHLORÉS LIQUIDES;
No ONU 3151 DIPHÉNYLES POLYHALOGÉNÉS LIQUIDES;
No ONU 3151 MONOMÉTHYLDIPHÉNYLMÉTHANES HALOGÉNÉS LIQUIDES;
No ONU 3151 TERPHÉNYLES POLYHALOGÉNÉS LIQUIDES;
No ONU 3152 DIPHÉNYLES POLYHALOGÉNÉS SOLIDES;
No ONU 3152 MONOMÉTHYLDIPHÉNYLMÉTHANES HALOGÉNÉS SOLIDES;
No ONU 3152 TERPHÉNYLES POLYHALOGÉNÉS SOLIDES; ou
No ONU 3432 DIPHÉNYLES POLYCHLORÉS SOLIDES

doivent toujours être classés sous la même rubrique de la classe 9, à condition:

–   qu'ils ne contiennent pas en outre de composants dangereux autres que des composants du groupe d'emballage III des classes 3, 4.1, 4.2, 4.3, 5.1, 6.1 ou 8; et

–   qu'ils ne présentent pas les caractéristiques de danger indiquées en 2.1.3.5.3.

2.1.3.4.3   Les objets usagés, par exemple les transformateurs et les condensateurs, contenant une solution ou un mélange visés au 2.1.3.4.2, doivent toujours être classés sous la même rubrique de la classe 9, à condition:

a)   qu'ils ne contiennent pas en outre de composants dangereux autres que des dibenzodioxines et des dibenzofurannes polyhalogénés de la classe 6.1 ou des composants du groupe d'emballage III de la classe 3, 4.1, 4.2, 4.3, 5.1, 6.1 ou 8;

b)   qu'ils ne présentent pas les caractéristiques de danger indiquées aux alinéas a) à g) et i) du 2.1.3.5.3.

2.1.3.5   Les matières non nommément mentionnées au tableau A du chapitre 3.2, comportant plus d'une caractéristique de danger, et les solutions ou mélanges répondant aux critères de classification de l'ADN contenant plusieurs matières dangereuses doivent être classés sous une rubrique collective (voir 2.1.2.5) et un groupe d'emballage de la classe pertinente, conformément à leurs caractéristiques de danger. Ce classement selon les caractéristiques de danger doit être effectué de la manière suivante:

2.1.3.5.1   Les caractéristiques physiques et chimiques et les propriétés physiologiques doivent être déterminées par la mesure ou le calcul, et la matière, la solution ou le mélange doivent être classés selon les critères mentionnés dans les sous-sections 2.2.x.1 des diverses classes.

2.1.3.5.2   Si cette détermination n'est pas possible sans occasionner des coûts ou prestations disproportionnés (par exemple pour certains déchets), la matière, la solution ou le mélange doivent être classés dans la classe du composant présentant le danger prépondérant.

2.1.3.5.3   Si les caractéristiques de danger de la matière, de la solution ou du mélange relèvent de plusieurs classes ou groupes de matières ci-après, la matière, la solution ou le mélange doivent alors être classés dans la classe ou le groupe de matières correspondant au danger prépondérant dans l'ordre d'importance ci-après:

a)   Matières de la classe 7 (sauf les matières radioactives en colis exceptés pour lesquelles, à l'exception du No. ONU 3507 HEXAFLUORURE D'URANIUM, MATIÈRES RADIOACTIVES, EN COLIS EXCEPTÉ, la disposition spéciale 290 du chapitre 3.3 s'applique, où les autres propriétés dangereuses doivent être considérées comme prépondérantes);

b)   Matières de la classe 1;

c)   Matières de la classe 2;

d)   Matières explosibles désensibilisées liquides de la classe 3;

e)   Matières autoréactives et matières explosibles désensibilisées solides de la classe 4.1;

f)   Matières pyrophoriques de la classe 4.2;

g)   Matières de la classe 5.2;

h)   Matières de la classe 6.1 qui satisfont aux critères de toxicité par inhalation du groupe d'emballage I (les matières qui satisfont aux critères de classification de la classe 8 et qui présentent une toxicité à l'inhalation de poussières et brouillards (CL_{50}) correspondant au groupe d'emballage I mais dont la toxicité à l'ingestion ou à l'absorption cutanée ne correspond qu'au groupe d'emballage III ou qui présente un degré de toxicité moins élevé, doivent être affectées à la classe 8);

i)   Matières infectieuses de la classe 6.2.

2.1.3.5.4   Si les caractéristiques de danger de la matière relèvent de plusieurs classes ou groupes de matières n'apparaissant pas sous 2.1.3.5.3 ci-dessus, elle doit être classée selon la même procédure mais la classe pertinente doit être choisie en fonction du tableau de prépondérance des dangers en 2.1.3.10.

Si les caractéristiques de danger de la matière sont tels que la matière peut être affectée à un numéro ONU ou à un numéro d'identification, le numéro ONU est prépondérant.

2.1.3.5.5   Si la matière à transporter est un déchet, dont la composition n'est pas exactement connue, son affectation à un numéro ONU et à un groupe d'emballage conformément au 2.1.3.5.2 peut être fondée sur les connaissances qu'a l'expéditeur du déchet, ainsi que sur toutes les données techniques et données de sécurité disponibles, telles que celles qui sont exigées par la législation en vigueur, relative à la sécurité et à l'environnement.[2]

En cas de doute, le degré de danger le plus élevé doit être choisi.

Si toutefois, sur la base des connaissances de la composition du déchet et des propriétés physiques et chimiques des composants identifiés, il est possible de démontrer que les

---

[2]   *Une telle législation est par exemple la décision 2000/532/CE de la Commission du 3 mai 2000 remplaçant la décision 94/3/CE, établissant une liste de déchets en application de l'article premier point a) de la Directive 75/442/CEE du Conseil relative aux déchets et la Décision 94/904/CE du Conseil, établissant une liste de déchets dangereux en application de l'article premier paragraphe 4 de la Directive 91/689/CEE relative aux déchets dangereux (Journal officiel des Communautés européennes No L 226 du 6 septembre 2000, p. 3), telle que modifiée; et la Directive 2008/98/CE du Parlement européen et du Conseil du 19 novembre 2008 relative aux déchets et abrogeant certaines directives (Journal officiel de l'Union européenne No L 312 du 22 novembre 2008, p. 3 à 30), telle que modifiée.*

propriétés du déchet ne correspondent pas aux propriétés du groupe d'emballage I, le déchet peut être classé par défaut sous la rubrique n.s.a. la plus appropriée de groupe d'emballage II. Cependant, s'il est connu que le déchet ne possède que des propriétés dangereuses pour l'environnement, il peut être affecté au groupe d'emballage III sous les Nos ONU 3077 ou 3082.

Cette procédure ne peut pas être employée pour les déchets contenant des matières mentionnées au 2.1.3.5.3, des matières de la division 4.3, des matières énumérées au 2.1.3.7 ou des matières qui ne sont pas admises au transport conformément au 2.2.x.2.

2.1.3.6   On doit toujours retenir la rubrique collective la plus spécifique (voir 2.1.2.5), c'est-à-dire ne faire appel à une rubrique n.s.a. générale que s'il n'est pas possible d'employer une rubrique générique ou une rubrique n.s.a. spécifique.

2.1.3.7   Les solutions et mélanges de matières comburantes ou de matières présentant un danger subsidiaire comburant peuvent avoir des propriétés explosives. En pareil cas elles ne doivent pas être admises au transport à moins de satisfaire aux prescriptions applicables à la classe 1. Pour les engrais au nitrate d'ammonium solides, voir aussi les treizième et quatorzième tirets du 2.2.51.2.2 et le Manuel d'épreuves et de critères, troisième partie, section 39.

2.1.3.8   Les matières des classes 1 à 6.2 et des classes 8 et 9, autres que celles affectées aux Nos ONU 3077 et 3082, satisfaisant aux critères du 2.2.9.1.10, outre qu'elles présentent les dangers liés à ces classes, sont considérées comme des matières dangereuses pour l'environnement. Les autres matières qui ne satisfont aux critères d'aucune autre classe ou d'aucune autre matière de la classe 9, mais qui satisfont aux critères du 2.2.9.1.10, doivent être affectées aux Nos ONU 3077 ou 3082 ou aux numéros d'identification 9005 et 9006, selon le cas.

2.1.3.9   Les déchets ne relevant pas des classes 1 à 9 mais qui sont visés par la *Convention de Bâle sur le contrôle des mouvements transfrontières de déchets dangereux et de leur élimination*, peuvent être transportés sous les Nos ONU 3077 ou 3082.

2.1.3.10 Tableau d'ordre de prépondérance des dangers

Classe et groupe d'emballage	4.1, II	4.1, III	4.2, II	4.2, III	4.3, I	4.3, II	4.3, III	5.1, I	5.1, II	5.1, III	6.1, I DERMAL	6.1, I ORAL	6.1, II	6.1, III	8, I	8, II	8, III	9
3, I	SOL 4.1 / LIQ 3,I	SOL 4.1 / LIQ 3,I	SOL 4.2 / LIQ 3,I	SOL 4.2 / LIQ 3,I	4.3,I	4.3,I	4.3,I	SOL 5.1,I / LIQ 3,I	SOL 5.1,I / LIQ 3,I	SOL 5.1,I / LIQ 3,I	3,I	3,I	3,I	3,I	3,I	3,I	3,I	3,I
3, II	SOL 4.1 / LIQ 3,II	SOL 4.1 / LIQ 3,II	SOL 4.2 / LIQ 3,II	SOL 4.2 / LIQ 3,II	4.3,I	4.3,II	4.3,II	SOL 5.1,I / LIQ 3,I	SOL 5.1,II / LIQ 3,II	SOL 5.1,II / LIQ 3,II	3,I	3,I	3,II	3,II	8,I	3,II	3,II	3,II
3, III	SOL 4.1 / LIQ 3,III	SOL 4.1 / LIQ 3,III	SOL 4.2 / LIQ 3,III	SOL 4.2 / LIQ 3,III	4.3,I	4.3,II	4.3,II	SOL 5.1,I / LIQ 3,I	SOL 5.1,II / LIQ 3,II	SOL 5.1,III / LIQ 3,III	6.1,I	6.1,I	6.1,II	3,III [a]	8,I	8,II	3,III	3,III
4.1, II			4.2,II	4.2,II	4.3,I	4.3,II	4.3,II	5.1,I	4.1,II	4.1,II	6.1,I	6.1,I	SOL 4.1,II / LIQ 6.1,II	SOL 4.1,II / LIQ 6.1,II	8,I	SOL 4.1,II / LIQ 8,II	SOL 4.1,II / LIQ 8,II	4.1,II
4.1, III			4.2,II	4.2,III	4.3,I	4.3,II	4.3,III	5.1,I	4.1,III	4.1,II	6.1,I	6.1,I	6.1,II	SOL 4.1,III / LIQ 6.1,III	8,I	8,II	SOL 4.1,III / LIQ 8,III	4.1,III
4.2, II					4.3,I	4.3,II	4.3,II	5.1,I	4.2,II	4.2,II	6.1,I	6.1,I	4.2,II	4.2,II	8,I	4.2,II	4.2,II	4.2,II
4.2, III					4.3,I	4.3,II	4.3,III	5.1,I	5.1,II	4.2,III	6.1,I	6.1,I	6.1,II	4.2,III	8,I	8,II	4.2,III	4.2,III
4.3, I								5.1,I	4.3,I	4.3,I	6.1,I	4.3,I	4.3,I	4.3,I	4.3,I	4.3,I	4.3,I	4.3,I
4.3, II								5.1,I	4.3,II	4.3,II	6.1,I	4.3,I	4.3,II	4.3,II	8,I	4.3,II	4.3,II	4.3,II
4.3, III								5.1,I	5.1,II	4.3,III	6.1,I	6.1,I	6.1,II	4.3,III	8,I	8,II	4.3,III	4.3,III
5.1, I											5.1,I	5.1,I	5.1,I	5.1,I	5.1,I	5.1,I	5.1,I	5.1,I
5.1, II											6.1,I	5.1,I	5.1,II	5.1,II	8,I	5.1,II	5.1,II	5.1,II
5.1, III											6.1,I	6.1,I	6.1,II	5.1,III	8,I	8,II	5.1,III	5.1,III
6.1, I DERMAL															SOL 6.1,I / LIQ 8,I			6.1,I
6.1, I ORAL															SOL 6.1,I / LIQ 8,I			6.1,I
6.1, II INHAL															SOL 6.1,I / LIQ 8,I			6.1,II
6.1, II DERMAL															SOL 6.1,I / LIQ 8,I	SOL 6.1,II / LIQ 8,II		6.1,II
6.1, II ORAL															8,I	SOL 6.1,II / LIQ 8,II		6.1,II
6.1, III															8,I	8,II	8,III	6.1,III
8, I																		8,I
8, II																		8,II
8, III																		8,III

SOL = matières et mélanges solides
LIQ = matières, mélanges et solutions liquides
DERMAL = toxicité à l'absorption cutanée
ORAL = toxicité à l'ingestion
INHAL = toxicité à l'inhalation
a = *Classe 6.1 pour les pesticides.*

NOTA 1:   Exemples illustrant l'utilisation du tableau:

Classement d'une matière unique

Description de la matière devant être classée:

Une amine non nommément mentionnée répondant aux critères de la classe 3, groupe d'emballage II, de même qu'à ceux de la classe 8, groupe d'emballage I.

Méthode:

L'intersection de la rangée 3 II avec la colonne 8 I donne 8 I.

Cette amine doit donc être classée en classe 8 sous:

No ONU 2734 AMINES LIQUIDES, CORROSIVES, INFLAMMABES, N.S.A. ou No ONU 2734 POLYAMINES LIQUIDES, CORROSIVES, INFLAMMABLES, N.S.A., groupe d'emballage I.

Classement d'un mélange

Description du mélange devant être classé:

Mélange composé d'un liquide inflammable de la classe 3, groupe d'emballage III, d'une matière toxique de la classe 6.1, groupe d'emballage II, et d'une matière corrosive de la classe 8, groupe d'emballage I.

Méthode:

L'intersection de la rangée 3 III avec la colonne 6.1 II donne 6.1 II.

L'intersection de la rangée 6.1 II avec la colonne 8 I donne 8 I LIQ.

Ce mélange, en l'absence de définition plus précise, doit donc être classé dans la classe 8 sous:

No ONU 2922 LIQUIDE CORROSIF TOXIQUE, N.S.A., groupe d'emballage I.

*   2:   Exemples de classement de solution et de mélanges dans une classe et un groupe d'emballage:*

Une solution de phénol de la classe 6.1, (II), dans du benzène de la classe 3, (II), doit être classée dans la classe 3, (II); cette solution doit être classée sous le No ONU 1992 LIQUIDE INFLAMMABLE, TOXIQUE, N.S.A., classe 3, (II), en raison de la toxicité du phénol.

Un mélange solide d'arséniate de sodium de la classe 6.1, (II) et d'hydroxyde de sodium de la classe 8, (II), doit être classé sous le No ONU 3290 SOLIDE INORGANIQUE TOXIQUE, CORROSIF, N.S.A., dans la classe 6.1 (II).

Une solution de naphtalène brut ou raffiné de la classe 4.1, (III) dans de l'essence de la classe 3, (II), doit être classée sous le No ONU 3295 HYDROCARBURES LIQUIDES, N.S.A., dans la classe 3, (II).

Un mélange d'hydrocarbures de la classe 3, (III), et de diphényles polychlorés (PCB) de la classe 9, (II), doit être classé sous le No ONU 2315 DIPHÉNYLES POLYCHLORÉS LIQUIDES ou sous le No ONU 3432 DIPHÉNYLES POLYCHLORÉS SOLIDES dans la classe 9, (II).

Un mélange de propylèneimine de la classe 3 et de diphényles polychlorés (PCB) de la classe 9, (II), doit être classé sous le No ONU 1921 PROPYLÈNEIMINE STABILISÉE dans la classe 3.

2.1.4   Classement des échantillons

2.1.4.1   Lorsque la classe d'une matière n'est pas précisément connue et que cette matière fait l'objet d'un transport en vue d'être soumise à d'autres essais, une classe, une désignation officielle de transport et un numéro ONU provisoires doivent être attribués en fonction de ce que l'expéditeur sait de la matière et conformément:

a)   aux critères de classement du chapitre 2.2; et

b)   aux dispositions du présent chapitre.

On doit retenir le groupe d'emballage le plus rigoureux correspondant à la désignation officielle de transport choisie.

Lorsque cette disposition est appliquée, la désignation officielle de transport doit être complétée par le mot "ÉCHANTILLON" (par exemple, LIQUIDE INFLAMMABLE N.S.A., ÉCHANTILLON). Dans certains cas, lorsqu'une désignation officielle de transport spécifique existe pour un échantillon de matière qui est jugé satisfaire à certains critères de classement (par exemple, ÉCHANTILLON DE GAZ, NON COMPRIMÉ, INFLAMMABLE, No ONU 3167), cette désignation officielle de transport doit être utilisée. Lorsque l'on utilise une rubrique N.S.A. pour transporter l'échantillon, il n'est pas nécessaire d'ajouter à la désignation officielle de transport le nom technique comme le prescrit la disposition spéciale 274 du chapitre 3.3.

2.1.4.2   Les échantillons de la matière doivent être transportés selon les prescriptions applicables à la désignation officielle provisoire, sous réserve:

a)   que la matière ne soit pas considérée comme une matière non admise au transport selon les sous-sections 2.2.x.2 du chapitre 2.2 ou selon le chapitre 3.2;

b)   que la matière ne soit pas considérée comme répondant aux critères applicables à la classe 1 ou comme étant une matière infectieuse ou radioactive;

c)   que la matière satisfasse aux prescriptions des 2.2.41.1.15 ou 2.2.52.1.9 selon qu'il s'agit respectivement d'une matière autoréactive ou d'un peroxyde organique;

d)   que l'échantillon soit transporté dans un emballage combiné avec une masse nette par colis inférieure ou égale à 2,5 kg; et

e)   que l'échantillon ne soit pas emballé avec d'autres marchandises.

2.1.4.3   *Échantillons de matières énergétiques aux fins d'épreuves*

2.1.4.3.1   Les échantillons de matières organiques dont les groupes fonctionnels sont énumérés dans les tableaux A6.1 ou A6.3 de l'appendice 6 (Procédures de présélection) du Manuel d'épreuves et de critères peuvent être transportés sous le No ONU 3224 (solide autoréactif du type C) ou sous le No ONU 3223 (liquide autoréactif du type C) de la classe 4.1, selon le cas, à condition que:

a)   Les échantillons ne contiennent:

i)   aucun explosif connu;

ii)   aucune matière ne montrant des effets explosifs lors des épreuves;

iii)   aucun composé conçu pour produire un effet pratique explosif ou pyrotechnique; ou

iv)   aucun composé de précurseurs synthétiques d'explosifs intentionnels;

b)   Pour les mélanges, les complexes ou les sels de matières comburantes inorganiques de la classe 5.1 et de matières organiques, la concentration de la matière oxydante inorganique soit:

i)   inférieure à 15 % en masse, si elle est affectée au groupe d'emballage I (très dangereuse) ou II (moyennement dangereuse); ou

ii)   inférieure à 30 % en masse si elle est affectée au groupe d'emballage III (faiblement dangereuse);

c)   Les données disponibles ne permettent pas une classification plus précise;

d)   L'échantillon ne soit pas emballé avec d'autres marchandises; et

e)   L'échantillon soit emballé conformément à l'instruction d'emballage P520 et la disposition spéciale d'emballage PP94 ou PP95 du 4.1.4.1 de l'ADR, selon le cas.

2.1.5   **Classement des objets en tant qu'objets qui contiennent des marchandises dangereuses, N.S.A.**

NOTA: Pour les objets qui n'ont pas de désignation officielle de transport et qui contiennent seulement des marchandises dangereuses en quantités ne dépassant pas celles fixées à la colonne (7a) du tableau A du chapitre 3.2, le No ONU 3363 et les dispositions spéciales 301 et 672 du chapitre 3.3 peuvent être appliqués.

2.1.5.1   Les objets qui contiennent des marchandises dangereuses peuvent être classés conformément aux dispositions figurant par ailleurs dans l'ADN sous la désignation officielle de transport correspondant aux marchandises dangereuses qu'ils contiennent ou être classés conformément à la présente section.

Aux fins de la présente section, le terme "objet" désigne des machines, des appareils ou d'autres dispositifs contenant une ou plusieurs marchandises dangereuses (ou résidus de ces marchandises) qui font intégralement partie de l'objet, nécessaires à son fonctionnement et qui ne peuvent être enlevés pour le transport.

Un emballage intérieur n'est pas considéré comme un objet.

2.1.5.2   Ces objets peuvent en outre contenir des batteries. Les piles au lithium qui font partie intégrante d'un objet doivent être conformes à un type dont il a été démontré qu'il satisfait aux prescriptions en matière d'épreuves du Manuel d'épreuves et de critères, troisième partie, sous-section 38.3, sauf indications contraires dans l'ADN (par exemple pour les objets prototypes de pré-production contenant des piles au lithium ou pour une petite série de production comprenant au plus 100 de ces objets).

2.1.5.3   La présente section ne s'applique pas aux objets possédant déjà une désignation officielle de transport plus précise dans le tableau A du chapitre 3.2.

2.1.5.4   La présente section ne s'applique pas aux marchandises dangereuses de la classe 1, de la classe 6.2 ou de la classe 7 ou aux matières radioactives contenues dans des objets. Cependant, elle s'applique aux objets contenant des matières explosibles qui sont exclus de la classe 1, conformément au 2.2.1.1.8.2.

2.1.5.5   Les objets contenant des marchandises dangereuses doivent être affectés à une classe en fonction de leurs dangers en utilisant, pour chacune des marchandises dangereuses contenues dans l'objet en question, l'ordre de prépondérance des dangers du tableau du 2.1.3.10 le cas échéant. Si l'objet contient des marchandises dangereuses de la classe 9, toutes les autres matières dangereuses sont considérées comme présentant un danger plus élevé.

2.1.5.6   Les dangers subsidiaires doivent être représentatifs des dangers principaux posés par les autres marchandises dangereuses présentes dans l'objet. Lorsqu'une seule marchandise dangereuse est présente dans l'objet, les dangers subsidiaires doivent être ceux identifiés par les étiquettes de dangers subsidiaires en colonne (5) du tableau A du chapitre 3.2 le cas échéant. Si l'objet contient plusieurs marchandises dangereuses, et que celles-ci peuvent réagir dangereusement entre elles durant le transport, chacune d'elles doit être enfermée séparément (voir 4.1.1.6 de l'ADR).

2.1.6   Classement des emballages au rebut, vides, non nettoyés

Les emballages, grands emballages et GRV vides non nettoyés, ou des parties d'entre eux, transportés en vue de leur élimination, de leur recyclage ou de la récupération de leurs matériaux, sauf à des fins de reconditionnement, de réparation, d'entretien de routine, de reconstruction ou de réutilisation, peuvent être affectés au No ONU 3509 s'ils satisfont aux prescriptions prévues pour cette rubrique.

CHAPITRE 2.2

DISPOSITIONS PARTICULIÈRES AUX DIVERSES CLASSES

2.2.1 **Classe 1** **Matières et objets explosibles**

2.2.1.1 *Critères*

2.2.1.1.1 Sont des matières et objets au sens de la classe 1:

a) les matières explosibles: matières solides ou liquides (ou mélanges de matières) qui sont susceptibles, par réaction chimique, de dégager des gaz à une température, à une pression et à une vitesse telles qu'il peut en résulter des dommages aux alentours.

Matières pyrotechniques: matières ou mélanges de matières destinés à produire un effet calorifique, lumineux, sonore, gazeux ou fumigène ou une combinaison de tels effets, à la suite de réactions chimiques exothermiques auto-entretenues non détonantes.

NOTA 1: Les matières qui ne sont pas elles-mêmes des matières explosibles mais qui peuvent former un mélange explosif de gaz, vapeurs ou poussières, ne sont pas des matières de la classe 1.

2: Sont également exclues de la classe 1 les matières explosibles mouillées à l'eau ou à l'alcool dont la teneur en eau ou en alcool dépasse les valeurs limites spécifiées et celles contenant des plastifiants - ces matières explosibles sont affectées aux classes 3 ou 4.1 - ainsi que les matières explosibles qui, sur la base de leur danger principal, sont affectées à la classe 5.2.

b) les objets explosibles: objets contenant une ou plusieurs matières explosibles ou pyrotechniques.

NOTA: Les engins contenant des matières explosibles ou pyrotechniques en quantité si faible ou d'une nature telle que leur mise à feu ou leur amorçage par inadvertance ou par accident au cours du transport n'entraînerait aucune manifestation extérieure à l'engin se traduisant par des projections, un incendie, un dégagement de fumée ou de chaleur ou un bruit fort, ne sont pas soumis aux prescriptions de la classe 1.

c) les matières et objets non mentionnés ci-dessus, qui sont fabriqués en vue de produire un effet pratique explosif ou pyrotechnique.

Aux fins de la classe 1, on entend par:

Flegmatisé, l'état résultant de l'ajout d'une matière (ou "flegmatisant") à une matière explosible en vue d'en améliorer la sécurité lors de la manutention et du transport. Le flegmatisant rend la matière explosible insensible ou moins sensible aux phénomènes suivants: chaleur, choc, impact, percussion ou friction. Les agents de flegmatisation types comportent cire, papier, eau, polymères (chlorofluoropolymères par exemple), alcool et huiles (vaseline et paraffine par exemple), mais ne sont pas limités à ceux-ci.

2.2.1.1.2 Toute matière ou tout objet ayant, ou pouvant avoir des propriétés explosives, doit être pris en considération pour affectation à la classe 1 conformément aux épreuves, modes opératoires et critères stipulés dans la première partie du Manuel d'épreuves et de critères.

Une matière ou un objet affecté à la classe 1 n'est admis au transport que s'il a été affecté à un nom ou à une rubrique n.s.a. du tableau A du chapitre 3.2 et que si les critères du Manuel d'épreuves et de critères sont satisfaits.

2.2.1.1.3   Les matières ou objets de la classe 1 doivent être affectés à un No ONU et à un nom ou à une rubrique n.s.a. du tableau A du chapitre 3.2. L'interprétation des noms des matières ou objets du tableau A du chapitre 3.2 doit être fondée sur le glossaire figurant en 2.2.1.4.

Les échantillons de matières ou objets explosibles nouveaux ou existants transportés aux fins, entre autres, d'essai, de classification, de recherche et développement, de contrôle de qualité ou en tant qu'échantillons commerciaux, autres que les explosifs d'amorçage, peuvent être affectés au No ONU 0190 ÉCHANTILLONS D'EXPLOSIFS.

L'affectation de matières et objets explosibles non nommément mentionnés au tableau A du chapitre 3.2 à une rubrique n.s.a. ou au No ONU 0190 ÉCHANTILLONS D'EXPLOSIFS ainsi que de certaines matières dont le transport est subordonné à une autorisation spéciale de l'autorité compétente en vertu des dispositions spéciales visées dans la colonne (6) du tableau A du chapitre 3.2 sera effectuée par l'autorité compétente du pays d'origine. Cette autorité devra également approuver par écrit les conditions du transport de ces matières et objets. Si le pays d'origine n'est pas un pays Partie contractante à l'ADN, la classification et les conditions de transport doivent être reconnues par l'autorité compétente du premier pays Partie contractante à l'ADN touché par l'envoi.

2.2.1.1.4   Les matières et objets de la classe 1 doivent être affectés à une division selon le 2.2.1.1.5 et à un groupe de compatibilité selon le 2.2.1.1.6. La division doit être établie sur la base des résultats des épreuves décrites en 2.3.1 en utilisant les définitions du 2.2.1.1.5. Le groupe de compatibilité doit être déterminé d'après les définitions du 2.2.1.1.6. Le code de classification se compose du numéro de la division et de la lettre du groupe de compatibilité.

2.2.1.1.5   *Définition des divisions*

Division 1.1   Matières et objets comportant un danger d'explosion en masse (une explosion en masse est une explosion qui affecte de façon pratiquement instantanée la quasi-totalité du chargement).

Division 1.2   Matières et objets comportant un danger de projection sans danger d'explosion en masse.

Division 1.3   Matières et objets comportant un danger d'incendie avec un danger léger de souffle ou de projection ou de l'un et l'autre, mais sans danger d'explosion en masse,

a)   dont la combustion donne lieu à un rayonnement thermique considérable; ou

b)   qui brûlent les uns après les autres avec des effets minimes de souffle ou de projection ou de l'un et l'autre.

Division 1.4   Matières et objets ne présentant qu'un danger mineur d'explosion en cas de mise à feu ou d'amorçage durant le transport. Les effets sont essentiellement limités au colis et ne donnent pas lieu normalement à la projection de fragments de taille notable ou à une distance notable. Un incendie extérieur ne doit pas entraîner l'explosion pratiquement instantanée de la quasi-totalité du contenu du colis.

Division 1.5   Matières très peu sensibles comportant un danger d'explosion en masse, dont la sensibilité est telle que, dans les conditions normales de transport, il n'y a qu'une très faible probabilité d'amorçage ou de passage de la combustion à la détonation. La prescription minimale est qu'elles ne doivent pas exploser lors de l'épreuve au feu extérieur.

Division 1.6   Objets extrêmement peu sensibles ne comportant pas de danger d'explosion en masse. Ces objets contiennent principalement des matières extrêmement peu sensibles et présentent une probabilité négligeable d'amorçage ou de propagation accidentels.

NOTA: Le danger lié aux objets de la division 1.6 est limité à l'explosion d'un objet unique.

2.2.1.1.6   *Définition des groupes de compatibilité des matières et objets*

A   Matière explosible primaire.

B   Objet contenant une matière explosible primaire et ayant moins de deux dispositifs de sécurité efficaces. Quelques objets tels les détonateurs de mine (de sautage), les assemblages de détonateurs de mine (de sautage) et les amorces à percussion sont compris, bien qu'ils ne contiennent pas d'explosifs primaires.

C   Matière explosible propulsive ou autre matière explosible déflagrante ou objet contenant une telle matière explosible.

D   Matière explosible secondaire détonante ou poudre noire ou objet contenant une matière explosible secondaire détonante, dans tous les cas sans moyens d'amorçage ni charge propulsive, ou objet contenant une matière explosible primaire et ayant au moins deux dispositifs de sécurité efficaces.

E   Objet contenant une matière explosible secondaire détonante, sans moyens d'amorçage, avec charge propulsive (autre qu'une charge contenant un liquide ou un gel inflammables ou des liquides hypergoliques).

F   Objet contenant une matière explosible secondaire détonante, avec ses moyens propres d'amorçage, avec une charge propulsive (autre qu'une charge contenant un liquide ou un gel inflammables ou des liquides hypergoliques) ou sans charge propulsive.

G   Matière pyrotechnique ou objet contenant une matière pyrotechnique ou objet contenant à la fois une matière explosible et une composition éclairante, incendiaire, lacrymogène ou fumigène (autre qu'un objet hydroactif ou contenant du phosphore blanc, des phosphures, une matière pyrophorique, un liquide ou un gel inflammables ou des liquides hypergoliques).

H   Objet contenant à la fois une matière explosible et du phosphore blanc.

J   Objet contenant à la fois une matière explosible et un liquide ou un gel inflammables.

K   Objet contenant à la fois une matière explosible et un agent chimique toxique.

L   Matière explosible, ou objet contenant une matière explosible et présentant un danger particulier (par exemple en raison de son hydroactivité ou de la présence de liquides hypergoliques, de phosphures ou d'une matière pyrophorique) et exigeant l'isolement de chaque type.

N   Objets contenant principalement des matières extrêmement peu sensibles.

S   Matière ou objet emballé ou conçu de façon à limiter à l'intérieur du colis tout effet dangereux dû à un fonctionnement accidentel à moins que l'emballage n'ait été détérioré par le feu, auquel cas tous les effets de souffle ou de projection sont suffisamment réduits pour ne pas gêner de manière appréciable ou empêcher la lutte contre l'incendie et l'application d'autres mesures d'urgence au voisinage immédiat du colis.

NOTA 1: *Chaque matière ou objet emballé dans un emballage spécifié ne peut être affecté qu'à un seul groupe de compatibilité. Puisque le critère applicable au groupe de compatibilité S est empirique, l'affectation à ce groupe est forcément liée aux épreuves pour affectation d'un code de classification.*

2: *Les objets des groupes de compatibilité D et E peuvent être équipés ou emballés en commun avec leurs moyens propres d'amorçage à condition que ces moyens soient munis d'au moins deux dispositifs de sécurité efficaces destinés à empêcher une explosion en cas de fonctionnement accidentel de l'amorçage. De tels objets et colis sont affectés aux groupes de compatibilité D ou E.*

3: *Les objets des groupes de compatibilité D et E peuvent être emballés en commun avec leurs moyens propres d'amorçage, qui n'ont pas deux dispositifs de sécurité efficaces (c'est-à-dire des moyens d'amorçage qui sont affectés au groupe de compatibilité B) sous réserve que la disposition spéciale MP21 de la section 4.1.10 de l'ADR soit observée. De tels colis sont affectés aux groupes de compatibilité D ou E.*

4: *Les objets peuvent être équipés ou emballés en commun avec leurs moyens propres d'allumage sous réserve que dans les conditions normales de transport les moyens d'allumage ne puissent pas fonctionner.*

5: *Les objets des groupes de compatibilité C, D et E peuvent être emballés en commun. Les colis ainsi obtenus doivent être affectés au groupe de compatibilité E.*

2.2.1.1.7   *Affectation des artifices de divertissement aux divisions*

2.2.1.1.7.1   Les artifices de divertissement doivent normalement être affectés aux divisions 1.1, 1.2, 1.3 et 1.4 sur la base des résultats des épreuves de la série 6 du Manuel d'épreuves et de critères. Toutefois:

a)   les cascades contenant une composition éclair (voir 2.2.1.1.7.5, Nota 2) doivent être affectées à la division 1.1, groupe de compatibilité G, indépendamment des résultats des épreuves de la série 6;

b)   étant donné que les artifices de divertissement sont des objets très divers et qu'on ne dispose pas toujours de laboratoires pour effectuer les épreuves, cette affectation peut aussi être réalisée au moyen de la procédure décrite au 2.2.1.1.7.2.

2.2.1.1.7.2   L'affectation des artifices de divertissement aux Nos ONU 0333, 0334, 0335 ou 0336, et l'affectation au No ONU 0431 des objets destinés aux effets scéniques, répondant à un type décrit dans le tableau de classification des artifices de divertissement du 2.2.1.1.7.5 et aux caractéristiques permettant une classification en 1.4G suivant ce tableau, peut se faire par analogie, sans qu'il soit nécessaire d'exécuter les épreuves de la série 6, à l'aide du tableau de classification par défaut des artifices de divertissement du 2.2.1.1.7.5. Cette affectation doit être faite avec l'accord de l'autorité compétente. Les objets non mentionnés dans le tableau doivent être classés d'après les résultats obtenus lors des épreuves de la série 6.

NOTA 1:   *De nouveaux types d'artifices de divertissement ne doivent être ajoutés dans la colonne 1 du tableau figurant au 2.2.1.1.7.5 que sur la base des résultats d'épreuve complets soumis pour examen au Sous-Comité d'experts du transport des marchandises dangereuses de l'ONU.*

2:   *Les résultats d'épreuve obtenus par les autorités compétentes, qui valident ou contredisent l'affectation des artifices de divertissement spécifiés en colonne 4 du tableau figurant au 2.2.1.1.7.5, aux divisions de la colonne 5 de ce tableau devraient être présentés pour information au Sous-Comité d'experts du transport des marchandises dangereuses.*

2.2.1.1.7.3   Lorsque des artifices de divertissement appartenant à plusieurs divisions sont emballés dans le même colis, ils doivent être classés dans la division la plus dangereuse sauf si les résultats des épreuves de la série 6 fournissent une indication contraire.

2.2.1.1.7.4   La classification figurant dans le tableau du 2.2.1.1.7.5 s'applique uniquement aux objets emballés dans des caisses en carton (4G).

2.2.1.1.7.5   *Tableau de classification par défaut des artifices de divertissement* [1]

> **NOTA 1:**   *Sauf indication contraire, les pourcentages indiqués se rapportent à la masse totale des matières pyrotechniques (par exemple propulseurs de fusée, charge propulsive, charge d'éclatement et charge d'effet).*
>
> **2:**   *Le terme "Composition éclair" dans ce tableau se réfère à des matières pyrotechniques, sous forme de poudre ou en tant que composant pyrotechnique élémentaire, telles que présentées dans l'artifice de divertissement, qui sont utilisées dans les cascades, ou pour produire un effet sonore ou utilisées en tant que charge d'éclatement, ou en tant que charge propulsive à moins:*
>
> a)   *qu'il soit démontré que le temps de montée en pression dans l'épreuve HSL des compositions éclair de l'appendice 7 du Manuel d'épreuves et de critères est supérieur à 6 ms pour 0,5 g de matière pyrotechnique; ou*
>
> b)   *que la matière pyrotechnique donne un résultat négatif "-" dans l'épreuve des compositions éclair des États-Unis de l'appendice 7 du Manuel d'épreuves et de critères.*
>
> **3:** *Les dimensions en mm indiquées se rapportent:*
>
> a)   *pour les bombes d'artifices sphériques et les bombes cylindriques à double éclatement (peanut shells), au diamètre de la sphère de la bombe;*
>
> b)   *pour les bombes d'artifices cylindriques, à la longueur de la bombe;*
>
> c)   *pour les bombes d'artifices logées en mortier, les chandelles romaines, les chandelles monocoup ou les mortiers garnis, le diamètre intérieur du tube incluant ou contenant l'artifice de divertissement;*
>
> d)   *pour les pots-à-feu en sac ou en étuis rigides, le diamètre intérieur du mortier devant contenir le pot-à-feu.*

---

[1]   *Ce tableau contient une liste de classements des artifices de divertissement qui peuvent être employés en l'absence de données d'épreuve de la série 6 (voir 2.2.1.1.7.2).*

Type	Comprend/Synonyme de:	Définition	Caractéristiques	Classification
Bombe d'artifice, sphérique ou cylindrique	Bombe d'artifice sphérique: bombe d'artifice aérienne, bombe d'artifice couleurs, bombe d'artifice clignotante, bombe à éclatements multiples, bombe à effets multiples, bombe nautique, bombe d'artifice parachute, bombe d'artifice fumigène, bombe d'artifice à étoiles; bombes à effet sonore: marron d'air, salve, tonnerre	Dispositif avec ou sans charge propulsive, avec retard et charge d'éclatement, composant(s) pyrotechnique(s) élémentaires ou matière pyrotechnique en poudre libre, conçu pour être tiré au mortier	Tous marrons d'air	1.1G
			Bombe à effet coloré: $\geq$ 180 mm	1.1G
			Bombe à effet coloré: < 180 mm avec > 25% de composition éclair en poudre libre et/ou à effet sonore	1.1G
			Bombe à effet coloré: < 180 mm avec $\leq$ 25% de composition éclair en poudre libre et/ou à effet sonore	1.3G
			Bombe à effet coloré: $\leq$ 50 mm ou $\leq$ 60 g de matière pyrotechnique avec $\leq$ 2% de composition éclair en poudre libre et/ou à effet sonore	1.4G
	Bombe d'artifice à double éclatement (bombe cacahuète)	Ensemble de deux bombes d'artifices sphériques ou plus dans une même enveloppe propulsées par la même charge propulsive avec des retards d'allumage externes indépendants	Le classement est déterminé par la bombe d'artifice sphérique la plus dangereuse.	
	Bombe d'artifice logée dans un mortier	Assemblage comprenant une bombe cylindrique ou sphérique à l'intérieur d'un mortier à partir duquel la bombe est conçue pour être tirée	Tous marrons d'air	1.1G
			Bombes à effet coloré: $\geq$ 180 mm	1.1G
			Bombes à effet coloré: > 25% de composition éclair en poudre libre et/ou à effet sonore	1.1G
			Bombes à effet coloré: > 50 mm et < 180 mm	1.2G
			Bombes à effet coloré: $\leq$ 50 mm, ou $\leq$ 60 g de matière pyrotechnique avec $\leq$ 25% de composition éclair en poudre libre et/ou à effet sonore	1.3G

Type	Comprend/Synonyme de:	Définition	Caractéristiques	Classification
Bombe d'artifice, sphérique ou cylindrique (suite)	Bombe de bombes (sphérique) (*Les pourcentages indiqués se rapportent à la masse brute des artifices de divertissement*)	Dispositif sans charge propulsive, avec retard pyrotechnique et charge d'éclatement, contenant des composants destinés à produire un effet sonore et des matières inertes et conçu pour être tiré depuis un mortier	> 120 mm	1.1G
		Dispositif sans charge propulsive, avec retard pyrotechnique et charge d'éclatement, contenant ≤25 g de composition éclair par composant destiné à produire un effet sonore, avec ≤ 33% de composition éclair et ≥ 60% de matériaux inertes et conçu pour être tiré depuis un mortier	≤ 120 mm	1.3G
		Dispositif sans charge propulsive, avec retard pyrotechnique et charge d'éclatement, contenant des bombes à effet coloré et/ou des composants pyrotechniques élémentaires et conçu pour être tiré depuis un mortier	> 300 mm	1.1G
		Dispositif sans charge propulsive, avec retard pyrotechnique et charge d'éclatement, contenant des bombes à effet coloré ≤ 70 mm et/ou des composants pyrotechniques élémentaires, avec ≤25% de composition éclair et ≤ 60% de matière pyrotechnique et conçu pour être tiré depuis un mortier	> 200 mm et ≤ 300 mm	1.3G
		Dispositif avec charge propulsive, retard pyrotechnique et charge d'éclatement, contenant des bombes à effet coloré ≤ 70 mm et/ou des composants pyrotechniques élémentaires, avec ≤25% de composition éclair et ≤ 60% de matière pyrotechnique et conçu pour être tiré depuis un mortier	≤ 200 mm	1.3G

Type	Comprend/Synonyme de:	Définition	Caractéristiques	Classification
Batterie/ Combinaison	Barrage, bombardos, compact, bouquet final, hybride, tubes multiples, batteries d'artifices avec bombettes, batterie de pétards à mèche et batterie de pétard à mèche composition flash	Assemblage contenant plusieurs artifices de divertissement, du même type ou de types différents, parmi les types d'artifices de divertissement énumérés dans le présent tableau, avec un ou deux points d'allumage	Le classement est déterminé par le type d'artifice de divertissement le plus dangereux	
Chandelle romaine	Chandelle avec comètes, chandelle avec bombettes	Tubes contenant une série de composants pyrotechniques élémentaires constitués d'une alternance de matière pyrotechnique, de charges propulsives et de relais pyrotechnique	≥ 50 mm de diamètre intérieur contenant une composition éclair ou < 50 mm avec $> 25\%$ de composition éclair	1.1G
			≥ 50 mm de diamètre intérieur, ne contenant pas de composition éclair	1.2G
			< 50 mm de diamètre intérieur et $\leq 25\%$ de composition éclair	1.3G
			≤ 30 mm de diamètre intérieur, chaque composant pyrotechnique élémentaire ≤ 25 g et $\leq 5\%$ de composition éclair	1.4G
Chandelle monocoup	Chandelle monocoup	Tube contenant un composant pyrotechnique élémentaire constitué de matière pyrotechnique et de charge propulsive avec ou sans relais pyrotechnique	diamètre intérieur ≤ 30 mm et composant pyrotechnique élémentaire > 25 g, ou $> 5\%$ et $\leq 25\%$ de composition éclair	1.3 G
			diamètre intérieur ≤ 30 mm et composant pyrotechnique élémentaire ≤ 25 g et $\leq 5\%$ de composition éclair	1.4G
Fusée	Fusée à effet sonore, fusée de détresse, fusée sifflante, fusée à bouteille, fusée missile, fusée de table	Tube contenant une composition et/ou des composants pyrotechniques, muni d'un ou plusieurs bâtonnet(s) ou d'un autre moyen de stabilisation du vol et conçu pour être propulsé dans l'air	Uniquement effets de composition éclair	1.1G
			Composition éclair $> 25\%$ de la matière pyrotechnique	1.1G
			Matière pyrotechnique > 20 g et composition éclair $\leq 25\%$	1.3G
			Matière pyrotechnique ≤ 20 g, charge d'éclatement de poudre noire et $\leq 0,13$ g de composition éclair par effet sonore, ≤ 1 g au total	1.4G

Type	Comprend/Synonyme de:	Définition	Caractéristiques	Classification
Pot-à-feu	Pot-à-feu, mine de spectacle, mortier garnis	Tube contenant une charge propulsive et des composants pyrotechniques, conçu pour être posé sur le sol ou fixé dans le sol. L'effet principal est l'éjection d'un seul coup de tous les composants pyrotechniques produisant dans l'air des effets visuels et/ou sonores largement dispersés; ou Sachet ou cylindre en tissu ou en papier contenant une charge propulsive et des objets pyrotechniques, destiné à être placé dans un mortier et à fonctionner comme une mine	> 25% de composition éclair en poudre libre et/ou à effet sonore	1.1G
			≥ 180 mm et ≤ 25% de composition éclair en poudre libre et/ou à effet sonore	1.1G
			< 180 mm et ≤ 25% de composition éclair en poudre libre et/ou à effet sonore	1.3G
			≤ 150 g de composition pyrotechnique, contenant elle-même ≤ 5% de composition éclair en poudre libre et/ou à effet sonore. Chaque composant pyrotechnique ≤ 25 g, chaque effet sonore < 2 g; chaque sifflet (le cas échéant) ≤ 3 g	1.4G
Fontaine	Volcan, gerbe, fontaine gâteau, fontaine cylindrique, fontaine conique, torche d'embrasement	Enveloppe non métallique contenant une matière pyrotechnique comprimée ou compactée produisant des étincelles et une flamme *NOTA: Les fontaines conçues pour produire une cascade verticale ou un rideau d'étincelles sont considérées comme étant des cascades (voir rubrique suivante).*	≥ 1 kg de matière pyrotechnique	1.3G
			< 1 kg de matière pyrotechnique	1.4G
Cascade	s.o	Fontaine pyrotechnique conçue pour produire une cascade verticale ou un rideau d'étincelles	Contient une composition éclair, indépendamment des résultats des épreuves de la série 6 (voir 2.2.1.1.7.1 a))	1.1G
			Ne contient pas une composition éclair	1.3G
Cierge magique	Cierge magique tenu à la main, cierge magique non tenu à la main, cierge à fil	Fils rigides en partie recouverts (sur une de leurs extrémités) d'une matière pyrotechnique à combustion lente, avec ou sans dispositif d'inflammation	Cierge à base de perchlorate: > 5 g par cierge ou > 10 cierges par paquet	1.3G
			Cierge à base de perchlorate: ≤ 5 g par cierge et ≤ 10 cierges par paquet	1.4G
			Cierge à base de nitrate: ≤ 30 g par cierge	1.4G

Type	Comprend/Synonyme de:	Définition	Caractéristiques	Classification
Baguette Bengale	Bengale, *dipped stick*	Bâtonnets non métalliques en partie recouverts (sur une de leurs extrémités) d'une matière pyrotechnique à combustion lente, conçus pour être tenus à la main	Article à base de perchlorate: > 5 g par article ou > 10 articles par paquet	1.3G
			Article à base de perchlorate: ≤ 5 g par article et ≤ 10 articles par paquet Article à base de nitrate: ≤ 30 g par article	1.4G
Petit artifice de divertissement grand public et artifice présentant un danger faible	Bombe de table, pois fulminant, crépitant, fumigène, brouillard, serpent, ver luisant, pétard à tirette, *party popper*	Dispositif conçu pour produire des effets visibles et/ou audibles très limités, contenant de petites quantités de matière pyrotechnique et/ou explosive	Les pois fulminants et les pétards à tirette peuvent contenir jusqu'à 1,6 mg de fulminate d'argent; Les pois fulminants et les *party poppers* peuvent contenir jusqu'à 16 mg d'un mélange de chlorate de potassium et de phosphore rouge; Les autres articles peuvent contenir jusqu'à 5 g de matière pyrotechnique, mais pas de composition éclair	1.4G
Tourbillon	Tourbillon, tourbillon volant, hélicoptère, *chaser*, toupie au sol	Tube ou tubes non métallique(s) contenant une matière pyrotechnique produisant du gaz ou des étincelles, avec ou sans composition produisant du bruit et avec ou sans ailettes	Matière pyrotechnique par artifice > 20 g, contenant ≤ 3% de composition éclair pour la production d'effets sonores, ou ≤ 5 g de composition à effet de sifflet	1.3G
			Matière pyrotechnique par artifice ≤ 20 g, contenant ≤ 3% de composition éclair pour la production d'effets sonores, ou ≤ 5 g de composition à effet de sifflet	1.4G
Roue, soleil	Roue de Catherine, *saxon*	Assemblage, incluant des dispositifs propulseurs contenant une matière pyrotechnique, qui peut être fixé à un axe afin d'obtenir un mouvement de rotation	> 1 kg de matière pyrotechnique totale, aucune charge d'effet sonore, chaque charge d'effet sonore (le cas échéant) ≤ 25 g et ≤ 50 g de composition sifflante par roue	1.3G
			< 1 kg de matière pyrotechnique totale, aucune charge d'effet sonore, chaque charge d'effet sonore (le cas échéant) ≤ 5 g et ≤ 10 g de composition sifflante par roue	1.4G
Roues aériennes	*Saxon* volant, OVNI et soucoupe volante	Tubes contenant des charges propulsives et des compositions pyrotechniques produisant étincelles et flammes et/ou bruit, les tubes étant fixés sur un anneau de support	> 200 g de matière pyrotechnique totale ou > 60 g de matière pyrotechnique par dispositif propulseur, ≤ 3% de composition éclair à effet sonore, chaque sifflet (le cas échéant) ≤ 25 g et ≤ 50 g de composition sifflante par roue	1.3G

Type	Comprend/Synonyme de:	Définition	Caractéristiques	Classification
			≤ 200 g de matière pyrotechnique totale ou ≤ 60 g de matière pyrotechnique par dispositif propulseur, ≤ 3% de composition éclair à effet sonore, chaque sifflet (le cas échéant) ≤ 5 g et ≤ 10 g de composition sifflante par roue	1.4G
Assortiment choisi	Assortiment choisi pour spectacles et assortiment choisi pour particuliers (extérieur ou intérieur)	Ensemble d'artifices de divertissement de plus d'un type, dont chacun correspond à l'un des types énumérés dans le présent tableau	Le classement est déterminé par le type d'artifice de divertissement le plus dangereux	
Pétard	Pétard célébration, mitraillette, pétard à tirette	Assemblage de tubes (en papier ou carton) reliés par un relais pyrotechnique, chaque tube étant destiné à produire un effet sonore	Chaque tube ≤ 140 mg de composition éclair ou ≤ 1 g de poudre noire	1.4G
Pétard à mèche	Pétard à composition flash, *lady cracker*	Tube non métallique contenant une composition à effet sonore conçu pour produire un effet sonore	> 2 g de composition éclair par article	1.1G
			≤ 2 g de composition éclair par article et ≤ 10 g par emballage intérieur	1.3G
			≤ 1 g de composition éclair par article et ≤ 10 g par emballage intérieur ou ≤ 10 g de poudre noire par article	1.4G

2.2.1.1.8   *Exclusion de la classe 1*

2.2.1.1.8.1   Un objet ou une matière peuvent être exclus de la classe 1 sur la base de résultats d'épreuves et de la définition de cette classe avec l'approbation de l'autorité compétente d'une Partie contractante à l'ADN qui peut également reconnaitre l'approbation par l'autorité compétente d'un pays qui ne serait pas Partie contractante à l'ADN à condition que cette approbation ait été accordée conformément aux procédures applicables selon le RID, l'ADR, l'ADN, le Code IMDG ou les prescriptions techniques de l'OACI.

2.2.1.1.8.2   Avec l'approbation de l'autorité compétente conformément au 2.2.1.1.8.1, un objet peut être exclu de la classe 1 quand trois objets non emballés, que l'on fait fonctionner individuellement par leurs propres moyens d'amorçage ou d'allumage ou par des moyens externes visant à les faire fonctionner de la manière voulue, satisfont aux critères suivants:

a)   Aucune des surfaces externes ne doit atteindre une température supérieure à 65 °C.

        Une pointe momentanée de température atteignant 200 °C est acceptable;

b)   Aucune rupture ou fragmentation de l'enveloppe externe ni mouvement de l'objet ou des parties individuelles de celui-ci sur une distance de plus d'un mètre dans une direction quelconque;

        NOTA: *Lorsque l'intégrité de l'objet peut être affectée dans le cas d'un feu externe, ces critères doivent être examinés par une épreuve d'exposition au feu. Une telle méthode est décrite dans la norme ISO 14451-2 en appliquant une vitesse de chauffe de 80 K/min.*

c)   Aucun effet audible dépassant un pic de 135 dB(C) à une distance d'un mètre;

d)   Aucun éclair ni flamme capable d'enflammer un matériau tel qu'une feuille de papier de 80 ± 10 g/m² en contact avec l'objet; et

e)   Aucune production de fumée, d'émanations ou de poussière dans des quantités telles que la visibilité dans une chambre d'un mètre cube comportant des évents d'explosion de dimensions appropriées pour faire face à une possible surpression, soit réduite de 50%, mesurée avec un luxmètre ou un radiomètre étalonné situé à un mètre d'une source lumineuse constante elle-même placée au centre de la paroi opposée de la chambre. Les directives générales figurant dans la norme ISO 5659-1 pour la détermination de la densité optique et les directives générales relatives au système de photométrie décrit à la section 7.5 de la norme ISO 5659-2 peuvent être utilisées, ainsi que d'autres méthodes analogues de mesure de la densité optique. Un capuchon approprié couvrant l'arrière et les côtés du luxmètre doit être utilisé pour minimiser les effets de la lumière diffusée ou répandue ne provenant pas directement de la source.

        NOTA 1: *Si lors des épreuves évaluant les critères a), b), c) et d), on observe aucune ou très peu de fumée, l'épreuve décrite à l'alinéa e) peut être exemptée.*

        2: L'autorité compétente à laquelle il est fait référence au 2.2.1.1.8.1 peut prescrire que les objets soient éprouvés sous une forme emballée, s'il a été déterminé que l'objet, tel qu'emballé pour le transport, peut poser un plus grand danger.

2.2.1.1.9   *Document de classification*

2.2.1.1.9.1   L'autorité compétente qui affecte un objet ou une matière à la classe 1 doit confirmer cette affectation au demandeur par écrit.

2.2.1.1.9.2   Le document de classification soumis par l'autorité compétente peut se présenter sous n'importe quelle forme et compter plus d'une page, à condition que les pages soient numérotées dans l'ordre, et porter un seul et même numéro de référence.

2.2.1.1.9.3   Les renseignements figurant dans ce document doivent être facilement reconnaissables, lisibles et durables.

2.2.1.1.9.4   Exemples de renseignements pouvant figurer dans le document de classification:

a)   Nom de l'autorité compétente et dispositions de la législation nationale qui fondent sa légitimité;

b)   Règlements modaux ou nationaux auxquels s'applique le document de classification;

c)   Confirmation que la classification a été approuvée, faite ou entérinée conformément au Règlement type de l'ONU ou aux règlements modaux pertinents;

d)   Nom et adresse de la personne morale à qui la classification a été confiée et toute référence d'enregistrement de société qui permet d'identifier spécifiquement une société donnée ou ses filiales suivant la législation nationale;

e)   Dénomination sous laquelle la matière ou l'objet explosible sera mis sur le marché ou expédié;

f)   Désignation officielle de transport, numéro ONU, classe, division et groupe de compatibilité correspondant à la matière ou l'objet explosible;

g)   Le cas échéant, masse nette maximum de matière explosible contenue dans le colis ou l'objet;

h)   Nom, signature, timbre, cachet ou autre signe d'identification de la personne autorisée par l'autorité compétente à délivrer le document de classification, lesquels doivent être clairement visibles;

i)   Lorsque la sécurité du transport ou la division est considérée comme tributaire de l'emballage, indication des emballages intérieurs, des emballages intermédiaires et des emballages extérieurs autorisés;

j)   Numéro de pièce, numéro de stock ou tout autre numéro de référence sous lequel la matière ou l'objet explosible sera mis sur le marché ou expédié;

k)   Nom et adresse de la personne morale qui a fabriqué les explosifs et toute référence d'enregistrement de société qui permet d'identifier spécifiquement une société donnée ou ses filiales suivant la législation nationale;

l)   Tout renseignement supplémentaire concernant les instructions d'emballage et les dispositions spéciales d'emballage applicables, le cas échéant;

m)   Justification de la classification, par exemple résultats d'essais, classement par défaut d'artifices de divertissement, analogie avec une matière ou un objet explosible classé, définition figurant dans le tableau A du chapitre 3.2, etc.;

n)   Conditions ou limites spéciales que l'autorité compétente a fixées pour la sécurité du transport des explosifs, la communication du danger et le transport international;

o)   Date d'expiration du document de classification si l'autorité compétente le juge nécessaire.

2.2.1.2   *Matières et objets non admis au transport*

2.2.1.2.1   Les matières explosibles dont la sensibilité est excessive selon les critères de la première partie du Manuel d'épreuves et de critères, ou qui sont susceptibles de réagir spontanément, ainsi que les matières et objets explosibles qui ne peuvent être affectés à un nom ou à une rubrique n.s.a. du tableau A du chapitre 3.2, ne sont pas admis au transport.

2.2.1.2.2   Les objets du groupe de compatibilité K ne sont pas admis au transport (1.2K, No ONU 0020 et 1.3K, No ONU 0021).

2.2.1.3   *Liste des rubriques collectives*

Code de classification (voir 2.2.1.1.4)	No ONU	Nom de la matière ou de l'objet
1.1A	0473	MATIÈRES EXPLOSIVES, N.S.A.
1.1B	0461	COMPOSANTS DE CHAÎNE PYROTECHNIQUE, N.S.A.
1.1C	0474	MATIÈRES EXPLOSIVES, N.S.A.
	0497	PROPERGOL LIQUIDE
	0498	PROPERGOL SOLIDE
	0462	OBJETS EXPLOSIFS, N.S.A.
1.1D	0475	MATIÈRES EXPLOSIVES, N.S.A.
	0463	OBJETS EXPLOSIFS, N.S.A.
1.1E	0464	OBJETS EXPLOSIFS, N.S.A.
1.1F	0465	OBJETS EXPLOSIFS, N.S.A.
1.1G	0476	MATIÈRES EXPLOSIVES, N.S.A.
1.1L	0357	MATIÈRES EXPLOSIVES, N.S.A.
	0354	OBJETS EXPLOSIFS, N.S.A.
1.2B	0382	COMPOSANTS DE CHAÎNE PYROTECHNIQUE, N.S.A.
1.2C	0466	OBJETS EXPLOSIFS, N.S.A.
1.2D	0467	OBJETS EXPLOSIFS, N.S.A.
1.2E	0468	OBJETS EXPLOSIFS, N.S.A.
1.2F	0469	OBJETS EXPLOSIFS, N.S.A.
1.2L	0358	MATIÈRES EXPLOSIVES, N.S.A.
	0248	ENGINS HYDROACTIFS avec charge de dispersion, charge d'expulsion ou charge propulsive
	0355	OBJETS EXPLOSIFS, N.S.A.
1.3C	0132	SELS MÉTALLIQUES DÉFLAGRANTS DE DÉRIVÉS NITRÉS AROMATIQUES, N.S.A.
	0477	MATIÈRES EXPLOSIVES, N.S.A.
	0495	PROPERGOL LIQUIDE
	0499	PROPERGOL SOLIDE
	0470	OBJETS EXPLOSIFS, N.S.A.

Code de classification (voir 2.2.1.1.4)	No ONU	Nom de la matière ou de l'objet
1.3G	0478	MATIÈRES EXPLOSIVES, N.S.A.
1.3L	0359	MATIÈRES EXPLOSIVES, N.S.A.
	0249	ENGINS HYDROACTIFS avec charge de dispersion, charge d'expulsion ou charge propulsive
	0356	OBJETS EXPLOSIFS, N.S.A.
1.4B	0350	OBJETS EXPLOSIFS, N.S.A.
	0383	COMPOSANTS DE CHAÎNE PYROTECHNIQUE, N.S.A.
1.4C	0479	MATIÈRES EXPLOSIVES, N.S.A.
	0351	OBJETS EXPLOSIFS, N.S.A.
	0501	PROPERGOL SOLIDE
1.4D	0480	MATIÈRES EXPLOSIVES, N.S.A.
	0352	OBJETS EXPLOSIFS, N.S.A.
1.4E	0471	OBJETS EXPLOSIFS, N.S.A.
1.4F	0472	OBJETS EXPLOSIFS, N.S.A.
1.4G	0485	MATIÈRES EXPLOSIVES, N.S.A.
	0353	OBJETS EXPLOSIFS, N.S.A.
1.4S	0481	MATIÈRES EXPLOSIVES, N.S.A.
	0349	OBJETS EXPLOSIFS, N.S.A.
	0384	COMPOSANTS DE CHAÎNE PYROTECHNIQUE, N.S.A.
1.5D	0482	MATIÈRES EXPLOSIVES TRÈS PEU SENSIBLES (MATIÈRES ETPS), N.S.A.
1.6N	0486	OBJETS EXPLOSIFS EXTRÊMEMENT PEU SENSIBLES, (OBJETS, EEPS)
	0190	ÉCHANTILLONS D'EXPLOSIFS, autres que les dispositifs d'amorçage *NOTA: La division et le groupe de compatibilité doivent être définis selon les instructions de l'autorité compétente et selon les principes indiqués en 2.2.1.1.4.*

2.2.1.4   *Glossaire de noms*

NOTA 1: Les descriptions dans le glossaire n'ont pas pour but de remplacer les procédures d'épreuve ni de déterminer le classement d'une matière ou d'un objet de la classe 1. L'affectation à la division correcte et la décision de savoir s'ils doivent être affectés au groupe de compatibilité S doivent résulter des épreuves qu'a subies le produit selon la première partie du Manuel d'épreuves et de critères ou être établies par analogie, avec des produits semblables déjà éprouvés et affectés selon les modes opératoires du Manuel d'épreuves et de critères.

2: Les inscriptions chiffrées indiquées après les noms se rapportent aux numéros ONU appropriés (chapitre 3.2, tableau A, colonne (1)). En ce qui concerne le code de classification, voir 2.2.1.1.4.

ALLUMEURS POUR MÈCHE DE MINEUR: No ONU 0131

Objets de conceptions variées fonctionnant par friction, par choc ou électriquement et utilisés pour allumer la mèche de mineur.

AMORCES À PERCUSSION: Nos ONU 0377, 0378 et 0044

Objets constitués d'une capsule de métal ou en plastique contenant une petite quantité d'un mélange explosif primaire aisément mis à feu sous l'effet d'un choc. Ils servent d'éléments d'allumage pour les cartouches pour armes de petit calibre et dans les allumeurs à percussion pour les charges propulsives.

AMORCES TUBULAIRES: Nos ONU 0319, 0320 et 0376

Objets constitués d'une amorce provoquant l'allumage et d'une charge auxiliaire déflagrante, telle que poudre noire, utilisés pour l'allumage d'une charge propulsive dans une douille, etc.

ARTIFICES DE DIVERTISSEMENT: Nos ONU 0333, 0334, 0335, 0336 et 0337

Objets pyrotechniques conçus à des fins de divertissement.

ARTIFICES DE SIGNALISATION À MAIN: Nos ONU 0191 et ONU 0373

Objets portatifs contenant des matières pyrotechniques produisant des signaux ou des alarmes visuels. Les petits dispositifs éclairants de surface, tels que les feux de signaux routiers ou ferroviaires et les petits feux de détresse sont compris sous cette dénomination.

ASSEMBLAGES DE DÉTONATEURS de mine (de sautage) NON ÉLECTRIQUES: Nos ONU 0360, 0361 et 0500

Détonateurs non électriques, assemblés avec des éléments tels que mèche de mineur, tube conducteur d'onde de choc, tube conducteur de flamme ou cordeau détonant, et amorcé par ces éléments. Ces assemblages peuvent être conçus pour détoner instantanément ou peuvent contenir des éléments retardateurs. Les relais de détonation comportant un cordeau détonant sont compris sous cette dénomination.

ATTACHES PYROTECHNIQUES EXPLOSIVES: No ONU 0173

Objets constitués d'une petite charge explosive, avec leurs moyens propres d'amorçage et des tiges ou maillons. Ils rompent les tiges ou maillons afin de libérer rapidement des équipements.

BOMBES avec charge d'éclatement: Nos ONU 0034 et 0035

Objets explosibles qui sont lâchés d'un aéronef, sans moyens propres d'amorçage ou avec moyens propres d'amorçage possédant au moins deux dispositifs de sécurité efficaces.

BOMBES avec charge d'éclatement: Nos ONU 0033 et 0291

Objets explosibles qui sont lâchés d'un aéronef, avec moyens propres d'amorçage ne possédant pas au moins deux dispositifs de sécurité efficaces.

BOMBES CONTENANT UN LIQUIDE INFLAMMABLE, avec charge d'éclatement: Nos ONU 0399 et 0400

Objets qui sont lâchés d'un aéronef et qui sont constitués d'un réservoir rempli de liquide inflammable et d'une charge d'éclatement.

BOMBES PHOTO-ÉCLAIR: No ONU 0038

Objets explosibles qui sont lâchés d'un aéronef en vue de produire un éclairage intense et de courte durée pour la prise de vue photographique. Ils contiennent une charge d'explosif détonant sans moyens propres d'amorçage ou avec moyens propres d'amorçage possédant au moins deux dispositifs de sécurité efficaces.

BOMBES PHOTO-ÉCLAIR: No ONU 0037

Objets explosibles qui sont lâchés d'un aéronef en vue de produire un éclairage intense et de courte durée pour la prise de vue photographique. Ils contiennent une charge d'explosif détonant avec moyens propres d'amorçage ne possédant pas au moins deux dispositifs de sécurité efficaces.

BOMBES PHOTO-ÉCLAIR: Nos ONU 0039 et 0299

Objets explosibles lâchés d'un aéronef en vue de produire un éclairage intense et de courte durée pour la prise de vue photographique. Ils contiennent une composition photo-éclair.

CAPSULES DE SONDAGE EXPLOSIVES: Nos ONU 0374 et 0375

Objets constitués d'une charge détonante, sans leurs moyens propres d'amorçage ou avec leurs moyens propres d'amorçage possédant au moins deux dispositifs de sécurité efficaces. Ils sont lâchés d'un navire et fonctionnent lorsqu'ils atteignent une profondeur prédéterminée ou le fond de la mer.

CAPSULES DE SONDAGE EXPLOSIVES: Nos ONU 0296 et 0204

Objets constitués d'une charge détonante avec leurs moyens propres d'amorçage ne possédant pas au moins deux dispositifs de sécurité efficaces. Ils sont lâchés d'un navire et fonctionnent lorsqu'ils atteignent une profondeur prédéterminée ou le fond de la mer.

CARTOUCHES À BLANC POUR ARMES: Nos ONU 0326, 0413, 0327, 0338 et 0014

Munitions constituées d'une douille fermée, avec amorce à percussion centrale ou annulaire, et d'une charge de poudre sans fumée ou de poudre noire, mais sans projectile. Elles produisent un fort bruit et sont utilisées pour l'entraînement, pour le salut, comme charges propulsives, dans les pistolets-starters, etc. Les munitions à blanc sont comprises sous cette dénomination.

CARTOUCHES À BLANC POUR ARMES DE PETIT CALIBRE: Nos ONU 0327, 0338 et 0014

Munitions constituées d'une douille fermée avec amorce à percussion centrale ou annulaire et contenant une charge propulsive de poudre sans fumée ou de poudre noire. Les douilles ne contiennent pas de projectiles. Elles sont destinées à être tirées par des armes d'un calibre ne dépassant pas 19,1 mm et servent à produire un fort bruit et sont utilisées pour l'entraînement, pour le salut, comme charge propulsive, dans les pistolets-starters, etc.

CARTOUCHES À BLANC POUR OUTILS: No ONU 0014

Objets, utilisés dans les outils, constitués d'une douille fermée, avec amorce à percussion centrale ou annulaire, et avec ou sans charge de poudre sans fumée ou de poudre noire, mais sans projectile.

CARTOUCHES À PROJECTILE INERTE POUR ARMES: Nos ONU 0328, 0417, 0339 et 0012

Munitions constituées d'un projectile sans charge d'éclatement mais avec une charge propulsive et avec ou sans amorce. Elles peuvent comporter un traceur, à condition que le danger prédominant soit celui de la charge propulsive.

Objets, utilisés dans les outils, constitués d'une douille fermée, avec amorce à percussion centrale ou annulaire, et avec ou sans charge de poudre sans fumée ou de poudre noire, mais sans projectile.

CARTOUCHES DE SIGNALISATION: Nos ONU 0054, 0312 et 0405

Objets conçus pour lancer des signaux lumineux colorés ou d'autres signaux à l'aide de pistolets signaleurs, etc.

CARTOUCHES-ÉCLAIR: Nos ONU 0049 et 0050

Objets constitués d'une enveloppe, d'une amorce et de poudre éclair, le tout assemblé en un ensemble prêt pour le tir.

CARTOUCHES POUR ARMES avec charge d'éclatement: Nos ONU 0006, 0321 et 0412

Munitions comprenant un projectile avec une charge d'éclatement sans moyens propres d'amorçage ou avec ses moyens propres d'amorçage possédant au moins deux dispositifs de sécurité efficaces, et d'une charge propulsive avec ou sans amorce. Les munitions encartouchées, les munitions semi-encartouchées et les munitions à charge séparée, lorsque les éléments sont emballés en commun, sont comprises sous cette dénomination.

CARTOUCHES POUR ARMES avec charge d'éclatement: Nos ONU 0005, 0007 et 0348

Munitions constituées d'un projectile avec une charge d'éclatement avec ses moyens propres d'amorçage ne possédant pas au moins deux dispositifs de sécurité efficaces et d'une charge propulsive avec ou sans amorce. Les munitions encartouchées, les munitions semi-encartouchées et les munitions à charge séparée, lorsque les éléments sont emballés en commun, sont comprises sous cette dénomination.

CARTOUCHES POUR ARMES DE PETIT CALIBRE: Nos ONU 0417, 0339 et 0012

Munitions constituées d'une douille avec amorce à percussion centrale ou annulaire et contenant une charge propulsive ainsi qu'un projectile solide. Elles sont destinées à être tirées par des armes à feu d'un calibre ne dépassant pas 19,1 mm. Les cartouches de chasse de tout calibre sont comprises dans cette définition.

NOTA: Ne sont pas compris sous cette dénomination les objets suivants: CARTOUCHES À BLANC POUR ARMES DE PETIT CALIBRE. Ils figurent séparément sur la liste. De même ne sont pas comprises certaines cartouches pour armes militaires de petit calibre, qui figurent sur la liste sous CARTOUCHES À PROJECTILE INERTE POUR ARMES.

CARTOUCHES POUR PUITS DE PÉTROLE: Nos ONU 0277 et 0278

Objets constitués d'une enveloppe de faible épaisseur en carton, en métal ou en une autre matière contenant seulement une poudre propulsive qui projette un projectile durci pour perforer l'enveloppe des puits de pétrole.

NOTA: Ne sont pas compris sous cette dénomination les objets suivants: CHARGES CREUSES INDUSTRIELLES. Ils figurent séparément sur la liste.

CARTOUCHES POUR PYROMÉCANISMES: Nos ONU 0381, 0275, 0276 et 0323

Objets conçus pour exercer des actions mécaniques. Ils sont constitués d'une enveloppe avec une charge déflagrante et de moyens d'allumage. Les produits gazeux de la déflagration provoquent un gonflage, un mouvement linéaire ou rotatif, ou bien actionnent des diaphragmes, des soupapes ou des interrupteurs, ou bien lancent des attaches ou projettent des agents d'extinction.

CHARGES CREUSES sans détonateur: Nos ONU 0059, 0439, 0440 et 0441

Objets constitués d'une enveloppe contenant une charge d'explosif détonant, comportant un évidement garni d'un revêtement rigide, sans leurs moyens propres d'amorçage. Ils sont conçus pour produire un effet de jet perforant de grande puissance.

CHARGES D'ÉCLATEMENT À LIANT PLASTIQUE: Nos ONU 0457, 0458, 0459 et 0460

Objets constitués d'une charge d'explosif détonant à liant plastique, fabriquée sous une forme spécifique, sans enveloppe et sans moyens propres d'amorçage. Ils sont conçus comme composants de munitions tels que têtes militaires.

CHARGES DE DÉMOLITION: No ONU 0048

Objets contenant une charge d'explosif détonant dans une enveloppe en carton, plastique, métal ou autre matière. Les objets sont sans moyens propres d'amorçage ou avec leurs moyens propres d'amorçage possédant au moins deux dispositifs de sécurité efficaces.

NOTA: Ne sont pas compris sous cette dénomination les objets suivants: BOMBES, MINES, PROJECTILES. Ils figurent séparément dans la liste.

CHARGES DE DISPERSION: No ONU 0043

Objets constitués d'une faible charge d'explosif servant à ouvrir les projectiles ou autres munitions afin d'en disperser le contenu.

CHARGES DE RELAIS EXPLOSIFS: No ONU 0060

Objets constitués d'un faible renforçateur amovible placé dans la cavité d'un projectile entre la fusée et la charge d'éclatement.

CHARGES EXPLOSIVES INDUSTRIELLES sans détonateur: Nos ONU 0442, 0443, 0444 et 0445

Objets constitués d'une charge d'explosif détonant, sans leurs moyens propres d'amorçage, utilisés pour le soudage, l'assemblage, le formage et autres opérations métallurgiques effectuées à l'explosif.

CHARGES PROPULSIVES: Nos ONU 0271, 0415, 0272 et 0491

Objets constitués d'une charge de poudre propulsive se présentant sous une forme quelconque, avec ou sans enveloppe destinés à être utilisés comme composant d'un propulseur, ou pour modifier la traînée des projectiles.

CHARGES PROPULSIVES POUR CANON: Nos ONU 0279, 0414 et 0242

Charges de poudre propulsive sous quelque forme que ce soit pour les munitions à charge séparée pour canon.

CHARGES SOUS-MARINES: No ONU 0056

Objets constitués d'une charge d'explosif détonant contenue dans un fût ou un projectile sans moyens propres d'amorçage ou avec leurs moyens propres d'amorçage possédant au moins deux dispositifs de sécurité efficaces. Ils sont conçus pour détoner sous l'eau.

CISAILLES PYROTECHNIQUES EXPLOSIVES: No ONU 0070

Objets constitués d'un dispositif tranchant poussé sur une enclume par une petite charge déflagrante.

COMPOSANTS DE CHAÎNE PYROTECHNIQUE, N.S.A.: Nos ONU 0461, 0382, 0383 et 0384

Objets contenant un explosif, conçus pour transmettre la détonation ou la déflagration dans une chaîne pyrotechnique.

CORDEAU D'ALLUMAGE à enveloppe métallique: No ONU 0103

Objet constitué d'un tube de métal contenant une âme d'explosif déflagrant.

CORDEAU DÉTONANT À CHARGE RÉDUITE à enveloppe métallique: No ONU 0104

Objet constitué d'une âme d'explosif détonant enfermée dans une enveloppe en métal mou recouverte ou non d'une gaine protectrice. La quantité de matière explosible est limitée de façon à ce que seul un faible effet soit produit à l'extérieur du cordeau.

CORDEAU DÉTONANT à enveloppe métallique: Nos ONU 0290 et 0102

Objet constitué d'une âme d'explosif détonant enfermée dans une enveloppe en métal mou, recouverte ou non d'une gaine protectrice.

CORDEAU DÉTONANT À SECTION PROFILÉE: Nos ONU 0288 et 0237

Objets constitués d'une âme d'explosif détonant à section en V recouverte d'une gaine flexible.

CORDEAU DÉTONANT souple: Nos ONU 0065 et 0289

Objet constitué d'une âme d'explosif détonant enfermée dans une enveloppe textile tissée, recouverte ou non d'une gaine de plastique ou d'un autre matériau. La gaine n'est pas nécessaire si l'enveloppe textile tissée est étanche aux pulvérulents.

DÉTONATEURS de mine (de sautage) ÉLECTRIQUES: Nos ONU 0030, 0255 et 0456

Objets spécialement conçus pour l'amorçage des explosifs de mine. Ils peuvent être conçus pour détoner instantanément ou peuvent contenir un élément retardeur. Les détonateurs électriques sont amorcés par un courant électrique.

DÉTONATEURS de mine (de sautage) ÉLECTRONIQUES programmables: Nos ONU 0511, 0512 et 0513

Détonateurs dotés de dispositifs de sûreté et de sécurité améliorés, utilisant des composants électroniques pour transmettre un signal de mise à feu avec des commandes validées et des communications sécurisées. Les détonateurs de ce type ne peuvent pas être initiés par d'autres moyens.

DÉTONATEURS de mine (de sautage) NON ÉLECTRIQUES: Nos ONU 0029, 0267 et 0455

Objets spécialement conçus pour l'amorçage des explosifs de mine. Ils peuvent être conçus pour détoner instantanément ou peuvent contenir un élément retardeur. Les détonateurs non électriques sont amorcés par des éléments tels que tube conducteur d'onde de choc, tube conducteur de flamme, mèche de mineur, autre dispositif d'allumage ou cordeau détonant souple. Les relais détonants sans cordeau détonant sont compris sous cette dénomination.

DÉTONATEURS POUR MUNITIONS: Nos ONU 0073, 0364, 0365 et 0366

Objets constitués d'un petit étui en métal ou en plastique contenant des explosifs tels que l'azoture de plomb, la penthrite ou des combinaisons d'explosifs. Ils sont conçus pour déclencher le fonctionnement d'une chaîne de détonation.

DISPOSITIFS ÉCLAIRANTS AÉRIENS: Nos ONU 0420, 0421, 0093, 0403 et 0404

Objets constitués de matières pyrotechniques et conçus pour être lâchés d'un aéronef pour éclairer, identifier, signaler ou avertir.

DISPOSITIFS ÉCLAIRANTS DE SURFACE: Nos ONU 0418, 0419 et 0092

Objets constitués de matières pyrotechniques et conçus pour être utilisés au sol pour éclairer, identifier, signaler ou avertir.

DISPOSITIFS PYROTECHNIQUES DE SÉCURITÉ: No. ONU 0503

Objets contenant des matières pyrotechniques ou des marchandises dangereuses d'autres classes et qui sont utilisés dans des véhicules, des bateaux ou des aéronefs pour améliorer la sécurité des personnes. Des exemples de dispositifs de sécurité sont les générateurs de gaz pour sac gonflable, les modules de sac gonflable, les rétracteurs de ceinture de sécurité et les dispositifs pyromécaniques. Ces dispositifs pyromécaniques sont des composants assemblés pour assurer, entre autres, des fonctions de séparation, de verrouillage ou de retenue des occupants.

DOUILLES DE CARTOUCHES VIDES AMORCÉES: Nos ONU 0379 et 0055

Objets constitués d'une douille de métal, de plastique ou d'autre matière non inflammable, dans laquelle le seul composant explosif est l'amorce.

DOUILLES COMBUSTIBLES VIDES ET NON AMORCÉES: Nos ONU 0447 et 0446

Objets constitués des douilles réalisées partiellement ou entièrement à partir de nitrocellulose.

ÉCHANTILLONS D'EXPLOSIFS, autres que les explosifs d'amorçage: No ONU 0190

Matières ou objets explosibles nouveaux ou existants, non encore affectés à un nom du tableau A du chapitre 3.2 et transportés conformément aux instructions de l'autorité compétente et généralement en petites quantités, aux fins entre autres d'essai, de classement, de recherche et de développement, de contrôle de qualité ou en tant qu'échantillons commerciaux.

NOTA: Les matières ou objets explosibles déjà affectés à une autre dénomination du tableau A du chapitre 3.2 ne sont pas compris sous cette dénomination.

ENGINS AUTOPROPULSÉS À PROPERGOL LIQUIDE, avec charge d'éclatement: Nos ONU 0397 et 0398

Objets constitués d'un cylindre équipé d'une ou plusieurs tuyères contenant un combustible liquide ainsi que d'une tête militaire. Les missiles guidés sont compris sous cette dénomination.

ENGINS AUTOPROPULSÉS à tête inerte: Nos ONU 0183 et 0502

Objets constitués d'un propulseur et d'une tête inerte. Les missiles guidés sont compris sous cette dénomination.

ENGINS AUTOPROPULSÉS avec charge d'éclatement: Nos ONU 0181 et 0182

Objets constitués d'un propulseur et d'une tête militaire, sans leurs moyens propres d'amorçage ou avec leurs moyens propres d'amorçage possédant au moins deux dispositifs de sécurité efficaces. Les missiles guidés sont compris sous cette dénomination.

ENGINS AUTOPROPULSÉS avec charge d'éclatement: Nos ONU 0180 et 0295

Objets constitués d'un propulseur et d'une tête militaire, avec leurs moyens propres d'amorçage ne possédant pas au moins deux dispositifs de sécurité efficaces. Les missiles guidés sont compris sous cette dénomination.

ENGINS AUTOPROPULSÉS avec charge d'expulsion: Nos ONU 0436, 0437 et 0438

Objets constitués d'un propulseur et d'une charge servant à éjecter la charge utile de la tête de l'engin. Les missiles guidés sont compris sous cette dénomination.

ENGINS HYDROACTIFS avec charge de dispersion, charge d'expulsion ou charge propulsive: Nos ONU 0248 et 0249

Objets dont le fonctionnement est basé sur une réaction physico-chimique de leur contenu avec l'eau.

EXPLOSIF DE MINE (DE SAUTAGE) DU TYPE A: No ONU 0081

Matières constituées de nitrates organiques liquides tels que la nitroglycérine ou un mélange de ces composants avec un ou plusieurs des composants suivants: nitrocellulose, nitrate d'ammonium ou autres nitrates inorganiques, dérivés nitrés aromatiques ou matières combustibles telles que farine de bois et aluminium en poudre. Elles peuvent contenir des composants inertes tels que le kieselguhr et d'autres additifs tels que des colorants ou des stabilisants. Ces matières explosives doivent être sous la forme de poudre ou avoir une consistance gélatineuse ou élastique. Les dynamites, les dynamites-gommes et les dynamites-plastiques sont comprises sous cette dénomination.

EXPLOSIF DE MINE (DE SAUTAGE) DU TYPE B: Nos ONU 0082 et 0331

Matières constituées:

a)   soit d'un mélange de nitrate d'ammonium ou d'autres nitrates inorganiques avec un explosif tel que le trinitrotoluène, avec ou sans autre matière telle que la farine de bois et l'aluminium en poudre,

b)   soit d'un mélange de nitrate d'ammonium ou d'autres nitrates inorganiques avec d'autres matières combustibles non explosives. Dans chaque cas, elles peuvent contenir des composants inertes tels que le kieselguhr et des additifs tels que des colorants ou des stabilisants. De tels explosifs ne doivent contenir ni nitroglycérine, ni nitrates organiques liquides similaires, ni chlorates.

EXPLOSIF DE MINE (DE SAUTAGE) DU TYPE C: No ONU 0083

Matières constituées d'un mélange soit de chlorate de potassium ou de sodium, soit de perchlorate de potassium, de sodium ou d'ammonium avec des dérivés nitrés organiques ou des matières combustibles telles que la farine de bois ou l'aluminium en poudre ou un hydrocarbure.

Elles peuvent contenir des composants inertes tels que le kieselguhr et des additifs tels que des colorants ou des stabilisants. De tels explosifs ne doivent contenir ni nitroglycérine ni nitrates organiques liquides similaires.

EXPLOSIF DE MINE (DE SAUTAGE) DU TYPE D: No ONU 0084

Matières constituées d'un mélange de composés nitrés organiques et de matières combustibles telles que les hydrocarbures ou l'aluminium en poudre. Elles peuvent contenir des composants inertes tels que le kieselguhr et des additifs tels que des colorants ou des stabilisants. De tels explosifs ne doivent contenir ni nitroglycérine, ni nitrates organiques liquides similaires, ni chlorates, ni nitrate d'ammonium. Les explosifs plastiques en général sont compris sous cette dénomination.

EXPLOSIF DE MINE (DE SAUTAGE) DU TYPE E: Nos ONU 0241 et 0332

Matières constituées d'eau comme composant essentiel et de fortes proportions de nitrate d'ammonium ou d'autres comburants qui sont tout ou partie en solution. Les autres composants peuvent être des dérivés nitrés tels que le trinitrotoluène, des hydrocarbures ou l'aluminium en poudre. Elles peuvent contenir des composants inertes tels que le kieselguhr et des additifs tels que des colorants ou des stabilisants. Les bouillies explosives, les émulsions explosives et les gels explosifs aqueux sont compris sous cette dénomination.

FUSÉES-ALLUMEURS: Nos ONU 0316, 0317 et 0368

Objets qui contiennent des composants explosifs primaires et qui sont conçus pour provoquer une déflagration dans les munitions. Ils comportent des composants mécaniques, électriques, chimiques ou hydrostatiques pour déclencher la déflagration. Ils possèdent généralement des dispositifs de sécurité.

FUSÉES-DÉTONATEURS: Nos ONU 0106, 0107, 0257 et 0367

Objets qui contiennent des composants explosifs et qui sont conçus pour provoquer une détonation dans les munitions. Ils comportent des composants mécaniques, électriques, chimiques ou hydrostatiques pour amorcer la détonation. Ils contiennent généralement des dispositifs de sécurité.

FUSÉES-DÉTONATEURS avec dispositifs de sécurité: Nos ONU 0408, 0409 et 0410

Objets qui contiennent des composants explosifs et qui sont conçus pour provoquer une détonation dans les munitions. Ils comportent des composants mécaniques, électriques, chimiques ou hydrostatiques pour amorcer la détonation. La fusée-détonateur doit posséder au moins deux dispositifs de sécurité efficaces.

GALETTE HUMIDIFIÉE avec au moins 17 % (masse) d'alcool; GALETTE HUMIDIFIÉE avec au moins 25 % (masse) d'eau: Nos ONU 0433 et 0159

Matière constituée de nitrocellulose imprégnée d'au plus de 60 % de nitroglycérine ou d'autres nitrates organiques liquides ou d'un mélange de ces liquides.

GRENADES à main ou à fusil avec charge d'éclatement: Nos ONU 0284 et 0285

Objets qui sont conçus pour être lancés à la main ou à l'aide d'un fusil. Ils sont sans leurs moyens propres d'amorçage ou avec leurs moyens propres d'amorçage possédant au moins deux dispositifs de sécurité efficaces.

GRENADES à main ou à fusil avec charge d'éclatement: Nos ONU 0292 et 0293

Objets qui sont conçus pour être lancés à la main ou à l'aide d'un fusil. Ils sont avec leurs moyens propres d'amorçage ne possédant pas plus de deux dispositifs de sécurité.

GRENADES D'EXERCICE à main ou à fusil: Nos ONU 0372, 0318, 0452 et 0110

Objets sans charge d'éclatement principale, conçus pour être lancés à la main ou à l'aide d'un fusil. Ils contiennent le système d'amorçage et peuvent contenir une charge de marquage.

HEXOTONAL: No ONU 0393

Matière constituée d'un mélange intime de cyclotriméthylène-trinitramine (RDX), de trinitrotoluène (TNT) et d'aluminium.

HEXOLITE (HEXOTOL) sèche ou humidifiée avec moins de 15 % (masse) d'eau: No ONU 0118

Matière constituée d'un mélange intime de cylcotriméthylène-trinitramine (RDX) et de trinitrotoluène (TNT). La "composition B" est comprise sous cette dénomination.

INFLAMMATEURS (ALLUMEURS): Nos ONU 0121, 0314, 0315, 0325 et 0454

Objets contenant une ou plusieurs matières explosibles, utilisés pour déclencher une déflagration dans une chaîne pyrotechnique. Ils peuvent être actionnés chimiquement, électriquement ou mécaniquement.

NOTA: Ne sont pas compris sous cette dénomination les objets suivants: MÈCHES À COMBUSTION RAPIDE; CORDEAU D'ALLUMAGE; MÈCHE NON DÉTONANTE; FUSÉES-ALLUMEURS; ALLUMEURS POUR MÈCHE DE MINEUR; AMORCES À PERCUSSION; AMORCES TUBULAIRES. Ils figurent séparément dans la liste.

MATIÈRES EXPLOSIVES TRÈS PEU SENSIBLES (MATIÈRES ETPS) N.S.A.: No ONU 0482

Matières qui présentent un danger d'explosion en masse mais qui sont si peu sensibles que la probabilité d'amorçage ou de passage de la combustion à la détonation (dans les conditions normales de transport) est très faible et qui ont subi des épreuves de la série 5.

MÈCHE À COMBUSTION RAPIDE: No ONU 0066

Objet constitué de fils textiles couverts de poudre noire ou d'une autre composition pyrotechnique à combustion rapide et d'une enveloppe protectrice souple, ou constitué d'une âme de poudre noire entourée d'une toile tissée souple. Il brûle avec une flamme extérieure qui progresse le long de la mèche et sert à transmettre l'allumage d'un dispositif à une charge ou à une amorce.

MÈCHE DE MINEUR (MÈCHE LENTE ou CORDEAU BICKFORD): No ONU 0105

Objet constitué d'une âme de poudre noire à grains fins entourée d'une enveloppe textile souple, tissée, revêtue d'une ou plusieurs gaines protectrices. Lorsqu'il est allumé, il brûle à une vitesse prédéterminée sans aucun effet explosif extérieur.

MÈCHE NON DÉTONANTE: No ONU 0101

Objets constitués de fils de coton imprégnés de pulvérin. Ils brûlent avec une flamme extérieure et sont utilisés dans les chaînes d'allumage des artifices de divertissement, etc.

MINES avec charge d'éclatement: Nos ONU 0137 et 0138

Objets constitués généralement de récipients en métal ou en matériau composite remplis d'un explosif secondaire détonant, sans leurs moyens propres d'amorçage ou avec leurs moyens propres d'amorçage possédant au moins deux dispositifs de sécurité efficaces. Ils sont conçus pour fonctionner au passage des bateaux, des véhicules ou du personnel. Les "torpilles Bangalore" sont comprises sous cette dénomination.

MINES avec charge d'éclatement: Nos ONU 0136 et 0294

Objets constitués généralement de récipients en métal ou en matériau composite remplis d'un explosif secondaire détonant, avec leurs moyens propres d'amorçage ne possédant pas au moins deux dispositifs de sécurité efficaces. Ils sont conçus pour fonctionner au passage des bateaux, des véhicules ou du personnel. Les "torpilles Bangalore" sont comprises sous cette dénomination.

MUNITIONS D'EXERCICE: Nos ONU 0362 et 0488

Munitions dépourvues de charge d'éclatement principale, mais contenant une charge de dispersion ou d'expulsion. Généralement, elles contiennent aussi une fusée et une charge propulsive.

NOTA: Ne sont pas compris sous cette dénomination les objets suivants: GRENADES D'EXERCICE. Ils figurent séparément dans la liste.

MUNITIONS ÉCLAIRANTES avec ou sans charge de dispersion, charge d'expulsion ou charge propulsive Nos ONU 0171, 0254 et 0297

Munitions conçues pour produire une source unique de lumière intense en vue d'éclairer un espace. Les cartouches éclairantes, les grenades éclairantes, les projectiles éclairants, les bombes éclairantes et les bombes de repérage sont compris sous cette dénomination.

NOTA: Ne sont pas compris sous cette dénomination les objets suivants: ARTIFICES DE SIGNALISATION À MAIN, CARTOUCHES DE SIGNALISATION, DISPOSITIFS ÉCLAIRANTS AÉRIENS, DISPOSITIFS ÉCLAIRANTS DE SURFACE ET SIGNAUX DE DÉTRESSE. Ils figurent séparément dans la liste.

MUNITIONS FUMIGÈNES avec ou sans charge de dispersion, charge d'expulsion ou charge propulsive Nos ONU 0015, 0016 et 0303

Munitions contenant une matière fumigène telle que mélange acide chlorosulfonique, tétrachlorure de titane ou une composition pyrotechnique produisant de la fumée à base d'hexacloroéthane ou de phosphore rouge. Sauf lorsque la matière est elle-même un explosif, les munitions contiennent également un ou plusieurs éléments suivants: charge propulsive avec amorce et charge d'allumage, fusée avec charge de dispersion ou charge d'expulsion. Les grenades fumigènes sont comprises sous cette dénomination.

NOTA: Ne sont pas compris sous cette dénomination les objets suivants: SIGNAUX FUMIGÈNES. Ils figurent séparément dans la liste.

MUNITIONS FUMIGÈNES AU PHOSPHORE BLANC avec charge de dispersion, charge d'expulsion ou charge propulsive: Nos ONU 0245 et 0246

Munitions contenant du phosphore blanc en tant que matière fumigène. Elles contiennent également un ou plusieurs des éléments suivants: charge propulsive avec amorce et charge d'allumage, fusée avec charge de dispersion ou charge d'expulsion. Les grenades fumigènes sont comprises sous cette dénomination.

MUNITIONS INCENDIAIRES à liquide ou à gel, avec charge de dispersion, charge d'expulsion ou charge propulsive: No ONU 0247

Munitions contenant une matière incendiaire liquide ou sous forme de gel. Sauf lorsque la matière incendiaire est elle-même un explosif, elles contiennent un ou plusieurs des éléments suivants: charge propulsive avec amorce et charge d'allumage, fusée avec charge de dispersion ou charge d'expulsion.

MUNITIONS INCENDIAIRES avec ou sans charge de dispersion, charge d'expulsion ou charge propulsive Nos ONU 0009, 0010 et 0300

Munitions contenant une composition incendiaire. Sauf lorsque la composition est elle-même un explosif, elles contiennent également un ou plusieurs des éléments suivants: charge propulsive avec amorce et charge d'allumage, fusée avec charge de dispersion ou charge d'expulsion.

MUNITIONS INCENDIAIRES AU PHOSPHORE BLANC avec charge de dispersion, charge d'expulsion ou charge propulsive: Nos ONU 0243 et 0244

Munitions contenant du phosphore blanc comme matière incendiaire. Elles contiennent aussi un ou plusieurs des éléments suivants: charge propulsive avec amorce et charge d'allumage, fusée avec charge de dispersion ou charge d'expulsion.

MUNITIONS LACRYMOGÈNES avec charge de dispersion, charge d'expulsion ou charge propulsive Nos ONU 0018, 0019 et 0301

Munitions contenant une matière lacrymogène. Elles contiennent aussi un ou plusieurs des éléments suivants: matière pyrotechnique, charge propulsive avec amorce et charge d'allumage, fusée avec charge de dispersion ou charge d'expulsion.

MUNITIONS POUR ESSAIS: No ONU 0363

Munitions contenant une matière pyrotechnique, utilisées pour éprouver l'efficacité ou la puissance de nouvelles munitions ou de nouveaux éléments ou ensembles d'armes.

OBJETS EXPLOSIFS, EXTRÊMEMENT PEU SENSIBLES (OBJETS EEPS): No ONU 0486

Objets contenants principalement des matières extrêmement peu sensibles qui ne révèlent qu'une probabilité négligeable d'amorçage ou de propagation accidentels dans des conditions de transport normales et qui ont subi la série d'épreuves 7.

OBJETS PYROPHORIQUES: No ONU 0380

Objets qui contiennent une matière pyrophorique (susceptible d'inflammation spontanée lorsqu'elle est exposée à l'air) et une matière ou un composant explosif. Les objets contenant du phosphore blanc ne sont pas compris sous cette dénomination.

OBJETS PYROTECHNIQUES à usage technique: Nos ONU 0428, 0429, 0430, 0431 et 0432

Objets qui contiennent des matières pyrotechniques et qui sont destinés à des usages techniques tels que production de chaleur, production de gaz, effets scéniques, etc.

NOTA: *Ne sont pas compris sous cette dénomination les objets suivants: toutes les munitions; ARTIFICES DE DIVERTISSEMENT, ARTIFICES DE SIGNALISATION À MAIN, ATTACHES PYROTECHNIQUES EXPLOSIVES, CARTOUCHES DE SIGNALISATION, CISAILLES PYROTECHNIQUES EXPLOSIVES, DISPOSITIFS ÉCLAIRANTS AÉRIENS, DISPOSITIFS ÉCLAIRANTS DE SURFACE, PÉTARDS DE CHEMIN DE FER, RIVETS EXPLOSIFS, SIGNAUX DE DÉTRESSE, SIGNAUX FUMIGÈNES. Ils figurent séparément dans la liste.*

OCTOLITE (OCTOL) sèche ou humidifiée avec moins de 15 % (masse) d'eau: No ONU 0266

Matière constituée d'un mélange intime de cyclotétraméthylène-tétranitramine (HMX) et de trinitrotoluène (TNT)

OCTONAL: No ONU 0496

Matière constituée d'un mélange intime de cyclotétraméthylène-tétranitramine (HMX), de trinitrotoluène (TNT) et d'aluminium.

PENTOLITE (sèche) ou humidifiée avec moins de 15 % (masse) d'eau: No ONU 0151

Matière constituée d'un mélange intime de tétranitrate de pentaérythrite (PETN) et de trinitrotoluène (TNT).

PERFORATEURS À CHARGE CREUSE pour puits de pétrole, sans détonateur: Nos ONU 0124 et 0494

Objets constitués d'un tube d'acier ou d'une bande métallique sur lequel sont disposées des charges creuses reliées par cordeau détonant, sans moyens propres d'amorçage.

PÉTARDS DE CHEMIN DE FER: Nos ONU 0192, 0492, 0493 et 0193

Objets contenant une matière pyrotechnique qui explose très bruyamment lorsque l'objet est écrasé. Ils sont conçus pour être placés sur un rail.

POUDRE ÉCLAIR: Nos ONU 0094 et 0305

Matière pyrotechnique qui, lorsqu'elle est allumée, émet une lumière intense.

POUDRE NOIRE sous forme de grains ou de pulvérin: No ONU 0027

Matière constituée d'un mélange intime de charbon de bois ou autre charbon et de nitrate de potassium ou de nitrate de sodium, avec ou sans soufre.

POUDRE NOIRE COMPRIMÉE ou POUDRE NOIRE EN COMPRIMÉS: No ONU 0028

Matière constituée de poudre noire sous forme comprimée.

POUDRES SANS FUMÉE: Nos ONU 0160, 0161 et 0509

Matières à base de nitrocellulose utilisée comme poudre propulsive. Les poudres à simple base (nitrocellulose seule), celles à double base (telles que nitrocellulose et nitroglycérine) et celles à triple base (telles que nitrocellulose/nitroglycérine/nitroguanidine) sont comprises sous cette dénomination.

PROJECTILES avec charge d'éclatement: Nos ONU 0168, 0169 et 0344

Objets tels qu'obus ou balle tirés d'un canon ou d'une autre pièce d'artillerie. Ils sont sans leurs moyens propres d'amorçage ou avec leur moyens propres d'amorçage possédant au moins deux dispositifs de sécurité efficaces.

PROJECTILES avec charge d'éclatement: Nos ONU 0167 et 0324

Objets tels qu'obus ou balle tirés d'un canon ou d'une autre pièce d'artillerie. Ils sont avec leurs moyens propres d'amorçage ne possédant pas au moins deux dispositifs de sécurité efficaces.

PROJECTILES avec charge de dispersion ou charge d'expulsion: Nos ONU 0346 et 0347

Objets tels qu'obus ou balle tirés d'un canon ou d'une autre pièce d'artillerie. Ils sont sans leurs moyens propres d'amorçage ou avec leurs moyens propres d'amorçage possédant au moins deux dispositifs de sécurité efficaces. Ils sont utilisés pour répandre des matières colorantes en vue d'un marquage, ou d'autres matières inertes.

PROJECTILES avec charge de dispersion ou charge d'expulsion: Nos ONU 0426 et 0427

Objets tels qu'obus ou balle tirés d'un canon ou d'une autre pièce d'artillerie. Ils sont avec leurs moyens propres d'amorçage ne possédant pas au moins deux dispositifs de sécurité efficaces. Ils sont utilisés pour répandre des matières colorantes en vue d'un marquage, ou d'autres matières inertes.

PROJECTILES avec charge de dispersion ou charge d'expulsion: Nos ONU 0434 et 0435

Objets tels qu'obus ou balle tirés d'un canon ou d'une autre pièce d'artillerie, d'un fusil ou d'une autre arme de petit calibre. Ils sont utilisés pour répandre des matières colorantes en vue d'un marquage, ou d'autres matières inertes.

PROJECTILES inertes avec traceur: Nos ONU 0424, 0425 et 0345

Objets tels qu'obus ou balle tirés d'un canon ou d'une autre pièce d'artillerie, d'un fusil ou d'une autre arme de petit calibre.

PROPERGOL, LIQUIDE: Nos ONU 0497 et 0495

Matière constituée d'un explosif liquide déflagrant, utilisée pour la propulsion.

PROPERGOL, SOLIDE: Nos ONU 0498, 0499 et 0501

Matière constituée d'un explosif solide déflagrant, utilisée pour la propulsion.

PROPULSEURS: Nos ONU 0186, 0280, 0281, 0510

Objets constitués d'une charge explosive, en général un propergol solide, contenue dans un cylindre équipé d'une ou plusieurs tuyères. Ils sont conçus pour propulser un engin autopropulsé ou un missile guidé.

PROPULSEURS À PROPERGOL LIQUIDE: Nos ONU 0395 et 0396

Objets constitués d'un cylindre équipé d'une ou plusieurs tuyères et contenant un combustible liquide. Ils sont conçus pour propulser un engin autopropulsé ou un missile guidé.

PROPULSEURS CONTENANT DES LIQUIDES HYPERGOLIQUES, avec ou sans charge d'expulsion: Nos ONU 0322 et 0250

Objets constitués d'un combustible hypergolique contenu dans un cylindre équipé d'une ou plusieurs tuyères. Ils sont conçus pour propulser un engin autopropulsé ou un missile guidé.

RENFORCATEURS AVEC DÉTONATEUR: Nos ONU 0225 et 0268

Objets constitués d'une charge d'explosif détonant, avec moyens d'amorçage. Ils sont utilisés pour renforcer le pouvoir d'amorçage des détonateurs ou du cordeau détonant.

RENFORCATEURS sans détonateur: Nos ONU 0042 et 0283

Objets constitués d'une charge d'explosif détonant sans moyens d'amorçage. Ils sont utilisés pour renforcer le pouvoir d'amorçage des détonateurs ou du cordeau détonant.

RIVETS EXPLOSIFS: No ONU 0174

Objets constitués d'une petite charge explosive placée dans un rivet métallique.

ROQUETTES LANCE-AMARRES: Nos ONU 0238, 0240 et 0453

Objets constitués d'un propulseur et conçus pour lancer une amarre.

SIGNAUX DE DÉTRESSE de navires: Nos ONU 0194, 0195, 0505 et 0506

Objets contenant des matières pyrotechniques conçus pour émettre des signaux au moyen de sons, de flammes ou de fumée, ou l'une quelconque de leurs combinaisons.

SIGNAUX FUMIGÈNES: Nos ONU 0196, 0313, 0487, 0197 et 0507

Objets contenant des matières pyrotechniques qui produisent de la fumée. Ils peuvent en outre contenir des dispositifs émettant des signaux sonores.

TÊTES MILITAIRES POUR ENGINS AUTOPROPULSÉS avec charge d'éclatement: Nos ONU 0286 et 0287

Objets constitués d'explosif détonant sans leurs moyens propres d'amorçage ou avec leurs moyens propres d'amorçage contenant au moins deux dispositifs de sécurité efficaces. Ils sont conçus pour être montés sur un engin autopropulsé. Les têtes militaires pour missiles guidés sont comprises sous cette dénomination.

TÊTES MILITAIRES POUR ENGINS AUTOPROPULSÉS avec charge d'éclatement: No ONU 0369

Objets constitués d'explosif détonant avec leurs moyens propres d'amorçage ne possédant pas au moins deux dispositifs de sécurité efficaces. Ils sont conçus pour être montés sur un engin autopropulsé. Les têtes militaires pour missiles guidés sont comprises sous cette dénomination.

TÊTES MILITAIRES POUR ENGINS AUTOPROPULSÉS avec charge de dispersion ou charge d'expulsion: No ONU 0370

Objets constitués d'une charge utile inerte et d'une petite charge détonante ou déflagrante sans leurs moyens propres d'amorçage ou avec leurs moyens propres d'amorçage possédant au moins deux dispositifs de sécurité efficaces. Ils sont conçus pour être montés sur un propulseur en vue de répandre des matières inertes. Les têtes militaires pour missiles guidés sont comprises sous cette dénomination.

TÊTES MILITAIRES POUR ENGINS AUTOPROPULSÉS avec charge de dispersion ou charge d'expulsion: No ONU 0371

Objets constitués d'une charge utile inerte et d'une petite charge détonante ou déflagrante avec leurs moyens propres d'amorçage ne possédant pas au moins deux dispositifs de sécurité efficaces. Ils sont conçus pour être montés sur un propulseur en vue de répandre des matières inertes. Les têtes militaires pour missiles guidés sont comprises sous cette dénomination.

TÊTES MILITAIRES POUR TORPILLES avec charge d'éclatement: No ONU 0221

Objets constitués d'explosif détonant sans leurs moyens propres d'amorçage ou avec leurs moyens propres d'amorçage possédant au moins deux dispositifs de sécurité efficaces. Ils sont conçus pour être montés sur une torpille.

TORPILLES avec charge d'éclatement: No ONU 0451

Objets constitués d'un système non explosif destiné à propulser la torpille dans l'eau et d'une tête militaire sans ses moyens propres d'amorçage ou avec ses moyens propres d'amorçage possédant au moins deux dispositifs de sécurité efficaces.

TORPILLES avec charge d'éclatement: No ONU 0329

Objets constitués d'un système explosif destiné à propulser la torpille dans l'eau et d'une tête militaire sans ses moyens propres d'amorçage ou avec ses moyens propres d'amorçage possédant au moins deux dispositifs de sécurité efficaces.

TORPILLES avec charge d'éclatement: No ONU 0330

Objets constitués d'un système explosif ou non explosif destiné à propulser la torpille dans l'eau et d'une tête militaire avec ses moyens propres d'amorçage ne possédant pas au moins deux dispositifs de sécurité efficaces.

TORPILLES À COMBUSTIBLE LIQUIDE avec tête inerte: No ONU 0450

Objets constitués d'un système explosif liquide destiné à propulser la torpille dans l'eau, avec une tête inerte.

TORPILLES À COMBUSTIBLE LIQUIDE avec ou sans charge d'éclatement: No ONU 449

Objets constitués soit d'un système explosif liquide destiné à propulser la torpille dans l'eau, avec ou sans tête militaire, soit d'un système non explosif liquide destiné à propulser la torpille dans l'eau, avec une tête militaire.

TORPILLES DE FORAGE EXPLOSIVES sans détonateur pour puits de pétrole: No ONU 0099

Objets constitués d'une charge détonante contenue dans une enveloppe, sans leurs moyens propres d'amorçage. Ils servent à fissurer la roche autour des tiges de forage de façon à faciliter l'écoulement du pétrole brut à partir de la roche.

TRACEURS POUR MUNITIONS: Nos ONU 0212 et 0306

Objets fermés contenant des matières pyrotechniques et conçus pour suivre la trajectoire d'un projectile.

TRITONAL: No ONU 0390

Matière constituée d'un mélange de trinitrotoluène (TNT) et d'aluminium.

2.2.2   **Classe 2   Gaz**

2.2.2.1   *Critères*

2.2.2.1.1   Le titre de la classe 2 couvre les gaz purs, les mélanges de gaz, les mélanges d'un ou plusieurs gaz avec une ou plusieurs autres matières et les objets contenant de telles matières.

Par gaz, on entend une matière qui:

a)   à 50 °C a une pression de vapeur supérieure à 300 kPa (3 bar); ou

b)   est complètement gazeuse à 20 °C à la pression standard de 101,3 kPa.

NOTA 1: Le No ONU 1052, FLUORURE D'HYDROGÈNE ANHYDRE est néanmoins classé en classe 8.

2: Un gaz pur peut contenir d'autres constituants dus à son procédé de fabrication ou ajoutés pour préserver la stabilité du produit, à condition que la concentration de ces constituants n'en modifie pas le classement ou les conditions de transport, telles que le taux de remplissage, la pression de remplissage ou la pression d'épreuve.

3: Les rubriques N.S.A. énumérées en 2.2.2.3 peuvent inclure des gaz purs ainsi que des mélanges.

2.2.2.1.2   Les matières et objets de la classe 2 sont subdivisés comme suit:

1.   *Gaz comprimé*: un gaz qui, lorsqu'il est emballé sous pression pour le transport, est entièrement gazeux à -50 °C; cette catégorie comprend tous les gaz ayant une température critique inférieure ou égale à -50 °C;

2.   *Gaz liquéfié:* un gaz qui, lorsqu'il est emballé sous pression pour le transport, est partiellement liquide aux températures supérieures à -50 °C. On distingue:

   Gaz liquéfié à haute pression: un gaz ayant une température critique supérieure à -50 °C et inférieure ou égale à +65 °C; et

   Gaz liquéfié à basse pression: un gaz ayant une température critique supérieure à +65 °C;

3.   *Gaz liquéfié réfrigéré:* un gaz qui, lorsqu'il est emballé pour le transport, est partiellement liquide du fait de sa basse température;

4.   *Gaz dissous*: un gaz qui, lorsqu'il est emballé sous pression pour le transport, est dissous dans un solvant en phase liquide;

5.   Générateurs d'aérosols et récipients de faible capacité contenant du gaz (cartouches à gaz);

6.   Autres objets contenant un gaz sous pression;

7.   Gaz non comprimés soumis à des prescriptions particulières (échantillons de gaz).

8.   Produits chimiques sous pression: matières liquides, pâteuses ou pulvérulentes sous pression auxquelles est ajouté un gaz propulseur qui répond à la définition d'un gaz comprimé ou liquéfié et les mélanges de ces matières.

9.   *Gaz adsorbé:* un gaz qui, lorsqu'il est emballé pour le transport, est adsorbé sur un matériau solide poreux résultant en une pression interne du récipient inférieure à 101,3 kPa à 20 °C et inférieure à 300 kPa à 50 °C.

2.2.2.1.3   Les matières et objets de la classe 2, à l'exception des aérosols et des produits chimiques sous pression, sont affectés à l'un des groupes ci-dessous, en fonction des propriétés dangereuses qu'ils présentent:

A   asphyxiant;

O   comburant;

F   inflammable;

T   toxique;

TF   toxique, inflammable;

TC   toxique, corrosif;

TO   toxique, comburant;

TFC   toxique, inflammable, corrosif;

TOC   toxique, comburant, corrosif.

Pour les gaz et mélanges de gaz présentant, d'après ces critères, des propriétés dangereuses relevant de plus d'un groupe, les groupes portant la lettre T ont prépondérance sur tous les autres groupes. Les groupes portant la lettre F ont prépondérance sur les groupes désignés par les lettres A ou O.

NOTA 1: Dans le Règlement type de l'ONU, dans le Code IMDG et dans les Instructions techniques de l'OACI, les gaz sont affectés à l'une des trois divisions ci-dessous, en fonction du danger principal qu'ils présentent:

Division 2.1:   gaz inflammables (correspond aux groupes désignés par un F majuscule);

Division 2.2:   gaz ininflammables, non toxiques (correspond aux groupes désignés par un A ou un O majuscule);

Division 2.3:   gaz toxiques (correspond aux groupes désignés par un T majuscule, c'est-à-dire T, TF, TC, TO, TFC et TOC).

2: Les récipients de faible capacité contenant du gaz (No ONU 2037) sont affectés aux groupes A à TOC en fonction du danger présenté par leur contenu. Pour les aérosols (No ONU 1950), voir 2.2.2.1.6. Pour les produits chimiques sous pression (Nos ONU 3500 à 3505), voir 2.2.2.1.7.

3: Les gaz corrosifs sont considérés comme toxiques, et sont donc affectés au groupe TC, TFC ou TOC.

2.2.2.1.4   Lorsqu'un mélange de la classe 2, nommément mentionné au tableau A du chapitre 3.2 répond à différents critères énoncés aux 2.2.2.1.2 et 2.2.2.1.5, ce mélange doit être classé selon ces critères et affecté à une rubrique N.S.A. appropriée.

2.2.2.1.5   Les matières et objets de la classe 2, à l'exception des aérosols et des produits chimiques sous pression, non nommément mentionnés au tableau A du chapitre 3.2 sont classés sous une rubrique collective énumérée sous 2.2.2.3 conformément aux 2.2.2.1.2 et 2.2.2.1.3. Les critères ci-après s'appliquent:

Gaz asphyxiants

Gaz non comburants, ininflammables et non toxiques et qui diluent ou remplacent l'oxygène normalement présent dans l'atmosphère.

Gaz inflammables

Gaz qui, à une température de 20 °C et à la pression standard de 101,3 kPa:

a)   sont inflammables en mélange à 13 % au plus (volume) avec l'air; ou

b)   ont une plage d'inflammabilité avec l'air d'au moins 12 points de pourcentage quelle que soit leur limite inférieure d'inflammabilité.

L'inflammabilité doit être déterminée soit au moyen d'épreuves, soit par calcul, selon les méthodes approuvées par l'ISO (voir la norme ISO 10156:2017).

Lorsque les données disponibles sont insuffisantes pour que l'on puisse utiliser ces méthodes, on peut appliquer des méthodes d'épreuves équivalentes reconnues par l'autorité compétente du pays d'origine.

Si le pays d'origine n'est pas Partie contractante à l'ADN, ces méthodes doivent être reconnues par l'autorité compétente du premier pays Partie contractante à l'ADN touché par l'envoi.

Gaz comburants

Gaz qui peuvent, en général par apport d'oxygène, causer ou favoriser plus que l'air la combustion d'autres matières. Ce sont des gaz purs ou des mélanges de gaz dont le pouvoir comburant, déterminé suivant une méthode définie dans la norme ISO 10156:2017, est supérieur à 23,5 %.

Gaz toxiques

NOTA: *Les gaz qui répondent partiellement ou totalement aux critères de toxicité du fait de leur corrosivité doivent être classés comme toxiques. Voir aussi les critères sous le titre "Gaz corrosifs" pour un éventuel danger subsidiaire de corrosivité.*

Gaz qui:

a)   sont connus pour être toxiques ou corrosifs pour l'homme au point de présenter un danger pour la santé; ou

b)   sont présumés toxiques ou corrosifs pour l'homme parce que leur CL_{50} pour la toxicité aiguë est inférieure ou égale à 5 000 ml/m^3 (ppm) lorsqu'ils sont soumis à des essais exécutés conformément au 2.2.61.1.

Pour le classement des mélanges de gaz (y compris les vapeurs de matières d'autres classes), on peut utiliser la formule de calcul ci-dessous:

$$CL_{50} \text{ (Mélange) toxique} = \frac{1}{\sum\limits_{i=1}^{n} \frac{f_i}{T_i}}$$

où

     f_i =   fraction molaire du ième constituant du mélange;

     T_i =   indice de toxicité du ième constituant du mélange.
est égal à la CL_{50} indiquée dans l'instruction d'emballage P200 du 4.1.4.1 de l'ADR.
Lorsque la valeur CL_{50} n'est pas indiquée dans l'instruction d'emballage P200 du 4.1.4.1 de l'ADR, il faut utiliser la CL_{50} disponible dans la littérature scientifique.
Lorsque la valeur CL_{50} est inconnue, l'indice de toxicité est calculé à partir de la valeur CL_{50} la plus basse de matières ayant des effets physiologiques et chimiques semblables, ou en procédant à des essais si telle est la seule possibilité pratique.

Gaz corrosifs

Les gaz ou mélanges de gaz répondant entièrement aux critères de toxicité du fait de leur corrosivité doivent être classés comme toxiques avec un danger subsidiaire de corrosivité.

Un mélange de gaz qui est considéré comme toxique à cause de ses effets combinés de corrosivité et de toxicité présente un danger subsidiaire de corrosivité lorsqu'on sait par expérience humaine qu'il exerce un effet destructeur sur la peau, les yeux ou les muqueuses, ou lorsque la valeur CL_{50} des constituants corrosifs du mélange est inférieure ou égale à 5 000 ml/m^3 (ppm) quand elle est calculée selon la formule:

$$CL_{50} \text{ (Mélange) corrosif} = \frac{1}{\sum\limits_{i=1}^{n} \frac{fc_i}{Tc_i}}$$

où

     fc_i =   fraction molaire du i^{ème} constituant corrosif du mélange;

     Tc_i =   indice de toxicité de la matière corrosive constituant le mélange.
Tc_i est égal à la CL_{50} indiquée dans l'instruction d'emballage P200 du 4.1.4.1 de l'ADR.
Lorsque la valeur CL_{50} n'est pas indiquée dans l'instruction d'emballage P200 du 4.1.4.1 de l'ADR, il faut utiliser la CL_{50} disponible dans la littérature scientifique.
Lorsque la valeur CL_{50} est inconnue, l'indice de toxicité est calculé à partir de la valeur CL_{50} la plus basse de matières ayant des effets physiologiques et chimiques semblables, ou en procédant à des essais si telle est la seule possibilité pratique.

2.2.2.1.6   *Aérosols*

Les aérosols (No ONU 1950) sont affectés à l'un des groupes ci-dessous en fonction des propriétés dangereuses qu'ils présentent:

A   asphyxiant;

O   comburant;

F   inflammable;

T   toxique;

C   corrosif;

CO   corrosif, comburant;

FC   inflammable, corrosif;

TF   toxique, inflammable;

TC   toxique, corrosif;

TO   toxique, comburant;

TFC   toxique, inflammable, corrosif;

TOC   toxique, comburant, corrosif.

La classification dépend de la nature du contenu du générateur d'aérosol.

NOTA: *Les gaz qui répondent à la définition des gaz toxiques selon 2.2.2.1.5 et les gaz identifiés comme "Considéré comme un gaz pyrophorique" par la note de bas de tableau c du tableau 2 de l'instruction d'emballage P200 du 4.1.4.1 de l'ADR ne doivent pas être utilisés comme gaz propulseurs dans les générateurs d'aérosol. Les aérosols dont le contenu répond aux critères du groupe d'emballage I pour la toxicité ou la corrosivité ne sont pas admis au transport (voir aussi 2.2.2.2.2).*

Les critères ci-dessous s'appliquent:

a)   L'affectation au groupe A se fait lorsque le contenu ne répond pas aux critères d'affectation à tout autre groupe selon les alinéas b) à f) ci-dessous;

b)   L'affectation au groupe O se fait lorsque l'aérosol contient un gaz comburant selon 2.2.2.1.5;

c)   L'aérosol doit être affecté au groupe F si le contenu renferme au moins 85 %, en masse, de composants inflammables et si la chaleur chimique de combustion est égale ou supérieure à 30 kJ/g.

Il ne doit pas être affecté au groupe F si le contenu renferme, au plus, 1%, en masse, de composants inflammables et si la chaleur de combustion est inférieure à 20 kJ/g.

Autrement l'aérosol doit subir l'épreuve d'inflammation conformément aux épreuves décrites dans le Manuel d'épreuves et de critères, Partie III, section 31. Les aérosols extrêmement inflammables et les aérosols inflammables doivent être affectés au groupe F;

NOTA: Les composants inflammables sont des liquides inflammables, solides inflammables ou gaz ou mélanges de gaz inflammables tels que définis dans le Manuel d'épreuves et de critères, Partie III, sous-section 31.1.3, Notas 1 à 3. Cette désignation ne comprend pas les matières pyrophoriques, les matières auto-échauffantes et les matières qui réagissent au contact de l'eau. La chaleur chimique de combustion doit être déterminée avec une des méthodes suivantes ASTM D 240, ISO/FDIS 13943: 1999 (E/F) 86.1 à 86.3 ou NFPA 30B.

d) L'affectation au groupe T se fait lorsque le contenu, autre que le gaz propulseur à éjecter du générateur d'aérosol, est classé dans la classe 6.1, groupes d'emballage II ou III;

e) L'affectation au groupe C se fait lorsque le contenu, autre que le gaz propulseur à éjecter du générateur d'aérosol, répond aux critères de la classe 8, groupes d'emballage II ou III;

f) Lorsque les critères correspondant à plus d'un des groupes O, F, T et C sont satisfaits, l'affectation se fait, selon le cas, aux groupes CO, FC, TF, TC, TO, TFC ou TOC.

2.2.2.1.7   *Produits chimiques sous pression*

Les produits chimiques sous pression (Nos ONU 3500 à 3505) sont affectés à l'un des groupes ci-dessous en fonction des propriétés dangereuses qu'ils présentent:

A   asphyxiant;

F   inflammable;

T   toxique;

C   corrosif;

FC   inflammable, corrosif;

TF   toxique, inflammable.

La classification dépend des caractéristiques de danger des composants dans les différents états:

Agent de dispersion;

Liquide; ou

Solide.

NOTA 1: Les gaz qui répondent à la définition des gaz toxiques ou des gaz comburants selon 2.2.2.1.5 et les gaz identifiés comme "Considéré comme un gaz pyrophorique" par la note de bas de tableau c du tableau 2 de l'instruction d'emballage P200 du 4.1.4.1 de l'ADR ne doivent pas être utilisés comme gaz propulseurs dans les produits chimiques sous pression.

2: Les produits chimiques sous pression dont le contenu répond aux critères du groupe d'emballage I pour la toxicité ou la corrosivité ou dont le contenu répond à la fois aux critères des groupes d'emballages II ou III pour la toxicité et aux critères des groupes d'emballages II ou III pour la corrosivité ne sont pas admis au transport sous ces Nos ONU.

3: Les produits chimiques sous pression dont les composants satisfont aux propriétés de la classe 1, des explosifs désensibilisés liquides de la classe 3, des matières autoréactives et des explosifs désensibilisés solides de la classe 4.1, de la classe 4.2, de la classe 4.3, de la classe 5.1, de la classe 5.2, de la classe 6.2 ou de la classe 7, ne doivent pas être utilisés pour le transport sous ces Nos ONU.

4: Un produit chimique sous pression dans un générateur d'aérosol doit être transporté sous le No ONU 1950.

Les critères ci-dessous s'appliquent:

a)   L'affectation au groupe A se fait lorsque le contenu ne répond pas aux critères d'affectation à tout autre groupe selon les alinéas b) à e) ci-dessous;

b)   L'affectation au groupe F se fait si l'un des composants, qui peut être une matière pure ou un mélange, doit être classé comme composant inflammable. Les composants inflammables sont des liquides et des mélanges de liquides inflammables, des matières solides et des mélanges de matières solides inflammables, des gaz et des mélanges de gaz inflammables, qui répondent aux critères suivants:

        i)   Par liquide inflammable, on entend un liquide dont le point d'éclair est inférieur ou égal à 93 °C;

        ii)   Par matière solide inflammable, on entend une matière solide qui répond aux critères du 2.2.41.1;

        iii)   Par gaz inflammable, on entend un gaz qui répond aux critères du 2.2.2.1.5;

c)   L'affectation au groupe T se fait lorsque le contenu, autre que le gaz propulseur, est classé en tant que marchandise dangereuse de classe 6.1, groupes d'emballage II ou III;

d)   L'affectation au groupe C se fait lorsque le contenu, autre que le gaz propulseur, est classé en tant que marchandise dangereuse de classe 8, groupes d'emballage II ou III;

e)   Lorsque les critères correspondant à deux des groupes F, T et C sont satisfaits, l'affectation se fait, selon le cas, aux groupes FC ou TF.

2.2.2.2   *Gaz non admis au transport*

2.2.2.2.1   Les gaz chimiquement instables de la classe 2 ne sont pas acceptés au transport à moins que les précautions nécessaires aient été prises pour en prévenir une éventuelle décomposition dangereuse ou polymérisation dangereuse dans des conditions normales de transport ou à moins qu'elles soient transportées conformément à la disposition spéciale r de l'instruction d'emballage P200 (10) du 4.1.4.1 de l'ADR, selon le cas. Pour les précautions à suivre afin d'éviter une polymérisation, voir la disposition spéciale 386 du chapitre 3.3. À cette fin, on doit en particulier veiller à ce que les récipients et citernes ne contiennent aucune matière susceptible de favoriser ces réactions.

2.2.2.2.2   Les matières et mélanges ci-après ne sont pas admis au transport:

–   No ONU 2186 CHLORURE D'HYDROGÈNE LIQUIDE RÉFRIGÉRÉ;

–   No ONU 2421 TRIOXYDE D'AZOTE;

–   No ONU 2455 NITRITE DE MÉTHYLE;

–   Gaz liquéfiés réfrigérés auxquels ne peuvent pas être attribués les codes de classification 3A, 3O ou 3F, à l'exception du numéro d'identification 9000 AMMONIAC ANHYDRE, FORTEMENT RÉFRIGÉRÉ du code de classification 3TC en bateaux citernes;

–   Gaz dissous ne pouvant être classés sous les Nos ONU 1001, 1043, 2073 ou 3318. Pour le No ONU 1043, voir la disposition spéciale 642;

–   Aérosols pour lesquels les gaz qui sont toxiques selon 2.2.2.1.5 ou pyrophoriques selon l'instruction d'emballage P200 du 4.1.4.1 de l'ADR sont utilisés comme gaz propulseurs;

–   Aérosols dont le contenu répond aux critères d'affectation au groupe d'emballage I pour la toxicité ou la corrosivité (voir 2.2.61 et 2.2.8);

–   Récipients de faible capacité contenant des gaz très toxiques (CL_{50} inférieure à 200 ppm) ou pyrophoriques selon l'instruction d'emballage P200 du 4.1.4.1 de l'ADR.

2.2.2.3   **Liste des rubriques collectives**

Gaz comprimés		
Code de classifi-cation	No ONU	Nom et description
1 A	1956	GAZ COMPRIMÉ, N.S.A.
1 O	3156	GAZ COMPRIMÉ COMBURANT, N.S.A.
1 F	1964	HYDROCARBURES GAZEUX EN MÉLANGE COMPRIMÉ, N.S.A.
	1954	GAZ COMPRIMÉ INFLAMMABLE, N.S.A.
1 T	1955	GAZ COMPRIMÉ TOXIQUE, N.S.A.
1 TF	1953	GAZ COMPRIMÉ TOXIQUE, INFLAMMABLE, N.S.A.
1 TC	3304	GAZ COMPRIMÉ TOXIQUE, CORROSIF, N.S.A.
1 TO	3303	GAZ COMPRIMÉ TOXIQUE, COMBURANT, N.S.A.
1 TFC	3305	GAZ COMPRIMÉ TOXIQUE, INFLAMMABLE, CORROSIF, N.S.A.
1 TOC	3306	GAZ COMPRIMÉ TOXIQUE, COMBURANT, CORROSIF, N.S.A.

Gaz liquéfiés		
Code de classifi-cation	No ONU	Nom et description
2 A	1058	GAZ LIQUÉFIÉS ininflammables, additionnés d'azote, de dioxyde de carbone ou d'air
	1078	GAZ FRIGORIFIQUE, N.S.A. (GAZ RÉFRIGÉRANT, N.S.A.) tel que les mélanges de gaz, indiqués par la lettre R..., qui, en tant que:
		Mélange F1, ont une pression de vapeur à 70 °C de 1,3 MPa (13 bar) au plus et une masse volumique à 50 °C non inférieure à celle du dichlorofluorométhane (1,30 kg/l);
		Mélange F2, ont une pression de vapeur à 70 °C de 1,9 MPa (19 bar) au plus et une masse volumique à 50 °C non inférieure à celle du dichlorodifluorométhane (1,21 kg/l);
		Mélange F3, ont une pression de vapeur à 70 °C de 3 MPa (30 bar) au plus et une masse volumique à 50 °C non inférieure à celle du chlorodifluorométhane (1,09 kg/l);
		NOTA: Le trichlorofluorométhane (réfrigérant R 11), le 1,1,2-trichloro-1,2,2-trifluoroéthane (réfrigérant R 113), le 1,1,1-trichloro-2,2,2- trifluoroéthane (réfrigérant R 113a), le 1-chloro-1,2,2-trifluoroéthane (réfrigérant R 133) et le 1-chloro-1,1,2-trifluoroéthane (réfrigérant R 133b) ne sont pas des matières de la classe 2. Elles peuvent, toutefois, entrer dans la composition des mélanges F1 à F3.
	1968	GAZ INSECTICIDE, N.S.A.
	3163	GAZ LIQUÉFIÉ, N.S.A.
2 O	3157	GAZ LIQUÉFIÉ COMBURANT, N.S.A.
2 F	1010	BUTADIÈNES STABILISÉS ou BUTADIÈNES ET HYDROCARBURES EN MÉLANGE STABILISÉ, contenant plus de 40 % de butadiènes
	1060	MÉTHYLACÉTYLÈNE ET PROPADIÈNE EN MÉLANGE STABILISÉ tels les mélanges de méthylacétylène et de propadiène avec hydrocarbures qui, en tant que:
		Mélange P1, contiennent au plus 63 % de méthylacétylène et de propadiène en volume et au plus 24 % de propane et de propylène en volume, le pourcentage d'hydrocarbures saturés - C_4 étant de 14 % en volume au moins; et
		Mélange P2, contiennent au plus 48 % de méthylacétylène et de propadiène en volume et au plus 50 % de propane et de propylène en volume, le pourcentage d'hydrocarbures saturés - C_4 étant au moins de 5 % en volume, ainsi que les mélanges de propadiène avec de 1 à 4 % de méthylacétylène.
	1965	HYDROCARBURES GAZEUX EN MÉLANGE LIQUÉFIÉ, N.S.A. tels que les mélanges qui en tant que:
		Mélange A, ont une pression de vapeur à 70 °C de 1,1 MPa (11 bar) au plus et une masse volumique à 50 °C de 0,525 kg/l au moins;
		Mélange A01, ont une pression de vapeur à 70 °C de 1,6 MPa (16 bar) au plus et une masse volumique à 50 °C de 0,516 kg/l au moins;
		Mélange A02, ont une pression de vapeur à 70 °C de 1,6 MPa (16 bar) au plus et une masse volumique à 50 °C de 0,505 kg/l au moins;
		Mélange A0 ont une pression de vapeur à 70 °C de 1,6 MPa (16 bar) au plus et une masse volumique à 50 °C de 0,495 kg/l au moins;
		Mélange A1, ont une pression de vapeur à 70 °C de 2,1 MPa (21 bar) au plus et une masse volumique à 50 °C de 0,485 kg/l au moins;
		Mélange B1, ont une pression de vapeur à 70 °C de 2,6 MPa (26 bar) au moins et une masse volumique à 50 °C de 0,474 kg/l au moins;

		Gaz liquéfiés *(suite)*
Code de classifi- cation	**No ONU**	**Nom et description**
2 F		Mélange B2, ont une pression de vapeur à 70 °C de 2,6 MPa (26 bar) au plus et une masse volumique à 50 °C de 0,463 kg/l au moins;
		Mélange B, ont une pression de vapeur à 70 °C de 2,6 MPa (26 bar) au plus et une masse volumique à 50 °C de 0,450 kg/l au moins;
		Mélange C, ont une pression de vapeur à 70 °C de 3,1 MPa (31 bar) au plus et une masse volumique à 50 °C de 0,440 kg/l au moins;
		***NOTA 1**: Dans le cas des mélanges susmentionnés, l'emploi des noms ci-après, communément utilisés dans le commerce, est autorisé pour décrire ces matières: pour les mélanges A, A01, A02 et A0: BUTANE; pour le mélange C: PROPANE.*
		2: Le No ONU 1075 GAZ DE PÉTROLE LIQUÉFIÉS peut aussi être utilisé au lieu du No ONU 1965 HYDROCARBURES GAZEUX EN MÉLANGE LIQUÉFIÉ, N.S.A. en cas de transport précédant ou suivant un transport maritime ou aérien.
	3354	GAZ INSECTICIDE INFLAMMABLE, N.S.A.
	3161	GAZ LIQUÉFIÉ INFLAMMABLE, N.S.A.
2 T	1967	GAZ INSECTICIDE TOXIQUE, N.S.A.
	3162	GAZ LIQUÉFIÉ TOXIQUE, N.S.A.
2 TF	3355	GAZ INSECTICIDE TOXIQUE, INFLAMMABLE, N.S.A.
	3160	GAZ LIQUÉFIÉ TOXIQUE, INFLAMMABLE, N.S.A.
2 TC	3308	GAZ LIQUÉFIÉ TOXIQUE, CORROSIF, N.S.A.
2 TO	3307	GAZ LIQUÉFIÉ TOXIQUE, COMBURANT, N.S.A.
2 TFC	3309	GAZ LIQUÉFIÉ TOXIQUE, INFLAMMABLE, CORROSIF, N.S.A.
2 TOC	3310	GAZ LIQUÉFIÉ TOXIQUE, COMBURANT, CORROSIF, N.S.A.

		Gaz liquéfiés réfrigérés
Code de classifi- cation	**No ONU**	**Nom et description**
3 A	3158	GAZ LIQUIDE RÉFRIGÉRÉ, N.S.A.
3 O	3311	GAZ LIQUIDE RÉFRIGÉRÉ, COMBURANT, N.S.A.
3 F	3312	GAZ LIQUIDE RÉFRIGÉRÉ, INFLAMMABLE, N.S.A.

		Gaz dissous
Code de classifi- cation	**No ONU**	**Nom et description**
4		Seuls ceux énumérés au tableau A du chapitre 3.2 sont admis au transport.

		Générateurs d'aérosols et récipients de faible capacité, contenant du gaz
Code de classifi- cation	**No ONU**	**Nom et description**
5	1950	AÉROSOLS
	2037	RÉCIPIENTS DE FAIBLE CAPACITÉ CONTENANT DU GAZ (CARTOUCHES À GAZ), sans dispositif de détente, non rechargeables

Autres objets contenant du gaz sous pression		
Code de classifi-cation	No ONU	Nom et description
6 A	2857	MACHINES FRIGORIFIQUES contenant des gaz non inflammables et non toxiques ou des solutions d'ammoniac (No ONU 2672)
	3164	OBJETS SOUS PRESSION PNEUMATIQUE (contenant un gaz non inflammable) ou
	3164	OBJETS SOUS PRESSION HYDRAULIQUE (contenant un gaz non inflammable)
	3538	OBJETS CONTENANT DU GAZ ININFLAMMABLE, NON TOXIQUE, N.S.A.
6 F	3150	PETITS APPAREILS À HYDROCARBURES GAZEUX, ou
	3150	RECHARGES D'HYDROCARBURES GAZEUX POUR PETITS APPAREILS, avec dispositif de décharge
	3358	MACHINES FRIGORIFIQUES contenant un gaz liquéfié inflammable et non toxique
	3478	CARTOUCHES POUR PILE À COMBUSTIBLE, contenant un gaz liquéfié inflammable, ou
	3478	CARTOUCHES POUR PILE À COMBUSTIBLE CONTENUES DANS UN ÉQUIPEMENT, contenant un gaz liquéfié inflammable, ou
	3478	CARTOUCHES POUR PILE À COMBUSTIBLE EMBALLÉES AVEC UN ÉQUIPEMENT, contenant un gaz liquéfié inflammable
	3479	CARTOUCHES POUR PILE À COMBUSTIBLE, contenant de l'hydrogène dans un hydrure métallique, ou
	3479	CARTOUCHES POUR PILE À COMBUSTIBLE CONTENUES DANS UN ÉQUIPEMENT, contenant de l'hydrogène dans un hydrure métallique, ou
	3479	CARTOUCHES POUR PILE À COMBUSTIBLE EMBALLÉES AVEC UN ÉQUIPEMENT, contenant de l'hydrogène dans un hydrure métallique
	3529	MOTEUR À COMBUSTION INTERNE FONCTIONNANT AU GAZ INFLAMMABLE ou
	3529	MOTEUR PILE À COMBUSTIBLE CONTENANT DU GAZ INFLAMMABLE ou
	3529	MACHINE À COMBUSTION INTERNE FONCTIONNANT AU GAZ INFLAMMABLE ou
	3529	MACHINE PILE À COMBUSTIBLE CONTENANT DU GAZ INFLAMMABLE
	3537	OBJETS CONTENANT DU GAZ INFLAMMABLE, N.S.A.
6 T	3539	OBJETS CONTENANT DU GAZ TOXIQUE, N.S.A.

Échantillons de gaz		
Code de classifi-cation	No ONU	Nom et description
7 F	3167	ÉCHANTILLON DE GAZ, NON COMPRIMÉ, INFLAMMABLE, N.S.A., sous une forme autre qu'un liquide réfrigéré
7 T	3169	ÉCHANTILLON DE GAZ, NON COMPRIMÉ, TOXIQUE, N.S.A., sous une forme autre qu'un liquide réfrigéré
7 TF	3168	ÉCHANTILLON DE GAZ, NON COMPRIMÉ, TOXIQUE, INFLAMMABLE, N.S.A., sous une forme autre qu'un liquide réfrigéré

Produits chimiques sous pression		
Code de classifi-cation	No ONU	Nom et description
8 A	3500	PRODUIT CHIMIQUE SOUS PRESSION, N.S.A.
8 F	3501	PRODUIT CHIMIQUE SOUS PRESSION, INFLAMMABLE, N.S.A.
8 T	3502	PRODUIT CHIMIQUE SOUS PRESSION, TOXIQUE, N.S.A.
8 C	3503	PRODUIT CHIMIQUE SOUS PRESSION, CORROSIF, N.S.A.
8 TF	3504	PRODUIT CHIMIQUE SOUS PRESSION, INFLAMMABLE, TOXIQUE, N.S.A.
8 FC	3505	PRODUIT CHIMIQUE SOUS PRESSION, INFLAMMABLE, CORROSIF, N.S.A.

Gaz adsorbés		
Code de classifi-cation	No ONU	Nom et description
9 A	3511	GAZ ADSORBÉ, N.S.A.
9 O	3513	GAZ ADSORBÉ COMBURANT, N.S.A.
9 F	3510	GAZ ADSORBÉ INFLAMMABLE, N.S.A.
9 T	3512	GAZ ADSORBÉ TOXIQUE, N.S.A.
9 TF	3514	GAZ ADSORBÉ TOXIQUE, INFLAMMABLE, N.S.A.
9 TC	3516	GAZ ADSORBÉ TOXIQUE, CORROSIF, N.S.A.
9 TO	3515	GAZ ADSORBÉ TOXIQUE, COMBURANT, N.S.A.
9 TFC	3517	GAZ ADSORBÉ TOXIQUE, INFLAMMABLE, CORROSIF, N.S.A.
9 TOC	3518	GAZ ADSORBÉ TOXIQUE, COMBURANT, CORROSIF, N.S.A.

2.2.3   Classe 3   Liquides inflammables

2.2.3.1   *Critères*

2.2.3.1.1   Le titre de la classe 3 couvre les matières et objets contenant des matières de cette classe, qui:

–   sont liquides selon l'alinéa a) de la définition "liquide" du 1.2.1;

–   ont, à 50 °C, une tension de vapeur d'au plus 300 kPa (3 bar) et ne sont pas complètement gazeuses à 20 °C et à la pression standard de 101,3 kPa; et

–   ont un point d'éclair d'au plus 60 °C (voir 2.3.3.1 pour l'épreuve pertinente).

Le titre de la classe 3 couvre également les matières liquides et les matières solides à l'état fondu dont le point d'éclair est supérieur à 60 °C et qui sont remises au transport ou transportées à chaud à une température égale ou supérieure à leur point d'éclair. Ces matières sont affectées au No ONU 3256.

Le titre de la classe 3 couvre également les matières explosibles désensibilisées liquides. Les matières explosibles désensibilisées liquides sont des matières explosibles qui sont mises en solution ou en suspension dans l'eau ou dans d'autres liquides de manière à former un mélange liquide homogène n'ayant plus de propriétés explosives. Ces rubriques, au tableau A du chapitre 3.2, sont désignées par les Nos ONU suivants: 1204, 2059, 3064, 3343, 3357 et 3379.

Aux fins du transport en bateaux-citernes le titre de la classe 3 couvre également les matières suivantes:

–   matières ayant un point d'éclair supérieur à 60 °C remises au transport ou transportées à une température située dans la plage de 15 K sous le point d'éclair;

–   matières ayant une température d'auto-inflammation inférieure ou égale à 200 °C et non mentionnées par ailleurs.

NOTA 1: Les matières ayant un point d'éclair supérieur à 35 °C qui, dans les conditions d'épreuve de combustion entretenue définies dans la sous-section 32.5.2 de la troisième Partie du Manuel d'épreuves et de critères, n'entretiennent pas la combustion ne sont pas des matières de la classe 3; si ces matières sont cependant remises au transport et transportées à chaud à des températures égales ou supérieures à leur point d'éclair, elles sont des matières de la présente classe.

2: Par dérogation au paragraphe 2.2.3.1.1 ci-dessus, le carburant diesel, le gazole et l'huile de chauffe (légère) y compris les produits obtenus par synthèse ayant un point d'éclair supérieur à 60 °C, sans dépasser 100 °C, sont considérés comme des matières de la classe 3, No ONU 1202.

3: Les matières liquides inflammables très toxiques à l'inhalation, définies aux paragraphes 2.2.61.1.4 à 2.2.61.1.9, ainsi que les matières toxiques dont le point d'éclair est égal ou supérieur à 23 °C sont des matières de la classe 6.1 (voir 2.2.61.1). Les matières liquides très toxiques à l'inhalation sont identifiées comme telles dans leur désignation officielle de transport figurant dans la colonne (2) ou par la disposition spéciale 354 dans la colonne (6) du tableau A du chapitre 3.2.

4: Les matières et préparations liquides inflammables, employées comme pesticides, qui sont très toxiques, toxiques ou faiblement toxiques et dont le point d'éclair est égal ou supérieur à 23 °C, sont des matières de la classe 6.1 (voir 2.2.61.1).

5: Aux fins du transport en bateaux-citernes, les matières ayant un point d'éclair supérieur à 60 °C et inférieur ou égal à 100 °C sont des matières de la classe 9 (No d'identification 9003).

2.2.3.1.2   Les matières et objets de la classe 3 sont subdivisés comme suit:

F   Liquides inflammables, sans danger subsidiaire et objets contenant de telles matières:

F1   Liquides inflammables ayant un point d'éclair inférieur ou égal à 60 °C;

F2   Liquides inflammables ayant un point d'éclair supérieur à 60 °C, transportés ou remis au transport à une température égale ou supérieure à leur point d'éclair (matières transportées à chaud);

F3   Objets contenant des liquides inflammables

F4   Matières ayant un point d'éclair supérieur à 60 °C remises au transport ou transportées à une température située dans la plage de 15 K sous le point d'éclair;

F5   Matières ayant une température d'auto-inflammation inférieure ou égale à 200 °C et non mentionnées par ailleurs.

FT   Liquides inflammables, toxiques:

FT1   Liquides inflammables, toxiques;

FT2   Pesticides;

FC   Liquides inflammables, corrosifs;

FTC   Liquides inflammables, toxiques, corrosifs;

D   Liquides explosibles désensibilisés.

2.2.3.1.3   Les matières et objets classés dans la classe 3 sont énumérés au tableau A du chapitre 3.2. Les matières qui ne sont pas nommément mentionnées au tableau A du chapitre 3.2 doivent être affectées à la rubrique pertinente du 2.2.3.3 et au groupe d'emballage approprié conformément aux dispositions de la présente section. Les liquides inflammables doivent être affectés aux groupes d'emballage suivants selon le degré de danger qu'ils présentent pour le transport:

Groupe d'emballage	Point d'éclair (en creuset fermé)	Point initial d'ébullition
I	--	≤ 35 °C
II [a]	< 23 °C	> 35 °C
III [a]	≥ 23 °C et ≤ 60 °C	> 35 °C

[a]   *Voir aussi 2.2.3.1.4*

Pour un liquide ayant un (des) danger(s) subsidiaire(s), il faut prendre en compte le groupe d'emballage défini conformément au tableau ci-dessus et le groupe d'emballage lié à la gravité du (des) danger(s) subsidiaire(s); le classement et le groupe d'emballage découlent alors des dispositions du tableau d'ordre de prépondérance des dangers du 2.1.3.10.

2.2.3.1.4   Les liquides inflammables visqueux comme les peintures, émaux, laques, vernis, adhésifs et produits d'entretien dont le point d'éclair est inférieur à 23 °C peuvent être affectés au groupe d'emballage III conformément aux procédures décrites dans la section 32.3 de la troisième partie du *Manuel d'épreuves et de critères*, à condition que:

a)   La viscosité[2] et le point d'éclair soient conformes au tableau suivant:

Viscosité cinématique v extrapolée (à un taux de cisaillement proche de 0) mm²/s à 23 °C	Temps d'écoulement t en secondes	Diamètre de l'ajutage (mm)	Point d'éclair, creuset fermé (°C)
$20 < v \leq 80$	$20 < t \leq 60$	4	plus de 17
$80 < v \leq 135$	$60 < t \leq 100$	4	plus de 10
$135 < v \leq 220$	$20 < t \leq 32$	6	plus de 5
$220 < v \leq 300$	$32 < t \leq 44$	6	plus de -1
$300 < v \leq 700$	$44 < t \leq 100$	6	plus de -5
$700 < v$	$100 < t$	6	pas de limite

b)   Moins de 3% de la couche de solvant limpide se sépare lors de l'épreuve de séparation du solvant;

c)   Le mélange ou le solvant séparé éventuellement ne réponde pas aux critères de la classe 6.1 ou de la classe 8;

d)   Les matières soient emballées dans des récipients dont la contenance ne dépasse pas 450 litres.

NOTA: Ces dispositions s'appliquent également aux mélanges ne contenant pas plus de 20 % de nitrocellulose à taux d'azote ne dépassant pas 12,6 % (masse sèche). Les mélanges contenant plus de 20 % et 55 % au plus de nitrocellulose à taux d'azote ne dépassant pas 12,6% (masse sèche) sont des matières affectées au numéro ONU 2059.

Les mélanges ayant un point d'éclair inférieur à 23 °C:

−   avec plus de 55% de nitrocellulose quel que soit leur taux d'azote; ou

−   avec 55% au plus de nitrocellulose à taux d'azote supérieur à 12,6% (masse sèche)

sont des matières de la classe 1 (numéro ONU 0340 ou 0342) ou de la classe 4.1 (numéro ONU 2555, 2556 ou 2557).

---

[2]   *Détermination de la viscosité: Lorsque la matière en question est non newtonienne ou que la méthode de détermination de la viscosité à l'aide d'une coupe d'écoulement est, par ailleurs, inappropriée, on devra utiliser un viscosimètre à taux de cisaillement variable pour déterminer le coefficient de viscosité dynamique de la matière à 23 °C pour plusieurs taux de cisaillement, puis rapporter les valeurs obtenues au taux de cisaillement et les extrapoler à un taux de cisaillement 0. La valeur de viscosité dynamique ainsi obtenue, divisée par la masse volumique, donne la viscosité cinématique apparente à un taux de cisaillement proche de 0.*

2.2.3.1.5   *Liquides visqueux*

2.2.3.1.5.1   Sauf dans les cas prévus au 2.2.3.1.5.2, les liquides visqueux:

–   dont le point d'éclair est égal ou supérieur à 23 °C et égal ou inférieur à 60 °C;

–   qui ne sont pas toxiques ni corrosifs, ni dangereux pour l'environnement;

–   qui ne contiennent pas plus de 20 % de nitrocellulose à condition que la nitrocellulose ne contienne pas plus de 12,6 % d'azote (masse sèche); et

–   qui sont emballés dans des récipients de contenance inférieure ou égale à 450 l;

ne sont pas soumis à l'ADN, si:

a)   dans l'épreuve de séparation du solvant (voir la sous-section 32.5.1 de la troisième partie du *Manuel d'épreuves et critères*) la hauteur de la couche séparée de solvant est inférieure à 3% de la hauteur totale; et

b)   le temps d'écoulement dans l'épreuve de viscosité (voir la sous-section 32.4.3 de la troisième partie du *Manuel d'épreuves et de critères*) avec un ajutage de 6 mm est égal ou supérieur à:

i)   60 secondes; ou

ii)   40 secondes si les matières visqueuses contiennent au plus 60 % de matières de la classe 3.

2.2.3.1.5.2   Les liquides visqueux qui sont aussi dangereux pour l'environnement mais qui remplissent tous les autres critères énoncés au 2.2.3.1.5.1, ne sont soumis à aucune autre disposition de l'ADN lorsqu'ils sont transportés dans des emballages simples ou combinés contenant une quantité nette par emballage simple ou intérieur inférieure ou égale à 5 l, à condition que ces emballages satisfassent aux dispositions générales des 4.1.1.1, 4.1.1.2 et 4.1.1.4 à 4.1.1.8 de l'ADR.

2.2.3.1.6   Lorsque les matières de la classe 3, par suite d'adjonctions, passent dans d'autres catégories de danger que celles auxquelles appartiennent les matières nommément mentionnées au tableau A du chapitre 3.2, ces mélanges ou solutions doivent être affectés aux rubriques dont ils relèvent sur la base de leur danger réel.

NOTA: *Pour classer les solutions et mélanges (tels que préparations et déchets), voir également 2.1.3.*

2.2.3.1.7   Sur la base des procédures d'épreuve de 2.3.3.1 et 2.3.4 et des critères du 2.2.3.1.1, l'on peut également déterminer si la nature d'une solution ou d'un mélange nommément mentionnés ou contenant une matière nommément mentionnée est telle que cette solution ou ce mélange ne sont pas soumis aux prescriptions relatives à la présente classe (voir aussi 2.1.3).

2.2.3.2   *Matières non admises au transport*

2.2.3.2.1   Les matières de la classe 3 susceptibles de se peroxyder facilement (comme les éthers ou certaines matières hétérocycliques oxygénées), ne sont pas admises au transport si leur taux de peroxyde compté en peroxyde d'hydrogène (H_2O_2) dépasse 0,3 %. Le taux de peroxyde doit être déterminé comme indiqué en 2.3.3.3.

2.2.3.2.2   Les matières chimiquement instables de la classe 3 ne sont pas acceptées au transport à moins que les précautions nécessaires aient été prises pour en prévenir une éventuelle décomposition dangereuse ou polymérisation dangereuse dans des conditions normales de transport. Pour les précautions à suivre afin d'éviter une polymérisation, voir la disposition spéciale 386 du chapitre 3.3. À cette fin, on doit en particulier veiller à ce que les récipients et citernes ne contiennent aucune matière susceptible de favoriser ces réactions.

2.2.3.2.3   Les matières explosibles désensibilisées liquides, autres que celles énumérées au tableau A du chapitre 3.2, ne sont pas admises au transport en tant que matières de la classe 3.

2.2.3.3 *Liste des rubriques collectives*

Liquides inflammables et objets contenant de telles matières		1133	ADHÉSIFS contenant un liquide inflammable
		1136	DISTILLATS DE GOUDRON DE HOUILLE, INFLAMMABLES
		1139	SOLUTION D'ENROBAGE (traitements de surface ou enrobages utilisés dans l'industrie ou à d'autres fins, tels que sous-couche pour carrosserie de véhicules, revêtement pour fûts et tonneaux)
		1197	EXTRAITS LIQUIDES, pour aromatiser
		1210	ENCRES D'IMPRIMERIE, inflammables ou
		1210	MATIÈRES APPARENTÉES AUX ENCRES D'IMPRIMERIE (y compris solvants et diluants pour encres d'imprimerie), inflammables
		1263	PEINTURES (y compris peintures, laques, émaux, couleurs, shellac, vernis, cirages, encaustiques, enduits d'apprêt et bases liquides par laques), ou
		1263	MATIÈRES APPARENTÉES AUX PEINTURES (y compris solvants et diluants pour peintures)
		1266	PRODUITS POUR PARFUMERIE contenant des solvants inflammables
		1293	TEINTURES MÉDICINALES
	F1	1306	PRODUITS DE PRÉSERVATION DES BOIS, LIQUIDES
		1866	RÉSINES EN SOLUTION, inflammables
		1999	GOUDRONS LIQUIDES, y compris les liants routiers et les cut backs bitumineux
		3065	BOISSONS ALCOOLISÉES
		1224	CÉTONES LIQUIDES, N.S.A.
		1268	DISTILLATS DE PÉTROLE, N.S.A. ou
		1268	PRODUITS PÉTROLIERS, N.S.A.
		1987	ALCOOLS, N.S.A.
		1989	ALDÉHYDES, N.S.A.
		2319	HYDROCARBURES TERPÉNIQUES, N.S.A.
Sans danger subsi-diaire		3271	ÉTHERS, N.S.A.
		3272	ESTERS, N.S.A.
		3295	HYDROCARBURES LIQUIDES, N.S.A.
		3336	MERCAPTANS LIQUIDES INFLAMMABLES, N.S.A. ou
		3336	MERCAPTANS EN MÉLANGE LIQUIDE INFLAMMABLE, N.S.A.
		1993	LIQUIDE INFLAMMABLE, N.S.A.
F			
	matières transportées à chaud **F2**	3256	LIQUIDE TRANSPORTÉ A CHAUD, INFLAMMABLE, N.S.A., ayant un point d'éclair supérieur à 60 °C, à une température égale ou supérieure à son point d'éclair
		3269	TROUSSES DE RÉSINE POLYESTER, constituant de base liquide
		3473	CARTOUCHES POUR PILE À COMBUSTIBLE ou
		3473	CARTOUCHES POUR PILE À COMBUSTIBLE CONTENUES DANS UN ÉQUIPEMENT ou
		3473	CARTOUCHES POUR PILE À COMBUSTIBLE EMBALLÉES AVEC UN ÉQUIPEMENT
	objets **F3**	3528	MOTEUR À COMBUSTION INTERNE FONCTIONNANT AU LIQUIDE INFLAMMABLE ou
		3528	MOTEUR PILE À COMBUSTIBLE CONTENANT DU LIQUIDE INFLAMMABLE ou
		3528	MACHINE À COMBUSTION INTERNE FONCTIONNANT AU LIQUIDE INFLAMMABLE ou
		3528	MACHINE PILE À COMBUSTIBLE CONTENANT DU LIQUIDE INFLAMMABLE
		3540	OBJETS CONTENANT DU LIQUIDE INFLAMMABLE, N.S.A.
	F4	9001	MATIÈRES DONT LE POINT D'ÉCLAIR EST SUPÉRIEUR À 60°C, transportées à chaud à une température PLUS PRÈS QUE 15 K DU POINT D'ÉCLAIR
	F5	9002	MATIÈRES AYANT UNE TEMPÉRATURE D'AUTO-INFLAMMATION $\leq$ 200 °C, n.s.a.

(*suite page suivante*)

Toxiques **FT**		**FT1**	1228 MERCAPTANS LIQUIDES INFLAMMABLES, N.S.A. ou 1228 MERCAPTANS EN MÉLANGE LIQUIDE INFLAMMABLE, TOXIQUE, N.S.A. 1986 ALCOOLS INFLAMMABLES, TOXIQUES, N.S.A. 1988 ALDÉHYDES INFLAMMABLES, TOXIQUES, N.S.A. 2478 ISOCYANATES INFLAMMABLES, TOXIQUES, N.S.A. ou 2478 ISOCYANATE EN SOLUTION, INFLAMMABLE, TOXIQUES, N.S.A. 3248 MÉDICAMENT LIQUIDE INFLAMMABLE, TOXIQUE, N.S.A. 3273 NITRILES INFLAMMABLES, TOXIQUES, N.S.A. 1992 LIQUIDE INFLAMMABLE, TOXIQUE, N.S.A.
	Pesticides **(point** **d'éclair** **< 23 °C)**	**FT2**	2758 CARBAMATE PESTICIDE LIQUIDE, INFLAMMABLE, TOXIQUE 2760 PESTICIDE ARSENICAL LIQUIDE INFLAMMABLE, TOXIQUE 2762 PESTICIDE ORGANOCHLORÉ LIQUIDE INFLAMMABLE, TOXIQUE 2764 TRIAZINE PESTICIDE LIQUIDE INFLAMMABLE, TOXIQUE 2772 THIOCARBAMATE PESTICIDE LIQUIDE INFLAMMABLE, TOXIQUE 2776 PESTICIDE CUIVRIQUE LIQUIDE INFLAMMABLE, TOXIQUE 2778 PESTICIDE MERCURIEL LIQUIDE INFLAMMABLE, TOXIQUE 2780 NITROPHÉNOL SUBSTITUÉ PESTICIDE LIQUIDE INFLAMMABLE, TOXIQUE 2782 PESTICIDE BIPYRIDILIQUE LIQUIDE INFLAMMABLE, TOXIQUE 2784 PESTICIDE ORGANOPHOSPHORÉ LIQUIDE INFLAMMABLE, TOXIQUE 2787 PESTICIDE ORGANOSTANNIQUE LIQUIDE INFLAMMABLE, TOXIQUE 3024 PESTICIDE COUMARINIQUE LIQUIDE INFLAMMABLE, TOXIQUE 3346 ACIDE PHÉNOXYACÉTIQUE, DÉRIVÉ PESTICIDE SOLIDE, TOXIQUE 3350 PYRÉTHROÏDE PESTICIDE LIQUIDE INFLAMMABLE, TOXIQUE 3021 PESTICIDE LIQUIDE INFLAMMABLE, TOXIQUE, N.S.A. ***NOTA:** La classification d'un pesticide doit être fonction de l'ingrédient actif, de l'état physique du pesticide et de tout danger subsidiaire que celui-ci est susceptible de présenter.*
Corrosifs		**FC**	3469 PEINTURES, INFLAMMABLES, CORROSIVES (y compris peintures, laques, émaux, couleurs, shellac, vernis, cirages, encaustiques, enduits d'apprêt et bases liquides pour laques) ou 3469 MATIÈRES APPARENTÉES AUX PEINTURES, INFLAMMABLES, CORROSIVES (y compris solvants et diluants pour peintures) 2733 AMINES INFLAMMABLES, CORROSIVES, N.S.A., ou 2733 POLYAMINES INFLAMMABLES, CORROSIVES, N.S.A. 2985 CHLOROSILANES INFLAMMABLES, CORROSIFS, N.S.A. 3274 ALCOOLATES EN SOLUTION dans l'alcool, N.S.A. 2924 LIQUIDE INFLAMMABLE, CORROSIF, N.S.A.
Toxiques, **corrosifs**		**FTC**	3286 LIQUIDE INFLAMMABLE, TOXIQUE, CORROSIF, N.S.A.
Liquides **explosibles** **désensibilisés**		**D**	3343 NITROGLYCÉRINE EN MÉLANGE, DÉSENSIBILISÉE, LIQUIDE, INFLAMMABLE, N.S.A., avec au plus 30% (masse) de nitroglycérine 3357 NITROGLYCÉRINE EN MÉLANGE, DÉSENSIBILISÉE, LIQUIDE, N.S.A., avec au plus 30% (masse) de nitroglycérine 3379 LIQUIDE EXPLOSIBLE DÉSENSIBILISÉ, N.S.A.

2.2.41   **Classe 4.1   Matières solides inflammables, matières autoréactives, matières qui polymérisent et matières solides explosibles désensibilisées**

2.2.41.1   *Critères*

2.2.41.1.1   Le titre de la classe 4.1 couvre les matières et objets inflammables et les matières explosibles désensibilisées qui sont des matières solides selon l'alinéa a) de la définition "solide" à la section 1.2.1, les matières autoréactives liquides ou solides et les matières qui polymérisent.

Sont affectées à la classe 4.1:

–   les matières et objets solides facilement inflammables (voir 2.2.41.1.3 à 2.2.41.1.8);

–   les matières solides ou liquides autoréactives (voir 2.2.41.1.9 à 2.2.41.1.17);

–   les matières solides explosibles désensibilisées (voir 2.2.41.1.18);

–   les matières apparentées aux matières autoréactives (voir 2.2.41.1.19);

–   les matières qui polymérisent (voir 2.2.41.1.20 et 2.2.41.1.21).

2.2.41.1.2   Les matières et objets de la classe 4.1 sont subdivisés comme suit:

F   Matières solides inflammables, sans danger subsidiaire:

    F1   Organiques;

    F2   Organiques, fondues;

    F3   Inorganiques;

    F4   Objets.

FO   Matières solides inflammables, comburantes;

FT   Matières solides inflammables, toxiques:

    FT1   Organiques, toxiques;

    FT2   Inorganiques, toxiques;

FC   Matières solides inflammables, corrosives:

    FC1   Organiques, corrosives;

    FC2   Inorganiques, corrosives;

D   Matières explosibles désensibilisées solides, sans danger subsidiaire;

DT   Matières explosibles désensibilisées solides, toxiques;

SR   Matières autoréactives:

    SR1   Ne nécessitant pas de régulation de température;

    SR2   Nécessitant une régulation de température.

PM   Matières qui polymérisent

    PM1 Ne nécessitant pas une régulation de température;

    PM2 Nécessitant une régulation de température;

Matières solides inflammables

Définitions et propriétés

2.2.41.1.3   Les *matières solides inflammables* sont des matières solides facilement inflammables et des matières solides qui peuvent s'enflammer par frottement.

Les *matières solides facilement inflammables* sont des matières pulvérulentes, granulaires ou pâteuses, qui sont dangereuses si elles prennent feu facilement au contact bref d'une source d'inflammation, telle qu'une allumette qui brûle, et si la flamme se propage rapidement. Le danger peut provenir non seulement du feu mais aussi des produits de combustion toxiques. Les poudres de métal sont particulièrement dangereuses car elles sont difficiles à éteindre une fois enflammées - les agents extincteurs normaux, tels que le dioxyde de carbone et l'eau pouvant accroître le danger.

Classification

2.2.41.1.4   Les matières et objets classés comme matières solides inflammables de la classe 4.1 sont énumérés au tableau A du chapitre 3.2. L'affectation des matières et objets organiques non nommément mentionnés au tableau A du chapitre 3.2 à la rubrique pertinente du 2.2.41.3, conformément aux dispositions du chapitre 2.1, peut se faire sur la base de l'expérience ou des résultats des procédures d'épreuve selon la sous-section 33.2 de la troisième partie du Manuel d'épreuves et de critères. L'affectation des matières inorganiques non nommément mentionnées doit se faire sur la base des résultats des procédures d'épreuve selon la sous-section 33.2 de la troisième partie du Manuel d'épreuves et de critères; l'expérience doit être également prise en considération lorsqu'elle conduit à une affectation plus sévère.

2.2.41.1.5   Lorsque des matières non nommément mentionnées sont affectées à l'une des rubriques énumérées en 2.2.41.3 sur la base des procédures d'épreuve selon la sous-section 33.2 de la troisième partie du Manuel d'épreuves et de critères, les critères suivants doivent être appliqués:

    a)   A l'exception des poudres de métaux et des poudres d'alliages de métaux, les matières pulvérulentes, granulaires ou pâteuses doivent être classées comme matières facilement inflammables de la classe 4.1 lorsqu'elles peuvent s'enflammer facilement au contact bref d'une source d'inflammation (par exemple une allumette en feu), ou lorsque, en cas d'inflammation, la flamme se propage rapidement, la durée de combustion est inférieure à 45 secondes pour une distance mesurée de 100 mm où la vitesse de combustion est supérieure à 2,2 mm/s;

    b)   Les poudres de métaux ou les poudres d'alliages de métaux doivent être affectées à la classe 4.1 lorsqu'elles peuvent s'enflammer au contact d'une flamme et que la réaction se propage en 10 minutes ou moins sur toute la longueur de l'échantillon.

Les matières solides qui peuvent s'enflammer par frottement doivent être classées en classe 4.1 par analogie avec des rubriques existantes (par exemple allumettes) ou conformément à une disposition spéciale pertinente.

2.2.41.1.6   Sur la base de la procédure d'épreuve selon la sous-section 33.2 de la troisième partie du Manuel d'épreuves et de critères et des critères des 2.2.41.1.4 et 2.2.41.1.5, on peut également déterminer si la nature d'une matière nommément mentionnée est telle que cette matière n'est pas soumise aux prescriptions relatives à la présente classe.

2.2.41.1.7   Lorsque les matières de la classe 4.1, par suite d'adjonctions, passent dans d'autres catégories de danger que celles auxquelles appartiennent les matières nommément mentionnées au tableau A du chapitre 3.2, ces mélanges doivent être affectés aux rubriques dont ils relèvent sur la base de leur danger réel.

NOTA: Pour classer les solutions et mélanges (tels que préparations et déchets), voir également 2.1.3.

Affectation aux groupes d'emballage

2.2.41.1.8   Les matières solides inflammables classées sous les diverses rubriques du tableau A du chapitre 3.2 sont affectées aux groupes d'emballage II ou III sur la base des procédures d'épreuve de la sous-section 33.2 de la troisième partie du Manuel d'épreuves et de critères, selon les critères suivants:

a)   Les matières solides facilement inflammables qui, lors de l'épreuve, présentent une durée de combustion inférieure à 45 secondes pour une distance mesurée de 100 mm doivent être affectées au:

Groupe d'emballage II: si la flamme se propage au-delà de la zone humidifiée;

Groupe d'emballage III: si la zone humidifiée arrête la propagation de la flamme pendant au moins quatre minutes;

b)   Les poudres de métaux et les poudres d'alliages de métaux doivent être affectées au:

Groupe d'emballage II: si, lors de l'épreuve, la réaction se propage sur toute la longueur de l'échantillon en cinq minutes ou moins;

Groupe d'emballage III: si, lors de l'épreuve, la réaction se propage sur toute la longueur de l'échantillon en plus de cinq minutes.

Pour ce qui est des matières solides qui peuvent s'enflammer par frottement, leur affectation à un groupe d'emballage doit se faire par analogie avec les rubriques existantes ou conformément à une disposition spéciale pertinente.

Matières autoréactives

Définitions

2.2.41.1.9   Aux fins de l'ADN, *les matières autoréactives* sont des matières thermiquement instables susceptibles de subir une décomposition fortement exothermique, même en l'absence d'oxygène (air). Les matières ne sont pas considérées comme des matières autoréactives de la classe 4.1 si:

a)   elles sont explosibles selon les critères relatifs à la classe 1;

b)   elles sont des matières comburantes selon la procédure de classement relative à la classe 5.1 (voir 2.2.51.1), à l'exception des mélanges de matières comburantes contenant au moins 5 % de matières organiques combustibles qui relèvent de la procédure de classement définie au Nota 2;

c)   ce sont des peroxydes organiques selon les critères relatifs à la classe 5.2 (voir 2.2.52.1);

d)   elles ont une chaleur de décomposition inférieure à 300 J/g; ou

e)   leur température de décomposition autoaccélérée (TDAA) (voir NOTA 3 ci-après) est supérieure à 75 °C pour un colis de 50 kg.

NOTA 1: La chaleur de décomposition peut être déterminée au moyen de toute méthode reconnue sur le plan international, telle que l'analyse calorimétrique différentielle et la calorimétrie adiabatique.

2: Les mélanges de matières comburantes satisfaisant aux critères de la classe 5.1 qui contiennent au moins 5 % de matières organiques combustibles mais qui ne satisfont pas aux critères définis aux paragraphes a), c), d) ou e) ci-dessus doivent être soumis à la procédure de classement des matières autoréactives.

Les mélanges ayant les propriétés des matières autoréactives de type B à F doivent être classés comme matières autoréactives de la classe 4.1.

Les mélanges ayant les propriétés des matières autoréactives du type G conformément à la procédure définie à la sous-section 20.4.3 g), Partie II du Manuel d'épreuves et de critères, doivent être considérés aux fins de classement comme des matières de la classe 5.1 (voir 2.2.51.1).

3: La température de décomposition autoaccélérée (TDAA) est la température la plus basse à laquelle une matière placée dans l'emballage utilisé au cours du transport peut subir une décomposition exothermique. Les conditions nécessaires pour la détermination de cette température figurent dans le Manuel d'épreuves et de critères, deuxième partie, chapitre 20 et section 28.4.

4: Toute matière qui a les propriétés d'une matière autoréactive doit être classée comme telle, même si elle a eu une réaction positive lors de l'épreuve décrite en 2.2.42.1.5 pour l'inclusion dans la classe 4.2.

Propriétés

2.2.41.1.10   La décomposition des matières autoréactives peut être déclenchée par la chaleur, le contact avec des impuretés catalytiques (par exemple acides, composés de métaux lourds, bases), le frottement ou le choc. La vitesse de décomposition s'accroît avec la température et varie selon la matière. La décomposition, particulièrement en l'absence d'inflammation, peut entraîner le dégagement de gaz ou de vapeurs toxiques. Pour certaines matières autoréactives, la température doit être régulée. Certaines matières autoréactives peuvent se décomposer en produisant une explosion surtout sous confinement. Cette caractéristique peut être modifiée par l'adjonction de diluants ou en utilisant des emballages appropriés. Certaines matières autoréactives brûlent vigoureusement. Sont par exemple des matières autoréactives certains composés des types indiqués ci-dessous:

azoïques aliphatiques (-C-N=N-C-);
azotures organiques (-C-N$_3$);
sels de diazonium (-CN$_2^+$ Z$^-$);
composés N-nitrosés (-N-N=O);
sulfohydrazides aromatiques (-SO$_2$-NH-NH$_2$).

Cette liste n'est pas exhaustive et des matières présentant d'autres groupes réactifs et certains mélanges de matières peuvent parfois avoir des propriétés comparables.

Classification

2.2.41.1.11   Les matières autoréactives sont réparties en sept types selon le degré de danger qu'elles présentent. Les types varient du type A, qui n'est pas admis au transport dans l'emballage dans lequel il a été soumis aux épreuves, au type G, qui n'est pas soumis aux prescriptions s'appliquant aux matières autoréactives de la classe 4.1. La classification des matières autoréactives des types B à F est directement fonction de la quantité maximale admissible dans un emballage. On trouvera dans la deuxième partie du Manuel d'épreuves et de critères les principes à appliquer pour le classement ainsi que les procédures de classement applicables, les modes opératoires et les critères et un modèle de procès-verbal d'épreuve approprié.

2.2.41.1.12   Les matières autoréactives déjà classées dont le transport en emballage est déjà autorisé sont énumérées au 2.2.41.4, celles dont le transport en GRV est déjà autorisé sont énumérées au 4.1.4.2 de l'ADR, instruction d'emballage IBC520 et celles dont le transport en citernes mobiles est déjà autorisé sont énumérées au 4.2.5.2 de l'ADR, instruction de transport en citernes mobiles T23. Chaque matière autorisée énumérée est affectée à une rubrique générique du tableau A du chapitre 3.2 (Nos ONU 3221 à 3240), avec indication des dangers subsidiaires et des observations utiles pour le transport de ces matières.

Les rubriques collectives précisent:

–   les types de matières autoréactives B à F, voir 2.2.41.1.11 ci-dessus;

–   l'état physique (liquide/solide); et

–   la régulation de température, le cas échéant, voir 2.2.41.1.17 ci-dessous.

Le classement des matières autoréactives énumérées en 2.2.41.4 est établi sur la base de la matière techniquement pure (sauf lorsqu'une concentration inférieure à 100 % est spécifiée).

2.2.41.1.13   Le classement des matières autoréactives non énumérées au 2.2.41.4, au 4.1.4.2 de l'ADR, instruction d'emballage IBC520 ou au 4.2.5.2 de l'ADR, instruction de transport en citernes mobiles T23 et leur affectation à une rubrique collective doivent être faits par l'autorité compétente du pays d'origine sur la base d'un procès verbal d'épreuve. La déclaration d'agrément doit indiquer le classement et les conditions de transport applicables. Si le pays d'origine n'est pas Partie contractante à l'ADN, le classement et les conditions de transport doivent être reconnus par l'autorité compétente du premier pays Partie contractante à l'ADN touché par l'envoi.

2.2.41.1.14   Pour modifier la réactivité de certaines matières autoréactives, on additionne parfois à celles-ci des activateurs tels que des composés de zinc. Selon le type et la concentration de l'activateur, le résultat peut en être une diminution de la stabilité thermique et une modification des propriétés explosives. Si l'une ou l'autre de ces propriétés est modifiée, la nouvelle préparation doit être évaluée conformément à la méthode de classement.

2.2.41.1.15   Les échantillons de matières autoréactives ou de préparations de matières autoréactives non énumérés en 2.2.41.4, pour lesquels on ne dispose pas de données d'épreuves complètes et qui sont à transporter pour subir des épreuves ou des évaluations supplémentaires, doivent être affectés à l'une des rubriques relatives aux matières autoréactives du type C, à condition que:

–   d'après les données disponibles, l'échantillon ne soit pas plus dangereux qu'une matière autoréactive du type B;

–   l'échantillon soit emballé conformément à la méthode d'emballage OP2 du 4.1.4.1 de l'ADR et la quantité par engin de transport et par unité de transport soit limitée à 10 kg;

–   d'après les données disponibles, la température de régulation, le cas échéant, soit suffisamment basse pour empêcher toute décomposition dangereuse, et suffisamment élevée pour empêcher toute séparation dangereuse des phases.

Désensibilisation

2.2.41.1.16   Pour assurer la sécurité pendant le transport de matières autoréactives, on les désensibilise souvent en y ajoutant un diluant. Lorsqu'un pourcentage d'une matière est stipulé, il s'agit du pourcentage en masse, arrondi à l'unité la plus proche. Si un diluant est utilisé, la matière autoréactive doit être éprouvée en présence du diluant, dans la concentration et sous la forme utilisées pour le transport. Les diluants qui peuvent permettre à une matière autoréactive de se concentrer à un degré dangereux en cas de fuite d'un emballage ne doivent pas être utilisés. Tout diluant utilisé doit être compatible avec la matière autoréactive. A cet égard, sont compatibles les diluants solides ou liquides qui n'ont pas d'effet négatif sur la stabilité thermique et le type de danger de la matière autoréactive. Les diluants liquides, dans les préparations nécessitant une régulation de température (voir 2.2.41.1.14), doivent avoir un point d'ébullition d'au moins 60 °C et un point d'éclair d'au moins 5 °C. Le point d'ébullition du liquide doit être supérieur d'au moins 50 °C à la température de régulation de la matière autoréactive.

Prescriptions en matière de régulation de la température

2.2.41.1.17 Les matières autoréactives dont la TDAA ne dépasse pas 55 °C doivent faire l'objet d'une régulation de température au cours du transport. Voir 7.1.7.

Matières explosibles désensibilisées solides

2.2.41.1.18 Les matières explosibles désensibilisées solides sont des matières qui sont humidifiées avec de l'eau ou de l'alcool, ou encore diluées avec d'autres matières afin d'en éliminer les propriétés explosives. Ces rubriques, dans le tableau A du chapitre 3.2, sont désignées par les Nos ONU suivants: 1310, 1320, 1321, 1322, 1336, 1337, 1344, 1347, 1348, 1349, 1354, 1355, 1356, 1357, 1517, 1571, 2555, 2556, 2557, 2852, 2907, 3317, 3319, 3344, 3364, 3365, 3366, 3367, 3368, 3369, 3370, 3376, 3380 et 3474.

Matières apparentées aux matières autoréactives

2.2.41.1.19 Les matières:

a) qui ont été provisoirement acceptées dans la classe 1 selon les résultats des séries d'épreuves 1 et 2 mais sont exemptées de la classe 1 par les résultats de la série d'épreuves 6;

b) qui ne sont pas des matières autoréactives de la classe 4.1; et

c) qui ne sont pas des matières des classes 5.1 et 5.2,

sont aussi affectées à la classe 4.1. Les Nos ONU 2956, 3241, 3242 et 3251 appartiennent à cette catégorie.

Matières qui polymérisent

Définitions et propriétés

2.2.41.1.20 On entend par *Matières qui polymérisent*, les matières qui, sans stabilisation, sont susceptibles de subir une forte réaction exothermique résultant en la formation de molécules plus grandes ou résultant en la formation de polymères dans les conditions normales de transport. De telles matières sont considérées comme des matières susceptibles de polymériser de la classe 4.1:

a) Lorsque leur température de polymérisation auto-accélérée (TPAA) est au maximum de 75 °C dans les conditions (avec ou sans stabilisation chimique dans la forme sous laquelle ils sont remis au transport) et dans l'emballage, le GRV ou la citerne dans lesquels la matière ou le mélange doivent être transportés;

b) Lorsqu'elles ont une chaleur de réaction supérieure à 300 J/g; et

c) Lorsqu'elles ne satisfont à aucun autre des critères d'inclusion dans les classes 1 à 8.

Un mélange remplissant les critères d'une matière qui polymérise doit être classé en tant que matière qui polymérise de la classe 4.1.

Prescriptions en matière de régulation de la température

2.2.41.1.21 Les matières qui polymérisent sont soumises à régulation de température pendant le transport si leur température de polymérisation auto-accélérée (TPAA):

a) ne dépasse pas 50 °C dans l'emballage ou le GRV dans lequel la matière doit être transportée, dans le cas des matières remises au transport en emballage ou GRV;

b) ne dépasse pas 45 °C dans la citerne dans laquelle la matière doit être transportée, dans le cas des matières remises au transport en citerne.

Voir 7.1.7.

NOTA: *Les matières remplissant les critères d'appartenance à la catégorie des matières qui polymérisent et de classement dans les classes 1 à 8 doivent satisfaire aux prescriptions de la disposition spéciale 386 du chapitre 3.3.*

2.2.41.2 **Matières non admises au transport**

2.2.41.2.1 Les matières chimiquement instables de la classe 4.1 ne sont pas admises au transport à moins que les mesures nécessaires pour empêcher leur décomposition ou leur polymérisation dangereuses en cours de transport aient été prises. A cette fin, il y a lieu notamment de prendre soin que les récipients et citernes ne contiennent pas de substances pouvant favoriser ces réactions.

2.2.41.2.2 Les matières solides, inflammables, comburantes affectées au No ONU 3097 ne sont admises au transport que si elles satisfont aux prescriptions relatives à la classe 1 (voir également 2.1.3.7).

2.2.41.2.3 Les matières suivantes ne sont pas admises au transport:

– Les matières autoréactives du type A (voir le Manuel d'épreuves et de critères, deuxième partie, 20.4.2 a));

– Les sulfures de phosphore qui ne sont pas exempts de phosphore blanc ou jaune;

– Les matières explosibles désensibilisées solides, autres que celles qui sont énumérées au tableau A du chapitre 3.2;

– Les matières inorganiques inflammables à l'état fondu, autres que le No ONU 2448 SOUFRE FONDU;

Matières solides inflammables **F**	**sans danger subsidiaire**	**organiques** **F1**	3175	SOLIDES CONTENANT DU LIQUIDE INFLAMMABLE, N.S.A.
			1353	FIBRES IMPRÉGNÉES DE NITROCELLULOSE FAIBLEMENT NITRÉE, N.S.A.
			1353	TISSUS IMPRÉGNÉS DE NITROCELLULOSE FAIBLEMENT NITRÉE, N.S.A.
			1325	SOLIDE ORGANIQUE INFLAMMABLE, N.S.A.
		organiques fondues **F2**	3176	SOLIDE ORGANIQUE INFLAMMABLE, FONDU, N.S.A.
		inorganiques **F3**	3089	POUDRE MÉTALLIQUE INFLAMMABLE, N.S.A. [a, b]
			3181	SELS MÉTALLIQUES DE COMPOSÉS ORGANIQUES, INFLAMMABLES, N.S.A.
			3182	HYDRURES MÉTALLIQUES INFLAMMABLES, N.S.A. [c]
			3178	SOLIDE INORGANIQUE INFLAMMABLE, N.S.A.
		objets **F4**	3527	TROUSSE DE RÉSINE POLYESTER, constituant de base solide
			3541	OBJETS CONTENANT DU SOLIDE INFLAMMABLE, N.S.A.
	comburantes **FO**		3097	SOLIDE INFLAMMABLE, COMBURANT, N.S.A. (Non admis au transport, voir 2.2.41.2.2
	toxiques **FT**	**organiques** **FT1**	2926	SOLIDE ORGANIQUE INFLAMMABLE, TOXIQUE, N.S.A.
		inorganiques **FT2**	3179	SOLIDE INORGANIQUE INFLAMMABLE, TOXIQUE, N.S.A.
	corrosives **FC**	**organiques** **FC1**	2925	SOLIDE ORGANIQUE INFLAMMABLE, CORROSIF, N.S.A.
		inorganiques **FC2**	3180	SOLIDE INORGANIQUE INFLAMMABLE, CORROSIF, N.S.A.
Matières explosibles désensibilisées solides	**sans danger subsidiaire** **D**		3319	NITROGLYCÉRINE EN MILANGE, DÉSENSIBILISÉE, SOLIDE, N.S.A. avec plus de 2% mais au plus 10% (masse) de nitroglycérine
			3344	TÉTRANITRATE DE PENTAÉRYTHRITE (TETRANITRATE DE PENTAERYTHRITOL, PENTHRITE, PETN) EN MÉLANGE, DESENSIBILISÉ, SOLIDE, N.S.A., avec plus de 10% mais au plus 20% (masse) de PETN
			3380	SOLIDE EXPLOSIBLE DÉSENSIBILISÉ, N.S.A.
	toxiques **DT**			Seules celles qui sont énumérées au tableau A du chapitre 3.2 sont admises au transport en tant que matières de la classe 4.1.

Matières autoréactives **SR**	**ne nécessitant pas de régulation de température** **SR1**		LIQUIDE AUTORÉACTIF DU TYPE A } Non admis au transport, voir 2.2.41.2.3
			SOLIDE AUTORÉACTIF DU TYPE A }
		3221	LIQUIDE AUTORÉACTIF DU TYPE B
		3222	SOLIDE AUTORÉACTIF DU TYPE B
		3223	LIQUIDE AUTORÉACTIF DU TYPE C
		3224	SOLIDE AUTORÉACTIF DU TYPE C
		3225	LIQUIDE AUTORÉACTIF DU TYPE D
		3226	SOLIDE AUTORÉACTIF DU TYPE D
		3227	LIQUIDE AUTORÉACTIF DU TYPE E
		3228	SOLIDE AUTORÉACTIF DU TYPE E
		3229	LIQUIDE AUTORÉACTIF DU TYPE F
		3230	SOLIDE AUTORÉACTIF DU TYPE F
			LIQUIDE AUTORÉACTIF DU TYPE G } Non soumis aux prescriptions applicables à
			SOLIDE AUTORÉACTIF DU TYPE G } la classe 4.1, voir 2.2.41.11
	nécessitant une régulation de température **SR2**	3231	LIQUIDE AUTORÉACTIF DU TYPE B, AVEC RÉGULATION DE TEMPÉRATURE
		3232	SOLIDE AUTORÉACTIF DU TYPE B, AVEC RÉGULATION DE TEMPÉRATURE
		3233	LIQUIDE AUTORÉACTIF DU TYPE C, AVEC RÉGULATION DE TEMPÉRATURE
		3234	SOLIDE AUTORÉACTIF DU TYPE C, AVEC RÉGULATION DE TEMPÉRATURE
		3235	LIQUIDE AUTORÉACTIF DU TYPE D, AVEC RÉGULATION DE TEMPÉRATURE
		3236	SOLIDE AUTORÉACTIF DU TYPE D, AVEC RÉGULATION DE TEMPÉRATURE
		3237	LIQUIDE AUTORÉACTIF DU TYPE E, AVEC RÉGULATION DE TEMPÉRATURE
		3238	SOLIDE AUTORÉACTIF DU TYPE E, AVEC RÉGULATION DE TEMPÉRATURE
		3239	LIQUIDE AUTORÉACTIF DU TYPE F, AVEC RÉGULATION DE TEMPÉRATURE
		3240	SOLIDE AUTORÉACTIF DU TYPE F, AVEC RÉGULATION DE TEMPÉRATURE

(*suite page suivante*)

---

[a] Les métaux et les alliages en poudre ou sous une autre forme inflammable qui sont sujets à l'inflammation spontanée sont des matières de la classe 4.2.

[b] Les métaux et les alliages en poudre ou sous une autre forme inflammable qui, au contact de l'eau, dégagent des gaz inflammables sont des matières de la classe 4.3.

[c] Les hydrures de métaux qui, au contact de l'eau, dégagent des gaz inflammables sont des matières de la classe 4.3. Le borohydrure d'aluminium ou le borohydrure d'aluminium contenu dans des engins est un matière de la classe 4.2, No ONU 2870.

2.2.41.3   *Liste des rubriques collectives (suite)*

Matières qui polymérisent PM	ne nécessitant pas une régulation de température PM1	3531 MATIÈRE SOLIDE QUI POLYMÉRISE, STABILISÉE, N.S.A. 3532 MATIÈRE LIQUIDE QUI POLYMÉRISE, STABILISÉE, N.S.A.
	nécessitant une régulation de température PM2	3533 MATIÈRE SOLIDE QUI POLYMÉRISE, AVEC RÉGULATION DE TEMPÉRATURE, N.S.A. 3534 MATIÈRE LIQUIDE QUI POLYMÉRISE, AVEC RÉGULATION DE TEMPÉRATURE, N.S.A.

2.2.41.4   *Liste des matières autoréactives déjà classées transportées en emballage*

Dans la colonne "Méthode d'emballage", les codes "OP1" à "OP8" se rapportent aux, méthodes d'emballage de l'instruction d'emballage P520 du 4.1.4.1 de l'ADR (voir aussi 4.1.7.1 de l'ADR). Les matières autoréactives à transporter doivent remplir les conditions de classification, de température de régulation et de température critique (déduites de la TDAA) comme indiqué. Pour les matières dont le transport en GRV est autorisé, voir 4.1.4.2 de l'ADR, instruction d'emballage IBC520, et pour celles dont le transport en citernes est autorisé conformément au chapitre 4.2 de l'ADR, voir 4.2.5.2.6 de l'ADR, instruction de transport en citernes mobiles T23. Les préparations non énumérées dans la présente sous-section mais énumérées dans l'instruction d'emballage IBC520 du 4.1.4.2 de l'ADR et dans l'instruction de transport en citerne mobile T23 du 4.2.5.2.6 de l'ADR peuvent également être transportées emballées conformément à la méthode d'emballage OP8 de l'instruction d'emballage P520 du 4.1.4.1 de l'ADR, avec les mêmes températures de régulation et critiques, le cas échéant.

NOTA: La classification donnée dans ce tableau s'applique à la matière techniquement pure (sauf si une concentration inférieure à 100% est indiquée). Pour les autres concentrations, la matière peut être classée différemment, compte tenu des procédures énoncées dans la Partie II du Manuel d'épreuves et critères et au 2.2.41.1.17.

MATIÈRES AUTORÉACTIVES	Concen-tration (%)	Méthode d'emballage	Température de régulation (°C)	Température critique (°C)	Rubrique générique No ONU	Remarques
ACIDE (7-METHOXY-5-METHYLE-BENZOTHIOPHENE-2-YL) BORONIQUE	88-100	OP7			3230	11)
AZODICARBONAMIDE, PRÉPARATION DU TYPE B, AVEC RÉGULATION DE TEMPÉRATURE	< 100	OP5			3232	1) 2)
AZODICARBONAMIDE, PRÉPARATION DU TYPE C	< 100	OP6			3224	3)
AZODICARBONAMIDE, PRÉPARATION DU TYPE C, AVEC RÉGULATION DE TEMPÉRATURE	< 100	OP6			3234	4)
AZODICARBONAMIDE, PRÉPARATION DU TYPE D	< 100	OP7			3226	5)
AZODICARBONAMIDE, PRÉPARATION DU TYPE D, AVEC RÉGULATION DE TEMPÉRATURE	< 100	OP7			3236	6)
AZO-2,2' BIS(DIMÉTHYL-2,4 MÉTHOXY-4 VALÉRONITRILE)	100	OP7	- 5	+ 5	3236	
AZO-2,2' BIS(DIMÉTHYL-2,4 VALÉRONITRILE)	100	OP7	+ 10	+ 15	3236	
AZO-1,1' BIS (HEXAHYDROBENZONITRILE)	100	OP7			3226	
AZO-2,2' BIS(ISOBUTYRONITRILE)	100	OP6	+ 40	+ 45	3234	
AZO-2,2' BIS(ISOBUTYRONITRILE) sous forme de pâte avec l'eau	≤ 50	0P6			3224	

MATIÈRES AUTORÉACTIVES	Concen-tration (%)	Méthode d'emballage	Température de régulation (°C)	Température critique (°C)	Rubrique générique No ONU	Remarques
AZO-2,2' BIS(MÉTHYL-2 PROPIONATE D'ÉTHYLE)	100	OP7	+ 20	+ 25	3235	
AZO-2,2' BIS(MÉTHYL-2 BUTYRONITRILE)	100	OP7	+ 35	+ 40	3236	
BIS(ALLYLCARBONATE) DE DIÉTHYLÈNEGLYCOL + PEROXYDICARBONATE DE DI-ISOPROPYLE	≥ 88 + ≤12	OP8	- 10	0	3237	
CHLORURE DE DIAZO-2 NAPHTOL-1 SULFONYLE-4	100	OP5			3222	2)
CHLORURE DE DIAZO-2 NAPHTOL-1 SULFONYLE-5	100	OP5			3222	2)
CHLORURE DOUBLE DE ZINC ET DE BENZYLÉTHYLAMINO-4 ÉTHOXY-3 BENZÈNEDIAZONIUM	100	OP7			3226	
CHLORURE DOUBLE DE ZINC ET DE BENZYLMÉTHYLAMINO-4 ÉTHOXY-3 BENZÈNEDIAZONIUM	100	OP7	+ 40	+ 45	3236	
CHLORURE DOUBLE DE ZINC ET DE CHLORO-3 DIÉTHYLAMINO-4 BENZÈNEDIAZONIUM	100	OP7			3226	
CHLORURE DOUBLE DE ZINC ET DE DIÉTHOXY-2,5 MORPHOLINO-4 BENZÈNEDIAZONIUM	67-100	OP7	+ 35	+ 40	3236	
CHLORURE DOUBLE DE ZINC ET DE DIÉTHOXY-2,5 MORPHOLINO-4 BENZÈNEDIAZONIUM	66	OP7	+ 40	+ 45	3236	
CHLORURE DOUBLE DE ZINC ET DE DIÉTHOXY-2,5 (PHÉNYLSULFONYL)-4 BENZÈNEDIAZONIUM	67	OP7	+ 40	+ 45	3236	
CHLORURE DOUBLE DE ZINC ET DE DIMÉTHOXY-2,5 (MÉTHYL-4 PHÉNYLSULFONYL)-4 BENZÈNEDIAZONIUM	79	OP7	+ 40	+ 45	3236	
CHLORURE DOUBLE DE ZINC ET DE DIMÉTHYLAMINO-4 (DIMÉTHYLAMINO-2 ÉTHOXY)-6 TOLUÈNE-2 DIAZONIUM	100	OP7	+ 40	+ 45	3236	
CHLORURE DOUBLE DE ZINC ET DE DIPROPYLAMINO-4 BENZÈNEDIAZONIUM	100	OP7			3226	
CHLORURE DOUBLE DE ZINC ET DE (N,N-ÉTHOXYCARBONYLPHÉNYLAMINO)-2 MÉTHOXY-3 (N-MÉTHYL N-CYCLO- HEXYLAMINO)-4 BENZÈNEDIAZONIUM	63-92	OP7	+ 40	+ 45	3236	
CHLORURE DOUBLE DE ZINC ET DE (N,N-ÉTHOXYCARBONYL- PHÉNYL AMINO)-2 MÉTHOXY-3 (N-MÉTHYL N-CYCLOHEXYLAMINO)-4 BENZÈNEDIAZONIUM	62	OP7	+ 35	+ 40	3236	
CHLORURE DOUBLE DE ZINC ET DE (HYDROXY-2 ÉTHOXY)-2 PYRROLIDINYL-1)-1 BENZÈNEDIAZONIUM	100	OP7	+ 45	+ 50	3236	
CHLORURE DOUBLE DE ZINC ET DE (HYDROXY-2 ÉTHOXY)-3 PYRROLIDINYL-1)-4 BENZÈNEDIAZONIUM	100	OP7	+ 40	+ 45	3236	

MATIÈRES AUTORÉACTIVES	Concen-tration (%)	Méthode d'emballage	Température de régulation (°C)	Température critique (°C)	Rubrique générique No ONU	Remarques
DIAZO-2 NAPHTOL-1 SULFONATE-4 DE SODIUM	100	OP7			3226	
DIAZO-2 NAPHTOL-1 SULFONATE-5 DE SODIUM	100	OP7			3226	
DIAZO-2 NAPHTOL-1 SULFONATE-5 DU COPOLYMÈRE ACÉTONE-PYROGALLOL	100	OP8			3228	
N,N'-DINITROSO-N,N'-DIMÉTHYLTÉREPHTALIMIDE, en pâte	72	OP6			3224	
N,N'-DINITROSOPENTAMÉTHYLÈNE-TÉTRAMINE, avec diluant du type A	82	OP6			3224	7)
ESTER DE L'ACIDE DIAZO-2 NAPHTOL-1 SULFONIQUE, PRÉPARATION DU TYPE D	< 100	OP7			3226	9)
N-FORMYL (NITROMÉTHYLÈNE)-2 PERHYDROTHIAZINE-1,3	100	OP7	+ 45	+ 50	3236	
HYDRAZIDE DE BENZÈNE-1,3-DISULFONYLE, en pâte	52	OP7			3226	
HYDRAZIDE DE BENZÈNESULFONYLE	100	OP7			3226	
HYDRAZIDE DE DIPHENYLOXYDE-4,4'-DISULFONYLE	100	OP7			3226	
HYDROGÉNOSULFATE DE (N,N-MÉTHYLAMINOÉTHYLCARBONYL)-2 (DIMÉTHYL-3,4 PHÉNYLSULFONYL)-4 BENZÈNEDIAZONIUM	96	OP7	+ 45	+ 50	3236	
ÉCHANTILLON DE LIQUIDE AUTORÉACTIF		OP2			3223	8)
ÉCHANTILLON DE LIQUIDE AUTORÉACTIF, AVEC RÉGULATION DE TEMPÉRATURE		OP2			3233	8)
ÉCHANTILLON DE SOLIDE AUTORÉACTIF		OP2			3224	8)
ÉCHANTILLON DE SOLIDE AUTORÉACTIF, AVEC RÉGULATION DE TEMPÉRATURE		OP2			3234	8)
MÉTHYL-4 BENZÈNESULFONYL-HYDRAZIDE	100	OP7			3226	
NITRATE DE TÉTRAMINEPALLADIUM (II)	100	OP6	+ 30	+ 35	3234	
4-NITROSOPHÉNOL	100	OP7	+ 35	+ 40	3236	
SULFATE DE DIÉTHOXY-2,5 (MORPHOLINYL-4)-4 BENZÈNEDIAZONIUM	100	OP7			3226	
TÉTRACHLOROZINCATE DE DIBUTOXY-2,5 (MORPHOLINYL-4)-4 BENZÈNEDIAZONIUM (2:1)	100	OP8			3228	
TÉTRAFLUOROBORATE DE DIÉTHOXY-2,5 MORPHOLINO-4 BENZÈNEDIAZONIUM	100	OP7	+ 30	+ 35	3236	
TÉTRAFLUOROBORATE DE MÉTHYL-3 (PYRROLIDINYL-1)-4 BENZÈNEDIAZONIUM	95	OP6	+ 45	+ 50	3234	

MATIÈRES AUTORÉACTIVES	Concen-tration (%)	Méthode d'emballage	Température de régulation (°C)	Température critique (°C)	Rubrique générique No ONU	Remarques
THIOPHOSPHATE DE O-[(CYANOPHENYLMETHYLENE) AZANYLE] ET DE O,O-DIETHYLE	82-91 (isomère Z)	OP8			3227	10)
TRICHLOROZINCATE DE DIMÉTHYLAMINO-4 BENZÈNEDIAZONIUM(-1)	100	OP8			3228	

Remarques

1) Préparations d'azodicarbonamide qui satisfont aux critères du 20.4.2 b) du Manuel d'épreuves et de critères. La température de régulation et la température critique doivent être déterminées par la méthode indiquée au 7.1.7.3.1 à 7.1.7.3.6.

2) Étiquette de danger subsidiaire de "MATIÈRE EXPLOSIBLE" requise (Modèle No 1, voir 5.2.2.2.2).

3) Préparations d'azodicarbonamide satisfaisant aux critères du 20.4.2 c) du Manuel d'épreuves et de critères.

4) Préparations d'azodicarbonamide qui satisfont aux critères du 20.4.2 c) du Manuel d'épreuves et de critères. La température de régulation et la température critique doivent être déterminées par la méthode indiquée au 7.1.7.3.1 à 7.1.7.3.6.

5) Préparations d'azodicarbonamide satisfaisant aux critères du 20.4.2 d) du Manuel d'épreuves et de critères.

6) Préparations d'azodicarbonamide qui satisfont aux critères du 20.4.2 d) du Manuel d'épreuves et de critères. La température de régulation et la température critique doivent être déterminées par la méthode indiquée au 7.1.7.3.1 à 7.1.7.3.6.

7) Avec un diluant compatible dont le point d'ébullition est d'au moins 150 °C.

8) Voir 2.2.41.1.15.

9) Cette rubrique s'applique aux préparations des esters de l'acide diazo-2 naphtol-1 sulfonique-4 et de l'acide diazo-2 naphtol-1 sulfonique-5 qui satisfont aux critères du paragraphe 20.4.2 d) du Manuel d'épreuves et de critères.

10) Cette rubrique s'applique au mélange technique dans du n-butanol dans les limites de concentration spécifiées pour l'isomère (Z).

11) Le composé technique présentant les limites de concentration spécifiées peut contenir jusqu'à 12 % d'eau et jusqu'à 1 % d'impuretés organiques.

2.2.42   **Classe 4.2   Matières sujettes à l'inflammation spontanée**

2.2.42.1   *Critères*

2.2.42.1.1   Le titre de la classe 4.2 couvre:

–   les *matières pyrophoriques* qui sont des matières, y compris mélanges et solutions; liquides ou solides, qui, au contact de l'air, même en petites quantités, s'enflamment en l'espace de 5 minutes. Ces matières sont celles de la classe 4.2 qui sont les plus sujettes à l'inflammation spontanée; et

–   les *matières et objets auto-échauffants* qui sont des matières et objets, y compris mélanges et solutions, qui, au contact de l'air, sans apport d'énergie, sont susceptibles de s'échauffer. Ces matières ne peuvent s'enflammer qu'en grande quantité (plusieurs kilogrammes) et après un long laps de temps (heures ou jours).

2.2.42.1.2   Les matières et objets de la classe 4.2 sont subdivisés comme suit:

S   Matières sujettes à l'inflammation spontanée sans danger subsidiaire

      S1   Organiques, liquides;

      S2   Organiques, solides;

      S3   Inorganiques, liquides;

      S4   Inorganiques, solides;

      S5   Organométalliques;

      S6   Objets;

SW   Matières sujettes à l'inflammation spontanée, qui, au contact de l'eau, dégagent des gaz inflammables;

SO   Matières sujettes à l'inflammation spontanée, comburantes;

ST   Matières sujettes à l'inflammation spontanée, toxiques:

      ST1   Organiques, toxiques, liquides;

      ST2   Organiques, toxiques, solides;

      ST3   Inorganiques, toxiques, liquides;

      ST4   Inorganiques, toxiques, solides;

SC   Matières sujettes à l'inflammation spontanée, corrosives:

      SC1   Organiques, corrosives, liquides;

      SC2   Organiques, corrosives, solides;

      SC3   Inorganiques, corrosives, liquides;

      SC4   Inorganiques, corrosives, solides.

Propriétés

2.2.42.1.3   L'auto-échauffement d'une matière est un procédé où la réaction graduelle de cette matière avec l'oxygène (de l'air) produit de la chaleur. Si le taux de production de chaleur est supérieur au taux de perte de chaleur alors la température de la matière augmente, ce qui, après un temps d'induction, peut entrainer l'auto-inflammation et la combustion.

Classification

2.2.42.1.4   Les matières et objets classés dans la classe 4.2 sont énumérés au tableau A du chapitre 3.2. L'affectation des matières et objets non nommément mentionnés au tableau A du chapitre 3.2 à la rubrique N.S.A. spécifique pertinente de la sous-section 2.2.42.3, selon les dispositions du chapitre 2.1, peut se faire sur la base de l'expérience ou des résultats de la procédure d'épreuve selon la sous-section 33.4 de la troisième partie du Manuel d'épreuves et de critères. L'affectation aux rubriques N.S.A. générales de la classe 4.2 doit se faire sur la base des résultats de la procédure d'épreuve selon la sous-section 33.4 de la troisième partie du Manuel d'épreuves et de critères; l'expérience doit également être prise en considération lorsqu'elle conduit à une affectation plus sévère.

2.2.42.1.5   Lorsque les matières ou objets non nommément mentionnés sont affectés à l'une des rubriques énumérées en 2.2.42.3 sur la base des procédures d'épreuve selon la sous-section 33.4 de la troisième partie du Manuel d'épreuves et de critères, les critères suivants doivent être appliqués:

a)   Les matières solides spontanément inflammables (pyrophoriques) doivent être affectées à la classe 4.2 lorsqu'elles s'enflamment au cours de la chute d'une hauteur de 1 m ou dans les 5 minutes qui suivent;

b)   Les matières liquides spontanément inflammables (pyrophoriques) doivent être affectées à la classe 4.2 lorsque:

i)   versées sur un porteur inerte, elles s'enflamment en l'espace de 5 minutes, ou

ii)   en cas de résultat négatif de l'épreuve selon i), versées sur un papier filtre sec, plissé (filtre Whatman No 3), elles enflamment ou charbonnent celui-ci en l'espace de 5 minutes;

c)   Les matières pour lesquelles, en l'espace de 24 heures, une inflammation spontanée ou une élévation de la température à plus de 200 °C est observée dans un échantillon cubique de 10 cm de côté à une température d'essai de 140 °C, doivent être affectées à la classe 4.2. Ce critère est basé sur la température d'inflammation spontanée du charbon de bois, qui est de 50 °C pour un échantillon cubique de 27 m^3. Les matières ayant une température d'inflammation spontanée supérieure à 50 °C pour un volume de 27 m^3 ne doivent pas être classées dans la classe 4.2.

NOTA 1: *Les matières transportées dans des colis d'un volume ne dépassant pas 3 m³ sont exemptées de la classe 4.2 si, après une épreuve exécutée au moyen d'un échantillon cubique de 10 cm de côté à 120 °C, aucune inflammation spontanée ni augmentation de la température à plus de 180 °C n'est observée pendant 24 heures.*

2: Les matières transportées dans des colis d'un volume ne dépassant pas 450 litres sont exemptées de la classe 4.2 si, après une épreuve exécutée au moyen d'un échantillon cubique de 10 cm de côté à 100 °C, aucune inflammation spontanée ni augmentation de la température à plus de 160 °C n'est observée pendant 24 heures.

3: Étant donné que les matières organométalliques peuvent être classées dans les classes 4.2 ou 4.3 avec des dangers subsidiaires supplémentaires en fonction de leurs propriétés, un diagramme de décision spécifique pour ces matières est présenté au 2.3.5.

2.2.42.1.6 Lorsque des matières de la classe 4.2, par suite d'adjonctions, passent dans d'autres catégories de danger que celles auxquelles appartiennent les matières nommément mentionnées au tableau A du chapitre 3.2, ces mélanges doivent être affectés aux rubriques dont ils relèvent sur la base de leur danger réel.

NOTA: Pour classer les solutions et mélanges (tels que préparations et déchets), voir également 2.1.3.

2.2.42.1.7 Sur la base de la procédure d'épreuve selon la sous-section 33.4 de la troisième partie du Manuel d'épreuves et de critères et des critères du 2.2.42.1.5, on peut également déterminer si la nature d'une matière nommément mentionnée est telle que cette matière n'est pas soumise aux prescriptions relatives à la présente classe.

Affectation aux groupes d'emballage

2.2.42.1.8 Les matières et objets classés sous les diverses rubriques du tableau A du chapitre 3.2 doivent être affectés aux groupes d'emballage I, II ou III sur la base des procédures d'épreuves de la sous-section 33.4 de la troisième partie du Manuel d'épreuves et de critères, selon les critères suivants:

a) Les matières spontanément inflammables (pyrophoriques) doivent être affectées au groupe d'emballage I;

b) Les matières et objets auto-échauffants pour lesquels, sur un échantillon cubique de 2,5 cm de côté, à 140 °C de température d'essai, en l'espace de 24 heures, une inflammation spontanée ou une élévation de la température à plus de 200 °C est observée, doivent être affectés au groupe d'emballage II;

Les matières ayant une température d'inflammation spontanée supérieure à 50 °C pour un volume de 450 litres ne doivent pas être affectées au groupe d'emballage II;

c) Les matières peu auto-échauffantes pour lesquelles, sur un échantillon cubique de 2,5 cm de côté, les phénomènes cités sous b) dans les conditions données ne sont pas observés, mais sur un échantillon cubique de 10 cm de côté, à 140 °C de température d'essai, en l'espace de 24 heures, une inflammation spontanée ou une élévation de la température à plus de 200 °C est observée, doivent être affectées au groupe d'emballage III.

2.2.42.2 **Matières non admises au transport**

Les matières suivantes ne sont pas admises au transport:

– No ONU 3255 HYPOCHLORITE DE tert-BUTYLE; et

– les matières solides auto-échauffantes, comburantes, affectées au No ONU 3127, sauf si elles satisfont aux prescriptions relatives à la classe 1 (voir également 2.1.3.7).

2.2.42.3   *Liste des rubriques collectives*

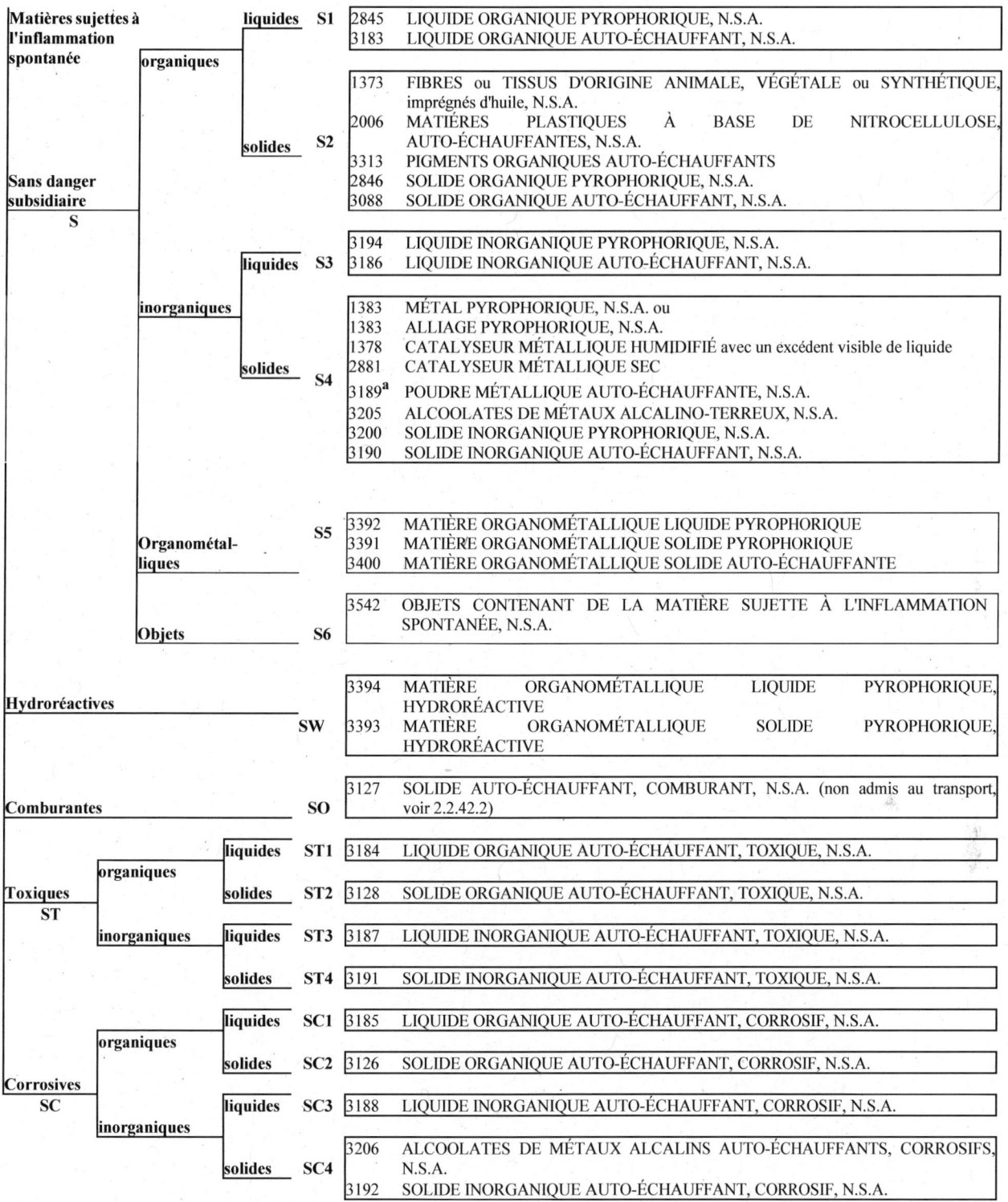

Matières sujettes à l'inflammation spontanée		**liquides**	**S1**	2845	LIQUIDE ORGANIQUE PYROPHORIQUE, N.S.A.
				3183	LIQUIDE ORGANIQUE AUTO-ÉCHAUFFANT, N.S.A.
	organiques	**solides**	**S2**	1373	FIBRES ou TISSUS D'ORIGINE ANIMALE, VÉGÉTALE ou SYNTHÉTIQUE, imprégnés d'huile, N.S.A.
				2006	MATIÈRES PLASTIQUES À BASE DE NITROCELLULOSE, AUTO-ÉCHAUFFANTES, N.S.A.
				3313	PIGMENTS ORGANIQUES AUTO-ÉCHAUFFANTS
				2846	SOLIDE ORGANIQUE PYROPHORIQUE, N.S.A.
				3088	SOLIDE ORGANIQUE AUTO-ÉCHAUFFANT, N.S.A.
Sans danger subsidiaire S		**liquides**	**S3**	3194	LIQUIDE INORGANIQUE PYROPHORIQUE, N.S.A.
				3186	LIQUIDE INORGANIQUE AUTO-ÉCHAUFFANT, N.S.A.
	inorganiques	**solides**	**S4**	1383	MÉTAL PYROPHORIQUE, N.S.A. ou
				1383	ALLIAGE PYROPHORIQUE, N.S.A.
				1378	CATALYSEUR MÉTALLIQUE HUMIDIFIÉ avec un excédent visible de liquide
				2881	CATALYSEUR MÉTALLIQUE SEC
				3189[a]	POUDRE MÉTALLIQUE AUTO-ÉCHAUFFANTE, N.S.A.
				3205	ALCOOLATES DE MÉTAUX ALCALINO-TERREUX, N.S.A.
				3200	SOLIDE INORGANIQUE PYROPHORIQUE, N.S.A.
				3190	SOLIDE INORGANIQUE AUTO-ÉCHAUFFANT, N.S.A.
	Organométalliques		**S5**	3392	MATIÈRE ORGANOMÉTALLIQUE LIQUIDE PYROPHORIQUE
				3391	MATIÈRE ORGANOMÉTALLIQUE SOLIDE PYROPHORIQUE
				3400	MATIÈRE ORGANOMÉTALLIQUE SOLIDE AUTO-ÉCHAUFFANTE
	Objets		**S6**	3542	OBJETS CONTENANT DE LA MATIÈRE SUJETTE À L'INFLAMMATION SPONTANÉE, N.S.A.
Hydroréactives			**SW**	3394	MATIÈRE ORGANOMÉTALLIQUE LIQUIDE PYROPHORIQUE, HYDRORÉACTIVE
				3393	MATIÈRE ORGANOMÉTALLIQUE SOLIDE PYROPHORIQUE, HYDRORÉACTIVE
Comburantes			**SO**	3127	SOLIDE AUTO-ÉCHAUFFANT, COMBURANT, N.S.A. (non admis au transport, voir 2.2.42.2)
Toxiques ST	**organiques**	**liquides**	**ST1**	3184	LIQUIDE ORGANIQUE AUTO-ÉCHAUFFANT, TOXIQUE, N.S.A.
		solides	**ST2**	3128	SOLIDE ORGANIQUE AUTO-ÉCHAUFFANT, TOXIQUE, N.S.A.
	inorganiques	**liquides**	**ST3**	3187	LIQUIDE INORGANIQUE AUTO-ÉCHAUFFANT, TOXIQUE, N.S.A.
		solides	**ST4**	3191	SOLIDE INORGANIQUE AUTO-ÉCHAUFFANT, TOXIQUE, N.S.A.
Corrosives SC	**organiques**	**liquides**	**SC1**	3185	LIQUIDE ORGANIQUE AUTO-ÉCHAUFFANT, CORROSIF, N.S.A.
		solides	**SC2**	3126	SOLIDE ORGANIQUE AUTO-ÉCHAUFFANT, CORROSIF, N.S.A.
	inorganiques	**liquides**	**SC3**	3188	LIQUIDE INORGANIQUE AUTO-ÉCHAUFFANT, CORROSIF, N.S.A.
		solides	**SC4**	3206	ALCOOLATES DE MÉTAUX ALCALINS AUTO-ÉCHAUFFANTS, CORROSIFS, N.S.A.
				3192	SOLIDE INORGANIQUE AUTO-ÉCHAUFFANT, CORROSIF, N.S.A.

---

[a]   *La poussière et la poudre de métaux non toxiques sous forme non spontanément inflammable mais, qui, cependant, au contact de l'eau, dégagent des gaz inflammables, sont des matières de la classe 4.3.*

2.2.43   **Classe 4.3   Matières qui, au contact de l'eau, dégagent des gaz inflammables**

2.2.43.1   *Critères*

2.2.43.1.1   Le titre de la classe 4.3 couvre les matières qui, par réaction avec l'eau, dégagent des gaz inflammables susceptibles de former des mélanges explosifs avec l'air, ainsi que les objets contenant de telles matières.

2.2.43.1.2   Les matières et objets de la classe 4.3 sont subdivisés comme suit:

W   Matières qui, au contact de l'eau, dégagent des gaz inflammables, sans danger subsidiaire, et objets contenant de telles matières:

W1   Liquides;

W2   Solides;

W3   Objets;

WF1 Matières qui, au contact de l'eau, dégagent des gaz inflammables, liquides, inflammables;

WF2 Matières qui, au contact de l'eau, dégagent des gaz inflammables, solides, inflammables;

WS   Matières qui, au contact de l'eau, dégagent des gaz inflammables, solides, auto-échauffantes;

WO   Matières qui, au contact de l'eau, dégagent des gaz inflammables, solides, comburants;

WT   Matières qui, au contact de l'eau, dégagent des gaz inflammables, toxiques:

WT1 Liquides;

WT2 Solides;

WC   Matières qui, au contact de l'eau, dégagent des gaz inflammables, corrosifs:

WC1 Liquides;

WC2 Solides;

WFC Matières qui, au contact de l'eau, dégagent des gaz inflammables, inflammables, corrosives.

Propriétés

2.2.43.1.3   Certaines matières, au contact de l'eau, dégagent des gaz inflammables qui peuvent former des mélanges explosifs avec l'air. Ces mélanges sont facilement enflammés sous l'effet de tout agent ordinaire d'allumage, notamment par une flamme nue, des étincelles causées par un outil, des lampes non protégées, etc. Les effets résultant de souffle et d'incendie peuvent être dangereux pour les personnes et l'environnement. On doit utiliser la méthode d'épreuve décrite au 2.2.43.1.4 ci-dessous pour déterminer si une matière réagit avec l'eau de manière telle qu'il y ait production d'une quantité dangereuse de gaz éventuellement inflammable. Cette méthode n'est pas applicable aux matières pyrophoriques.

2.2.43.1.4   Les matières et objets classés dans la classe 4.3 sont énumérés au tableau A du chapitre 3.2. L'affectation des matières et objets non nommément mentionnés au tableau A du chapitre 3.2 à la rubrique pertinente de 2.2.43.3 selon les dispositions du chapitre 2.1 doit se faire sur la base des résultats de la procédure d'épreuve conformément à la sous-section 33.5 de la troisième partie du Manuel d'épreuves et de critères; l'expérience doit également être prise en considération lorsqu'elle conduit à une affectation plus sévère.

2.2.43.1.5   Lorsque des matières non nommément mentionnées sont affectées à l'une des rubriques énumérées en 2.2.43.3 sur la base de la procédure d'épreuve selon la sous-section 33.5 de la troisième partie du Manuel d'épreuves et de critères, les critères suivants doivent être appliqués:

Une matière doit être affectée à la classe 4.3 lorsque:

a)   le gaz dégagé s'enflamme spontanément à un stade quelconque de l'épreuve; ou

b)   il y a dégagement de gaz inflammable à un taux supérieur à 1 litre par kilogramme de matière et par heure.

NOTA: Étant donné que les matières organométalliques peuvent être classées dans les classes 4.2 ou 4.3 avec des dangers subsidiaires supplémentaires en fonction de leurs propriétés, un diagramme de décision spécifique pour ces matières est présenté au 2.3.5.

2.2.43.1.6   Lorsque des matières de la classe 4.3, par suite d'adjonctions, passent dans d'autres catégories de danger que celles auxquelles appartiennent les matières nommément mentionnées au tableau A du chapitre 3.2, ces mélanges doivent être affectés aux rubriques dont ils relèvent sur la base de leur danger réel.

NOTA: Pour classer les solutions et mélanges (tels que préparations et déchets), voir également 2.1.3.

2.2.43.1.7   Sur la base des procédures d'épreuve selon la sous-section 33.5 de la troisième partie du Manuel d'épreuves et de critères et des critères du 2.2.43.1.5, on peut également déterminer si la nature d'une matière nommément mentionnée est telle que cette matière n'est pas soumise aux prescriptions relatives à la présente classe.

Affectation aux groupes d'emballage

2.2.43.1.8   Les matières et objets classés sous les diverses rubriques du tableau A du chapitre 3.2 doivent être affectés aux groupes d'emballage I, II ou III sur la base des procédures d'épreuve de la sous-section 33.5 de la troisième partie du Manuel d'épreuves et de critères, selon les critères suivants:

a)   Est affectée au groupe d'emballage I toute matière qui réagit vivement avec l'eau à la température ambiante en dégageant de manière générale un gaz susceptible de s'enflammer spontanément, ou qui réagit assez vivement avec l'eau à la température ambiante en dégageant un gaz inflammable au taux de 10 litres ou plus par kilogramme de matière et par minute;

b)   Est affectée au groupe d'emballage II toute matière qui réagit assez vivement avec l'eau à la température ambiante en dégageant un gaz inflammable au taux maximal de 20 litres ou plus par kilogramme de matière et par heure, sans toutefois satisfaire aux critères de classement dans le groupe d'emballage I;

c)   Est affectée au groupe d'emballage III toute matière qui réagit lentement avec l'eau à la température ambiante en dégageant un gaz inflammable à un taux maximal supérieur à un litre par kilogramme de matière et par heure, sans toutefois satisfaire aux critères du classement dans les groupes d'emballage I ou II.

2.2.43.2   *Matières non admises au transport*

Les matières solides, hydroréactives, comburantes, affectées au No ONU 3133 ne sont pas admises au transport, sauf si elles répondent aux prescriptions relatives à la classe 1 (voir également 2.1.3.7).

2.2.43.3 *Liste des rubriques collectives*

Matières qui, au contact de l'eau, dégagent des gaz inflammables				
		liquides	W1	1389 AMALGAME DE MÉTAUX ALCALINS, LIQUIDE 1391 DISPERSION DE MÉTAUX ALCALINS ou 1391 DISPERSION DE MÉTAUX ALCALINO-TERREUX 1392 AMALGAME DE MÉTAUX ALCALINO-TERREUX, LIQUIDE 1420 ALLIAGES MÉTALLIQUES DE POTASSIUM, LIQUIDES 1421 ALLIAGE LIQUIDE DE MÉTAUX ALCALINS, N.S.A. 1422 ALLIAGES LIQUIDES DE POTASSIUM ET SODIUM 3398 MATIÈRE ORGANOMÉTALLIQUE LIQUIDE HYDRORÉACTIVE 3148 LIQUIDE HYDRORÉACTIF, N.S.A.
Sans danger subsidiaire W		solides	W2 [a]	1390 AMIDURES DE MÉTAUX ALCALINS 3401 AMALGAME DE MÉTAUX ALCALINS, SOLIDE 3402 AMALGAME DE MÉTAUX ALCALINO-TERREUX, SOLIDE 3170 SOUS-PRODUITS DE LA FABRICATION DE L'ALUMINIUM ou 3170 SOUS-PRODUITS DE LA REFUSION DE L'ALUMINIUM 3403 ALLIAGES MÉTALLIQUES DE POTASSIUM, SOLIDES 3404 ALLIAGES DE POTASSIUM ET SODIUM, SOLIDES 1393 ALLIAGE DE MÉTAUX ALCALINO-TERREUX, N.S.A. 1409 HYDRURES MÉTALLIQUES HYDRORÉACTIFS, N.S.A. 3208 MATIÈRE MÉTALLIQUE HYDRORÉACTIVE, N.S.A. 3395 MATIÈRE ORGANOMÉTALLIQUE SOLIDE HYDRORÉACTIVE 2813 SOLIDE HYDRORÉACTIF, N.S.A.
		objets	W3	3292 ACCUMULATEURS AU SODIUM ou 3292 ÉLÉMENTS D'ACCUMULATEUR AU SODIUM 3543 OBJETS CONTENANT DE LA MATIÈRE QUI, AU CONTACT DE L'EAU, DÉGAGE DES GAZ INFLAMMABLES, N.S.A.
Liquides, inflammables			WF1	3482 DISPERSION DE MÉTAUX ALCALINS, INFLAMMABLE ou 3482 DISPERSION DE MÉTAUX ALCALINO-TERREUX, INFLAMMABLE 3399 MATIÈRE ORGANOMÉTALLIQUE LIQUIDE HYDRORÉACTIVE, INFLAMMABLE
Solides, inflammables			WF2	3396 MATIÈRE ORGANOMÉTALLIQUE SOLIDE HYDRORÉACTIVE, INFLAMMABLE 3132 SOLIDE HYDRORÉACTIF, INFLAMMABLE, N.S.A.
Solides, auto-échauffantes			WS [b]	3397 MATIÈRE ORGANOMÉTALLIQUE SOLIDE HYDRORÉACTIVE, AUTO-ÉCHAUFFANTE 3209 MATIÈRE MÉTALLIQUE HYDRORÉACTIVE, AUTO-ÉCHAUFFANTE, N.S.A. 3135 SOLIDE HYDRORÉACTIF, AUTO-ÉCHAUFFANT, N.S.A.
Solides, comburantes			WO	3133 SOLIDE HYDRORÉACTIF, COMBURANT, N.S.A. (Non admis au transport, voir 2.2.43.2)
Toxiques WT		liquides	WT1	3130 LIQUIDE HYDRORÉACTIF, TOXIQUE, N.S.A.
		solides	WT2	3134 SOLIDE HYDRORÉACTIF, TOXIQUE, N.S.A.
Corrosives WC		liquides	WC1	3129 LIQUIDE HYDRORÉACTIF, CORROSIF, N.S.A.
		solides	WC2	3131 SOLIDE HYDRORÉACTIF, CORROSIF, N.S.A.
Inflammables, corrosives			WFC [c]	2988 CHLOROSILANES HYDRORÉACTIFS, INFLAMMABLES, CORROSIFS, N.S.A. (Pas d'autre rubrique collective portant ce code de classification; le cas échéant, classement sous une rubrique collective portant un code de classification à déterminer d'après le tableau d'ordre de prépondérance des caractéristiques de danger du 2.1.3.10.)

---

[a] Les métaux et alliages de métaux, qui au contact de l'eau, ne dégagent pas de gaz inflammables, ne sont pas pyrophoriques ou auto-échauffants, mais qui sont facilement inflammables, sont des matières de la classe 4.1. Les métaux alcalino-terreux et les alliages de métaux alcalino-terreux sous forme pyrophorique sont des matières de la classe 4.2. La poussière et la poudre de métaux à l'état pyrophorique sont des matières de la classe 4.2. Les métaux et alliages de métaux à l'état pyrophorique sont des matières de la classe 4.2. Les combinaisons de phosphore avec des métaux lourds, tels que le fer, le cuivre, etc., ne sont pas soumises aux prescriptions de l'ADN.

[b] Les métaux et alliages de métaux à l'état pyrophorique sont des matières de la classe 4.2.

[c] Les chlorosilanes ayant un point d'éclair inférieur à 23 °C qui, au contact de l'eau, ne dégagent pas de gaz inflammables sont des matières de la classe 3. Les chlorosilanes ayant un point d'éclair égal ou supérieur à 23 °C qui, au contact de l'eau, ne dégagent pas de gaz inflammables sont des matières de la classe 8.

2.2.51   **Classe 5.1   Matières comburantes**

2.2.51.1   *Critères*

2.2.51.1.1   Le titre de la classe 5.1 couvre les matières qui, sans être nécessairement combustibles elles-mêmes, peuvent, en général, en cédant de l'oxygène, provoquer ou favoriser la combustion d'autres matières, et les objets contenant de telles matières.

2.2.51.1.2   Les matières de la classe 5.1 et les objets contenant de telles matières sont subdivisés comme suit:

O   Matières comburantes sans danger subsidiaire ou objets contenant de telles matières:

O1   Liquides;

O2   Solides;

O3   Objets;

OF   Matières solides comburantes, inflammables;

OS   Matières solides comburantes, sujettes à l'inflammation spontanée;

OW   Matières solides comburantes, qui, au contact de l'eau, dégagent des gaz inflammables;

OT   Matières comburantes toxiques:

OT1   Liquides;

OT2   Solides;

OC   Matières comburantes corrosives:

OC1   Liquides;

OC2   Solides;

OTC   Matières comburantes toxiques, corrosives.

2.2.51.1.3   Les matières et objets classés dans la classe 5.1 sont énumérés au tableau A du chapitre 3.2. Ceux qui ne sont pas nommément mentionnés audit tableau peuvent être affectés à la rubrique correspondante du 2.2.51.3 conformément aux dispositions du chapitre 2.1 sur la base des épreuves, modes opératoires et critères des 2.2.51.1.6 à 2.2.51.1.10 ci-après et de la sous-section 34.4 de la troisième partie du Manuel d'épreuves et de critères ou, pour les engrais au nitrate d'ammonium solides, la section 39 sous réserve des restrictions du 2.2.51.2.2, treizième et quatorzième tirets. En cas de divergence entre les résultats des épreuves et l'expérience acquise, le jugement fondé sur cette dernière doit prévaloir sur les résultats des épreuves.

2.2.51.1.4   Lorsque des matières de la classe 5.1, par suite d'adjonctions, passent dans d'autres catégories de danger que celles auxquelles appartiennent les matières nommément mentionnées au tableau A du chapitre 3.2, ces mélanges ou solutions doivent être affectés aux rubriques dont elles relèvent sur la base de leur danger réel.

NOTA: Pour classer les solutions et mélanges (tels que préparations et déchets), voir également 2.1.3.

2.2.51.1.5   Sur la base des procédures d'épreuve selon la sous-section 34.4 de la troisième partie du Manuel d'épreuves et de critères, ou selon la section 39 pour les engrais au nitrate d'ammonium solides, et des critères des 2.2.51.1.6 à 2.2.51.1.10, on peut également déterminer si la nature d'une matière nommément mentionnée est telle que cette matière n'est pas soumise aux prescriptions relatives à la présente classe.

Matières solides comburantes

Classification

2.2.51.1.6   Lorsque des matières solides comburantes non nommément mentionnées au tableau A du chapitre 3.2 sont affectées à l'une des rubriques du 2.2.51.3 sur la base de la procédure d'épreuve selon la sous-section 34.4.1 de la troisième partie du *Manuel d'épreuves et de critères* (épreuve O.1), ou encore dans la sous-section 34.4.3 (épreuve O.3), les critères suivants doivent être appliqués:

a)   Pour l'épreuve O.1: Une matière solide doit être affectée à la classe 5.1 si, en mélange de 4:1 ou de 1:1 avec la cellulose (en masse), elle s'enflamme ou brûle, ou a une durée de combustion moyenne égale ou inférieure à celle d'un mélange bromate de potassium/cellulose de 3:7 (en masse); ou

b)   Pour l'épreuve O.3: Une matière solide doit être affectée à la classe 5.1 si, en mélange de 4:1 ou de 1:1 avec la cellulose (en masse), elle présente une vitesse de combustion moyenne égale ou supérieure à celle d'un mélange peroxyde de calcium-cellulose en proportion de 1:2 (en masse).

2.2.51.1.7   À titre exceptionnel, les engrais au nitrate d'ammonium solide sont classés conformément à la procédure définie dans le Manuel d'épreuves et de critères, troisième partie, section 39.

Affectation aux groupes d'emballage

2.2.51.1.8   Les matières solides comburantes classées sous les diverses rubriques du tableau A du chapitre 3.2 doivent être affectées aux groupes d'emballage I, II ou III sur la base de la procédure d'épreuve de la sous-section 34.4.1 (épreuve O.1) ou de la sous-section 34.4.3 (épreuve O.3) de la troisième partie du *Manuel d'épreuves et de critères*, selon les critères suivants:

a)   Épreuve O.1:

i)   Groupe d'emballage I: toute matière qui, en mélange de 4:1 ou de 1:1 avec de la cellulose (en masse), a une durée moyenne de combustion inférieure à celle d'un mélange bromate de potassium et cellulose de 3:2 (en masse);

ii)   Groupe d'emballage II: toute matière qui, en mélange de 4:1 ou de 1:1 avec de la cellulose (en masse), a une durée moyenne de combustion égale ou inférieure à celle d'un mélange bromate de potassium et cellulose de 2:3 (en masse) et qui ne remplit pas les critères de classement dans le groupe d'emballage I;

iii)   Groupe d'emballage III: toute matière qui, en mélange de 4:1 ou de 1:1 avec de la cellulose (en masse) a une durée moyenne de combustion égale ou inférieure à celle d'un mélange bromate de potassium et cellulose de 3:7 (en masse) et qui ne remplit pas les critères de classement dans les groupes d'emballage I et II;

b)   Épreuve O.3:

i)   Groupe d'emballage I: toute matière qui, en mélange de 4:1 ou de 1:1 avec de la cellulose (en masse), a une vitesse moyenne de combustion supérieure à celle d'un mélange peroxyde de calcium et cellulose de 3:1 (en masse);

ii)   Groupe d'emballage II: toute matière qui, en mélange de 4:1 ou de 1:1 avec de la cellulose (en masse), a une vitesse moyenne de combustion égale ou supérieure à celle d'un mélange peroxyde de calcium et cellulose de 1:1 (en masse) et qui ne remplit pas les critères de classement dans le groupe d'emballage I;

iii)   Groupe d'emballage III: toute matière qui, en mélange de 4:1 ou de 1:1 avec de la cellulose (en masse), a une vitesse moyenne de combustion égale ou supérieure à celle d'un mélange peroxyde de calcium et cellulose de 1:2 (en masse) et qui ne remplit pas les critères de classement dans les groupes d'emballage I et II.

Matières liquides comburantes

Classification

2.2.51.1.9   Lorsque des matières liquides comburantes non nommément mentionnées au tableau A du chapitre 3.2 sont affectées à l'une des rubriques du 2.2.51.3 sur la base de la procédure d'épreuve de la sous-section 34.4.2 de la troisième partie du Manuel d'épreuves et de critères, les critères suivants doivent être appliqués:

Une matière liquide doit être affectée à la classe 5.1 si, le mélange 1/1 de la masse et de la cellulose, elle a une montée en pression de 2 070 kPa (pression manométrique) au moins et un temps moyen de montée en pression égal ou inférieur à celui d'un mélange acide nitrique en solution aqueuse à 65 %/cellulose de 1/1 (en masse).

Affectation aux groupes d'emballage

2.2.51.1.10   Les liquides comburants classés sous les diverses rubriques du tableau A du chapitre 3.2 doivent être affectés aux groupes d'emballage I, II ou III sur la base des procédures d'épreuve de la sous-section 34.4.2 de la troisième partie du Manuel d'épreuves et de critères, selon les critères suivants:

a)   Groupe d'emballage I: toute matière qui, en mélange de 1/1 (en masse) avec la cellulose, s'enflamme spontanément; ou a un temps moyen de montée en pression inférieur à celui d'un mélange acide perchlorique à 50 %/cellulose de 1/1 (en masse);

b)   Groupe d'emballage II: toute matière qui, en mélange de 1/1 (en masse) avec la cellulose, a un temps moyen de montée en pression inférieur ou égal à celui d'un mélange chlorate de sodium en solution aqueuse à 40 %/cellulose de 1/1 (en masse), et qui ne remplit pas les critères de classement dans le groupe d'emballage I;

c)   Groupe d'emballage III: toute matière qui, en mélange de 1/1 (en masse) avec la cellulose, a un temps moyen de montée en pression inférieur ou égal à celui d'un mélange acide nitrique en solution aqueuse à 65 %/cellulose de 1/1 (en masse), et qui ne remplit pas les critères de classement dans les groupes d'emballage I et II.

2.2.51.2   *Matières non admises au transport*

2.2.51.2.1   Les matières chimiquement instables de la classe 5.1 ne sont pas admises au transport à moins que les mesures nécessaires pour empêcher leur décomposition ou leur polymérisation dangereuses en cours de transport aient été prises. A cette fin, il y a lieu notamment de prendre soin que les récipients et citernes ne contiennent pas de substances pouvant favoriser ces réactions.

2.2.51.2.2   Les matières et mélanges suivants ne sont pas admis au transport:

–   Les matières solides comburantes, auto-échauffantes, affectées au No ONU 3100, les matières solides comburantes, hydroréactives, affectées au No ONU 3121 et les matières solides comburantes, inflammables, affectées au No ONU 3137, sauf si elles répondent aux prescriptions relatives à la classe 1 (voir également 2.1.3.7);

–   Le peroxyde d'hydrogène non stabilisé ou le peroxyde d'hydrogène en solution aqueuse, non stabilisé, contenant plus de 60 % de peroxyde d'hydrogène;

–   Le tétranitrométhane non exempt d'impuretés combustibles;

–   Les solutions d'acide perchlorique contenant plus de 72 % (masse) d'acide ou les mélanges d'acide perchlorique avec tout liquide autre que l'eau;

–   L'acide chlorique en solution contenant plus de 10 % d'acide chlorique ou les mélanges d'acide chlorique avec tout liquide autre que l'eau;

–   Les composés halogénés du fluor autres que les Nos ONU 1745 PENTAFLUORURE DE BROME, 1746 TRIFLUORURE DE BROME et 2495 PENTAFLUORURE D'IODE de la classe 5.1 ainsi que les Nos ONU 1749 TRIFLUORURE DE CHLORE et 2548 PENTAFLUORURE DE CHLORE de la classe 2;

–   Le chlorate d'ammonium et ses solutions aqueuses et les mélanges d'un chlorate avec un sel d'ammonium;

–   Le chlorite d'ammonium et ses solutions aqueuses et les mélanges d'un chlorite avec un sel d'ammonium;

–   Les mélanges d'un hypochlorite avec un sel d'ammonium;

–   Le bromate d'ammonium et ses solutions aqueuses et les mélanges d'un bromate avec un sel d'ammonium;

–   Le permanganate d'ammonium et ses solutions aqueuses et les mélanges d'un permanganate avec un sel d'ammonium;

–   Le nitrate d'ammonium contenant plus de 0,2 % de matières combustibles (y compris toute matière organique exprimée en équivalent carbone) sauf s'il entre dans la composition d'une matière ou d'un objet de la classe 1;

–   Les engrais au nitrate d'ammonium dont les compositions mènent aux cases de sortie 4, 6, 8, 15, 31 ou 33 du diagramme de décision du paragraphe 39.5.1 du Manuel d'épreuves et de critères, troisième partie, section 39, à moins qu'un numéro ONU approprié de la classe 1 ne leur ait été affecté;

–   Les engrais au nitrate d'ammonium dont les compositions mènent aux cases de sortie 20, 23 ou 39 du diagramme de décision du paragraphe 39.5.1 du Manuel d'épreuves et de critères, troisième partie, section 39, à moins qu'un numéro ONU approprié de la classe 1 ne leur ait été affecté ou, à condition que l'aptitude au transport ait été démontrée et que ceci ait été approuvé par l'autorité compétente, un numéro ONU approprié de la classe 5.1 autre que le numéro ONU 2067;

NOTA: L'expression "autorité compétente" désigne l'autorité compétente du pays d'origine. Si le pays d'origine n'est pas une Partie contractante à l'ADN, la classification et les conditions de transport doivent être reconnues par l'autorité compétente du premier pays Partie contractante à l'ADN touché par l'envoi.

–   Le nitrite d'ammonium et ses solutions aqueuses et les mélanges d'un nitrite inorganique avec un sel d'ammonium;

–   Les mélanges de nitrate de potassium, de nitrite de sodium et d'un sel d'ammonium.

2.2.51.3 *Liste des rubriques collectives*

Matières comburantes et objets contenant de telles matières			
Sans danger subsidiaire O	liquides	**O1**	3210 CHLORATES INORGANIQUES EN SOLUTION AQUEUSE, N.S.A. 3211 PERCHLORATES INORGANIQUES EN SOLUTION AQUEUSE, N.S.A. 3213 BROMATES INORGANIQUES EN SOLUTION AQUEUSE, N.S.A. 3214 PERMANGANATES INORGANIQUES EN SOLUTION AQUEUSE, N.S.A. 3216 PERSULFATES INORGANIQUES EN SOLUTION AQUEUSE, N.S.A. 3218 NITRATES INORGANIQUES EN SOLUTION AQUEUSE, N.S.A. 3219 NITRITES INORGANIQUES EN SOLUTION AQUEUSE, N.S.A. 3139 LIQUIDE COMBURANT, N.S.A.
	solides	**O2**	1450 BROMATES INORGANIQUES, N.S.A. 1461 CHLORATES INORGANIQUES, N.S.A. 1462 CHLORITES INORGANIQUES, N.S.A. 1477 NITRATES INORGANIQUES, N.S.A. 1481 PERCHLORATES INORGANIQUES, N.S.A. 1482 PERMANGANATES INORGANIQUES, N.S.A. 1483 PEROXYDES INORGANIQUES, N.S.A. 2627 NITRITES INORGANIQUES, N.S.A. 3212 HYPOCHLORITES INORGANIQUES, N.S.A. 3215 PERSULFATES INORGANIQUES, N.S.A. 1479 SOLIDE COMBURANT, N.S.A.
	objets	**O3**	3356 GÉNÉRATEUR CHIMIQUE D'OXYGÈNE 3544 OBJETS CONTENANT DE LA MATIÈRE COMBURANTE, N.S.A.
Solides, inflammables		**OF**	3137 SOLIDE COMBURANT, INFLAMMABLE, N.S.A. (non admis au transport, voir 2.2.51.2)
Solides, auto-échauffantes		**OS**	3100 SOLIDE COMBURANT, AUTO-ÉCHAUFFANT, N.S.A. (non admis au transport, voir 2.2.51.2)
Solides, auto-réactives		**OW**	3121 SOLIDE COMBURANT, HYDRORÉACTIF, N.S.A. (non admis au transport, voir 2.2.51.2)
Toxiques OT	liquides	**OT1**	3099 LIQUIDE COMBURANT, TOXIQUE, N.S.A.
	solides	**OT2**	3087 SOLIDE COMBURANT, TOXIQUE, N.S.A.
Corrosives OC	liquides	**OC1**	3098 LIQUIDE COMBURANT, CORROSIF, N.S.A.
	solides	**OC2**	3085 SOLIDE COMBURANT, CORROSIF, N.S.A.
Toxiques, corrosives		**OTC**	(Pas de rubrique collective portant ce code de classification; le cas échéant, classement sous une rubrique collective portant un code de classification à déterminer d'après le tableau d'ordre de prépondérance des caractéristiques de danger du 2.1.3.10)

2.2.52   Classe 5.2   Peroxydes organiques

2.2.52.1   Critères

2.2.52.1.1   Le titre de la classe 5.2 couvre les peroxydes organiques et les préparations de peroxydes organiques.

2.2.52.1.2   Les matières de la classe 5.2 sont subdivisées comme suit:

P1   Peroxydes organiques, ne nécessitant pas de régulation de température;

P2   Peroxydes organiques, nécessitant une régulation de température.

Définition

2.2.52.1.3   Les peroxydes organiques sont des matières organiques contenant la structure bivalente -O-O- et pouvant être considérées comme des dérivés du peroxyde d'hydrogène, dans lequel un ou deux des atomes d'hydrogène sont remplacés par des radicaux organiques.

Propriétés

2.2.52.1.4   Les peroxydes organiques sont sujets à décomposition exothermique à température normale ou élevée. La décomposition peut s'amorcer sous l'effet de la chaleur, du frottement, du choc, ou du contact avec des impuretés (acides, composés de métaux lourds, amines, etc.). La vitesse de décomposition croît avec la température et varie selon la composition du peroxyde. La décomposition peut entraîner un dégagement de vapeurs ou de gaz inflammables ou nocifs. Pour certains peroxydes organiques, une régulation de température est obligatoire pendant le transport. Certains peuvent se décomposer en produisant une explosion, surtout sous confinement. Cette caractéristique peut être modifiée par l'adjonction de diluants ou l'emploi d'emballages appropriés. De nombreux peroxydes organiques brûlent vigoureusement. On doit éviter tout contact des peroxydes organiques avec les yeux. Certains peuvent gravement endommager la cornée, même après un contact très bref, ou avoir des effets corrosifs pour la peau.

NOTA: Les méthodes d'épreuve pour déterminer l'inflammabilité des peroxydes organiques sont décrites à la sous-section 32.4 de la troisième partie du Manuel d'épreuves et de critères. Les peroxydes organiques pouvant réagir violemment lorsqu'ils sont chauffés, il est recommandé de déterminer leur point d'éclair en utilisant des échantillons de petites dimensions, selon la description de la norme ISO 3679:1983.

Classification

2.2.52.1.5   Tout peroxyde organique est censé être classé dans la classe 5.2, sauf si la préparation de peroxyde organique:

a)   ne contient pas plus de 1 % d'oxygène actif pour 1 % au maximum de peroxyde d'hydrogène;

b)   ne contient pas plus de 0,5 % d'oxygène actif pour plus de 1 % mais 7 % au maximum de peroxyde d'hydrogène.

NOTA: La teneur en oxygène actif (en %) d'une préparation de peroxyde organique est donnée par la formule:

$$16 \times \Sigma \, (n_i \times c_i/m_i)$$

où:

n_i = *nombre de groupes peroxy par molécule du peroxyde organique i;*

c_i = *concentration (% en masse) du peroxyde organique i; et*

m_i = *masse moléculaire du peroxyde organique i.*

2.2.52.1.6   Les peroxydes organiques sont classés en sept types selon le degré de danger qu'ils présentent. Les types varient du type A qui n'est pas admis au transport dans l'emballage dans lequel il a été soumis à l'épreuve, au type G, qui n'est pas soumis aux prescriptions s'appliquant aux peroxydes organiques de la classe 5.2. La classification des types B à F est directement liée à la quantité maximale de matière autorisée par colis. Les principes à appliquer pour classer les matières qui ne figurent pas en 2.2.52.4 sont exposés dans la deuxième partie du Manuel d'épreuves et de critères.

2.2.52.1.7   Les peroxydes organiques déjà classés dont le transport en emballage est déjà autorisé sont énumérés au 2.2.52.4, ceux dont le transport en GRV est déjà autorisé sont énumérés au 4.1.4.2 de l'ADR, instruction d'emballage IBC520, et ceux dont le transport est déjà autorisé en citernes conformément aux chapitres 4.2 et 4.3 de l'ADR sont énumérés au 4.2.5.2 de l'ADR instruction de transport en citernes mobiles T23. Chaque matière autorisée énumérée est affectée à une rubrique générique du tableau A du chapitre 3.2 (Nos ONU 3101 à 3120), avec indication des dangers subsidiaires et des observations utiles pour le transport de ces matières.

Ces rubriques collectives précisent:

–   le type (B à F) du peroxyde organique, (voir 2.2.52.1.6 ci-dessus);

–   l'état physique (liquide/solide); et

–   la régulation de température le cas échéant, voir 2.2.52.1.15 et 2.2.52.1.16 ci-après.

Les mélanges de ces préparations peuvent être assimilés au type de peroxyde organique le plus dangereux qui entre dans leur composition et être transportés sous les conditions prévues pour ce type. Toutefois, comme deux composants stables peuvent former un mélange moins stable à la chaleur, il faut déterminer la température de décomposition auto-accélérée (TDAA) du mélange et, si nécessaire, la température de régulation et la température critique calculées à partir de la TDAA, conformément au 7.1.7.3.6.

2.2.52.1.8   Le classement des peroxydes organiques non énumérés au 2.2.52.4, au 4.1.4.2 de l'ADR, instruction d'emballage IBC520, ou au 4.2.5.2 de l'ADR instruction de transport en citernes mobiles T23 et leur affectation à une rubrique collective doivent être faits par l'autorité compétente du pays d'origine. La déclaration d'agrément doit indiquer le classement et les conditions de transport applicables. Si le pays d'origine n'est pas Partie contractante à l'ADN, le classement et les conditions de transport doivent être reconnus par l'autorité compétente du premier pays Partie contractante à l'ADN touché par l'envoi.

2.2.52.1.9   Les échantillons de peroxydes organiques ou de préparations de peroxydes organiques non énumérés au 2.2.52.4, pour lesquels on ne dispose pas de données d'épreuves complètes et qui sont à transporter pour des épreuves ou des évaluations supplémentaires, doivent être affectés à l'une des rubriques relatives aux peroxydes organiques de type C, à condition que:

–   d'après les données disponibles, l'échantillon ne soit pas plus dangereux que les peroxydes organique de type B;

–   l'échantillon soit emballé conformément à la méthode d'emballage OP2 du 4.1.4.1 de l'ADR et que la quantité par engin de transport soit limitée à 10 kg;

–   d'après les données disponibles, la température de régulation, le cas échéant, soit suffisamment basse pour empêcher toute décomposition dangereuse et suffisamment élevée pour empêcher toute séparation dangereuse des phases.

Désensibilisation des peroxydes organiques

2.2.52.1.10   Pour assurer la sécurité pendant le transport des peroxydes organiques, on les désensibilise souvent en y ajoutant des matières organiques liquides ou solides, des matières inorganiques solides ou de l'eau. Lorsqu'un pourcentage de matière est stipulé, il s'agit de pourcentage en masse, arrondi à l'unité la plus proche. En général, la désensibilisation doit être telle qu'en cas de fuite, le peroxyde organique ne puisse pas se concentrer dans une mesure dangereuse.

2.2.52.1.11   Sauf indication contraire pour une préparation particulière de peroxyde organique, les définitions suivantes s'appliquent aux diluants utilisés pour la désensibilisation:

–   les diluants de type A sont des liquides organiques qui sont compatibles avec le peroxyde organique et qui ont un point d'ébullition d'au moins 150 °C. Les diluants de type A peuvent être utilisés pour désensibiliser tous les peroxydes organiques;

–   les diluants de type B sont des liquides organiques qui sont compatibles avec le peroxyde organique et qui ont un point d'ébullition inférieur à 150 °C mais au moins égal à 60 °C et un point d'éclair d'au moins 5 °C.

Les diluants du type B peuvent être utilisés pour désensibiliser tout peroxyde organique à condition que le point d'ébullition du liquide soit d'au moins 60 °C plus élevé que la TDAA dans un colis de 50 kg.

2.2.52.1.12   Des diluants autres que ceux des types A ou B peuvent être ajoutés aux préparations de peroxydes organiques énumérées en 2.2.52.4 à condition d'être compatibles. Toutefois, le remplacement, en partie ou en totalité, d'un diluant du type A ou B par un autre diluant ayant des propriétés différentes oblige à une nouvelle évaluation de la préparation selon la procédure normale de classement pour la classe 5.2.

2.2.52.1.13   L'eau ne peut être utilisée que pour désensibiliser les peroxydes organiques dont la mention, en 2.2.52.4 ou dans la décision de l'autorité compétente selon le 2.2.52.1.8 ci-dessus, précise "avec de l'eau" ou "dispersion stable dans l'eau". Les échantillons et les préparations de peroxydes organiques qui ne sont pas énumérés en 2.2.52.4 peuvent également être désensibilisés avec de l'eau, à condition d'être conformes aux prescriptions du 2.2.52.1.9 ci-dessus.

2.2.52.1.14   Des matières solides organiques et inorganiques peuvent être utilisées pour désensibiliser les peroxydes organiques à condition d'être compatibles. Par matières compatibles liquides ou solides, on entend celles qui n'altèrent ni la stabilité thermique, ni le type de danger de la préparation.

Prescriptions relatives à la régulation de la température

2.2.52.1.15   Les peroxydes organiques suivants sont soumis à régulation de température pendant le transport:

–   les peroxydes organiques des types B et C ayant une TDAA ≤ 50 °C;

–   les peroxydes organiques de type D manifestant un effet moyen lors de chauffage sous confinement et ayant une TDAA ≤ 50 °C, ou manifestant un faible ou aucun effet lors de chauffage sous confinement et ayant une TDAA ≤ 45 °C; et

    –   les peroxydes organiques des types E et F ayant une TDAA ≤ 45 °C.

NOTA: Les prescriptions pour déterminer les effets de chauffage sous confinement se trouvent dans le Manuel d'épreuves et de critères, Partie II, section 20 et série d'épreuves E dans section 25.

Voir 7.1.7.

2.2.52.1.16   La température de régulation ainsi que la température critique, le cas échéant, sont indiquées en 2.2.52.4. La température réelle de transport peut être inférieure à la température de régulation, mais elle doit être fixée de manière à éviter une séparation dangereuse des phases.

2.2.52.2   **Matières non admises au transport**

Les peroxydes organiques du type A ne sont pas admis au transport aux conditions de la classe 5.2 (voir le 20.4.3 a) de la deuxième partie du Manuel d'épreuves et de critères).

2.2.52.3   **Liste des rubriques collectives**

Peroxydes organiques			
		PEROXYDE ORGANIQUE DU TYPE A, LIQUIDE	} non admis au transport, voir 2.2.52.2
		PEROXYDE ORGANIQUE DU TYPE A, SOLIDE	
	3101	PEROXYDE ORGANIQUE DU TYPE B, LIQUIDE	
	3102	PEROXYDE ORGANIQUE DU TYPE B, SOLIDE	
	3103	PEROXYDE ORGANIQUE DU TYPE C, LIQUIDE	
	3104	PEROXYDE ORGANIQUE DU TYPE C, SOLIDE	
Ne nécessitant pas de régulation de température P1	3105	PEROXYDE ORGANIQUE DU TYPE D, LIQUIDE	
	3106	PEROXYDE ORGANIQUE DU TYPE D, SOLIDE	
	3107	PEROXYDE ORGANIQUE DU TYPE E, LIQUIDE	
	3108	PEROXYDE ORGANIQUE DU TYPE E, SOLIDE	
	3109	PEROXYDE ORGANIQUE DU TYPE F, LIQUIDE	
	3110	PEROXYDE ORGANIQUE DU TYPE F, SOLIDE	
		PEROXYDE ORGANIQUE DU TYPE G, LIQUIDE	} non soumis aux prescriptions applicables à la classe 5.2, voir 2.2.52.1.6
		PEROXYDE ORGANIQUE DU TYPE G, SOLIDE	
	3545	OBJETS CONTENANT DU PEROXYDE ORGANIQUE, N.S.A.	

	3111	PEROXYDE ORGANIQUE DU TYPE B, LIQUIDE, AVEC RÉGULATION DE TEMPÉRATURE
	3112	PEROXYDE ORGANIQUE DU TYPE B, SOLIDE, AVEC RÉGULATION DE TEMPÉRATURE
	3113	PEROXYDE ORGANIQUE DU TYPE C, LIQUIDE, AVEC RÉGULATION DE TEMPÉRATURE
Nécessitant une régulation de température P2	3114	PEROXYDE ORGANIQUE DU TYPE C, SOLIDE, AVEC RÉGULATION DE TEMPÉRATURE
	3115	PEROXYDE ORGANIQUE DU TYPE D, LIQUIDE, AVEC RÉGULATION DE TEMPÉRATURE
	3116	PEROXYDE ORGANIQUE DU TYPE D, SOLIDE, AVEC RÉGULATION DE TEMPÉRATURE
	3117	PEROXYDE ORGANIQUE DU TYPE E, LIQUIDE, AVEC RÉGULATION DE TEMPÉRATURE
	3118	PEROXYDE ORGANIQUE DU TYPE E, SOLIDE, AVEC RÉGULATION DE TEMPÉRATURE
	3119	PEROXYDE ORGANIQUE DU TYPE F, LIQUIDE, AVEC RÉGULATION DE TEMPÉRATURE
	3120	PEROXYDE ORGANIQUE DU TYPE F, SOLIDE, AVEC RÉGULATION DE TEMPÉRATURE
	3545	OBJETS CONTENANT DU PEROXYDE ORGANIQUE, N.S.A.

2.2.52.4   **Liste des peroxydes organiques déjà classés transportés en emballages**

Dans la colonne "Méthode d'emballage", les codes "OP1" à "OP8" se rapportent aux méthodes d'emballage de l'instruction d'emballage P520, au 4.1.4.1 de l'ADR (voir aussi le 4.1.7.1 de l'ADR). Les peroxydes organiques à transporter doivent remplir les conditions de classification, de température de régulation et de température critique (déduites de la TDAA), comme indiqué. Pour les matières dont le transport en GRV est autorisé, voir 4.1.4.2 de l'ADR, instruction d'emballage IBC520, et pour celles dont le transport en citernes est autorisé conformément aux chapitres 4.2 et 4.3 de l'ADR, voir 4.2.5.2.6 de l'ADR, instruction de transport en citernes mobiles T23. Les préparations non énumérées dans la présente sous-section mais énumérées dans l'instruction d'emballage IBC 520 du 4.1.4.2 de l'ADR et dans l'instruction de transport en citerne mobile T23 du 4.2.5.2.6 de l'ADR peuvent également être transportées emballées conformément à la méthode d'emballage OP8 de l'instruction P520 du 4.1.4.1 de l'ADR, avec les mêmes températures de régulation et critiques, le cas échéant.

PEROXYDE ORGANIQUE	Concentration (%)	Diluant type A (%)	Diluant type B (%) 1)	Matières solides inertes (%)	Eau (%)	Méthode d'emballage	Température de régulation (°C)	Température critique (°C)	No ONU (rubrique générique)	Dangers subsidiaires et observations
ACIDE CHLORO-3 PEROXYBENZOÏQUE	> 57 - 86			≥ 14		OP1			3102	3)
"	≤ 57			≥ 3	≥ 40	OP7			3106	
"	≤ 77			≥ 6	≥ 17	OP7			3106	
ACIDE PEROXYACÉTIQUE, TYPE D, stabilisé	≤ 43					OP7			3105	13), 14), 19)
ACIDE PEROXYACÉTIQUE, TYPE E, stabilisé	≤ 43					OP8			3107	13), 15), 19)
ACIDE PEROXYACÉTIQUE, TYPE F, stabilisé	≤ 43					OP8			3109	13), 16), 19)
ACIDE PEROXYLAURIQUE	≤ 100					OP8	+35	+40	3118	
BIS (tert-AMYLPEROXY)-2,2 BUTANE	≤ 57	≥ 43				OP7			3105	
BIS (tert-AMYLPEROXY)-3,3 BUTYRATE D'ÉTHYLE	≤ 67	≥ 33				OP7			3105	
BIS (tert-AMYLPEROXY)-1,1 CYCLOHEXANE	≤ 82	≥ 18				OP6			3103	
BIS (tert-BUTYLPEROXY)-2,2 BUTANE	≤ 52	≥ 48				OP6			3103	
BIS (tert-BUTYLPEROXY)-3,3 BUTYRATE D'ÉTHYLE	> 77 – 100					OP5			3103	
"	≤ 77	≥ 23				OP7			3105	
"	≤ 52			≥ 48		OP7			3106	
BIS (tert-BUTYLPEROXY)-1,1 CYCLOHEXANE	> 80 – 100					OP5			3101	3)
"	≤ 72		≥ 28			OP5			3103	30)
"	> 52 – 80	≥ 20				OP5			3103	
"	> 42 – 52	≥ 48				OP7			3105	
"	≤ 42	≥ 13		≥ 45		OP7			3106	
"	≤ 42	≥ 58				OP8			3109	
"	≤ 27	≥ 25				OP8			3107	21)
"	≤ 13	≥ 13	≥ 74			OP8			3109	
BIS (tert-BUTYLPEROXY)-1,1 CYCLOHEXANE + ÉTHYL-2 PEROXYHEXANOATE DE tert-BUTYLE	≤ 43 + ≤ 16	≥ 41				OP7			3105	
BIS (tert- BUTYLPEROXYISOPROPYL) BENZÈNE(S)	> 42 – 100			≤ 57		OP7			3106	
"	≤ 42			≥ 58					exempt	29)
BIS (tert-BUTYLPEROXY)-2,2 PROPANE	≤ 52	≥ 48				OP7			3105	
"	≤ 42	≥ 13		≥ 45		OP7			3106	
BIS (tert-BUTYLPEROXY)-1,1 TRIMÉTHYL-3,3,5 CYCLOHEXANE	> 90 - 100					OP5			3101	3)
"	≤ 90		≥ 10			OP5			3103	30)
"	> 57 – 90	≥ 10				OP5			3103	
"	≤ 77		≥ 23			OP5			3103	
"	≤ 57	≥ 43		≥ 43		OP8			3110	
"	≤ 57	≥ 26	≥ 42			OP8			3107	
"	≤ 32					OP8			3107	

PEROXYDE ORGANIQUE	Concentration (%)	Diluant type A (%)	Diluant type B (%) 1)	Matières solides inertes (%)	Eau (%)	Méthode d'emballage	Température de régulation (°C)	Température critique (°C)	No ONU (rubrique générique)	Dangers subsidiaires et observations
BIS (tert-BUTYLPEROXY)-4,4 VALÉRATE DE n-BUTYLE	>52 – 100					OP5			3103	
"	≤ 52			≥ 48		OP8			3108	
BIS (DI-tert-BUTYLPEROXY-4,4 CYCLOHEXYL)-2,2 PROPANE	≤ 42			≥ 58		OP7			3106	
"	≤ 22		≥ 78			OP8			3107	
BIS (HYDROPEROXY)-2,2 PROPANE	≤ 27			≥ 73		OP5			3102	3)
BIS (NEODÉCANOYL-2 PEROXYISOPROPYL) BENZÈNE	≤ 52	≥ 48				OP7	-10	0	3115	
tert-BUTYLPEROXYCARBONATE DE STÉARYLE	≤ 100					OP7			3106	
(tert-BUTYL-2 PEROXYISOPROPYL)-1 ISOPROPENYL-3 BENZÈNE	≤ 77	≥ 23				OP7			3105	
"	≤ 42			≥ 58		OP8			3108	
CARBONATE D'ISOPROPYLE ET DE PEROXY tert-AMYLE	≤ 77	≥ 23				OP5			3103	
CARBONATE D'ISOPROPYLE ET DE PEROXY tert-BUTYLE	≤ 77	≥ 23				OP5			3103	
"	≤ 62		≥ 38			OP7			3105	
([3R-(3R,5aS,6S,8aS,9R,10R,12S,12aR**)]-DÉCAHYDRO-10-MÉTHOXY-3,6,9-TRIMÉTHYL-3,12-ÉPOXY-12H-PYRANO[4,3-j]-1,2-BENZODIOXÉPINE)	≤ 100					OP7			3106	
DI-(tert-BUTYLPEROXY-CARBONYLOXY)-1,6 HEXANE	≤ 72	≥ 28				OP5			3103	
DIHYDROPEROXYDE DE DIISOPROPYLBENZÈNE	≤ 82	≥ 5			≥ 5	OP7			3106	24)
DIMÉTHYL-2,5 BIS (BENZOYLPEROXY)-2,5 HEXANE	> 82 – 100					OP5			3102	3)
"	≤ 82			≥ 18		OP7			3106	
"	≤ 82				≥ 18	OP5			3104	
DIMÉTHYL-2,5 BIS (tert-BUTYLPEROXY)-2,5 HEXANE	> 90 – 100					OP5			3103	
"	≤ 77			≥ 23		OP8			3108	
"	>52-90	≥10				OP7			3105	
"	≤ 52	≥ 48				OP8			3109	
"	≤ 47 (pâte)					OP8			3108	
DIMÉTHYL-2,5 BIS (tert-BUTYLPEROXY)-2,5 HEXYNE-3	> 86 – 100					OP5			3101	3)
"	> 52 – 86	≥ 14				OP5			3103	26)
"	≤ 52			≥ 48		OP7			3106	
DIMÉTHYL-2,5 BIS (ÉTHYL-2 HEXANOYLPEROXY)- 2,5 HEXANE	≤ 100					OP5	+ 20	+ 25	3113	
DIMÉTHYL-2,5 BIS (TRIMÉTHYL-3,5,5 HEXANOYLPEROXY)-2,5 HEXANE	≤ 77	≥ 23				OP7			3105	

PEROXYDE ORGANIQUE	Concentration (%)	Diluant type A (%)	Diluant type B (%) 1)	Matières solides inertes (%)	Eau (%)	Méthode d'emballage	Température de régulation (°C)	Température critique (°C)	No ONU (rubrique générique)	Dangers subsidiaires et observations
DIMÉTHYL-2,5 (DIHYDROPEROXY)-2,5 HEXANE	≤ 82				≥ 18	OP6			3104	
DIPEROXYAZÉLATE DE tert-BUTYLE	≤ 52	≥ 48				OP7			3105	
DIPEROXYPHTALATE DE tert-BUTYLE	> 42 - 52	≥ 48				OP7			3105	
"	≤ 52 (pâte)					OP7			3106	20)
"	≤ 42	≥ 58				OP8			3107	
ÉTHYLHEXYL-2 PEROXYCARBONATE DE tert-AMYLE	≤ 100					OP7			3105	
ÉTHYL-2 PEROXYHEXANOATE DE tert-AMYLE	≤ 100					OP7	+ 20	+ 25	3115	
ÉTHYL-2 PEROXYHEXANOATE DE tert-BUTYLE	> 52 - 100					OP6	+ 20	+ 25	3113	
"	> 32 - 52		≥ 48			OP8	+ 30	+ 35	3117	
"	≤ 52			≥ 48		OP8	+ 20	+ 25	3118	
"	≤ 32		≥ 68			OP8	+ 40	+ 45	3119	
ÉTHYL-2 PEROXYHEXANOATE DE tert-BUTYLE + BIS(tert-BUTYLPEROXY)-2,2 BUTANE	≤ 12 + ≤ 14	≥ 14		≥ 60		OP7			3106	
	≤ 31 + ≤ 36		≥ 33			OP7	+ 35	+ 40	3115	
ÉTHYL-2 PEROXYHEXANOATE DE TÉTRAMÉTHYL-1,1,3,3 BUTYLE	≤ 100					OP7	+ 15	+ 20	3115	
ÉTHYL-2 PEROXYHEXYLCARBONATE DE tert-BUTYLE	≤ 100					OP7			3105	
HYDROPEROXYDE DE tert-AMYLE	≤ 88	≥ 6			≥ 6	OP8			3107	
HYDROPEROXYDE DE tert-BUTYLE	> 79 - 90				≥ 10	OP5			3103	13)
"	≤ 80	≥ 20				OP7			3105	4), 13)
"	≤ 79				> 14	OP8			3107	13), 23)
"	≤ 72				≥ 28	OP8			3109	13)
HYDROPEROXYDE DE tert-BUTYLE + PEROXYDE DE DI-tert-BUTYLE	< 82 + > 9				≥ 7	OP5			3103	13)
HYDROPEROXYDE DE CUMYLE	> 90 - 98	≤ 10				OP8			3107	13)
"	≤ 90	≥ 10				OP8			3109	13), 18)
HYDROPEROXYDE D'ISOPROPYLCUMYLE	≤ 72	≤ 28				OP8			3109	13)
HYDROPEROXYDE DE p-MENTHYLE	> 72 - 100	≥ 28				OP7			3105	13)
"	≤ 72	≥ 28				OP8			3109	27)
HYDROPEROXYDE DE 1-PHÉNYLÉTHYLE	≤ 38		≥ 62			OP8			3109	
HYDROPEROXYDE DE PINANYLE	> 56 - 100					OP7			3105	13)
"	≤ 56	≥ 44				OP8			3109	
HYDROPEROXYDE DE TÉTRAMÉTHYL-1,3,3,3 BUTYLE	≤ 100					OP7			3105	
MÉTHYL-2 PEROXYBENZOATE DE tert-BUTYLE	≤ 100					OP5			3103	

PEROXYDE ORGANIQUE	Concentration (%)	Diluant type A (%)	Diluant type B (%) 1)	Matières solides inertes (%)	Eau (%)	Méthode d'emballage	Température de régulation (°C)	Température critique (°C)	No ONU (rubrique générique)	Dangers subsidiaires et observations
MONOPEROXYMALÉATE DE tert-BUTYLE	> 52 - 100					OP5			3102	3)
"	≤ 52	≥ 48				OP6			3103	
"	≤ 52			≥ 48		OP8			3108	
"	≤ 52 (pâte)					OP8			3108	
PENTAMÉTHYL-3,3,5,7,7 TRIOXEPANE-1,2,4	≤ 100					OP8			3107	
PEROXYACÉTATE DE tert-AMYLE	≤ 62	≥ 38				OP7			3105	
PEROXYACÉTATE DE tert-BUTYLE	> 52 - 77	≥ 23				OP5			3101	3)
"	> 32 – 52	≥ 48				OP6			3103	
"	≤ 32		≥ 68			OP8			3109	
PEROXYBENZOATE DE tert-AMYLE	≤ 100					OP5			3103	
PEROXYBENZOATE DE tert-BUTYLE	> 77 - 100					OP5			3103	
"	> 52 - 77	≥ 23				OP7			3105	
"	≤ 52			≥ 48		OP7			3106	
PEROXYBUTYLFUMARATE DE tert-BUTYLE	≤ 52	≥ 48				OP7			3105	
PEROXYCARBONATE DE POLY-tert-BUTYLE ET DE POLYÉTHER	≤ 52		≥ 48			OP8			3107	
PEROXYCROTONATE DE tert-BUTYLE	≤ 77	≥ 23				OP7			3105	2)
PEROXYDE D'ACÉTYLACÉTONE	≤ 42	≥ 48			≥ 8	OP7			3106	20)
"	≤ 32 (pâte)					OP7			3107	32)
"	≤ 35	> 57			≥ 8	OP8				
PEROXYDE D'ACÉTYLE ET DE CYCLOHEXANE SULFONYLE	≤ 82				≥ 12	OP4	-10	0	3112	3)
"	≤ 32		≥ 68			OP7	-10	0	3115	
PEROXYDE DE tert-AMYLE	≤ 100					OP8			3107	
PEROXYDE DE BIS (CHLORO-4 BENZOYLE)	≤ 77				≥ 23	OP5			3102	3)
"	≤ 52 (pâte)			≥ 68		OP7			3106	20)
PEROXYDE DE BIS (DICHLORO-2,4 BENZOYLE)	≤ 32				≥ 23	OP5			exempt	29)
"	≤ 77					OP8	+ 20	+ 25	3102	3)
"	≤ 52 (pâte)					OP7			3118	
"	≤ 52 (pâte avec huile de silicone)					OP7			3106	
PEROXYDE DE BIS (HYDROXY-1 CYCLOHEXYLE)	≤ 100					OP7			3106	
PEROXYDE DE BIS (MÉTHYL-2 BENZOYLE)	≤ 87				≥ 13	OP5	+ 30	+ 35	3112	3)
PEROXYDE DE BIS (MÉTHYL-3 BENZOYLE)+PEROXYDE DE BENZOYLE+ PEROXYDE DE MÉTHYL-3 DIBENZOYLE	≤ 20+ ≤ 18+ ≤ 4		≥ 58			OP7	+35	+40	3115	
PEROXYDE DE BIS (MÉTHYL-4 BENZOYLE)	≤ 52 (pâte avec huile de silicone)					OP7			3106	

PEROXYDE ORGANIQUE	Concentration (%)	Diluant type A (%)	Diluant type B (%) 1)	Matières solides inertes (%)	Eau (%)	Méthode d'emballage	Température de régulation (°C)	Température critique (°C)	No ONU (rubrique générique)	Dangers subsidiaires et observations
PEROXYDE DE BIS (TRIMÉTHYL-3,5,5 HEXANOYLE)	> 38-52	≥ 48				OP8	+10	+15	3119	
"	> 52-82	≥ 18				OP7	0	+10	3115	
"	≤ 52 (dispersion stable dans l'eau)					OP8	+10	+15	3119	
PEROXYDE DE tert-BUTYLE ET DE CUMYLE	≤ 38	≥ 62				OP8	+20	+25	3119	
"	> 42 – 100					OP8			3109	
"	≤ 52			≥ 48		OP8			3108	
PEROXYDE(S) DE CYCLOHEXANONE	≤ 91				≥ 9	OP6			3104	13)
"	≤ 72	≥ 28				OP7			3105	5)
"	≤ 72 (pâte)					OP7			3106	5), 20)
"	≤ 32			≥ 68	≥ 8				exempt	29)
PEROXYDES DE DIACÉTONE-ALCOOL	≤ 57		≥ 26			OP7	+ 40	+ 45	3115	6)
PEROXYDE DE DIACÉTYLE	≤ 27		≥ 73			OP7	+ 20	+ 25	3115	7), 13)
PEROXYDE DE DIBENZOYLE	> 52 - 100			≤ 48		OP2			3102	3)
"	> 77 - 94				≥ 6	OP4			3102	3)
"	≤ 77				≥ 23	OP6			3104	
"	≤ 62			≥ 28	≥ 10	OP7			3106	
"	> 52 - 62 (pâte)					OP7			3106	20)
"	> 35 - 52			≥ 48		OP7			3106	
"	> 36 – 42	≥18			≤ 40	OP8			3107	
"	≤ 56,5 (pâte)				≥ 15	OP8			3108	
"	≤ 52 (pâte)					OP8			3108	20)
"	≤ 42 (dispersion stable dans l'eau)					OP8			3109	
PEROXYDE DE DI-tert-BUTYLE	≤ 35			≥ 65		OP8			exempt	29)
"	> 52 - 100					OP8			3107	
PEROXYDE DE DICUMYLE	≤ 52		≥ 48			OP8			3109	25)
"	> 52 - 100					OP8			3110	12)
PEROXYDE DE DIDÉCANOYLE	≤ 52			≥ 48		OP8			exempt	29)
"	≤ 100					OP6	+ 30	+ 35	3114	
PEROXYDE DE DIISOBUTYRYLE	> 32 - 52		≥ 48			OP5	-20	-10	3111	3)
"	≤ 32		≥ 68			OP7	-20	-10	3115	
PEROXYDE DE DILAUROYLE	≤ 100					OP7			3106	
"	≤ 42 (dispersion stable dans l'eau)					OP8	-20	-10	3109	
PEROXYDE DE DI-n-NONANOYLE	≤ 100					OP7	0	+10	3116	
PEROXYDE DE DI-n-OCTANOYLE	≤ 100					OP5	+ 10	+ 15	3114	

PEROXYDE ORGANIQUE	Concentration (%)	Diluant type A (%)	Diluant type B (%) 1)	Matières solides inertes (%)	Eau (%)	Méthode d'emballage	Température de régulation (°C)	Température critique (°C)	No ONU (rubrique générique)	Dangers subsidiaires et observations
PEROXYDE DE DIPROPIONYLE	≤ 27		≥ 73			OP8	+ 15	+ 20	3117	
PEROXYDE DE DISUCCINYLE	> 72 - 100					OP4			3102	3), 17)
"	≤ 72				≥ 28	OP7	+ 10	+ 15	3116	
PEROXYDE(S) DE MÉTHYLCYCLOHEXANONE	≤ 67		≥ 33			OP7	+ 35	+ 40	3115	
PEROXYDE(S) DE MÉTHYLÉTHYLCÉTONE	voir observation 8)	≥ 48				OP5			3101	3), 8), 13)
"	voir observation 9)	≥ 55				OP7			3105	9)
"	voir observation 10)	≥ 60				OP8			3107	10)
PEROXYDE(S) DE MÉTHYLISOBUTYLCÉTONE	≤ 62	≥ 19				OP7			3105	22)
PEROXYDE(S) DE MÉTHYLISOPROPYLCÉTONE	voir observation 31)	≥ 70				OP8			3109	31)
PEROXYDE ORGANIQUE, LIQUIDE, ÉCHANTILLON DE						OP2			3103	11)
PEROXYDE ORGANIQUE, LIQUIDE, ÉCHANTILLON DE, AVEC RÉGULATION DE TEMPÉRATURE						OP2			3113	11)
PEROXYDE ORGANIQUE, SOLIDE, ÉCHANTILLON DE						OP2			3104	11)
PEROXYDE ORGANIQUE, SOLIDE, ÉCHANTILLON DE, AVEC RÉGULATION DE TEMPÉRATURE						OP2			3114	11)
PEROXYDICARBONATE DE BIS (tert-BUTYL-4 CYCLOHEXYLE)	≤ 100					OP6	+ 30	+ 35	3114	
"	≤ 42 (dispersion stable dans l'eau)					OP8	+ 30	+ 35	3119	
"	≤42 (pâte)					OP8	+ 35	+ 40	3118	
PEROXYDICARBONATE DE BIS (sec-BUTYLE)	> 52 - 100					OP4	-20	-10	3113	
"	≤ 52		≥ 48			OP7	-15	-5	3115	
PEROXYDICARBONATE DE BIS (ÉTHOXY-2 ÉTHYLE)	≤ 52		≥ 48			OP7	-10	0	3115	
PEROXYDICARBONATE DE BIS (MÉTHOXY-3 BUTYLE)	≤ 52		≥ 48			OP7	-5	+5	3115	
PEROXYDICARBONATE DE BIS (PHÉNOXY-2 ÉTHYLE)	> 85 - 100					OP5			3102	3)
"	≤ 85				≥ 15	OP7			3106	
PEROXYDICARBONATE DE DI-n-BUTYLE	> 27 - 52		≥ 48			OP7	-15	-5	3115	
"	≤ 27		≥ 73			OP8	-10	0	3117	
"	≤ 42 (dispersion stable dans l'eau (congelée))					OP8	-15	-5	3118	

PEROXYDE ORGANIQUE	Concentration (%)	Diluant type A (%)	Diluant type B (%) 1)	Matières solides inertes (%)	Eau (%)	Méthode d'emballage	Température de régulation (°C)	Température critique (°C)	No ONU (rubrique générique)	Dangers subsidiaires et observations
PEROXYDICARBONATE DE DICÉTYLE	≤ 100					OP8	+ 30	+ 35	3120	
"	≤ 42 (dispersion stable dans l'eau)					OP8	+ 30	+ 35	3119	
PEROXYDICARBONATE DE DICYCLOHEXYLE	> 91 - 100					OP3	+ 10	+ 15	3112	3)
"	≤ 91				≥ 9	OP5	+ 10	+ 15	3114	
"	≤ 42 (dispersion stable dans l'eau)					OP8	+ 15	+ 20	3119	
PEROXYDICARBONATE DE DIISOPROPYLE	> 52 - 100					OP2	-15	-5	3112	3)
"	≤ 52		≥ 48			OP7	-20	-10	3115	
"	≤ 32	≥ 68				OP7	-15	-5	3115	
PEROXYDICARBONATE DE DIMYRISTYLE	≤ 100					OP7	+ 20	+ 25	3116	
"	≤ 42 (dispersion stable dans l'eau)					OP8	+ 20	+ 25	3119	
PEROXYDICARBONATE DE DI-n-PROPYLE	≤ 100					OP3	-25	-15	3113	
"	≤ 77		≥ 23			OP5	-20	-10	3113	
PEROXYDICARBONATE DÉTHYL-2 HEXYLE	> 77 – 100					OP5	-20	-10	3113	
	≤ 77		≥ 23			OP7	-15	-5	3115	
	≤ 62 (dispersion stable dans l'eau)					OP8	-15	-5	3119	
	≤ 52 (dispersion stable dans l'eau, congelé)					OP8	-15	-5	3120	
PEROXYDICARBONATE D'ISOPROPYLE ET DE BIS (sec-BUTYLE) + PEROXYDICARBONATE DE sec-BUTYLE + PEROXYDICARBONATE DE DIISOPROPYLE	≤ 32 + ≤ 15-18 + ≤ 12-15	≥ 38				OP7	-20	-10	3115	3)
	≤ 52 + ≤ 28 + ≤ 22					OP5	-20	-10	3111	3)
PEROXYDIÉTHYLACÉTATE DE tert-BUTYLE	≤ 100					OP5	+ 20	+ 25	3113	
PEROXYISOBUTYRATE DE tert-BUTYLE	> 52 - 77		≥ 23			OP5	+ 15	+ 20	3111	3)
	≤ 52		≥ 48			OP7	+ 15	+ 20	3115	
PEROXYNÉODÉCANOATE DE tert-AMYLE	≤ 77		≥ 23			OP7	0	+ 10	3115	
	≤ 47	≥ 53				OP8	0	+ 10	3119	
PEROXYNÉODÉCANOATE DE tert-BUTYLE	> 77 - 100					OP7	-5	+ 5	3115	
"	≤ 77		≥ 23			OP7	0	+ 10	3115	
"	≤ 52 (dispersion stable dans l'eau)					OP8	0	+ 10	3119	
"	≤ 42 (dispersion stable dans l'eau, congelé)					OP8	0	+ 10	3118	
"	≤ 32	≥ 68				OP8	0	+ 10	3119	

PEROXYDE ORGANIQUE	Concentration (%)	Diluant type A (%)	Diluant type B (%) 1)	Matières solides inertes (%)	Eau (%)	Méthode d'emballage	Température de régulation (°C)	Température critique (°C)	No ONU (rubrique générique)	Dangers subsidiaires et observations
PEROXYNÉODÉCANOATE DE CUMYLE	≤ 87	≥ 13				OP7	-10	0	3115	
"	≤ 77		≥ 23			OP7	-10	0	3115	
"	≤ 52 (dispersion stable dans l'eau)					OP8	-10	0	3119	
PEROXYNÉODÉCANOATE DE DIMÉTHYL-1,1 HYDROXY-3 BUTYLE	≤ 77	≥ 23				OP7	- 5	+ 5	3115	
"	≤ 52	≥ 48				OP8	- 5	+ 5	3117	
"	≤ 52 (dispersion stable dans l'eau)					OP8	- 5	+ 5	3119	
PEROXYNÉODÉCANOATE DE tert-HEXYLE	≤ 71	≥ 29				OP7	0	+10	3115	
PEROXYNÉODÉCANOATE DE TÉTRAMÉTHYL-1,1,3,3 BUTYLE	≤ 72		≥ 28			OP7	-5	+ 5	3115	
"	≤ 52 (dispersion stable dans l'eau)					OP8	-5	+ 5	3119	
PEROXYNÉOHEPTANOATE de tert-BUTYLE	≤ 77	≥ 23				OP7	0	+10	3115	
"	≤ 42 (dispersion stable dans l'eau)					OP8	0	+10	3117	
PEROXYNÉOHEPTANOATE DE CUMYLE	≤ 77	≥ 23				OP7	-10	+ 0	3115	
PEROXYNÉOHEPTANOATE DE DIMÉTHYL-1,1 HYDROXY-3 BUTYLE	≤ 52	≥ 48				OP8	0	+10	3117	
PEROXYPIVALATE DE tert-AMYLE	≤ 77		≥ 23			OP5	+10	+15	3113	
PEROXYPIVALATE DE tert-BUTYLE	> 67 – 77	≥ 23				OP5	+10	+10	3113	
"	> 27 – 67		≥ 33			OP7	0	+10	3115	
"	≤ 27		≥ 73			OP8	+30	+35	3119	
PEROXYPIVALATE DE CUMYLE	≤ 77	≥ 23				OP7	-5	+ 5	3115	
PEROXYPIVALATE D(ÉTHYL-2 HEXANOYLPEROXY)-1 DIMÉTHYL-1,3 BUTYLE	≤ 52	≥ 45	≥ 10			OP7	-20	-10	3115	
PEROXYPIVALATE DE tert-HEXYLE	≤ 72		≥ 28			OP7	+10	+15	3115	
"	≤ 52 (dispersion stable dans l'eau)					OP8	+15	+20	3117	
PEROXYPIVALATE DE TÉTRAMÉTHYL-1,1,3,3 BUTYLE	≤ 77	≥ 23				OP7	0	+10	3115	
TRIÉTHYL-3,6,9 TRIMÉTHYL-3,6,9 TRIPEROXONANNE-1,4,7	≤ 17	≥ 18		≥ 65		OP8			3110	
"	≤ 42	≥ 58				OP7			3105	28)
TRIMÉTHYL-3,5,5 PEROXYHEXANOATE DE tert-AMYLE	≤ 100					OP7			3105	
TRIMÉTHYL-3,5,5 PEROXYHEXANOATE DE tert-BUTYLE	> 37 – 100					OP7			3105	
"	≤ 42			≥ 58		OP7			3106	
"	≤ 37		≥ 63			OP8			3109	

Observations (référant à la dernière colonne du tableau au 2.2.52.4)

1) Un diluant du type B peut toujours être remplacé par un diluant du type A. Le point d'ébullition du diluant type B doit être supérieur d'au moins 60° C à la TDAA du peroxyde organique.

2) Oxygène actif ≤ 4,7 %.

3) Étiquette de danger subsidiaire de "MATIÈRE EXPLOSIBLE" requise (Modèle No.1, voir 5.2.2.2.2.).

4) Le diluant peut être remplacé par du peroxyde de di-tert-butyle.

5) Oxygène actif ≤ 9 %.

6) Jusqu'à 9 % de peroxyde d'hydrogène: oxygène actif ≤ 10 %.

7) Seuls les emballages non métalliques sont admis.

8) Oxygène actif > 10% et ≤10,7% avec ou sans eau.

9) Oxygène actif ≤10%, avec ou sans eau.

10) Oxygène actif ≤8,2%, avec ou sans eau.

11) Voir 2.2.52.1.9.

12) La quantité par récipient, pour les PEROXYDES ORGANIQUES DU TYPE F, peut aller jusqu'à 2000 kg, en fonction des résultats des essais à grande échelle.

13) Étiquette de danger subsidiaire de "MATIÈRE CORROSIVE" requise (Modèle No. 8, voir 5.2.2.2.2).

14) Préparations d'acide peroxyacétique qui satisfont aux critères du 20.4.3 d) du Manuel d'épreuves et de critères.

15) Préparations d'acide peroxyacétique qui satisfont aux critères du 20.4.3 e) du Manuel d'épreuves et de critères.

16) Préparations d'acide peroxyacétique qui satisfont aux critères du 20.4.3 f) du Manuel d'épreuves et de critères.

17) L'adjonction d'eau à ce peroxyde organique réduit sa stabilité thermique.

18) Une étiquette de danger subsidiaire de "MATIÈRE CORROSIVE" (Modèle No. 8, voir 5.2.2.2.2) n'est pas nécessaire pour les concentrations inférieures à 80 %.

19) Mélange avec du peroxyde d'hydrogène, de l'eau et un (des) acide(s).

20) Avec un diluant du type A, avec ou sans eau.

21) Avec au moins 25% (masse) du diluant du type A, et en plus, de l'éthylbenzène.

22) Avec au moins 19% (masse) du diluant du type A, et en plus, de la méthylisobutylcétone.

23) Avec moins de 6 % de peroxyde de di-tert-butyle.

24) Jusqu'à 8 % d'isopropyl-1 hydroperoxy isopropyl-4 hydroxybenzène.

25) Diluant de type B dont le point d'ébullition est supérieur à 110 °C.

26) Avec moins de 0,5 % d'hydroperoxydes.

27) Pour les concentrations supérieures à 56 %, l'étiquette de danger subsidiaire "MATIÈRE CORROSIVE" est requise (Modèle No. 8, voir 5.2.2.2.2).

28) Oxygène actif ≤ 7,6 % dans un diluant du type A ayant un point d'ébullition compris entre 200 °C et 260 °C.

29) Non soumis aux prescriptions applicables à la classe 5.2 de l'ADN.

30) Diluant de type B dont le point d'ébullition est supérieur à 130 °C.

31) Oxygène actif ≤ 6,7%.

32) Oxygène actif ≤ 4,15 %.

2.2.61 **Classe 6.1 Matières toxiques**

2.2.61.1 **Critères**

2.2.61.1.1 Le titre de la classe 6.1 couvre les matières dont on sait, par expérience, ou dont on peut admettre, d'après les expérimentations faites sur les animaux, qu'elles peuvent, en quantité relativement faible, par une action unique ou de courte durée, nuire à la santé de l'homme ou causer la mort par inhalation, par absorption cutanée ou par ingestion.

NOTA: Les micro-organismes et les organismes génétiquement modifiés doivent être affectés à cette classe s'ils en remplissent les conditions.

2.2.61.1.2 Les matières de la classe 6.1 sont subdivisées comme suit:

T   Matières toxiques sans danger subsidiaire:

   T1   Organiques, liquides;

   T2   Organiques, solides;

   T3   Organométalliques;

   T4   Inorganiques, liquides;

   T5   Inorganiques, solides;

   T6   Pesticides, liquides;

   T7   Pesticides, solides;

   T8   Échantillons;

   T9   Autres matières toxiques;

   T10   Objets;

TF   Matières toxiques inflammables:

   TF1   Liquides;

   TF2   Liquides, pesticides;

   TF3   Solides;

TS   Matières toxiques auto-échauffantes, solides;

TW   Matières toxiques qui, au contact de l'eau, dégagent des gaz inflammables:

   TW1   Liquides;

   TW2   Solides;

TO   Matières toxiques comburantes:

   TO1   Liquides;

   TO2   Solides;

TC   Matières toxiques corrosives:

     TC1   Organiques, liquides;

     TC2   Organiques, solides;

     TC3   Inorganiques, liquides;

     TC4   Inorganiques, solides;

TFC   Matières toxiques inflammables corrosives.

TFW   Matières toxiques inflammables qui, au contact de l'eau, dégagent des gaz inflammables.

Définitions

2.2.61.1.3   Aux fins de l'ADN, on entend:

Par *DL$_{50}$ (dose létale moyenne) pour la toxicité aiguë à l'ingestion*, la dose statistiquement établie d'une substance qui, administrée en une seule fois et par voie orale, est susceptible de provoquer dans un délai de 14 jours la mort de la moitié d'un groupe de jeunes rats albinos adultes. La DL$_{50}$ est exprimée en masse de substance étudiée par unité de masse corporelle de l'animal soumis à l'expérimentation (mg/kg);

Par *DL$_{50}$ pour la toxicité aiguë à l'absorption cutanée*, la dose de matière appliquée pendant 24 heures par contact continu sur la peau nue du lapin albinos, qui risque le plus de provoquer la mort dans un délai de 14 jours de la moitié des animaux du groupe. Le nombre d'animaux soumis à cette épreuve doit être suffisant pour que le résultat soit statistiquement significatif et être conforme aux bonnes pratiques pharmacologiques. Le résultat est exprimé en milligrammes par kilogramme de masse du corps;

Par *CL$_{50}$ pour la toxicité aiguë à l'inhalation*, la concentration de vapeur, de brouillard ou de poussière administrée par inhalation continue, pendant une heure, à un groupe de jeunes rats albinos adultes mâles et femelles, qui risque le plus de provoquer la mort, dans un délai de 14 jours, de la moitié des animaux du groupe. Une matière solide doit être soumise à une épreuve si 10 % (masse) au moins de sa masse totale risquent d'être constitués de poussières susceptibles d'être inhalées, par exemple si le diamètre aérodynamique de cette fraction-particules est au plus de 10 microns. Une matière liquide doit être soumise à une épreuve si un brouillard risque de se produire lors d'une fuite dans l'enceinte étanche utilisée pour le transport. Pour les matières solides comme pour les liquides, plus de 90 % (masse) d'un échantillon préparé pour l'épreuve doivent être constitués de particules susceptibles d'être inhalées comme défini ci-dessus. Le résultat est exprimé en milligrammes par litre d'air pour les poussières et brouillards et en millilitres par mètre cube d'air (ppm) pour les vapeurs.

Classification et affectation aux groupes d'emballages

2.2.61.1.4   Les matières de la classe 6.1 doivent être classées dans trois groupes d'emballage, selon le degré de danger qu'elles présentent pour le transport, comme suit:

Groupe d'emballage I:	Matières très toxiques
Groupe d'emballage II:	Matières toxiques
Groupe d'emballage III:	Matières faiblement toxiques

2.2.61.1.5   Les matières, mélanges, solutions et objets classés dans la classe 6.1 sont énumérés au tableau A du chapitre 3.2. L'affectation des matières, mélanges et solutions non nommément mentionnés au tableau A du chapitre 3.2 à la rubrique appropriée de la sous-section 2.2.61.3

et au groupe d'emballage pertinent conformément aux dispositions du chapitre 2.1 doit être faite selon les critères suivants des 2.2.61.1.6 à 2.2.61.1.11.

2.2.61.1.6   Pour juger du degré de toxicité on devra tenir compte des effets constatés sur l'homme dans certains cas d'intoxication accidentelle, ainsi que des propriétés particulières à telle ou telle matière: état liquide, grande volatilité, propriétés particulières d'absorption cutanée, effets biologiques spéciaux.

2.2.61.1.7   En l'absence d'observations faites sur l'homme, le degré de toxicité est établi en recourant aux informations disponibles provenant d'essais sur l'animal, conformément au tableau suivant:

	Groupe d'emballage	Toxicité à l'ingestion DL_{50} (mg/kg)	Toxicité à l'absorption cutanée DL_{50} (mg/kg)	Toxicité à l'inhalation de poussières et de brouillards CL_{50} (mg/l)
Très toxiques	I	≤ 5,0	≤ 50	≤ 0,2
Toxiques	II	> 5,0 et ≤ 50	> 50 et ≤ 200	> 0,2 et ≤ 2,0
Faiblement toxiques	III[a]	> 50 et ≤ 300	> 200 et ≤ 1000	> 2,0 et ≤ 4,0

[a]   *Les matières servant à la production de gaz lacrymogènes doivent être incluses dans le groupe d'emballage II même si les données sur leur toxicité correspondent aux critères du groupe d'emballage III.*

2.2.61.1.7.1   Lorsqu'une matière présente des degrés différents de toxicité pour deux ou plusieurs modes d'exposition, on retiendra pour le classement la toxicité la plus élevée.

2.2.61.1.7.2   Les matières répondant aux critères de la classe 8 dont la toxicité à l'inhalation de poussières et brouillards (CL_{50}) correspond au groupe d'emballage I, ne doivent être affectées à la classe 6.1 que si simultanément la toxicité à l'ingestion ou à l'absorption cutanée correspond au moins aux groupes d'emballage I ou II. Dans le cas contraire, la matière doit être affectée à la classe 8 si nécessaire (voir 2.2.8.1.4.5).

2.2.61.1.7.3   Les critères de toxicité à l'inhalation de poussières et brouillards ont pour base les données sur la CL_{50} pour une exposition d'une heure et ces renseignements doivent être utilisés lorsqu'ils sont disponibles. Cependant, lorsque seules les données sur la CL_{50} pour une exposition de 4 heures sont disponibles, les valeurs correspondantes peuvent être multipliées par quatre, et le résultat substitué à celui du critère ci-dessus, c'est-à-dire que la valeur quadruplée de la CL_{50} (4 heures) est considérée comme l'équivalent de la CL_{50} (1 heure).

Toxicité à l'inhalation de vapeurs

2.2.61.1.8   Les liquides dégageant des vapeurs toxiques doivent être classés dans les groupes suivants, la lettre "V" représentant la concentration (en ml/m³ d'air) de vapeur (volatilité) saturée dans l'air à 20 °C et à la pression atmosphérique normale:

	Groupe d'emballage	
Très toxiques	I	Si V ≥ 10 CL_{50} et CL_{50} ≤ 1 000 ml/m³
Toxiques	II	Si V ≥ CL_{50} et CL_{50} ≤ 3 000 ml/m³ et si les critères pour le groupe d'emballage I ne sont pas satisfaits
Faiblement toxiques	III[a]	Si V ≥ 1/5 CL_{50} et CL_{50} ≤ 5 000 ml/m³ et si les critères pour les groupes d'emballage I et II ne sont pas satisfaits

[a]   *Les matières servant à la production de gaz lacrymogènes doivent être incluses dans le groupe d'emballage II même si les données sur leur toxicité correspondent aux critères du groupe d'emballage III.*

Ces critères de toxicité à l'inhalation de vapeurs ont pour base les données sur la CL_{50} pour une exposition d'une heure, et ces renseignements doivent être utilisés lorsqu'ils sont disponibles.

LIGNES DE SÉPARATION ENTRE LES GROUPES D'EMBALLAGE TOXICITÉ À L'INHALATION

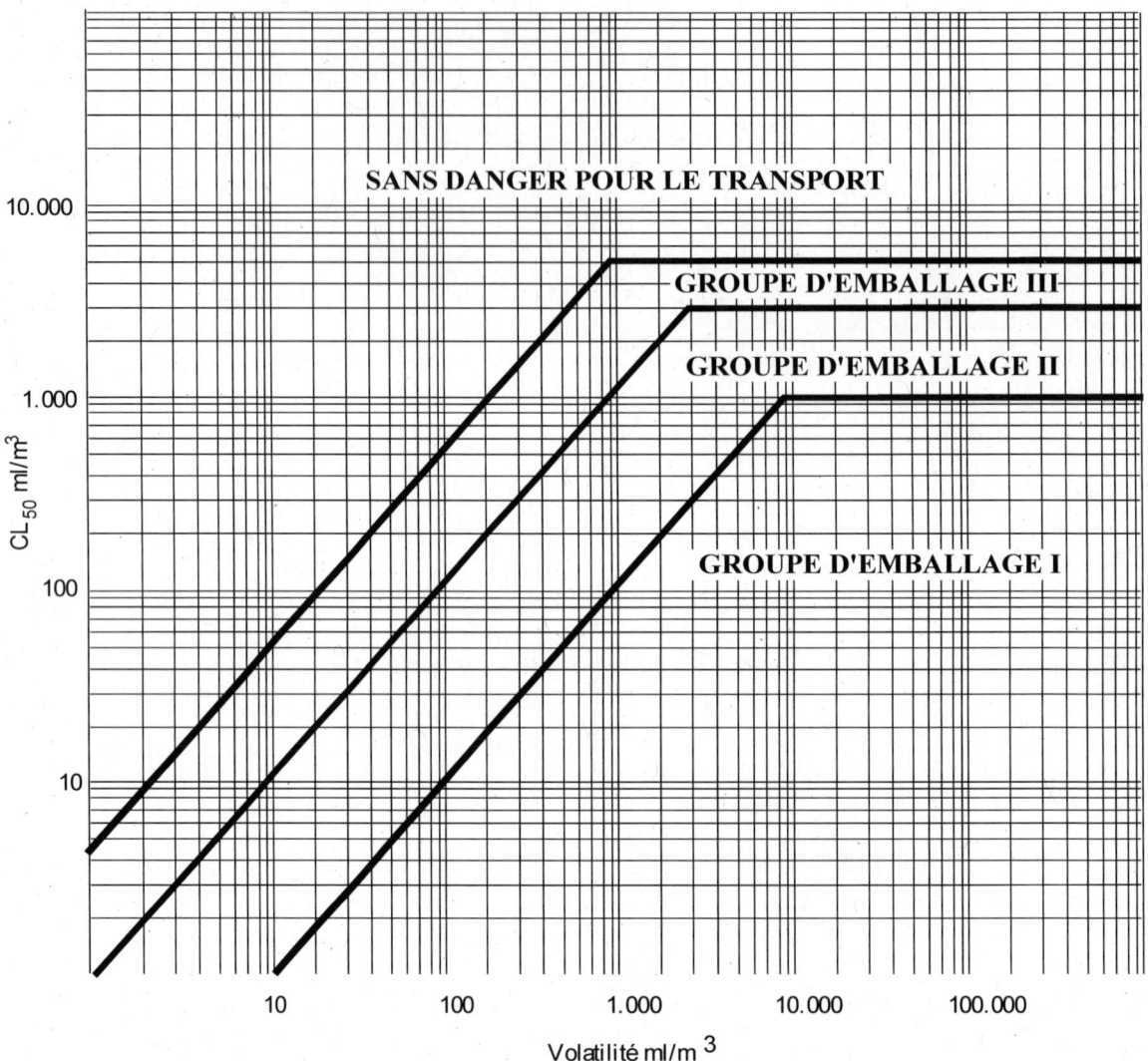

Cependant, lorsque seules les données sur la CL_{50} pour une exposition de 4 heures aux vapeurs sont disponibles, les valeurs correspondantes peuvent être multipliées par deux et le résultat substitué aux critères ci-dessus; c'est-à-dire que la double valeur de la CL_{50} (4 heures) est considérée comme l'équivalent de la valeur de la CL_{50} (1 heure).

Sur cette figure, les critères sont représentés sous forme graphique, afin de faciliter le classement. Cependant, à cause des approximations inhérentes à l'usage des graphes, la toxicité des matières dont la représentation graphique des coordonnées se trouve à proximité ou juste sur les lignes de séparation doit être vérifiée à l'aide des critères numériques.

Mélanges de liquides

2.2.61.1.9 Les mélanges de liquides qui sont toxiques par inhalation doivent être affectés à des groupes d'emballage selon les critères ci-après:

2.2.61.1.9.1 Si la CL_{50} est connue pour chacune des matières toxiques entrant dans le mélange, le groupe d'emballage peut être déterminé comme suit:

a) Calcul de la CL_{50} du mélange:

$$CL_{50} \text{ (mélange)} = \frac{1}{\displaystyle\sum_{i=1}^{n} \frac{f_i}{CL_{50i}}}$$

où f_i = fraction molaire du ième constituant du mélange

CL_{50i} = concentration létale moyenne du ième constituant en ml/m^3

b) Calcul de la volatilité de chaque constituant du mélange:

$$V_i = P_i \times \frac{10^6}{101,3} \text{ en } ml/m^3$$

où P_i = pression partielle du ième constituant en kPa à 20 °C et à la pression atmosphérique normale

c) Calcul du rapport de la volatilité à la CL_{50}:

$$R = \sum_{i=1}^{n} \left(\frac{V_i}{CL_{50i}} \right)$$

d) Les valeurs calculées pour la CL_{50} (mélange) et R servent alors à déterminer le groupe d'emballage du mélange:

Groupe d'emballage I : $R \geq 10$ et CL_{50} (mélange) $\leq 1\ 000\ ml/m^3$;

Groupe d'emballage II : $R \geq 1$ et CL_{50} (mélange) $\leq 3\ 000\ ml/m^3$ et si le mélange ne répond pas aux critères du groupe d'emballage I;

Groupe d'emballage III : $R \geq 1/5$ et CL_{50} (mélange) $\leq 5\ 000\ ml/m^3$ et si le mélange ne répond pas aux critères des groupes d'emballage I ou II.

2.2.61.1.9.2 Si la CL_{50} des constituants toxiques n'est pas connue, le mélange peut être affecté à un groupe au moyen des essais simplifiés de seuils de toxicité ci-après. Dans ce cas, c'est le groupe d'emballage le plus restrictif qui doit être déterminé et utilisé pour le transport du mélange.

2.2.61.1.9.3 Un mélange n'est affecté au groupe d'emballage I que s'il répond aux deux critères suivants:

a) Un échantillon du mélange liquide est vaporisé et dilué avec de l'air de manière à obtenir une atmosphère d'essai à $1\ 000\ ml/m^3$ de mélange vaporisé dans l'air. Dix rats albinos (cinq mâles et cinq femelles) sont exposés une heure à cette atmosphère et ensuite observés pendant 14 jours. Si au moins cinq des animaux meurent pendant cette période d'observation, on admet que la CL_{50} du mélange est égale ou inférieure à $1\ 000\ ml/m^3$;

b)   Un échantillon de la vapeur en équilibre avec le mélange liquide est dilué avec neuf volumes égaux d'air de façon à former une atmosphère d'essai. Dix rats albinos (cinq mâles et cinq femelles) sont exposés une heure à cette atmosphère et ensuite observés pendant 14 jours. Si au moins cinq des animaux meurent pendant cette période d'observation, on admet que le mélange a une volatilité égale ou supérieure à 10 fois la CL_{50} du mélange.

2.2.61.1.9.4   Un mélange n'est affecté au groupe d'emballage II que s'il répond aux deux critères ci-après, et s'il ne satisfait pas aux critères du groupe d'emballage I:

a)   Un échantillon du mélange liquide est vaporisé et dilué avec de l'air de façon à obtenir une atmosphère d'essai à 3 000 ml/m^3 de mélange vaporisé dans l'air. Dix rats albinos (cinq mâles et cinq femelles) sont exposés une heure à l'atmosphère d'essai et ensuite observés pendant 14 jours. Si au moins cinq des animaux meurent au cours de cette période d'observation, on admet que la CL_{50} du mélange est égale ou inférieure à 3 000 ml/m^3;

b)   Un échantillon de la vapeur en équilibre avec le mélange liquide est utilisé pour constituer une atmosphère d'essai. Dix rats albinos (cinq mâles et cinq femelles) sont exposés une heure à l'atmosphère d'essai et ensuite observés pendant 14 jours. Si au moins cinq des animaux meurent pendant cette période d'observation, on admet que le mélange a une volatilité égale ou supérieure à la CL_{50} du mélange.

2.2.61.1.9.5   Un mélange n'est affecté au groupe d'emballage III que s'il répond aux deux critères ci-après, et s'il ne satisfait pas aux critères des groupes d'emballage I ou II:

a)   Un échantillon du mélange liquide est vaporisé et dilué avec de l'air de façon à obtenir une atmosphère d'essai à 5 000 ml/m^3 de mélange vaporisé dans l'air. Dix rats albinos (cinq mâles et cinq femelles) sont exposés une heure à l'atmosphère d'essai et ensuite observés pendant 14 jours. Si au moins cinq des animaux meurent au cours de cette période d'observation, on admet que la CL_{50} du mélange est égale ou inférieure à 5 000 ml/m^3;

b)   La concentration de vapeur (volatilité) du mélange liquide est mesurée; si elle est égale ou supérieure à 1 000 ml/m^3, on admet que le mélange a une volatilité égale ou supérieure à 1/5 de la CL_{50} du mélange.

Méthodes de calcul de la toxicité des mélanges à l'ingestion et à l'absorption cutanée

2.2.61.1.10   Pour classer les mélanges de la classe 6.1 et les affecter au groupe d'emballage approprié conformément aux critères de toxicité à l'ingestion et à l'absorption cutanée (voir 2.2.61.1.3), il convient de calculer la DL_{50} aiguë du mélange.

2.2.61.1.10.1   Si un mélange ne contient qu'une substance active dont la DL_{50} est connue, à défaut de données fiables sur la toxicité aiguë à l'ingestion et à l'absorption cutanée du mélange à transporter, on peut obtenir la DL_{50} à l'ingestion ou à l'absorption cutanée par la méthode suivante:

$$DL_{50} \text{ de la préparation} = \frac{DL_{50} \text{ de la substance active} \times 100}{\text{pourcentage de substance active (masse)}}$$

2.2.61.1.10.2   Si un mélange contient plus d'une substance active, on peut recourir à trois méthodes possibles pour calculer sa DL_{50} à l'ingestion ou à l'absorption cutanée. La méthode recommandée consiste à obtenir des données fiables sur la toxicité aiguë à l'ingestion et à l'absorption cutanée concernant le mélange réel à transporter. S'il n'existe pas de données précises fiables, on aura recours à l'une des méthodes suivantes:

a)   Classer la préparation en fonction du constituant le plus dangereux du mélange comme s'il était présent dans la même concentration que la concentration totale de tous les constituants actifs;

b)   Appliquer la formule:

$$\frac{C_A}{T_A} + \frac{C_B}{T_B} + ... + \frac{C_Z}{T_Z} = \frac{100}{T_M}$$

dans laquelle:

C   =   la concentration en pourcentage du constituant A, B, ... Z du mélange;
T   =   la DL_{50} à l'ingestion du constituant A, B, ... Z;
T_M =   la DL_{50} à l'ingestion du mélange.

NOTA: Cette formule peut aussi servir pour les toxicités à l'absorption cutanée, à condition que ce renseignement existe pour les mêmes espèces en ce qui concerne tous les constituants. L'utilisation de cette formule ne tient pas compte des phénomènes éventuels de potentialisation ou de protection.

Classement des pesticides

2.2.61.1.11   Toutes les substances actives des pesticides et leurs préparations pour lesquelles la CL_{50} ou la DL_{50} sont connues et qui sont classées dans la classe 6.1 doivent être affectées aux groupes d'emballage appropriés, conformément aux 2.2.61.1.6 à 2.2.61.1.9 ci-dessus. Les substances et les préparations qui présentent des dangers subsidiaires doivent être classées selon le tableau d'ordre de prépondérance des caractéristiques de danger du 2.1.3.10 et relever du groupe d'emballage approprié.

2.2.61.1.11.1   Si la DL_{50} à l'ingestion ou à l'absorption cutanée d'une préparation de pesticides n'est pas connue, mais que l'on connaît la DL_{50} de son ingrédient ou de ses ingrédients actifs, la DL_{50} de la préparation peut être obtenue en suivant la méthode exposée en 2.2.61.1.10.

NOTA: Les données de toxicité concernant la DL_{50} d'un certain nombre de pesticides courants peuvent être trouvées dans l'édition la plus récente de la publication "The WHO Recommended Classification of Pesticides by hazard and guidelines to classification" que l'on peut se procurer auprès du Programme international sur la sécurité des substances chimiques, Organisation mondiale de la santé (OMS), CH-1211 Genève 27, Suisse. Si ce document peut être utilisé comme source de données sur la DL_{50} des pesticides, son système de classification ne doit pas être utilisé aux fins du classement des pesticides pour le transport, ou de leur affectation à un groupe d'emballage, lesquels doivent être conformes à l'ADN.

2.2.61.1.11.2   La désignation officielle utilisée pour le transport du pesticide doit être choisie en fonction de l'ingrédient actif, de l'état physique du pesticide et de tout danger subsidiaire que celui-ci est susceptible de présenter (voir 3.1.2).

2.2.61.1.12   Lorsque les matières de la classe 6.1, par suite d'adjonctions, passent dans d'autres catégories de danger que celles auxquelles appartiennent les matières nommément mentionnées au tableau A du chapitre 3.2, ces mélanges ou solutions doivent être affectés aux rubriques dont ils relèvent sur la base de leur danger réel.

NOTA: Pour classer les solutions et les mélanges (tels que préparations et déchets), voir également 2.1.3).

2.2.61.1.13   Sur la base des critères des 2.2.61.1.6 à 2.2.61.1.11, on peut également déterminer si la nature d'une solution ou d'un mélange nommément mentionnés ou contenant une matière nommément mentionnée est telle que cette solution ou ce mélange ne sont pas soumis aux prescriptions relatives à la présente classe.

2.2.61.1.14   Les matières, solutions et mélanges, à l'exception des matières et préparations servant de pesticides, qui ne sont pas classés dans les catégories de toxicité aiguë 1, 2 ou 3 selon le règlement (CE) no 1272/2008 [3] peuvent être considérés comme des matières n'appartenant pas à la classe 6.1.

2.2.61.2   Matières non admises au transport

2.2.61.2.1   Les matières chimiquement instables de la classe 6.1 ne sont pas acceptées au transport à moins que les précautions nécessaires aient été prises pour en prévenir une éventuelle décomposition dangereuse ou polymérisation dangereuse dans des conditions normales de transport. Pour les précautions à suivre afin d'éviter une polymérisation, voir la disposition spéciale 386 du chapitre 3.3. À cette fin, on doit en particulier veiller à ce que les récipients et citernes ne contiennent aucune matière susceptible de favoriser ces réactions.

2.2.61.2.2   Les matières et mélanges suivants ne sont pas admis au transport:

–   Le cyanure d'hydrogène (anhydre ou en solution), ne répondant pas aux descriptions des Nos ONU 1051, 1613, 1614 et 3294;

–   Les métaux carbonyles ayant un point d'éclair inférieur à 23 °C, autres que les Nos ONU 1259 NICKEL TÉTRACARBONYLE et 1994 FER PENTACARBONYLE;

–   Le TÉTRACHLORO-2,3,7,8 DIBENZO-p-DIOXINE (TCDD) en concentrations considérées comme très toxiques selon les critères du 2.2.61.1.7;

–   Le No ONU 2249 ÉTHER DICHLORODIMÉTHYLIQUE SYMÉTRIQUE;

–   Les préparations de phosphures sans additif pour retarder le dégagement de gaz toxiques inflammables.

---

[3]   *Règlement (CE) no 1272/2008 du Parlement européen et du Conseil du 16 décembre 2008 relatif à la classification, à l'étiquetage et à l'emballage des substances et des mélanges, modifiant et abrogeant les directives 67/548/CEE et 1999/45/CE et modifiant le règlement (CE) no 1907/2006, publié dans le Journal officiel de l'Union européenne L 353 du 31 décembre 2008, pages 1-1355.*

2.2.61.3 **Liste des rubriques collectives**

Matières toxiques <u>sans</u> danger subsidiaire

Organiques

liquides [a] — **T1**

1583	CHLOROPICRINE EN MÉLANGE, N.S.A
1602	COLORANT LIQUIDE TOXIQUE, N.S.A. ou
1602	MATIÈRE INTERMÉDIAIRE LIQUIDE POUR COLORANT, TOXIQUE, N.S.A.
1693	MATIÈRE LIQUIDE SERVANT A LA PRODUCTION DE GAZ LACRYMOGÈNES, N.S.A.
1851	MÉDICAMENT LIQUIDE TOXIQUE, N.S.A.
2206	ISOCYANATES TOXIQUES, N.S.A. ou
2206	ISOCYANATE TOXIQUE EN SOLUTION, N.S.A.
3140	ALCALOÏDES LIQUIDES, N.S.A. ou
3140	SELS D'ALCALOÏDES LIQUIDES, N.S.A.
3142	DÉSINFECTANT LIQUIDE TOXIQUE, N.S.A.
3144	COMPOSÉ LIQUIDE DE NICOTINE, N.S.A. ou
3144	PRÉPARATION LIQUIDE DE NICOTINE, N.S.A.
3172	TOXINES EXTRAITES D'ORGANISMES VIVANTS, LIQUIDES, N.S.A.
3276	NITRILES LIQUIDES TOXIQUES, N.S.A.
3278	COMPOSÉ ORGANOPHOSPHORÉ LIQUIDE TOXIQUE, N.S.A.
3381	LIQUIDE TOXIQUE À L'INHALATION, N.S.A., de CL_{50} inférieure ou égale à 200 ml/m³ et de concentration de vapeur saturée supérieure ou égale à 500 CL_{50}
3382	LIQUIDE TOXIQUE À L'INHALATION, N.S.A., de CL_{50} inférieure ou égale à 1000 ml/m³ et de concentration de vapeur saturée supérieure ou égale à 10 CL_{50}
2810	LIQUIDE TOXIQUE ORGANIQUE, N.S.A.

solides [a, b] — **T2**

1544	ALCALOÏDES SOLIDES, N.S.A. ou
1544	SELS D'ALCALOÏDES SOLIDES, N.S.A.
1601	DÉSINFECTANT SOLIDE TOXIQUE, N.S.A.
1655	COMPOSÉ SOLIDE DE NICOTINE, N.S.A. ou
1655	PRÉPARATION SOLIDE DE NICOTINE, N.S.A.
3448	MATIÈRE SOLIDE SERVANT À LA PRODUCTION DE GAZ LACRYMOGÈNES, N.S.A.
3143	COLORANT SOLIDE TOXIQUE, N.S.A. ou
3143	MATIÈRE INTERMÉDIAIRE SOLIDE POUR COLORANT TOXIQUE, N.S.A.
3462	TOXINES EXTRAITES D'ORGANISMES VIVANTS, SOLIDES, N.S.A.
3249	MÉDICAMENT SOLIDE TOXIQUE, N.S.A.
3464	COMPOSÉ ORGANOPHOSPHORÉ SOLIDE TOXIQUE, N.S.A.
3439	NITRILES SOLIDES TOXIQUES, N.S.A.
2811	SOLIDE ORGANIQUE TOXIQUE, N.S.A.

Organométalliques [c, d] — **T3**

2026	COMPOSÉ PHÉNYLMERCURIQUE, N.S.A.
2788	COMPOSÉ ORGANIQUE LIQUIDE DE L'ÉTAIN, N.S.A.
3146	COMPOSÉ ORGANIQUE SOLIDE DE L'ÉTAIN, N.S.A.
3280	COMPOSÉ ORGANIQUE DE L'ARSENIC, LIQUIDE, N.S.A.
3465	COMPOSÉ ORGANIQUE DE L'ARSENIC, SOLIDE, N.S.A.
3281	MÉTAUX-CARBONYLES, LIQUIDES, N.S.A.
3466	MÉTAUX-CARBONYLES, SOLIDES, N.S.A.
3282	COMPOSÉ ORGANOMÉTALLIQUE LIQUIDE TOXIQUE, N.S.A.
3467	COMPOSÉ ORGANOMÉTALLIQUE SOLIDE TOXIQUE, N.S.A.

(suite page suivante)

[a] *Les matières et préparations contenant des alcaloïdes ou de la nicotine utilisées comme pesticides doivent être classées sous les Nos ONU 2588 PESTICIDE SOLIDE TOXIQUE, N.S.A., 2902 PESTICIDE LIQUIDE TOXIQUE, N.S.A., ou 2903 PESTICIDE LIQUIDE TOXIQUE, INFLAMMABLE, N.S.A.*

[b] *Les matières actives ainsi que les triturations ou les mélanges de matières destinées aux laboratoires et aux expériences ainsi qu'à la fabrication de produits pharmaceutiques avec d'autres matières doivent être classées selon leur toxicité (voir 2.2.61.1.7 à 2.2.61.1.11).*

[c] *Les matières auto-échauffantes faiblement toxiques et les composés organométalliques spontanément inflammables sont des matières de la classe 4.2.*

[d] *Les matières hydroréactives faiblement toxiques et les composés organométalliques hydroréactifs sont des matières de la classe 4.3.*

2.2.61.3 *Liste des rubriques collectives (suite)*

Matières toxiques <u>sans</u> danger subsidiaire

Inorganiques	liquides *e*	T4	1556 COMPOSÉ LIQUIDE DE L'ARSENIC, N.S.A., inorganique, notamment: arséniates n.s.a., arsénites n.s.a. et sulfures d'arsenic n.s.a. 1935 CYANURE EN SOLUTION, N.S.A. 2024 COMPOSÉ DU MERCURE, LIQUIDE, N.S.A. 3141 COMPOSÉ INORGANIQUE LIQUIDE DE L'ANTIMOINE, N.S.A. 3440 COMPOSÉ DU SÉLÉNIUM, LIQUIDE, N.S.A. 3381 LIQUIDE TOXIQUE À L'INHALATION, N.S.A., de CL_{50} inférieure ou égale à 200 ml/m³ et de concentration de vapeur saturée supérieure ou égale à 500 CL_{50} 3382 LIQUIDE TOXIQUE À L'INHALATION, N.S.A., de CL_{50} inférieure ou égale à 1000 ml/m³ et de concentration de vapeur saturée supérieure ou égale à 10 CL_{50} 3287 LIQUIDE INORGANIQUE TOXIQUE, N.S.A.
	solides *f, g*	T5	1549 COMPOSÉ INORGANIQUE SOLIDE DE L'ANTIMOINE, N.S.A. 1557 COMPOSÉ SOLIDE DE L'ARSENIC, N.S.A., inorganique, notamment: arséniates n.s.a., arsénites n.s.a. et sulfures d'arsenic n.s.a. 1564 COMPOSÉ DU BARYUM, N.S.A. 1566 COMPOSÉ DU BÉRYLLIUM, N.S.A. 1588 CYANURES INORGANIQUES SOLIDES, N.S.A. 1707 COMPOSÉ DU THALLIUM, N.S.A. 2025 COMPOSÉ SOLIDE DU MERCURE, N.S.A. 2291 COMPOSÉ SOLUBLE DU PLOMB, N.S.A. 2570 COMPOSÉ DU CADMIUM 2630 SÉLÉNIATES ou 2630 SÉLÉNITES 2856 FLUOROSILICATES, N.S.A. 3283 COMPOSÉ DU SÉLÉNIUM, SOLIDE, N.S.A. 3284 COMPOSÉ DU TELLURE, N.S.A. 3285 COMPOSÉ DU VANADIUM, N.S.A. 3288 SOLIDE INORGANIQUE TOXIQUE, N.S.A.
Pesticides	liquides *h*	T6	2992 CARBAMATE PESTICIDE LIQUIDE TOXIQUE 2994 PESTICIDE ARSENICAL LIQUIDE TOXIQUE 2996 PESTICIDE ORGANOCHLORÉ LIQUIDE TOXIQUE 2998 TRIAZINE PESTICIDE LIQUIDE TOXIQUE 3006 THIOCARBAMATE PESTICIDE LIQUIDE TOXIQUE 3010 PESTICIDE CUIVRIQUE LIQUIDE TOXIQUE 3012 PESTICIDE MERCURIEL LIQUIDE TOXIQUE 3014 NITROPHÉNOL SUBSTITUÉ PESTICIDE LIQUIDE TOXIQUE 3016 PESTICIDE BIPYRIDYLIQUE LIQUIDE TOXIQUE 3018 PESTICIDE ORGANOPHOSPHORÉ LIQUIDE TOXIQUE 3020 PESTICIDE ORGANOSTANNIQUE LIQUIDE TOXIQUE 3026 PESTICIDE COUMARINIQUE LIQUIDE TOXIQUE 3348 ACIDE PHÉNOXYACÉTIQUE, DÉRIVÉ PESTICIDE LIQUIDE, TOXIQUE 3352 PYRÉTHROÏDE PESTICIDE LIQUIDE TOXIQUE 2902 PESTICIDE LIQUIDE TOXIQUE, N.S.A.
	solides *h*	T7	2757 CARBAMATE PESTICIDE SOLIDE TOXIQUE 2759 PESTICIDE ARSENICAL SOLIDE TOXIQUE 2761 PESTICIDE ORGANOCHLORÉ SOLIDE TOXIQUE 2763 TRIAZINE PESTICIDE SOLIDE TOXIQUE 2771 THIOCARBAMATE PESTICIDE SOLIDE TOXIQUE 2775 PESTICIDE CUIVRIQUE SOLIDE TOXIQUE 2777 PESTICIDE MERCURIEL SOLIDE TOXIQUE 2779 NITROPHENOL SUBSTITUÉ PESTICIDE SOLIDE TOXIQUE 2781 PESTICIDE BIPYRIDYLIQUE SOLIDE TOXIQUE 2783 PESTICIDE ORGANOPHOSPHORÉ SOLIDE TOXIQUE 2786 PESTICIDE ORGANOSTANNIQUE SOLIDE TOXIQUE 3027 PESTICIDE COUMARINIQUE SOLIDE TOXIQUE 3048 PESTICIDE AU PHOSPHURE D'ALUMINIUM 3345 ACIDE PHÉNOXYACÉTIQUE, DÉRIVÉ PESTICIDE SOLIDE, TOXIQUE 3349 PYRETROÏDE PESTICIDE SOLIDE TOXIQUE 2588 PESTICIDE SOLIDE TOXIQUE, N.S.A.

(suite à la page suivante)

---

e *Le fulminate de mercure humidifié avec au moins 20% (masse) d'eau ou d'un mélange d'alcool et d'eau est une matière de la classe 1, No ONU 0135.*

f *Les ferricyanures, les ferrocyanures et les sulfocyanures alcalins et d'ammonium ne sont pas soumis aux prescriptions de l'ADN.*

g *Les sels de plomb et les pigments de plomb qui, mélangés à 1 pour 1 000 avec l'acide chlorhydrique 0,07 M et agités pendant une heure à 23 °C ± 2 °C, ne sont solubles qu'à 5 % au plus, ne sont pas soumis aux prescriptions de l'ADN.*

h *Les objets imprégnés de ce pesticide, tels que les assiettes en carton, les bandes de papier, les boules d'ouate, les plaques de matière plastique, dans des enveloppes hermétiquement fermées, ne sont pas soumis aux prescriptions de l'ADN.*

2.2.61.3 *Liste des rubriques collectives (suite)*

Matières toxiques <u>sans</u> danger subsidiaire

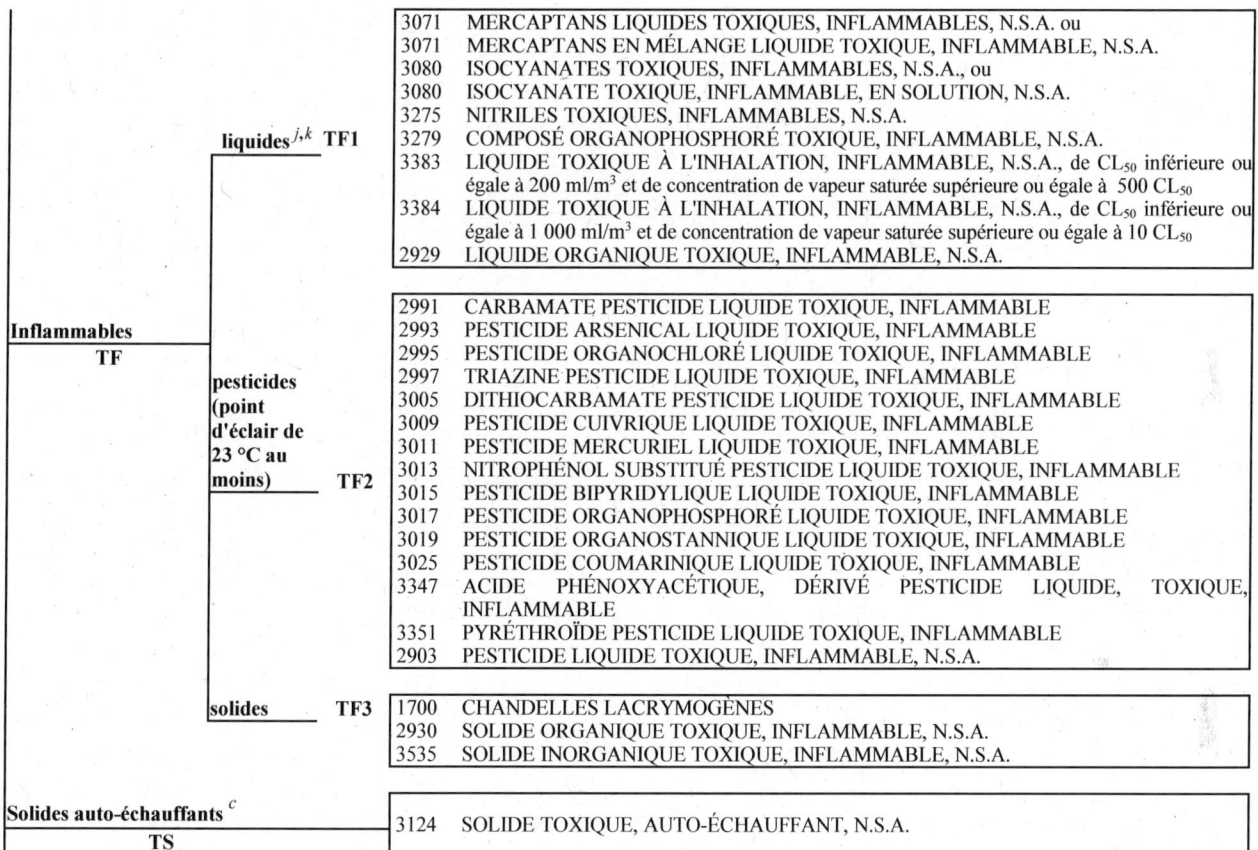

Échantillons	T8	3315	ÉCHANTILLON CHIMIQUE TOXIQUE
Autres matières toxiques [i]	T9	3243	SOLIDES CONTENANT DU LIQUIDE TOXIQUE, N.S.A.
Objets	T10	3546	OBJETS CONTENANT DE LA MATIÈRE TOXIQUE, N.S.A.

Matières toxiques <u>avec</u> danger(s) subsidiaire(s)

Inflammables TF

liquides [j,k] TF1

3071	MERCAPTANS LIQUIDES TOXIQUES, INFLAMMABLES, N.S.A. ou
3071	MERCAPTANS EN MÉLANGE LIQUIDE TOXIQUE, INFLAMMABLE, N.S.A.
3080	ISOCYANATES TOXIQUES, INFLAMMABLES, N.S.A., ou
3080	ISOCYANATE TOXIQUE, INFLAMMABLE, EN SOLUTION, N.S.A.
3275	NITRILES TOXIQUES, INFLAMMABLES, N.S.A.
3279	COMPOSÉ ORGANOPHOSPHORÉ TOXIQUE, INFLAMMABLE, N.S.A.
3383	LIQUIDE TOXIQUE À L'INHALATION, INFLAMMABLE, N.S.A., de CL_{50} inférieure ou égale à 200 ml/m³ et de concentration de vapeur saturée supérieure ou égale à 500 CL_{50}
3384	LIQUIDE TOXIQUE À L'INHALATION, INFLAMMABLE, N.S.A., de CL_{50} inférieure ou égale à 1 000 ml/m³ et de concentration de vapeur saturée supérieure ou égale à 10 CL_{50}
2929	LIQUIDE ORGANIQUE TOXIQUE, INFLAMMABLE, N.S.A.

pesticides (point d'éclair de 23 °C au moins) TF2

2991	CARBAMATE PESTICIDE LIQUIDE TOXIQUE, INFLAMMABLE
2993	PESTICIDE ARSENICAL LIQUIDE TOXIQUE, INFLAMMABLE
2995	PESTICIDE ORGANOCHLORÉ LIQUIDE TOXIQUE, INFLAMMABLE
2997	TRIAZINE PESTICIDE LIQUIDE TOXIQUE, INFLAMMABLE
3005	DITHIOCARBAMATE PESTICIDE LIQUIDE TOXIQUE, INFLAMMABLE
3009	PESTICIDE CUIVRIQUE LIQUIDE TOXIQUE, INFLAMMABLE
3011	PESTICIDE MERCURIEL LIQUIDE TOXIQUE, INFLAMMABLE
3013	NITROPHÉNOL SUBSTITUÉ PESTICIDE LIQUIDE TOXIQUE, INFLAMMABLE
3015	PESTICIDE BIPYRIDYLIQUE LIQUIDE TOXIQUE, INFLAMMABLE
3017	PESTICIDE ORGANOPHOSPHORÉ LIQUIDE TOXIQUE, INFLAMMABLE
3019	PESTICIDE ORGANOSTANNIQUE LIQUIDE TOXIQUE, INFLAMMABLE
3025	PESTICIDE COUMARINIQUE LIQUIDE TOXIQUE, INFLAMMABLE
3347	ACIDE PHÉNOXYACÉTIQUE, DÉRIVÉ PESTICIDE LIQUIDE, TOXIQUE, INFLAMMABLE
3351	PYRÉTHROÏDE PESTICIDE LIQUIDE TOXIQUE, INFLAMMABLE
2903	PESTICIDE LIQUIDE TOXIQUE, INFLAMMABLE, N.S.A.

solides TF3

1700	CHANDELLES LACRYMOGÈNES
2930	SOLIDE ORGANIQUE TOXIQUE, INFLAMMABLE, N.S.A.
3535	SOLIDE INORGANIQUE TOXIQUE, INFLAMMABLE, N.S.A.

Solides auto-échauffants [c] TS

3124	SOLIDE TOXIQUE, AUTO-ÉCHAUFFANT, N.S.A.

(suite page suivante)

---

[c]   *Les matières auto-échauffantes faiblement toxiques et les composés organométalliques spontanément inflammables sont des matières de la classe 4.2.*

[i]   *Les mélanges de matières solides qui ne sont pas soumises aux prescriptions de l'ADN et de liquides toxiques peuvent être transportés sous le No ONU 3243 sans que les critères de classement de la classe 6.1 leur soient d'abord appliqués, à condition qu'aucun liquide excédent ne soit visible au moment du chargement de la marchandise ou de la fermeture de l'emballage ou de l'engin de transport. Chaque emballage doit correspondre à un type de construction qui a passé avec succès l'épreuve d'étanchéité pour le groupe d'emballage II. Ce numéro ne doit pas être utilisé pour les matières solides contenant un liquide du groupe d'emballage I.*

[j]   *Les matières liquides inflammables toxiques et très toxiques dont le point d'éclair est inférieur à 23 °C sont des matières de la classe 3, à l'exclusion de celles qui sont très toxiques à l'inhalation, définies aux paragraphes 2.2.61.1.4 à 2.2.61.1.9. Les matières liquides très toxiques à l'inhalation sont identifiées comme telles dans leur désignation officielle de transport figurant dans la colonne (2) ou par la disposition spéciale 354 dans la colonne (6) du tableau A du chapitre 3.2.*

[k]   *Les matières liquides inflammables faiblement toxiques, à l'exception des matières et préparations servant de pesticides, ayant un point d'éclair compris entre 23 °C et 60 °C, valeurs limites comprises, sont des matières de la classe 3.*

2.2.61.3 *Liste des rubriques collectives (suite)*

Matières toxiques <u>avec</u> danger(s) subsidiaire(s)

Hydroréactifs[d]
TW

liquides	TW1	3385	LIQUIDE TOXIQUE À L'INHALATION, HYDRORÉACTIF, N.S.A., de CL_{50} inférieure ou égale à 200 ml/m^3 et de concentration de vapeur saturée supérieure ou égale à 500 CL_{50}
		3386	LIQUIDE TOXIQUE À L'INHALATION, HYDRORÉACTIF, N.S.A., de CL_{50} inférieure ou égale à 1000 ml/m^3 et de concentration de vapeur saturée supérieure ou égale à 10 CL_{50}
		3123	LIQUIDE TOXIQUE, HYDRORÉACTIF, N.S.A.
solides[n]	TW2	3125	SOLIDE TOXIQUE, HYDRORÉACTIF, N.S.A.

Comburants[l]
TO

liquides	TO1	3387	LIQUIDE TOXIQUE À L'INHALATION, COMBURANT, N.S.A., de CL_{50} inférieure ou égale à 200 ml/m^3 et de concentration de vapeur saturée supérieure ou égale à 500 CL_{50}
		3388	LIQUIDE TOXIQUE À L'INHALATION, COMBURANT, N.S.A., de CL_{50} inférieure ou égale à 1000 ml/m^3 et de concentration de vapeur saturée supérieure ou égale à 10 CL_{50}
		3122	LIQUIDE TOXIQUE, COMBURANT, N.S.A.
solides	TO2	3086	SOLIDE TOXIQUE, COMBURANT, N.S.A.

Corrosifs[m]
TC

organiques

liquides	TC1	3277	CHLOROFORMIATES TOXIQUES, CORROSIFS, N.S.A.
		3361	CHLOROSILANES TOXIQUES, CORROSIFS, N.S.A.
		3389	LIQUIDE TOXIQUE À L'INHALATION, CORROSIF, N.S.A., de CL_{50} inférieure ou égale à 200 ml/m^3 et de concentration de vapeur saturée supérieure ou égale à 500 CL_{50}
		3390	LIQUIDE TOXIQUE À L'INHALATION, CORROSIF, N.S.A., de CL_{50} inférieure ou égale à 1000 ml/m^3 et de concentration de vapeur saturée supérieure ou égale à 10 CL_{50}
		2927	LIQUIDE ORGANIQUE TOXIQUE, CORROSIF, N.S.A.
solides	TC2	2928	SOLIDE ORGANIQUE TOXIQUE, CORROSIF, N.S.A.

inorganiques

liquides	TC3	3389	LIQUIDE TOXIQUE À L'INHALATION, CORROSIF, N.S.A., de CL_{50} inférieure ou égale à 200 ml/m^3 et de concentration de vapeur saturée supérieure ou égale à 500 CL_{50}
		3390	LIQUIDE TOXIQUE À L'INHALATION, CORROSIF, N.S.A., de CL_{50} inférieure ou égale à 1000 ml/m^3 et de concentration de vapeur saturée supérieure ou égale à 10 CL_{50}
		3289	LIQUIDE INORGANIQUE TOXIQUE, CORROSIF, N.S.A.
solides	TC4	3290	SOLIDE INORGANIQUE TOXIQUE, CORROSIF, N.S.A.

Inflammables, corrosifs
TFC

2742	CHLOROFORMIATES TOXIQUES, CORROSIFS, INFLAMMABLES, N.S.A.
3362	CHLOROSILANES TOXIQUES, CORROSIFS, INFLAMMABLES, N.S.A.
3488	LIQUIDE TOXIQUE À L'INHALATION, INFLAMMABLE, CORROSIF, N.S.A., de CL_{50} inférieure ou égale à 200 ml/m^3 et de concentration de vapeur saturée supérieure ou égale à 500 CL_{50}
3489	LIQUIDE TOXIQUE À L'INHALATION, INFLAMMABLE, CORROSIF, N.S.A., de CL_{50} inférieure ou égale à 1 000 ml/m^3 et de concentration de vapeur saturée supérieure ou égale à 10 CL_{50}

Inflammables, hydroréactives
TFW

3490	LIQUIDE TOXIQUE À L'INHALATION, HYDRORÉACTIF, INFLAMMABLE, N.S.A., de CL_{50} inférieure ou égale à 200 ml/m^3 et de concentration de vapeur saturée supérieure ou égale à 500 CL_{50}
3491	LIQUIDE TOXIQUE À L'INHALATION, HYDRORÉACTIF, INFLAMMABLE, N.S.A., de CL_{50} inférieure ou égale à 1 000 ml/m^3 et de concentration de vapeur saturée supérieure ou égale à 10 CL_{50}

---

[d] *Les matières hydroréactives faiblement toxiques et les composés organométalliques hydroréactifs sont des matières de la classe 4.3.*

[l] *Les matières comburantes faiblement toxiques sont des matières de la classe 5.1.*

[m] *Les matières faiblement toxiques et faiblement corrosives sont des matières de la classe 8.*

[n] *Les phosphures de métaux affectés au Nos ONU 1360, 1397, 1432, 1714, 2011 et 2013 sont des matières de la classe 4.3.*

2.2.62   **Classe 6.2   Matières infectieuses**

2.2.62.1   **Critères**

2.2.62.1.1   Le titre de la classe 6.2 couvre les matières infectieuses. Aux fins de l'ADN, les "*matières infectieuses*" sont les matières dont on sait ou dont on a des raisons de penser qu'elles contiennent des agents pathogènes. Les agents pathogènes sont définis comme des micro-organismes (y compris les bactéries, les virus, les parasites et les champignons) et d'autres agents tels que les prions, qui peuvent provoquer des maladies chez l'homme ou chez l'animal.

NOTA 1: Les micro-organismes et organismes génétiquement modifiés, les produits biologiques, les échantillons de diagnostic et les animaux vivants intentionnellement infectés doivent être affectés à cette classe s'ils en remplissent les conditions.

Le transport d'animaux vivants infectés non intentionnellement ou naturellement est soumis uniquement aux règles et règlements pertinents des pays d'origine, de transit et de destination.

2: Les toxines d'origine végétale, animale ou bactérienne qui ne contiennent aucune matière ou aucun organisme infectieux ou qui ne sont pas contenues dans des matières ou organismes infectieux sont des matières de la classe 6.1, Nos ONU 3172 ou 3462.

2.2.62.1.2   Les matières de la classe 6.2 sont subdivisées comme suit:

I1   Matières infectieuses pour l'homme;

I2   Matières infectieuses pour les animaux uniquement;

I3   Déchets d'hôpital;

I4   Matières biologiques, catégorie B.

Définitions

2.2.62.1.3   Aux fins de l'ADN, on entend par:

"*Produits biologiques*", des produits dérivés d'organismes vivants et qui sont fabriqués et distribués conformément aux prescriptions des autorités nationales compétentes qui peuvent imposer des conditions d'autorisation spéciales et sont utilisés pour prévenir, traiter ou diagnostiquer des maladies chez l'homme ou l'animal, ou à des fins de mise au point, d'expérimentation ou de recherche. Ils englobent des produits finis ou non finis tels que vaccins, mais ne sont pas limités à ceux-ci;

"*Cultures*", le résultat d'opérations ayant pour objet la reproduction d'agents pathogènes. Cette définition n'inclut pas les échantillons prélevés sur des patients humains ou animaux tels qu'ils sont définis dans le présent paragraphe;

"*Déchets médicaux ou déchets d'hôpital*", des déchets provenant de traitements médicaux administrés à des êtres humains ou de traitements vétérinaires administrés à des animaux ou de la recherche biologique;

"*Échantillons prélevés sur des patients*", ceux recueillis directement à partir de patients humains ou animaux, y compris, mais non limitativement, les excrétas, les sécrétions, le sang et ses composants, les prélèvements de tissus et de liquides tissulaires et les organes transportés à des fins de recherche, de diagnostic, d'enquête, de traitement ou de prévention.

Classification

2.2.62.1.4   Les matières infectieuses doivent être classées dans la classe 6.2 et affectées aux Nos ONU 2814, 2900, 3291, 3373 ou 3549 , selon le cas.

Les matières infectieuses sont réparties dans les catégories définies ci-après:

2.2.62.1.4.1   Catégorie A: Matière infectieuse qui, de la manière dont elle est transportée, peut, lorsqu'une exposition se produit, provoquer une invalidité permanente ou une maladie mortelle ou potentiellement mortelle chez l'homme ou l'animal, jusque-là en bonne santé. Des exemples de matières répondant à ces critères figurent dans le tableau accompagnant le présent paragraphe.

NOTA: Une exposition a lieu lorsqu'une matière infectieuse s'échappe de l'emballage de protection et entre en contact avec un être humain ou un animal.

a)   Les matières infectieuses répondant à ces critères qui provoquent des maladies chez l'homme ou à la fois chez l'homme et chez l'animal sont affectées au No ONU 2814. Celles qui ne provoquent des maladies que chez l'animal sont affectées au No ONU 2900;

b)   L'affectation aux Nos ONU 2814 ou 2900 est fondée sur les antécédents médicaux et symptômes connus de l'être humain ou animal source, les conditions endémiques locales ou le jugement du spécialiste concernant l'état individuel de l'être humain ou animal source.

NOTA 1: La désignation officielle de transport pour le No ONU 2814 est "MATIÈRE INFECTIEUSE POUR L'HOMME". La désignation officielle de transport pour le No ONU 2900 est "MATIÈRE INFECTIEUSE POUR LES ANIMAUX uniquement".

2: Le tableau ci-après n'est pas exhaustif. Les matières infectieuses, y compris les agents pathogènes nouveaux ou émergents, qui n'y figurent pas mais répondent aux mêmes critères doivent être classées dans la catégorie A. En outre, une matière dont on ne peut déterminer si elle répond ou non aux critères doit être incluse dans la catégorie A.

3: Dans le tableau ci-après, les micro-organismes mentionnés en italiques sont des bactéries ou des champignons.

EXEMPLES DE MATIÈRES INFECTIEUSES CLASSÉES DANS LA CATÉGORIE A SOUS QUELQUE FORME QUE CE SOIT, SAUF INDICATION CONTRAIRE (2.2.62.1.4.1)	
No ONU et désignation	**Micro-organisme**
2814 Matière infectieuse pour l'homme	*Bacillus anthracis* (cultures seulement) *Brucella abortus* (cultures seulement) *Brucella melitensis* (cultures seulement) *Brucella suis* (cultures seulement) *Burkholderia mallei* – *Pseudomonas mallei* – Morve (cultures seulement) *Burkholderia pseudomallei* – *Pseudomonas pseudomallei* (cultures seulement) *Chlamydia psittaci* (cultures seulement) *Clostridium botulinum* (cultures seulement) *Coccidioides immitis* (cultures seulement) *Coxiellla burnetii* (cultures seulement) Virus de la fièvre hémorragique de Crimée et du Congo Virus de la dengue (cultures seulement) Virus de l'encéphalite équine orientale (cultures seulement) *Escherichia coli*, verotoxinogène (cultures seulement)[a] Virus d'Ebola Virus flexal *Francisella tularensis* (cultures seulement) Virus de Guanarito Virus Hantaan Hantavirus causant la fièvre hémorragique avec syndrome rénal Virus Hendra Virus de l'hépatite B (cultures seulement) Virus de l'herpès B (cultures seulement) Virus de l'immunodéficience humaine (cultures seulement) Virus hautement pathogène de la grippe aviaire (cultures seulement) Virus de l'encéphalite japonaise (cultures seulement) Virus de Junin Virus de la maladie de la forêt de Kyasanur Virus de la fièvre de Lassa Virus de Machupo Virus de Marbourg Virus de la variole du singe *Mycobacterium tuberculosis* (cultures seulement)[a] Virus de Nipah Virus de la fièvre hémorragique d'Omsk Virus de la polio (cultures seulement) Virus de la rage(cultures seulement) *Rickettsia prowazekii* (cultures seulement) *Rickettsia rickettsii* (cultures seulement) Virus de la fièvre de la vallée du Rift(cultures seulement) Virus de l'encéphalite vernoestivale russe (cultures seulement) Virus de Sabia *Shigella dysenteriae* type 1 (cultures seulement)[a] Virus de l'encéphalite à tiques (cultures seulement) Virus de la variole Virus de l'encéphalite équine du Venezuela (cultures seulement) Virus du Nil occidental (cultures seulement) Virus de la fièvre jaune (cultures seulement) *Yersinia pestis* (cultures seulement)

[a] *Cependant, lorsque les cultures sont destinées à des fins diagnostiques ou cliniques, elles peuvent être classées comme matières infectieuses de catégorie B.*

EXEMPLES DE MATIÈRES INFECTIEUSES CLASSÉES DANS LA CATÉGORIE A SOUS QUELQUE FORME QUE CE SOIT, SAUF INDICATION CONTRAIRE (2.2.62.1.4.1)	
No ONU et désignation	**Micro-organisme**
2900 Matière infectieuse pour les animaux uniquement	Virus de la fièvre porcine africaine (cultures seulement) Paramyxovirus aviaire type 1 – virus de la maladie de Newcastle vélogénique (cultures seulement) Virus de la peste porcine classique (cultures seulement) Virus de la fièvre aphteuse (cultures seulement) Virus de la dermatose nodulaire (cultures seulement) *Mycoplasma mycoides* – Péripneumonie contagieuse bovine (cultures seulement) Virus de la peste des petits ruminants (cultures seulement) Virus de la peste bovine (cultures seulement) Virus de la variole ovine (cultures seulement) Virus de la variole caprine (cultures seulement) Virus de la maladie vésiculeuse du porc (cultures seulement) Virus de la stomatite vésiculaire (cultures seulement)

2.2.62.1.4.2   Catégorie B: Matière infectieuse qui ne répond pas aux critères de classification dans la catégorie A. Les matières infectieuses de la catégorie B doivent être affectées au No ONU 3373.

> *NOTA: La désignation officielle de transport pour le No ONU 3373 est "MATIÈRE BIOLOGIQUE, CATÉGORIE B".*

2.2.62.1.5   *Exemptions*

2.2.62.1.5.1   Les matières qui ne contiennent pas de matières infectieuses ou qui ne sont pas susceptibles de provoquer une maladie chez l'homme ou l'animal ne sont pas soumises à l'ADN sauf si elles répondent aux critères d'inclusion dans une autre classe.

2.2.62.1.5.2   Les matières contenant des micro-organismes qui ne sont pas pathogènes pour l'homme ou pour l'animal ne sont pas soumises à l'ADN, sauf si elles répondent aux critères d'inclusion dans une autre classe.

2.2.62.1.5.3   Les matières sous une forme sous laquelle les pathogènes éventuellement présents ont été neutralisés ou inactivés de telle manière qu'ils ne présentent plus de risque pour la santé ne sont pas soumises à l'ADN, sauf si elles répondent aux critères d'inclusion dans une autre classe.

> *NOTA: Le matériel médical qui a été purgé de tout liquide libre est réputé satisfaire aux prescriptions de ce paragraphe et n'est pas soumis aux dispositions de l'ADN.*

2.2.62.1.5.4   Les matières dans lesquelles la concentration des pathogènes est à un niveau identique à celui que l'on observe dans la nature (y compris les denrées alimentaires et les échantillons d'eau) et qui ne sont pas considérées comme présentant un risque notable d'infection ne sont pas soumises aux prescriptions de l'ADN, sauf si elles répondent aux critères d'inclusion dans une autre classe.

2.2.62.1.5.5   Les gouttes de sang séché, recueillies par dépôt d'une goutte de sang sur un matériau absorbant, ne sont pas soumises à l'ADN.

2.2.62.1.5.6   Les échantillons pour la recherche de sang dans les matières fécales ne sont pas soumis à l'ADN.

2.2.62.1.5.7   Le sang et les composants sanguins qui ont été recueillis aux fins de la transfusion ou de la préparation de produits sanguins à utiliser pour la transfusion ou la transplantation et tous tissus ou organes destinés à la transplantation, ainsi que les échantillons prélevés à ces fins, ne sont pas soumis à l'ADN.

2.2.62.1.5.8   Les échantillons humains ou animaux qui présentent un risque minimal de contenir des agents pathogènes ne sont pas soumis à l'ADN s'ils sont transportés dans un emballage conçu pour éviter toute fuite et portant la mention "Échantillon humain exempté" ou "Échantillon animal exempté", selon le cas.

L'emballage est réputé conforme aux présentes dispositions s'il satisfait aux conditions ci-dessous:

a)   Il est constitué de trois éléments:

   i)   Un ou plusieurs récipients primaires étanches;

   ii)   Un emballage secondaire étanche; et

   iii)   Un emballage extérieur suffisamment robuste compte tenu de sa contenance, de sa masse et de l'utilisation à laquelle il est destiné, et dont un côté au moins mesure au minimum 100 mm × 100 mm;

b)   Dans le cas de liquides, du matériau absorbant en quantité suffisante pour pouvoir absorber la totalité du contenu est placé entre le ou les récipients primaires et l'emballage secondaire, de sorte que, pendant le transport, tout écoulement ou fuite de liquide n'atteigne pas l'emballage extérieur et ne nuise à l'intégrité du matériau de rembourrage;

c)   Dans le cas de récipients primaires fragiles multiples placés dans un emballage secondaire simple, ceux-ci sont soit emballés individuellement, soit séparés pour éviter tout contact entre eux.

NOTA 1: Toute exemption au titre du présent paragraphe doit reposer sur un jugement de spécialiste. Cet avis devrait être fondé sur les antécédents médicaux, les symptômes et la situation particulière de la source, humaine ou animale, et les conditions locales endémiques. Parmi les échantillons qui peuvent être transportés au titre du présent paragraphe, l'on trouve, par exemple, les prélèvements de sang ou d'urine pour mesurer le taux de cholestérol, la glycémie, les taux d'hormones ou les anticorps spécifiques de la prostate (PSA); les prélèvements destinés à vérifier le fonctionnement d'un organe comme le cœur, le foie ou les reins sur des êtres humains ou des animaux atteints de maladies non infectieuses, ou pour la pharmacovigilance thérapeutique; les prélèvements effectués à la demande de compagnies d'assurance ou d'employeurs pour déterminer la présence de stupéfiants ou d'alcool; les prélèvements effectués pour des tests de grossesse, des biopsies pour le dépistage du cancer; et la recherche d'anticorps chez des êtres humains ou des animaux en l'absence de toute crainte d'infection (par exemple l'évaluation d'une immunité conférée par la vaccination, le diagnostic d'une maladie auto-immune, etc.).

2: Pour le transport aérien, les emballages des échantillons exemptés au titre du présent paragraphe doivent répondre aux conditions indiquées aux alinéas a) à c).

2.2.62.1.5.9   À l'exception:

a)   des déchets médicaux (Nos ONU 3291 et 3549);

b)   du matériel ou des équipements médicaux contaminés par ou contenant des matières infectieuses de la catégorie A (No ONU 2814 ou No ONU 2900); et

c)   du matériel ou des équipements médicaux contaminés par ou contenant d'autres marchandises dangereuses répondant à la définition d'une autre classe de danger;

le matériel ou les équipements médicaux potentiellement contaminés par ou contenant des matières infectieuses qui sont transportés en vue de leur désinfection, de leur nettoyage, de leur stérilisation, de leur réparation ou de l'évaluation de l'équipement ne sont pas soumis aux dispositions de l'ADN autres que celles du présent paragraphe s'ils sont emballés dans des emballages conçus et construits de telle façon que, dans des conditions normales de transport, ils ne puissent ni se casser, ni se percer, ni laisser échapper leur contenu. Les emballages doivent être conçus de façon à satisfaire aux prescriptions relatives à la construction énoncées au 6.1.4 ou au 6.6.4 de l'ADR.

Ces emballages doivent satisfaire aux prescriptions générales d'emballage des 4.1.1.1 et 4.1.1.2 de l'ADR et doivent pouvoir retenir le matériel et les équipements médicaux lorsqu'ils chutent d'une hauteur de 1,20 m.

Les emballages doivent porter la mention "MATÉRIEL MÉDICAL USAGÉ" ou "ÉQUIPEMENT MÉDICAL USAGÉ". Lors de l'utilisation de suremballages, ceux-ci doivent être marqués de la même façon, excepté lorsque la mention reste visible.

2.2.62.1.6 à
2.2.62.1.8   *(Réservés)*

2.2.62.1.9   *Produits biologiques*

Aux fins de l'ADN, les produits biologiques sont répartis dans les groupes suivants:

a)   Les produits fabriqués et emballés conformément aux prescriptions des autorités nationales compétentes et transportés à des fins d'emballage final ou de distribution, à l'usage de la profession médicale ou de particuliers pour les soins de santé. Les matières de ce groupe ne sont pas soumises aux prescriptions de l'ADN;

b)   Les produits qui ne relèvent pas de l'alinéa a) et dont on sait ou dont on a des raisons de croire qu'ils contiennent des matières infectieuses et qui satisfont aux critères de classification dans les catégories A ou B. Les matières de ce groupe sont affectées au No ONU 2814, 2900 ou 3373, selon qu'il convient.

NOTA: Certains produits biologiques autorisés à la mise sur le marché peuvent ne présenter un danger biologique que dans certaines parties du monde. Dans ce cas, les autorités compétentes peuvent exiger que ces produits biologiques satisfassent aux prescriptions locales applicables aux matières infectieuses ou imposer d'autres restrictions.

2.2.62.1.10   *Micro-organismes et organismes génétiquement modifiés*

Les micro-organismes génétiquement modifiés ne répondant pas à la définition d'une matière infectieuse doivent être classés conformément à la section 2.2.9.

2.2.62.1.11   *Déchets médicaux ou déchets d'hôpital*

2.2.62.1.11.1   Les déchets médicaux ou déchets d'hôpital contenant:

a)   des matières infectieuses de la catégorie A doivent être affectés aux Nos ONU 2814, 2900 ou 3549, selon le cas. Les déchets médicaux solides contenant des matières infectieuses de la catégorie A générés par le traitement médical administré à des êtres humains ou par le traitement vétérinaire administré à des animaux peuvent être affectés au No ONU 3549. La rubrique ONU 3549 ne doit pas être utilisée pour les déchets provenant de la recherche biologique ou pour les déchets liquides;

b)   des matières infectieuses de la catégorie B doivent être affectés au No ONU 3291.

NOTA 1: *La désignation officielle de transport pour le No ONU 3549 est "DÉCHETS MÉDICAUX INFECTIEUX POUR L'HOMME, CATÉGORIE A, solides" ou "DÉCHETS MÉDICAUX INFECTIEUX POUR LES ANIMAUX uniquement, CATÉGORIE A, solides"*

      2: *Les déchets médicaux ou d'hôpital affectés au numéro 18 01 03 (Déchets provenant des soins médicaux ou vétérinaires et/ou de la recherche associée – déchets provenant des maternités, du diagnostic, du traitement ou de la prévention des maladies de l'homme – déchets dont la collecte et l'élimination font l'objet de prescriptions particulières vis-à-vis des risques d'infection) ou 18 02 02 (Déchets provenant des soins médicaux ou vétérinaires et/ou de la recherche associée – déchets provenant de la recherche, du diagnostic, du traitement ou de la prévention des maladies des animaux – déchets dont la collecte et l'élimination font l'objet de prescriptions particulières vis-à-vis des risques d'infection) suivant la liste des déchets annexée à la Décision de la Commission européenne n° 2000/532/CE[4], telle que modifiée, doivent être classés suivant les dispositions du présent paragraphe, sur la base du diagnostic médical ou vétérinaire concernant le patient ou l'animal.*

2.2.62.1.11.2   Les déchets médicaux ou déchets d'hôpital dont on a des raisons de croire qu'ils présentent une probabilité relativement faible de contenir des matières infectieuses sont affectés au No ONU 3291. Pour l'affectation, on peut tenir compte des catalogues de déchets établis à l'échelle internationale, régionale ou nationale.

    NOTA 1: *La désignation officielle de transport pour le No ONU 3291 est "DÉCHET D'HÔPITAL, NON SPÉCIFIÉ, N.S.A". ou "DÉCHET (BIO)MÉDICAL, N.S A." ou "DÉCHET MÉDICAL RÉGLEMENTÉ, N.S.A.".*

      2: *Nonobstant les critères de classification ci-dessus, les déchets médicaux ou d'hôpital affectés au numéro 18 01 04 (Déchets provenant des soins médicaux ou vétérinaires et/ou de la recherche associée – déchets provenant des maternités, du diagnostic, du traitement ou de la prévention des maladies de l'homme – déchets dont la collecte et l'élimination ne font pas l'objet de prescriptions particulières vis-à-vis des risques d'infection) ou 18 02 03 (Déchets provenant des soins médicaux ou vétérinaires et/ou de la recherche associée – déchets provenant de la recherche, du diagnostic, du traitement ou de la prévention des maladies des animaux – déchets dont la collecte et l'élimination ne font pas l'objet de prescriptions particulières vis-à-vis des risques d'infection) suivant la liste des déchets annexée à la Décision de la Commission européenne n° 2000/532/CE[4], telle que modifiée, ne sont pas soumis aux dispositions de l'ADN.*

2.2.62.1.11.3   Les déchets médicaux ou déchets d'hôpital décontaminés qui contenaient auparavant des matières infectieuses ne sont pas soumis aux prescriptions de l'ADN sauf s'ils répondent aux critères d'inclusion dans une autre classe.

2.2.62.1.11.4   *(Supprimé)*

---

[4]   *Décision de la Commission européenne n° 2000/532/CE du 3 mai 2000 remplaçant la décision 94/3/CE établissant une liste de déchets en application de l'article 1er, point a), de la directive 75/442/CEE du Conseil relative aux déchets (remplacée par la directive 2006/12/CE du Parlement européen et du Conseil (Journal officiel des Communautés européennes No. L 114 du 27 avril 2006, p. 9)) et à la décision 94/904/CE du Conseil établissant une liste de déchets dangereux en application de l'article 1er, paragraphe 4, de la directive 91/689/CEE du Conseil relative aux déchets dangereux (Journal Officiel des Communautés européennes L 226 du 6 septembre 2000, page 3).*

2.2.62.1.12   *Animaux infectés*

2.2.62.1.12.1   À moins qu'une matière infectieuse ne puisse être transportée par aucun autre moyen, les animaux vivants ne doivent pas être utilisés pour le transport d'une telle matière. Tout animal vivant qui a été volontairement infecté et dont on sait ou soupçonne qu'il contient des matières infectieuses doit être transporté seulement dans les conditions approuvées par l'autorité compétente.

NOTA: L'agrément des autorités compétentes doit être délivré sur la base des règles pertinentes pour le transport des animaux vivants, en tenant compte des aspects liés aux marchandises dangereuses. Les autorités qui ont la compétence pour établir les conditions et règles d'agrément doivent être réglementées à l'échelon national.

En l'absence d'agrément d'une autorité compétente d'une Partie contractante à l'ADN, l'autorité compétente d'une Partie contractante à l'ADN peut reconnaître un agrément délivré par l'autorité compétente d'un pays qui n'est pas une Partie contractante à l'ADN.

On trouve des règles régissant le transport des animaux notamment dans le Règlement (CE) n° 1/2005 du Conseil du 22 décembre 2004 relatif à la protection des animaux pendant le transport (Journal officiel de l'Union européenne n° L 3 du 5 janvier 2005), tel que modifié.

2.2.62.1.12.2   *(Supprimé)*

2.2.62.2   Matières non admises au transport

Les animaux vertébrés ou invertébrés vivants ne doivent pas être utilisés pour expédier un agent infectieux à moins qu'il ne soit impossible de transporter celui-ci d'une autre manière ou que ce transport soit autorisé par l'autorité compétent (voir 2.2.62.1.12.1).

2.2.62.3   Liste des rubriques collectives

Matières infectieuses pour l'homme	I1	2814	MATIÈRES INFECTIEUSES POUR L'HOMME

Matières infectieuses pour les animaux uniquement	I2	2900	MATIÈRES INFECTIEUSES POUR LES ANIMAUX uniquement

Déchets d'hôpitaux	I3	3291	DÉCHET D'HÔPITAL, NON SPÉCIFIÉ, N.S.A. ou
		3291	DÉCHET (BIO)MÉDICAL, N.S.A ou
		3291	DÉCHET MÉDICAL RÉGLEMENTÉ, N.S.A
		3549	DÉCHETS MÉDICAUX INFECTIEUX POUR L'HOMME, CATÉGORIE A, solides ou
		3549	DÉCHETS MÉDICAUX INFECTIEUX POUR LES ANIMAUX uniquement, CATÉGORIE A, solides

Matières biologiques	I4	3373	MATIÈRE BIOLOGIQUE, CATÉGORIE B

2.2.7   **Classe 7**   **Matières radioactives**

2.2.7.1   *Définitions*

2.2.7.1.1   Par *matières radioactives*, on entend toute matière contenant des radionucléides pour laquelle à la fois l'activité massique et l'activité totale dans l'envoi dépassent les valeurs indiquées aux 2.2.7.2.2.1 à 2.2.7.2.2.6.

2.2.7.1.2   *Contamination*

Par *contamination*, on entend la présence sur une surface de substances radioactives en quantité dépassant $0,4$ Bq/cm^2 pour les émetteurs bêta et gamma et les émetteurs alpha de faible toxicité ou $0,04$ Bq/cm^2 pour tous les autres émetteurs alpha.

Par *contamination non fixée*, on entend la contamination qui peut être enlevée d'une surface dans les conditions de transport de routine.

Par *contamination fixée*, on entend la contamination autre que la contamination non fixée.

2.2.7.1.3   *Définition de termes particuliers*

On entend par:

A_1 et A_2

A_1, la valeur de l'activité de matières radioactives sous forme spéciale qui figure au tableau 2.2.7.2.2.1 ou qui est calculée comme indiqué en 2.2.7.2.2.2 et qui est utilisée pour déterminer les limites d'activité aux fins des prescriptions de l'ADN;

A_2, la valeur de l'activité de matières radioactives, autres que des matières radioactives sous forme spéciale, qui figure au tableau 2.2.7.2.2.1 ou qui est calculée comme indiqué en 2.2.7.2.2.2 et qui est utilisée pour déterminer les limites d'activité aux fins des prescriptions de l'ADN;

Nucléide fissile, l'uranium 233, l'uranium 235, le plutonium 239 et le plutonium 241, et *matière fissile,* une matière contenant au moins l'un des nucléides fissiles. Sont exclus de la définition de matière fissile:

a)   L'uranium naturel ou l'uranium appauvri non irradiés;

b)   L'uranium naturel ou l'uranium appauvri qui n'ont été irradiés que dans des réacteurs thermiques;

c)   Les matières contenant moins de $0,25$ g de nucléides fissiles en tout;

d)   Toute combinaison de a), b) et/ou c).

Ces exclusions ne sont valables que s'il n'y a pas d'autre matière contenant des nucléides fissiles dans le colis ou dans l'envoi s'il est expédié non emballé.

Matières radioactives faiblement dispersables, soit des matières radioactives solides soit des matières radioactives solides conditionnées en capsule scellée, qui se dispersent peu et qui ne sont pas sous forme de poudre;

Matières de faible activité spécifique (LSA), les matières radioactives qui par nature ont une activité spécifique limitée ou les matières radioactives pour lesquelles des limites d'activité spécifique moyenne estimée s'appliquent. Il n'est pas tenu compte des matériaux extérieurs de protection entourant les matières LSA pour déterminer l'activité spécifique moyenne estimée;

Émetteurs alpha de faible toxicité, ce sont: l'uranium naturel; l'uranium appauvri; le thorium naturel; l'uranium 235 ou l'uranium 238; le thorium 232; le thorium 228 et le thorium 230 lorsqu'ils sont contenus dans des minerais ou des concentrés physiques et chimiques; ou les émetteurs alpha dont la période est inférieure à dix jours;

Activité spécifique d'un radionucléide, l'activité par unité de masse de ce radionucléide. Par activité spécifique d'une matière, on entend l'activité par unité de masse de la matière dans laquelle les radionucléides sont pour l'essentiel répartis uniformément;

Matière radioactive sous forme spéciale, soit:

a)   Une matière radioactive solide non dispersable; soit

b)   Une capsule scellée contenant une matière radioactive;

Objet contaminé superficiellement (SCO), un objet solide qui n'est pas lui-même radioactif, mais sur la surface duquel est répartie une matière radioactive;

Thorium non irradié, le thorium ne contenant pas plus de 10^{-7} g d'uranium 233 par gramme de thorium 232;

Uranium non irradié, l'uranium ne contenant pas plus de 2×10^3 Bq de plutonium par gramme d'uranium 235, pas plus de 9×10^6 Bq de produits de fission par gramme d'uranium 235 et pas plus de 5×10^{-3} g d'uranium 236 par gramme d'uranium 235;

Uranium naturel, appauvri, enrichi

> *Uranium naturel*, l'uranium (qui peut être isolé chimiquement) dans lequel les isotopes se trouvent dans la même proportion qu'à l'état naturel (environ 99,28% en masse d'uranium 238 et 0,72% en masse d'uranium 235);

> *Uranium appauvri*, l'uranium contenant un pourcentage en masse d'uranium 235 inférieur à celui de l'uranium naturel;

> *Uranium enrichi*, l'uranium contenant un pourcentage en masse d'uranium 235 supérieur à 0,72%.

Dans tous les cas, un très faible pourcentage en masse d'uranium 234 est présent.

2.2.7.2   ***Classification***

2.2.7.2.1   *Dispositions générales*

2.2.7.2.1.1   Les matières radioactives doivent être affectées à l'un des numéros ONU spécifiés au tableau 2.2.7.2.1.1, conformément aux 2.2.7.2.4 et 2.2.7.2.5, compte tenu des caractéristiques des matières définies au 2.2.7.2.3.

Nos ONU	Désignation officielle de transport et description [a]
Colis exceptés (1.7.1.5)	
No ONU 2908	MATIÈRES RADIOACTIVES, EMBALLAGES VIDES COMME COLIS EXCEPTÉS
No ONU 2909	MATIÈRES RADIOACTIVES, OBJETS MANUFACTURÉS EN URANIUM NATUREL ou EN URANIUM APPAUVRI ou EN THORIUM NATUREL, EN COLIS EXCEPTÉ
No ONU 2910	MATIÈRES RADIOACTIVES, QUANTITÉS LIMITÉES EN COLIS EXCEPTÉ
No ONU 2911	MATIÈRES RADIOACTIVES, APPAREILS ou OBJETS EN COLIS EXCEPTÉ
No ONU 3507	HEXAFLUORURE D'URANIUM, MATIÈRES RADIOACTIVES, moins de 0,1 kg par colis, non fissiles ou fissiles exceptées, EN COLIS EXCEPTÉ [b, c]
Matières radioactives de faible activité spécifique (2.2.7.2.3.1)	
No ONU 2912	MATIÈRES RADIOACTIVES DE FAIBLE ACTIVITÉ SPÉCIFIQUE (LSA-I) non fissiles ou fissiles exceptées[b]
No ONU 3321	MATIÈRES RADIOACTIVES DE FAIBLE ACTIVITÉ SPÉCIFIQUE (LSA-II), non fissiles ou fissiles exceptées[b]
No ONU 3322	MATIÈRES RADIOACTIVES DE FAIBLE ACTIVITÉ SPÉCIFIQUE (LSA-III), non fissiles ou fissiles exceptées[b]
No ONU 3324	MATIÈRES RADIOACTIVES DE FAIBLE ACTIVITÉ SPÉCIFIQUE (LSA-II), FISSILES
No ONU 3325	MATIÈRES RADIOACTIVES DE FAIBLE ACTIVITÉ SPÉCIFIQUE (LSA-III), FISSILES
Objets contaminés superficiellement (2.2.7.2.3.2)	
No ONU 2913	MATIÈRES RADIOACTIVES, OBJETS CONTAMINÉS SUPERFICIELLEMENT (SCO-I, SCO-II ou SCO-III), non fissiles ou fissiles exceptées[b]
No ONU 3326	MATIÈRES RADIOACTIVES, OBJETS CONTAMINÉS SUPERFICIELLEMENT (SCO-I ou SCO-II), FISSILES
Colis de type A (2.2.7.2.4.4)	
No ONU 2915	MATIÈRES RADIOACTIVES EN COLIS DE TYPE A, qui ne sont pas sous forme spéciale, non fissiles ou fissiles exceptées[b]
No ONU 3327	MATIÈRES RADIOACTIVES EN COLIS DE TYPE A, FISSILES qui ne sont pas sous forme spéciale
No ONU 3332	MATIÈRES RADIOACTIVES EN COLIS DE TYPE A, SOUS FORME SPÉCIALE, non fissiles ou fissiles exceptées[b]
No ONU 3333	MATIÈRES RADIOACTIVES EN COLIS DE TYPE A, SOUS FORME SPÉCIALE, FISSILES
Colis de type B(U) (2.2.7.2.4.6)	
No ONU 2916	MATIÈRES RADIOACTIVES EN COLIS DE TYPE B(U), non fissiles ou fissiles exceptées[b]
No ONU 3328	MATIÈRES RADIOACTIVES EN COLIS DE TYPE B(U), FISSILES
Colis de type B(M) (2.2.7.2.4.6)	
No ONU 2917	MATIÈRES RADIOACTIVES EN COLIS DE TYPE B(M), non fissiles ou fissiles exceptées[b]
No ONU 3329	MATIÈRES RADIOACTIVES EN COLIS DE TYPE B(M), FISSILES

Nos ONU	Désignation officielle de transport et description [a]
Colis de type C (2.2.7.2.4.6)	
No ONU 3323	MATIÈRES RADIOACTIVES EN COLIS DE TYPE C, non fissiles ou fissiles exceptées[b]
No ONU 3330	MATIÈRES RADIOACTIVES EN COLIS DE TYPE C, FISSILES
Arrangement spécial (2.2.7.2.5)	
No ONU 2919	MATIÈRES RADIOACTIVES TRANSPORTÉES SOUS ARRANGEMENT SPÉCIAL, non fissiles ou fissiles exceptées[b]
No ONU 3331	MATIÈRES RADIOACTIVES TRANSPORTÉES SOUS ARRANGEMENT SPÉCIAL, FISSILES
Hexafluorure d'uranium (2.2.7.2.4.5)	
No ONU 2977	MATIÈRES RADIOACTIVES, HEXAFLUORURE D'URANIUM, FISSILES
No ONU 2978	MATIÈRES RADIOACTIVES, HEXAFLUORURE D'URANIUM, non fissiles ou fissiles exceptées[b]
No ONU 3507	HEXAFLUORURE D'URANIUM, MATIÈRES RADIOACTIVES, moins de 0,1 kg par colis, non fissiles ou fissiles exceptées, EN COLIS EXCEPTÉ [b, c]

[a] La "désignation officielle de transport" apparaît dans la colonne «désignation officielle de transport et description» en majuscules. Dans le cas des numéros ONU 2909, 2911, 2913 et 3326, pour lesquels sont données plusieurs désignations officielles de transport séparées par le mot "ou", seule la désignation applicable doit être utilisée.

[b] L'expression "fissiles exceptées" se rapporte uniquement aux matières exceptées en vertu du 2.2.7.2.3.5.

[c] Pour le No ONU 3507, voir aussi la disposition spéciale 369 au chapitre 3.3.

2.2.7.2.2 *Détermination des valeurs de base pour les radionucléides*

2.2.7.2.2.1 Les valeurs de base suivantes pour les différents radionucléides sont données au tableau 2.2.7.2.2.1:

a) A_1 et A_2 en TBq;

b) Limites d'activité massique pour les matières exemptées en Bq/g; et

c) Limites d'activité pour les envois exemptés en Bq.

Tableau 2.2.7.2.2.1: Valeurs de base pour les radionucléides

Radionucléide (numéro atomique)	A_1	A_2	Limite d'activité massique pour les matières exemptées	Limite d'activité pour un envoi exempté
	(TBq)	(TBq)	(Bq/g)	(Bq)
Actinium (89)				
Ac-225 (a)	8×10^{-1}	6×10^{-3}	1×10^1	1×10^4
Ac-227 (a)	9×10^{-1}	9×10^{-5}	1×10^{-1}	1×10^3
Ac-228	6×10^{-1}	5×10^{-1}	1×10^1	1×10^6
Argent (47)				
Ag-105	2×10^0	2×10^0	1×10^2	1×10^6
Ag-108m (a)	7×10^{-1}	7×10^{-1}	1×10^1 (b)	1×10^6 (b)
Ag-110m (a)	4×10^{-1}	4×10^{-1}	1×10^1	1×10^6
Ag-111	2×10^0	6×10^{-1}	1×10^3	1×10^6
Aluminium (13)				
Al-26	1×10^{-1}	1×10^{-1}	1×10^1	1×10^5
Américium (95)				

Radionucléide (numéro atomique)	A_1	A_2	Limite d'activité massique pour les matières exemptées	Limite d'activité pour un envoi exempté
	(TBq)	(TBq)	(Bq/g)	(Bq)
Am-241	1×10^1	1×10^{-3}	1×10^0	1×10^4
Am-242m (a)	1×10^1	1×10^{-3}	1×10^0 (b)	1×10^4 (b)
Am-243 (a)	5×10^0	1×10^{-3}	1×10^0 (b)	1×10^3 (b)
Argon (18)				
Ar-37	4×10^1	4×10^1	1×10^6	1×10^8
Ar-39	4×10^1	2×10^1	1×10^7	1×10^4
Ar-41	3×10^{-1}	3×10^{-1}	1×10^2	1×10^9
Arsenic (33)				
As-72	3×10^{-1}	3×10^{-1}	1×10^1	1×10^5
As-73	4×10^1	4×10^1	1×10^3	1×10^7
As-74	1×10^0	9×10^{-1}	1×10^1	1×10^6
As-76	3×10^{-1}	3×10^{-1}	1×10^2	1×10^5
As-77	2×10^1	7×10^{-1}	1×10^3	1×10^6
Astate (85)				
At-211 (a)	2×10^1	5×10^{-1}	1×10^3	1×10^7
Or (79)				
Au-193	7×10^0	2×10^0	1×10^2	1×10^7
Au-194	1×10^0	1×10^0	1×10^1	1×10^6
Au-195	1×10^1	6×10^0	1×10^2	1×10^7
Au-198	1×10^0	6×10^{-1}	1×10^2	1×10^6
Au-199	1×10^1	6×10^{-1}	1×10^2	1×10^6
Baryum (56)				
Ba-131 (a)	2×10^0	2×10^0	1×10^2	1×10^6
Ba-133	3×10^0	3×10^0	1×10^2	1×10^6
Ba-133m	2×10^1	6×10^{-1}	1×10^2	1×10^6
Ba-135m	2×10^1	6×10^{-1}	1×10^2	1×10^6
Ba-140 (a)	5×10^{-1}	3×10^{-1}	1×10^1 (b)	1×10^5 (b)
Béryllium (4)				
Be-7	2×10^1	2×10^1	1×10^3	1×10^7
Be-10	4×10^1	6×10^{-1}	1×10^4	1×10^6
Bismuth (83)				
Bi-205	7×10^{-1}	7×10^{-1}	1×10^1	1×10^6
Bi-206	3×10^{-1}	3×10^{-1}	1×10^1	1×10^5
Bi-207	7×10^{-1}	7×10^{-1}	1×10^1	1×10^6
Bi-210	1×10^0	6×10^{-1}	1×10^3	1×10^6
Bi-210m (a)	6×10^{-1}	2×10^{-2}	1×10^1	1×10^5
Bi-212 (a)	7×10^{-1}	6×10^{-1}	1×10^1 (b)	1×10^5 (b)
Berkélium (97)				
Bk-247	8×10^0	8×10^{-4}	1×10^0	1×10^4
Bk-249 (a)	4×10^1	3×10^{-1}	1×10^3	1×10^6
Brome (35)				
Br-76	4×10^{-1}	4×10^{-1}	1×10^1	1×10^5
Br-77	3×10^0	3×10^0	1×10^2	1×10^6
Br-82	4×10^{-1}	4×10^{-1}	1×10^1	1×10^6
Carbone (6)				
C-11	1×10^0	6×10^{-1}	1×10^1	1×10^6
C-14	4×10^1	3×10^0	1×10^4	1×10^7
Calcium (20)				
Ca-41	Illimitée	Illimitée	1×10^5	1×10^7
Ca-45	4×10^1	1×10^0	1×10^4	1×10^7

Radionucléide (numéro atomique)	A_1	A_2	Limite d'activité massique pour les matières exemptées	Limite d'activité pour un envoi exempté
	(TBq)	(TBq)	(Bq/g)	(Bq)
Ca-47 (a)	3×10^0	3×10^{-1}	1×10^1	1×10^6
Cadmium (48)				
Cd-109	3×10^1	2×10^0	1×10^4	1×10^6
Cd-113m	4×10^1	5×10^{-1}	1×10^3	1×10^6
Cd-115 (a)	3×10^0	4×10^{-1}	1×10^2	1×10^6
Cd-115m	5×10^{-1}	5×10^{-1}	1×10^3	1×10^6
Cérium (58)				
Ce-139	7×10^0	2×10^0	1×10^2	1×10^6
Ce-141	2×10^1	6×10^{-1}	1×10^2	1×10^7
Ce-143	9×10^{-1}	6×10^{-1}	1×10^2	1×10^6
Ce-144 (a)	2×10^{-1}	2×10^{-1}	1×10^2 (b)	1×10^5 (b)
Californium (98)				
Cf-248	4×10^1	6×10^{-3}	1×10^1	1×10^4
Cf-249	3×10^0	8×10^{-4}	1×10^0	1×10^3
Cf-250	2×10^1	2×10^{-3}	1×10^1	1×10^4
Cf-251	7×10^0	7×10^{-4}	1×10^0	1×10^3
Cf-252	1×10^{-1}	3×10^{-3}	1×10^1	1×10^4
Cf-253 (a)	4×10^1	4×10^{-2}	1×10^2	1×10^5
Cf-254	1×10^{-3}	1×10^{-3}	1×10^0	1×10^3
Chlore (17)				
Cl-36	1×10^1	6×10^{-1}	1×10^4	1×10^6
Cl-38	2×10^{-1}	2×10^{-1}	1×10^1	1×10^5
Curium (96)				
Cm-240	4×10^1	2×10^{-2}	1×10^2	1×10^5
Cm-241	2×10^0	1×10^0	1×10^2	1×10^6
Cm-242	4×10^1	1×10^{-2}	1×10^2	1×10^5
Cm-243	9×10^0	1×10^{-3}	1×10^0	1×10^4
Cm-244	2×10^1	2×10^{-3}	1×10^1	1×10^4
Cm-245	9×10^0	9×10^{-4}	1×10^0	1×10^3
Cm-246	9×10^0	9×10^{-4}	1×10^0	1×10^3
Cm-247 (a)	3×10^0	1×10^{-3}	1×10^0	1×10^4
Cm-248	2×10^{-2}	3×10^{-4}	1×10^0	1×10^3
Cobalt (27)				
Co-55	5×10^{-1}	5×10^{-1}	1×10^1	1×10^6
Co-56	3×10^{-1}	3×10^{-1}	1×10^1	1×10^5
Co-57	1×10^1	1×10^1	1×10^2	1×10^6
Co-58	1×10^0	1×10^0	1×10^1	1×10^6
Co-58m	4×10^1	4×10^1	1×10^4	1×10^7
Co-60	4×10^{-1}	4×10^{-1}	1×10^1	1×10^5
Chrome (24)				
Cr-51	3×10^1	3×10^1	1×10^3	1×10^7
Césium (55)				
Cs-129	4×10^0	4×10^0	1×10^2	1×10^5
Cs-131	3×10^1	3×10^1	1×10^3	1×10^6
Cs-132	1×10^0	1×10^0	1×10^1	1×10^5
Cs-134	7×10^{-1}	7×10^{-1}	1×10^1	1×10^4
Cs-134m	4×10^1	6×10^{-1}	1×10^3	1×10^5
Cs-135	4×10^1	1×10^0	1×10^4	1×10^7
Cs-136	5×10^{-1}	5×10^{-1}	1×10^1	1×10^5
Cs-137 (a)	2×10^0	6×10^{-1}	1×10^1 (b)	1×10^4 (b)

Radionucléide (numéro atomique)	A_1	A_2	Limite d'activité massique pour les matières exemptées	Limite d'activité pour un envoi exempté
	(TBq)	(TBq)	(Bq/g)	(Bq)
Cuivre (29)				
Cu-64	6×10^0	1×10^0	1×10^2	1×10^6
Cu-67	1×10^1	7×10^{-1}	1×10^2	1×10^6
Dysprosium (66)				
Dy-159	2×10^1	2×10^1	1×10^3	1×10^7
Dy-165	9×10^{-1}	6×10^{-1}	1×10^3	1×10^6
Dy-166 (a)	9×10^{-1}	3×10^{-1}	1×10^3	1×10^6
Erbium (68)				
Er-169	4×10^1	1×10^0	1×10^4	1×10^7
Er-171	8×10^{-1}	5×10^{-1}	1×10^2	1×10^6
Europium (63)				
Eu-147	2×10^0	2×10^0	1×10^2	1×10^6
Eu-148	5×10^{-1}	5×10^{-1}	1×10^1	1×10^6
Eu-149	2×10^1	2×10^1	1×10^2	1×10^7
Eu-150 (à courte période)	2×10^0	7×10^{-1}	1×10^3	1×10^6
Eu-150 (à longue période)	7×10^{-1}	7×10^{-1}	1×10^1	1×10^6
Eu-152	1×10^0	1×10^0	1×10^1	1×10^6
Eu-152m	8×10^{-1}	8×10^{-1}	1×10^2	1×10^6
Eu-154	9×10^{-1}	6×10^{-1}	1×10^1	1×10^6
Eu-155	2×10^1	3×10^0	1×10^2	1×10^7
Eu-156	7×10^{-1}	7×10^{-1}	1×10^1	1×10^6
Fluore (9)				
F-18	1×10^0	6×10^{-1}	1×10^1	1×10^6
Fer (26)				
Fe-52 (a)	3×10^{-1}	3×10^{-1}	1×10^1	1×10^6
Fe-55	4×10^1	4×10^1	1×10^4	1×10^6
Fe-59	9×10^{-1}	9×10^{-1}	1×10^1	1×10^6
Fe-60 (a)	4×10^1	2×10^{-1}	1×10^2	1×10^5
Gallium (31)				
Ga-67	7×10^0	3×10^0	1×10^2	1×10^6
Ga-68	5×10^{-1}	5×10^{-1}	1×10^1	1×10^5
Ga-72	4×10^{-1}	4×10^{-1}	1×10^1	1×10^5
Gadolinium (64)				
Gd-146 (a)	5×10^{-1}	5×10^{-1}	1×10^1	1×10^6
Gd-148	2×10^1	2×10^{-3}	1×10^1	1×10^4
Gd-153	1×10^1	9×10^0	1×10^2	1×10^7
Gd-159	3×10^0	6×10^{-1}	1×10^3	1×10^6
Germanium (32)				
Ge-68 (a)	5×10^{-1}	5×10^{-1}	1×10^1	1×10^5
Ge-69	1×10^0	1×10^0	1×10^1	1×10^6
Ge-71	4×10^1	4×10^1	1×10^4	1×10^8
Ge-77	3×10^{-1}	3×10^{-1}	1×10^1	1×10^5
Hafnium (72)				
Hf-172 (a)	6×10^{-1}	6×10^{-1}	1×10^1	1×10^6
Hf-175	3×10^0	3×10^0	1×10^2	1×10^6
Hf-181	2×10^0	5×10^{-1}	1×10^1	1×10^6
Hf-182	Illimitée	Illimitée	1×10^2	1×10^6
Mercure (80)				
Hg-194 (a)	1×10^0	1×10^0	1×10^1	1×10^6
Hg-195m (a)	3×10^0	7×10^{-1}	1×10^2	1×10^6

Radionucléide (numéro atomique)	A_1	A_2	Limite d'activité massique pour les matières exemptées	Limite d'activité pour un envoi exempté
	(TBq)	(TBq)	(Bq/g)	(Bq)
Hg-197	2×10^1	1×10^1	1×10^2	1×10^7
Hg-197m	1×10^1	4×10^{-1}	1×10^2	1×10^6
Hg-203	5×10^0	1×10^0	1×10^2	1×10^5
Holmium (67)				
Ho-166	4×10^{-1}	4×10^{-1}	1×10^3	1×10^5
Ho-166m	6×10^{-1}	5×10^{-1}	1×10^1	1×10^6
Iode (53)				
I-123	6×10^0	3×10^0	1×10^2	1×10^7
I-124	1×10^0	1×10^0	1×10^1	1×10^6
I-125	2×10^1	3×10^0	1×10^3	1×10^6
I-126	2×10^0	1×10^0	1×10^2	1×10^6
I-129	Illimitée	Illimitée	1×10^2	1×10^5
I-131	3×10^0	7×10^{-1}	1×10^2	1×10^6
I-132	4×10^{-1}	4×10^{-1}	1×10^1	1×10^5
I-133	7×10^{-1}	6×10^{-1}	1×10^1	1×10^6
I-134	3×10^{-1}	3×10^{-1}	1×10^1	1×10^5
I-135 (a)	6×10^{-1}	6×10^{-1}	1×10^1	1×10^6
Indium (49)				
In-111	3×10^0	3×10^0	1×10^2	1×10^6
In-113m	4×10^0	2×10^0	1×10^2	1×10^6
In-114m (a)	1×10^1	5×10^{-1}	1×10^2	1×10^6
In-115m	7×10^0	1×10^0	1×10^2	1×10^6
Iridium (77)				
Ir-189 (a)	1×10^1	1×10^1	1×10^2	1×10^7
Ir-190	7×10^{-1}	7×10^{-1}	1×10^1	1×10^6
Ir-192	1×10^0 (c)	6×10^{-1}	1×10^1	1×10^4
Ir-193m	4×10^1	4×10^0	1×10^4	1×10^7
Ir-194	3×10^{-1}	3×10^{-1}	1×10^2	1×10^5
Potassium (19)				
K-40	9×10^{-1}	9×10^{-1}	1×10^2	1×10^6
K-42	2×10^{-1}	2×10^{-1}	1×10^2	1×10^6
K-43	7×10^{-1}	6×10^{-1}	1×10^1	1×10^6
Krypton (36)				
Kr-79	4×10^0	2×10^0	1×10^3	1×10^5
Kr-81	4×10^1	4×10^1	1×10^4	1×10^7
Kr-85	1×10^1	1×10^1	1×10^5	1×10^4
Kr-85m	8×10^0	3×10^0	1×10^3	1×10^{10}
Kr-87	2×10^{-1}	2×10^{-1}	1×10^2	1×10^9
Lanthane (57)				
La-137	3×10^1	6×10^0	1×10^3	1×10^7
La-140	4×10^{-1}	4×10^{-1}	1×10^1	1×10^5
Lutétium (71)				
Lu-172	6×10^{-1}	6×10^{-1}	1×10^1	1×10^6
Lu-173	8×10^0	8×10^0	1×10^2	1×10^7
Lu-174	9×10^0	9×10^0	1×10^2	1×10^7
Lu-174m	2×10^1	1×10^1	1×10^2	1×10^7
Lu-177	3×10^1	7×10^{-1}	1×10^3	1×10^7
Magnésium (12)				
Mg-28 (a)	3×10^{-1}	3×10^{-1}	1×10^1	1×10^5
Manganèse (25)				

Radionucléide (numéro atomique)	A_1	A_2	Limite d'activité massique pour les matières exemptées	Limite d'activité pour un envoi exempté
	(TBq)	(TBq)	(Bq/g)	(Bq)
Mn-52	3×10^{-1}	3×10^{-1}	1×10^1	1×10^5
Mn-53	Illimitée	Illimitée	1×10^4	1×10^9
Mn-54	1×10^0	1×10^0	1×10^1	1×10^6
Mn-56	3×10^{-1}	3×10^{-1}	1×10^1	1×10^5
Molybdène (42)				
Mo-93	4×10^1	2×10^1	1×10^3	1×10^8
Mo-99 (a)	1×10^0	6×10^{-1}	1×10^2	1×10^6
Azote (7)				
N-13	9×10^{-1}	6×10^{-1}	1×10^2	1×10^9
Sodium (11)				
Na-22	5×10^{-1}	5×10^{-1}	1×10^1	1×10^6
Na-24	2×10^{-1}	2×10^{-1}	1×10^1	1×10^5
Niobium (41)				
Nb-93m	4×10^1	3×10^1	1×10^4	1×10^7
Nb-94	7×10^{-1}	7×10^{-1}	1×10^1	1×10^6
Nb-95	1×10^0	1×10^0	1×10^1	1×10^6
Nb-97	9×10^{-1}	6×10^{-1}	1×10^1	1×10^6
Néodyme (60)				
Nd-147	6×10^0	6×10^{-1}	1×10^2	1×10^6
Nd-149	6×10^{-1}	5×10^{-1}	1×10^2	1×10^6
Nickel (28)				
Ni-57	6×10^{-1}	6×10^{-1}	1×10^1	1×10^6
Ni-59	Illimitée	Illimitée	1×10^4	1×10^8
Ni-63	4×10^1	3×10^1	1×10^5	1×10^8
Ni-65	4×10^{-1}	4×10^{-1}	1×10^1	1×10^6
Neptunium (93)				
Np-235	4×10^1	4×10^1	1×10^3	1×10^7
Np-236 (à courte période)	2×10^1	2×10^0	1×10^3	1×10^7
Np-236 (à longue période)	9×10^0	2×10^{-2}	1×10^2	1×10^5
Np-237	2×10^1	2×10^{-3}	1×10^0 (b)	1×10^3 (b)
Np-239	7×10^0	4×10^{-1}	1×10^2	1×10^7
Osmium (76)				
Os-185	1×10^0	1×10^0	1×10^1	1×10^6
Os-191	1×10^1	2×10^0	1×10^2	1×10^7
Os-191m	4×10^1	3×10^1	1×10^3	1×10^7
Os-193	2×10^0	6×10^{-1}	1×10^2	1×10^6
Os-194 (a)	3×10^{-1}	3×10^{-1}	1×10^2	1×10^5
Phosphore (15)				
P-32	5×10^{-1}	5×10^{-1}	1×10^3	1×10^5
P-33	4×10^1	1×10^0	1×10^5	1×10^8
Protactinium (91)				
Pa-230 (a)	2×10^0	7×10^{-2}	1×10^1	1×10^6
Pa-231	4×10^0	4×10^{-4}	1×10^0	1×10^3
Pa-233	5×10^0	7×10^{-1}	1×10^2	1×10^7
Plomb (82)				
Pb-201	1×10^0	1×10^0	1×10^1	1×10^6
Pb-202	4×10^1	2×10^1	1×10^3	1×10^6
Pb-203	4×10^0	3×10^0	1×10^2	1×10^6
Pb-205	Illimitée	Illimitée	1×10^4	1×10^7
Pb-210 (a)	1×10^0	5×10^{-2}	1×10^1 (b)	1×10^4 (b)

Radionucléide (numéro atomique)	A_1	A_2	Limite d'activité massique pour les matières exemptées	Limite d'activité pour un envoi exempté
	(TBq)	(TBq)	(Bq/g)	(Bq)
Pb-212 (a)	7×10^{-1}	2×10^{-1}	1×10^1 (b)	1×10^5 (b)
Palladium (46)				
Pd-103 (a)	4×10^1	4×10^1	1×10^3	1×10^8
Pd-107	Illimitée	Illimitée	1×10^5	1×10^8
Pd-109	2×10^0	5×10^{-1}	1×10^3	1×10^6
Prométhium (61)				
Pm-143	3×10^0	3×10^0	1×10^2	1×10^6
Pm-144	7×10^{-1}	7×10^{-1}	1×10^1	1×10^6
Pm-145	3×10^1	1×10^1	1×10^3	1×10^7
Pm-147	4×10^1	2×10^0	1×10^4	1×10^7
Pm-148m (a)	8×10^{-1}	7×10^{-1}	1×10^1	1×10^6
Pm-149	2×10^0	6×10^{-1}	1×10^3	1×10^6
Pm-151	2×10^0	6×10^{-1}	1×10^2	1×10^6
Polonium (84)				
Po-210	4×10^1	2×10^{-2}	1×10^1	1×10^4
Praséodyme (59)				
Pr-142	4×10^{-1}	4×10^{-1}	1×10^2	1×10^5
Pr-143	3×10^0	6×10^{-1}	1×10^4	1×10^6
Platine (78)				
Pt-188 (a)	1×10^0	8×10^{-1}	1×10^1	1×10^6
Pt-191	4×10^0	3×10^0	1×10^2	1×10^6
Pt-193	4×10^1	4×10^1	1×10^4	1×10^7
Pt-193m	4×10^1	5×10^{-1}	1×10^3	1×10^7
Pt-195m	1×10^1	5×10^{-1}	1×10^2	1×10^6
Pt-197	2×10^1	6×10^{-1}	1×10^3	1×10^6
Pt-197m	1×10^1	6×10^{-1}	1×10^2	1×10^6
Plutonium (94)				
Pu-236	3×10^1	3×10^{-3}	1×10^1	1×10^4
Pu-237	2×10^1	2×10^1	1×10^3	1×10^7
Pu-238	1×10^1	1×10^{-3}	1×10^0	1×10^4
Pu-239	1×10^1	1×10^{-3}	1×10^0	1×10^4
Pu-240	1×10^1	1×10^{-3}	1×10^0	1×10^3
Pu-241 (a)	4×10^1	6×10^{-2}	1×10^2	1×10^5
Pu-242	1×10^1	1×10^{-3}	1×10^0	1×10^4
Pu-244 (a)	4×10^{-1}	1×10^{-3}	1×10^0	1×10^4
Radium (88)				
Ra-223 (a)	4×10^{-1}	7×10^{-3}	1×10^2 (b)	1×10^5 (b)
Ra-224 (a)	4×10^{-1}	2×10^{-2}	1×10^1 (b)	1×10^5 (b)
Ra-225 (a)	2×10^{-1}	4×10^{-3}	1×10^2	1×10^5
Ra-226 (a)	2×10^{-1}	3×10^{-3}	1×10^1 (b)	1×10^4 (b)
Ra-228 (a)	6×10^{-1}	2×10^{-2}	1×10^1 (b)	1×10^5 (b)
Rubidium (37)				
Rb-81	2×10^0	8×10^{-1}	1×10^1	1×10^6
Rb-83 (a)	2×10^0	2×10^0	1×10^2	1×10^6
Rb-84	1×10^0	1×10^0	1×10^1	1×10^6
Rb-86	5×10^{-1}	5×10^{-1}	1×10^2	1×10^5
Rb-87	Illimitée	Illimitée	1×10^4	1×10^7
Rb (naturel)	Illimitée	Illimitée	1×10^4	1×10^7
Rhénium (75)				
Re-184	1×10^0	1×10^0	1×10^1	1×10^6

Radionucléide (numéro atomique)	A_1	A_2	Limite d'activité massique pour les matières exemptées	Limite d'activité pour un envoi exempté
	(TBq)	(TBq)	(Bq/g)	(Bq)
Re-184m	3×10^0	1×10^0	1×10^2	1×10^6
Re-186	2×10^0	6×10^{-1}	1×10^3	1×10^6
Re-187	Illimitée	Illimitée	1×10^6	1×10^9
Re-188	4×10^{-1}	4×10^{-1}	1×10^2	1×10^5
Re-189 (a)	3×10^0	6×10^{-1}	1×10^2	1×10^6
Re (naturel)	Illimitée	Illimitée	1×106	1×10^9
Rhodium (45)				
Rh-99	2×10^0	2×10^0	1×10^1	1×10^6
Rh-101	4×10^0	3×10^0	1×10^2	1×10^7
Rh-102	5×10^{-1}	5×10^{-1}	1×10^1	1×10^6
Rh-102m	2×10^0	2×10^0	1×10^2	1×10^6
Rh-103m	4×10^1	4×10^1	1×10^4	1×10^8
Rh-105	1×10^1	8×10^{-1}	1×10^2	1×10^7
Radon (86)				
Rn-222 (a)	3×10^{-1}	4×10^{-3}	1×10^1 (b)	1×10^8 (b)
Ruthénium (44)				
Ru-97	5×10^0	5×10^0	1×10^2	1×10^7
Ru-103 (a)	2×10^0	2×10^0	1×10^2	1×10^6
Ru-105	1×10^0	6×10^{-1}	1×10^1	1×10^6
Ru-106 (a)	2×10^{-1}	2×10^{-1}	1×10^2 (b)	1×10^5 (b)
Soufre (16)				
S-35	4×10^1	3×10^0	1×10^5	1×10^8
Antimoine (51)				
Sb-122	4×10^{-1}	4×10^{-1}	1×10^2	1×10^4
Sb-124	6×10^{-1}	6×10^{-1}	1×10^1	1×10^6
Sb-125	2×10^0	1×10^0	1×10^2	1×10^6
Sb-126	4×10^{-1}	4×10^{-1}	1×10^1	1×10^5
Scandium (21)				
Sc-44	5×10^{-1}	5×10^{-1}	1×10^1	1×10^5
Sc-46	5×10^{-1}	5×10^{-1}	1×10^1	1×10^6
Sc-47	1×10^1	7×10^{-1}	1×10^2	1×10^6
Sc-48	3×10^{-1}	3×10^{-1}	1×10^1	1×10^5
Sélénium (34)				
Se-75	3×10^0	3×10^0	1×10^2	1×10^6
Se-79	4×10^1	2×10^0	1×10^4	1×10^7
Silicium (14)				
Si-31	6×10^{-1}	6×10^{-1}	1×10^3	1×10^6
Si-32	4×10^1	5×10^{-1}	1×10^3	1×10^6
Samarium (62)				
Sm-145	1×10^1	1×10^1	1×10^2	1×10^7
Sm-147	Illimitée	Illimitée	1×10^1	1×10^4
Sm-151	4×10^1	1×10^1	1×10^4	1×10^8
Sm-153	9×10^0	6×10^{-1}	1×10^2	1×10^6
Étain (50)				
Sn-113 (a)	4×10^0	2×10^0	1×10^3	1×10^7
Sn-117m	7×10^0	4×10^{-1}	1×10^2	1×10^6
Sn-119m	4×10^1	3×10^1	1×10^3	1×10^7
Sn-121m (a)	4×10^1	9×10^{-1}	1×10^3	1×10^7
Sn-123	8×10^{-1}	6×10^{-1}	1×10^3	1×10^6
Sn-125	4×10^{-1}	4×10^{-1}	1×10^2	1×10^5

Radionucléide (numéro atomique)	A_1 (TBq)	A_2 (TBq)	Limite d'activité massique pour les matières exemptées (Bq/g)	Limite d'activité pour un envoi exempté (Bq)
Sn-126 (a)	6×10^{-1}	4×10^{-1}	1×10^1	1×10^5
Strontium (38)				
Sr-82 (a)	2×10^{-1}	2×10^{-1}	1×10^1	1×10^5
Sr-83	1×10^0	1×10^0	1×10^1	1×10^6
Sr-85	2×10^0	2×10^0	1×10^2	1×10^6
Sr-85m	5×10^0	5×10^0	1×10^2	1×10^7
Sr-87m	3×10^0	3×10^0	1×10^2	1×10^6
Sr-89	6×10^{-1}	6×10^{-1}	1×10^3	1×10^6
Sr-90 (a)	3×10^{-1}	3×10^{-1}	1×10^2 (b)	1×10^4 (b)
Sr-91 (a)	3×10^{-1}	3×10^{-1}	1×10^1	1×10^5
Sr-92 (a)	1×10^0	3×10^{-1}	1×10^1	1×10^6
Tritium (1)				
T(H-3)	4×10^1	4×10^1	1×10^6	1×10^9
Tantale (73)				
Ta-178 (à longue période)	1×10^0	8×10^{-1}	1×10^1	1×10^6
Ta-179	3×10^1	3×10^1	1×10^3	1×10^7
Ta-182	9×10^{-1}	5×10^{-1}	1×10^1	1×10^4
Terbium (65)				
Tb-149	8×10^{-1}	8×10^{-1}	1×10^1	1×10^6
Tb-157	4×10^1	4×10^1	1×10^4	1×10^7
Tb-158	1×10^0	1×10^0	1×10^1	1×10^6
Tb-160	1×10^0	6×10^{-1}	1×10^1	1×10^6
Tb-161	3×10^1	7×10^{-1}	1×10^3	1×10^6
Technétium (43)				
Tc-95m (a)	2×10^0	2×10^0	1×10^1	1×10^6
Tc-96	4×10^{-1}	4×10^{-1}	1×10^1	1×10^6
Tc-96m (a)	4×10^{-1}	4×10^{-1}	1×10^3	1×10^7
Tc-97	Illimitée	Illimitée	1×10^3	1×10^8
Tc-97m	4×10^1	1×10^0	1×10^3	1×10^7
Tc-98	8×10^{-1}	7×10^{-1}	1×10^1	1×10^6
Tc-99	4×10^1	9×10^{-1}	1×10^4	1×10^7
Tc-99m	1×10^1	4×10^0	1×10^2	1×10^7
Tellure (52)				
Te-121	2×10^0	2×10^0	1×10^1	1×10^6
Te-121m	5×10^0	3×10^0	1×10^2	1×10^6
Te-123m	8×10^0	1×10^0	1×10^2	1×10^7
Te-125m	2×10^1	9×10^{-1}	1×10^3	1×10^7
Te-127	2×10^1	7×10^{-1}	1×10^3	1×10^6
Te-127m (a)	2×10^1	5×10^{-1}	1×10^3	1×10^7
Te-129	7×10^{-1}	6×10^{-1}	1×10^2	1×10^6
Te-129m (a)	8×10^{-1}	4×10^{-1}	1×10^3	1×10^6
Te-131m (a)	7×10^{-1}	5×10^{-1}	1×10^1	1×10^6
Te-132 (a)	5×10^{-1}	4×10^{-1}	1×10^2	1×10^7

Radionucléide (numéro atomique)	A_1	A_2	Limite d'activité massique pour les matières exemptées	Limite d'activité pour un envoi exempté
	(TBq)	(TBq)	(Bq/g)	(Bq)
Thorium (90)				
Th-227	1×10^1	5×10^{-3}	1×10^1	1×10^4
Th-228 (a)	5×10^{-1}	1×10^{-3}	1×10^0 (b)	1×10^4 (b)
Th-229	5×10^0	5×10^{-4}	1×10^0 (b)	1×10^3 (b)
Th-230	1×10^1	1×10^{-3}	1×10^0	1×10^4
Th-231	4×10^1	2×10^{-2}	1×10^3	1×10^7
Th-232	Illimitée	Illimitée	1×10^1	1×10^4
Th-234 (a)	3×10^{-1}	3×10^{-1}	1×10^3 (b)	1×10^5 (b)
Th (naturel)	Illimitée	Illimitée	1×10^0 (b)	1×10^3 (b)
Titane (22)				
Ti-44 (a)	5×10^{-1}	4×10^{-1}	1×10^1	1×10^5
Thallium (81)				
Tl-200	9×10^{-1}	9×10^{-1}	1×10^1	1×10^6
Tl-201	1×10^1	4×10^0	1×10^2	1×10^6
Tl-202	2×10^0	2×10^0	1×10^2	1×10^6
Tl-204	1×10^1	7×10^{-1}	1×10^4	1×10^4
Thulium (69)				
Tm-167	7×10^0	8×10^{-1}	1×10^2	1×10^6
Tm-170	3×10^0	6×10^{-1}	1×10^3	1×10^6
Tm-171	4×10^1	4×10^1	1×10^4	1×10^8
Uranium (92)				
U-230 (absorption pulmonaire rapide) (a) (d)	4×10^1	1×10^{-1}	1×10^1 (b)	1×10^5 (b)
U-230 (absorption pulmonaire moyenne) (a) (e)	4×10^1	4×10^{-3}	1×10^1	1×10^4
U-230 (absorption pulmonaire lente) (a) (f)	3×10^1	3×10^{-3}	1×10^1	1×10^4
U-232 (absorption pulmonaire rapide) (d)	4×10^1	1×10^{-2}	1×10^0 (b)	1×10^3 (b)
U-232 (absorption pulmonaire moyenne) (e)	4×10^1	7×10^{-3}	1×10^1	1×10^4
U-232 (absorption pulmonaire lente) (f)	1×10^1	1×10^{-3}	1×10^1	1×10^4
U-233 (absorption pulmonaire rapide) (d)	4×10^1	9×10^{-2}	1×10^1	1×10^4
U-233 (absorption pulmonaire moyenne) (e)	4×10^1	2×10^{-2}	1×10^2	1×10^5
U-233 (absorption pulmonaire lente) (f)	4×10^1	6×10^{-3}	1×10^1	1×10^5
U-234 (absorption pulmonaire rapide) (d)	4×10^1	9×10^{-2}	1×10^1	1×10^4
U-234 (absorption pulmonaire moyenne) (e)	4×10^1	2×10^{-2}	1×10^2	1×10^5
U-234 (absorption pulmonaire lente) (f)	4×10^1	6×10^{-3}	1×10^1	1×10^5
U-235 (tous types d'absorption pulmonaire) (a), (d), (e), (f)	Illimitée	Illimitée	1×10^1 (b)	1×10^4 (b)
U-236 (absorption pulmonaire rapide) (d)	Illimitée	Illimitée	1×10^1	1×10^4

Radionucléide (numéro atomique)	A₁	A₂	Limite d'activité massique pour les matières exemptées	Limite d'activité pour un envoi exempté
	(TBq)	(TBq)	(Bq/g)	(Bq)
U-236 (absorption pulmonaire moyenne) (e)	4×10^1	2×10^{-2}	1×10^2	1×10^5
U-236 (absorption pulmonaire lente) (f)	4×10^1	6×10^{-3}	1×10^1	1×10^4
U-238 (tous types d'absorption pulmonaire) (d), (e), (f)	Illimitée	Illimitée	1×10^1 (b)	1×10^4 (b)
U (naturel)	Illimitée	Illimitée	1×10^0 (b)	1×10^3 (b)
U (enrichi à 20 % ou moins) (g)	Illimitée	Illimitée	1×10^0	1×10^3
U (appauvri)	Illimitée	Illimitée	1×10^0	1×10^3
Vanadium (23)				
V-48	4×10^{-1}	4×10^{-1}	1×10^1	1×10^5
V-49	4×10^1	4×10^1	1×10^4	1×10^7
Tungstène (74)				
W-178 (a)	9×10^0	5×10^0	1×10^1	1×10^6
W-181	3×10^1	3×10^1	1×10^3	1×10^7
W-185	4×10^1	8×10^{-1}	1×10^4	1×10^7
W-187	2×10^0	6×10^{-1}	1×10^2	1×10^6
W-188 (a)	4×10^{-1}	3×10^{-1}	1×10^2	1×10^5
Xénon (54)				
Xe-122 (a)	4×10^{-1}	4×10^{-1}	1×10^2	1×10^9
Xe-123	2×10^0	7×10^{-1}	1×10^2	1×10^9
Xe-127	4×10^0	2×10^0	1×10^3	1×10^5
Xe-131m	4×10^1	4×10^1	1×10^4	1×10^4
Xe-133	2×10^1	1×10^1	1×10^3	1×10^4
Xe-135	3×10^0	2×10^0	1×10^3	1×10^{10}
Yttrium (39)				
Y-87 (a)	1×10^0	1×10^0	1×10^1	1×10^6
Y-88	4×10^{-1}	4×10^{-1}	1×10^1	1×10^6
Y-90	3×10^{-1}	3×10^{-1}	1×10^3	1×10^5
Y-91	6×10^{-1}	6×10^{-1}	1×10^3	1×10^6
Y-91m	2×10^0	2×10^0	1×10^2	1×10^6
Y-92	2×10^{-1}	2×10^{-1}	1×10^2	1×10^5
Y-93	3×10^{-1}	3×10^{-1}	1×10^2	1×10^5
Ytterbium (70)				
Yb-169	4×10^0	1×10^0	1×10^2	1×10^7
Yb-175	3×10^1	9×10^{-1}	1×10^3	1×10^7
Zinc (30)				
Zn-65	2×10^0	2×10^0	1×10^1	1×10^6
Zn-69	3×10^0	6×10^{-1}	1×10^4	1×10^6
Zn-69m (a)	3×10^0	6×10^{-1}	1×10^2	1×10^6
Zirconium (40)				
Zr-88	3×10^0	3×10^0	1×10^2	1×10^6
Zr-93	Illimitée	Illimitée	1×10^3 (b)	1×10^7 (b)
Zr-95 (a)	2×10^0	8×10^{-1}	1×10^1	1×10^6
Zr-97 (a)	4×10^{-1}	4×10^{-1}	1×10^1 (b)	1×10^5 (b)

a) La valeur de A_1 et/ou de A_2 pour ces radionucléides précurseurs tient compte de la contribution des produits de filiation dont la période est inférieure à 10 jours, selon la liste suivante:

Mg–28	Al–28
Ar–42	K–42
Ca–47	Sc–47
Ti–44	Sc–44
Fe–52	Mn–52m
Fe–60	Co–60m
Zn–69m	Zn–69
Ge–68	Ga–68
Rb–83	Kr–83m
Sr–82	Rb–82
Sr–90	Y–90
Sr–91	Y–91m
Sr–92	Y–92
Y–87	Sr–87m
Zr–95	Nb–95m
Zr–97	Nb–97m, Nb–97
Mo–99	Tc–99m
Tc –95m	Tc –95
Tc–96m	Tc–96
Ru–103	Rh–103m
Ru–106	Rh–106
Pd–103	Rh–103m
Ag–108m	Ag–108
Ag–110m	Ag–110
Cd–115	In–115m
In–114m	In–114
Sn–113	In–113m
Sn–121m	Sn–121
Sn–126	Sb–126m
Te–118	Sb–118
Te–127m	Te–127
Te–129m	Te–129
Te–131m	Te–131
Te–132	I–132
I–135	Xe–135m
Xe–122	I–122
Cs–137	Ba–137m
Ba–131	Cs–131
Ba–140	La–140
Ce–144	Pr–144m, Pr–144
Pm–148m	Pm–148
Gd–146	Eu–146
Dy–166	Ho–166
Hf–172	Lu–172
W–178	Ta–178
W–188	Re–188
Re–189	Os–189m
Os–194	Ir–194
Ir–189	Os–189m
Pt–188	Ir–188
Hg–194	Au–194
Hg–195m	Hg–195
Pb–210	Bi–210

Pb–212	Bi–212, Tl–208, Po–212
Bi–210m	Tl–206
Bi–212	Tl–208, Po–212
At–211	Po–211
Rn–222	Po–218, Pb–214, At–218, Bi–214, Po–214
Ra–223	Rn–219, Po–215, Pb–211, Bi–211, Po–211, Tl–207
Ra –224	Rn –220, Po –216, Pb –212, Bi –212, Tl –208, Po –212
Ra–225	Ac–225, Fr–221, At–217, Bi–213, Tl–209, Po–213, Pb–209
Ra–226	Rn–222, Po–218, Pb–214, At–218, Bi–214, Po–214
Ra–228	Ac–228
Ac–225	Fr–221, At–217, Bi–213, Tl–209, Po–213, Pb–209
Ac–227	Fr–223
Th–228	Ra–224, Rn–220, Po–216, Pb–212, Bi–212, Tl–208,Po–212
Th–234	Pa–234m, Pa–234
Pa–230	Ac–226, Th–226, Fr–222, Ra–222, Rn–218, Po–214
U–230	Th–226, Ra–222, Rn–218, Po–214
U–235	Th–231
Pu–241	U–237
Pu–244	U240, Np–240m
Am–242m	Am–242, Np–238
Am–243	Np–239
Cm–247	Pu–243
Bk–249	Am–245
Cf–253	Cm–249

b) Nucléides précurseurs et produits de filiation inclus dans l'équilibre séculaire (l'activité à prendre en considération est celle du nucléide parent uniquement):

Sr-90	Y-90
Zr-93	Nb-93m
Zr-97	Nb-97
Ru-106	Rh-106
Ag-108m	Ag-108
Cs-137	Ba-137m
Ce-144	Pr-144
Ba-140	La-140
Bi-212	Tl-208 (0,36), Po-212 (0,64)
Pb-210	Bi-210, Po-210
Pb-212	Bi-212, Tl-208 (0,36), Po-212 (0,64)
Rn-222	Po-218, Pb-214, Bi-214, Po-214
Ra-223	Rn-219, Po-215, Pb-211, Bi-211, Tl-207
Ra-224	Rn-220, Po-216, Pb-212, Bi-212, Tl-208 (0,36), Po-212 (0,64)
Ra-226	Rn-222, Po-218, Pb-214, Bi-214, Po-214, Pb-210, Bi-210, Po-210
Ra-228	Ac-228
Th-228	Ra-224, Rn-220, Po-216, Pb-212, Bi-212, Tl-208 (0,36), Po-212 (0,64)
Th-229	Ra-225, Ac-225, Fr-221, At-217, Bi-213, Po-213, Pb-209
Th-nat[5]	Ra-228, Ac-228, Th-228, Ra-224, Rn-220, Po-216, Pb-212, Bi-212, Tl-208 (0,36), Po-212 (0,64)
Th-234	Pa-234m
U-230	Th-226, Ra-222, Rn-218, Po-214
U-232	Th-228, Ra-224, Rn-220, Po-216, Pb-212, Bi-212, Tl-208 (0,36), Po-212 (0,64)
U-235	Th-231
U-238	Th-234, Pa-234m

---

[5] *Dans le cas du thorium naturel, le nucléide parent est Th-232; dans le cas de l'uranium naturel, le nucléide parent est U-238.*

U-nat[5]	Th-234, Pa-234m, U-234, Th-230, Ra-226, Rn-222, Po-218, Pb-214, Bi-214, Po-214, Pb-210, Bi-210, Po-210
Np-237	Pa-233
Am-242m	Am-242
Am-243	Np-239

c)   La quantité peut être déterminée d'après une mesure du taux de désintégration ou une mesure du débit de dose à une distance prescrite de la source;

d)   Ces valeurs ne s'appliquent qu'aux composés de l'uranium qui se présentent sous la forme chimique de UF_6, UO_2F_2 et $UO_2(NO_3)_2$ tant dans les conditions normales que dans les conditions accidentelles de transport;

e)   Ces valeurs ne s'appliquent qu'aux composés de l'uranium qui se présentent sous la forme chimique de UO_3, UF_4 et UCl_4 et aux composés hexavalents tant dans les conditions normales que dans les conditions accidentelles de transport;

f)   Ces valeurs s'appliquent à tous les composés de l'uranium autres que ceux qui sont indiqués sous d) et e);

g)   Ces valeurs ne s'appliquent qu'à l'uranium non irradié.

2.2.7.2.2.2   Pour les radionucléides:

a)   qui ne figurent pas dans la liste du tableau 2.2.7.2.2.1, la détermination des valeurs de base pour les radionucléides visées au 2.2.7.2.2.1 requiert une approbation multilatérale. Pour ces radionucléides, l'activité massique pour les matières exemptées et les limites d'activité pour les envois exemptés doivent être calculées conformément aux principes établis dans "*Radioprotection et sûreté des sources de rayonnements: normes fondamentales internationales de sûreté*", collection Normes de sûreté de l'AIEA, No GSR Partie 3, AIEA, Vienne (2014). Il est admissible d'employer une valeur de A_2 calculée en utilisant un coefficient de dose pour le type d'absorption pulmonaire approprié, comme l'a recommandé la Commission internationale de protection radiologique, si les formes chimiques de chaque radionucléide tant dans les conditions normales que dans les conditions accidentelles de transport sont prises en considération. On peut aussi employer les valeurs figurant au tableau 2.2.7.2.2.2 pour les radionucléides sans obtenir l'approbation de l'autorité compétente;

b)   qui se trouvent dans des appareils ou objets dans lesquels les matières radioactives sont enfermées ou constituent un composant de cet appareil ou autre objet manufacturé et qui satisfont aux prescriptions du 2.2.7.2.4.1.3 c), d'autres valeurs de base pour les radionucléides que celles figurant au tableau 2.2.7.2.2.1 pour la limite d'activité d'un envoi exempté sont permises et requièrent une approbation multilatérale. Ces autres limites d'activité pour un envoi exempté doivent être calculées conformément aux principes établis dans le GSR Partie 3.

---

[5]   *Dans le cas du thorium naturel, le nucléide parent est Th-232; dans le cas de l'uranium naturel, le nucléide parent est U-238.*

Tableau 2.2.7.2.2.2: Valeurs fondamentales pour les radionucléides non connus ou les mélanges

Contenu radioactif	A_1	A_2	Activité massique pour les matières exemptées	Limite d'activité pour les envois exemptés
	(TBq)	(TBq)	(Bq/g)	(Bq)
Présence avérée de nucléides émetteurs bêta ou gamma uniquement	0,1	0,02	1×10^1	1×10^4
Présence avérée de nucléides émetteurs de particules alpha mais non émetteurs de neutrons	0,2	9×10^{-5}	1×10^{-1}	1×10^3
Présence avérée de nucléides émetteurs de neutrons, ou pas de données disponibles	0,001	9×10^{-5}	1×10^{-1}	1×10^3

2.2.7.2.2.3   Dans le calcul de A_1 et A_2 pour un radionucléide ne figurant pas au tableau 2.2.7.2.2.1, une seule chaîne de désintégration radioactive où les radionucléides se trouvent dans les mêmes proportions qu'à l'état naturel et où aucun descendant n'a une période supérieure à dix jours ou supérieure à celle du père nucléaire doit être considérée comme un radionucléide pur; l'activité à prendre en considération et les valeurs de A_1 ou de A_2 à appliquer sont alors celles qui correspondent au père nucléaire de cette chaîne. Dans le cas de chaînes de désintégration radioactive où un ou plusieurs descendants ont une période qui est soit supérieure à dix jours, soit supérieure à celle du père nucléaire, le père nucléaire et ce ou ces descendants doivent être considérés comme un mélange de nucléides.

2.2.7.2.2.4   Dans le cas d'un mélange de radionucléides, les valeurs de base pour les radionucléides visées au 2.2.7.2.2.1 peuvent être déterminées comme suit:

$$X_m = \frac{1}{\sum_i \dfrac{f(i)}{X(i)}}$$

où

f(i)   est la fraction d'activité ou la fraction d'activité massique du radionucléide i dans le mélange;

X(i)   est la valeur appropriée de A_1 ou de A_2 ou la limite d'activité massique pour les matières exemptées ou la limite d'activité pour un envoi exempté, selon qu'il convient, dans le cas du radionucléide i; et

X_m est la valeur calculée de A_1 ou de A_2 ou la limite d'activité massique pour les matières exemptées ou la limite d'activité pour un envoi exempté dans le cas d'un mélange.

2.2.7.2.2.5   Lorsqu'on connaît l'identité de chaque radionucléide, mais que l'on ignore l'activité de certains des radionucléides, on peut regrouper les radionucléides et utiliser, en appliquant les formules données aux 2.2.7.2.2.4 et 2.2.7.2.4.4, la valeur la plus faible qui convient pour les radionucléides de chaque groupe. Les groupes peuvent être constitués d'après l'activité alpha totale et l'activité bêta/gamma totale lorsqu'elles sont connues, la valeur la plus faible pour les émetteurs alpha ou pour les émetteurs bêta/gamma respectivement étant retenue.

2.2.7.2.2.6   Pour les radionucléides ou les mélanges de radionucléides pour lesquels on ne dispose pas de données, les valeurs figurant au tableau 2.2.7.2.2.2 doivent être utilisées.

2.2.7.2.3   *Détermination des autres caractéristiques des matières*

2.2.7.2.3.1   Matières de faible activité spécifique (LSA)

2.2.7.2.3.1.1   *(Réservé)*

2.2.7.2.3.1.2   Les matières LSA se répartissent en trois groupes:

    a)   LSA-I

        i)   Minerais d'uranium et de thorium et concentrés de ces minerais, et autres minerais contenant des radionucléides naturels;

        ii)   Uranium naturel, uranium appauvri, thorium naturel ou leurs composés ou mélanges, qui ne sont pas irradiés et sont sous la forme solide ou liquide;

        iii)   Matières radioactives pour lesquelles la valeur de A_2 n'est pas limitée. Les matières fissiles ne peuvent être incluses que si elles sont exceptées en vertu du 2.2.7.2.3.5;

        iv)   Autres matières radioactives dans lesquelles l'activité est répartie dans l'ensemble de la matière et l'activité spécifique moyenne estimée ne dépasse pas 30 fois les valeurs d'activité massique indiquées aux 2.2.7.2.2.1 à 2.2.7.2.2.6. Les matières fissiles ne peuvent être incluses que si elles sont exceptées en vertu du 2.2.7.2.3.5;

    b)   LSA-II

        i)   Eau d'une teneur maximale en tritium de 0,8 TBq/l;

        ii)   Autres matières dans lesquelles l'activité est répartie dans l'ensemble de la matière et l'activité spécifique moyenne estimée ne dépasse pas 10^{-4} A_2/g pour les solides et les gaz et 10^{-5} A_2/g pour les liquides;

    c)   LSA-III - Solides (par exemple déchets conditionnés ou matériaux activés), à l'exclusion des poudres, dans lesquels:

        i)   Les matières radioactives sont réparties dans tout le solide ou l'ensemble d'objets solides, ou sont pour l'essentiel réparties uniformément dans un agglomérat compact solide (comme le béton, le bitume ou la céramique);

        ii)   L'activité spécifique moyenne estimée du solide, à l'exclusion du matériau de protection, ne dépasse pas 2×10^{-3} A_2/g.

2.2.7.2.3.1.3 à 2.2.7.2.3.1.5   *(Supprimés)*

2.2.7.2.3.2   Objet contaminé superficiellement (SCO)

    Les objets SCO sont classés en trois groupes:

    a)   SCO-I: Objet solide sur lequel:

        i)   pour la surface accessible, la moyenne de la contamination non fixée sur 300 cm^2 (ou sur l'aire de la surface si elle est inférieure à 300 cm^2) ne dépasse pas 4 Bq/cm^2 pour les émetteurs bêta et gamma et les émetteurs alpha de faible toxicité ou 0,4 Bq/cm^2 pour tous les autres émetteurs alpha; et

        ii)   pour la surface accessible, la moyenne de la contamination fixée sur 300 cm^2 (ou sur l'aire de la surface si elle est inférieure à 300 cm^2) ne dépasse pas 4×10^4 Bq/cm^2 pour les émetteurs bêta et gamma et les émetteurs alpha de faible toxicité ou 4×10^3 Bq/cm^2 pour tous les autres émetteurs alpha; et

iii) pour la surface inaccessible, la moyenne de la contamination non fixée et de la contamination fixée sur 300 cm^2 (ou sur l'aire de la surface si elle est inférieure à 300 cm^2) ne dépasse pas 4×10^4 Bq/cm^2 pour les émetteurs bêta et gamma et les émetteurs alpha de faible toxicité ou 4×10^3 Bq/cm^2 pour tous les autres émetteurs alpha;

b) SCO-II: Objet solide sur lequel la contamination fixée ou la contamination non fixée sur la surface dépasse les limites applicables spécifiées pour un objet SCO-I sous a) ci-dessus et sur lequel:

i) pour la surface accessible, la moyenne de la contamination non fixée sur 300 cm^2 (ou sur l'aire de la surface si elle est inférieure à 300 cm^2) ne dépasse pas 400 Bq/cm^2 pour les émetteurs bêta et gamma et les émetteurs alpha de faible toxicité ou 40 Bq/cm^2 pour tous les autres émetteurs alpha; et

ii) pour la surface accessible, la moyenne de la contamination fixée sur 300 cm^2 (ou sur l'aire de la surface si elle est inférieure à 300 cm^2) ne dépasse pas 8×10^5 Bq/cm^2 pour les émetteurs bêta et gamma et les émetteurs alpha de faible toxicité ou 8×10^4 Bq/cm^2 pour tous les autres émetteurs alpha; et

iii) pour la surface inaccessible, la moyenne de la contamination non fixée et de la contamination fixée sur 300 cm^2 (ou sur l'aire de la surface si elle est inférieure à 300 cm^2) ne dépasse pas 8×10^5 Bq/cm^2 pour les émetteurs bêta et gamma et les émetteurs alpha de faible toxicité ou 8×10^4 Bq/cm^2 pour tous les autres émetteurs alpha.

c) SCO-III: Objet solide de grande taille qui, en raison de celle-ci, ne peut être transporté dans un colis du type décrit dans l'ADN et dont:

i) tous les orifices sont scellés pour éviter la libération de matières radioactives dans les conditions définies au 4.1.9.2.4 e) de l'ADR;

ii) l'intérieur de l'objet est le plus sec possible;

iii) la contamination non fixée sur les surfaces externes ne dépasse pas les limites spécifiées au 4.1.9.1.2 de l'ADR; et

iv) pour la surface inaccessible, la moyenne de la contamination non fixée et de la contamination fixée sur 300 cm^2 ne dépasse pas 8×10^5 Bq/cm^2 pour les émetteurs bêta et gamma et les émetteurs alpha de faible toxicité ou 8×10^4 Bq/cm^2 pour tous les autres émetteurs alpha.

2.2.7.2.3.3 Matières radioactives sous forme spéciale

2.2.7.2.3.3.1 Les matières radioactives sous forme spéciale doivent avoir au moins une de leurs dimensions égale ou supérieure à 5 mm. Lorsqu'une capsule scellée forme une partie de la matière radioactive sous forme spéciale, la capsule doit être construite de façon qu'on ne puisse l'ouvrir qu'en la détruisant. Le modèle pour les matières radioactives sous forme spéciale requiert un agrément unilatéral.

2.2.7.2.3.3.2 Les matières radioactives sous forme spéciale doivent être de nature ou de conception telle que, si elles étaient soumises aux épreuves spécifiées aux 2.2.7.2.3.3.4 à 2.2.7.2.3.3.8, elles satisferaient aux prescriptions ci-après:

a) Elles ne se briseraient pas lors des épreuves de résistance au choc, de percussion ou de pliage décrites aux 2.2.7.2.3.3.5 a), b), c) et au 2.2.7.2.3.3.6 a), suivant le cas;

b) Elles ne fondraient pas ni ne se disperseraient lors de l'épreuve thermique décrite aux 2.2.7.2.3.3.5 d) ou 2.2.7.2.3.3.6 b), suivant le cas; et

c) L'activité de l'eau à la suite des épreuves de lixiviation décrites aux 2.2.7.2.3.3.7 et 2.2.7.2.3.3.8 ne dépasserait pas 2 kBq; ou encore, pour les sources scellées, le taux de fuite volumétrique dans l'épreuve de contrôle de l'étanchéité spécifiée dans la norme ISO 9978:1992, "Radioprotection − Sources radioactives scellées − Méthodes d'essai d'étanchéité", ne dépasserait pas le seuil d'acceptation applicable et acceptable pour l'autorité compétente.

2.2.7.2.3.3.3 On peut prouver la conformité aux normes de performance énoncées au 2.2.7.2.3.3.2 par l'un des moyens indiqués aux 6.4.12.1 et 6.4.12.2 del'ADR.

2.2.7.2.3.3.4 Les spécimens qui comprennent ou simulent des matières radioactives sous forme spéciale doivent être soumis à l'épreuve de résistance au choc, l'épreuve de percussion, l'épreuve de pliage et l'épreuve thermique spécifiées au 2.2.7.2.3.3.5 ou aux épreuves admises au 2.2.7.2.3.3.6. Un spécimen différent peut être utilisé pour chacune des épreuves. Après chacune des épreuves, il faut soumettre le spécimen à une épreuve de détermination de la lixiviation ou de contrôle volumétrique de l'étanchéité par une méthode qui ne doit pas être moins sensible que les méthodes décrites au 2.2.7.2.3.3.7 en ce qui concerne les matières solides non dispersables et au 2.2.7.2.3.3.8 en ce qui concerne les matières en capsules.

2.2.7.2.3.3.5 Les méthodes d'épreuve à utiliser sont les suivantes:

a) Épreuve de résistance au choc: le spécimen doit tomber sur une cible, d'une hauteur de 9 m. La cible doit être telle que définie au 6.4.14 de l'ADR;

b) Épreuve de percussion: le spécimen est posé sur une feuille de plomb reposant sur une surface dure et lisse; on le frappe avec la face plane d'une barre d'acier doux, de manière à produire un choc équivalent à celui que provoquerait un poids de 1,4 kg tombant en chute libre d'une hauteur de 1 m. La face plane de la barre doit avoir 25 mm de diamètre, son arête ayant un arrondi de 3 mm ± 0,3 mm. Le plomb, d'une dureté Vickers de 3,5 à 4,5, doit avoir une épaisseur maximale de 25 mm et couvrir une surface plus grande que celle que couvre le spécimen. Pour chaque épreuve, il faut placer le spécimen sur une partie intacte du plomb. La barre doit frapper le spécimen de manière à provoquer le dommage maximal;

c) Épreuve de pliage: cette épreuve n'est applicable qu'aux sources minces et longues dont la longueur minimale est de 10 cm et dont le rapport entre la longueur et la largeur minimale n'est pas inférieur à 10. Le spécimen doit être serré rigidement dans un étau, en position horizontale, de manière que la moitié de sa longueur dépasse des mors de l'étau. Il doit être orienté de telle manière qu'il subisse le dommage maximal lorsque son extrémité libre est frappée avec la face plane d'une barre d'acier. La barre doit frapper le spécimen de manière à produire un choc équivalent à celui que provoquerait un poids de 1,4 kg tombant en chute libre d'une hauteur de 1 m. La face plane de la barre doit avoir 25 mm de diamètre, son arête ayant un arrondi de 3 mm ± 0,3 mm;

d) Épreuve thermique: le spécimen est chauffé dans l'air et est porté à la température de 800 °C; il est maintenu à cette température pendant 10 minutes, après quoi on le laisse refroidir.

2.2.7.2.3.3.6 Les spécimens qui comprennent ou simulent des matières radioactives enfermées dans une capsule scellée peuvent être exceptés des épreuves suivantes:

a) Les épreuves spécifiées au 2.2.7.2.3.3.5 a) et b), à condition que les spécimens soient soumis à l'épreuve de résistance au choc prescrite dans la norme ISO 2919:2012 intitulée "Radioprotection – Sources radioactives scellées – Prescriptions générales et classification":

   i) l'épreuve de résistance au choc pour la classe 4 si la masse des matières radioactives sous forme spéciale est inférieure à 200 g;

   ii) l'épreuve de résistance au choc pour la classe 5 si la masse des matières radioactives sous forme spéciale est supérieure ou égale à 200 g mais est inférieure à 500 g;

b) L'épreuve spécifiée au 2.2.7.2.3.3.5 d), à condition que les spécimens soient soumis à l'épreuve thermique pour la classe 6 prescrite dans la norme ISO 2919:2012 "Radioprotection – Sources radioactives scellées – Prescriptions générales et classification".

2.2.7.2.3.3.7 Pour les spécimens qui comprennent ou simulent des matières solides non dispersables, il faut déterminer la lixiviation de la façon suivante:

a) Le spécimen doit être immergé pendant sept jours dans l'eau à la température ambiante. Le volume d'eau doit être suffisant pour qu'à la fin de la période d'épreuve de sept jours le volume libre de l'eau restante non absorbée et n'ayant pas réagi soit au moins égal à 10% du volume du spécimen solide utilisé pour l'épreuve. L'eau doit avoir un pH initial de 6-8 et une conductivité maximale de 1 mS/m à 20 °C;

b) L'eau et le spécimen doivent ensuite être portés à une température de 50 °C ± 5 °C et maintenus à cette température pendant 4 heures;

c) L'activité de l'eau doit alors être déterminée;

d) Le spécimen doit ensuite être conservé pendant au moins sept jours dans de l'air immobile dont l'état hygrométrique n'est pas inférieur à 90% à une température au moins égale à 30 °C;

e) Le spécimen doit ensuite être immergé dans de l'eau ayant les mêmes caractéristiques que sous a) ci-dessus; puis l'eau et le spécimen doivent être portés à une température de 50 °C ± 5 °C et maintenus à cette température pendant 4 heures;

f) L'activité de l'eau doit alors être déterminée.

2.2.7.2.3.3.8 Pour les spécimens qui comprennent ou simulent des matières radioactives en capsule scellée, il faut procéder soit à une détermination de la lixiviation soit à un contrôle volumétrique de l'étanchéité comme suit:

a) La détermination de la lixiviation comprend les opérations suivantes:

   i) le spécimen doit être immergé dans l'eau à la température ambiante; l'eau doit avoir un pH initial compris entre 6 et 8 et une conductivité maximale de 1 mS/m à 20 °C;

   ii) l'eau et le spécimen doivent être portés à une température de 50 °C ± 5 °C et maintenus à cette température pendant 4 heures;

   iii) l'activité de l'eau doit alors être déterminée;

iv) le spécimen doit ensuite être conservé pendant un minimum de sept jours dans de l'air immobile dont l'état hygrométrique n'est pas inférieur à 90% à une température au moins égale à 30 °C;

v) répéter les opérations décrites sous i), ii) et iii);

b) Le contrôle volumétrique de l'étanchéité, qui peut être fait en remplacement, doit comprendre l'une des épreuves prescrites dans la norme ISO 9978:1992, intitulée "Radioprotection – Sources radioactives scellées – Méthodes d'essai d'étanchéité", à condition qu'elle soit acceptable pour l'autorité compétente.

2.2.7.2.3.4   Matières radioactives faiblement dispersables

2.2.7.2.3.4.1   Le modèle pour les matières radioactives faiblement dispersables requiert un agrément multilatéral. Les matières radioactives faiblement dispersables doivent être telles que la quantité totale de ces matières radioactives dans un colis, en prenant en considération les prescriptions du 6.4.8.14 de l'ADR, satisfait aux prescriptions ci-après:

a) Le débit de dose à 3 mètres des matières radioactives non protégées ne dépasse pas 10 mSv/h;

b) Si elles étaient soumises aux épreuves spécifiées aux 6.4.20.3 et 6.4.20.4 de l'ADR, le rejet dans l'atmosphère sous forme de gaz et de particules d'un diamètre aérodynamique équivalent allant jusqu'à 100 µm ne dépasserait pas 100 A_2. Un spécimen distinct peut être utilisé pour chaque épreuve; et

c) Si elles étaient soumises à l'épreuve spécifiée au 2.2.7.2.3.4.3, l'activité dans l'eau ne dépasserait pas 100 A_2. Pour cette épreuve, il faut tenir compte des dommages produits lors des épreuves visées sous b) ci-dessus.

2.2.7.2.3.4.2   Les matières radioactives faiblement dispersables doivent être soumises à diverses épreuves, comme suit:

Un spécimen qui comprend ou simule des matières radioactives faiblement dispersables doit être soumis à l'épreuve thermique poussée spécifiée au 6.4.20.3 de l'ADR et à l'épreuve de résistance au choc spécifiée au 6.4.20.4 de l'ADR. Un spécimen différent peut être utilisé pour chacune des épreuves. Après chaque épreuve, il faut soumettre le spécimen n à l'épreuve de détermination de la lixiviation spécifiée au 2.2.7.2.3.4.3. Après chaque épreuve, il faut vérifier s'il est satisfait aux prescriptions applicables du 2.2.7.2.3.4.1.

2.2.7.2.3.4.3   Des matières solides représentant le contenu total du colis doivent être immergées dans l'eau pendant 7 jours à la température ambiante. Le volume d'eau doit être suffisant pour qu'à la fin de la période d'épreuve de 7 jours le volume libre de l'eau restante non absorbée et n'ayant pas réagi soit au moins égal à 10 % du volume de l'échantillon solide utilisé pour l'épreuve. L'eau doit avoir un pH initial de 6 à 8 et une conductivité maximale de 1 mS/m à 20 °C. L'activité totale du volume libre d'eau doit être mesurée après immersion de l'échantillon pendant 7 jours.

2.2.7.2.3.4.4   Pour prouver la conformité aux normes de performance énoncées aux 2.2.7.2.3.4.1, 2.2.7.2.3.4.2 et 2.2.7.2.3.4.3 l'on applique les dispositions énoncées aux 6.4.12.1 et 6.4.12.2 de l'ADR.

2.2.7.2.3.5   Matières fissiles

Les matières fissiles et les colis contenant des matières fissiles sont classés sous la rubrique pertinente comme "FISSILES" conformément au tableau 2.2.7.2.1.1, à moins qu'ils ne soient exceptés en vertu de l'une des dispositions des alinéas a) à f) du présent paragraphe et transportés conformément aux prescriptions du 7.1.4.14.7.4.3. Toutes les dispositions ne s'appliquent qu'aux matières dans des colis qui satisfont aux prescriptions du 6.4.7.2 de l'ADR à moins que les matières non emballées ne soient spécifiquement visées par la disposition.

a)   Uranium enrichi en uranium 235 jusqu'à un maximum de 1% en masse et ayant une teneur totale en plutonium et en uranium 233 ne dépassant pas 1% de la masse d'uranium 235, à condition que les nucléides fissiles soient répartis de façon essentiellement homogène dans l'ensemble des matières. En outre, si l'uranium 235 est sous forme de métal, d'oxyde ou de carbure, il ne doit pas former un réseau;

b)   Solutions liquides de nitrate d'uranyle enrichi en uranium 235 jusqu'à un maximum de 2% en masse, avec une teneur totale en plutonium et en uranium 233 ne dépassant pas 0,002% de la masse d'uranium et un rapport atomique azote/uranium (N/U) minimal de 2;

c)   Uranium enrichi en uranium 235 jusqu'à un maximum de 5% en masse à condition:

    i)   qu'il n'y ait pas plus de 3,5 g d'uranium 235 par colis;

    ii)   que la teneur totale en plutonium et en uranium 233 ne dépasse pas 1% de la masse d'uranium 235 par colis;

    iii) que le transport du colis soit soumis à la limite par envoi prévue au 7.1.4.14.7.4.3 c);

d)   Nucléides fissiles avec une masse totale ne dépassant pas 2,0 g par colis à condition que le colis soit soumis à la limite par envoi prévue au 7.1.4.14.7.4.3 d);

e)   Nucléides fissiles avec une masse totale ne dépassant pas 45 g, qu'ils soient emballés ou non, soumis aux prescriptions du 7.1.4.14.7.4.3 e);

f)   Une matière fissile qui satisfait aux prescriptions des 7.1.4.14.7.4.3 b), 2.2.7.2.3.6 et 5.1.5.2.1.

2.2.7.2.3.6   Une matière fissile exceptée de la classification "FISSILE" conformément au 2.2.7.2.3.5 f) doit être sous-critique sans avoir besoin de limiter les quantités accumulées dans les conditions suivantes:

a)   Les conditions spécifiées au 6.4.11.1 a) de l'ADR;

b)   Les conditions conformes aux dispositions relatives à l'évaluation énoncées au 6.4.11.12 b) et 6.4.11.13 b) de l'ADR pour les colis.

2.2.7.2.4   *Classification des colis ou des matières non emballées*

La quantité de matières radioactives dans un colis ne doit pas dépasser celle des limites spécifiées pour le type de colis comme indiqué ci-dessous.

2.2.7.2.4.1   Classification comme colis exceptés

2.2.7.2.4.1.1   Un colis peut être classé comme colis excepté s'il satisfait à l'une des conditions suivantes:

a)   Il s'agit d'un colis vide ayant contenu des matières radioactives;

b)   Il contient des appareils ou des objets ne dépassant pas les limites d'activité spécifiées dans les colonnes (2) et (3) du tableau 2.2.7.2.4.1.2;

c)   Il contient des objets manufacturés en uranium naturel, en uranium appauvri ou en thorium naturel;

d) Il contient des matières radioactives ne dépassant pas les limites d'activité spécifiées dans la colonne (4) du tableau 2.2.7.2.4.1.2; ou

e) Il contient moins de 0,1 kg d'hexafluorure d'uranium ne dépassant pas les limites d'activité spécifiées dans la colonne (4) du tableau 2.2.7.2.4.1.2.

2.2.7.2.4.1.2 Un colis contenant des matières radioactives peut être classé en tant que colis excepté à condition que le débit de dose en tout point de sa surface externe ne dépasse pas 5 µSv/h.

Tableau 2.2.7.2.4.1.2: Limites d'activité pour les colis exceptés

État physique du contenu	Appareil ou objet		Matières
	Limites par article [a]	Limites par colis [a]	Limites par colis [a]
(1)	(2)	(3)	(4)
Solides			
forme spéciale	$10^{-2}\ A_1$	A_1	$10^{-3}\ A_1$
autres formes	$10^{-2}\ A_2$	A_2	$10^{-3}\ A_2$
Liquides	$10^{-3}\ A_2$	$10^{-1}\ A_2$	$10^{-4}\ A_2$
Gaz			
tritium	$2 \times 10^{-2}\ A_2$	$2 \times 10^{-1}\ A_2$	$2 \times 10^{-2}\ A_2$
forme spéciale	$10^{-3}\ A_1$	$10^{-2}\ A_1$	$10^{-3}\ A_1$
autres formes	$10^{-3}\ A_2$	$10^{-2}\ A_2$	$10^{-3}\ A_2$

[a]   *Pour les mélanges de radionucléides, voir 2.2.7.2.2.4 à 2.2.7.2.2.6.*

2.2.7.2.4.1.3 Une matière radioactive qui est enfermée dans un composant ou constitue un composant d'un appareil ou autre objet manufacturé peut être classée sous le No ONU 2911, MATIÈRES RADIOACTIVES, APPAREILS ou OBJETS EN COLIS EXCEPTÉS, à condition que:

a) Le débit de dose à 10 cm de tout point de la surface externe de tout appareil ou objet non emballé ne soit pas supérieur à 0,1 mSv/h;

b) Chaque appareil ou objet manufacturé porte la marque "RADIOACTIVE" sur sa surface externe à l'exception des appareils et objets suivants:

i) les horloges ou les dispositifs radioluminescents;

ii) les produits de consommation qui ont été agréés par les autorités compétentes conformément au 1.7.1.4 e) ou qui ne dépassent pas individuellement la limite d'activité pour un envoi exempté indiquée au tableau 2.2.7.2.2.1 (cinquième colonne), sous réserve que ces produits soient transportés dans un colis portant la marque "RADIOACTIVE" sur sa surface interne de telle sorte que l'on soit averti de la présence de matières radioactives à l'ouverture du colis; et

iii) les autres appareils ou objets trop petits pour porter la marque "RADIOACTIVE", sous réserve qu'ils soient transportés dans un colis portant la marque "RADIOACTIVE" sur sa surface interne de telle sorte que l'on soit averti de la présence de matières radioactives à l'ouverture du colis;

c) La matière radioactive soit complètement enfermée dans des composants inactifs (un dispositif ayant pour seule fonction de contenir les matières radioactives n'est pas considéré comme un appareil ou un objet manufacturé);

d) Les limites spécifiées dans les colonnes 2 et 3 du tableau 2.2.7.2.4.1.2 sont respectées pour chaque article et pour chaque colis respectivement;

e) *(Réservé);*

f)   Si le colis contient des matières fissiles, l'une des dispositions du 2.2.7.2.3.5 a) à f) soit satisfaite.

2.2.7.2.4.1.4   Les matières radioactives sous des formes autres que celles qui sont spécifiées au 2.2.7.2.4.1.3 et dont l'activité ne dépasse pas les limites indiquées dans la colonne 4 du tableau 2.2.7.2.4.1.2 peuvent être classées sous le No ONU 2910, MATIÈRES RADIOACTIVES, QUANTITÉS LIMITÉES EN COLIS EXCEPTÉS, à condition que:

a)   Le colis retienne son contenu radioactif dans les conditions de transport de routine;

b)   Le colis porte la marque "RADIOACTIVE":

i)   soit sur une surface interne, de telle sorte que l'on soit averti de la présence de matières radioactives à l'ouverture du colis;

ii)   soit sur la surface externe du colis, lorsqu'il est impossible de marquer une surface interne;

c)   Si le colis contient des matières fissiles, l'une des dispositions du 2.2.7.2.3.5 a) à f) soit satisfaite.

2.2.7.2.4.1.5   L'hexafluorure d'uranium ne dépassant pas les limites indiquées dans la colonne 4 du tableau 2.2.7.2.4.1.2 peut être classé sous le numéro ONU 3507, HEXAFLUORURE D'URANIUM, MATIÈRES RADIOACTIVES, moins de 0,1 kg par colis, non fissiles ou fissiles exceptées, EN COLIS EXCEPTÉ, à condition que:

a)   La masse d'hexafluorure d'uranium dans le colis soit inférieure à 0,1 kg;

b)   Les conditions énoncées au 2.2.7.2.4.5.2 et 2.2.7.2.4.1.4 a) et b) soient remplies.

2.2.7.2.4.1.6   Les objets fabriqués en uranium naturel, en uranium appauvri ou en thorium naturel et les objets dans lesquels la seule matière radioactive est de l'uranium naturel non irradié, de l'uranium appauvri non irradié ou du thorium naturel non irradié peuvent être classés sous le No ONU 2909, MATIÈRES RADIOACTIVES, OBJETS MANUFACTURÉS EN URANIUM NATUREL ou EN URANIUM APPAUVRI ou EN THORIUM NATUREL, EN COLIS EXCEPTÉ, à condition que la surface extérieure de l'uranium ou du thorium soit enfermée dans une gaine inactive faite de métal ou d'un autre matériau résistant.

2.2.7.2.4.1.7   Un emballage vide qui a précédemment contenu des matières radioactives peut être classé sous le No ONU 2908, MATIÈRES RADIOACTIVES, EMBALLAGES VIDES COMME COLIS EXCEPTÉS, à condition:

a)   Qu'il ait été maintenu en bon état et fermé de façon sûre;

b)   Que la surface externe de l'uranium ou du thorium utilisé dans sa structure soit recouverte d'une gaine inactive faite de métal ou d'un autre matériau résistant;

c)   Que le niveau moyen de la contamination non fixée interne, pour toute aire de 300 cm^2 de toute partie de la surface, ne dépasse pas:

i)   400 Bq/cm^2 pour les émetteurs bêta et gamma et les émetteurs alpha de faible toxicité; et

ii)   40 Bq/cm^2 pour tous les autres émetteurs alpha;

d)   Que toute étiquette qui y aurait été apposée conformément au 5.2.2.1.11.1 ne soit plus visible; et

e)   Si le colis a contenu des matières fissiles, l'une des dispositions du 2.2.7.2.3.5 a) à f) soit satisfaite ou l'une des dispositions d'exclusion du 2.2.7.1.3 soit satisfaite.

2.2.7.2.4.2   Classification comme matières de faible activité spécifique (LSA)

Les matières radioactives ne peuvent être classées matières LSA que si la définition de LSA au 2.2.7.1.3 et les conditions des 2.2.7.2.3.1, 4.1.9.2 et 7.5.11 CV33 (2) de l'ADR sont remplies.

2.2.7.2.4.3   Classification comme objet contaminé superficiellement (SCO)

Les matières radioactives peuvent être classées SCO si la définition de SCO au 2.2.7.1.3 et les conditions des 2.2.7.2.3.2, 4.1.9.2 et 7.5.11 CV33 (2) de l'ADR sont remplies.

2.2.7.2.4.4   Classification comme colis du type A

Les colis contenant des matières radioactives peuvent être classés colis du type A à condition que les conditions suivantes soient remplies:

Les colis du type A ne doivent pas contenir de quantités d'activité supérieures à:

a) A_1 pour les matières radioactives sous forme spéciale; ou

b) A_2 pour les autres matières radioactives.

Dans le cas d'un mélange de radionucléides dont on connaît l'identité et l'activité de chacun, la condition ci-après s'applique au contenu radioactif d'un colis du type A:

$$\Sigma_i \frac{B(i)}{A_1(i)} + \Sigma_j \frac{C(j)}{A_2(j)} \leq 1$$

où: B(i)   est l'activité du radionucléide i contenu dans des matières radioactives sous forme spéciale;

$A_1(i)$ est la valeur de A_1 pour le radionucléide i;

C (j)   est l'activité du radionucléide j contenu dans des matières radioactives autres que sous forme spéciale; et

A_2 (j)   est la valeur de A_2 pour le radionucléide j.

2.2.7.2.4.5   Classification de l'hexafluorure d'uranium

2.2.7.2.4.5.1   L'hexafluorure d'uranium doit être affecté à l'un des numéros ONU suivants seulement:

a)   No ONU 2977, MATIÈRES RADIOACTIVES, HEXAFLUORURE D'URANIUM, FISSILES;

b)   No ONU 2978, MATIÈRES RADIOACTIVES, HEXAFLUORURE D'URANIUM, non fissiles ou fissiles exceptées; ou

c)   No ONU 3507, HEXAFLUORURE D'URANIUM, MATIÈRES RADIOACTIVES, moins de 0,1 kg par colis, non fissiles ou fissiles exceptées, EN COLIS EXCEPTÉ.

2.2.7.2.4.5.2   Le contenu d'un colis contenant de l'hexafluorure d'uranium doit satisfaire aux prescriptions suivantes:

a) Pour les Nos ONU 2977 et 2978, la masse d'hexafluorure d'uranium ne doit pas être différente de celle qui est autorisée pour le modèle de colis et, pour le No ONU 3507, la masse d'hexafluorure d'uranium doit être inférieure à 0,1 kg;

b) La masse d'hexafluorure d'uranium ne doit pas dépasser une valeur qui se traduirait par un volume libre de moins de 5% à la température maximale du colis comme spécifiée pour les systèmes des installations où le colis doit être utilisé; et

c) L'hexafluorure d'uranium doit être sous forme solide et la pression interne ne doit pas dépasser la pression atmosphérique lorsque le colis est présenté pour le transport.

2.2.7.2.4.6   Classification comme colis du type B(U), du type B(M) ou du type C

2.2.7.2.4.6.1   Les colis non classés ailleurs au 2.2.7.2.4 (2.2.7.2.4.1 à 2.2.7.2.4.5) doivent être classés conformément au certificat d'agrément relatif au colis délivré par l'autorité compétente du pays d'origine du modèle.

2.2.7.2.4.6.2   Le contenu d'un colis du type B(U), du type B(M) ou du type C doit être tel que spécifié dans le certificat d'agrément.

2.2.7.2.5   *Arrangements spéciaux*

Les matières radioactives doivent être classées en tant que matières transportées sous arrangement spécial lorsqu'il est prévu de les transporter conformément au 1.7.4.

2.2.8 **Classe 8** **Matières corrosives**

> ***NOTA:*** *Dans la présente section, on entend par "matière", une substance, un mélange ou un alliage (ce terme est utilisé dans la version française de l'ADN).*

2.2.8.1 *Définition, dispositions générales et critères*

2.2.8.1.1 Les matières corrosives sont des matières qui, par action chimique, causent des dommages irréversibles à la peau ou qui, en cas de fuite, peuvent endommager sérieusement ou même détruire d'autres marchandises ou les matériels de transport. Sont également visées par le titre de la présente classe d'autres matières qui ne forment une matière corrosive liquide qu'en présence de l'eau ou qui, en présence de l'humidité naturelle de l'air, produisent des vapeurs ou des brouillards corrosifs.

2.2.8.1.2 Les dispositions concernant la classification des matières corrosives pour la peau sont données au 2.2.8.1.4. La corrosion cutanée désigne des lésions cutanées irréversibles, à savoir une nécrose visible au travers de l'épiderme et dans le derme survenant après une exposition à la matière.

2.2.8.1.3 Les matières liquides et solides susceptibles de fondre pendant le transport, qui ne sont pas considérées comme corrosives pour la peau, doivent quand même être considérées comme potentiellement corrosives pour certaines surfaces métalliques, conformément aux critères du 2.2.8.1.5.3 c) ii).

2.2.8.1.4 *Dispositions générales relatives à la classification*

2.2.8.1.4.1 Les matières et objets de la classe 8 sont subdivisés comme suit:

C1-C11   Matières corrosives sans danger subsidiaire et objets contenant de telles matières:

        C1-C4   Matières de caractère acide:

                C1   Inorganiques, liquides;

                C2   Inorganiques, solides;

                C3   Organiques, liquides;

                C4   Organiques, solides;

        C5-C8   Matières de caractère basique:

                C5   Inorganiques, liquides;

                C6   Inorganiques, solides;

                C7   Organiques, liquides;

                C8   Organiques, solides;

        C9-C10   Autres matières corrosives:

                C9   Liquides;

                C10   Solides;

        C11   Objets;

CF   Matières corrosives, inflammables:

        CF1   Liquides;

        CF2   Solides;

CS   Matières corrosives, auto-échauffantes:

       CS1   Liquides;

       CS2   Solides;

CW   Matières corrosives qui, au contact de l'eau, dégagent des gaz inflammables:

       CW1   Liquides;

       CW2   Solides;

CO   Matières corrosives comburantes:

       CO1   Liquides;

       CO2   Solides;

CT   Matières corrosives toxiques et objets contenant de telles matières:

       CT1   Liquides;

       CT2   Solides;

       CT3   Objets;

CFT   Matières corrosives liquides, inflammables, toxiques;

COT   Matières corrosives comburantes, toxiques.

2.2.8.1.4.2   Les matières de la classe 8 doivent être classées dans trois groupes d'emballage, selon le degré de danger qu'elles présentent pour le transport, d'après les critères suivants:

a)   Groupe d'emballage I: matières très dangereuses;

b)   Groupe d'emballage II: matières présentant un danger moyen;

c)   Groupe d'emballage III: matières présentant un danger faible.

2.2.8.1.4.3   Le classement des matières du tableau A du chapitre 3.2 dans les groupes d'emballage de la classe 8 est fondé sur l'expérience acquise et tient compte de facteurs supplémentaires tels que le risque d'inhalation (voir 2.2.8.1.4.5) et l'hydroréactivité (y compris la formation de produits de décomposition présentant un danger).

2.2.8.1.4.4   On peut classer les matières nouvelles dans les groupes d'emballage, sur la base du temps de contact nécessaire pour provoquer une lésion irréversible du tissu cutané intact selon les critères du 2.2.8.1.5. Alternativement, pour les mélanges, les critères du 2.2.8.1.6 peuvent être utilisés.

2.2.8.1.4.5   Une matière répondant aux critères de la classe 8, dont la toxicité à l'inhalation de poussières et brouillards (CL_{50}) correspond au groupe d'emballage I, mais dont la toxicité à l'ingestion et à l'absorption cutanée ne correspond qu'au groupe d'emballage III ou qui présente un degré de toxicité moins élevé, doit être affectée à la classe 8 (voir 2.2.61.1.7.2).

2.2.8.1.5   *Affectation aux groupes d'emballage*

2.2.8.1.5.1   Les données existantes sur l'homme et les animaux, y compris les données résultant d'expositions uniques ou répétées, devraient être évaluées en premier lieu car elles donnent des informations en relation directe avec les effets sur la peau.

2.2.8.1.5.2   Pour classer une matière dans un groupe d'emballage conformément au 2.2.8.1.4.4, il y a lieu de tenir compte de l'expérience acquise sur les êtres humains à l'occasion d'expositions accidentelles. En l'absence d'une telle expérience, le classement doit se faire sur la base des résultats de l'expérimentation conformément aux Lignes directrices de l'OCDE Nos 404[6], 435[7], 431[8] ou 430[9]. Aux fins de l'ADN, une matière définie comme n'étant pas corrosive conformément à l'une de ces lignes directrices ou qui n'est pas classée conformément à la ligne directrice No 439[10] peut être considérée comme n'étant pas corrosive pour la peau sans qu'il soit nécessaire de réaliser d'autres épreuves. Lorsque les résultats d'épreuve indiquent que la matière est corrosive et non-affectée au groupe d'emballage I, mais que l'essai ne permet pas d'attribuer les matières soit au groupe II, soit au groupe III, on privilégiera le groupe d'emballage II. Si les résultats d'épreuve indiquent que la matière est corrosive mais que la méthode d'épreuve ne permet pas la discrimination entre les groupes d'emballage, elle doit être affectée au groupe d'emballage I si aucune des autres épreuves réalisées n'indique un groupe d'emballage différent.

2.2.8.1.5.3   Les matières corrosives sont classées dans les groupes d'emballage d'après les critères suivants (voir tableau 2.2.8.1.5.3):

a)   Dans le groupe d'emballage I sont classées les matières qui provoquent une lésion irréversible du tissu cutané intact, sur une période d'observation allant jusqu'à 60 minutes commençant immédiatement après la durée d'application de 3 minutes ou moins;

b)   Dans le groupe d'emballage II sont classées les matières qui provoquent une lésion irréversible du tissu cutané intact, sur une période d'observation allant jusqu'à 14 jours commençant immédiatement après la durée d'application de 3 minutes mais de moins de 60 minutes;

c)   Dans le groupe d'emballage III sont classées:

i)   les matières qui provoquent une lésion irréversible du tissu cutané intact, sur une période d'observation allant jusqu'à 14 jours commençant immédiatement après une durée d'application de plus de 60 minutes mais de 4 heures au maximum; ou

ii)   les matières dont on juge qu'elles ne provoquent pas une lésion irréversible du tissu cutané intact, mais dont la vitesse de corrosion sur des surfaces soit en acier soit en aluminium dépasse 6,25 mm par an à la température d'épreuve de 55 °C, lorsque les épreuves sont réalisées sur ces deux matériaux. Pour les épreuves sur l'acier, on doit utiliser les types S235JR+CR (1.0037, respectivement St 37-2), S275J2G3+CR (1.0144, respectivement St 44-3), ISO 3574, "Unified Numbering System" (UNS) G10200 ou SAE 1020, et pour les épreuves sur l'aluminium les types non revêtus 7075-T6 ou AZ5GU-T6. Une épreuve acceptable est décrite dans le *Manuel d'épreuves et de critères*, troisième partie, section 37.

NOTA: *Lorsqu'une première épreuve sur l'acier ou l'aluminium indique que la matière testée est corrosive, l'épreuve suivante sur l'autre métal n'est pas obligatoire.*

---

[6]   *Ligne directrice de l'OCDE pour les essais de produits chimiques No 404 "Effet irritant/corrosif aigu sur la peau", 2015.*

[7]   *Ligne directrice de l'OCDE pour les essais de produits chimiques No 435 "Méthode d'essai in vitro sur membrane d'étanchéité pour la corrosion cutanée", 2015.*

[8]   *Ligne directrice de l'OCDE pour les essais de produits chimiques No 430 "Corrosion cutanée in vitro: Essai de résistance électrique transcutanée (RET)", 2015.*

[9]   *Ligne directrice de l'OCDE pour les essais de produits chimiques n° 431 "Corrosion cutanée in vitro: essai sur modèle de peau humaine", 2016.*

[10]   *Ligne directrice de l'OCDE pour les essais de produits chimiques No 439 "Irritation cutanée in vitro : essai sur épiderme humain reconstitué", 2015.*

Tableau 2.2.8.1.5.3: Tableau résumant les critères du 2.2.8.1.5.3

Groupe d'emballage	Durée d'application	Période d'observation	Effet
I	≤ 3 min	≤ 60 min	Lésion irréversible du tissu cutané intact
II	> 3 min ≤ 1 h	≤ 14 jours	Lésion irréversible du tissu cutané intact
III	> 1 h ≤ 4 h	≤ 14 jours	Lésion irréversible du tissu cutané intact
III	-	-	Vitesse de corrosion sur des surfaces soit en acier soit en aluminium dépassant 6,25 mm par an à la température d'épreuve de 55 °C, lorsque les épreuves sont réalisées sur ces deux matériaux

2.2.8.1.6   *Méthodes alternatives pour l'affectation des groupes d'emballage aux mélanges - Approche par étapes*

2.2.8.1.6.1   Dispositions générales

Pour la classification des mélanges et pour leur affectation à un groupe d'emballage, il faut obtenir ou interpréter des informations qui permettent d'appliquer les critères. Dans la classification et l'affectation des groupes d'emballage on procède par étapes en fonction des informations disponibles pour le mélange comme tel, pour des mélanges similaires ou pour ses composants. Le processus est représenté de façon schématique dans la figure 2.2.8.1.6.1.

Figure 2.2.8.1.6.1: Approche par étapes pour la classification et l'affectation de mélanges corrosifs aux groupes d'emballage

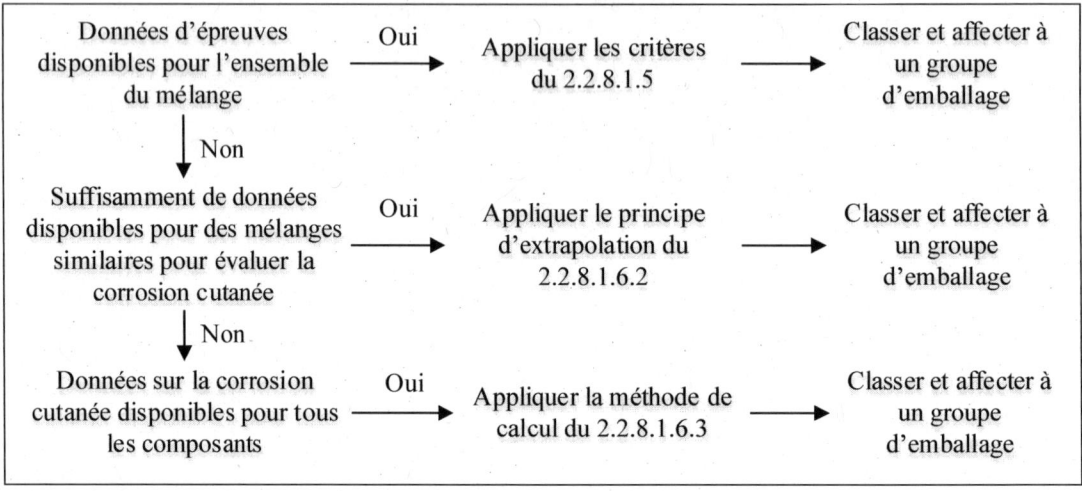

2.2.8.1.6.2   Principe d'extrapolation

Lorsque le mélange lui-même n'a pas été testé pour son pouvoir corrosif pour la peau, mais que des données suffisantes autant sur les composants individuels que sur des mélanges similaires testés, permettant de classer le mélange et de lui affecter un groupe d'emballage sont disponibles, on utilise ces données à l'aide de principes d'extrapolation agréés. De cette façon, le processus de classification utilise au maximum les données disponibles afin de caractériser les dangers du mélange.

a)   Dilution: Si un mélange testé est dilué avec un diluant qui ne répond pas aux critères de la classe 8 et qui ne modifie pas le groupe d'emballage des autres composants, le nouveau mélange dilué peut être affecté au même groupe d'emballage que le mélange initial testé;

   NOTA: Dans certains cas, le fait de diluer un mélange ou une matière peut entrainer une augmentation des propriétés de corrosivité. Dans ce cas, ce principe d'extrapolation ne peut être utilisé.

b) Caractéristiques du lot de fabrication: Le pouvoir corrosif pour la peau d'un lot testé de production d'un mélange peut être considéré comme substantiellement équivalent à celui d'un lot non testé du même produit commercial, lorsqu'il est produit par ou sous le contrôle du même fabricant, sauf s'il y a une raison de croire qu'il existe une variation importante ayant pu modifier le pouvoir corrosif pour la peau du lot non testé. Si tel est le cas, une nouvelle classification s'impose;

c) Concentration des mélanges du groupe d'emballage I: Si un mélange éprouvé remplit les critères du groupe d'emballage I et que l'on accroît la concentration, le nouveau mélange concentré non éprouvé doit être affecté au groupe d'emballage I sans essais supplémentaires;

d) Interpolation au sein d'un même groupe d'emballage: Dans le cas de trois mélanges (A, B et C) de composants identiques, où les mélanges A et B ont été testés et sont dans le même groupe d'emballage par rapport à la corrosion cutanée, et où le mélange C non testé contient les mêmes composants de la classe 8 que les mélanges A et B mais à des concentrations comprises entre celles de ces composants dans les mélanges A et B, on considère que le mélange C appartient au même groupe d'emballage par rapport à la corrosion cutanée que A et B;

e) Mélanges globalement similaires: Dans le cas suivant:

i) Deux mélanges: (A + B) et (C + B);

ii) La concentration du composant B est la même dans les deux mélanges;

iii) La concentration du composant A dans le mélange (A + B) est égale à celle de C dans le mélange (C + B);

iv) Les données de corrosion cutanée des composants A et C sont disponibles et essentiellement équivalentes (donc A et C sont dans le même groupe d'emballage par rapport à la corrosion cutanée et ils n'affectent pas le pouvoir de corrosion cutanée de B).

Si le mélange (A + B) ou (C + B) est déjà classé d'après des données expérimentales, l'autre mélange peut être classé dans le même groupe d'emballage.

2.2.8.1.6.3 Méthode de calcul fondée sur la classification des matières

2.2.8.1.6.3.1 Lorsqu'un mélange n'a pas été testé pour ce qui est de son potentiel de corrosion cutanée ou que les données sur les mélanges similaires sont insuffisantes, les propriétés corrosives des matières du mélange doivent être prises en considération aux fins de classification et d'affectation aux groupes d'emballage.

L'utilisation de la méthode de calcul n'est autorisée que lorsqu'il n'y a pas d'effets synergiques qui rendent le mélange plus corrosif que la somme de ses matières. Cette restriction s'applique uniquement si le mélange est affecté au groupe d'emballage II ou III.

2.2.8.1.6.3.2 Lors de l'utilisation de la méthode de calcul, il faut tenir compte de tous les composants de la classe 8 présents dans le mélange à une concentration ≥ 1 %, ou à < 1 % s'il est toujours pertinent de tenir compte de ces composants aux fins de classification du mélange comme corrosif pour la peau.

2.2.8.1.6.3.3 Pour déterminer si un mélange contenant des substances corrosives doit être considéré comme un mélange corrosif et être affecté à un groupe d'emballage, la méthode de calcul de l'organigramme de la figure 2.2.8.1.6.3 doit être utilisée. Pour cette méthode de calcul, les limites de concentration génériques s'appliquent lorsque la valeur 1 % est utilisé dans la première étape pour l'évaluation des matières du groupe d'emballage I et puis 5 % est utilisé pour les étapes suivantes.

2.2.8.1.6.3.4 Lorsqu'une limite de concentration spécifique est attribuée à une matière à la suite de son intégration au tableau A du chapitre 3.2 ou à une disposition spéciale, cette limite doit être utilisée en remplacement des limites génériques.

2.2.8.1.6.3.5 À cette fin, la formule cumulative utilisée à chaque étape du calcul doit être adaptée. Cela signifie que, le cas échéant, la limite de concentration générique doit être remplacée par la limite spécifique attribuée à la matière ou aux matières concernées, et que la formule adaptée correspond à une moyenne pondérée des différentes limites de concentration attribuées aux différentes matières présentes dans le mélange:

$$\frac{PGx_1}{GCL} + \frac{PGx_2}{SCL_2} + \cdots + \frac{PGx_i}{SCL_i} \geq 1$$

où:

PG x_i = concentration de la matière 1, 2 …i dans le mélange, affectée au groupe d'emballage x (I, II ou III)

GCL = limite de concentration générique

SCL$_i$ = limite de concentration spécifique attribuée à la matière i

Le critère pour un groupe d'emballage est respecté si le résultat du calcul est ≥ 1. Les limites de concentration génériques à utiliser pour l'évaluation à chaque étape de la méthode de calcul sont celles figurant dans la figure 2.2.8.1.6.3.

On trouvera des exemples d'application de la formule ci-dessus dans le NOTA ci-dessous.

NOTA: *Exemples d'application de la formule ci-dessus*

Exemple 1: Un mélange contient une matière corrosive, à une concentration de 5 %, affectée au groupe d'emballage I sans limite de concentration spécifique:

Calcul pour le groupe d'emballage I:

$$\frac{5}{5\,(GCL)} = 1 \quad \Longrightarrow \quad affecter\ à\ la\ classe\ 8,\ groupe\ d'emballage\ I.$$

Exemple 2: Un mélange contient trois matières corrosives pour la peau; dont deux (A et B) ont des limites de concentration spécifiques; pour la troisième (C) la limite de concentration générique s'applique. Il n'est pas nécessaire de prendre le reste du mélange en considération:

Affectation de la matière X du mélange à un groupe d'emballage au sein de la classe 8	Concentration (conc) dans le mélange en %	Limite de concentration spécifique pour le groupe d'emballage I	Limite de concentration spécifique pour le groupe d'emballage II	Limite de concentration spécifique pour le groupe d'emballage III
A, affectée au groupe d'emballage I	3	30 %	aucune	aucune
B, affectée au groupe d'emballage I	2	20 %	10%	aucune
C, affectée au groupe d'emballage III	10	aucune	aucune	aucune

Calcul pour le groupe d'emballage I: $\dfrac{3\,(conc\,A)}{30\,(SCL\,PGI)} + \dfrac{2\,(conc\,B)}{20\,(SCL\,PGI)} = 0,2 < 1$

Le critère pour le groupe d'emballage I n'est pas respecté.

Calcul pour le groupe d'emballage II: $\dfrac{3\,(conc\,A)}{5\,(GCL\,PG\,II)} + \dfrac{2\,(conc\,B)}{10\,(SCL\,PG\,II)} = 0,8 < 1$

Le critère pour le groupe d'emballage II n'est pas respecté.

Calcul pour le groupe d'emballage III:

$$\dfrac{3\,(conc\,A)}{5\,(GCL\,PGIII)} + \dfrac{2\,(conc\,B)}{5\,(GCL\,PG\,III)} + \dfrac{10\,(conc\,C)}{5\,GCL\,PG\,III} = 3 \geq 1$$

Le critère pour le groupe d'emballage III est respecté; le mélange est affecté à la classe 8, groupe d'emballage III.

Figure 2.2.8.1.6.3: Méthode de calcul

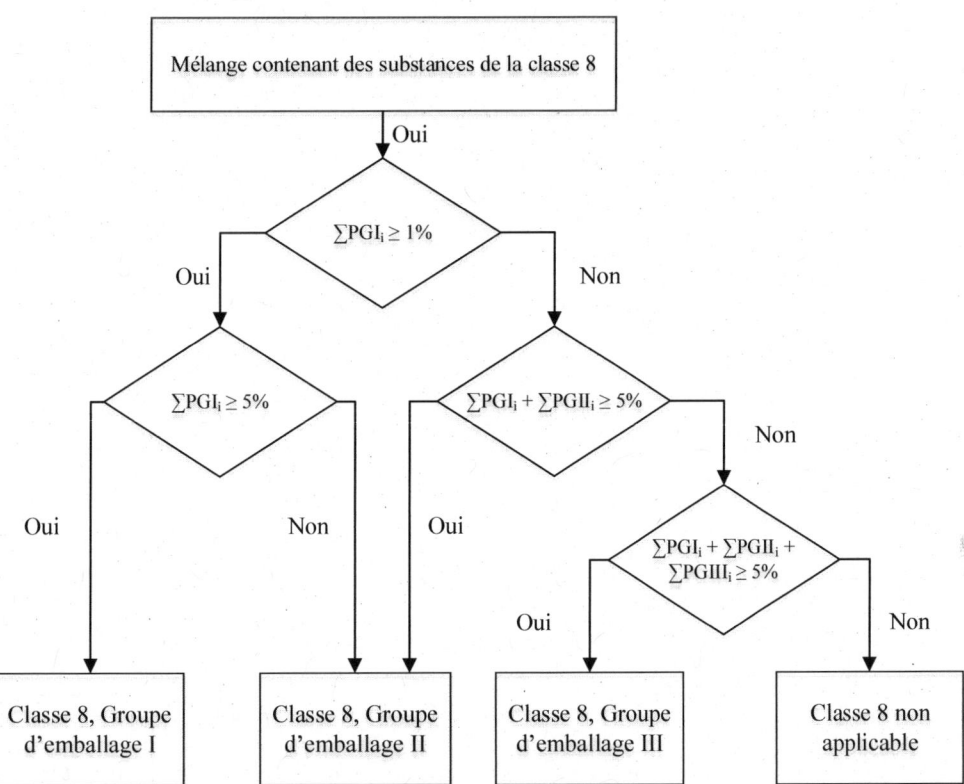

2.2.8.1.7   Lorsque les matières de la classe 8, par suite d'adjonctions, passent dans d'autres catégories de danger que celles auxquelles appartiennent les matières nommément mentionnées au tableau A du chapitre 3.2, ces mélanges ou solutions doivent être affectés aux rubriques dont ils relèvent sur la base de leur danger réel.

NOTA: Pour classer les solutions et mélanges (tels que préparations et déchets), voir également 2.1.3.

2.2.8.1.8   Sur la base des critères du 2.2.8.1.6, on peut également déterminer si la nature d'une solution ou d'un mélange nommément mentionnés ou contenant une matière nommément mentionnée est telle que la solution ou le mélange ne sont pas soumis aux prescriptions relatives à la présente classe.

2.2.8.1.9   *(Supprimé)*

NOTA: Les Nos ONU 1910 oxyde de calcium et 2812 aluminate de sodium qui figurent dans le Règlement type de l'ONU ne sont pas soumis aux prescriptions de l'ADN.

2.2.8.2   *Matières non admises au transport*

2.2.8.2.1   Les matières chimiquement instables de la classe 8 ne sont pas acceptées au transport à moins que les précautions nécessaires aient été prises pour en prévenir une éventuelle décomposition dangereuse ou polymérisation dangereuse dans des conditions normales de transport. Pour les précautions à suivre afin d'éviter une polymérisation, voir la disposition spéciale 386 du chapitre 3.3. À cette fin, on doit en particulier veiller à ce que les récipients et citernes ne contiennent aucune matière susceptible de favoriser ces réactions.

2.2.8.2.2   Les matières suivantes ne sont pas admises au transport:

– No ONU 1798 ACIDE CHLORHYDRIQUE ET ACIDE NITRIQUE EN MÉLANGE;

– Les mélanges chimiquement instables d'acide sulfurique résiduaire;

– Les mélanges chimiquement instables d'acide sulfonitrique mixte ou les mélanges d'acides sulfurique et nitrique résiduaires, non dénitrés;

– Les solutions aqueuses d'acide perchlorique contenant plus de 72 % d'acide pur en masse, ou les mélanges d'acide perchlorique avec tout liquide autre que l'eau.

2.2.8.3 *Liste des rubriques collectives*

Matières corrosives <u>sans</u> danger subsidiaire et objets contenant de telles matières

Acides **C1-C4**	inorganiques	liquides	**C1**	2584 ACIDES ALKYLSULFONIQUES LIQUIDES contenant plus de 5% d'acide sulfurique libre ou 2584 ACIDES ARYLSULFONIQUES LIQUIDES contenant plus de 5% d'acide sulfurique libre 2693 HYDROGÉNOSULFITES EN SOLUTION AQUEUSE, N.S.A. 2837 HYDROGÉNOSULFATES EN SOLUTION AQUEUSE 3264 LIQUIDE INORGANIQUE CORROSIF, ACIDE, N.S.A
		solides	**C2**	1740 HYDROGÉNODIFLUORURES SOLIDES, N.S.A. 2583 ACIDES ALKYLSULFONIQUES SOLIDES contenant plus de 5% d'acide sulfurique libre ou 2583 ACIDES ARYLSULFONIQUES SOLIDES contenant plus de 5% d'acide sulfurique libre 3260 SOLIDE INORGANIQUE CORROSIF, ACIDE, N.S.A.
	organiques	liquides	**C3**	2586 ACIDES ALKYLSULFONIQUES LIQUIDES contenant au plus 5% d'acide sulfurique libre ou 2586 ACIDES ARYLSULFONIQUES LIQUIDES contenant au plus 5% d'acide sulfurique libre 2987 CHLOROSILANES CORROSIFS, N.S.A. 3145 ALKYLPHÉNOLS LIQUIDES, N.S.A. (y compris les homologues C2 à C12) 3265 LIQUIDE ORGANIQUE CORROSIF, ACIDE, N.S.A.
		solides	**C4**	2430 ALKYLPHÉNOLS SOLIDES, N.S.A. (y compris les homologues C2 à C12) 2585 ACIDES ALKYLSULFONIQUES SOLIDES contenant au plus 5% d'acide sulfurique libre ou 2585 ACIDES ARYLSULFONIQUES SOLIDES contenant au plus 5% d'acide sulfurique libre 3261 SOLIDE ORGANIQUE CORROSIF, ACIDE, N.S.A
Basiques **C5-C8**	inorganiques	liquides	**C5**	1719 LIQUIDE ALCALIN CAUSTIQUE, N.S.A. 2797 ELECTROLYTE ALCALIN POUR ACCUMULATEUR 3266 LIQUIDE INORGANIQUE CORROSIF, BASIQUE, N.S.A.
		solides	**C6**	3262 SOLIDE INORGANIQUE CORROSIF, BASIQUE, N.S.A.
	organiques	liquides	**C7**	2735 AMINES LIQUIDES, CORROSIVES, N.S.A. ou 2735 POLYAMINES LIQUIDES, CORROSIVES, N.S.A. 3267 LIQUIDE ORGANIQUE CORROSIF, BASIQUE, N.S.A.
		solides	**C8**	3259 AMINES SOLIDES, CORROSIVES, N.S.A. ou 3259 POLYAMINES SOLIDES, CORROSIVES, N.S.A. 3263 SOLIDE ORGANIQUE CORROSIF, BASIQUE, N.S.A..
Autres matières corrosives **C9-C10**		liquides	**C9**	1903 DÉSINFECTANT LIQUIDE CORROSIF, N.S.A. 2801 COLORANT LIQUIDE CORROSIF, N.S.A. ou 2801 MATIÈRE INTERMÉDIAIRE LIQUIDE POUR COLORANT, CORROSIVE, N.S.A. 3066 PEINTURES (y compris peintures, laques, émaux, couleurs, shellac, vernis, cirages, encaustiques, enduits d'apprêt et bases liquides pour laques) ou 3066 MATIÈRES APPARENTÉES AUX PEINTURES (y compris solvants et diluants pour peintures) 1760 LIQUIDE CORROSIF, N.S.A.
		solides[a]	**C10**	3147 COLORANT SOLIDE, CORROSIF, N.S.A. ou 3147 MATIÈRE INTERMÉDIAIRE SOLIDE POUR COLORANT, CORROSIVE, N.S.A. 3244 SOLIDES CONTENANT DU LIQUIDE CORROSIF, N.S.A. 1759 SOLIDE CORROSIF, N.S.A.
Objets (*suite page suivante*)			**C11**	1774 CHARGES D'EXTINCTEURS, liquide corrosif 2028 BOMBES FUMIGÈNES NON EXPLOSIVES contenant un liquide corrosif, sans dispositif d'amorçage 2794 ACCUMULATEURS électriques REMPLIS D'ÉLECTROLYTE LIQUIDE ACIDE 2795 ACCUMULATEURS électriques REMPLIS D'ÉLECTROLYTE LIQUIDE ALCALIN 2800 ACCUMULATEURS électriques INVERSABLES REMPLIS D'ÉLECTROLYTE LIQUIDE 3028 ACCUMULATEURS électriques SECS CONTENANT DE L'HYDROXYDE DE POTASSIUM SOLIDE 3477 CARTOUCHES POUR PILE À COMBUSTIBLE, contenant des matières corrosives, ou 3477 CARTOUCHES POUR PILE À COMBUSTIBLE CONTENUES DANS UN ÉQUIPEMENT, contenant des matières corrosives, ou 3477 CARTOUCHES POUR PILE À COMBUSTIBLE EMBALLÉES AVEC UN ÉQUIPEMENT, contenant des matières corrosives 3547 OBJETS CONTENANT DE LA MATIÈRE CORROSIVE, N.S.A.

---

[a] *Les mélanges de matières solides qui ne sont pas soumises aux prescriptions de l'ADN et de liquides corrosifs sont admis au transport sous le No ONU 3244, sans application préalable des critères de classement de la classe 8, à condition qu'aucun liquide libre n'apparaisse au moment du chargement de la matière ou de la fermeture de l'emballage de l'engin de transport. Chaque emballage doit correspondre à un type de construction ayant satisfait à une épreuve d'étanchéité pour le groupe d'emballage II.*

Matières corrosives présentant un (des) danger(s) subsidiaire(s) et objets contenant de telles matières

Inflammables [b] **CF**	liquides	CF1	3470	PEINTURES, CORROSIVES, INFLAMMABLES (y compris peintures, laques, émaux, couleurs, shellac, vernis, cirages, encaustiques, enduits d'apprêt et bases liquides pour laques) ou
			3470	MATIÈRES APPARENTÉES AUX PEINTURES, CORROSIVES, INFLAMMABLES (y compris solvants et diluants pour peintures)
			2986	CHLOROSILANES CORROSIFS, INFLAMMABLES, N.S.A.
			2920	LIQUIDE CORROSIF, INFLAMMABLE, N.S.A.
			2734	AMINES LIQUIDES CORROSIVES, INFLAMMABLES, N.S.A. ou
			2734	POLYAMINES LIQUIDES CORROSIVES, INFLAMMABLES, N.S.A.
	solides	CF2	2921	SOLIDE CORROSIF, INFLAMMABLE, N.S.A.
Auto-échauffantes **CS**	liquides	CS1	3301	LIQUIDE CORROSIF, AUTO-ÉCHAUFFANT, N.S.A.
	solides	CS2	3095	SOLIDE CORROSIF, AUTO-ÉCHAUFFANT, N.S.A
Hydroréactives **CW**	liquides [b]	CW1	3094	LIQUIDE CORROSIF, HYDRORÉACTIF, N.S.A.
	solides	CW2	3096	SOLIDE CORROSIF, HYDRORÉACTIF, N.S.A..
Comburantes **CO**	liquides	CO1	3093	LIQUIDE CORROSIF, COMBURANT, N.S.A.
	solides	CO2	3084	SOLIDE CORROSIF, COMBURANT, N.S.A.
Toxiques [d] **CT**	liquides [c]	CT1	3471	HYDROGÉNODIFLUORURES EN SOLUTION, N.S.A.
			2922	LIQUIDE CORROSIF, TOXIQUE, N.S.A.
	solides [e]	CT2	2923	SOLIDE CORROSIF, TOXIQUE, N.S.A.
	objets	CT3	3506	MERCURE CONTENU DANS DES OBJETS MANUFACTURÉS
Liquides inflammables toxiques [d]		CFT	(Pas de rubrique collective portant ce code de classification; le cas échéant, classement sous une rubrique collective portant un code de classification à déterminer d'après le tableau d'ordre de prépondérance des caractéristiques de danger du 2.1.3.10)	
Toxiques comburantes [d,e]		COT	(Pas de rubrique collective portant ce code de classification; le cas échéant, classement sous une rubrique collective portant un code de classification à déterminer d'après le tableau d'ordre de prépondérance des caractéristiques de danger du 2.1.3.10)	

---

[b]   *Les chlorosilanes qui, au contact de l'eau ou de l'humidité contenue dans l'air, dégagent des gaz inflammables sont des matières de la classe 4.3.*

[c]   *Les chloroformiates ayant des propriétés toxiques prépondérantes sont des matières de la classe 6.1.*

[d]   *Les matières corrosives très toxiques à l'inhalation, définies aux 2.2.61.1.4 à 2.2.61.1.9, sont des matières de la classe 6.1.*

[e]   *Les Nos ONU 1690 FLUORURE DE SODIUM SOLIDE, 1812 FLUORURE DE POTASSIUM SOLIDE, 2505 FLUORURE D'AMMONIUM, 2674 FLUOROSILICATE DE SODIUM, 2856 FLUOROSILICATES, N.S.A., 3415 FLUORURE DE SODIUM EN SOLUTION et 3422 FLUORURE DE POTASSIUM EN SOLUTION sont des matières de la classe 6.1.*

2.2.9   **Classe 9**   **Matières et objets dangereux divers**

2.2.9.1   *Critères*

2.2.9.1.1   Le titre de la classe 9 couvre les matières et objets qui, en cours de transport, présentent un danger autre que ceux visés par les autres classes.

2.2.9.1.2   Les matières et objets de la classe 9 sont subdivisés comme suit:

M1   Matières qui, inhalées sous forme de poussière fine, peuvent mettre en danger la santé;

M2   Matières et objets qui, en cas d'incendie, peuvent former des dioxines;

M3   Matières dégageant des vapeurs inflammables;

M4   Piles au lithium;

M5   Engins de sauvetage;

M6-M8   Matières dangereuses pour l'environnement:

M6   Matières polluantes pour l'environnement aquatique, liquides;

M7   Matières polluantes pour l'environnement aquatique, solides;

M8   Micro-organismes et organismes génétiquement modifiés;

M9-M10   Matières transportées à chaud:

M9   Liquides;

M10   Solides;

M11   Autres matières et objets présentant un danger au cours du transport, mais ne relevant pas de la définition d'une autre classe.

M12   Autres matières et objets présentant un danger au cours du transport en bateaux-citernes mais qui ne correspondent à la définition d'aucune autre classe.

Définitions et classification

2.2.9.1.3   Les matières et objets classés dans la classe 9 sont énumérés au tableau A du chapitre 3.2. L'affectation des matières et objets non nommément mentionnés au tableau A du chapitre 3.2 à la rubrique pertinente de ce tableau ou de la sous-section 2.2.9.3 doit être faite conformément aux dispositions des 2.2.9.1.4 à 2.2.9.1.8, 2.2.9.1.10, 2.2.9.1.11, 2.2.9.1.13 et 2.2.9.1.14.

Matières qui, inhalées sous forme de poussière fine, peuvent mettre en danger la santé

2.2.9.1.4   Les matières qui, inhalées sous forme de poussière fine, peuvent mettre en danger la santé comprennent l'amiante et les mélanges contenant de l'amiante.

Matières et objets qui, en cas d'incendie, peuvent former des dioxines

2.2.9.1.5   Les matières et objets qui, en cas d'incendie, peuvent former des dioxines comprennent les diphényles polychlorés (PCB), les terphényles polychlorés (PCT) et les diphényles et terphényles polyhalogénés et les mélanges contenant ces matières, ainsi que les objets, tels que transformateurs, condensateurs et autres objets contenant ces matières ou des mélanges de ces matières.

NOTA: *Les mélanges dont la teneur en PCB ou en PCT ne dépasse pas 50 mg/kg ne sont pas soumis aux prescriptions de l'ADN.*

Matières dégageant des vapeurs inflammables

2.2.9.1.6   Les matières dégageant des vapeurs inflammables comprennent les polymères contenant des liquides inflammables ayant un point d'éclair ne dépassant pas 55 °C.

Piles au lithium

2.2.9.1.7   À moins qu'il n'en soit prévu autrement dans l'ADN (par exemple pour les prototypes et les petites productions de piles suivant la disposition spéciale 310 ou pour les piles endommagées suivant la disposition spéciale 376), les piles au lithium doivent satisfaire aux prescriptions suivantes.

NOTA: *Pour le No ONU 3536 BATTERIES AU LITHIUM INSTALLÉES DANS DES ENGINS DE TRANSPORT, voir la disposition spéciale 389 au chapitre 3.3.*

Les piles et batteries, les piles et batteries contenues dans un équipement, ou les piles et batteries emballées avec un équipement, contenant du lithium sous quelque forme que ce soit doivent être classées sous les Nos ONU 3090, 3091, 3480 ou 3481, selon qu'il convient. Elles peuvent être transportées au titre de ces rubriques si elles satisfont aux dispositions ci-après:

a)   Il a été démontré que le type de chaque pile ou batterie au lithium satisfait aux prescriptions de chaque épreuve de la sous-section 38.3 de la troisième partie du *Manuel d'épreuves et de critères*;

   NOTA: *Les batteries doivent être conformes à un type ayant satisfait aux prescriptions des épreuves de la sous-section 38.3 de la troisième partie du Manuel d'épreuves et de critères, que les piles dont elles sont composées soient conformes à un type éprouvé ou non.*

b)   Chaque pile et batterie comporte un dispositif de protection contre les surpressions internes, ou est conçue de manière à exclure tout éclatement violent dans les conditions normales de transport;

c)   Chaque pile et batterie est munie d'un système efficace pour empêcher les courts-circuits externes;

d)   Chaque batterie formée de piles ou de séries de piles reliées en parallèle doit être munie de moyens efficaces pour arrêter les courants inverses (par exemple diodes, fusibles, etc.);

e)   Les piles et batteries doivent être fabriquées conformément à un programme de gestion de la qualité qui doit comprendre les éléments suivants:

   i)   une description de la structure organisationnelle et des responsabilités du personnel en ce qui concerne la conception et la qualité du produit;

   ii)   les instructions pertinentes qui seront utilisées pour les contrôles et les épreuves, le contrôle de la qualité, l'assurance qualité et le déroulement des opérations;

   iii) des contrôles des processus qui devraient inclure des activités pertinentes visant à prévenir et à détecter les défaillances au niveau des courts-circuits internes lors de la fabrication des piles;

iv) des relevés d'évaluation de la qualité, tels que rapports de contrôle, données d'épreuve, données d'étalonnage et certificats. Les données d'épreuves doivent être conservées et communiquées à l'autorité compétente sur demande;

v) la vérification par la direction de l'efficacité du système qualité;

vi) une procédure de contrôle des documents et de leur révision;

vii) un moyen de contrôle des piles et des batteries non conformes au type ayant satisfait aux prescriptions des épreuves, tel qu'il est mentionné à l'alinéa a) ci-dessus;

viii) des programmes de formation et des procédures de qualification destinés au personnel concerné; et

ix) des procédures garantissant que le produit fini n'est pas endommagé.

NOTA: Les programmes internes de gestion de la qualité peuvent être autorisés. La certification par une tierce partie n'est pas requise, mais les procédures énoncées aux alinéas i) à ix) ci-dessus doivent être dûment enregistrées et identifiables. Un exemplaire du programme de gestion de la qualité doit être mis à la disposition de l'autorité compétente, si celle-ci en fait la demande.

f) Les batteries au lithium, contenant à la fois des piles primaires au lithium métal et des piles au lithium ionique rechargeables, qui ne sont pas conçues pour être chargées de l'extérieur (voir disposition spéciale 387 du chapitre 3.3), doivent satisfaire aux conditions suivantes:

i) Les piles rechargeables au lithium ionique ne peuvent être chargées qu'à partir des piles primaires au lithium métal;

ii) La surcharge des piles rechargeables au lithium ionique est exclue par conception;

iii) La batterie a été éprouvée comme une batterie primaire au lithium;

iv) Les piles composant la batterie doivent être conformes à un type ayant satisfait aux prescriptions des épreuves de la sous-section 38.3 de la troisième partie du Manuel d'épreuves et de critères;

g) À l'exception des piles boutons montées dans un équipement (y compris les circuits imprimés), les fabricants et distributeurs de piles ou batteries fabriquées après le 30 juin 2003 doivent mettre à disposition le résumé du procès-verbal d'épreuve tel que spécifié dans le Manuel d'épreuves et de critères, troisième partie, sous-section 38.3, paragraphe 38.3.5.

Les piles au lithium ne sont pas soumises aux dispositions de l'ADN si elles satisfont aux prescriptions de la disposition spéciale 188 du chapitre 3.3.

Engins de sauvetage

2.2.9.1.8   Les engins de sauvetage comprennent les engins de sauvetage et les éléments de véhicule à moteur conformes aux descriptions des dispositions spéciales 235 ou 296 du chapitre 3.3.

Matières dangereuses pour l'environnement

2.2.9.1.9   *(Supprimé)*

Polluants pour l'environnement aquatique

2.2.9.1.10   *Matières dangereuses pour l'environnement (milieu aquatique)*

2.2.9.1.10.1   Pour le transport en colis ou en vrac, sont considérés comme dangereux pour l'environnement (milieu aquatique) les matières, solutions et mélanges répondant aux critères de toxicité Aiguë 1, de toxicité Chronique 1 ou de toxicité Chronique 2, du chapitre 2.4 (voir aussi 2.1.3.8). Les matières qui ne peuvent pas être affectées aux autres classes de l'ADN ni à d'autres rubriques de la classe 9 et qui répondent à ces critères doivent être affectées aux Nos ONU 3077, MATIÈRE DANGEREUSE DU POINT DE VUE DE L'ENVIRONNEMENT, SOLIDE, N.S.A. ou 3082, MATIÈRE DANGEREUSE DU POINT DE VUE DE L'ENVIRONNEMENT, LIQUIDE, N.S.A, et doivent être affectées au groupe d'emballage III.

2.2.9.1.10.2   Pour le transport en bateaux-citernes, sont considérés comme dangereux pour l'environnement, les matières, solutions et mélanges visés au 2.2.9.1.10.1 ainsi que ceux qui répondent aux critères de toxicité Aiguë 2 ou de toxicité Aiguë 3 ou de toxicité Chronique 3 du chapitre 2.4.

Est affectée au groupe 'N1' une matière classée comme dangereuse du point de vue de l'environnement qui répond aux critères pour les catégories de toxicité Aiguë 1 ou Chronique 1.

Est affectée au groupe 'N2' une matière classée comme dangereuse du point de vue de l'environnement qui répond aux critères pour les catégories de toxicité Chronique 2 ou Chronique 3.

Est affectée au groupe 'N3' une matière classée comme dangereuse du point de vue de l'environnement qui répond aux critères pour les catégories de toxicité Aiguë 2 ou Aiguë 3.

Les matières qui répondent aux critères du 2.2.9.1.10.1 doivent être affectées aux Nos ONU 3082, MATIÈRE DANGEREUSE DU POINT DE VUE DE L'ENVIRONNEMENT, LIQUIDE, N.S.A. ou 3077, MATIÈRE DANGEREUSE DU POINT DE VUE DE L'ENVIRONNEMENT, SOLIDE, N.S.A., FONDUE. Celles qui répondent aux critères additionnels du présent paragraphe doivent être affectées au numéro d'identification 9005, MATIÈRE DANGEREUSE DU POINT DE VUE DE L'ENVIRONNEMENT, SOLIDE, N.S.A., FONDUE, ou 9006, MATIÈRE DANGEREUSE DU POINT DE VUE DE L'ENVIRONNEMENT, LIQUIDE, N.S.A.

2.2.9.1.10.3   Substances ou mélanges classés comme matières dangereuses pour l'environnement (milieu aquatique) sur la base du Règlement 1272/2008/CE[3]

Nonobstant les dispositions du 2.2.9.1.10.1, si les données pour la classification conformément aux critères des 2.4.3 et 2.4.4 ne sont pas disponibles, une substance ou un mélange:

a)   Doit être classé comme une matière dangereuse pour l'environnement (milieu aquatique) si la ou les catégories Aquatic Acute 1, Aquatic Chronic 1 ou Aquatic Chronic 2 conformément au Règlement 1272/2008/CE[3], doivent lui être attribuées;

b)   Peut être considéré comme n'étant pas une matière dangereuse pour l'environnement (milieu aquatique) pour le transport en colis ou en vrac au sens du 2.2.9.10.1 si une telle catégorie conformément audit Règlement ne doit pas lui être attribuée.

---

[3]   *Règlement (CE) no 1272/2008 du Parlement européen et du Conseil du 16 décembre 2008 relatif à la classification, à l'étiquetage et à l'emballage des substances et des mélanges, modifiant et abrogeant les directives 67/548/CEE et 1999/45/CE et modifiant le règlement (CE) no 1907/2006, publié dans le Journal officiel de l'Union européenne L 353 du 31 décembre 2008, pages 1-1355.*

2.2.9.1.10.4   (*Réservé*)

2.2.9.1.10.5   Pour le transport en bateaux-citernes sont considérés comme des matières flottantes (Floater), les matières, solutions et mélanges répondant aux critères suivants:[11]

    Solubilité dans l'eau   < 0,1%
    Pression de vapeur < 0,3 kPa
    Densité relative   ≤ 1,000.

    Pour le transport en bateaux-citernes sont considérés comme des matières coulantes (Sinker), les matières, solutions et mélanges répondant aux critères suivants:[11]

    Solubilité dans l'eau   < 0,1%
    Densité relative   > 1,000.

Micro-organismes ou organismes génétiquement modifiés

2.2.9.1.11   Les micro-organismes génétiquement modifiés (MOGM) et les organismes génétiquement modifiés (OGM) sont des micro-organismes et organismes dans lesquels le matériel génétique a été à dessein modifié selon un processus qui n'intervient pas dans la nature. Ils sont affectés à la classe 9 (No ONU 3245) s'ils ne répondent pas à la définition des matières toxiques ou des matières infectieuses, mais peuvent entraîner chez les animaux, les végétaux ou les matières microbiologiques des modifications qui, normalement, ne résultent pas de la reproduction naturelle.

    NOTA 1: *Les MOGM et les OGM qui sont des matières infectieuses sont des matières de la classe 6.2 (Nos ONU 2814, 2900 ou 3373).*

    2: Les MOGM et les OGM ne sont pas soumis aux prescriptions de l'ADN lorsque les autorités compétentes des pays d'origine, de transit et de destination en autorisent l'utilisation.[12]

    3: Les animaux génétiquement modifiés qui, selon l'état actuel des connaissances scientifiques, n'ont pas d'effets pathogènes connus sur les êtres humains, les animaux et les plantes et qui sont transportés dans des contenants conçus pour éviter qu'ils s'échappent et empêcher qu'on s'en approche sans y avoir été autorisé ne sont pas visés par les dispositions de l'ADN. Les dispositions spécifiées par l'Association du transport aérien international (IATA) pour le transport aérien des animaux vivants «Réglementation du transporte des animaux vivants» peuvent servir de référence en ce qui concerne les contenants appropriés pour le transport d'animaux vivants.

    4: Les animaux vivants ne doivent pas servir à transporter des micro-organismes génétiquement modifiés relevant de la présente classe, sauf si la matière ne peut être transportée autrement. Les animaux génétiquement modifiés doivent être transportés suivant les termes et conditions de l'autorité compétente des pays d'origine et de destination.

2.2.9.1.12   (*Supprimé*)

---

[11]   *Les valeurs de densité relative, de pression de vapeur et de solubilité dans l'eau à utiliser pour l'application du modèle GESAMP sont les valeurs à 20°C.*

[12]   *Voir la partie C de la directive 2001/18/CE du Parlement européen et du Conseil relative à la dissémination volontaire d'organismes génétiquement modifiés dans l'environnement et abrogeant la directive 90/220/CEE du Conseil (Journal officiel des Communautés européennes no L 106, du 17 avril 2001, p. 8 à 14) et le règlement (CE) no 1829/2003 du Parlement européen et du Conseil concernant les denrées alimentaires et les aliments pour animaux génétiquement modifiés (Journal officiel de l'Union européenne no L 268 du 18 octobre 2003, p. 1 à 23), qui fixent les procédures d'autorisation pour l'Union européenne.*

Matières transportées à chaud

2.2.9.1.13   Les matières transportées à chaud comprennent les matières qui sont transportées ou remises au transport à l'état liquide et à une température égale ou supérieure à 100 °C et, pour les matières ayant un point d'éclair, inférieure à leur point d'éclair. Elles comprennent aussi les solides transportés ou remis au transport à une température égale ou supérieure à 240 °C.

NOTA   1: Les matières transportées à chaud ne sont affectées à la classe 9 que si elles ne répondent aux critères d'aucune autre classe.

2: Les matières ayant un point d'éclair supérieur à 60 °C remises au transport ou transportées dans une plage de 15 K sous le point d'éclair sont des matières de la classe 3, No d'identification 9001.

Autres matières et objets présentant un danger au cours du transport, mais ne relevant pas de la définition d'une autre classe:

2.2.9.1.14   Composé d'ammoniac solide ayant un point d'éclair inférieur à 60 °C

Dithionite à faible danger

Liquide hautement volatile

Matière dégageant des vapeurs nocives

Matières contenant des allergènes

Trousses chimiques et trousses de premier secours

Condensateurs électriques à double couche (avec une capacité de stockage d'énergie supérieure à 0.3 Wh)

Véhicules, moteurs et machines à combustion interne

Objets contenant des marchandises dangereuses diverses

Les matières diverses suivantes qui ne répondent à la définition d'aucune autre classe sont affectées à la classe 9 lorsqu'elles sont transportées en vrac ou par bateaux-citernes:

–   No ONU 2071 ENGRAIS AU NITRATE D'AMMONIUM;

NOTA: Les engrais au nitrate d'ammonium solide sont classés conformément à la procédure définie dans le Manuel d'épreuves et de critères, troisième partie, section 39.

–   No ONU 2216 FARINE DE POISSON STABILISÉE (humidité comprise entre 5 % en masse et 12 % en masse et au maximum 15 % de graisse en masse); ou

–   No ONU 2216 DÉCHETS DE POISSON STABILISÉS (humidité comprise entre 5 % en masse et 12 % en masse et au maximum 15 % de graisse en masse);

–   Numéro d'identification 9003 MATIÈRES AYANT UN POINT D'ÉCLAIR SUPÉRIEUR À 60 °C ET INFÉRIEUR OU ÉGAL À 100 °C qui ne peuvent être affectées à aucune autre classe ni autre rubrique de la classe 9. Si ces matières peuvent aussi être affectées aux numéros d'identification 9005 ou 9006, le numéro d'identification 9003 doit alors leur être attribué en priorité.

–   Numéro d'identification 9004, DIISOCYANATE DE DIPHÉNYLMÉTHANE-4-4'.

–   Numéro d'identification 9005, MATIÈRE DANGEREUSE DU POINT DE VUE DE L'ENVIRONNEMENT, SOLIDE, N.S.A., FONDUE, qui ne peut être affectée au No ONU 3077;

–   Numéro d'identification 9006, MATIÈRE DANGEREUSE DU POINT DE VUE DE L'ENVIRONNEMENT, LIQUIDE, N.S.A. qui ne peut être affectée au No ONU 3082.

NOTA: *Les Nos ONU 1845 dioxyde de carbone solide (neige carbonique)*[13], *2807 masses magnétisées, 3334 matière liquide réglementée pour l'aviation, n.s.a. et 3335 matière solide réglementée pour l'aviation, n.s.a. qui figurent dans le Règlement type de l'ONU ne sont pas soumis aux prescriptions de l'ADN.*

Affectation à un groupe d'emballage

2.2.9.1.15   Si cela est indiqué dans la colonne 4 du tableau A du chapitre 3.2, les matières et objets de la classe 9 sont affectés à l'un des groupes d'emballage ci-dessous, selon leur degré de danger:

Groupe d'emballage II: matières moyennement dangereuses

Groupe d'emballage III: matières faiblement dangereuses.

2.2.9.2   ***Matières et objets non admis au transport***

Les matières et objets ci-dessous ne sont pas admis au transport:

–   Piles au lithium qui ne satisfont pas aux conditions pertinentes des dispositions spéciales 188, 230, 310, 636 ou 670 du chapitre 3.3;

–   Récipients de rétention vides non nettoyés pour des appareils tels que transformateurs, condensateurs ou appareils hydrauliques renfermant des matières relevant des Nos ONU 2315, 3151, 3152 ou 3432.

---

[13]   *Pour le No ONU 1845 dioxyde de carbone solide (neige carbonique), voir 5.5.3.*

2.2.9.3 *Liste des rubriques*

Matières qui inhalées sous forme de poussière fine, peuvent mettre en danger la santé	**M1**	2212 AMIANTE, AMPHIBOLE (amosite, trémolite, actinolite, anthophyllite, crocidolite) 2590 AMIANTE, CHRYSOTILE
Matières et objets qui, en cas d'incendie, peuvent former des dioxines	**M2**	2315 DIPHÉNYLES POLYCHLORÉS LIQUIDES 3432 DIPHÉNYLES POLYCHLORÉS SOLIDES 3151 DIPHÉNYLES POLYHALOGÉNÉS LIQUIDES ou 3151 MONOMÉTHYLDIPHÉNYLMÉTHANES HALOGÉNÉS LIQUIDES ou 3151 TERPHINYLES POLYHALOGÉNÉS LIQUIDES 3152 DIPHÉNYLES POLYHALOGÉNÉS SOLIDES ou 3152 MONOMÉTHYLDIPHÉNYLMÉTHANES HALOGÉNÉS SOLIDES ou 3152 TERPHÉNYLES POLYHALOGÉNÉS SOLIDES
Matières dégageant des vapeurs inflammables	**M3**	2211 POLYMÈRES EXPANSIBLES EN GRANULES dégageant des vapeurs inflammables 3314 MATIÈRE PLASTIQUE POUR MOULAGE en pâte, en feuille ou en cordon extrudé, dégageant des vapeurs inflammables
Piles au lithium	**M4**	3090 PILES AU LITHIUM MÉTAL (y compris les piles à alliage de lithium) 3091 PILES AU LITHIUM MÉTAL CONTENUES DANS UN ÉQUIPEMENT (y compris les piles à alliage de lithium) ou 3091 PILES AU LITHIUM MÉTAL EMBALLÉES AVEC UN ÉQUIPEMENT (y compris les piles à alliage de lithium) 3480 PILES AU LITHIUM IONIQUE (y compris les piles au lithium ionique à membrane polymère) 3481 PILES AU LITHIUM IONIQUE CONTENUES DANS UN ÉQUIPEMENT (y compris les piles au lithium ionique à membrane polymère) ou 3481 PILES AU LITHIUM IONIQUE EMBALLÉES AVEC UN ÉQUIPEMENT (y compris les piles au lithium ionique à membrane polymère) 3536 BATTERIES AU LITHIUM INSTALLÉES DANS DES ENGINS DE TRANSPORT batteries au lithium ionique ou batteries au lithium métal
Engins de sauvetage	**M5**	2990 ENGINS DE SAUVETAGE AUTOGONFLABLES 3072 ENGINS DE SAUVETAGE NON AUTOGONFLABLES contenant des marchandises dangereuses comme équipement 3268 DISPOSITIFS DE SÉCURITÉ à amorçage électrique
Matières dangereuses pour l'environnement — polluantes pour l'environnement aquatique, liquides	**M6**	3082 MATIÈRE DANGEREUSE DU POINT DE VUE DE L'ENVIRONNEMENT, LIQUIDE, N.S.A.
Matières dangereuses pour l'environnement — polluantes pour l'environnement aquatique, solides	**M7**	3077 MATIÈRE DANGEREUSE DU POINT DE VUE DE L'ENVIRONNEMENT, SOLIDE, N.S.A.
micro-organismes et organismes génétiquement modifiés	**M8**	3245 MICRO-ORGANISMES GÉNÉTIQUEMENT MODIFIÉS ou 3245 ORGANISMES GÉNÉTIQUEMENT MODIFIÉS
Matières transportées à chaud — liquides	**M9**	3257 LIQUIDE TRANSPORTÉ A CHAUD, N.S.A. (y compris métal fondu, sel fondu, etc.), à une température égale ou supérieure à 100 °C et inférieure à son point d'éclair, chargé à une température supérieure à 190 °C
Matières transportées à chaud — solides	**M10**	3258 SOLIDE TRANSPORTÉ A CHAUD, N.S.A., à une température égale ou supérieure à 240 °C

(*suite page suivante*)

2.2.9.3   *Liste des rubriques (suite)*

Autres matières et objets présentant un danger au cours du transport, mais ne relevant pas de la définition d'une autre classe	**M11**	Seules les matières et objets énumérées au tableau A du chapitre 3.2 sont soumises aux prescriptions relatives à la classe 9 sous ce code de classification, à savoir: 1841 ALDÉHYDATE D'AMMONIAQUE 1931 DITHIONITE DE ZINC (HYDROSULFITE DE ZINC) 1941 DIBROMODIFLUOROMÉTHANE 1990 BENZALDÉHYDE 2071 ENGRAIS AU NITRATE D'AMMONIUM (vrac seulement) 2216 DÉCHETS DE POISSON, STABILISÉS 2216 FARINE DE POISSON STABILISEE (vrac seulement) 2969 GRAINES DE RICIN, ou 2969 FARINE DE RICIN, ou 2969 TOURTEAUX DE RICIN, ou 2969 GRAINES DE RICIN EN FLOCONS 3166 VÉHICULE À PROPULSION PAR GAZ INFLAMMABLE ou 3166 VÉHICULE À PROPULSION PAR LIQUIDE INFLAMMABLE ou 3166 VÉHICULE À PROPULSION PAR PILE À COMBUSTIBLE CONTENANT DU GAZ INFLAMMABLE ou 3166 VÉHICULE À PROPULSION PAR PILE À COMBUSTIBLE CONTENANT DU LIQUIDE INFLAMMABLE 3171 APPAREIL MÛ PAR ACCUMULATEURS ou 3171 VÉHICULE MÛ PAR ACCUMULATEURS 3316 TROUSSE CHIMIQUE, ou 3316 TROUSSE DE PREMIERS SECOURS 3359 ENGIN DE TRANSPORT SOUS FUMIGATION 3363 MARCHANDISES DANGEREUSES CONTENUES DANS DES OBJETS ou 3363 MARCHANDISES DANGEREUSES CONTENUES DANS DES MACHINES ou 3363 MARCHANDISES DANGEREUSES CONTENUES DANS DES APPAREILS 3499 CONDENSATEUR ÉLECTRIQUE À DOUBLE COUCHE (avec une capacité de stockage d'énergie supérieure à 0,3 Wh). 3508 CONDENSATEUR ASYMÉTRIQUE (ayant une capacité de stockage d'énergie supérieure à 0,3 Wh) 3509 EMBALLAGES AU REBUT, VIDES, NON NETTOYÉS 3530 MOTEUR À COMBUSTION INTERNE ou 3530 MACHINE À COMBUSTION INTERNE 3548 OBJETS CONTENANT DES MARCHANDISES DANGEREUSES DIVERSES, N.S.A.
Autres matières et objets présentant un danger au cours du transport en bateaux-citernes, mais ne relevant pas de la définition d'une autre classe	**M12**	Seules les matières et objets énumérés au tableau A du chapitre 3.2 sont soumis aux prescriptions relatives à la classe 9 sous ce code de classification, à savoir: 9003 MATIÈRES AYANT UN POINT D'ÉCLAIR SUPÉRIEUR À 60 ºC MAIS INFÉRIEUR OU ÉGAL À 100 °C, qui ne sont pas affectées à une autre classe 9004 DIISOCYANATE DE DIPHÉNYLMÉTHANE-4,4' 9005 MATIÈRE DANGEREUSE DU POINT DE VUE DE L'ENVIRONNEMENT, SOLIDE, N.S.A., FONDUE 9006 MATIÈRE DANGEREUSE DU POINT DE VUE DE L'ENVIRONNEMENT, LIQUIDE, N.S.A.

CHAPITRE 2.3

MÉTHODES D'ÉPREUVE

2.3.0   **Généralités**

Sauf dispositions contraires au chapitre 2.2 ou au présent chapitre, les méthodes d'épreuve à utiliser pour le classement des marchandises dangereuses sont celles figurant dans le Manuel d'épreuves et de critères.

2.3.1   **Épreuve d'exsudation des explosifs de mine (de sautage) de type A**

2.3.1.1   Les explosifs de mine (de sautage) de type A (No ONU 0081) doivent, s'ils contiennent plus de 40 % d'ester nitrique liquide, outre les épreuves définies dans le Manuel d'épreuves et de critères, satisfaire à l'épreuve d'exsudation suivante.

2.3.1.2   L'appareil pour épreuve d'exsudation des explosifs de mine (de sautage) (figures 1 à 3) se compose d'un cylindre creux, en bronze. Ce cylindre, fermé à une extrémité par une plaque du même métal, a un diamètre intérieur de 15,7 mm et une profondeur de 40 mm. Il est percé de 20 trous de 0,5 mm de diamètre (4 séries de 5 trous) sur la périphérie. Un piston en bronze, cylindrique sur une longueur de 48 mm et d'une longueur totale de 52 mm, coulisse dans le cylindre disposé verticalement. Le piston, d'un diamètre de 15,6 mm, est chargé avec une masse de 2 220 g afin d'exercer une pression de 120 kPa (1,20 bar) sur la base du cylindre.

2.3.1.3   On forme, avec 5 à 8 g d'explosif de mine (de sautage), un petit boudin de 30 mm de long et 15 mm de diamètre, que l'on enveloppe de toile très fine et que l'on place dans le cylindre; puis on met par-dessus le piston et sa masse de chargement, afin que l'explosif de mine (de sautage) soit soumis à une pression de 120 kPa (1,20 bar). On note le temps au bout duquel apparaissent les premières traces de gouttelettes huileuses (nitroglycérine) aux orifices extérieurs des trous du cylindre.

2.3.1.4   L'explosif de mine (de sautage) est considéré comme satisfaisant si le temps s'écoulant avant l'apparition des suintements liquides est supérieur à 5 minutes, l'épreuve étant faite à une température comprise entre 15 °C et 25 °C.

Épreuve d'exsudation de l'explosif

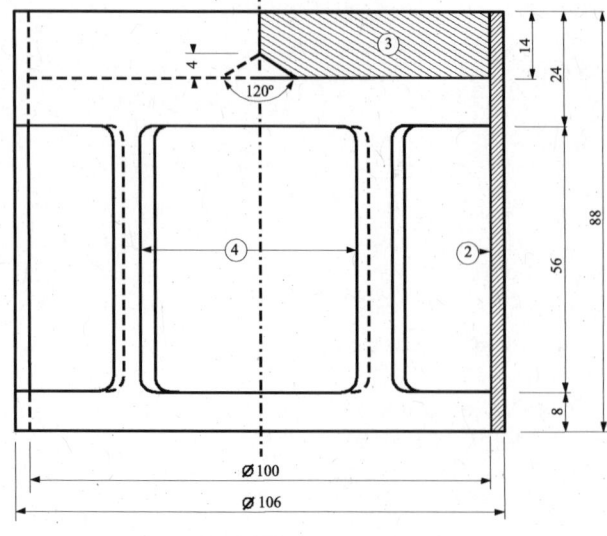

Fig.1: Charge en forme de cloche, masse 2220 g, capable d'être suspendue sur le piston en bronze

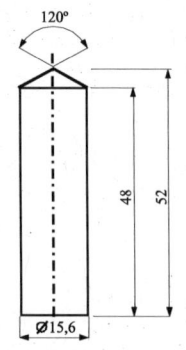

Fig.2: Piston cylindrique en bronze, dimensions en mm

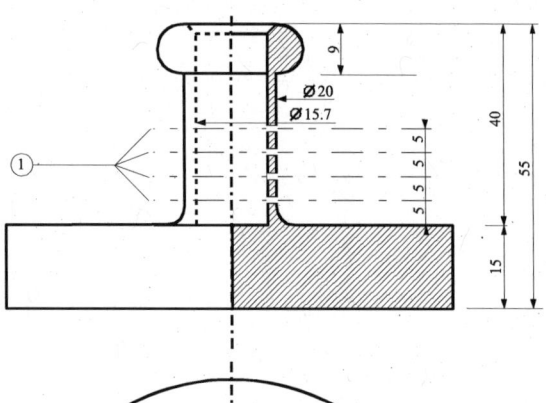

Fig.3: Cylindre creux en bronze, fermé d'un côté; Plan et coupe verticale, dimensions en mm

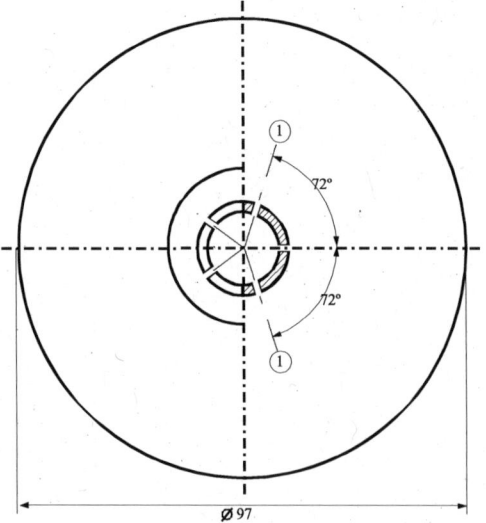

Fig. 1 à 3

(1) 4 séries de 5 trous de 0.5 θ
(2) cuivre
(3) plaque en plomb avec cône central dans la face inférieure
(4) 4 ouvertures, env. 46 × 56, réparties régulièrement sur la périphérie

2.3.2   **Épreuves relatives aux mélanges nitrés de cellulose de la classe 1 et de la classe 4.1**

2.3.2.1   Afin de déterminer les caractéristiques de la nitrocellulose, l'épreuve de Bergmann-Junk ou l'épreuve au violet de méthyle figurant à l'appendice 10 du Manuel d'épreuves et de critères doivent être effectuées (voir dispositions spéciales 393 et 394, chap. 3.3). En cas de doute quant au fait que la température d'inflammation de la nitrocellulose soit nettement supérieure à 132 °C, dans le cas de l'épreuve de Bergmann-Junk, ou supérieure à 134,5 °C, dans le cas de l'épreuve au violet de méthyle, il convient de soumettre, au préalable, la matière à l'épreuve visant à déterminer la température d'inflammation spontanée décrite au 2.3.2.5. Si la température d'inflammation est supérieure à 180 °C pour les mélanges de nitrocellulose ou à 170 °C pour la nitrocellulose plastifiée, l'épreuve de Bergmann-Junk ou l'épreuve violet de méthyle peuvent être effectuées en toute sécurité.

2.3.2.2   Avant d'être soumis aux épreuves du 2.3.2.5 ci-après, les échantillons doivent être séchés pendant au moins 15 heures, à la température ambiante, dans un dessiccateur à vide garni de chlorure de calcium fondu et granulé, la matière étant disposée en une couche mince; à cet effet, les matières qui ne sont ni pulvérulentes ni fibreuses seront soit broyées, soit râpées, soit coupées en petits morceaux. La pression dans le dessiccateur doit être inférieure à 6,5 kPa (0,065 bar).

2.3.2.3   Avant d'être séchée dans les conditions indiquées au 2.3.2.2 ci-dessus, la nitrocellulose plastifiée est soumise à un préséchage dans une étuve bien ventilée, à 70 °C, tant que la perte de masse par quart d'heure n'est pas inférieure à 0,3 % de la masse initiale.

2.3.2.4   La nitrocellulose faiblement nitrée subit d'abord un séchage préalable dans les conditions indiquées au 23.2.3 ci-dessus; le séchage est achevé par un séjour de 15 heures au moins dans un dessiccateur garni d'acide sulfurique concentré.

2.3.2.5   *Température d'inflammation (voir 2.3.2.1)*

a)   La température d'inflammation est déterminée en chauffant 0,2 g de matière contenue dans une éprouvette en verre qui est immergée dans un bain d'alliage de Wood. L'éprouvette est immergée dans le bain lorsque celui-ci a atteint 100 °C. La température du bain est ensuite augmentée progressivement de 5 °C par minute;

b)   Les éprouvettes doivent avoir les dimensions suivantes:

longueur	125	mm
diamètre intérieur	15	mm
épaisseur de la paroi	0,5	mm

et doivent être immergées à une profondeur de 20 mm;

c)   L'épreuve doit être répétée trois fois, en notant chaque fois la température à laquelle une inflammation de la matière se produit, c'est-à-dire: combustion lente ou rapide, déflagration ou détonation;

d)   La température la plus basse relevée lors des trois épreuves est retenue comme température d'inflammation.

2.3.3   **Épreuves relatives aux liquides inflammables des classes 3, 6.1 et 8**

2.3.3.1   *Détermination du point d'éclair*

2.3.3.1.1   Les méthodes ci-après peuvent être utilisées pour déterminer le point d'éclair des liquides inflammables:

ISO 1516 (Essai de point d'éclair par tout ou rien - Méthode à l'équilibre en vase clos)

ISO 1523 (Détermination du point d'éclair - Méthode à l'équilibre en vase clos)

ISO 2719 (Détermination du point d'éclair - Méthode Pensky-Martens en vase clos)

ISO 13736 (Détermination du point d'éclair - Méthode Abel en vase clos)

ISO 3679 (Détermination du point d'éclair - Méthode rapide à l'équilibre en vase clos)

ISO 3680 (Essai de point d'éclair de type passe/ne passe pas - Méthode rapide à l'équilibre en vase clos)

Normes nationales:

American Society for Testing Materials International, 100 Barr Harbor Drive, PO Box C700, West Conshohocken, Pennsylvania, USA 19428-2959:

ASTM D3828-07a, Standard Test Methods for Flash Point by Small Scale Closed Cup Tester

ASTM D56-05, Standard Test Method for Flash Point by Tag Closed Cup Tester

ASTM D3278-96(2004)e1, Standard Test Methods for Flash Point of Liquids by Small Scale Closed-Cup Apparatus

ASTM D93-08, Standard Test Methods for Flash Point by Pensky-Martens Closed Cup Tester

Association française de normalisation, AFNOR, 11, rue de Pressensé, F-93571 La Plaine Saint-Denis Cedex:

Norme française NF M07-019

Norme française NF M07-011 / NF T30-050 / NF T66-009

Norme française NF M07-036

Deutsches Institut für Normung, Burggrafenstr. 6, D-10787 Berlin:

Norme DIN 51755 (points d'éclair inférieurs à 65 °C)

Comité d'État pour la normalisation, Conseil des ministres, RUS-113813, GSP, Moscou M-49, Leninsky Prospect 9:

GOST 12.1.044-84.

2.3.3.1.2   Pour déterminer le point d'éclair des peintures, colles et autres produits visqueux semblables contenant des solvants, seuls doivent être utilisés les appareils et méthodes d'essai capables de déterminer le point d'éclair des liquides visqueux, conformément aux normes suivantes:

a)   ISO 3679:1983;

b)   ISO 3680:1983;

c)   ISO 1523:1983;

d)   Normes internationales EN ISO 13736 et EN ISO 2719, méthode B.

2.3.3.1.3   Les normes énumérées au 2.3.3.1.1 ne doivent être utilisées que pour les gammes de points d'éclair spécifiées dans chacune de ces normes. En choisissant une norme, il conviendra d'examiner la possibilité de réactions chimiques entre la matière et le porte-échantillon. Sous réserve des exigences de sécurité, l'appareil devra être à l'abri des courants d'air. Pour des raisons de sécurité, on utilisera pour les peroxydes organiques et les matières autoréactives (aussi appelées matières "énergétiques"), ou pour les matières toxiques une méthode utilisant un échantillon de volume réduit, environ 2 ml.

2.3.3.1.4   Lorsque le point d'éclair, déterminé par une méthode de non-équilibre, se trouve être de 23 ± 2 °C ou de 60 ± 2 °C, ce résultat doit être confirmé pour chaque plage de température au moyen d'une méthode d'équilibre.

2.3.3.1.5   En cas de contestation sur le classement d'un liquide inflammable, le classement proposé par l'expéditeur doit être accepté si, lors d'une contre-épreuve de détermination du point d'éclair, on obtient un résultat qui ne s'écarte pas de plus de 2 °C des limites (23 °C et 60 °C respectivement) fixées en 2.2.3.1. Si l'écart est supérieur à 2 °C, on exécute une deuxième contre-épreuve et on retiendra la valeur la plus basse des points d'éclair obtenus dans les deux contre-épreuves.

2.3.3.2   *Détermination du point initial d'ébullition*

Les méthodes ci-après peuvent être utilisées pour déterminer le point initial d'ébullition des liquides inflammables:

Normes internationales:

ISO 3924 (Produits pétroliers - Détermination de la répartition dans l'intervalle de distillation - Méthode par chromatographie en phase gazeuse)
ISO 4626 (Liquides organiques volatils - Détermination de l'intervalle de distillation des solvants organiques utilisés comme matières premières)
ISO 3405 (Produits pétroliers - Détermination des caractéristiques de distillation à pression atmosphérique)

Normes nationales:

American Society for Testing Materials International, 100 Barr Harbor Drive, PO Box C700, West Conshohocken, Pennsylvania, USA 19428-2959:
ASTM D86-07a, Standard test method for distillation of petroleum products at atmospheric pressure
ASTM D1078-05, Standard test method for distillation range of volatile organic liquids

Autres méthodes acceptables:

Méthode A2, telle que décrite en Partie A de l'Annexe du Règlement (CE) No 440/2008 de la Commission[1].

2.3.3.3   *Épreuve pour déterminer la teneur en peroxyde*

Pour déterminer la teneur en peroxyde d'un liquide, on procède comme suit:

On verse dans une fiole d'Erlenmeyer une masse p (environ 5 g pesés à 0,01 g près) du liquide à titrer; on ajoute 20 cm^3 d'anhydride acétique et 1 g environ d'iodure de potassium solide pulvérisé; on agite la fiole et, après 10 minutes, on la chauffe pendant 3 minutes jusqu'à environ 60 °C. Après l'avoir laissée refroidir pendant 5 minutes, on ajoute 25 cm^3 d'eau. On laisse ensuite reposer pendant une demi-heure, puis on titre l'iode libérée avec une solution décinormale d'hyposulfite de sodium, sans addition d'un indicateur, la décoloration totale indiquant la fin de la réaction. Si n est le nombre de cm^3 de solution d'hyposulfite nécessaire, le pourcentage de peroxyde (calculé en H_2O_2) que renferme l'échantillon est obtenu par la formule:

$$\frac{17n}{100p}$$

---

[1]   *Règlement (CE) No 440/2008 de la Commission du 30 mai 2008 établissant des méthodes d'essai conformément au règlement (CE) No 1907/2006 du Parlement européen et du Conseil concernant l'enregistrement, l'évaluation et l'autorisation des substances chimiques, ainsi que les restrictions applicables à ces substances (REACH) (Journal officiel de l'Union européenne, No L 142 du 31.05.2008, p.1-739 et No L 143 du 03.06.2008, p.55).*

2.3.4   *Épreuve pour déterminer la fluidité*

Pour déterminer la fluidité des matières et mélanges liquides, visqueux ou pâteux, on applique la méthode ci-après:

2.3.4.1   *Appareil d'essai*

Pénétromètre commercial conforme à la norme ISO 2137:1985, avec tige guide de 47,5 g ± 0,05 g; disque perforé en duralumin à trous coniques, d'une masse de 102,5 g ± 0,05 g (voir figure 1); récipient de pénétration destiné à recevoir l'échantillon, d'un diamètre intérieur de 72 mm à 80 mm.

2.3.4.2   *Mode opératoire*

On verse l'échantillon dans le récipient de pénétration au moins une demi-heure avant la mesure. Après avoir fermé hermétiquement le récipient, on laisse reposer jusqu'à la mesure. On chauffe l'échantillon dans le récipient de pénétration fermé hermétiquement jusqu'à 35 °C ± 0,5 °C, puis on le place sur le plateau du pénétromètre juste avant d'effectuer la mesure (au maximum 2 minutes avant). On pose alors le centre S du disque perforé sur la surface du liquide et on mesure le taux de pénétration.

2.3.4.3   *Évaluation des résultats*

Une matière est pâteuse si une fois que le centre S a été appliqué à la surface de l'échantillon, la pénétration indiquée par le cadran de la jauge:

a)   est inférieure à 15,0 mm ± 0,3 mm après une durée de mise en charge de 5 s ± 0,1 s, ou

b)   est supérieure à 15,0 mm ± 0,3 mm après une durée de mise en charge de 5 s ± 0,1 s, mais, après une nouvelle période de 55 s ± 0,5 s, la pénétration supplémentaire est inférieure à 5 mm ± 0,5 mm.

NOTA: Dans le cas d'échantillons ayant un point d'écoulement, il est souvent impossible d'obtenir une surface à niveau constant dans le récipient de pénétration et, par conséquent, d'établir clairement les conditions initiales de mesure pour la mise en contact du centre S. En outre, avec certains échantillons, l'impact du disque perforé peut provoquer une déformation élastique de la surface, ce qui dans les premières secondes, donne l'impression d'une pénétration plus profonde. Dans tous ces cas, il peut être approprié d'évaluer les résultats selon l'alinéa b) ci-dessus.

Figure 1 – Pénétromètre

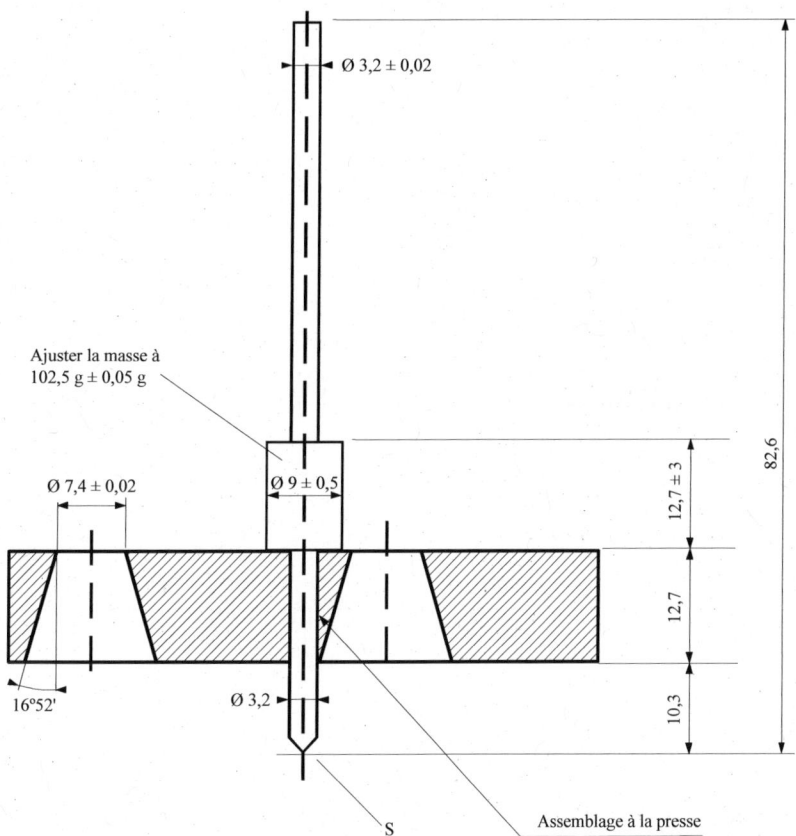

Ø 3,2 ± 0,02

Ajuster la masse à
102,5 g ± 0,05 g

Ø 7,4 ± 0,02

Ø 9 ± 0,5

82,6

12,7 ± 3

12,7

10,3

16º52'

Ø 3,2

S

Assemblage à la presse

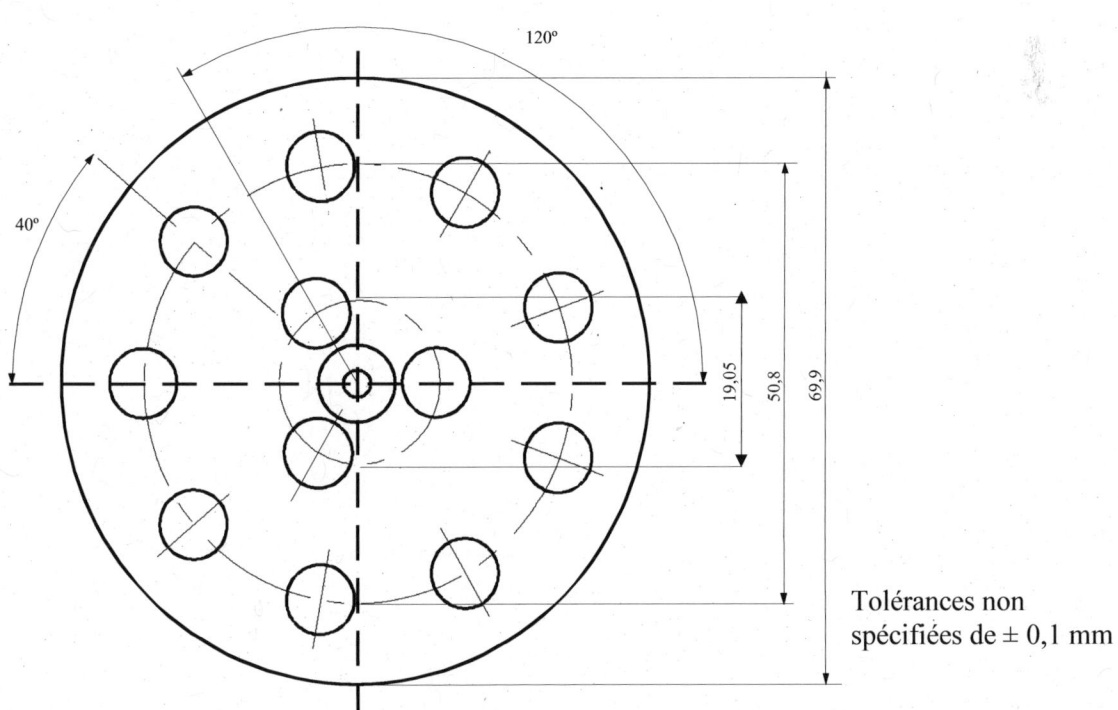

120º

40º

19,05

50,8

69,9

Tolérances non
spécifiées de ± 0,1 mm

2.3.5   **Classification des matières organométalliques dans les classes 4.2 et 4.3**

En fonction de leurs propriétés telles que déterminées selon les épreuves N.1 à N.5 du *Manuel d'épreuves et de critères*, Partie III, section 33, les matières organométalliques peuvent être classées dans les classes 4.2 ou 4.3, selon qu'il convient, conformément au diagramme de décision de la figure 2.3.5.

NOTA 1: Les matières organométalliques peuvent être affectées à d'autres classes, comme il convient, en fonction de leurs autres propriétés et du tableau d'ordre de prépondérance des dangers (voir 2.1.3.10).

*   2: Les solutions inflammables contenant des composés organométalliques à des concentrations telles qu'elles ne dégagent pas de gaz inflammables en quantités dangereuses au contact de l'eau et ne s'enflamment pas spontanément sont des matières de la classe 3.*

Figure 2.3.5 Diagramme de décision pour le classement des matières organométalliques dans les classes 4.2 et 4.3 *b*

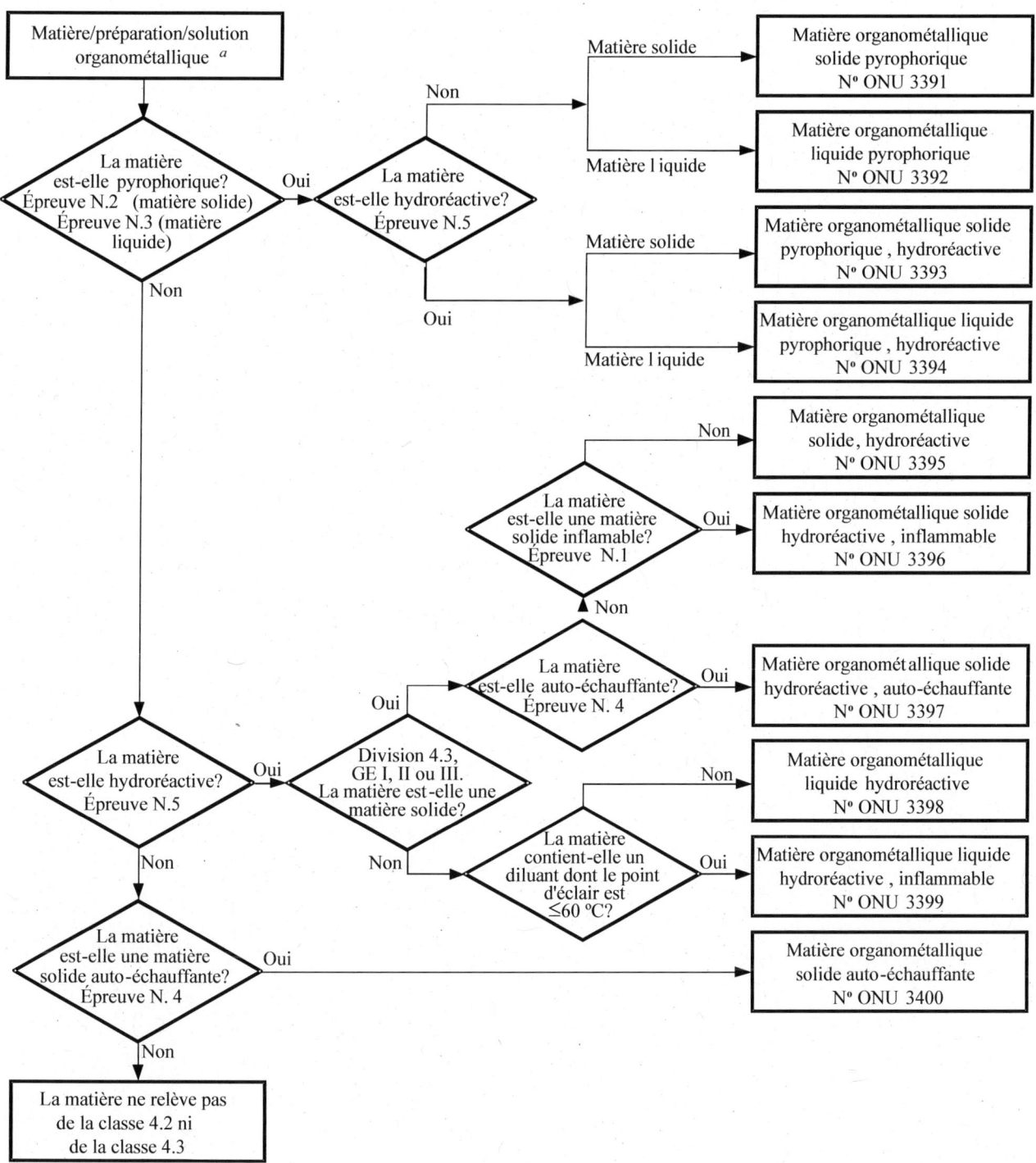

---

a   *Dans les cas appropriés et si des épreuves se justifient compte tenu des propriétés de réactivité, il convient de déterminer si la matière a des propriétés des classes 6.1 ou 8, conformément au tableau de l'ordre de prépondérance des caractéristiques de danger du 2.1.3.10.*

b   *Les méthodes d'épreuve N.1 à N.5 sont décrites dans le Manuel d'épreuves et de critères, troisième partie, section 33.*

-181-

CHAPITRE 2.4

CRITERES RELATIFS AUX MATIERES DANGEREUSES POUR L'ENVIRONNEMENT AQUATIQUE

2.4.1 Définitions générales

2.4.1.1 Les matières dangereuses pour l'environnement comprennent notamment les substances (liquides ou solides) qui polluent le milieu aquatique et leurs solutions et mélanges (dont les préparations et déchets). Aux fins du présent chapitre, on entend par 'substance', un élément chimique et ses composés, présents à l'état naturel ou obtenus grâce à un procédé de production. Ce terme inclut tout additif nécessaire pour préserver la stabilité du produit ainsi que toute impureté produite par le procédé utilisé, mais exclut tout solvant pouvant en être extrait sans affecter la stabilité ni modifier la composition de la substance.

2.4.1.2 Par 'milieu aquatique', on peut entendre les organismes aquatiques qui vivent dans l'eau et l'écosystème aquatique dont ils font partie.[1] La détermination des dangers repose donc sur la toxicité de la substance ou du mélange pour les organismes aquatiques, même si celle-ci peut évoluer compte tenu des phénomènes de dégradation et de bioaccumulation.

2.4.1.3 La procédure de classification décrite ci-dessous est conçue pour s'appliquer à toutes les substances et à tous les mélanges, mais il faut admettre que dans certains cas, par exemple pour les métaux ou les composés inorganiques peu solubles, des directives particulières seront nécessaires.[2]

2.4.1.4 Aux fins de la présente section, on entend par:

- BPL: bonnes pratiques de laboratoire;

- CE_x: concentration associée à une réponse de x %;

- CE_{50}: concentration effective d'une substance dont l'effet correspond à 50 % de la réponse maximum;

- $C(E)L_{50}$: la CL_{50} ou la CE_{50};

- CEr_{50}: la CE_{50} en terme de réduction du taux de croissance;

- CL_{50}: concentration d'une substance dans l'eau qui provoque la mort de 50 % (la moitié) d'un groupe d'animaux tests;

- CSEO (concentration sans effet observé): concentration expérimentale juste inférieure à la plus basse concentration testée dont l'effet nocif est statistiquement significatif. La CSEO n'a pas d'effet nocif statistiquement significatif, comparé à celui de l'essai;

- DBO: demande biochimique en oxygène;

- DCO: demande chimique en oxygène;

- FBC: facteur de bioconcentration;

- K_{oe}: coefficient de partage octanol-eau;

---

[1] Ne sont pas visés les polluants aquatiques dont il peut être nécessaire de considérer les effets au-delà du milieu aquatique, par exemple sur la santé humaine.

[2] Voir l'annexe 10 du SGH.

–   Lignes directrices de l'OCDE: lignes directrices pour les essais publiées par l'Organisation de coopération et de développement économiques (OCDE).

2.4.2   Définitions et données nécessaires

2.4.2.1   Les principaux éléments à prendre en considération aux fins de la classification des matières dangereuses pour l'environnement (milieu aquatique) sont les suivants:

a)   toxicité aiguë pour le milieu aquatique;

b)   toxicité chronique pour le milieu aquatique;

c)   bioaccumulation potentielle ou réelle; et

d)   dégradation (biotique ou abiotique) des composés organiques.

2.4.2.2   Si la préférence va aux données obtenues par les méthodes d'essai harmonisées à l'échelon international, en pratique, les données livrées par des méthodes nationales pourront aussi être utilisées lorsqu'elles sont jugées équivalentes. Les données relatives à la toxicité à l'égard des espèces d'eau douce et des espèces marines sont généralement considérées comme équivalentes et doivent de préférence être obtenues suivant les Lignes directrices pour les essais de l'OCDE ou des méthodes équivalentes, conformes aux bonnes pratiques de laboratoire (BPL). À défaut de ces données, la classification doit s'appuyer sur les meilleures données disponibles.

2.4.2.3   **Toxicité aquatique aiguë** désigne la propriété intrinsèque d'une substance de provoquer des effets néfastes sur des organismes aquatiques lors d'une exposition de courte durée en milieu aquatique.

Danger aigu (à court terme) signifie, aux fins de la classification, le danger d'un produit chimique résultant de sa toxicité aiguë pour un organisme lors d'une exposition de courte durée à ce produit chimique en milieu aquatique.

La toxicité aiguë pour le milieu aquatique doit normalement être déterminée à l'aide d'une CL_{50} 96 heures sur le poisson (Ligne directrice 203 de l'OCDE ou essai équivalent), une CE_{50} 48 heures sur un crustacé (Ligne directrice 202 de l'OCDE ou essai équivalent) et/ou une CE_{50} 72 ou 96 heures sur une algue (Ligne directrice 201 de l'OCDE ou essai équivalent). Ces espèces sont considérées comme représentatives de tous les organismes aquatiques et les données relatives à d'autres espèces telles que Lemna peuvent aussi être prises en compte si la méthode d'essai est appropriée.

2.4.2.4   **Toxicité aquatique chronique** désigne la propriété intrinsèque d'une substance de provoquer des effets néfastes sur des organismes aquatiques, au cours d'expositions en milieu aquatique déterminées en relation avec le cycle de vie de ces organismes.

Danger à long terme signifie, aux fins de la classification, le danger d'un produit chimique résultant de sa toxicité chronique à la suite d'une exposition de longue durée en milieu aquatique.

Il existe moins de données sur la **toxicité chronique** que sur la toxicité aiguë et l'ensemble des méthodes d'essai est moins normalisé. Les données obtenues suivant les Lignes directrices de l'OCDE 210 (Poisson, essai de toxicité aux premiers stades de la vie) ou 211 (Daphnia magna, essai de reproduction) et 201 (Algues, essai d'inhibition de la croissance) peuvent être acceptées. D'autres essais validés et reconnus au niveau international conviennent également. Les CSEO ou d'autres CE_x équivalentes devront être utilisés.

2.4.2.5   **Bioaccumulation** désigne le résultat net de l'absorption, de la transformation et de l'élimination d'une substance par un organisme à partir de toutes les voies d'exposition (via l'atmosphère, l'eau, les sédiments/sol et l'alimentation).

Le potentiel de bioaccumulation se détermine habituellement à l'aide du coefficient de répartition octanol/eau, généralement donné sous forme logarithmique (log K_{oe}), déterminé selon les Lignes directrices 107, 117 ou 123 de l'OCDE. Cette méthode ne donne qu'une valeur théorique, alors que le facteur de bioconcentration (FBC) déterminé expérimentalement offre une meilleure mesure et devrait être utilisé de préférence à celle-ci, lorsqu'il est disponible. Le facteur de bioconcentration doit être défini conformément à la Ligne directrice 305 de l'OCDE.

2.4.2.6   **Dégradation** signifie la décomposition de molécules organiques en molécules plus petites et finalement en dioxyde de carbone, eau et sels.

Dans l'environnement, la dégradation peut être biologique ou non biologique (par exemple par hydrolyse) et les critères appliqués reflètent ce point. La biodégradation facile peut être déterminée en utilisant les essais de biodégradabilité (A-F) de la Ligne directrice 301 de l'OCDE. Les substances qui atteignent les niveaux de biodégradabilité requis par ces tests peuvent être considérées comme capables de se dégrader rapidement dans la plupart des milieux. Ces essais se déroulent en eau douce; par conséquent, les résultats de la Ligne directrice 306 de l'OCDE (qui se prête mieux au milieu marin) doivent également être pris en compte. Si ces données ne sont pas disponibles, on considère qu'un rapport DBO5 (demande biochimique en oxygène sur 5 jours) /DCO (demande chimique en oxygène) $\geq$ 0,5 indique une dégradation rapide. Une dégradation abiotique telle qu'une hydrolyse, une dégradation primaire, que ce soit biotique ou abiotique, une dégradation dans les milieux non aquatiques et une dégradation rapide prouvée dans l'environnement peuvent toutes être prises en considération dans la définition de la dégradabilité rapide.[3]

Les substances sont considérées comme rapidement dégradables dans l'environnement si les critères suivants sont satisfaits:

a)   Si, au cours des études de biodégradation facile sur 28 jours, on obtient les pourcentages de dégradation suivants:

    i)   Essais fondés sur le carbone organique dissous: 70 %;

    ii)   Essais fondés sur la disparition de l'oxygène ou la formation de dioxyde de carbone: 60 % du maximum théorique;

Il faut parvenir à ces niveaux de biodégradation dans les dix jours qui suivent le début de la dégradation, ce dernier correspondant au stade où 10 % de la substance est dégradée, à moins que la substance ne soit identifiée comme une substance complexe à multicomposants, avec des constituants ayant une structure similaire. Dans ce cas, et lorsque il y a une justification suffisante, il peut être dérogé à la condition relative à l'intervalle de temps de 10 jours et l'on considère que le niveau requis de biodégradation est atteint au bout de 28 jours[4]; ou

b)   Si, dans les cas où seules les données sur la DBO et la DCO sont disponibles, le rapport DBO5/DCO est $\geq$ 0,5; ou

c)   S'il existe d'autres données scientifiques convaincantes démontrant que la substance peut être dégradée (par voie biotique et/ou abiotique) dans le milieu aquatique dans une proportion supérieure à 70 % en l'espace de 28 jours.

---

[3]   *Des indications particulières sur l'interprétation des données sont fournies dans le chapitre 4.1 et l'annexe 9 du SGH.*

[4]   *Voir chapitre 4.1 et annexe 9, paragraphe A9.4.2.2.3 du SGH.*

2.4.3   **Catégories et critères de classification des substances**

> *NOTA: La catégorie toxicité Chronique 4 du chapitre 4.1 du SGH reprise dans la présente section à titre informatif, bien qu'elle ne soit pas pertinente dans le cadre de l'ADN.*

2.4.3.1   Sont considérées comme dangereuses pour l'environnement (milieu aquatique):

         a)   Pour le transport en colis, les substances répondant aux critères de toxicité Aiguë 1, Chronique 1 ou Chronique 2 conformément au tableau 2.4.3.1 ci-dessous; et

         b)   Pour le transport en bateaux-citernes;

les substances satisfaisant aux critères de toxicité Aiguë 1, 2 ou 3, ou de toxicité Chronique 1, 2 ou 3, conformément au tableau 2.4.3.1 ci-dessous.

Tableau 2.4.3.1 Catégories pour les substances dangereuses pour le milieu aquatique (*voir Nota 1*)

a) **Danger aigu (à court terme) pour le milieu aquatique**	
Catégorie: Aiguë 1 (*Nota 2*)	
CL_{50} 96 h (pour les poissons)	≤ 1 mg/l et/ou
CE_{50} 48 h (pour les crustacés)	≤ 1 mg/l et/ou
CEr_{50} 72 ou 96 h (pour les algues et d'autres plantes aquatiques)	≤ 1 mg/l (*voir Nota 3*)
Catégorie: Aiguë 2	
CL_{50} 96 h (pour les poissons)	> 1 mais ≤ 10 mg/l et/ou
CE_{50} 48 h (pour les crustacés)	> 1 mais ≤ 10 mg/l et/ou
CEr_{50} 72 ou 96 h (pour les algues ou d'autres plantes aquatiques)	> 1 mais ≤ 10 mg/l (*voir Nota 3*)
Catégorie: Aiguë 3	
CL_{50} 96 h (pour les poissons)	> 10 mais ≤ 100 mg/l et/ou
CE_{50} 48 h (pour les crustacés)	> 10 mais ≤ 100 mg/l et/ou
CEr_{50} 72 ou 96 h (pour les algues ou d'autres plantes aquatiques)	> 10 mais ≤ 100 mg/l (*voir Nota 3*)
b) **Danger à long terme pour le milieu aquatique** (*voir aussi la figure 2.4.3.1*)	
i) Substances non rapidement dégradables (*voir Nota 4*) pour lesquelles il existe des données appropriées sur la toxicité chronique	
Catégorie: Chronique 1 (*voir Nota 2*)	
CSEO ou CE_x chronique (pour les poissons)	≤ 0,1 mg/l et/ou
CSEO ou CE_x chronique (pour les crustacés)	≤ 0,1 mg/l et/ou
CSEO ou CE_x chronique (pour les algues ou d'autres plantes aquatiques)	≤ 0,1 mg/l
Catégorie: Chronique 2	
CSEO ou CE_x chronique (pour les poissons)	≤ 1 mg/l et/ou
CSEO ou CE_x chronique (pour les crustacés)	≤ 1 mg/l et/ou
CSEO ou CE_x chronique (pour les algues ou d'autres plantes aquatiques)	≤ 1 mg/l
ii) Substances rapidement dégradables pour lesquelles il existe des données appropriées sur la toxicité chronique	
Catégorie: Chronique 1 (*voir Nota 2*)	
CSEO ou CE_x chronique (pour les poissons)	≤ 0,01 mg/l et/ou
CSEO ou CE_x chronique (pour les crustacés)	≤ 0,01 mg/l et/ou
CSEO ou CE_x chronique (pour les algues ou d'autres plantes aquatiques)	≤ 0,01 mg/l

Catégorie: Chronique 2

CSEO ou CE$_x$ chronique (pour les poissons)	≤ 0,1 mg/l et/ou
CSEO ou CE$_x$ chronique (pour les crustacés)	≤ 0,1 mg/l et/ou
CSEO ou CE$_x$ chronique (pour les algues ou d'autres plantes aquatiques)	≤ 0,1 mg/l

Catégorie: Chronique 3

CSEO ou CE$_x$ chronique (pour les poissons)	≤ 1 mg/l et/ou
CSEO ou CE$_x$ chronique (pour les crustacés)	≤ 1 mg/l et/ou
CSEO ou CE$_x$ chronique (pour les algues ou d'autres plantes aquatiques)	≤ 1 mg/l

iii)   Substances pour lesquelles il n'existe pas de données appropriées sur la toxicité chronique

Catégorie: Chronique 1 (*voir Nota 2*)

CL$_{50}$ 96 h (pour les poissons)	≤ 1 mg/l et/ou
CE$_{50}$ 48 h (pour les crustacés)	≤ 1 mg/l et/ou
CEr$_{50}$ 72 ou 96 h (pour les algues ou d'autres plantes aquatiques)	≤ 1 mg/l (*voir Nota 3*)

et la substance n'est pas rapidement dégradable et/ou le facteur de bioconcentration déterminé par voie expérimentale est ≥ 500 (ou, s'il est absent, log K$_{oe}$ ≥ 4) (*voir Notas 4 et 5*).

Catégorie: Chronique 2

CL$_{50}$ 96 h (pour les poissons)	> 1 mais ≤ 10 mg/l et/ou
CE$_{50}$ 48 h (pour les crustacés)	> 1 mais ≤ 10 mg/l et/ou
CEr$_{50}$ 72 ou 96 h (pour les algues ou d'autres plantes aquatiques)	> 1 mais ≤ 10 mg/l (*voir Nota 3*)

et la substance n'est pas rapidement dégradable et/ou le facteur de bioconcentration déterminé par voie expérimentale est ≥ 500 (ou, s'il est absent, log K$_{oe}$ ≥ 4) (*voir Notas 4 et 5*).

Catégorie: Chronique 3

CL$_{50}$ 96 h (pour les poissons)	> 10 mais ≤ 100 mg/l et/ou
CE$_{50}$ 48 h (pour les crustacés)	> 10 mais ≤ 100 mg/l et/ou
CEr$_{50}$ 72 ou 96 h (pour les algues ou d'autres plantes aquatiques)	> 10 mais ≤ 100 mg/l (*voir Nota 3*)

et la substance n'est pas rapidement dégradable et/ou le facteur de bioconcentration déterminé par voie expérimentale est ≥ 500 (ou, s'il est absent, log K$_{oe}$ ≥ 4) (*voir Notas 4 et 5*).

c)   **Classification de type "filet de sécurité"**

Catégorie: Chronique 4

Les substances peu solubles pour lesquelles aucune toxicité aiguë n'a été enregistrée aux concentrations allant jusqu'à leur solubilité dans l'eau, qui ne se dégradent pas rapidement et qui possèdent un K$_{oe}$ ≥ 4, indiquant qu'elles sont susceptibles de s'accumuler dans les organismes vivants, seront classées dans cette catégorie, à moins que d'autres données scientifiques montrent que cette classification est inutile. Ces données scientifiques incluent un facteur de bioconcentration déterminé par voie expérimentale < 500 ou des CSEO de toxicité chronique > 1 mg/l, ou des données attestant une dégradation rapide dans l'environnement.

Les substances relevant uniquement de cette catégorie de toxicité Chronique 4 ne sont pas considérées comme dangereuses pour l'environnement au sens de l'ADN.

NOTA 1: *Les organismes testés, poissons, crustacés et algues sont des espèces représentatives couvrant une gamme étendue de niveaux trophiques et de taxons, et les méthodes d'essai sont très normalisées. Les données relatives à d'autres organismes peuvent aussi être prises en compte, à condition qu'elles représentent une espèce et des effets expérimentaux équivalents.*

2: Lors de la classification des substances comme ayant une toxicité Aiguë 1 et/ou Chronique 1, il est nécessaire d'indiquer en même temps un facteur M approprié (voir 2.4.4.6.4) à employer dans la méthode de la somme.

3: Si la toxicité à l'égard des algues C(E)r$_{50}$ = [concentration induisant un effet sur le taux de croissance de 50 % de la population] est plus de 100 fois inférieure à celle de l'espèce de sensibilité la plus voisine et entraîne une classification basée uniquement sur cet effet, il conviendrait de vérifier si cette toxicité est représentative de la toxicité *envers les plantes aquatiques. S'il a été démontré que tel n'est pas le cas, il appartiendra à un expert de décider si on doit procéder à la classification. La classification devrait être basée sur la CEr₅₀. Dans les cas où les conditions de détermination de la CE₅₀ ne sont pas stipulées et qu'aucune CEr₅₀ n'a été rapportée, la classification doit s'appuyer sur la CE₅₀ la plus faible.*

4: L'absence de dégradabilité rapide se fonde soit sur l'absence de biodégradabilité facile soit sur d'autres données montrant l'absence de dégradation rapide. Lorsqu'il n'existe pas de données utiles sur la dégradabilité, soit déterminées expérimentalement soit évaluées, la substance doit être considérée comme non rapidement dégradable.

5: Potentiel de bioaccumulation basé sur un facteur de bioconcentration ≥ 500 obtenu par voie expérimentale ou, à défaut, un log $K_{oe} \geq 4$ à condition que le log K_{oe} soit un descripteur approprié du potentiel de bioaccumulation de la substance. Les valeurs mesurées du log K_{oe} priment sur les valeurs estimées, et les valeurs mesurées du facteur de bioconcentration priment sur les valeurs du log K_{oe}.

Figure 2.4.3.1 Catégories pour les substances dangereuses (à long terme) pour le milieu aquatique

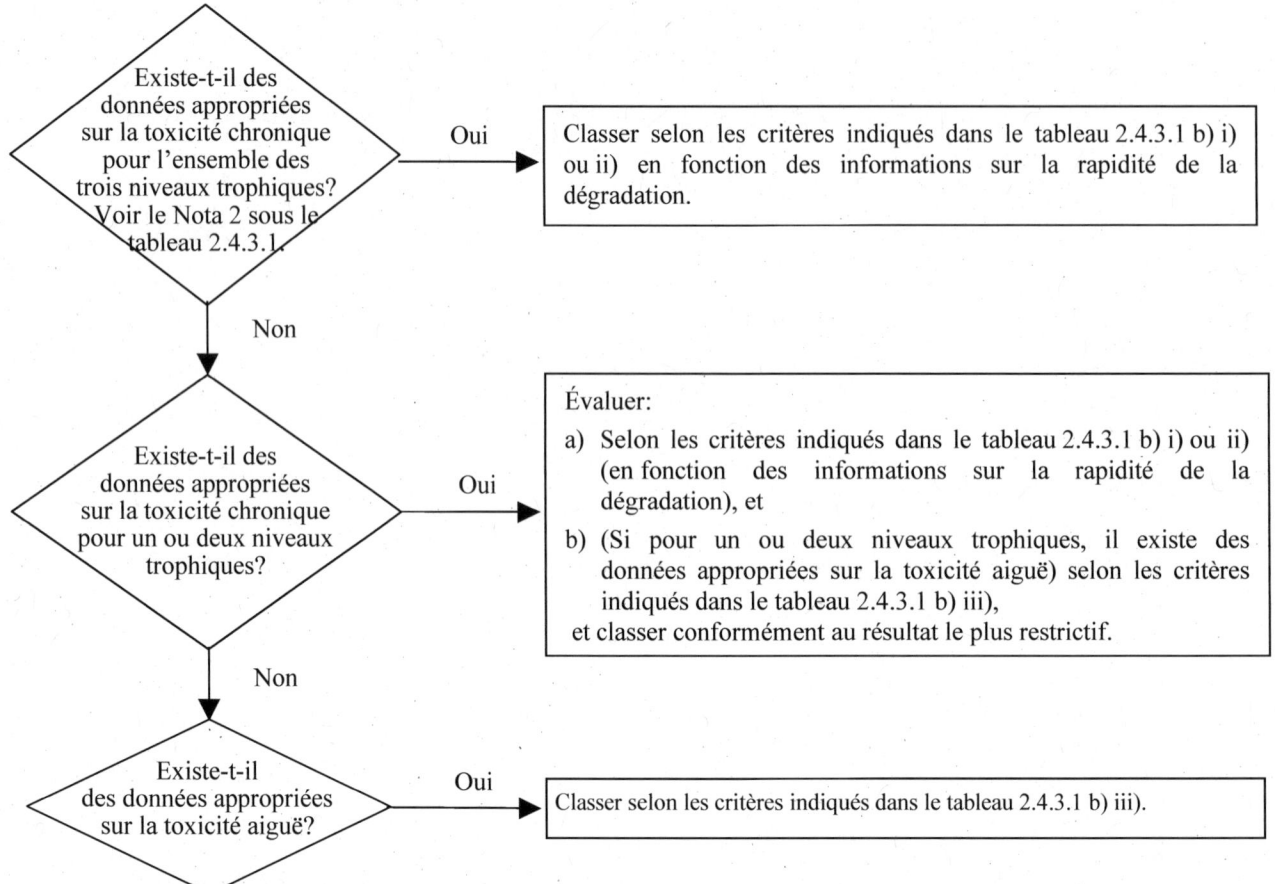

2.4.3.2   Le schéma de classification au tableau 2.4.3.2 ci-après résume les critères de classification pour les substances.

Tableau 2.4.3.2 Schéma de classification pour les substances dangereuses pour le milieu aquatique

Catégories de classification			
Danger aigu (*Nota 1*)	**Danger à long terme** (*Nota 2*)		
	Données appropriées sur la toxicité chronique disponibles		**Données appropriées sur la toxicité chronique non disponibles** (*Nota 1*)
	Substances non rapidement dégradables (*Nota 3*)	**Substances rapidement dégradables** (*Nota 3*)	
Catégorie: Aiguë 1	**Catégorie: Chronique 1**	**Catégorie: Chronique 1**	**Catégorie: Chronique 1**
$C(E)L_{50} \le 1,00$	CSEO ou $CE_x \le 0,1$	CSEO ou $CE_x \le 0,01$	$C(E)L_{50} \le 1,00$ et absence de dégradabilité rapide et/ou facteur de bioconcentration ≥ 500 ou s'il est absent log $K_{oe} \ge 4$
Catégorie: Aiguë 2	**Catégorie: Chronique 2**	**Catégorie: Chronique 2**	**Catégorie: Chronique 2**
$1,00 < C(E)L_{50} \le 10,0$	$0,1 < $ CSEO ou $CE_x \le 1$	$0,01 < $ CSEO ou $CE_x \le 0,1$	$1,00 < C(E)L_{50} \le 10,0$ et absence de dégradabilité rapide et/ou facteur de bioconcentration ≥ 500 ou s'il est absent log $K_{oe} \ge 4$
Catégorie: Aiguë 3		**Catégorie: Chronique 3**	**Catégorie: Chronique 3**
$10,0 < C(E)L_{50} \le 100$		$0,1 < $ CSEO ou $CE_x \le 1$	$10,0 < C(E)L_{50} \le 100$ et absence de dégradabilité rapide et/ou facteur de bioconcentration ≥ 500 ou s'il est absent log $K_{oe} \ge 4$
	Catégorie: Chronique 4 (*Nota 4*) Exemple: (*Nota 5*) Aucune toxicité aiguë et absence de dégradabilité rapide et facteur de bioconcentration ≥ 500 ou s'il est absent log $K_{oe} \ge 4$, à moins que les CSEO > 1 mg/l		

NOTA 1: *Gamme de toxicité aiguë fondée sur les valeurs de la $C(E)L_{50}$ en mg/l pour les poissons, les crustacés et/ou les algues ou d'autres plantes aquatiques (ou estimation de la relation quantitative structure-activité en l'absence de données expérimentales[5]).*

2: Les substances sont classées en diverses catégories de toxicité chronique à moins que des données appropriées sur la toxicité chronique ne soient disponibles pour l'ensemble des trois niveaux trophiques à concentration supérieure à celle qui est soluble dans l'eau ou à 1 mg/l. Par "appropriées", on entend que les données englobent largement les sujets de préoccupation. Généralement, cela veut dire des données mesurées lors d'essais, mais afin d'éviter des essais inutiles, on peut aussi évaluer les données au cas par cas, par exemple établir des relations (quantitatives) structure-activité, ou pour les cas évidents, faire appel au jugement d'un expert.

3: Gamme de toxicité chronique fondée sur les valeurs de la CSEO ou de la CE_x équivalente en mg/l pour les poissons ou les crustacés ou d'autres mesures reconnues pour la toxicité chronique.

4: Le système introduit également une classification de type "filet de sécurité" (nommée catégorie Chronique 4) à utiliser lorsque les données disponibles ne permettent pas le classement d'après les critères officiels, mais suscitent néanmoins certaines préoccupations.

5: Pour les substances peu solubles pour lesquelles aucune toxicité aiguë n'a été observée aux concentrations allant jusqu'à leur solubilité dans l'eau, qui ne se dégradent pas rapidement et ont un potentiel de bioaccumulation, cette catégorie devrait s'appliquer à moins qu'il ne puisse être prouvé que la substance n'exige pas d'être classée comme présentant des dangers à long terme pour le milieu aquatique.

---

[5]   *Des indications particulières sont fournies au chapitre 4.1, par. 4.1.2.13 et à l'annexe 9, sect. A9.6 du SGH.*

2.4.4 **Catégories et critères de classification des mélanges**

> *NOTA: La catégorie toxicité Chronique 4 du chapitre 4.1 du SGH est reprise dans la présente section à titre informatif, bien qu'elle ne soit pas pertinente dans le cadre de l'ADN.*

2.4.4.1 Le système de classification des mélanges reprend les catégories de classification utilisées pour les substances: les catégories Aiguë 1 à 3 et Chronique 1 à 4. L'hypothèse énoncée ci-après permet, s'il y a lieu, d'exploiter toutes les données disponibles aux fins de la classification des dangers du mélange pour le milieu aquatique:

Les "composants pertinents" d'un mélange sont ceux dont la concentration est supérieure ou égale à 0,1 % (masse) pour les composants classés comme ayant une toxicité Aiguë et/ou Chronique 1, et égale ou supérieure à 1 % (masse) pour les autres composants, sauf si l'on suppose (par exemple dans le cas d'un composé très toxique) qu'un composant présent à une concentration inférieure à 0,1 % justifie néanmoins la classification du mélange en raison du danger qu'il présente pour le milieu aquatique.

2.4.4.2 La classification des dangers pour le milieu aquatique obéit à une démarche séquentielle et dépend du type d'information disponible pour le mélange proprement dit et ses composants. La démarche séquentielle comprend:

a) Une classification fondée sur des mélanges testés;

b) Une classification fondée sur les principes d'extrapolation;

c) La méthode de la 'somme des composants classés' et/ou l'application d'une 'formule d'additivité'.

La figure 2.4.4.2 décrit la marche à suivre.

Figure 2.4.4.2: Démarche séquentielle appliquée à la classification des mélanges en fonction des dangers aigus ou à long terme qu'ils présentent pour le milieu aquatique

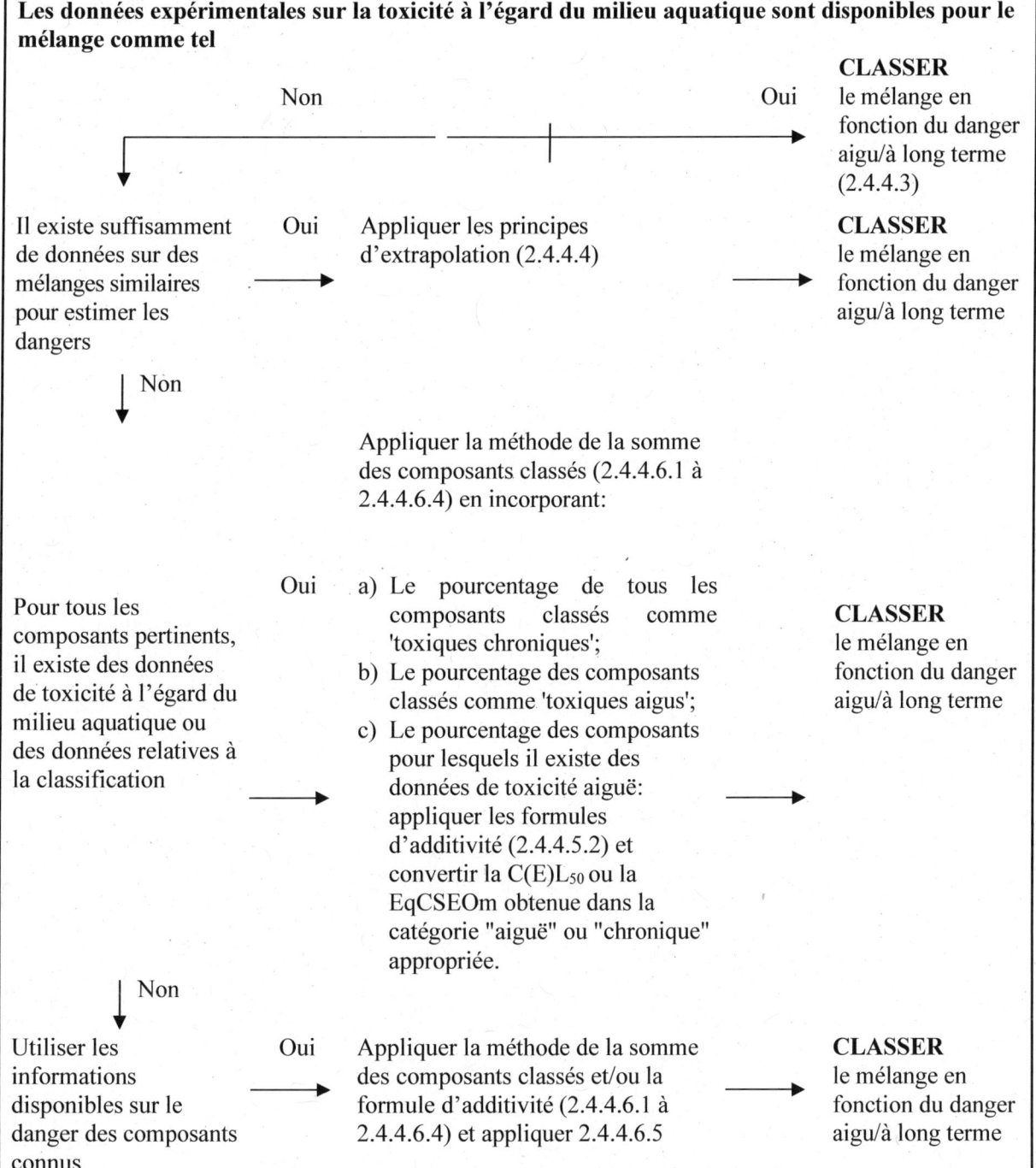

2.4.4.3 *Classification des mélanges lorsqu'il existe des données relatives à la toxicité sur le mélange comme tel*

2.4.4.3.1 Si la toxicité du mélange à l'égard du milieu aquatique a été testée, cette information peut être utilisée pour classer le mélange selon les critères adoptés pour les substances. La classification doit normalement s'appuyer sur les données concernant les poissons, les crustacés, les algues/plantes (voir 2.4.2.3 et 2.4.2.4). Si l'on ne dispose pas de données appropriées sur la toxicité aiguë ou chronique pour le mélange en tant que tel, on doit appliquer des "principes d'extrapolation" ou la "méthode de la somme" (voir 2.4.4.4 and 2.4.4.5).

2.4.4.3.2 La classification des dangers à long terme des mélanges nécessite des informations supplémentaires sur la dégradabilité et dans certains cas sur la bioaccumulation. Il n'existe pas de données sur la dégradabilité et sur la bioaccumulation pour les mélanges en tant que tels. Les essais de dégradabilité et de bioaccumulation pour les mélanges ne sont pas employés parce qu'ils sont habituellement difficiles à interpréter, et que ces essais n'ont de sens que pour des substances prises isolément.

2.4.4.3.3 Classification dans les catégories Aiguë 1, 2 et 3

    a) Si l'on dispose de données expérimentales appropriées sur la toxicité aiguë (CL_{50} ou CE_{50}) du mélange testé en tant que tel indiquant $C(E)L_{50} \leq 100$ mg/l:

        Classer le mélange dans les catégories Aiguë 1, 2 ou 3 conformément au tableau 2.4.3.1 a);

    b) Si l'on dispose de données expérimentales sur la toxicité aiguë ($CL_{50}(s)$ ou $CE_{50}(s)$) pour le mélange testé en tant que tel indiquant $C(E)L_{50}(s) > 100$ mg/l ou une concentration supérieure à celle qui est soluble dans l'eau:

        Il n'est pas nécessaire de classer le mélange dans une catégorie de danger aigu conformément à l'ADN.

2.4.4.3.4 Classification dans les catégories Chronique 1, 2 et 3

    a) Si l'on dispose de données appropriées sur la toxicité chronique (CE_x ou CSEO) du mélange testé en tant que tel indiquant CE_x ou CSEO ≤ 1 mg/l:

        i) Classer le mélange dans les catégories Chronique 1 2 ou 3 conformément au tableau 2.4.3.1 b) ii) (rapidement dégradable) si les informations disponibles permettent de conclure que tous les composants pertinents du mélange sont rapidement dégradables;

        NOTA : Dans ce cas, si le mélange testé présente une CE_x ou CSEO > 1 mg/l, il n'est pas nécessaire de classer le mélange dans une catégorie de danger à long terme conformément à l'ADN.

        ii) Classer le mélange dans les catégories Chronique 1 2 ou 3 dans tous les autres cas conformément au tableau 2.4.3.1 b) i) (non rapidement dégradable);

    b) Si l'on dispose de données appropriées sur la toxicité chronique (CE_x ou CSEO) du mélange testé en tant que tel indiquant $CE_x(s)$ ou CSEO(s) > 1 mg/l ou une concentration supérieure à celle qui est soluble dans l'eau:

        Il n'est pas nécessaire de classer le mélange dans une catégorie de danger à long terme conformément à l'ADN.

2.4.4.3.5 Classification dans la catégorie Chronique 4

S'il y a néanmoins des motifs de préoccupation:

Classer le mélange dans la catégorie Chronique 4 (classification de type "filet de sécurité") conformément au tableau 2.4.3.1 c).

2.4.4.4   ***Classification des mélanges lorsqu'il n'existe pas de données relatives à la toxicité sur le mélange: principes d'extrapolation***

2.4.4.4.1   Si la toxicité du mélange à l'égard du milieu aquatique n'a pas été testée par voie expérimentale, mais qu'il existe suffisamment de données sur les composants et sur des mélanges similaires testés pour caractériser correctement les dangers du mélange, ces données seront utilisées conformément aux règles d'extrapolation exposées ci-après. De cette façon, le processus de classification utilise au maximum les données disponibles afin de caractériser les dangers du mélange sans recourir à des essais supplémentaires sur animaux.

2.4.4.4.2   *Dilution*

Si un nouveau mélange est formé par dilution d'un mélange ou d'une substance testé avec un diluant classé dans une catégorie de toxicité égale ou inférieure à celle du composant original le moins toxique et qui n'est pas supposé influer sur la toxicité des autres composants, le mélange résultant sera classé comme équivalent au mélange ou à la substance d'origine testé. S'il en est autrement, la méthode décrite au 2.4.4.5 peut être appliquée.

2.4.4.4.3   *Variation entre les lots*

La toxicité d'un lot testé d'un mélange à l'égard du milieu aquatique peut être considérée comme largement équivalente à celle d'un autre lot non testé du même mélange commercial lorsqu'il est produit par ou sous le contrôle du même fabricant, sauf si l'on a une raison de croire que la composition du mélange varie suffisamment pour modifier la toxicité du lot non testé à l'égard du milieu aquatique. Si tel est le cas, une nouvelle classification s'impose.

2.4.4.4.4   *Concentration des mélanges classés dans les catégories les plus toxiques (Chronique 1 et Aiguë 1)*

Si un mélange testé est classé dans les catégories Chronique 1 et/ou Aiguë 1 et que l'on accroît la concentration de composants toxiques classés dans ces mêmes catégories de toxicité, le mélange concentré non testé doit demeurer dans la même catégorie que le mélange original testé, sans essai supplémentaire.

2.4.4.4.5   *Interpolation au sein d'une catégorie de toxicité*

Dans le cas de trois mélanges (A, B et C) de composants identiques, où les mélanges A et B ont été testés et sont dans la même catégorie de toxicité et où le mélange C non testé contient les mêmes composants toxicologiquement actifs que les mélanges A et B mais à des concentrations comprises entre celles de ces composants dans les mélanges A et B, on considère que le mélange C appartient à la même catégorie de toxicité que A et B.

2.4.4.4.6   *Mélanges fortement semblables*

Soit:

a)   Deux mélanges:

    i)   A + B;

    ii)   C + B;

b)   La concentration du composant B est essentiellement identique dans les deux mélanges;

c)　　La concentration du composant A dans le mélange i) est égale à celle du composant C dans le mélange ii);

d)　　Les données relatives aux dangers pour le milieu aquatique de A et de C sont disponibles et essentiellement équivalentes, autrement dit, ces deux composants appartiennent à la même catégorie de danger et ne devraient pas affecter la toxicité de B.

Si le mélange i) ou ii) est déjà classé d'après des données expérimentales, l'autre mélange doit être classé dans la même catégorie de danger.

2.4.4.5　　*Classification des mélanges lorsqu'il existe des données relatives à la toxicité pour tous les composants ou seulement certains d'entre eux*

2.4.4.5.1　　La classification d'un mélange résulte de la somme des concentrations de ses composants classés. Le pourcentage de composants classés comme 'toxiques aigus' ou 'toxiques chroniques' est introduit directement dans la méthode de la somme. Les paragraphes 2.4.4.6.1 à 2.4.4.6.4 décrivent les détails de cette méthode.

2.4.4.5.2　　Les mélanges peuvent comporter à la fois des composants classés (catégories Aiguë 1 à 3 et/ou Chronique 1 à 4) et des composants pour lesquels il existe des données expérimentales de toxicité appropriées. Si l'on dispose de données de toxicité appropriées pour plus d'un composant du mélange, la toxicité globale de ces composants se calculera à l'aide des formules a) et b) d'additivité ci-dessous, en fonction de la nature des données sur la toxicité:

a)　　En fonction de la toxicité aquatique aiguë:

$$\frac{\sum C_i}{C(E)L_{50m}} = \sum_n \frac{C_i}{C(E)L_{50i}}$$

où:

C_i　　　　　=　　concentration du composant i (pourcentage en masse);

$C(E)L_{50i}$　　=　　CL_{50} ou CE_{50} pour le composant i, en mg/l;

n　　　　　=　　nombre de composants, et i allant de 1 à n;

$C(E)L_{50m}$　=　　$C(E)L_{50}$ de la fraction du mélange constituée de composants pour lesquels il existe des données expérimentales;

La toxicité calculée peut être employée pour attribuer à cette fraction du mélange une catégorie de danger aigu qui peut par la suite être utilisée lors de l'application de la méthode de la somme;

b)　　En fonction de la toxicité aquatique chronique:

$$\frac{\sum C_i + \sum C_j}{EqCSEO_m} = \sum_n \frac{C_i}{CSEO_i} + \sum_n \frac{C_j}{0,1 \times CSEO_j}$$

où:

C_i　　　　=　　concentration du composant i (pourcentage en masse), comprenant les composants rapidement dégradables;

C_j　　　　=　　concentration du composant j (pourcentage en masse), comprenant les composants non rapidement dégradables;

$CSEO_i$　　=　　CSEO (ou autres mesures admises pour la toxicité chronique) pour le composant i, comprenant les composants rapidement dégradables, en mg/l;

$CSEO_j$　　=　　CSEO (ou autres mesures admises pour la toxicité chronique) pour le composant j, comprenant les composants non rapidement dégradables, en mg/l;

n	=	nombre de composants, et i et j allant de 1 à n;
EqCSEO$_m$	=	CSEO équivalente de la fraction du mélange constituée de composants pour lesquels il existe des données expérimentales;

La toxicité équivalente rend compte du fait que les substances non rapidement dégradables relèvent d'une catégorie de danger de niveau juste supérieur (de danger "plus grand") à celui des substances rapidement dégradables.

La toxicité équivalente calculée peut être employée pour attribuer à cette fraction du mélange une catégorie de danger à long terme, conformément aux critères pour les substances rapidement dégradables (tableau 2.4.3.1 b) ii)), qui est par la suite utilisée lors de l'application de la méthode de la somme.

2.4.4.5.3   Si la formule d'additivité est appliquée à une partie du mélange, il est préférable de calculer la toxicité de cette partie du mélange en introduisant, pour chaque composant, des valeurs de toxicité se rapportant au même groupe taxinomique (c'est-à-dire: poissons, crustacés ou algues) et en sélectionnant ensuite la toxicité la plus élevée (valeur la plus basse) obtenue en utilisant le groupe le plus sensible des trois. Néanmoins, si les données de toxicité de chaque composant ne se rapportent pas toutes au même groupe taxinomique, la valeur de toxicité de chaque composant doit être choisie de la même façon que les valeurs de toxicité pour la classification des substances, autrement dit, il faut utiliser la toxicité la plus élevée (de l'organisme expérimental le plus sensible). La toxicité aiguë et chronique ainsi calculée peut ensuite servir à classer cette partie du mélange dans les catégories Aiguë 1, 2 ou 3 et/ou Chronique 1, 2 ou 3 suivant les mêmes critères que pour les substances.

2.4.4.5.4   Si un mélange a été classé de diverses manières, on retiendra la méthode livrant le résultat le plus prudent.

2.4.4.6   *Méthode de la somme*

2.4.4.6.1   *Méthode de classification*

En général, pour les mélanges, une classification plus sévère l'emporte sur une classification moins sévère, par exemple, une classification dans la catégorie Chronique 1 l'emporte sur une classification en Chronique 2. Par conséquent, la classification est déjà terminée si elle a abouti à la catégorie Chronique 1. Comme il n'existe pas de classification plus sévère que la Chronique 1, il est inutile de pousser le processus de classification plus loin.

2.4.4.6.2   *Classification dans les catégories Aiguë 1, 2 et 3*

2.4.4.6.2.1   On commence par examiner tous les composants classés dans la catégorie Aiguë 1. Si la somme des concentrations (en %) de ces composants est supérieure ou égale à 25 %, le mélange est classé dans la catégorie Aiguë 1. Si le calcul débouche sur une classification du mélange dans la catégorie Aiguë 1, le processus de classification est terminé.

2.4.4.6.2.2   Si le mélange n'est pas classé dans la catégorie de toxicité Aiguë 1, on examine s'il entre dans la catégorie Aiguë 2. Un mélange est classé dans la catégorie Aiguë 2 si la somme de tous les composants classés dans la catégorie Aiguë 1 multipliée par 10 et additionnée à la somme de tous les composants classés dans la catégorie Aiguë 2 est supérieure ou égale à 25 %. Si le calcul débouche sur une classification du mélange dans la catégorie Aiguë 2, le processus de classification est terminé.

2.4.4.6.2.3   Si le mélange ne relève pas des catégories Aiguë 1 ou 2, on examine s'il entre dans la catégorie Aiguë 3. Un mélange est classé dans la catégorie Aiguë 3 si la somme de tous les composants classés dans la catégorie Aiguë 1 multipliée par 100 plus la somme de tous les composants classés dans la catégorie Aiguë 2 multipliée par 10 plus la somme de tous les composants classés dans la catégorie Aiguë 3 est supérieure ou égale à 25 %.

2.4.4.6.2.4   La classification des mélanges en fonction de leur toxicité aiguë par la méthode de la somme des concentrations des composants classés est résumée au tableau 2.4.4.6.2.4.

Tableau 2.4.4.6.2.4: Classification des mélanges en fonction de leur danger aigu par la somme des concentrations des composants classés

Somme des concentrations (en %) des composants classés en:	Mélange classé en:
Aiguë 1 × M* ≥ 25 %	Aiguë 1
(M ×10 x Aiguë 1) + Aiguë 2 ≥ 25 %	Aiguë 2
(M × 100 × Aiguë 1) + (10 × Aiguë 2)+ Aiguë 3 ≥ 25 %	Aiguë 3

* Le facteur M est expliqué au 2.4.4.6.4.

2.4.4.6.3   *Classification dans les catégories Chronique 1, 2, 3 et 4*

2.4.4.6.3.1   On commence par examiner tous les composants classés dans la catégorie Chronique 1. Si la somme des concentrations (en %) de ces composants est supérieure ou égale à 25 %, le mélange est classé dans la catégorie Chronique 1. Si le calcul débouche sur une classification du mélange dans la catégorie Chronique 1, le processus de classification est terminé.

2.4.4.6.3.2   Si le mélange n'est pas classé dans la catégorie Chronique 1, on examine s'il entre dans la catégorie Chronique 2. Un mélange est classé dans la catégorie Chronique 2 si la somme des concentrations (en %) de tous les composants classés dans la catégorie Chronique 1 multipliée par 10 et additionnée à la somme des concentrations (en %) de tous les composants classés dans la catégorie Chronique 2 est supérieure ou égale à 25 %. Si le calcul débouche sur une classification du mélange dans la catégorie Chronique 2, le processus de classification est terminé.

2.4.4.6.3.3   Si le mélange ne relève pas des catégories Chronique 1 ou 2, on examine s'il entre dans la catégorie Chronique 3. Un mélange est classé dans la catégorie Chronique 3 si la somme de tous les composants classés dans la catégorie Chronique 1 multipliée par 100 plus la somme de tous les composants classés dans la catégorie Chronique 2 multipliée par 10 plus la somme de tous les composants classés dans la catégorie Chronique 3 est supérieure ou égale à 25 %.

2.4.4.6.3.4   Si le mélange ne relève d'aucune des trois premières catégories, il n'est pas nécessaire, aux fins de l'ADN, d'examiner s'il entre dans la catégorie Chronique 4. Un mélange entre dans la catégorie Chronique 4 si la somme des pourcentages des composants classés en Chronique 1, 2, 3, 4 est supérieure ou égale à 25 %.

2.4.4.6.3.5   La classification des mélanges en fonction de leur danger à long terme fondée sur la somme des concentrations des composants classés est résumée au tableau 2.4.4.6.3.5 ci-après.

Tableau 2.4.4.6.3.5: Classification des mélanges en fonction de leur danger à long terme par la somme des concentrations des composants classés

Somme des concentrations (en %) des composants classés en:	Mélange classé en:
Chronique 1 × M* ≥ 25 %	Chronique 1
(M × 10 × Chronique 1) + Chronique 2 ≥ 25 %	Chronique 2
(M × 100 × Chronique 1) + (10 × Chronique 2) + Chronique 3 ≥ 25 %	Chronique 3
Chronique 1 + Chronique 2 + Chronique 3 + Chronique 4 3 ≥ 25 %	Chronique 4

* Le facteur M est expliqué au 2.4.4.6.4.

2.4.4.6.4   *Mélanges de composants hautement toxiques*

Les composants de toxicité Aiguë 1 ou Chronique 1 ayant une toxicité aiguë nettement inférieure à 1 mg/l et/ou une toxicité chronique nettement inférieure à 0,1 mg/l (pour les composants non rapidement dégradables) et à 0,01 mg/l (pour les composants rapidement dégradables) sont susceptibles d'influencer la toxicité du mélange et on leur affecte un poids plus important lors de l'application de la méthode de la somme. Lorsqu'un mélange renferme des composants classés dans les catégories Aiguë 1 ou Chronique 1, on adoptera l'approche séquentielle décrite en 2.4.4.6.2 et 2.4.4.6.3 en multipliant les concentrations des composants relevant des catégories Aiguë 1 et Chronique 1 par un facteur de façon à obtenir une somme pondérée, au lieu d'additionner les pourcentages tels quels. Autrement dit, la concentration de composant classé en Aiguë 1 dans la colonne de gauche du tableau 2.4.4.6.2.4 et la concentration de composant classé en Chronique 1 dans la colonne de gauche du tableau 2.4.4.6.3.4 seront multipliées par le facteur approprié. Les facteurs multiplicatifs à appliquer à ces composants sont définis d'après la valeur de la toxicité, comme le résume le tableau 2.4.4.6.4 ci-après. Ainsi pour classer un mélange contenant des composants relevant des catégories Aiguë 1 ou Chronique 1, le classificateur doit connaître la valeur du facteur M pour appliquer la méthode de la somme. Sinon, la formule d'additivité (voir 2.4.4.5.2) peut être utilisée si les données de toxicité de tous les composants très toxiques du mélange sont disponibles et s'il existe des preuves convaincantes que tous les autres composants, y compris ceux pour lesquels des données de toxicité aiguë et/ou chronique ne sont pas disponibles, sont peu ou pas toxiques et ne contribuent pas sensiblement au danger du mélange pour l'environnement.

**Tableau 2.4.4.6.4: Facteurs multiplicatifs pour les composants
très toxiquesdes mélanges**

Toxicité aiguë	Facteur M	Toxicité chronique	Facteur M	
Valeur de $C(E)L_{50}$		Valeur de CSEO	Composants NRD[a]	Composants RD[b]
$0,1 < C(E)L_{50} \leq 1$	1	$0,01 < \text{CSEO} \leq 0,1$	1	–
$0,01 < C(E)L_{50} \leq 0,1$	10	$0,001 < \text{CSEO} \leq 0,01$	10	1
$0,001 < C(E)L_{50} \leq 0,01$	100	$0,0001 < \text{CSEO} \leq 0,001$	100	10
$0,0001 < C(E)L_{50} \leq 0,001$	1 000	$0,00001 < \text{CSEO} \leq 0,0001$	1 000	100
$0,00001 < C(E)L_{50} \leq 0,0001$	10 000	$0,000001 < \text{CSEO} \leq 0,00001$	10 000	1 000
(La série se poursuit au rythme d'un facteur 10 par intervalle)		(La série se poursuit au rythme d'un facteur 10 par intervalle)		

[a]   *Non rapidement dégradables.*

[b]   *Rapidement dégradables.*

2.4.4.6.5   *Classification des mélanges de composants pour lesquels il n'existe aucune information utilisable*

Au cas où il n'existe pas d'informations utilisables sur la toxicité aiguë et/ou chronique pour le milieu aquatique d'un ou plusieurs composants pertinents, on conclut que le mélange ne peut être classé de façon définitive dans une certaine catégorie de danger. Dans cette situation, le mélange ne devrait être classé que sur la base des composants connus.

PARTIE 3

Liste des marchandises dangereuses, dispositions spéciales et exemptions relatives aux quantités limitées et aux quantités exceptées

CHAPITRE 3.1

GÉNÉRALITÉS

3.1.1   **Introduction**

Outre les dispositions visées ou mentionnées dans les tableaux de cette partie, il convient d'observer les prescriptions générales de chaque partie, chapitre et/ou section. Ces prescriptions générales ne figurent pas dans les tableaux. Lorsqu'une prescription générale va à l'encontre d'une disposition spéciale, c'est cette dernière qui prévaut.

3.1.2   **Désignation officielle de transport**

NOTA: Pour les désignations officielles de transport utilisées pour le transport d'échantillons, voir 2.1.4.1.

3.1.2.1   La désignation officielle de transport est la partie de la rubrique qui décrit avec le plus de précision les marchandises du tableau A ou C du chapitre 3.2; elle est en majuscules (les chiffres, les lettres grecques, les indications en lettres minuscules "sec-", "tert-", "m-", "n-", "o-" et "p-" forment partie intégrale de la désignation). Les indications relatives à la pression de vapeur (p.v.) et au point d'ébullition (p.e.) à la colonne 2 du Tableau C du Chapitre 3.2, font partie de la désignation officielle de transport. Une autre désignation officielle de transport peut figurer entre parenthèses à la suite de la désignation officielle de transport principale. Dans le tableau A, elle est indiquée en majuscules (par exemple, ÉTHANOL (ALCOOL ÉTHYLIQUE)). Dans le tableau C, elle est indiquée en lettres minuscules (par exemple ACÉTONITRILE (cyanure de méthyle). Sauf indication contraire ci-dessus, ne sont pas à considérer comme éléments de la désignation officielle de transport les parties de la rubrique en minuscules.

3.1.2.2   Si une combinaison de plusieurs désignations officielles de transport figure sous un même numéro ONU, et que celles-ci sont séparées par les conjonctions "et" ou "ou" en minuscules ou sont séparées par des virgules, seule la plus appropriée doit figurer dans le document de transport et dans les marques du colis. Pour illustrer la façon dont la désignation officielle de transport est choisie en pareil cas, on peut donner les exemples suivants:

a)   No ONU 1057 BRIQUETS ou RECHARGES POUR BRIQUETS. On retiendra comme désignation officielle de transport celle des désignations ci-après qui conviendra le mieux:

      BRIQUETS

      RECHARGES POUR BRIQUETS;

b)   No ONU 2793 ROGNURES, COPEAUX, TOURNURES ou ÉBARBURES DE MÉTAUX FERREUX sous forme autoéchauffante. Comme désignation officielle de transport on choisit celle qui convient le mieux parmi les combinaisons possibles ci-après:

      ROGNURES DE MÉTAUX FERREUX

      COPEAUX DE MÉTAUX FERREUX

      TOURNURES DE MÉTAUX FERREUX

      ÉBARBURES DE MÉTAUX FERREUX.

3.1.2.3   La désignation officielle de transport peut être utilisée au singulier ou au pluriel selon qu'il convient. En outre, si cette désignation contient des termes qui en précisent le sens, l'ordre de succession de ces termes sur les documents de transport ou les marques de colis est laissé au choix de l'intéressé. Par exemple, au lieu de "DIMÉTHYLAMINE EN SOLUTION AQUEUSE", on peut éventuellement indiquer "SOLUTION AQUEUSE DE DIMÉTHYLAMINE". On pourra utiliser pour les marchandises de la classe 1 des appellations commerciales ou militaires qui contiennent la désignation officielle de transport complétée par un texte descriptif.

3.1.2.4 Il existe pour de nombreuses matières une rubrique correspondant à l'état liquide et à l'état solide (voir les définitions de liquide et solide au 1.2.1) ou à l'état solide et à la solution. Il leur est attribué des numéros ONU distincts qui ne se suivent pas nécessairement.[1]

3.1.2.5 À moins qu'elle ne figure déjà en lettres majuscules dans le nom indiqué dans le tableau A ou C du chapitre 3.2, il faut ajouter le qualificatif "FONDU" dans la désignation officielle de transport lorsqu'une matière qui est un solide selon la définition donnée au 1.2.1 est présentée au transport à l'état fondu (par exemple, ALKYLPHÉNOL SOLIDE, N.S.A., FONDU).

3.1.2.6 Sauf pour les matières autoréactives et les peroxydes organiques et à moins qu'elle ne figure déjà en majuscules dans le nom indiqué dans la colonne (2) du tableau A du chapitre 3.2, la mention "STABILISÉ" doit être ajoutée comme partie intégrante de la désignation officielle de transport lorsqu'il s'agit d'une matière qui, sans stabilisation, serait interdite au transport en vertu des dispositions des paragraphes 2.2.X.2 parce qu'elle est susceptible de réagir dangereusement dans les conditions normales de transport (par exemple: "LIQUIDE ORGANIQUE TOXIQUE, N.S.A., STABILISÉ").

Lorsque l'on a recours à la régulation de température pour stabiliser une telle matière afin d'empêcher l'apparition de toute surpression dangereuse ou l'évolution d'une température excessive, ou lorsque l'on a recours à la stabilisation chimique en combinaison avec la régulation de température:

a) Pour les liquides et les solides lorsque la TPAA[2] (mesurée avec ou sans inhibiteur, lorsque la stabilisation chimique est appliquée) est inférieure ou égale à celle prescrite au 2.2.41.1.21, les dispositions du 2.2.41.1.17, la disposition spéciale 386 du chapitre 3.3, 7.1.7, la disposition spéciale V8 du chapitre 7.2 de l'ADR, la disposition spéciale S4 du chapitre 8.5 de l'ADR et les prescriptions du chapitre 9.6 de l'ADR s'appliquent sauf que l'emploi du terme TDAA, dans ces paragraphes, englobe aussi la TPAA lorsque la matière en cause est susceptible de polymériser;

b) À moins qu'ils ne figurent déjà, en lettres majuscules, dans le nom indiqué dans la colonne (2) du tableau A du chapitre 3.2, les mots "AVEC RÉGULATION DE TEMPÉRATURE" doivent être ajoutés dans la désignation officielle de transport;

c) Pour les gaz: les conditions de transport doivent être agréées par l'autorité compétente.

3.1.2.7 Les hydrates peuvent être transportés sous la désignation officielle de transport applicable à la matière anhydre.

3.1.2.8 *Noms génériques ou désignation "non spécifiée par ailleurs" (N.S.A.)*

3.1.2.8.1 Les désignations officielles de transport génériques et "non spécifiées par ailleurs" auxquelles est affectée la disposition spéciale 274 ou 318 dans la colonne (6) du Tableau A du chapitre 3.2 ou l'observation 27 est indiquée à la colonne (20) du tableau C du chapitre 3.2, doivent être complétées par le nom technique de la marchandise, à moins qu'une loi nationale ou une convention internationale n'en interdise la divulgation dans le cas d'une matière soumise au

---

[1]   *Des précisions sont données dans l'index alphabétique (Tableau B du chapitre 3.2), par exemple:*
      NITROXYLÈNES, LIQUIDES, 6.1   1665
      NITROXYLÈNES, SOLIDES, 6.1   3447.
[2]   *Pour la définition de Température de polymérisation auto-accélérée (TPAA), voir 1.2.1.*

contrôle. Dans le cas des matières et objets explosibles de la classe 1, les informations relatives aux marchandises dangereuses peuvent être complétées par une description supplémentaire indiquant les noms commerciaux ou militaires. Les noms techniques doivent figurer entre parenthèses immédiatement à la suite de la désignation officielle de transport. Un modificatif approprié, tel que "contient" ou "contenant", ou d'autres qualificatifs, tels que "mélange", "solution", etc., et le pourcentage du constituant technique peuvent aussi être employés. Par exemple: "UN 1993 LIQUIDE INFLAMMABLE, N.S.A. (CONTENANT DU XYLENE ET DU BENZENE), 3, II".

3.1.2.8.1.1   Le nom technique doit être un nom chimique ou biologique reconnu, ou un autre nom utilisé couramment dans les manuels, les revues et les textes scientifiques et techniques. Les noms commerciaux ne doivent pas être utilisés à cette fin. Dans le cas des pesticides, seuls peuvent être utilisés les noms communs ISO, les autres noms des lignes directrices pour la classification des pesticides par danger recommandée par l'Organisation Mondiale de la Santé (OMS) (The WHO recommended classification of pesticides by hazard and guidelines to classification) ou le ou les noms de la ou des matières actives.

3.1.2.8.1.2   Lorsqu'un mélange de marchandises dangereuses ou des objets contenant des marchandises dangereuses sont décrits par l'une des rubriques "N.S.A." ou "générique" assortie de la disposition spéciale 274 dans la colonne (6) du tableau A du chapitre 3.2, il suffit d'indiquer les deux constituants qui concourent le plus au danger ou aux dangers du mélange ou des objets, exception faite des matières soumises à un contrôle lorsque leur divulgation est interdite par une loi nationale ou une convention internationale. Si le colis contenant un mélange porte l'étiquette d'un danger subsidiaire, l'un des deux noms techniques figurant entre parenthèses doit être le nom du constituant qui impose l'emploi de l'étiquette de danger subsidiaire.

   NOTA: Voir 5.4.1.2.2.

3.1.2.8.1.3   Pour illustrer la façon dont la désignation officielle de transport est complétée par le nom technique des marchandises dans ces rubriques N.S.A., on peut donner les exemples suivants:

   No ONU 2902 PESTICIDE LIQUIDE TOXIQUE, N.S.A. (drazoxolon);

   No ONU 3394 MATIÈRE ORGANOMÉTALLIQUE LIQUIDE, PYROPHORIQUE, HYDRORÉACTIVE (triméthylgallium).

   No ONU 3540 OBJETS CONTENANT DU LIQUIDE INFLAMMABLE, N.S.A. (pyrrolidine)

3.1.2.8.1.4   Pour les Nos ONU 3077 et 3082 seulement, le nom technique peut être un nom figurant en lettres majuscules dans la colonne 2 du tableau A du chapitre 3.2, sous réserve que ce nom ne contienne pas « N.S.A. » et que la disposition spéciale 274 ne soit pas attribuée. Le nom qui décrit au mieux la substance ou le mélange doit être utilisé, par exemple:

   UN 3082, MATIÈRE DANGEREUSE DU POINT DE VUE DE L'ENVIRONNEMENT, LIQUIDE, N.S.A (PEINTURE)

   UN 3082, MATIÈRE DANGEREUSE DU POINT DE VUE DE L'ENVIRONNEMENT, LIQUIDE, N.S.A (PRODUITS DE PARFUMERIE)

3.1.2.8.1.5   *Supprimé*

3.1.3   **Solutions ou mélanges**

   NOTA: Lorsqu'une matière est nommément mentionnée dans le tableau A du chapitre 3.2, elle doit être identifiée lors du transport par la désignation officielle de transport figurant dans la colonne (2) du tableau A du chapitre 3.2. Ces matières peuvent contenir des impuretés techniques (par exemple celles résultant du procédé de production) ou des additifs utilisés à des fins de stabilisation ou autres qui n'affectent pas leur classement. Cependant, une matière nommément mentionnée dans le tableau A du chapitre 3.2 contenant des impuretés techniques ou des additifs utilisés à des fins de stabilisation ou autres affectant son classement doit être considérée comme une solution ou un mélange (voir 2.1.3.3).

3.1.3.1   Une solution ou un mélange n'est pas soumis à l'ADN si les caractéristiques, les propriétés, la forme ou l'état physique de la solution ou du mélange sont tels que ce mélange ou cette solution ne répond aux critères d'aucune classe, y compris ceux des effets connus sur l'homme.

3.1.3.2   Si une solution ou un mélange répondant aux critères de classification de l'ADN est constitué d'une seule matière principale nommément mentionnée dans le tableau A du chapitre 3.2 ainsi que d'une ou plusieurs matières non visées par l'ADN ou des traces d'une ou plusieurs matières nommément mentionnées dans le tableau A du chapitre 3.2, le numéro ONU et la désignation officielle de transport de la matière principale mentionnée dans le tableau A du chapitre 3.2 doivent lui être attribués, à moins que:

a)   la solution ou le mélange ne soit nommément mentionné dans la le tableau A du chapitre 3.2;

b)   le nom et la description de la matière nommément mentionnée dans le tableau A du chapitre 3.2 n'indiquent expressément qu'ils s'appliquent   uniquement à la matière pure;

c)   la classe, le code de classification, le groupe d'emballage ou l'état physique de la solution ou du mélange ne diffèrent de ceux de la matière nommément mentionnée dans le tableau A du chapitre 3.2; ou

d)   les caractéristiques de danger et les propriétés de la solution ou du mélange ne nécessitent des mesures d'intervention en cas d'urgence qui diffèrent de celles requises pour la matière nommément mentionnée dans le tableau A du chapitre 3.2.

Des qualificatifs tels que "SOLUTION" ou "MÉLANGE", selon le cas, doivent être intégrés à la désignation officielle de transport, par exemple, "ACÉTONE EN SOLUTION". La concentration du mélange ou de la solution peut également être indiquée après la description de base du mélange ou de la solution, par exemple, "ACÉTONE EN SOLUTION À 75%".

3.1.3.3   Une solution ou un mélange répondant aux critères de classification de l'ADN qui n'est pas nommément mentionné dans le tableau A du chapitre 3.2 et qui est constitué de deux marchandises dangereuses ou plus doit être affecté à la rubrique dont la désignation officielle de transport, la description, la classe, le code de classification et le groupe d'emballage décrivent avec le plus de précision la solution ou le mélange.

CHAPITRE 3.2

LISTE DES MARCHANDISES DANGEREUSES

3.2.1   **Tableau A: Liste des marchandises dangereuses par ordre numérique**

Explications concernant le tableau A:

En règle générale, chaque ligne du tableau A concerne la ou les matières/ l'objet ou les objets correspondant à un numéro ONU spécifique ou à un numéro d'identification de la matière. Toutefois, si des matières ou des objets du même numéro ONU ou du même numéro d'identification de la matière ont des propriétés chimiques, des propriétés physiques ou des conditions de transport différentes, plusieurs lignes consécutives peuvent être utilisées pour ce numéro ONU ou ce numéro d'identification de la matière.

Chaque colonne du tableau A est consacrée à un sujet spécifique comme indiqué dans les notes explicatives ci-après. À l'intersection des colonnes et des lignes (case) on trouve des informations concernant la question traitée dans cette colonne, pour la ou les matières, l'objet ou les objets de cette ligne:

−   les quatre premières cases indiquent la ou les matières ou l'objet ou les objets appartenant à cette ligne (un complément d'information à ce sujet peut être donné par les dispositions spéciales indiquées dans la colonne (6));

−   les cases suivantes indiquent les dispositions spéciales applicables, sous forme d'information complète ou de code. Les codes renvoient à des informations détaillées qui figurent dans les numéros indiqués dans les notes explicatives ci-après. Une case vide indique qu'il n'y a pas de disposition spéciale et que seules les prescriptions générales sont applicables ou que la restriction de transport indiquée dans les notes explicatives est en vigueur. Lorsqu'il est utilisé dans ce tableau, un code alphanumérique commençant par les lettres "DS", désigne une disposition spéciale du chapitre 3.3.

Les prescriptions générales applicables ne sont pas mentionnées dans les cases correspondantes.

Notes explicatives pour chaque colonne:

Colonne (1)   "Numéro ONU/Numéro d'identification de la matière"

Contient le numéro ONU ou le numéro d'identification de la matière:

−   de la matière ou de l'objet dangereux si un numéro ONU spécifique ou un numéro d'identification de la matière a été affecté à cette matière ou cet objet, ou

−   de la rubrique générique ou n.s.a. à laquelle les matières ou objets dangereux non nommément mentionnés doivent être affectés conformément aux critères ("diagrammes de décision") de la partie 2.

Colonne (2)   "Nom et description"

Contient, en majuscules, le nom de la matière ou de l'objet si un numéro ONU spécifique ou un numéro d'identification de la matière a été affecté à cette matière ou cet objet, ou de la rubrique générique ou n.s.a. à laquelle les matières ou objets dangereux ont été affectés conformément aux critères ("diagrammes de décision") de la partie 2. Ce nom doit être utilisé comme désignation officielle de transport ou, le cas échéant, comme partie de la désignation officielle de transport (voir complément d'informations sur la désignation officielle de transport au 3.1.2).

Un texte descriptif en minuscules est ajouté après la désignation officielle de transport pour préciser le champ d'application de la rubrique si la classification ou les conditions de transport de la matière ou de l'objet peuvent être différents dans certaines conditions.

Colonne (3a)   "Classe"

Contient le numéro de la classe dont le titre correspond à la matière ou à l'objet dangereux. Ce numéro de classe est attribué conformément aux procédures et aux critères de la partie 2.

Colonne (3b)   "Code de classification"

Contient le code de classification de la matière ou de l'objet dangereux.

-     Pour les matières ou objets dangereux de la classe 1, le code se compose du numéro de division et de la lettre de groupe de compatibilité qui sont affectés conformément aux procédures et aux critères du 2.2.1.1.4.

-     Pour les matières ou objets dangereux de la classe 2, le code se compose d'un chiffre et d'une ou des lettres représentant le groupe de propriétés dangereuses qui sont expliqués aux 2.2.2.1.2 et 2.2.2.1.3.

-     Pour les matières ou objets dangereux des classes 3, 4.1, 4.2, 4.3, 5.1, 5.2, 6.1, 6.2 et 9, les codes sont expliqués au 2.2.x.1.2 [1]);

-     Pour les matières ou objets dangereux de la classe 8 les codes sont expliqués au 2.2.8.1.4.1;

-     Les matières ou objets dangereux de la classe 7 n'ont pas de code de classification.

Colonne (4)   "Groupe d'emballage"

Indique le ou les numéros de groupe d'emballage (I, II ou III) affectés à la matière dangereuse. Ces numéros de groupes d'emballage sont attribués en fonction des procédures et des critères de la partie 2. Il n'est pas attribué de groupe d'emballage à certains objets ni à certaines matières.

Colonne (5)   "Étiquettes"

Indique le numéro du modèle d'étiquettes/de plaques-étiquettes (voir 5.2.2.2. et 5.3.1.7) qui doivent être apposées sur les colis, conteneurs, conteneurs-citernes, citernes mobiles, CGEM, véhicules et wagons.

Toutefois, pour les matières ou objets de la classe 7, 7X indique le modèle d'étiquette No 7A, 7B ou 7C selon le cas en fonction de la catégorie (voir 5.1.5.3.4 et 5.2.2.1.11.1) ou la plaque-étiquette No 7D (voir 5.3.1.1.3 et 5.3.1.7.2);

---

[1]   *x =   le numéro de classe de la matière ou de l'objet dangereux, sans point de séparation le cas échéant.*

Les dispositions générales en matière d'étiquetage et de placardage (par exemple le numéro des étiquettes ou leur emplacement) sont indiquées au 5.2.2.1 pour les colis et au 5.3.1 pour les conteneurs, conteneurs citernes, CGEM, citernes mobiles, véhicules et wagons.

NOTA: Des dispositions spéciales indiquées dans la colonne (6) peuvent modifier les dispositions ci dessus sur l'étiquetage.

Colonne (6)   "Dispositions spéciales"

Indique les codes numériques des dispositions spéciales qui doivent être respectées. Ces dispositions portent sur une vaste gamme de questions ayant trait principalement au contenu des colonnes (1) à (5) (par exemple interdictions de transport, exemptions de certaines prescriptions, explications concernant la classification de certaines formes de marchandises dangereuses concernées et dispositions supplémentaires sur l'étiquetage ou le marquage), et sont énumérées dans le chapitre 3.3 dans l'ordre numérique. Si la colonne (6) est vide, aucune disposition spéciale ne s'applique au contenu des colonnes (1) à (5) pour les marchandises dangereuses en question. Les dispositions spéciales particulières à la navigation intérieure commencent à 800.

Colonne (7a)   "Quantités limitées"

Contient la quantité maximale de matière par emballage intérieur ou objet pour transporter des marchandises dangereuses en tant que quantités limitées conformément au chapitre 3.4.

Colonne (7b)   "Quantités exceptées"

Contient un code alphanumérique ayant la signification suivante:

–   "E0" signifie qu'il n'y a aucune exemption aux dispositions de l'ADN pour les marchandises dangereuses emballées en quantités exceptées;

–   Tous les autres codes alphanumériques commençant par les lettres "E" signifient que les dispositions de l'ADN ne sont pas applicables si les conditions indiquées au chapitre 3.5 sont satisfaites.

Colonne (8)   "Transport admis"

Cette colonne contient les codes alphabétiques relatifs à la manière de transporter admise en bateaux de navigation intérieure.

Si la colonne (8) est vide le transport de la matière ou de l'objet n'est autorisé qu'en colis.

Si la colonne 8 contient le code "B", le transport en colis et en vrac est admis (voir 7.1.1.11).

Si la colonne (8) contient le code "T", le transport en colis et en bateaux-citernes est admis. En cas de transport en bateaux-citernes les prescriptions du tableau C sont applicables (voir 7.2.1.21).

Colonne (9)   "Equipement exigé"

Cette colonne contient les codes alphanumériques relatifs à l'équipement exigé pour le transport de la matière dangereuse ou de l'objet dangereux (voir 8.1.5).

Colonne (10)   "Ventilation"

Cette colonne contient les codes alphanumériques des prescriptions spéciales relatives à la ventilation applicables au transport ayant la signification suivante:

– les codes alphanumériques commençant par les lettres "VE" signifient que des prescriptions spéciales additionnelles sont applicables au transport. Celles-ci figurent au 7.1.6.12 et fixent les exigences particulières.

Colonne (11)   "Dispositions relatives au chargement, au déchargement et au transport"

Cette colonne contient les codes alphanumériques des prescriptions spéciales applicables au transport ayant la signification suivante:

– les codes alphanumériques commençant par "CO", "ST" et "RA" signifient que des prescriptions spéciales additionnelles sont applicables au transport en vrac. Celles-ci figurent au 7.1.6.11 et fixent les exigences particulières:

– les codes alphanumériques commençant par "LO" signifient que des prescriptions spéciales additionnelles sont applicables avant le chargement. Celles-ci figurent au 7.1.6.13 et fixent les exigences particulières.

– les codes alphanumériques commençant par "HA" signifient que des prescriptions spéciales additionnelles sont applicables à la manutention et à l'arrimage de la cargaison. Celles-ci figurent au 7.1.6.14 et fixent les exigences particulières.

– les codes alphanumériques commençant par "IN" signifient que des prescriptions spéciales additionnelles sont applicables au contrôle des cales pendant le transport. Celles-ci figurent au 7.1.6.16 et fixent les exigences particulières

Colonne (12)   "Nombre de cônes/feux bleus"

Cette colonne contient le nombre de cônes/feux devant constituer la signalisation du bateau lors du transport de cette matière dangereuse ou de cet objet dangereux (voir 7.1.5).

Colonne (13)   "Exigences supplémentaires/Observations"

Cette colonne contient des exigences supplémentaires ou des observations concernant le transport de cette matière dangereuse ou de cet objet dangereux.

No. ONU ou ID	Nom et description	Classe	Code de classification	Groupe d'emballage	Étiquettes	Dispositions spéciales	Quantités limitées et exceptées		Transport admis	Équipement exigé	Ventilation	Mesures pendant le chargement/déchargement/ transport	Nombre de cônes, feux bleus	Observations
							3.4	3.5.1.2						
3.1.2	3.1.2	2.2	2.2	2.1.1.3	5.2.2	3.3			3.2.1	8.1.5	7.1.6	7.1.6	7.1.5	3.2.1
(1)	(2)	(3a)	(3b)	(4)	(5)	(6)	(7a)	(7b)	(8)	(9)	(10)	(11)	(12)	(13)
0004	PICRATE D'AMMONIUM sec ou humidifié avec moins de 10% (masse) d'eau	1	1.1D		1		0	E0		PP		LO01 HA01, HA02, HA03	3	
0005	CARTOUCHES POUR ARMES avec charge d'éclatement	1	1.1F		1		0	E0		PP		LO01 HA01, HA02, HA03	3	
0006	CARTOUCHES POUR ARMES avec charge d'éclatement	1	1.1E		1		0	E0		PP		LO01 HA01, HA02, HA03	3	
0007	CARTOUCHES POUR ARMES avec charge d'éclatement	1	1.2F		1		0	E0		PP		LO01 HA01, HA02, HA03	3	
0009	MUNITIONS INCENDIAIRES avec ou sans charge de dispersion, charge d'expulsion ou charge propulsive	1	1.2G		1		0	E0		PP		LO01 HA01, HA03	3	
0010	MUNITIONS INCENDIAIRES avec ou sans charge de dispersion ou charge propulsive	1	1.3G		1		0	E0		PP		LO01 HA01, HA03	3	
0012	CARTOUCHES À PROJECTILE INERTE POUR ARMES ou CARTOUCHES POUR ARMES DE PETIT CALIBRE	1	1.4S		1.4	364	5 kg	E0		PP		LO01 HA01, HA03	0	
0014	CARTOUCHES À BLANC POUR ARMES ou CARTOUCHES À BLANC POUR ARMES DE PETIT CALIBRE ou CARTOUCHES À BLANC POUR OUTILS	1	1.4S		1.4	364	5 kg	E0		PP		LO01 HA01, HA03	0	
0015	MUNITIONS FUMIGÈNES avec ou sans charge de dispersion, charge d'expulsion ou charge propulsive	1	1.2G		1		0	E0		PP		LO01 HA01, HA03	3	
0015	MUNITIONS FUMIGÈNES avec ou sans charge de dispersion, charge d'expulsion ou charge propulsive, contenant des matières corrosives	1	1.2G		1+8		0	E0		PP		LO01 HA01, HA03	3	
0015	MUNITIONS FUMIGÈNES avec ou sans charge de dispersion, charge d'expulsion ou charge propulsive, contenant des matières toxiques par inhalation	1	1.2G		1+6.1		0	E0		PP		LO01 HA01, HA03	3	
0016	MUNITIONS FUMIGÈNES avec ou sans charge de dispersion, charge d'expulsion ou charge propulsive	1	1.3G		1		0	E0		PP		LO01 HA01, HA03	3	
0016	MUNITIONS FUMIGÈNES avec ou sans charge de dispersion, charge d'expulsion ou charge propulsive, contenant des matières corrosives	1	1.3G		1+8		0	E0		PP		LO01 HA01, HA03	3	
0016	MUNITIONS FUMIGÈNES avec ou sans charge de dispersion, charge d'expulsion ou charge propulsive, contenant des matières toxiques par inhalation	1	1.3G		1+6.1		0	E0		PP		LO01 HA01, HA03	3	
0018	MUNITIONS LACRYMOGÈNES avec charge de dispersion, charge d'expulsion ou charge propulsive	1	1.2G		1+6.1+8	802	0	E0		PP		LO01 HA01, HA03	3	
0019	MUNITIONS LACRYMOGÈNES avec charge de dispersion, charge d'expulsion ou charge propulsive	1	1.3G		1+6.1+8	802	0	E0		PP		LO01 HA01, HA03	3	
0020	MUNITIONS TOXIQUES avec charge de dispersion, charge d'expulsion ou charge propulsive	1	1.2K		TRANSPORT INTERDIT										

No. ONU ou ID	Nom et description	Classe	Code de classification	Groupe d'emballage	Étiquettes	Dispositions speciales	Quantités limitées et exceptées		Transport admis	Équipement exigé	Ventilation	Mesures pendant le chargement/déchargement/transport	Nombre de cônes, feux bleus	Observations
							3.4	3.5.1.2						
	3.1.2	2.2	2.2	2.1.1.3	5.2.2	3.3	3.4	3.5.1.2	3.2.1	8.1.5	7.1.6	7.1.6	7.1.5	3.2.1
(1)	(2)	(3a)	(3b)	(4)	(5)	(6)	(7a)	(7b)	(8)	(9)	(10)	(11)	(12)	(13)
0021	MUNITIONS TOXIQUES avec charge de dispersion, charge d'expulsion ou charge propulsive	1	1.3K											
							TRANSPORT INTERDIT							
0027	POUDRE NOIRE sous forme de grains ou de pulvérin	1	1.1D		1		0	E0		PP		LO01 HA01, HA02, HA03	3	
0028	POUDRE NOIRE COMPRIMÉE ou POUDRE NOIRE EN COMPRIMÉS	1	1.1D		1		0	E0		PP		LO01 HA01, HA02, HA03	3	
0029	DÉTONATEURS de mine (de sautage) NON ÉLECTRIQUES	1	1.1B		1		0	E0		PP		LO01 HA01, HA02, HA03	3	
0030	DÉTONATEURS de mine (de sautage) ÉLECTRIQUES	1	1.1B		1		0	E0		PP		LO01 HA01, HA02, HA03	3	
0033	BOMBES avec charge d'éclatement	1	1.1F		1		0	E0		PP		LO01 HA01, HA02, HA03	3	
0034	BOMBES avec charge d'éclatement	1	1.1D		1		0	E0		PP		LO01 HA01, HA02, HA03	3	
0035	BOMBES avec charge d'éclatement	1	1.2D		1		0	E0		PP		LO01 HA01, HA02, HA03	3	
0037	BOMBES PHOTO-ÉCLAIR	1	1.1F		1		0	E0		PP		LO01 HA01, HA02, HA03	3	
0038	BOMBES PHOTO-ÉCLAIR	1	1.1D		1		0	E0		PP		LO01 HA01, HA02, HA03	3	
0039	BOMBES PHOTO-ÉCLAIR	1	1.2G		1		0	E0		PP		LO01 HA01, HA03	3	
0042	RENFORÇATEURS sans détonateur	1	1.1D		1		0	E0		PP		LO01 HA01, HA02, HA03	3	
0043	CHARGES DE DISPERSION	1	1.1D		1		0	E0		PP		LO01 HA01, HA02, HA03	3	
0044	AMORCES À PERCUSSION	1	1.4S		1.4		0	E0		PP		LO01 HA01, HA03	0	
0048	CHARGES DE DÉMOLITION	1	1.1D		1		0	E0		PP		LO01 HA01, HA02, HA03	3	
0049	CARTOUCHES-ÉCLAIR	1	1.1G		1		0	E0		PP		LO01 HA01, HA02, HA03	3	
0050	CARTOUCHES-ÉCLAIR	1	1.3G		1		0	E0		PP		LO01 HA01, HA03	3	

No. ONU ou ID	Nom et description	Classe	Code de classification	Groupe d'emballage	Étiquettes	Dispositions spéciales	Quantités limitées et exceptées		Transport admis	Équipement exigé	Venti-lation	Mesures pendant le chargement/déchargement/ transport	Nombre de cônes, feux bleus	Observations
							3.4	3.5.1.2						
	3.1.2	2.2	2.2	2.1.1.3	5.2.2	3.3			3.2.1	8.1.5	7.1.6	7.1.6	7.1.5	3.2.1
(1)	(2)	(3a)	(3b)	(4)	(5)	(6)	(7a)	(7b)	(8)	(9)	(10)	(11)	(12)	(13)
0054	CARTOUCHES DE SIGNALISATION	1	1.3G		1		0	E0		PP		LO01 HA01, HA03	3	
0055	DOUILLES DE CARTOUCHES VIDES AMORCÉES	1	1.4S		1.4	364	5 kg	E0		PP		LO01 HA01, HA03	0	
0056	CHARGES SOUS-MARINES	1	1.1D		1		0	E0		PP		LO01 HA01, HA02, HA03	3	
0059	CHARGES CREUSES sans détonateur	1	1.1D		1		0	E0		PP		LO01 HA01, HA02, HA03	3	
0060	CHARGES DE RELAIS EXPLOSIFS	1	1.1D		1		0	E0		PP		LO01 HA01, HA02, HA03	3	
0065	CORDEAU DÉTONANT souple	1	1.1D		1		0	E0		PP		LO01 HA01, HA02, HA03	3	
0066	MÈCHE À COMBUSTION RAPIDE	1	1.4G		1.4		0	E0		PP		LO01 HA01, HA03	1	
0070	CISAILLES PYROTECHNIQUES EXPLOSIVES	1	1.4S		1.4		0	E0		PP		LO01 HA01, HA03	0	
0072	CYCLOTRIMÉTHYLÈNETRINITRAMINE HUMIDIFIÉE (CYCLONITE, HEXOGÈNE, RDX), avec au moins 15% (masse) d'eau	1	1.1D		1	266	0	E0		PP		LO01 HA01, HA02, HA03	3	
0073	DÉTONATEURS POUR MUNITIONS	1	1.1B		1		0	E0		PP		LO01 HA01, HA02, HA03	3	
0074	DIAZODINITROPHÉNOL HUMIDIFIÉ avec au moins 40% (masse) d'eau ou d'un mélange d'alcool et d'eau	1	1.1A		1	266	0	E0		PP		LO01 HA01, HA02, HA03	3	
0075	DINITRATE DE DIÉTHYLÈNEGLYCOL DÉSENSIBILISÉ avec au moins 25% (masse) de flegmatisant non volatil insoluble dans l'eau	1	1.1D		1	266	0	E0		PP		LO01 HA01, HA02, HA03	3	
0076	DINITROPHÉNOL sec ou humidifié avec moins de 15% (masse) d'eau	1	1.1D		1+6.1	802	0	E0		PP		LO01 HA01, HA02, HA03	3	
0077	DINITROPHÉNATES de métaux alcalins, secs ou humidifiés avec moins de 15% (masse) d'eau	1	1.3C		1+6.1	802	0	E0		PP		LO01 HA01, HA03	3	
0078	DINITRORÉSORCINOL sec ou humidifié avec moins de 15% (masse) d'eau	1	1.1D		1		0	E0		PP		LO01 HA01, HA02, HA03	3	
0079	HEXANITRODIPHÉNYLAMINE (DIPICRYLAMINE, HEXYL)	1	1.1D		1		0	E0		PP		LO01 HA01, HA02, HA03	3	
0081	EXPLOSIF DE MINE (DE SAUTAGE) DU TYPE A	1	1.1D		1	616 617	0	E0		PP		LO01 HA01, HA02, HA03	3	

No. ONU ou ID (1)	Nom et description (2) 3.1.2	Classe (3a) 2.2	Code de classification (3b) 2.2	Groupe d'emballage (4) 2.1.1.3	Étiquettes (5) 5.2.2	Dispositions spéciales (6) 3.3	Quantités limitées (7a) 3.4	et exceptées (7b) 3.5.1.2	Transport admis (8) 3.2.1	Équipement exigé (9) 8.1.5	Ventilation (10) 7.1.6	Mesures pendant le chargement/déchargement transport (11) 7.1.6	Nombre de cônes, feux bleus (12) 7.1.5	Observations (13) 3.2.1
0082	EXPLOSIF DE MINE (DE SAUTAGE) DU TYPE B	1	1.1D		1	617	0	E0		PP		LO01 HA01, HA02, HA03	3	
0083	EXPLOSIF DE MINE (DE SAUTAGE) DU TYPE C	1	1.1D		1	267 617	0	E0		PP		LO01 HA01, HA02, HA03	3	
0084	EXPLOSIF DE MINE (DE SAUTAGE) DU TYPE D	1	1.1D		1	617	0	E0		PP		LO01 HA01, HA02, HA03	3	
0092	DISPOSITIFS ÉCLAIRANTS DE SURFACE	1	1.3G		1		0	E0		PP		LO01 HA01, HA03	3	
0093	DISPOSITIFS ÉCLAIRANTS AÉRIENS	1	1.3G		1		0	E0		PP		LO01 HA01, HA03	3	
0094	POUDRE ÉCLAIR	1	1.1G		1		0	E0		PP		LO01 HA01, HA02, HA03	3	
0099	TORPILLES DE FORAGE EXPLOSIVES sans détonateur pour puits de pétrole	1	1.1D		1		0	E0		PP		LO01 HA01, HA02, HA03	3	
0101	MÈCHE NON DÉTONANTE	1	1.3G		1		0	E0		PP		LO01 HA01, HA03	3	
0102	CORDEAU DÉTONANT à enveloppe métallique	1	1.2D		1		0	E0		PP		LO01 HA01, HA03	3	
0103	CORDEAU D'ALLUMAGE à enveloppe métallique	1	1.4G		1.4		0	E0		PP		LO01 HA01, HA03	1	
0104	CORDEAU DÉTONANT À CHARGE RÉDUITE à enveloppe métallique	1	1.4D		1.4		0	E0		PP		LO01 HA01, HA03	1	
0105	MÈCHE DE MINEUR (MÈCHE LENTE ou CORDEAU BICKFORD)	1	1.4S		1.4		0	E0		PP		LO01 HA01, HA03	0	
0106	FUSÉES-DÉTONATEURS	1	1.1B		1		0	E0		PP		LO01 HA01, HA02, HA03	3	
0107	FUSÉES-DÉTONATEURS	1	1.2B		1		0	E0		PP		LO01 HA01, HA02, HA03	3	
0110	GRENADES D'EXERCICE à main ou à fusil	1	1.4S		1.4		0	E0		PP		LO01 HA01, HA03	0	
0113	GUANYL NITROSAMINOGUANYLIDÈNE HYDRAZINE HUMIDIFIÉE avec au moins 30% (masse) d'eau	1	1.1A		1	266	0	E0		PP		LO01 HA01, HA02, HA03	3	
0114	GUANYL NITROSAMINOGUANYLTÉTRAZÈNE (TÉTRAZÈNE) HUMIDIFIÉ avec au moins 30% (masse) d'eau ou d'un mélange d'alcool et d'eau	1	1.1A		1	266	0	E0		PP		LO01 HA01, HA02, HA03	3	
0118	HEXOLITE (HEXOTOL), sèche ou humidifiée avec moins de 15% (masse) d'eau	1	1.1D		1		0	E0		PP		LO01 HA01, HA02, HA03	3	

No. ONU ou ID	Nom et description	Classe	Code de classi-fication	Groupe d'embal-lage	Étiquet.	Dispositions spéciales	Quantités limitées et exceptées		Transport admis	Équipement exigé	Venti-lation	Mesures pendant le chargement/déchargement/transport	Nombre de cônes, feux bleus	Observations
3.1.2	3.1.2	2.2	2.2	2.1.1.3	5.2.2	3.3	3.4	3.5.1.2	3.2.1	8.1.5	7.1.6	7.1.6	7.1.5	3.2.1
(1)	(2)	(3a)	(3b)	(4)	(5)	(6)	(7a)	(7b)	(8)	(9)	(10)	(11)	(12)	(13)
0121	INFLAMMATEURS (ALLUMEURS)	1	1.1G		1		0	E0		PP		LO01 HA01, HA02, HA03	3	
0124	PERFORATEURS À CHARGE CREUSE pour puits de pétrole, sans détonateur	1	1.1D		1		0	E0		PP		LO01 HA01, HA02, HA03	3	
0129	AZOTURE DE PLOMB HUMIDIFIÉ avec au moins 20% (masse) d'eau ou d'un mélange d'alcool et d'eau	1	1.1A		1	266	0	E0		PP		LO01 HA01, HA02, HA03	3	
0130	STYPHNATE DE PLOMB (TRINITRORÉSORCINATE DE PLOMB) HUMIDIFIÉ avec au moins 20% (masse) d'eau ou d'un mélange d'alcool et d'eau	1	1.1A		1	266	0	E0		PP		LO01 HA01, HA02, HA03	3	
0131	ALLUMEURS POUR MÈCHE DE MINEUR	1	1.4S		1.4		0	E0		PP		LO01 HA03	0	
0132	SELS MÉTALLIQUES DÉFLAGRANTS DE DÉRIVÉS NITRÉS AROMATIQUES, N.S.A.	1	1.3C		1	274	0	E0		PP		LO01 HA01, HA03	3	
0133	HEXANITRATE DE MANNITOL (NITROMANNITE), HUMIDIFIÉ avec au moins 40% (masse) d'eau ou d'un mélange d'alcool et d'eau	1	1.1D		1	266	0	E0		PP		LO01 HA01, HA02, HA03	3	
0135	FULMINATE DE MERCURE HUMIDIFIÉ avec au moins 20% (masse) d'eau (ou d'un mélange d'alcool et d'eau)	1	1.1A		1	266	0	E0		PP		LO01 HA01, HA02, HA03	3	
0136	MINES avec charge d'éclatement	1	1.1F		1		0	E0		PP		LO01 HA01, HA02, HA03	3	
0137	MINES avec charge d'éclatement	1	1.1D		1		0	E0		PP		LO01 HA01, HA02, HA03	3	
0138	MINES avec charge d'éclatement	1	1.2D		1		0	E0		PP		LO01 HA01, HA02, HA03	3	
0143	NITROGLYCÉRINE DÉSENSIBILISÉE avec au moins 40% (masse) de flegmatisant non volatil insoluble dans l'eau	1	1.1D		1+6.1	266 271 802	0	E0		PP		LO01 HA01, HA02, HA03	3	
0144	NITROGLYCÉRINE EN SOLUTION ALCOOLIQUE avec plus de 1% mais au maximum 10% de nitroglycérine	1	1.1D		1	358	0	E0		PP		LO01 HA01, HA02, HA03	3	
0146	NITROAMIDON sec ou humidifié avec moins de 20% (masse) d'eau	1	1.1D		1		0	E0		PP		LO01 HA01, HA02, HA03	3	
0147	NITRO-URÉE	1	1.1D		1		0	E0		PP		LO01 HA01, HA02, HA03	3	

No. ONU ou ID (1)	Nom et description (2)	Classe (3a) 2.2	Code de classification (3b) 2.2	Groupe d'emballage (4) 2.1.1.3	Étiquettes (5) 5.2.2	Dispositions spéciales (6) 3.3	Quantités limitées (7a) 3.4	Quantités exceptées (7b) 3.5.1.2	Transport admis (8) 3.2.1	Équipement exigé (9) 8.1.5	Ventilation (10) 7.1.6	Mesures pendant le chargement/déchargement/ transport (11) 7.1.6	Nombre de cônes, feux bleus (12) 7.1.5	Observations (13) 3.2.1
0150	TÉTRANITRATE DE PENTAÉRYTHRITE (TÉTRANITRATE DE PENTAÉRYTHRITOL, PENTHRITE, PETN), HUMIDIFIÉ avec au moins 25% (masse) d'eau, ou DÉSENSIBILISÉ avec au moins 15% (masse) de flegmatisant	1	1.1D		1	266	0	E0		PP		LO01 HA01, HA02, HA03	3	
0151	PENTOLITE sèche ou humidifiée avec moins de 15% (masse) d'eau	1	1.1D		1		0	E0		PP		LO01 HA01, HA02, HA03	3	
0153	TRINITRANILINE (PICRAMIDE)	1	1.1D		1		0	E0		PP		LO01 HA01, HA02, HA03	3	
0154	TRINITROPHÉNOL (ACIDE PICRIQUE) sec ou humidifié avec moins de 30% (masse) d'eau	1	1.1D		1		0	E0		PP		LO01 HA01, HA02, HA03	3	
0155	TRINITROCHLOROBENZÈNE (CHLORURE DE PICRYLE)	1	1.1D		1		0	E0		PP		LO01 HA01, HA02, HA03	3	
0159	GALETTE HUMIDIFIÉE avec au moins 25% (masse) d'eau	1	1.3C		1	266	0	E0		PP		LO01 HA01, HA02, HA03	3	
0160	POUDRE SANS FUMÉE	1	1.1C		1		0	E0		PP		LO01 HA01, HA02, HA03	3	
0161	POUDRE SANS FUMÉE	1	1.3C		1		0	E0		PP		LO01 HA01, HA02, HA03	3	
0167	PROJECTILES avec charge d'éclatement	1	1.1F		1		0	E0		PP		LO01 HA01, HA03	3	
0168	PROJECTILES avec charge d'éclatement	1	1.1D		1		0	E0		PP		LO01 HA01, HA02, HA03	3	
0169	PROJECTILES avec charge d'éclatement	1	1.2D		1		0	E0		PP		LO01 HA01, HA02, HA03	3	
0171	MUNITIONS ÉCLAIRANTES avec ou sans charge de dispersion, charge d'expulsion ou charge propulsive	1	1.2G		1		0	E0		PP		LO01 HA01, HA03	3	
0173	ATTACHES PYROTECHNIQUES EXPLOSIVES	1	1.4S		1.4		0	E0		PP		LO01 HA01, HA03	0	
0174	RIVETS EXPLOSIFS	1	1.4S		1.4		0	E0		PP		LO01 HA01, HA03	0	
0180	ENGINS AUTOPROPULSÉS avec charge d'éclatement	1	1.1F		1		0	E0		PP		LO01 HA01, HA02, HA03	3	
0181	ENGINS AUTOPROPULSÉS avec charge d'éclatement	1	1.1E		1		0	E0		PP		LO01 HA01, HA02, HA03	3	
0182	ENGINS AUTOPROPULSÉS avec charge d'éclatement	1	1.2E		1		0	E0		PP		LO01 HA01, HA03	3	

No. ONU ou ID (1)	Nom et description (2)	Classe 2.2 (3a)	Code de classification 2.2 (3b)	Groupe d'emballage 2.1.1.3 (4)	Étiquettes 5.2.2 (5)	Dispositions speciales 3.3 (6)	Quantités limitées et exceptées 3.4 (7a)	3.5.1.2 (7b)	Transport admis 3.2.1 (8)	Équipement exigé 8.1.5 (9)	Ventilation 7.1.6 (10)	Mesures pendant le chargement/déchargement/transport 7.1.6 (11)	Nombre de cônes, feux bleus 7.1.5 (12)	Observations 3.2.1 (13)
0183	ENGINS AUTOPROPULSÉS à tête inerte	1	1.3C		1		0	E0		PP		LO01 HA01, HA03	3	
0186	PROPULSEURS	1	1.3C		1		0	E0		PP		LO01 HA01, HA03	3	
0190	ÉCHANTILLONS D'EXPLOSIFS, autres que des explosifs d'amorçage	1				16 274	0	E0		PP		LO01 HA01, HA02, HA03	3	
0191	ARTIFICES DE SIGNALISATION À MAIN	1	1.4G		1.4		0	E0		PP		LO01 HA01, HA03	1	
0192	PÉTARDS DE CHEMIN DE FER	1	1.1G		1		0	E0		PP		LO01 HA01, HA02, HA03	3	
0193	PÉTARDS DE CHEMIN DE FER	1	1.4S		1.4		0	E0		PP		LO01 HA01, HA03	0	
0194	SIGNAUX DE DÉTRESSE de navires	1	1.1G		1		0	E0		PP		LO01 HA01, HA02, HA03	3	
0195	SIGNAUX DE DÉTRESSE de navires	1	1.3G		1		0	E0		PP		LO01 HA01, HA03	3	
0196	SIGNAUX FUMIGÈNES	1	1.1G		1		0	E0		PP		LO01 HA01, HA02, HA03	3	
0197	SIGNAUX FUMIGÈNES	1	1.4G		1.4		0	E0		PP		LO01 HA01, HA03	1	
0204	CAPSULES DE SONDAGE EXPLOSIVES	1	1.2F		1		0	E0		PP		LO01 HA01, HA02, HA03	3	
0207	TÉTRANITRANILINE	1	1.1D		1		0	E0		PP		LO01 HA01, HA03	3	
0208	TRINITROPHÉNYLMÉTHYLNITRAMINE (TÉTRYL)	1	1.1D		1		0	E0		PP		LO01 HA01, HA02, HA03	3	
0209	TRINITROTOLUÈNE (TOLITE, TNT) sec ou humidifié avec moins de 30% (masse) d'eau	1	1.1D		1		0	E0		PP		LO01 HA01, HA02, HA03	3	
0212	TRACEURS POUR MUNITIONS	1	1.3G		1		0	E0		PP		LO01 HA01, HA03	3	
0213	TRINITRANISOLE	1	1.1D		1		0	E0		PP		LO01 HA01, HA02, HA03	3	
0214	TRINITROBENZÈNE sec ou humidifié avec moins de 30% (masse) d'eau	1	1.1D		1		0	E0		PP		LO01 HA01, HA02, HA03	3	

No. ONU ou ID	Nom et description	Classe	Code de classification	Groupe d'emballage	Étiquettes	Dispositions speciales	Quantités limitées et exceptées		Transport admis	Équipement exigé	Venti-lation	Mesures pendant le chargement/déchargement/ transport	Nombre de cônes, feux bleus	Observations
3.1.2	3.1.2	2.2	2.2	2.1.1.3	5.2.2	3.3	3.4	3.5.1.2	3.2.1	8.1.5	7.1.6	7.1.6	7.1.5	3.2.1
(1)	(2)	(3a)	(3b)	(4)	(5)	(6)	(7a)	(7b)	(8)	(9)	(10)	(11)	(12)	(13)
0215	ACIDE TRINITROBENZOÏQUE sec ou humidifié avec moins de 30% (masse) d'eau	1	1.1D		1		0	E0		PP		LO01 HA01, HA02, HA03	3	
0216	TRINITRO-m-CRÉSOL	1	1.1D		1		0	E0		PP		LO01 HA01, HA02, HA03	3	
0217	TRINITRONAPHTALÈNE	1	1.1D		1		0	E0		PP		LO01 HA01, HA02, HA03	3	
0218	TRINITROPHÉNÉTOLE	1	1.1D		1		0	E0		PP		LO01 HA01, HA02, HA03	3	
0219	TRINITRORÉSORCINOL (TRINITRORÉSORCINE, ACIDE STYPHNIQUE) sec ou humidifié avec moins de 20% (masse) d'eau ou d'un mélange d'alcool et d'eau	1	1.1D		1		0	E0		PP		LO01 HA01, HA02, HA03	3	
0220	NITRATE D'URÉE sec ou humidifié avec moins de 20% (masse) d'eau	1	1.1D		1		0	E0		PP		LO01 HA01, HA02, HA03	3	
0221	TÊTES MILITAIRES POUR TORPILLES avec charge d'éclatement	1	1.1D		1		0	E0		PP		LO01 HA01, HA02, HA03	3	
0222	NITRATE D'AMMONIUM	1	1.1D		1	370	0	E0		PP		LO01 HA01, HA02, HA03	3	
0224	AZOTURE DE BARYUM sec ou humidifié avec moins de 50% (masse) d'eau	1	1.1A		1+6.1	802	0	E0		PP		LO01 HA01, HA02, HA03	3	
0225	RENFORÇATEURS AVEC DÉTONATEUR	1	1.1B		1		0	E0		PP		LO01 HA01, HA02, HA03	3	
0226	CYCLOTÉTRAMÉTHYLÈNETÉTRANITRAMINE (OCTOGÈNE, HMX) HUMIDIFIÉE avec au moins 15% (masse) d'eau	1	1.1D		1	266	0	E0		PP		LO01 HA01, HA02, HA03	3	
0234	DINITRO-o-CRÉSATE DE SODIUM sec ou humidifié avec moins de 15% (masse) d'eau	1	1.3C		1		0	E0		PP		LO01 HA01, HA03	3	
0235	PICRAMATE DE SODIUM sec ou humidifié avec moins de 20% (masse) d'eau	1	1.3C		1		0	E0		PP		LO01 HA01, HA03	3	
0236	PICRAMATE DE ZIRCONIUM sec ou humidifié avec moins de 20% (masse) d'eau	1	1.3C		1		0	E0		PP		LO01 HA01, HA03	3	
0237	CORDEAU DÉTONANT À SECTION PROFILÉE	1	1.4D		1.4		0	E0		PP		LO01 HA01, HA03	1	
0238	ROQUETTES LANCE-AMARRES	1	1.2G		1		0	E0		PP		LO01 HA01, HA03	3	
0240	ROQUETTES LANCE-AMARRES	1	1.3G		1		0	E0		PP		LO01 HA01, HA03	3	

No. ONU ou ID (1)	Nom et description (2)	Classe (3a)	Code de classification (3b)	Groupe d'emballage (4)	Étiquettes (5)	Dispositions spéciales (6)	Quantités limitées et exceptées (7a)	Quantités limitées et exceptées (7b)	Transport admis (8)	Équipement exigé (9)	Ventilation (10)	Mesures pendant le chargement/déchargement/transport (11)	Nombre de cônes, feux bleus (12)	Observations (13)
		2.2	2.2	2.1.1.3	5.2.2	3.3	3.4	3.5.1.2	3.2.1	8.1.5	7.1.6	7.1.6	7.1.5	3.2.1
0241	EXPLOSIF DE MINE (DE SAUTAGE) DU TYPE E	1	1.1D		1	617	0	E0		PP		LO01 HA01, HA02, HA03	3	
0242	CHARGES PROPULSIVES POUR CANON	1	1.3C		1		0	E0		PP		LO01 HA01, HA03	3	
0243	MUNITIONS INCENDIAIRES AU PHOSPHORE BLANC avec charge de dispersion, charge d'expulsion ou charge propulsive	1	1.2H		1		0	E0		PP		LO01 HA01, HA03	3	
0244	MUNITIONS INCENDIAIRES AU PHOSPHORE BLANC avec charge de dispersion, charge d'expulsion ou charge propulsive	1	1.3H		1		0	E0		PP		LO01 HA01, HA03	3	
0245	MUNITIONS FUMIGÈNES AU PHOSPHORE BLANC avec charge de dispersion, charge d'expulsion ou charge propulsive	1	1.2H		1		0	E0		PP		LO01 HA01, HA03	3	
0246	MUNITIONS FUMIGÈNES AU PHOSPHORE BLANC avec charge de dispersion, charge d'expulsion ou charge propulsive	1	1.3H		1		0	E0		PP		LO01 HA01, HA03	3	
0247	MUNITIONS INCENDIAIRES à liquide ou à gel, avec charge de dispersion, charge d'expulsion ou charge propulsive	1	1.3J		1		0	E0		PP		LO01 HA01, HA03	3	
0248	ENGINS HYDROACTIFS avec charge de dispersion, charge d'expulsion ou charge propulsive	1	1.2L		1	274	0	E0		PP		LO01 HA01, HA03	3	
0249	ENGINS HYDROACTIFS avec charge de dispersion, charge d'expulsion ou charge propulsive	1	1.3L		1	274	0	E0		PP		LO01 HA01, HA03	3	
0250	PROPULSEURS CONTENANT DES LIQUIDES HYPERGOLIQUES, avec ou sans charge d'expulsion	1	1.3L		1		0	E0		PP		LO01 HA01, HA03	3	
0254	MUNITIONS ÉCLAIRANTES avec ou sans charge de dispersion, charge d'expulsion ou charge propulsive	1	1.3G		1		0	E0		PP		LO01 HA01, HA03	3	
0255	DÉTONATEURS de mine (de sautage) ÉLECTRIQUES	1	1.4B		1.4		0	E0		PP		LO01 HA01, HA02, HA03	1	
0257	FUSÉES-DÉTONATEURS	1	1.4B		1.4		0	E0		PP		LO01 HA01, HA02, HA03	1	
0266	OCTOLITE (OCTOL) sèche ou humidifiée avec moins de 15% (masse) d'eau	1	1.1D		1		0	E0		PP		LO01 HA01, HA02, HA03	3	
0267	DÉTONATEURS de mine (de sautage) NON ÉLECTRIQUES	1	1.4B		1.4		0	E0		PP		LO01 HA01, HA02, HA03	1	
0268	RENFORÇATEURS AVEC DÉTONATEUR	1	1.2B		1		0	E0		PP		LO01 HA01, HA02, HA03	3	
0271	CHARGES PROPULSIVES	1	1.1C		1		0	E0		PP		LO01 HA01, HA02, HA03	3	

No. ONU ou ID	Nom et description	Classe	Code de classi-fication	Groupe d'embal-lage	Étiquettes	Disposit-ions speciales	Quantités limitées et exceptées		Trans-port admis	Équipement exigé	Venti-lation	Mesures pendant le chargement/décharge ment/ transport	Nombre de cônes, feux bleus	Observations
							3.4	3.5.1.2	3.2.1	8.1.5	7.1.6	7.1.6	7.1.5	3.2.1
3.1.2	3.1.2	2.2	2.2	2.1.1.3	5.2.2	3.3								
(1)	(2)	(3a)	(3b)	(4)	(5)	(6)	(7a)	(7b)	(8)	(9)	(10)	(11)	(12)	(13)
0272	CHARGES PROPULSIVES	1	1.3C		1		0	E0		PP		LO01	HA01, HA03	3	
0275	CARTOUCHES POUR PYROMÉCANISMES	1	1.3C		1		0	E0		PP		LO01	HA01, HA03	3	
0276	CARTOUCHES POUR PYROMÉCANISMES	1	1.4C		1.4		0	E0		PP		LO01	HA01, HA03	1	
0277	CARTOUCHES POUR PUITS DE PÉTROLE	1	1.3C		1		0	E0		PP		LO01	HA01, HA03	3	
0278	CARTOUCHES POUR PUITS DE PÉTROLE	1	1.4C		1.4		0	E0		PP		LO01	HA01, HA03	1	
0279	CHARGES PROPULSIVES POUR CANON	1	1.1C		1		0	E0		PP		LO01	HA01, HA02, HA03	3	
0280	PROPULSEURS	1	1.1C		1		0	E0		PP		LO01	HA01, HA02, HA03	3	
0281	PROPULSEURS	1	1.2C		1		0	E0		PP		LO01	HA01, HA03	3	
0282	NITROGUANIDINE (GUANITE) sèche ou humidifiée avec moins de 20% (masse) d'eau	1	1.1D		1		0	E0		PP		LO01	HA01, HA02, HA03	3	
0283	RENFORÇATEURS sans détonateur	1	1.2D		1		0	E0		PP		LO01	HA01, HA03	3	
0284	GRENADES à main ou à fusil avec charge d'éclatement	1	1.1D		1		0	E0		PP		LO01	HA01, HA02, HA03	3	
0285	GRENADES à main ou à fusil avec charge d'éclatement	1	1.2D		1		0	E0		PP		LO01	HA01, HA03	3	
0286	TÊTES MILITAIRES POUR ENGINS AUTOPROPULSÉS avec charge d'éclatement	1	1.1D		1		0	E0		PP		LO01	HA01, HA02, HA03	3	
0287	TÊTES MILITAIRES POUR ENGINS AUTOPROPULSÉS avec charge d'éclatement	1	1.2D		1		0	E0		PP		LO01	HA01, HA03	3	
0288	CORDEAU DÉTONANT À SECTION PROFILÉE	1	1.1D		1		0	E0		PP		LO01	HA01, HA02, HA03	3	
0289	CORDEAU DÉTONANT souple	1	1.4D		1.4		0	E0		PP		LO01	HA01, HA03	1	
0290	CORDEAU DÉTONANT à enveloppe métallique	1	1.1D		1		0	E0		PP		LO01	HA01, HA02, HA03	3	
0291	BOMBES avec charge d'éclatement	1	1.2F		1		0	E0		PP		LO01	HA01, HA02, HA03	3	

No. ONU ou ID	Nom et description	Classe	Code de classification	Groupe d'emballage	Étiquettes	Dispositions spéciales	Quantités limitées et exceptées		Transport admis	Équipement exigé	Ventilation	Mesures pendant le chargement/déchargement/transport	Nombre de cônes, feux bleus	Observations
(1)	3.1.2 (2)	2.2 (3a)	2.2 (3b)	2.1.1.3 (4)	5.2.2 (5)	3.3 (6)	3.4 (7a)	3.5.1.2 (7b)	3.2.1 (8)	8.1.5 (9)	7.1.6 (10)	7.1.6 (11)	7.1.5 (12)	3.2.1 (13)
0292	GRENADES à main ou à fusil avec charge d'éclatement	1	1.1F		1		0	E0		PP		LO01 HA01, HA02, HA03	3	
0293	GRENADES à main ou à fusil avec charge d'éclatement	1	1.2F		1		0	E0		PP		LO01 HA01, HA02, HA03	3	
0294	MINES avec charge d'éclatement	1	1.2F		1		0	E0		PP		LO01 HA01, HA02, HA03	3	
0295	ENGINS AUTOPROPULSÉS avec charge d'éclatement	1	1.2F		1		0	E0		PP		LO01 HA01, HA02, HA03	3	
0296	CAPSULES DE SONDAGE EXPLOSIVES	1	1.1F		1		0	E0		PP		LO01 HA01, HA02, HA03	3	
0297	MUNITIONS ÉCLAIRANTES avec ou sans charge de dispersion, charge d'expulsion ou charge propulsive	1	1.4G		1.4		0	E0		PP		LO01 HA01, HA03	1	
0299	BOMBES PHOTO-ÉCLAIR	1	1.3G		1		0	E0		PP		LO01 HA01, HA03	3	
0300	MUNITIONS INCENDIAIRES avec ou sans charge de dispersion, charge d'expulsion ou charge propulsive	1	1.4G		1.4		0	E0		PP		LO01 HA01, HA03	1	
0301	MUNITIONS LACRYMOGÈNES avec ou sans charge de dispersion, charge d'expulsion ou charge propulsive	1	1.4G		1.4+6.1+8	802	0	E0		PP		LO01 HA01, HA03	1	
0303	MUNITIONS FUMIGÈNES avec ou sans charge de dispersion, charge d'expulsion ou charge propulsive	1	1.4G		1.4		0	E0		PP		LO01 HA01, HA03	1	
0303	MUNITIONS FUMIGÈNES avec ou sans charge de dispersion, charge d'expulsion ou charge propulsive, contenant des matières corrosives	1	1.4G		1.4 +8		0	E0		PP		LO01 HA01, HA03	1	
0303	MUNITIONS FUMIGÈNES avec ou sans charge de dispersion, charge d'expulsion ou charge propulsive, contenant des matières toxiques par inhalation	1	1.4G		1.4 +6.1		0	E0		PP		LO01 HA01, HA03	1	
0305	POUDRE ÉCLAIR	1	1.3G		1		0	E0		PP		LO01 HA01, HA03	3	
0306	TRACEURS POUR MUNITIONS	1	1.4G		1.4		0	E0		PP		LO01 HA01, HA03	1	
0312	CARTOUCHES DE SIGNALISATION	1	1.4G		1.4		0	E0		PP		LO01 HA01, HA03	1	
0313	SIGNAUX FUMIGÈNES	1	1.2G		1		0	E0		PP		LO01 HA01, HA03	3	
0314	INFLAMMATEURS (ALLUMEURS)	1	1.2G		1		0	E0		PP		LO01 HA01, HA03	3	
0315	INFLAMMATEURS (ALLUMEURS)	1	1.3G		1		0	E0		PP		LO01 HA01, HA03	3	
0316	FUSÉES-ALLUMEURS	1	1.3G		1		0	E0		PP		LO01 HA01, HA03	3	

No. ONU ou ID	Nom et description	Classe	Code de classi-fication	Groupe d'embal-lage	Étiquettes	Dispositions spéciales	Quantités limitées et exceptées		Transport admis	Équipement exigé	Venti-lation	Mesures pendant le chargement/déchargement/ transport	Nombre de cônes, feux bleus	Observations
		2.2	2.2	2.1.1.3	5.2.2	3.3	3.4	3.5.1.2	3.2.1	8.1.5	7.1.6	7.1.6	7.1.5	3.2.1
(1)	(2)	(3a)	(3b)	(4)	(5)	(6)	(7a)	(7b)	(8)	(9)	(10)	(11)	(12)	(13)
0317	FUSÉES-ALLUMEURS	1	1.4G		1.4		0	E0		PP		LO01 HA01, HA03	1	
0318	GRENADES D'EXERCICE à main ou à fusil	1	1.3G		1		0	E0		PP		LO01 HA01, HA03	3	
0319	AMORCES TUBULAIRES	1	1.3G		1		0	E0		PP		LO01 HA01, HA03	3	
0320	AMORCES TUBULAIRES	1	1.4G		1.4		0	E0		PP		LO01 HA01, HA03	1	
0321	CARTOUCHES POUR ARMES avec charge d'éclatement	1	1.2E		1		0	E0		PP		LO01 HA01, HA03	3	
0322	PROPULSEURS CONTENANT DES LIQUIDES HYPERGOLIQUES, avec ou sans charge d'expulsion	1	1.2L		1		0	E0		PP		LO01 HA01, HA03	3	
0323	CARTOUCHES POUR PYROMÉCANISMES	1	1.4S		1.4	347	0	E0		PP		LO01 HA01, HA03	0	
0324	PROJECTILES avec charge d'éclatement	1	1.2F		1		0	E0		PP		LO01 HA01, HA02, HA03	3	
0325	INFLAMMATEURS (ALLUMEURS)	1	1.4G		1.4		0	E0		PP		LO01 HA01, HA03	1	
0326	CARTOUCHES À BLANC POUR ARMES	1	1.1C		1		0	E0		PP		LO01 HA01, HA02, HA03	3	
0327	CARTOUCHES À BLANC POUR ARMES ou CARTOUCHES À BLANC POUR ARMES DE PETIT CALIBRE	1	1.3C		1		0	E0		PP		LO01 HA01, HA03	3	
0328	CARTOUCHES À PROJECTILE INERTE POUR ARMES	1	1.2C		1		0	E0		PP		LO01 HA01, HA03	3	
0329	TORPILLES avec charge d'éclatement	1	1.1E		1		0	E0		PP		LO01 HA01, HA02, HA03	3	
0330	TORPILLES avec charge d'éclatement	1	1.1F		1		0	E0		PP		LO01 HA01, HA02, HA03	3	
0331	EXPLOSIF DE MINE (DE SAUTAGE) DU TYPE B	1	1.5D		1.5	617	0	E0		PP		LO01 HA01, HA03	3	
0332	EXPLOSIF DE MINE (DE SAUTAGE) DU TYPE E	1	1.5D		1.5	617	0	E0		PP		LO01 HA01, HA03	3	
0333	ARTIFICES DE DIVERTISSEMENT	1	1.1G		1	645	0	E0		PP		LO01 HA01, HA02, HA03	3	
0334	ARTIFICES DE DIVERTISSEMENT	1	1.2G		1	645	0	E0		PP		LO01 HA01, HA03	3	
0335	ARTIFICES DE DIVERTISSEMENT	1	1.3G		1	645	0	E0		PP		LO01 HA01, HA03	3	
0336	ARTIFICES DE DIVERTISSEMENT	1	1.4G		1.4	645 651	0	E0		PP		LO01 HA01, HA03	1	

No. ONU ou ID (1)	Nom et description 3.1.2 (2)	Classe 2.2 (3a)	Code de classification 2.2 (3b)	Groupe d'emballage 2.1.1.3 (4)	Étiquettes 5.2.2 (5)	Dispositions spéciales 3.3 (6)	Quantités limitées et exceptées 3.4 (7a)	Quantités limitées et exceptées 3.5.1.2 (7b)	Transport admis 3.2.1 (8)	Équipement exigé 8.1.5 (9)	Ventilation 7.1.6 (10)	Mesures pendant le chargement/déchargement/transport 7.1.6 (11)	Nombre de cônes, feux bleus 7.1.5 (12)	Observations 3.2.1 (13)
0337	ARTIFICES DE DIVERTISSEMENT	1	1.4S		1.4	645	0	E0		PP		LO01 HA01, HA03	0	
0338	CARTOUCHES À BLANC POUR ARMES ou CARTOUCHES À BLANC POUR ARMES DE PETIT CALIBRE	1	1.4C		1.4		0	E0		PP		LO01 HA01, HA03	1	
0339	CARTOUCHES À PROJECTILE INERTE POUR ARMES ou CARTOUCHES POUR ARMES DE PETIT CALIBRE	1	1.4C		1.4		0	E0		PP		LO01 HA01, HA03	1	
0340	NITROCELLULOSE sèche ou humidifiée avec moins de 25% (masse) d'eau (ou d'alcool)	1	1.1D		1	393	0	E0		PP		LO01 HA01, HA02, HA03	3	
0341	NITROCELLULOSE non modifiée ou plastifiée avec moins de 18% (masse) de plastifiant	1	1.1D		1	393	0	E0		PP		LO01 HA01, HA02, HA03	3	
0342	NITROCELLULOSE HUMIDIFIÉE avec au moins 25% (masse) d'alcool	1	1.3C		1	105 393	0	E0		PP		LO01 HA01, HA03	3	
0343	NITROCELLULOSE PLASTIFIÉE avec au moins 18% (masse) de plastifiant	1	1.3C		1	105 393	0	E0		PP		LO01 HA01, HA03	3	
0344	PROJECTILES avec charge d'éclatement	1	1.4D		1.4		0	E0		PP		LO01 HA01, HA03	1	
0345	PROJECTILES inertes avec traceur	1	1.4S		1.4		0	E0		PP		LO01 HA01, HA03	0	
0346	PROJECTILES avec charge de dispersion ou charge d'expulsion	1	1.2D		1		0	E0		PP		LO01 HA01, HA03	3	
0347	PROJECTILES avec charge de dispersion ou charge d'expulsion	1	1.4D		1.4		0	E0		PP		LO01 HA01, HA03	1	
0348	CARTOUCHES POUR ARMES avec charge d'éclatement	1	1.4F		1.4		0	E0		PP		LO01 HA01, HA02, HA03	1	
0349	OBJETS EXPLOSIFS, N.S.A.	1	1.4S		1.4	178 274 347	0	E0		PP		LO01 HA01, HA02, HA03	0	
0350	OBJETS EXPLOSIFS, N.S.A.	1	1.4B		1.4	178 274	0	E0		PP		LO01 HA01, HA03	1	
0351	OBJETS EXPLOSIFS, N.S.A.	1	1.4C		1.4	178 274	0	E0		PP		LO01 HA01, HA03	1	
0352	OBJETS EXPLOSIFS, N.S.A.	1	1.4D		1.4	178 274	0	E0		PP		LO01 HA01, HA03	1	
0353	OBJETS EXPLOSIFS, N.S.A.	1	1.4G		1.4	178 274	0	E0		PP		LO01 HA01, HA03	1	
0354	OBJETS EXPLOSIFS, N.S.A.	1	1.1L		1	178 274	0	E0		PP		LO01 HA01, HA02, HA03	3	
0355	OBJETS EXPLOSIFS, N.S.A.	1	1.2L		1	178 274	0	E0		PP		LO01 HA01, HA03	3	

No. ONU ou ID	Nom et description	Classe	Code de classification	Groupe d'emballage	Étiquettes	Dispositions spéciales	Quantités limitées et exceptées		Transport admis	Équipement exigé	Ventilation	Mesures pendant le chargement/déchargement/ transport	Nombre de cônes, feux bleus	Observations
	3.1.2	2.2	2.2	2.1.1.3	5.2.2	3.3	3.4	3.5.1.2	3.2.1	8.1.5	7.1.6	7.1.6	7.1.5	3.2.1
(1)	(2)	(3a)	(3b)	(4)	(5)	(6)	(7a)	(7b)	(8)	(9)	(10)	(11)	(12)	(13)
0356	OBJETS EXPLOSIFS, N.S.A.	1	1.3L		1	178 274	0	E0		PP		LO01 HA01, HA03	3	
0357	MATIÈRES EXPLOSIVES, N.S.A.	1	1.1L		1	178 274	0	E0		PP		LO01 HA01, HA02, HA03	3	
0358	MATIÈRES EXPLOSIVES, N.S.A.	1	1.2L		1	178 274	0	E0		PP		LO01 HA01, HA03	3	
0359	MATIÈRES EXPLOSIVES, N.S.A.	1	1.3L		1	178 274	0	E0		PP		LO01 HA01, HA03	3	
0360	ASSEMBLAGE DE DÉTONATEURS de mine (de sautage) NON ÉLECTRIQUES	1	1.1B		1		0	E0		PP		LO01 HA01, HA02, HA03	3	
0361	ASSEMBLAGE DE DÉTONATEURS de mine (de sautage) NON ÉLECTRIQUES	1	1.4B		1.4		0	E0		PP		LO01 HA01, HA02, HA03	1	
0362	MUNITIONS D'EXERCICE	1	1.4G		1.4		0	E0		PP		LO01 HA01, HA03	1	
0363	MUNITIONS POUR ESSAIS	1	1.4G		1.4		0	E0		PP		LO01 HA01, HA03	1	
0364	DÉTONATEURS POUR MUNITIONS	1	1.2B		1		0	E0		PP		LO01 HA01, HA02, HA03	3	
0365	DÉTONATEURS POUR MUNITIONS	1	1.4B		1.4		0	E0		PP		LO01 HA01, HA02, HA03	1	
0366	DÉTONATEURS POUR MUNITIONS	1	1.4S		1.4	347	0	E0		PP		LO01 HA01, HA03	0	
0367	FUSÉES-DÉTONATEURS	1	1.4S		1.4	347	0	E0		PP		LO01 HA01, HA03	0	
0368	FUSÉES-ALLUMEURS	1	1.4S		1.4		0	E0		PP		LO01 HA01, HA03	0	
0369	TÊTES MILITAIRES POUR ENGINS AUTOPROPULSÉS avec charge d'éclatement	1	1.1F		1		0	E0		PP		LO01 HA01, HA02, HA03	3	
0370	TÊTES MILITAIRES POUR ENGINS AUTOPROPULSÉS avec charge de dispersion ou charge d'expulsion	1	1.4D		1.4		0	E0		PP		LO01 HA01, HA03	1	
0371	TÊTES MILITAIRES POUR ENGINS AUTOPROPULSÉS avec charge de dispersion ou charge d'expulsion	1	1.4F		1.4		0	E0		PP		LO01 HA01, HA02, HA03	1	
0372	GRENADES D'EXERCICE à main ou à fusil	1	1.2G		1		0	E0		PP		LO01 HA01, HA03	3	
0373	ARTIFICES DE SIGNALISATION À MAIN	1	1.4S		1.4		0	E0		PP		LO01 HA01, HA03	0	

No. ONU ou ID	Nom et description	Classe	Code de classification	Groupe d'emballage	Étiquettes	Dispositions speciales	Quantités limitées et exceptées		Transport admis	Équipement exigé	Venti-lation	Mesures pendant le chargement/déchargement/transport	Nombre de cônes, feux bleus	Observations
							3.4	3.5.1.2	3.2.1	8.1.5	7.1.6	7.1.6	7.1.5	3.2.1
(1) 3.1.2	(2) 3.1.2	(3a) 2.2	(3b) 2.2	(4) 2.1.1.3	(5) 5.2.2	(6) 3.3	(7a)	(7b)	(8)	(9)	(10)	(11)	(12)	(13)
0374	CAPSULES DE SONDAGE EXPLOSIVES	1	1.1D		1		0	E0		PP		LO01 HA01, HA02, HA03	3	
0375	CAPSULES DE SONDAGE EXPLOSIVES	1	1.2D		1		0	E0		PP		LO01 HA01, HA03	3	
0376	AMORCES TUBULAIRES	1	1.4S		1.4		0	E0		PP		LO01 HA01, HA03	0	
0377	AMORCES À PERCUSSION	1	1.1B		1		0	E0		PP		LO01 HA01, HA02, HA03	3	
0378	AMORCES À PERCUSSION	1	1.4B		1.4		0	E0		PP		LO01 HA01, HA02, HA03	1	
0379	DOUILLES DE CARTOUCHES VIDES AMORCÉES	1	1.4C		1.4		0	E0		PP		LO01 HA01, HA03	1	
0380	OBJETS PYROPHORIQUES	1	1.2L		1		0	E0		PP		LO01 HA01, HA03	3	
0381	CARTOUCHES POUR PYROMÉCANISMES	1	1.2C		1		0	E0		PP		LO01 HA01, HA03	3	
0382	COMPOSANTS DE CHAÎNE PYROTECHNIQUE, N.S.A.	1	1.2B		1	178 274	0	E0		PP		LO01 HA01, HA02, HA03	3	
0383	COMPOSANTS DE CHAÎNE PYROTECHNIQUE, N.S.A.	1	1.4B		1.4	178 274	0	E0		PP		LO01 HA01, HA02, HA03	1	
0384	COMPOSANTS DE CHAÎNE PYROTECHNIQUE, N.S.A.	1	1.4S		1.4	178 274 347	0	E0		PP		LO01 HA01, HA03	0	
0385	NITRO-5 BENZOTRIAZOL	1	1.1D		1		0	E0		PP		LO01 HA01, HA02, HA03	3	
0386	ACIDE TRINITROBENZÈNE-SULFONIQUE	1	1.1D		1		0	E0		PP		LO01 HA01, HA02, HA03	3	
0387	TRINITROFLUORÉNONE	1	1.1D		1		0	E0		PP		LO01 HA01, HA02, HA03	3	
0388	TRINITROTOLUÈNE (Tolite, TNT) EN MÉLANGE AVEC DU TRINITROBENZÈNE ou TRINITROTOLUÈNE (Tolite, TNT) EN MÉLANGE AVEC DE L'HEXANITROSTILBÈNE	1	1.1D		1		0	E0		PP		LO01 HA01, HA02, HA03	3	
0389	TRINITROTOLUÈNE (Tolite, TNT) EN MÉLANGE AVEC DU TRINITROBENZÈNE ET DE L'HEXANITROSTILBÈNE	1	1.1D		1		0	E0		PP		LO01 HA01, HA02, HA03	3	

No. ONU ou ID (1)	Nom et description (2)	Classe (3a)	Code de classification (3b)	Groupe d'emballage (4)	Étiquettes (5)	Dispositions spéciales (6)	Quantités limitées et exceptées 3.4 (7a)	Quantités limitées et exceptées 3.5.1.2 (7b)	Transport admis (8)	Équipement exigé (9)	Ventilation (10)	Mesures pendant le chargement/déchargement/transport (11)	Nombre de cônes, feux bleus (12)	Observations (13)
3.1.2	3.1.2	2.2	2.2	2.1.1.3	5.2.2	3.3	3.4	3.5.1.2	3.2.1	8.1.5	7.1.6	7.1.6	7.1.5	3.2.1
0390	TRITONAL	1	1.1D		1		0	E0		PP		LO01, HA01, HA02, HA03	3	
0391	CYCLOTRIMÉTHYLÈNETRINITRAMINE (HEXOGÈNE, CYCLONITE, RDX) EN MÉLANGE AVEC DE LA CYCLOTÉTRAMÉTHYLÈNETÉTRANITRAMINE (HMX, OCTOGÈNE) HUMIDIFIÉE avec au moins 15% (masse) d'eau ou DÉSENSIBILISÉE avec au moins 10% (masse) de flegmatisant	1	1.1D		1	266	0	E0		PP		LO01, HA01, HA02, HA03	3	
0392	HEXANITROSTILBÈNE	1	1.1D		1		0	E0		PP		LO01, HA01, HA02, HA03	3	
0393	HEXOTONAL	1	1.1D		1		0	E0		PP		LO01, HA01, HA02, HA03	3	
0394	TRINITRORÉSORCINOL (ACIDE STYPHNIQUE) HUMIDIFIÉ avec au moins 20% (masse) d'eau ou d'un mélange d'alcool et d'eau	1	1.1D		1		0	E0		PP		LO01, HA01, HA02, HA03	3	
0395	PROPULSEURS À PROPERGOL LIQUIDE	1	1.2J		1		0	E0		PP		LO01, HA01, HA03	3	
0396	PROPULSEURS À PROPERGOL LIQUIDE	1	1.3J		1		0	E0		PP		LO01, HA01, HA03	3	
0397	ENGINS AUTOPROPULSÉS À PROPERGOL LIQUIDE avec charge d'éclatement	1	1.1J		1		0	E0		PP		LO01, HA01, HA02, HA03	3	
0398	ENGINS AUTOPROPULSÉS À PROPERGOL LIQUIDE avec charge d'éclatement	1	1.2J		1		0	E0		PP		LO01, HA01, HA03	3	
0399	BOMBES CONTENANT UN LIQUIDE INFLAMMABLE, avec charge d'éclatement	1	1.1J		1		0	E0		PP		LO01, HA01, HA02, HA03	3	
0400	BOMBES CONTENANT UN LIQUIDE INFLAMMABLE avec charge d'éclatement	1	1.2J		1		0	E0		PP		LO01, HA01, HA03	3	
0401	SULFURE DE DIPICRYLE sec ou humidifié avec moins de 10% (masse) d'eau	1	1.1D		1		0	E0		PP		LO01, HA01, HA02, HA03	3	
0402	PERCHLORATE D'AMMONIUM	1	1.1D		1	152	0	E0		PP		LO01, HA01, HA02, HA03	3	
0403	DISPOSITIFS ÉCLAIRANTS AÉRIENS	1	1.4G		1.4		0	E0		PP		LO01, HA01, HA03	1	
0404	DISPOSITIFS ÉCLAIRANTS AÉRIENS	1	1.4S		1.4		0	E0		PP		LO01, HA01, HA03	0	
0405	CARTOUCHES DE SIGNALISATION	1	1.4S		1.4		0	E0		PP		LO01, HA01, HA03	0	

No. ONU ou ID	Nom et description	Classe	Code de classification	Groupe d'emballage	Étiquettes	Dispositions spéciales	Quantités limitées et exceptées		Transport admis	Équipement exigé	Ventilation	Mesures pendant le chargement/déchargement/ transport	Nombre de cônes, feux bleus	Observations
		2.2	2.2	2.1.1.3	5.2.2	3.3	3.4	3.5.1.2	3.2.1	8.1.5	7.1.6	7.1.6	7.1.5	3.2.1
(1)	3.1.2 (2)	(3a)	(3b)	(4)	(5)	(6)	(7a)	(7b)	(8)	(9)	(10)	(11)	(12)	(13)
0406	DINITROSOBENZÈNE	1	1.3C		1		0	E0		PP		LO01 HA01, HA03	3	
0407	ACIDE TÉTRAZOL-1 ACÉTIQUE	1	1.4C		1.4		0	E0		PP		LO01 HA01, HA03	1	
0408	FUSÉES-DÉTONATEURS avec dispositifs de sécurité	1	1.1D		1		0	E0		PP		LO01 HA01, HA02, HA03	3	
0409	FUSÉES-DÉTONATEURS avec dispositifs de sécurité	1	1.2D		1		0	E0		PP		LO01 HA01, HA03	3	
0410	FUSÉES-DÉTONATEURS avec dispositifs de sécurité	1	1.4D		1.4		0	E0		PP		LO01 HA01, HA03	1	
0411	TÉTRANITRATE DE PENTAÉRYTHRITE (TÉTRANITRATE DE PENTAÉRYTHRITOL, PENTHRITE, PETN) avec au moins 7% (masse) de cire	1	1.1D		1	131	0	E0		PP		LO01 HA01, HA02, HA03	3	
0412	CARTOUCHES POUR ARMES avec charge d'éclatement	1	1.4E		1.4		0	E0		PP		LO01 HA01, HA03	1	
0413	CARTOUCHES À BLANC POUR ARMES	1	1.2C		1		0	E0		PP		LO01 HA01, HA03	3	
0414	CHARGES PROPULSIVES POUR CANON	1	1.2C		1		0	E0		PP		LO01 HA01, HA03	3	
0415	CHARGES PROPULSIVES	1	1.2C		1		0	E0		PP		LO01 HA01, HA03	3	
0417	CARTOUCHES À PROJECTILE INERTE POUR ARMES ou CARTOUCHES POUR ARMES DE PETIT CALIBRE	1	1.3C		1		0	E0		PP		LO01 HA01, HA03	3	
0418	DISPOSITIFS ÉCLAIRANTS DE SURFACE	1	1.1G		1		0	E0		PP		LO01 HA01, HA02, HA03	3	
0419	DISPOSITIFS ÉCLAIRANTS DE SURFACE	1	1.2G		1		0	E0		PP		LO01 HA01, HA03	3	
0420	DISPOSITIFS ÉCLAIRANTS AÉRIENS	1	1.1G		1		0	E0		PP		LO01 HA01, HA02, HA03	3	
0421	DISPOSITIFS ÉCLAIRANTS AÉRIENS	1	1.2G		1		0	E0		PP		LO01 HA01, HA03	3	
0424	PROJECTILES inertes avec traceur	1	1.3G		1		0	E0		PP		LO01 HA01, HA03	3	
0425	PROJECTILES inertes avec traceur	1	1.4G		1.4		0	E0		PP		LO01 HA01, HA03	1	
0426	PROJECTILES avec charge de dispersion ou charge d'expulsion	1	1.2F		1		0	E0		PP		LO01 HA01, HA02, HA03	3	
0427	PROJECTILES avec charge de dispersion ou charge d'expulsion	1	1.4F		1.4		0	E0		PP		LO01 HA01, HA02, HA03	1	

No. ONU ou ID (1)	Nom et description (2)	Classe (3a)	Code de classification (3b)	Groupe d'emballage (4)	Étiquettes (5)	Dispositions spéciales (6)	Quantités limitées et exceptées 3.4 (7a)	Quantités limitées et exceptées 3.5.1.2 (7b)	Transport admis (8)	Équipement exigé (9)	Ventilation (10)	Mesures pendant le chargement/déchargement/ transport (11)	Nombre de cônes, feux bleus (12)	Observations (13)
		2.2	2.2	2.1.1.3	5.2.2	3.3	3.4	3.5.1.2	3.2.1	8.1.5	7.1.6	7.1.6	7.1.5	3.2.1
0428	OBJETS PYROTECHNIQUES à usage technique	1	1.1G		1		0	E0		PP		LO01 HA01, HA02, HA03	3	
0429	OBJETS PYROTECHNIQUES à usage technique	1	1.2G		1		0	E0		PP		LO01 HA01, HA03	3	
0430	OBJETS PYROTECHNIQUES à usage technique	1	1.3G		1		0	E0		PP		LO01 HA01, HA03	3	
0431	OBJETS PYROTECHNIQUES à usage technique	1	1.4G		1.4		0	E0		PP		LO01 HA01, HA03	1	
0432	OBJETS PYROTECHNIQUES à usage technique	1	1.4S		1.4		0	E0		PP		LO01 HA01, HA03	0	
0433	GALETTE HUMIDIFIÉE avec au moins 17% (masse) d'alcool	1	1.1C		1	266	0	E0		PP		LO01 HA01, HA02, HA03	3	
0434	PROJECTILES avec charge de dispersion ou charge d'expulsion	1	1.2G		1		0	E0		PP		LO01 HA01, HA03	3	
0435	PROJECTILES avec charge de dispersion ou charge d'expulsion	1	1.4G		1.4		0	E0		PP		LO01 HA01, HA03	1	
0436	ENGINS AUTOPROPULSÉS avec charge d'expulsion	1	1.2C		1		0	E0		PP		LO01 HA01, HA03	3	
0437	ENGINS AUTOPROPULSÉS avec charge d'expulsion	1	1.3C		1		0	E0		PP		LO01 HA01, HA03	3	
0438	ENGINS AUTOPROPULSÉS avec charge d'expulsion	1	1.4C		1.4		0	E0		PP		LO01 HA01, HA03	1	
0439	CHARGES CREUSES sans détonateur	1	1.2D		1		0	E0		PP		LO01 HA01, HA03	3	
0440	CHARGES CREUSES sans détonateur	1	1.4D		1.4		0	E0		PP		LO01 HA01, HA03	1	
0441	CHARGES CREUSES sans détonateur	1	1.4S		1.4	347	0	E0		PP		LO01 HA01, HA03	0	
0442	CHARGES EXPLOSIVES INDUSTRIELLES sans détonateur	1	1.1D		1		0	E0		PP		LO01 HA01, HA02, HA03	3	
0443	CHARGES EXPLOSIVES INDUSTRIELLES sans détonateur	1	1.2D		1		0	E0		PP		LO01 HA01, HA03	3	
0444	CHARGES EXPLOSIVES INDUSTRIELLES sans détonateur	1	1.4D		1.4		0	E0		PP		LO01 HA01, HA03	1	
0445	CHARGES EXPLOSIVES INDUSTRIELLES sans détonateur	1	1.4S		1.4	347	0	E0		PP		LO01 HA01, HA03	0	
0446	DOUILLES COMBUSTIBLES VIDES ET NON AMORCÉES	1	1.4C		1.4		0	E0		PP		LO01 HA01, HA03	1	
0447	DOUILLES COMBUSTIBLES VIDES ET NON AMORCÉES	1	1.3C		1		0	E0		PP		LO01 HA01, HA03	3	
0448	ACIDE MERCAPTO-5 TÉTRAZOL-1 ACÉTIQUE	1	1.4C		1.4		0	E0		PP		LO01 HA01, HA03	1	

No. ONU ou ID	Nom et description	Classe	Code de classification	Groupe d'emballage	Étiquettes	Dispositions spéciales	Quantités limitées et exceptées		Transport admis	Équipement exigé	Ventilation	Mesures pendant le chargement/déchargement/ transport	Nombre de cônes, feux bleus	Observations
	3.1.2	2.2	2.2	2.1.1.3	5.2.2	3.3	3.4	3.5.1.2	3.2.1	8.1.5	7.1.6	7.1.6	7.1.5	3.2.1
(1)	(2)	(3a)	(3b)	(4)	(5)	(6)	(7a)	(7b)	(8)	(9)	(10)	(11)	(12)	(13)
0449	TORPILLES À COMBUSTIBLE LIQUIDE avec ou sans charge d'éclatement	1	1.1J		1		0	E0		PP		LO01 HA01, HA02, HA03	3	
0450	TORPILLES À COMBUSTIBLE LIQUIDE avec tête inerte	1	1.3J		1		0	E0		PP		LO01 HA01, HA03	3	
0451	TORPILLES avec charge d'éclatement	1	1.1D		1		0	E0		PP		LO01 HA01, HA02, HA03	3	
0452	GRENADES D'EXERCICE, à main ou à fusil	1	1.4G		1.4		0	E0		PP		LO01 HA01, HA03	1	
0453	ROQUETTES LANCE-AMARRES	1	1.4G		1.4		0	E0		PP		LO01 HA01, HA03	1	
0454	INFLAMMATEURS (ALLUMEURS)	1	1.4S		1.4		0	E0		PP		LO01 HA01, HA03	0	
0455	DÉTONATEURS de mine (de sautage) NON ÉLECTRIQUES	1	1.4S		1.4	347	0	E0		PP		LO01 HA01, HA03	0	
0456	DÉTONATEURS de mine (de sautage) ÉLECTRIQUES	1	1.4S		1.4	347	0	E0		PP		LO01 HA01, HA03	0	
0457	CHARGES D'ÉCLATEMENT À LIANT PLASTIQUE	1	1.1D		1		0	E0		PP		LO01 HA01, HA02, HA03	3	
0458	CHARGES D'ÉCLATEMENT À LIANT PLASTIQUE	1	1.2D		1		0	E0		PP		LO01 HA01, HA03	3	
0459	CHARGES D'ÉCLATEMENT À LIANT PLASTIQUE	1	1.4D		1.4		0	E0		PP		LO01 HA01, HA03	1	
0460	CHARGES D'ÉCLATEMENT À LIANT PLASTIQUE	1	1.4S		1.4	347	0	E0		PP		LO01 HA01, HA03	0	
0461	COMPOSANTS DE CHAÎNE PYROTECHNIQUE, N.S.A.	1	1.1B		1	178 274	0	E0		PP		LO01 HA01, HA02, HA03	3	
0462	OBJETS EXPLOSIFS N.S.A.	1	1.1C		1	178 274	0	E0		PP		LO01 HA01, HA02, HA03	3	
0463	OBJETS EXPLOSIFS N.S.A.	1	1.1D		1	178 274	0	E0		PP		LO01 HA01, HA02, HA03	3	
0464	OBJETS EXPLOSIFS N.S.A.	1	1.1E		1	178 274	0	E0		PP		LO01 HA01, HA02, HA03	3	
0465	OBJETS EXPLOSIFS N.S.A.	1	1.1F		1	178 274	0	E0		PP		LO01 HA01, HA02, HA03	3	
0466	OBJETS EXPLOSIFS N.S.A.	1	1.2C		1	178 274	0	E0		PP		LO01 HA01, HA03	3	
0467	OBJETS EXPLOSIFS N.S.A.	1	1.2D		1	178 274	0	E0		PP		LO01 HA01, HA03	3	

No. ONU ou ID	Nom et description	Classe	Code de classification	Groupe d'emballage	Étiquettes	Dispositions speciales	Quantités limitées et exceptées		Transport admis	Équipement exigé	Venti-lation	Mesures pendant le chargement/déchargement/ transport	Nombre de cônes, feux bleus	Observations
	3.1.2	2.2	2.2	2.1.1.3	5.2.2	3.3	3.4	3.5.1.2	3.2.1	8.1.5	7.1.6	7.1.6	7.1.5	3.2.1
(1)	(2)	(3a)	(3b)	(4)	(5)	(6)	(7a)	(7b)	(8)	(9)	(10)	(11)	(12)	(13)
0468	OBJETS EXPLOSIFS N.S.A.	1	1.2E		1	178 274	0	E0		PP		LO01 HA01, HA03	3	
0469	OBJETS EXPLOSIFS N.S.A.	1	1.2F		1	178 274	0	E0		PP		LO01 HA01, HA02, HA03	3	
0470	OBJETS EXPLOSIFS N.S.A.	1	1.3C		1	178 274	0	E0		PP		LO01 HA01, HA03	3	
0471	OBJETS EXPLOSIFS N.S.A.	1	1.4E		1.4	178 274	0	E0		PP		LO01 HA01, HA03	1	
0472	OBJETS EXPLOSIFS N.S.A.	1	1.4F		1.4	178 274	0	E0		PP		LO01 HA01, HA02, HA03	1	
0473	MATIÈRES EXPLOSIVES, N.S.A.	1	1.1A		1	178 274	0	E0		PP		LO01 HA01, HA02, HA03	3	
0474	MATIÈRES EXPLOSIVES, N.S.A.	1	1.1C		1	178 274	0	E0		PP		LO01 HA01, HA02, HA03	3	
0475	MATIÈRES EXPLOSIVES, N.S.A.	1	1.1D		1	178 274	0	E0		PP		LO01 HA01, HA02, HA03	3	
0476	MATIÈRES EXPLOSIVES, N.S.A.	1	1.1G		1	178 274	0	E0		PP		LO01 HA01, HA02, HA03	3	
0477	MATIÈRES EXPLOSIVES, N.S.A.	1	1.3C		1	178 274	0	E0		PP		LO01 HA01, HA03	3	
0478	MATIÈRES EXPLOSIVES, N.S.A.	1	1.3G		1	178 274	0	E0		PP		LO01 HA01, HA03	3	
0479	MATIÈRES EXPLOSIVES, N.S.A.	1	1.4C		1.4	178 274	0	E0		PP		LO01 HA01, HA03	1	
0480	MATIÈRES EXPLOSIVES, N.S.A.	1	1.4D		1.4	178 274	0	E0		PP		LO01 HA01, HA03	1	
0481	MATIÈRES EXPLOSIVES, N.S.A.	1	1.4S		1.4	178 274 347	0	E0		PP		LO01 HA01, HA03	0	
0482	MATIÈRES EXPLOSIVES TRÈS PEU SENSIBLES (MATIÈRES ETPS), N.S.A.	1	1.5D		1.5	178 274	0	E0		PP		LO01 HA01, HA03	3	
0483	CYCLOTRIMÉTHYLÈNETRINITRAMINE (CYCLONITE, HEXOGÈNE, RDX) DÉSENSIBILISÉE	1	1.1D		1		0	E0		PP		LO01 HA01, HA02, HA03	3	
0484	CYCLOTÉTRAMÉTHYLÈNETÉTRANITRAMINE (OCTOGÈNE, HMX) DÉSENSIBILISÉE	1	1.1D		1		0	E0		PP		LO01 HA01, HA02, HA03	3	
0485	MATIÈRES EXPLOSIVES, N.S.A.	1	1.4G		1.4	178 274	0	E0		PP		LO01 HA01, HA03	1	

No. ONU ou ID	Nom et description	Classe	Code de classification	Groupe d'emballage	Étiquettes	Dispositions speciales	Quantités limitées et exceptées		Transport admis	Équipement exigé	Ventilation	Mesures pendant le chargement/déchargement/ transport	Nombre de cônes, feux bleus	Observations
3.1.2	3.1.2	2.2	2.2	2.1.1.3	5.2.2	3.3	3.4	3.5.1.2	3.2.1	8.1.5	7.1.6	7.1.6	7.1.5	3.2.1
(1)	(2)	(3a)	(3b)	(4)	(5)	(6)	(7a)	(7b)	(8)	(9)	(10)	(11)	(12)	(13)
0486	OBJETS EXPLOSIFS, EXTRÊMEMENT PEU SENSIBLES (OBJETS EEPS)	1	1.6N		1.6		0	E0		PP		LO01 HA01, HA03	3	
0487	SIGNAUX FUMIGÈNES	1	1.3G		1		0	E0		PP		LO01 HA01, HA03	3	
0488	MUNITIONS D'EXERCICE	1	1.3G		1		0	E0		PP		LO01 HA01, HA03	3	
0489	DINITROGLYCOLURILE (DINGU)	1	1.1D		1		0	E0		PP		LO01 HA01, HA02, HA03	3	
0490	OXYNITROTRIAZOLE (ONTA)	1	1.1D		1		0	E0		PP		LO01 HA01, HA02, HA03	3	
0491	CHARGES PROPULSIVES	1	1.4C		1.4		0	E0		PP		LO01 HA01, HA03	1	
0492	PÉTARDS DE CHEMIN DE FER	1	1.3G		1		0	E0		PP		LO01 HA01, HA03	3	
0493	PÉTARDS DE CHEMIN DE FER	1	1.4G		1.4		0	E0		PP		LO01 HA01, HA03	1	
0494	PERFORATEURS À CHARGE CREUSE, pour puits de pétrole, sans détonateurs	1	1.4D		1.4		0	E0		PP		LO01 HA01, HA03	1	
0495	PROPERGOL LIQUIDE	1	1.3C		1	224	0	E0		PP		LO01 HA01, HA03	3	
0496	OCTONAL	1	1.1D		1		0	E0		PP		LO01 HA01, HA02, HA03	3	
0497	PROPERGOL LIQUIDE	1	1.1C		1	224	0	E0		PP		LO01 HA01, HA02, HA03	3	
0498	PROPERGOL SOLIDE	1	1.1C		1		0	E0		PP		LO01 HA01, HA02, HA03	3	
0499	PROPERGOL SOLIDE	1	1.3C		1		0	E0		PP		LO01 HA01, HA03	3	
0500	ASSEMBLAGE DE DÉTONATEURS de mine (de sautage) NON ÉLECTRIQUES	1	1.4S		1.4	347	0	E0		PP		LO01 HA01, HA03	0	
0501	PROPERGOL SOLIDE	1	1.4C		1.4		0	E0		PP		LO01 HA01, HA03	1	
0502	ENGINS AUTOPROPULSÉS à tête inerte	1	1.2C		1		0	E0		PP		LO01 HA01, HA03	3	
0503	DISPOSITIFS PYROTECHNIQUES DE SÉCURITÉ	1	1.4G		1.4	235 289	0	E0		PP		LO01 HA01, HA03	1	
0504	1H-TÉTRAZOLE	1	1.1D		1		0	E0		PP		LO01 HA01, HA02, HA03	3	
0505	SIGNAUX DE DÉTRESSE de navires	1	1.4G		1.4		0	E0		PP		LO01 HA01, HA03	1	

No. ONU ou ID	Nom et description	Classe	Code de classification	Groupe d'emballage	Étiquettes	Dispositions spéciales	Quantités limitées et exceptées		Transport admis	Équipement exigé	Ventilation	Mesures pendant le chargement/déchargement/ transport	Nombre de cônes, feux bleus	Observations
	3.1.2	2.2	2.2	2.1.1.3	5.2.2	3.3	3.4	3.5.1.2	3.2.1	8.1.5	7.1.6	7.1.6	7.1.5	3.2.1
(1)	(2)	(3a)	(3b)	(4)	(5)	(6)	(7a)	(7b)	(8)	(9)	(10)	(11)	(12)	(13)
0506	SIGNAUX DE DÉTRESSE de navires	1	1.4S		1.4		0	E0		PP		LO01 HA01, HA03	0	
0507	SIGNAUX FUMIGÈNES	1	1.4S		1.4		0	E0		PP		LO01 HA01, HA03	0	
0508	1-HYDROXYBENZOTRIAZOLE ANHYDRE sec ou humidifié avec moins de 20% (masse) d'eau	1	1.3C		1		0	E0		PP		LO01 HA01, HA03	3	
0509	POUDRE SANS FUMÉE	1	1.4C		1.4		0	E0		PP		LO01 HA01, HA03	1	
0510	PROPULSEURS	1	1.4C		1.4		0	E0		PP		LO01 HA01, HA03	1	
0511	DÉTONATEURS de mine (de sautage) ÉLECTRONIQUE programmables	1	1.1B		1		0	E0		PP		LO01 HA01, HA02, HA03	3	
0512	DÉTONATEURS de mine (de sautage) ÉLECTRONIQUE programmables	1	1.4B		1.4		0	E0		PP		LO01 HA01, HA03	1	
0513	DÉTONATEURS de mine (de sautage) ÉLECTRONIQUE programmables	1	1.4S		1.4	347	0	E0		PP		LO01 HA01, HA03	0	
1001	ACÉTYLÈNE DISSOUS	2	4F		2.1	662	0	E0		PP, EX, A	VE01		1	
1002	AIR COMPRIMÉ	2	1A		2.2	392 397 655 662	120 ml	E1		PP			0	
1003	AIR LIQUIDE RÉFRIGÉRÉ	2	3O		2.2+5.1		0	E0		PP			0	
1005	AMMONIAC ANHYDRE	2	2TC		2.3+8	23 379	0	E0	T	PP, EP, TOX, A	VE02		2	
1006	ARGON COMPRIMÉ	2	1A		2.2	378 392 653 662	120 ml	E1		PP			0	
1008	TRIFLUORURE DE BORE	2	2TC		2.3+8	373	0	E0		PP, EP, TOX, A	VE02		2	
1009	BROMOTRIFLUOROMÉTHANE (GAZ RÉFRIGÉRANT R 13B1)	2	2A		2.2	662	120 ml	E1		PP			0	
1010	BUTADIÈNES STABILISÉS ou BUTADIÈNES ET HYDROCARBURES EN MÉLANGE STABILISÉ, contenant plus de 40 % de butadiènes	2	2F		2.1	386 618 662 676	0	E0	T	PP, EX, A	VE01		2	
1011	BUTANE	2	2F		2.1	392 657 662 674	0	E0	T	PP, EX, A	VE01		1	
1012	BUTYLÈNE	2	2F		2.1	398 662	0	E0	T	PP, EX, A	VE01		1	

No. ONU ou ID	Nom et description	Classe	Code de classification	Groupe d'emballage	Étiquettes	Dispositions spéciales	Quantités limitées et exceptées		Transport admis	Équipement exigé	Ventilation	Mesures pendant le chargement/déchargement/ transport	Nombre de cônes, feux bleus	Observations
3.1.2	3.1.2	2.2	2.2	2.1.1.3	5.2.2	3.3	3.4	3.5.1.2	3.2.1	8.1.5	7.1.6	7.1.6	7.1.5	3.2.1
(1)	(2)	(3a)	(3b)	(4)	(5)	(6)	(7a)	(7b)	(8)	(9)	(10)	(11)	(12)	(13)
1013	DIOXYDE DE CARBONE	2	2A		2.2	378 392 584 653 662	120 ml	E1		PP			0	
1016	MONOXYDE DE CARBONE COMPRIMÉ	2	1TF		2.3+2.1		0	E0		PP, EP, EX, TOX, A	VE01, VE02		2	
1017	CHLORE	2	2TOC		2.3+5.1+8		0	E0		PP, EP, TOX, A	VE02		2	
1018	CHLORODIFLUOROMÉTHANE (GAZ RÉFRIGÉRANT R 22)	2	2A		2.2	662	120 ml	E1		PP			0	
1020	CHLOROPENTAFLUOROÉTHANE (GAZ RÉFRIGÉRANT R 115)	2	2A		2.2	662	120 ml	E1	T	PP			0	
1021	CHLORO-1 TÉTRAFLUORO-1,2,2,2 ÉTHANE (GAZ RÉFRIGÉRANT R 124)	2	2A		2.2	662	120 ml	E1		PP			0	
1022	CHLOROTRIFLUOROMÉTHANE (GAZ RÉFRIGÉRANT R 13)	2	2A		2.2	662	120 ml	E1		PP			0	
1023	GAZ DE HOUILLE COMPRIMÉ	2	1TF		2.3+2.1		0	E0		PP, EP, EX, TOX, A	VE01, VE02		2	
1026	CYANOGÈNE	2	2TF		2.3+2.1		0	E0		PP, EP, EX, TOX, A	VE01, VE02		2	
1027	CYCLOPROPANE	2	2F		2.1	662	0	E0		PP, EX, A	VE01		1	
1028	DICHLORODIFLUOROMÉTHANE (GAZ RÉFRIGÉRANT R 12)	2	2A		2.2	662	120 ml	E1		PP			0	
1029	DICHLOROFLUOROMÉTHANE (GAZ RÉFRIGÉRANT R 21)	2	2A		2.2	662	120 ml	E1		PP			0	
1030	DIFLUORO-1,1 ÉTHANE (GAZ RÉFRIGÉRANT R 152a)	2	2F		2.1	662	0	E0	T	PP, EX, A	VE01		1	
1032	DIMÉTHYLAMINE ANHYDRE	2	2F		2.1	662	0	E0		PP, EX, A	VE01		1	
1033	ÉTHER MÉTHYLIQUE	2	2F		2.1	662	0	E0	T	PP, EX, A	VE01		1	
1035	ÉTHANE	2	2F		2.1	662	0	E0		PP, EX, A	VE01		1	
1036	ÉTHYLAMINE	2	2F		2.1	662	0	E0		PP, EX, A	VE01		1	
1037	CHLORURE D'ÉTHYLE	2	2F		2.1	662	0	E0		PP, EX, A	VE01		1	
1038	ÉTHYLÈNE LIQUIDE RÉFRIGÉRÉ	2	3F		2.1		0	E0	T	PP, EX, A	VE01		1	
1039	ÉTHER MÉTHYLÉTHYLIQUE	2	2F		2.1	662	0	E0		PP, EX, A	VE01		1	
1040	OXYDE D'ÉTHYLÈNE	2	2TF		2.3+2.1	342	0	E0		PP, EP, EX, TOX, A	VE01, VE02		2	
1040	OXYDE D'ÉTHYLÈNE AVEC DE L'AZOTE jusqu'à une pression totale de 1 MPa (10 bar) à 50 °C	2	2TF		2.3+2.1	342	0	E0	T	PP, EP, EX, TOX, A	VE01, VE02		2	
1041	OXYDE D'ÉTHYLÈNE ET DIOXYDE DE CARBONE EN MÉLANGE contenant plus de 9% mais pas plus de 87% d'oxyde d'éthylène	2	2F		2.1	662	0	E0		PP, EX, A	VE01		1	
1043	ENGRAIS EN SOLUTION contenant de l'ammoniac non combiné	2	4A		2.2	642		E0		PP			0	
1044	EXTINCTEURS contenant un gaz comprimé ou liquéfié	2	6A		2.2	225 594	120 ml	E0		PP			0	

No. ONU ou ID	Nom et description	Classe	Code de classification	Groupe d'emballage	Étiquettes	Dispositions speciales	Quantités limitées et exceptées		Transport admis	Équipement exigé	Venti-lation	Mesures pendant le chargement/déchargement/transport	Nombre de cônes, feux bleus	Observations
3.1.2	3.1.2	2.2	2.2	2.1.1.3	5.2.2	3.3	3.4	3.5.1.2	3.2.1	8.1.5	7.1.6	7.1.6	7.1.5	3.2.1
(1)	(2)	(3a)	(3b)	(4)	(5)	(6)	(7a)	(7b)	(8)	(9)	(10)	(11)	(12)	(13)
1045	FLUOR COMPRIMÉ	2	1TOC		2.3+5.1+8	378 392 653 662	0	E0		PP, EP, TOX, A	VE02		2	
1046	HÉLIUM COMPRIMÉ	2	1A		2.2		120 ml	E1		PP			0	
1048	BROMURE D'HYDROGÈNE ANHYDRE	2	2TC		2.3+8		0	E0		PP, EP, TOX, A	VE02		2	
1049	HYDROGÈNE COMPRIMÉ	2	1F		2.1	392 662	0	E0		PP, EX, A	VE01		1	
1050	CHLORURE D'HYDROGÈNE ANHYDRE	2	2TC		2.3+8		0	E0		PP, EP, TOX, A	VE02		2	
1051	CYANURE D'HYDROGÈNE STABILISÉ, avec moins de 3% d'eau	6.1	TF1	I	6.1+3	386 603 676 802	0	E0		PP, EP, EX, TOX, A	VE01, VE02		2	
1052	FLUORURE D'HYDROGÈNE ANHYDRE	8	CT1	I	8+6.1	802	0	E0		PP, EP, TOX, A	VE02		2	
1053	SULFURE D'HYDROGÈNE	2	2TF		2.3+2.1		0	E0		PP, EP, EX, TOX, A	VE01, VE02		2	
1055	ISOBUTYLÈNE	2	2F		2.1	662	0	E0	T	PP, EX, A	VE01		1	
1056	KRYPTON COMPRIMÉ	2	1A		2.2	378 392 662	120 ml	E1		PP			0	
1057	BRIQUETS ou RECHARGES POUR BRIQUETS contenant un gaz inflammable	2	6F		2.1	201 654 658	0	E0		PP, EX, A	VE01		1	
1058	GAZ LIQUÉFIÉS ininflammables, additionnés d'azote, de dioxyde de carbone ou d'air	2	2A		2.2	392 662	120 ml	E1		PP			0	
1060	MÉTHYLACÉTYLÈNE ET PROPADIÈNE EN MÉLANGE STABILISÉ comme le mélange P1, le mélange P2	2	2F		2.1	386 581 662 676	0	E0		PP, EX, A	VE01		1	
1061	MÉTHYLAMINE ANHYDRE	2	2F		2.1	662	0	E0		PP, EX, A	VE01		1	
1062	BROMURE DE MÉTHYLE contenant au plus 2% de chloropicrine	2	2T		2.3	23	0	E0		PP, EP, TOX, A	VE02		2	
1063	CHLORURE DE MÉTHYLE (GAZ RÉFRIGÉRANT R 40)	2	2F		2.1	662	0	E0	T	PP, EX, A	VE01		1	
1064	MERCAPTAN MÉTHYLIQUE	2	2TF		2.3+2.1		0	E0		PP, EP, EX, TOX, A	VE01, VE02		2	
1065	NÉON COMPRIMÉ	2	1A		2.2	378 392 662	120 ml	E1		PP			0	

No. ONU ou ID	Nom et description	Classe	Code de classi-fication	Groupe d'embal-lage	Étiquettes	Dispositions speciales	Quantités limitées	et exceptées	Transport admis	Équipement exigé	Venti-lation	Mesures pendant le chargement/déchargement/ transport	Nombre de cônes, feux bleus	Observations
	3.1.2	2.2	2.2	2.1.1.3	5.2.2	3.3	3.4	3.5.1.2	3.2.1	8.1.5	7.1.6	7.1.6	7.1.5	3.2.1
(1)	(2)	(3a)	(3b)	(4)	(5)	(6)	(7a)	(7b)	(8)	(9)	(10)	(11)	(12)	(13)
1066	AZOTE COMPRIMÉ	2	1A		2.2	378 392 653 662	120 ml	E1		PP			0	
1067	TÉTROXYDE DE DIAZOTE (DIOXYDE D'AZOTE)	2	2TOC		2.3+5.1+8		0	E0		PP, EP, TOX, A	VE02		2	
1069	CHLORURE DE NITROSYLE	2	2TC		2.3+8		0	E0		PP, EP, TOX, A	VE02		2	
1070	PROTOXYDE D'AZOTE	2	2O		2.2+5.1	584 662	0	E0		PP			0	
1071	GAZ DE PÉTROLE COMPRIMÉ	2	1TF		2.3+2.1		0	E0		PP, EP, EX, TOX, A	VE01, VE02		2	
1072	OXYGÈNE COMPRIMÉ	2	1O		2.2+5.1	355 655 662	0	E0		PP			0	
1073	OXYGÈNE LIQUIDE RÉFRIGÉRÉ	2	3O		2.2+5.1		0	E0		PP			0	
1075	GAZ DE PÉTROLE LIQUÉFIÉS	2	2F		2.1	274 392 583 639 662 674	0	E0		PP, EX, A	VE01		1	
1076	PHOSGÈNE	2	2TC		2.3+8	662	0	E0		PP, EP, TOX, A	VE02		2	
1077	PROPYLÈNE	2	2F		2.1	662	0	E0	T	PP, EX, A	VE01		1	
1078	GAZ FRIGORIFIQUE, N.S.A. (GAZ RÉFRIGÉRANT, N.S.A.), comme le mélange F1, le mélange F2, le mélange F3	2	2A		2.2	274 582 662	120 ml	E1		PP			0	
1079	DIOXYDE DE SOUFRE	2	2TC		2.3+8		0	E0		PP, EP, TOX, A	VE02		2	
1080	HEXAFLUORURE DE SOUFRE	2	2A		2.2	392 662	120 ml	E1		PP			0	
1081	TÉTRAFLUORÉTHYLÈNE STABILISÉ	2	2F		2.1	386 662 676	0	E0		PP, EX, A	VE01		1	
1082	TRIFLUOROCHLORÉTHYLÈNE STABILISÉ (GAZ RÉFRIGÉRANT R 1113)	2	2TF		2.3+2.1	386 676	0	E0		PP, EP, EX, TOX, A	VE01, VE02		2	
1083	TRIMÉTHYLAMINE ANHYDRE	2	2F		2.1	662	0	E0	T	PP, EX, A	VE01		1	
1085	BROMURE DE VINYLE STABILISÉ	2	2F		2.1	386 662 676	0	E0		PP, EX, A	VE01		1	
1086	CHLORURE DE VINYLE STABILISÉ	2	2F		2.1	386 662 676	0	E0	T	PP, EX, A	VE01		1	

No. ONU ou ID	Nom et description	Classe	Code de classification	Groupe d'emballage	Étiquettes	Dispositions spéciales	Quantités limitées et exceptées		Transport admis	Équipement exigé	Ventilation	Mesures pendant le chargement/déchargement/ transport	Nombre de cônes, feux bleus	Observations
		2.2	2.2	2.1.1.3	5.2.2	3.3	3.4	3.5.1.2	3.2.1	8.1.5	7.1.6	7.1.6	7.1.5	3.2.1
(1)	(2)	(3a)	(3b)	(4)	(5)	(6)	(7a)	(7b)	(8)	(9)	(10)	(11)	(12)	(13)
1087	ÉTHER MÉTHYLVINYLIQUE STABILISÉ	2	2F		2.1	386 662 676	0	E0		PP, EX, A	VE01		1	
1088	ACÉTAL	3	F1	II	3		1 L	E2	T	PP, EX, A	VE01		1	
1089	ACÉTALDÉHYDE	3	F1	I	3		0	E0	T	PP, EX, A	VE01		1	
1090	ACÉTONE	3	F1	II	3		1 L	E2	T	PP, EX, A	VE01		1	
1091	HUILES D'ACÉTONE	3	F1	II	3		1 L	E2		PP, EX, A	VE01		1	
1092	ACROLÉINE STABILISÉE	6.1	TF1	I	6.1+3	354 386 676 802	0	E0	T	PP, EP, EX, TOX, A	VE01, VE02		2	
1093	ACRYLONITRILE STABILISÉ	3	FT1	I	3+6.1	386 676 802	0	E0	T	PP, EP, EX, TOX, A	VE01, VE02		2	
1098	ALCOOL ALLYLIQUE	6.1	TF1	I	6.1+3	354 802	0	E0	T	PP, EP, EX, TOX, A	VE01, VE02		2	
1099	BROMURE D'ALLYLE	3	FT1	I	3+6.1	802	0	E0	T	PP, EP, EX, TOX, A	VE01, VE02		2	
1100	CHLORURE D'ALLYLE	3	FT1	I	3+6.1	802	0	E0	T	PP, EP, EX, TOX, A	VE01, VE02		2	
1104	ACÉTATES D'AMYLE	3	F1	III	3		5 L	E1	T	PP, EX, A	VE01		0	
1105	PENTANOLS	3	F1	II	3		1 L	E2	T	PP, EX, A	VE01		1	
1105	PENTANOLS	3	F1	III	3		5 L	E1		PP, EX, A	VE01		0	
1106	AMYLAMINES	3	FC	II	3+8		1 L	E2	T	PP, EP, EX, A	VE01		1	
1106	AMYLAMINES	3	FC	III	3+8		5 L	E1	T	PP, EP, EX, A	VE01		0	
1107	CHLORURES D'AMYLE	3	F1	II	3		1 L	E2	T	PP, EX, A	VE01		1	
1108	PENTÈNE-1 (n-AMYLÈNE)	3	F1	I	3		0	E3	T	PP, EX, A	VE01		1	
1109	FORMIATES D'AMYLE	3	F1	III	3		5 L	E1		PP, EX, A	VE01		0	
1110	n-AMYLMÉTHYLCÉTONE	3	F1	III	3		5 L	E1		PP, EX, A	VE01		0	
1111	MERCAPTAN AMYLIQUE	3	F1	II	3		1 L	E2		PP, EX, A	VE01		1	
1112	NITRATES D'AMYLE	3	F1	III	3		5 L	E1		PP, EX, A	VE01		0	
1113	NITRITES D'AMYLE	3	F1	II	3		1 L	E2		PP, EX, A	VE01		1	
1114	BENZÈNE	3	F1	II	3		1 L	E2	T	PP, EX, A	VE01		1	
1120	BUTANOLS	3	F1	II	3		1 L	E2	T	PP, EX, A	VE01		1	
1120	BUTANOLS	3	F1	III	3		5 L	E1	T	PP, EX, A	VE01		0	
1123	ACÉTATES DE BUTYLE	3	F1	II	3		1 L	E2	T	PP, EX, A	VE01		1	
1123	ACÉTATES DE BUTYLE	3	F1	III	3		5 L	E1	T	PP, EX, A	VE01		0	
1125	n-BUTYLAMINE	3	FC	II	3+8		1 L	E2	T	PP, EP, EX, A	VE01		1	
1126	1-BROMOBUTANE	3	F1	II	3		1 L	E2		PP, EX, A	VE01		1	
1127	CHLOROBUTANES	3	F1	II	3		1 L	E2	T	PP, EX, A	VE01		1	
1128	FORMIATE DE n-BUTYLE	3	F1	II	3		1 L	E2		PP, EX, A	VE01		1	
1129	BUTYRALDÉHYDE	3	F1	II	3		1 L	E2		PP, EX, A	VE01		1	
1130	HUILE DE CAMPHRE	3	F1	III	3		5 L	E1		PP, EX, A	VE01		0	
1131	DISULFURE DE CARBONE	3	FT1	I	3+6.1	802	0	E0	T	PP, EP, EX, TOX, A	VE01, VE02		2	
1133	ADHÉSIFS contenant un liquide inflammable	3	F1	I	3		500 ml	E3		PP, EX, A	VE01		1	

No. ONU ou ID (1)	Nom et description (2)	Classe (3a)	Code de classification (3b)	Groupe d'emballage (4)	Étiquettes (5)	Dispositions spéciales (6)	Quantités limitées (7a)	Quantités exceptées (7b)	Transport admis (8)	Équipement exigé (9)	Ventilation (10)	Mesures pendant le chargement/déchargement/transport (11)	Nombre de cônes, feux bleus (12)	Observations (13)
1133	ADHÉSIFS contenant un liquide inflammable (pression de vapeur à 50 °C supérieure à 110 kPa)	3	F1	II	3	640C	5 L	E2		PP, EX, A	VE01		1	
1133	ADHÉSIFS contenant un liquide inflammable (pression de vapeur à 50 °C inférieure ou égale à 110 kPa)	3	F1	II	3	640D	5 L	E2		PP, EX, A	VE01		1	
1133	ADHÉSIFS contenant un liquide inflammable	3	F1	III	3		5 L	E1		PP, EX, A	VE01		0	
1133	ADHÉSIFS contenant un liquide inflammable (ayant un point d'éclair inférieur à 23 °C et visqueux selon 2.2.3.1.4) (pression de vapeur à 50 °C supérieure à 110 kPa)	3	F1	III	3		5 L	E1		PP, EX, A	VE01		0	
1133	ADHÉSIFS contenant un liquide inflammable (ayant un point d'éclair inférieur à 23 °C et visqueux selon 2.2.3.1.4) (pression de vapeur à 50 °C inférieure ou égale à 110 kPa)	3	F1	III	3		5 L	E1		PP, EX, A	VE01		0	
1134	CHLOROBENZÈNE	3	F1	III	3		5 L	E1	T	PP, EX, A	VE01		0	
1135	MONOCHLORHYDRINE DU GLYCOL	6.1	TF1	I	6.1+3	354 802	0	E0	T	PP, EP, EX, TOX, A	VE01, VE02		2	
1136	DISTILLATS DE GOUDRON DE HOUILLE, INFLAMMABLES	3	F1	II	3		1 L	E2		PP, EX, A	VE01		1	
1136	DISTILLATS DE GOUDRON DE HOUILLE, INFLAMMABLES	3	F1	III	3		5 L	E1		PP, EX, A	VE01		0	
1139	SOLUTION D'ENROBAGE (traitements de surface ou enrobages utilisés dans l'industrie ou à d'autres fins, tels que sous-couche pour carrosserie de véhicule, revêtement pour fûts et tonneaux)	3	F1	I	3		500 ml	E3		PP, EX, A	VE01		1	
1139	SOLUTION D'ENROBAGE (traitements de surface ou enrobages utilisés dans l'industrie ou à d'autres fins, tels que sous-couche pour carrosserie de véhicule, revêtement pour fûts et tonneaux) (pression de vapeur à 50 °C supérieure à 110 kPa)	3	F1	II	3	640C	5 L	E2		PP, EX, A	VE01		1	
1139	SOLUTION D'ENROBAGE (traitements de surface ou enrobages utilisés dans l'industrie ou à d'autres fins, tels que sous-couche pour carrosserie de véhicule, revêtement pour fûts et tonneaux) (pression de vapeur à 50 °C inférieure ou égale à 110 kPa)	3	F1	II	3	640D	5 L	E2		PP, EX, A	VE01		1	
1139	SOLUTION D'ENROBAGE (traitements de surface ou enrobages utilisés dans l'industrie ou à d'autres fins, tels que sous-couche pour carrosserie de véhicule, revêtement pour fûts et tonneaux)	3	F1	III	3		5 L	E1		PP, EX, A	VE01		0	
1139	SOLUTION D'ENROBAGE (traitements de surface ou enrobages utilisés dans l'industrie ou à d'autres fins, tels que sous-couche pour carrosserie de véhicule, revêtement pour fûts et tonneaux) (ayant un point d'éclair inférieur à 23 °C et visqueux selon 2.2.3.1.4) (pression de vapeur à 50 °C supérieure à 110 kPa)	3	F1	III	3		5 L	E1		PP, EX, A	VE01		0	

No. ONU ou ID	Nom et description	Classe	Code de classi-fication	Groupe d'embal-lage	Étiquettes	Disposi-tions speciales	Quantités limitées et exceptées		Trans-port admis	Équipement exigé	Venti-lation	Mesures pendant le chargement/décharge ment/ transport	Nombre de cônes, feux bleus	Observations
3.1.2	3.1.2	2.2	2.2	2.1.1.3	5.2.2	3.3	3.4	3.5.1.2	3.2.1	8.1.5	7.1.6	7.1.6	7.1.5	3.2.1
(1)	(2)	(3a)	(3b)	(4)	(5)	(6)	(7a)	(7b)	(8)	(9)	(10)	(11)	(12)	(13)
1139	SOLUTION D'ENROBAGE (traitements de surface ou enrobages utilisés dans l'industrie ou à autres fins, tels que sous-couche pour carrosserie de véhicule, revêtement pour fûts et tonneaux) (ayant un point d'éclair inférieur à 23 °C et visqueux selon 2.2.3.1.4) (pression de vapeur à 50 °C inférieure ou égale à 110 kPa)	3	F1	III	3		5 L	E1		PP, EX, A	VE01		0	
1143	ALDÉHYDE CROTONIQUE (CROTONALDÉHYDE) ou ALDÉHYDE CROTONIQUE STABILISÉ (CROTONALDÉHYDE STABILISÉ)	6.1	TF1	I	6.1+3	324 354 386 676 802	0	E0	T	PP, EP, EX, TOX, A	VE01, VE02		2	
1144	CROTONYLÈNE	3	F1	I	3		0	E3	T	PP, EX, A	VE01		1	
1145	CYCLOHEXANE	3	F1	II	3		1 L	E2	T	PP, EX, A	VE01		1	
1146	CYCLOPENTANE	3	F1	II	3		1 L	E2	T	PP, EX, A	VE01		1	
1147	DÉCAHYDRONAPHTALÈNE	3	F1	III	3		5 L	E1		PP, EX, A	VE01		0	
1148	DIACÉTONE-ALCOOL	3	F1	II	3		1 L	E2	T	PP, EX, A	VE01		0	
1148	DIACÉTONE-ALCOOL	3	F1	III	3		5 L	E1		PP, EX, A	VE01		0	
1149	ÉTHERS BUTYLIQUES	3	F1	II	3		1 L	E2	T	PP, EX, A	VE01		1	
1150	DICHLORO-1,2 ÉTHYLÈNE	3	F1	II	3		1 L	E2	T	PP, EX, A	VE01		0	
1152	DICHLOROPENTANES	3	F1	III	3		5 L	E1		PP, EX, A	VE01		1	
1153	ÉTHER DIÉTHYLIQUE DE L'ÉTHYLÈNEGLYCOL	3	F1	II	3		1 L	E2	T	PP, EX, A	VE01		0	
1153	ÉTHER DIÉTHYLIQUE DE L'ÉTHYLÈNEGLYCOL	3	F1	III	3		5 L	E1	T	PP, EX, A	VE01		1	
1154	DIÉTHYLAMINE	3	FC	II	3+8		1 L	E2	T	PP, EP, EX, A	VE01		1	
1155	ÉTHER DIÉTHYLIQUE (ÉTHER ÉTHYLIQUE)	3	F1	I	3		0	E3	T	PP, EX, A	VE01		1	
1156	DIÉTHYLCÉTONE	3	F1	II	3		1 L	E2	T	PP, EX, A	VE01		0	
1157	DIISOBUTYLCÉTONE	3	F1	III	3		5 L	E1		PP, EX, A	VE01		1	
1158	DIISOPROPYLAMINE	3	FC	II	3+8		1 L	E2	T	PP, EP, EX, A	VE01		1	
1159	ÉTHER ISOPROPYLIQUE	3	F1	II	3		1 L	E2	T	PP, EP, EX, A	VE01		1	
1160	DIMÉTHYLAMINE EN SOLUTION AQUEUSE	3	FC	II	3+8		1 L	E2	T	PP, EP, EX, A	VE01		1	
1161	CARBONATE DE MÉTHYLE	3	F1	II	3		1 L	E2	T	PP, EX, A	VE01		1	
1162	DIMÉTHYLDICHLOROSILANE	3	FC	II	3+8		1 L	E2	T	PP, EP, EX, A	VE01		1	
1163	DIMÉTHYLHYDRAZINE ASYMÉTRIQUE	6.1	TFC	I	6.1+3+8	354 802	0	E0	T	PP, EP, EX, TOX, A	VE01, VE02		2	
1164	SULFURE DE MÉTHYLE	3	F1	II	3		1 L	E2	T	PP, EX, A	VE01		1	
1165	DIOXANNE	3	F1	II	3		1 L	E2	T	PP, EX, A	VE01		1	
1166	DIOXOLANNE	3	F1	II	3		1 L	E2	T	PP, EX, A	VE01		1	
1167	ÉTHER VINYLIQUE STABILISÉ	3	F1	I	3	386 676	0	E3	T	PP, EX, A	VE01		1	
1170	ÉTHANOL (ALCOOL ÉTHYLIQUE) ou ÉTHANOL EN SOLUTION (ALCOOL ÉTHYLIQUE EN SOLUTION)	3	F1	II	3	144 601	1 L	E2	T	PP, EX, A	VE01		1	
1170	ÉTHANOL EN SOLUTION (ALCOOL ÉTHYLIQUE EN SOLUTION)	3	F1	III	3	144 601	5 L	E1	T	PP, EX, A	VE01		0	
1171	ÉTHER MONOÉTHYLIQUE DE L'ÉTHYLÈNEGLYCOL	3	F1	III	3		5 L	E1	T	PP, EX, A	VE01		0	

No. ONU ou ID (1)	Nom et description (2)	Classe 2.2 (3a)	Code de classi-fication 2.2 (3b)	Groupe d'embal-lage 2.1.1.3 (4)	Étiquettes 5.2.2 (5)	Disposit-ions speciales 3.3 (6)	Quantités limitées et exceptées 3.4 (7a)	3.5.1.2 (7b)	Trans-port admis 3.2.1 (8)	Équipement exigé 8.1.5 (9)	Venti-lation 7.1.6 (10)	Mesures pendant le chargement/déchargement/transport 7.1.6 (11)	Nombre de cônes, feux bleus 7.1.5 (12)	Observations 3.2.1 (13)
1172	ACÉTATE DE L'ÉTHER MONOÉTHYLIQUE DE L'ÉTHYLÈNEGLYCOL	3	F1	III	3		5 L	E1	T	PP, EX, A	VE01		0	
1173	ACÉTATE D'ÉTHYLE	3	F1	II	3		1 L	E2	T	PP, EX, A	VE01		1	
1175	ÉTHYLBENZÈNE	3	F1	II	3		1 L	E2	T	PP, EX, A	VE01		1	
1176	BORATE D'ÉTHYLE	3	F1	II	3		1 L	E2		PP, EX, A	VE01		1	
1177	ACÉTATE DE 2-ÉTHYLBUTYLE	3	F1	III	3		5 L	E1	T	PP, EX, A	VE01		0	
1178	ALDÉHYDE ÉTHYL-2 BUTYRIQUE	3	F1	II	3		1 L	E2		PP, EX, A	VE01		1	
1179	ÉTHER ÉTHYLBUTYLIQUE	3	F1	II	3		1 L	E2		PP, EX, A	VE01		1	
1180	BUTYRATE D'ÉTHYLE	3	F1	III	3		5 L	E1		PP, EX, A	VE01		0	
1181	CHLORACÉTATE D'ÉTHYLE	6.1	TF1	II	6.1+3	802	100 ml	E4		PP, EP, EX, TOX, A	VE01, VE02		2	
1182	CHLOROFORMIATE D'ÉTHYLE	6.1	TFC	I	6.1+3+8	354 802	0	E0		PP, EP, EX, TOX, A	VE01, VE02		2	
1183	ÉTHYLDICHLOROSILANE	4.3	WFC	I	4.3+3+8		0	E0		PP, EP, EX, A	VE01	HA08	1	
1184	DICHLORURE D'ÉTHYLÈNE	3	FT1	II	3+6.1	802	1 L	E2	T	PP, EP, EX, TOX, A	VE01, VE02		2	
1185	ÉTHYLÈNEIMINE STABILISÉE	6.1	TF1	I	6.1+3	354 386 676 802	0	E0		PP, EP, EX, TOX, A	VE01, VE02		2	
1188	ÉTHER MONOMÉTHYLIQUE DE L'ÉTHYLÈNEGLYCOL	3	F1	III	3		5 L	E1	T	PP, EX, A	VE01		0	
1189	ACÉTATE DE L'ÉTHER MONOMÉTHYLIQUE DE L'ÉTHYLÈNEGLYCOL	3	F1	III	3		5 L	E1		PP, EX, A	VE01		0	
1190	FORMIATE D'ÉTHYLE	3	F1	II	3		1 L	E2		PP, EX, A	VE01		1	
1191	ALDÉHYDES OCTYLIQUES	3	F1	III	3		5 L	E1	T	PP, EX, A	VE01		0	
1192	LACTATE D'ÉTHYLE	3	F1	III	3		5 L	E1		PP, EX, A	VE01		0	
1193	ÉTHYLMÉTHYLCÉTONE (MÉTHYLÉTHYL-CÉTONE)	3	F1	II	3		1 L	E2	T	PP, EX, A	VE01		1	
1194	NITRITE D'ÉTHYLE EN SOLUTION	3	FT1	I	3+6.1	802	0	E0		PP, EP, EX, TOX, A	VE01, VE02		2	
1195	PROPIONATE D'ÉTHYLE	3	F1	II	3		1 L	E2		PP, EX, A	VE01		1	
1196	ÉTHYLTRICHLOROSILANE	3	FC	II	3+8		0	E0		PP, EP, EX, A	VE01		1	
1197	EXTRAITS, LIQUIDES, pour aromatiser- (pression de vapeur à 50 °C supérieure à 110 kPa)	3	F1	II	3	601 640C	5 L	E2		PP, EX, A	VE01		1	
1197	EXTRAITS, LIQUIDES,pour aromatiser (pression de vapeur à 50 °C inférieure ou égale à 110 kPa)	3	F1	II	3	601 640D	5 L	E2		PP, EX, A	VE01		1	
1197	EXTRAITS, LIQUIDES, pour aromatiser (ayant un point d'éclair inférieur à 23 °C et visqueux selon 2.2.3.1.4) (pression de vapeur à 50 °C supérieure à 110 kPa)	3	F1	III	3	601	5 L	E1		PP, EX, A	VE01		0	
1197	EXTRAITS, LIQUIDES, pour aromatiser	3	F1	III	3	601	5 L	E1		PP, EX, A	VE01		0	
1197	EXTRAITS, LIQUIDES,-pour aromatiser (ayant un point d'éclair inférieur à 23 °C et visqueux selon 2.2.3.1.4) (pression de vapeur à 50 °C inférieure ou égale à 110 kPa)	3		III	3	601	5 L	E1		PP, EX, A	VE01		0	

No. ONU ou ID	Nom et description	Classe	Code de classification	Groupe d'emballage	Étiquettes	Dispositions spéciales	Quantités limitées et exceptées		Transport admis	Équipement exigé	Ventilation	Mesures pendant le chargement/déchargement/ transport	Nombre de cônes, feux bleus	Observations
	3.1.2	2.2	2.2	2.1.1.3	5.2.2	3.3	3.4	3.5.1.2	3.2.1	8.1.5	7.1.6	7.1.6	7.1.5	3.2.1
(1)	(2)	(3a)	(3b)	(4)	(5)	(6)	(7a)	(7b)	(8)	(9)	(10)	(11)	(12)	(13)
1198	FORMALDÉHYDE EN SOLUTION INFLAMMABLE	3	FC	III	3+8		5 L	E1	T	PP, EP, EX, A	VE01		0	
1199	FURALDÉHYDES	6.1	TF1	II	6.1+3	802	100 ml	E4	T	PP, EP, EX, TOX, A	VE01, VE02		2	
1201	HUILE DE FUSEL	3	F1	II	3		1 L	E2		PP, EX, A	VE01		1	
1201	HUILE DE FUSEL	3	F1	III	3		5 L	E1		PP, EX, A	VE01		0	
1202	CARBURANT DIESEL ou GAZOLE ou HUILE DE CHAUFFE LÉGÈRE (point d'éclair ne dépassant pas 60 °C)	3	F1	III	3	640K	5 L	E1	T	PP, EX, A	VE01		0	
1202	CARBURANT DIESEL conforme à la norme EN 590:2013 + A1:2017 ou GAZOLE ou HUILE DE CHAUFFE LÉGÈRE à point d'éclair défini dans la norme EN 590:2013 + A1:2017	3	F1	III	3	640L	5 L	E1		PP, EX, A	VE01		0	
1202	CARBURANT DIESEL ou GAZOLE ou HUILE DE CHAUFFE LÉGÈRE (point d'éclair compris entre 60 °C et 100 °C)	3	F1	III	3	640M	5 L	E1	T	PP, EX, A	VE01		0	
1203	ESSENCE	3	F1	II	3	243 534	1 L	E2	T	PP, EX, A	VE01		1	
1204	NITROGLYCÉRINE EN SOLUTION ALCOOLIQUE avec au plus 1% de nitroglycérine	3	D	II	3	601	1 L	E0		PP, EX, A	VE01		1	
1206	HEPTANES	3	F1	II	3		1 L	E2	T	PP, EX, A	VE01		1	
1207	HEXALDÉHYDE	3	F1	III	3		5 L	E1		PP, EX, A	VE01		0	
1208	HEXANES	3	F1	II	3		1 L	E2	T	PP, EX, A	VE01		1	
1210	ENCRES D'IMPRIMERIE, inflammables ou MATIÈRES APPARENTÉES AUX ENCRES D'IMPRIMERIE (y compris solvants et diluants pour encres d'imprimerie), inflammables	3	F1	I	3	163 367	500 ml	E3		PP, EX, A	VE01		1	
1210	ENCRES D'IMPRIMERIE, inflammables ou MATIÈRES APPARENTÉES AUX ENCRES D'IMPRIMERIE (y compris solvants et diluants pour encres d'imprimerie), inflammables (pression de vapeur à 50 °C supérieure à 110 kPa)	3	F1	II	3	163 367 640C	5 L	E2		PP, EX, A	VE01		1	
1210	ENCRES D'IMPRIMERIE, inflammables ou MATIÈRES APPARENTÉES AUX ENCRES D'IMPRIMERIE (y compris solvants et diluants pour encres d'imprimerie), inflammables (pression de vapeur à 50 °C inférieure ou égale à 110 kPa)	3	F1	II	3	163 367 640D	5 L	E2		PP, EX, A	VE01		1	
1210	ENCRES D'IMPRIMERIE, inflammables ou MATIÈRES APPARENTÉES AUX ENCRES D'IMPRIMERIE (y compris solvants et diluants pour encres d'imprimerie), inflammables	3	F1	III	3	163 367	5 L	E1		PP, EX, A	VE01		0	
1210	ENCRES D'IMPRIMERIE, inflammables ou MATIÈRES APPARENTÉES AUX ENCRES D'IMPRIMERIE (y compris solvants et diluants pour encres d'imprimerie), inflammables (ayant un point d'éclair inférieur à 23 °C et visqueux selon 2.2.3.1.4) (pression de vapeur à 50 °C supérieure à 110 kPa)	3	F1	III	3	163 367	5 L	E1		PP, EX, A	VE01		0	

No. ONU ou ID	Nom et description	Classe	Code de classification	Groupe d'emballage	Étiquettes	Dispositions speciales	Quantités limitées et exceptées		Transport admis	Équipement exigé	Ventilation	Mesures pendant le chargement/déchargement/transport	Nombre de cônes, feux bleus	Observations
3.1.2	3.1.2	2.2	2.2	2.1.1.3	5.2.2	3.3	3.4	3.5.1.2	3.2.1	8.1.5	7.1.6	7.1.6	7.1.5	3.2.1
(1)	(2)	(3a)	(3b)	(4)	(5)	(6)	(7a)	(7b)	(8)	(9)	(10)	(11)	(12)	(13)
1172	ACÉTATE DE L'ÉTHER MONOÉTHYLIQUE DE L'ÉTHYLÈNEGLYCOL	3	F1	III	3		5 L	E1	T	PP, EX, A	VE01		0	
1173	ACÉTATE D'ÉTHYLE	3	F1	II	3		1 L	E2	T	PP, EX, A	VE01		1	
1175	ÉTHYLBENZÈNE	3	F1	II	3		1 L	E2	T	PP, EX, A	VE01		1	
1176	BORATE D'ÉTHYLE	3	F1	II	3		1 L	E2		PP, EX, A	VE01		1	
1177	ACÉTATE DE 2-ÉTHYLBUTYLE	3	F1	III	3		5 L	E1	T	PP, EX, A	VE01		0	
1178	ALDÉHYDE ÉTHYL-2 BUTYRIQUE	3	F1	II	3		1 L	E2		PP, EX, A	VE01		1	
1179	ÉTHER ÉTHYLBUTYLIQUE	3	F1	II	3		1 L	E2		PP, EX, A	VE01		1	
1180	BUTYRATE D'ÉTHYLE	3	F1	III	3		5 L	E1		PP, EX, A	VE01		0	
1181	CHLORACÉTATE D'ÉTHYLE	6.1	TF1	II	6.1+3	802	100 ml	E4		PP, EP, EX, TOX, A	VE01, VE02		2	
1182	CHLOROFORMIATE D'ÉTHYLE	6.1	TFC	I	6.1+3+8	354 802	0	E0		PP, EP, EX, TOX, A	VE01, VE02		2	
1183	ÉTHYLDICHLOROSILANE	4.3	WFC	I	4.3+3+8		0	E0		PP, EP, EX, A	VE01	HA08	1	
1184	DICHLORURE D'ÉTHYLÈNE	3	FT1	II	3+6.1	802	1 L	E2	T	PP, EP, EX, TOX, A	VE01, VE02		2	
1185	ÉTHYLÈNEIMINE STABILISÉE	6.1	TF1	I	6.1+3	354 386 676 802	0	E0		PP, EP, EX, TOX, A	VE01, VE02		2	
1188	ÉTHER MONOMÉTHYLIQUE DE L'ÉTHYLÈNEGLYCOL	3	F1	III	3		5 L	E1	T	PP, EX, A	VE01		0	
1189	ACÉTATE DE L'ÉTHER MONOMÉTHYLIQUE DE L'ÉTHYLÈNEGLYCOL	3	F1	III	3		5 L	E1		PP, EX, A	VE01		0	
1190	FORMIATE D'ÉTHYLE	3	F1	II	3		1 L	E2		PP, EX, A	VE01		1	
1191	ALDÉHYDES OCTYLIQUES	3	F1	III	3		5 L	E1	T	PP, EX, A	VE01		0	
1192	LACTATE D'ÉTHYLE	3	F1	III	3		5 L	E1		PP, EX, A	VE01		0	
1193	ÉTHYLMÉTHYLCÉTONE (MÉTHYLÉTHYLCÉTONE)	3	F1	II	3		1 L	E2	T	PP, EX, A	VE01		1	
1194	NITRITE D'ÉTHYLE EN SOLUTION	3	FT1	I	3+6.1	802	0	E0	T	PP, EP, EX, TOX, A	VE01, VE02		2	
1195	PROPIONATE D'ÉTHYLE	3	F1	II	3		1 L	E2		PP, EX, A	VE01		1	
1196	ÉTHYLTRICHLOROSILANE	3	FC	II	3+8		0	E0		PP, EP, EX, A	VE01		1	
1197	EXTRAITS, LIQUIDES, pour aromatiser- (pression de vapeur à 50 °C supérieure à 110 kPa)	3	F1	II	3	601 640C	5 L	E2		PP, EX, A	VE01		1	
1197	EXTRAITS, LIQUIDES, pour aromatiser (pression de vapeur à 50 °C inférieure ou égale à 110 kPa)	3	F1	II	3	601 640D	5 L	E2		PP, EX, A	VE01		1	
1197	EXTRAITS, LIQUIDES, pour aromatiser (ayant un point d'éclair inférieur à 23 °C et visqueux selon 2.2.3.1.4) (pression de vapeur à 50 °C supérieure à 110 kPa)	3	F1	III	3	601	5 L	E1		PP, EX, A	VE01		1	
1197	EXTRAITS, LIQUIDES, pour aromatiser (ayant un point d'éclair inférieur à 23 °C et visqueux selon 2.2.3.1.4) (pression de vapeur à 50 °C inférieure ou égale à 110 kPa)	3	F1	III	3	601	5 L	E1		PP, EX, A	VE01		0	
1197	EXTRAITS, LIQUIDES,-pour aromatiser (ayant un point d'éclair inférieur à 23 °C et visqueux selon 2.2.3.1.4) (pression de vapeur à 50 °C inférieure ou égale à 110 kPa)	3	F1	III	3	601	5 L	E1		PP, EX, A	VE01		0	

No. ONU ou ID	Nom et description	Classe	Code de classification	Groupe d'emballage	Étiquettes	Dispositions spéciales	Quantités limitées et exceptées		Transport admis	Équipement exigé	Ventilation	Mesures pendant le chargement/déchargement/ transport	Nombre de cônes, feux bleus	Observations
		2.2	2.2	2.1.1.3	5.2.2	3.3	3.4	3.5.1.2	3.2.1	8.1.5	7.1.6	7.1.6	7.1.5	3.2.1
(1)	(2)	(3a)	(3b)	(4)	(5)	(6)	(7a)	(7b)	(8)	(9)	(10)	(11)	(12)	(13)
1198	FORMALDÉHYDE EN SOLUTION INFLAMMABLE	3	FC	III	3+8		5 L	E1	T	PP, EP, EX, A	VE01		0	
1199	FURALDÉHYDES	6.1	TF1	II	6.1+3	802	100 ml	E4	T	PP, EP, EX, TOX, A	VE01, VE02		2	
1201	HUILE DE FUSEL	3	F1	II	3		1 L	E2		PP, EX, A	VE01		1	
1201	HUILE DE FUSEL	3	F1	III	3		5 L	E1		PP, EX, A	VE01		0	
1202	CARBURANT DIESEL ou GAZOLE ou HUILE DE CHAUFFE LÉGÈRE (point d'éclair ne dépassant pas 60 °C)	3	F1	III	3	640K	5 L	E1	T	PP, EX, A	VE01		0	
1202	CARBURANT DIESEL conforme à la norme EN 590:2013 + A1:2017 ou GAZOLE ou HUILE DE CHAUFFE LÉGÈRE à point d'éclair défini dans la norme EN 590:2013 + A1:2017	3	F1	III	3	640L	5 L	E1		PP, EX, A	VE01		0	
1202	CARBURANT DIESEL ou GAZOLE ou HUILE DE CHAUFFE LÉGÈRE (point d'éclair compris entre 60 °C et 100 °C)	3	F1	III	3	640M	5 L	E1	T	PP, EX, A	VE01		0	
1203	ESSENCE	3	F1	II	3	243 534	1 L	E2	T	PP, EX, A	VE01		1	
1204	NITROGLYCÉRINE EN SOLUTION ALCOOLIQUE avec au plus 1% de nitroglycérine	3	D	II	3	601	1 L	E0	T	PP, EX, A	VE01		1	
1206	HEPTANES	3	F1	II	3		1 L	E2	T	PP, EX, A	VE01		1	
1207	HEXALDÉHYDE	3	F1	III	3		5 L	E1		PP, EX, A	VE01		0	
1208	HEXANES	3	F1	II	3		1 L	E2	T	PP, EX, A	VE01		1	
1210	ENCRES D'IMPRIMERIE, inflammables ou MATIÈRES APPARENTÉES AUX ENCRES D'IMPRIMERIE (y compris solvants et diluants pour encres d'imprimerie), inflammables	3	F1	I	3	163 367	500 ml	E3		PP, EX, A	VE01		1	
1210	ENCRES D'IMPRIMERIE, inflammables ou MATIÈRES APPARENTÉES AUX ENCRES D'IMPRIMERIE (y compris solvants et diluants pour encres d'imprimerie), inflammables (pression de vapeur à 50 °C supérieure à 110 kPa)	3	F1	II	3	163 367 640C	5 L	E2		PP, EX, A	VE01		1	
1210	ENCRES D'IMPRIMERIE, inflammables ou MATIÈRES APPARENTÉES AUX ENCRES D'IMPRIMERIE (y compris solvants et diluants pour encres d'imprimerie), inflammables (pression de vapeur à 50 °C inférieure ou égale à 110 kPa)	3	F1	II	3	163 367 640D	5 L	E2		PP, EX, A	VE01		1	
1210	ENCRES D'IMPRIMERIE, inflammables ou MATIÈRES APPARENTÉES AUX ENCRES D'IMPRIMERIE (y compris solvants et diluants pour encres d'imprimerie), inflammables	3	F1	III	3	163 367	5 L	E1		PP, EX, A	VE01		0	
1210	ENCRES D'IMPRIMERIE, inflammables ou MATIÈRES APPARENTÉES AUX ENCRES D'IMPRIMERIE (y compris solvants et diluants pour encres d'imprimerie), inflammables (ayant un point d'éclair inférieur à 23 °C et visqueux selon 2.2.3.1.4) (pression de vapeur à 50 °C supérieure à 110 kPa)	3	F1	III	3	163 367	5 L	E1		PP, EX, A	VE01		0	

No. ONU ou ID	Nom et description	Classe	Code de classification	Groupe d'emballage	Étiquettes	Dispositions spéciales	Quantités limitées et exceptées		Transport admis	Équipement exigé	Ventilation	Mesures pendant le chargement/déchargement/ transport	Nombre de cônes, feux bleus	Observations
3.1.2	3.1.2	2.2	2.2	2.1.1.3	5.2.2	3.3	3.4	3.5.1.2	3.2.1	8.1.5	7.1.6	7.1.6	7.1.5	3.2.1
(1)	(2)	(3a)	(3b)	(4)	(5)	(6)	(7a)	(7b)	(8)	(9)	(10)	(11)	(12)	(13)
1263	PEINTURES (y compris peintures, laques, émaux, couleurs, shellac, vernis, cirages, encaustiques, enduits d'apprêt et bases liquides pour laques) ou MATIÈRES APPARENTÉES AUX PEINTURES (y compris solvants et diluants pour peintures) (ayant un point d'éclair inférieur à 23 °C et visqueux selon 2.2.3.1.4) (pression de vapeur à 50 °C supérieure à 110 kPa)	3	F1	III	3	163 367 650	5 L	E1		PP, EX, A	VE01		0	
1263	PEINTURES (y compris peintures, laques, émaux, couleurs, shellac, vernis, cirages, encaustiques, enduits d'apprêt et bases liquides pour laques) ou MATIÈRES APPARENTÉES AUX PEINTURES (y compris solvants et diluants pour peintures) (ayant un point d'éclair inférieur à 23 °C et visqueux selon 2.2.3.1.4) (pression de vapeur à 50 °C inférieure ou égale à 110 kPa)	3	F1	III	3	163 367 650	5 L	E1		PP, EX, A	VE01		0	
1264	PARALDÉHYDE	3	F1	III	3		5 L	E1	T	PP, EX, A	VE01		0	
1265	PENTANES, liquides	3	F1	I	3		0	E3	T	PP, EX, A	VE01		1	
1265	PENTANES, liquides	3	F1	II	3		1 L	E2	T	PP, EX, A	VE01		1	
1266	PRODUITS POUR PARFUMERIE contenant des solvants inflammables (pression de vapeur à 50 °C supérieure à 110 kPa)	3	F1	II	3	163 640C	5 L	E2		PP, EX, A	VE01		1	
1266	PRODUITS POUR PARFUMERIE contenant des solvants inflammables (pression de vapeur à 50 °C inférieure ou égale à 110 kPa)	3	F1	II	3	163 640D	5 L	E2		PP, EX, A	VE01		1	
1266	PRODUITS POUR PARFUMERIE contenant des solvants inflammables	3	F1	III	3	163	5 L	E1		PP, EX, A	VE01		0	
1266	PRODUITS POUR PARFUMERIE contenant des solvants inflammables (ayant un point d'éclair inférieur à 23 °C et visqueux selon 2.2.3.1.4) (pression de vapeur à 50 °C supérieure à 110 kPa)	3	F1	III	3	163	5 L	E1		PP, EX, A	VE01		0	
1266	PRODUITS POUR PARFUMERIE contenant des solvants inflammables (ayant un point d'éclair inférieur à 23 °C et visqueux selon 2.2.3.1.4) (pression de vapeur à 50 °C inférieure ou égale à 110 kPa)	3	F1	III	3	163	5 L	E1		PP, EX, A	VE01		0	
1267	PÉTROLE BRUT	3	F1	I	3	357	500 ml	E3	T	PP, EX, A	VE01		1	
1267	PÉTROLE BRUT (pression de vapeur à 50 °C supérieure à 110 kPa)	3	F1	II	3	357 640C	1 L	E2	T	PP, EX, A	VE01		1	
1267	PÉTROLE BRUT (pression de vapeur à 50 °C inférieure ou égale à 110 kPa)	3	F1	II	3	357 640D	1 L	E2	T	PP, EX, A	VE01		1	
1267	PÉTROLE BRUT	3	F1	III	3	357	5 L	E1	T	PP, EX, A	VE01		0	
1268	DISTILLATS DE PÉTROLE, N.S.A. ou PRODUITS PÉTROLIERS, N.S.A.	3	F1	I	3		500 ml	E3	T	PP, EX, A	VE01		1	

No. ONU ou ID (1)	Nom et description (2)	Classe (3a)	Code de classification (3b)	Groupe d'emballage (4)	Étiquettes (5)	Dispositions spéciales (6)	Quantités limitées (7a)	Quantités exceptées (7b)	Transport admis (8)	Équipement exigé (9)	Venti-lation (10)	Mesures pendant le chargement/déchargement/transport (11)	Nombre de cônes, feux bleus (12)	Observations (13)
		2.2	2.2	2.1.1.3	5.2.2	3.3	3.4	3.5.1.2	3.2.1	8.1.5	7.1.6	7.1.6	7.1.5	3.2.1
1268	DISTILLATS DE PÉTROLE, N.S.A. ou PRODUITS PÉTROLIERS, N.S.A. (pression de vapeur à 50 °C supérieure à 110 kPa)	3	F1	II	3	640C	1 L	E2	T	PP, EX, A	VE01		1	
1268	DISTILLATS DE PÉTROLE, N.S.A. ou PRODUITS PÉTROLIERS, N.S.A. (pression de vapeur à 50 °C inférieure ou égale à 110 kPa)	3	F1	II	3	640D	1 L	E2	T	PP, EX, A	VE01		1	
1268	DISTILLATS DE PÉTROLE, N.S.A. ou PRODUITS PÉTROLIERS, N.S.A.	3	F1	III	3		5 L	E1	T	PP, EX, A	VE01		0	
1272	HUILE DE PIN	3	F1	III	3		5 L	E1		PP, EX, A	VE01		0	
1274	n-PROPANOL (ALCOOL PROPYLIQUE NORMAL)	3	F1	II	3		1 L	E2	T	PP, EX, A	VE01		1	
1274	n-PROPANOL (ALCOOL PROPYLIQUE NORMAL)	3	F1	III	3		5 L	E1	T	PP, EX, A	VE01		0	
1275	ALDÉHYDE PROPIONIQUE	3	F1	II	3		1 L	E2	T	PP, EX, A	VE01		1	
1276	ACÉTATE DE n-PROPYLE	3	F1	II	3		1 L	E2	T	PP, EX, A	VE01		1	
1277	PROPYLAMINE	3	FC	II	3+8		1 L	E2	T	PP, EP, EX, A	VE01		1	
1278	CHLORO-1 PROPANE	3	F1	II	3		1 L	E0	T	PP, EX, A	VE01		1	
1279	DICHLORO-1,2 PROPANE	3	F1	II	3		1 L	E2	T	PP, EX, A	VE01		1	
1280	OXYDE DE PROPYLÈNE	3	F1	I	3		0	E3	T	PP, EX, A	VE01		1	
1281	FORMIATES DE PROPYLE	3	F1	II	3		1 L	E2	T	PP, EX, A	VE01		1	
1282	PYRIDINE	3	F1	II	3		1 L	E2	T	PP, EX, A	VE01		1	
1286	HUILE DE COLOPHANE (pression de vapeur à 50 °C supérieure à 110 kPa)	3	F1	II	3	640C	5 L	E2	T	PP, EX, A	VE01		1	
1286	HUILE DE COLOPHANE (pression de vapeur à 50 °C inférieure ou égale à 110 kPa)	3	F1	II	3	640D	5 L	E2		PP, EX, A	VE01		1	
1286	HUILE DE COLOPHANE (ayant un point d'éclair inférieur à 23 °C et visqueux selon 2.2.3.1.4) (pression de vapeur à 50 °C supérieure à 110 kPa)	3	F1	III	3		5 L	E1		PP, EX, A	VE01		0	
1286	HUILE DE COLOPHANE (ayant un point d'éclair inférieur à 23 °C et visqueux selon 2.2.3.1.4) (pression de vapeur à 50 °C inférieure ou égale à 110 kPa)	3	F1	III	3		5 L	E1		PP, EX, A	VE01		0	
1286	HUILE DE COLOPHANE (ayant un point d'éclair inférieur à 23 °C et visqueux selon 2.2.3.1.4) (pression de vapeur à 50 °C supérieure à 110 kPa)	3	F1	III	3		5 L	E1		PP, EX, A	VE01		0	
1287	DISSOLUTION DE CAOUTCHOUC (pression de vapeur à 50 °C supérieure à 110 kPa)	3	F1	II	3	640C	5 L	E2		PP, EX, A	VE01		1	
1287	DISSOLUTION DE CAOUTCHOUC (pression de vapeur à 50 °C inférieure ou égale à 110 kPa)	3	F1	II	3	640D	5 L	E2		PP, EX, A	VE01		1	
1287	DISSOLUTION DE CAOUTCHOUC	3	F1	III	3		5 L	E1		PP, EX, A	VE01		0	
1287	DISSOLUTION DE CAOUTCHOUC (ayant un point d'éclair inférieur à 23 °C et visqueux selon 2.2.3.1.4) (pression de vapeur à 50 °C supérieure à 110 kPa)	3	F1	III	3		5 L	E1		PP, EX, A	VE01		0	
1287	DISSOLUTION DE CAOUTCHOUC (ayant un point d'éclair inférieur à 23 °C et visqueux selon 2.2.3.1.4) (pression de vapeur à 50 °C inférieure ou égale à 110 kPa)	3	F1	III	3		5 L	E1		PP, EX, A	VE01		0	
1288	HUILE DE SCHISTE	3	F1	II	3		1 L	E2	T	PP, EX, A	VE01		1	
1288	HUILE DE SCHISTE	3	F1	III	3		5 L	E1	T	PP, EX, A	VE01		0	
1289	MÉTHYLATE DE SODIUM EN SOLUTION dans l'alcool	3	FC	II	3+8		1 L	E2		PP, EP, EX, A	VE01		1	

No. ONU ou ID	Nom et description	Classe	Code de classification	Groupe d'emballage	Étiquettes	Dispositions speciales	Quantités limitées et exceptées		Transport admis	Équipement exigé	Ventilation	Mesures pendant le chargement/déchargement/transport	Nombre de cônes, feux bleus	Observations
3.1.2	3.1.2	2.2	2.2	2.1.1.3	5.2.2	3.3	3.4	3.5.1.2	3.2.1	8.1.5	7.1.6	7.1.6	7.1.5	3.2.1
(1)	(2)	(3a)	(3b)	(4)	(5)	(6)	(7a)	(7b)	(8)	(9)	(10)	(11)	(12)	(13)
1289	MÉTHYLATE DE SODIUM EN SOLUTION dans l'alcool	3	FC	III	3+8		5 L	E1	T	PP, EP, EX, A	VE01		0	
1292	SILICATE DE TÉTRAÉTHYLE	3	F1	III	3		5 L	E1		PP, EX, A	VE01		0	
1293	TEINTURES MÉDICINALES	3	F1	II	3	601	1 L	E2		PP, EX, A	VE01		1	
1293	TEINTURES MÉDICINALES	3	F1	III	3	601	5 L	E1		PP, EX, A	VE01		0	
1294	TOLUÈNE	3	F1	II	3		1 L	E2	T	PP, EX, A	VE01		1	
1295	TRICHLOROSILANE	4.3	WFC	I	4.3+3+8		0	E0		PP, EP, EX, A	VE01	HA08	1	
1296	TRIÉTHYLAMINE	3	FC	II	3+8		1 L	E2	T	PP, EP, EX, A	VE01		1	
1297	TRIMÉTHYLAMINE EN SOLUTION AQUEUSE contenant au plus 50% (masse) de triméthylamine	3	FC	I	3+8		0	E0		PP, EP, EX, A	VE01		1	
1297	TRIMÉTHYLAMINE EN SOLUTION AQUEUSE contenant au plus 50% (masse) de triméthylamine	3	FC	II	3+8		1 L	E2		PP, EP, EX, A	VE01		1	
1297	TRIMÉTHYLAMINE EN SOLUTION AQUEUSE contenant au plus 50% (masse) de triméthylamine	3	FC	III	3+8		5 L	E1		PP, EP, EX, A	VE01		0	
1298	TRIMÉTHYLCHLOROSILANE	3	FC	II	3+8		0	E0		PP, EP, EX, A	VE01		1	
1299	ESSENCE DE TÉRÉBENTHINE	3	F1	III	3		5 L	E1		PP, EX, A	VE01		0	
1300	SUCCÉDANÉ D'ESSENCE DE TÉRÉBENTHINE	3	F1	II	3		1 L	E2		PP, EX, A	VE01		1	
1300	SUCCÉDANÉ D'ESSENCE DE TÉRÉBENTHINE	3	F1	III	3		5 L	E1	T	PP, EX, A	VE01		0	
1301	ACÉTATE DE VINYLE STABILISÉ	3	F1	II	3	386 676	1 L	E2	T	PP, EX, A	VE01		1	
1302	ÉTHER ÉTHYLVINYLIQUE STABILISÉ	3	F1	I	3	386 676	0	E3	T	PP, EX, A	VE01		1	
1303	CHLORURE DE VINYLIDÈNE STABILISÉ	3	F1	I	3	386 676	0	E3		PP, EX, A	VE01		1	
1304	ÉTHER ISOBUTYLVINYLIQUE STABILISÉ	3	F1	II	3	386 676	1 L	E2		PP, EX, A	VE01		1	
1305	VINYLTRICHLOROSILANE STABILISÉ	3	FC	II	3+8	386 676	0	E0		PP, EP, EX, A	VE01		1	
1306	PRODUITS DE PRÉSERVATION DES BOIS, LIQUIDES (pression de vapeur à 50 °C supérieure à 110 kPa)	3	F1	II	3	640C	5 L	E2		PP, EX, A	VE01		1	
1306	PRODUITS DE PRÉSERVATION DES BOIS, LIQUIDES (pression de vapeur à 50 °C inférieure ou égale à 110 kPa)	3	F1	II	3	640D	5 L	E2		PP, EX, A	VE01		1	
1306	PRODUITS DE PRÉSERVATION DES BOIS, LIQUIDES	3	F1	III	3		5 L	E1		PP, EX, A	VE01		0	
1306	PRODUITS DE PRÉSERVATION DES BOIS, LIQUIDES (ayant un point d'éclair inférieur à 23 °C et visqueux selon 2.2.3.1.4) (pression de vapeur à 50 °C supérieure à 110 kPa)	3	F1	III	3		5 L	E1		PP, EX, A	VE01		0	
1306	PRODUITS DE PRÉSERVATION DES BOIS, LIQUIDES (ayant un point d'éclair inférieur à 23 °C et visqueux selon 2.2.3.1.4) (pression de vapeur à 50 °C inférieure ou égale à 110 kPa)	3	F1	III	3		5 L	E1		PP, EX, A	VE01		0	
1307	XYLÈNES	3	F1	II	3		1 L	E2	T	PP, EX, A	VE01		1	
1307	XYLÈNES	3	F1	III	3		5 L	E1	T	PP, EX, A	VE01		0	

No. ONU ou ID	Nom et description	Classe	Code de classification	Groupe d'emballage	Étiquettes	Dispositions spéciales	Quantités limitées et exceptées		Transport admis	Équipement exigé	Ventilation	Mesures pendant le chargement/déchargement/ transport	Nombre de cônes, feux bleus	Observations
	3.1.2	2.2	2.2	2.1.1.3	5.2.2	3.3	3.4	3.5.1.2	3.2.1	8.1.5	7.1.6	7.1.6	7.1.5	3.2.1
(1)	(2)	(3a)	(3b)	(4)	(5)	(6)	(7a)	(7b)	(8)	(9)	(10)	(11)	(12)	(13)
1308	ZIRCONIUM EN SUSPENSION DANS UN LIQUIDE INFLAMMABLE	3	F1	I	3		0	E0		PP, EX, A	VE01		1	
1308	ZIRCONIUM EN SUSPENSION DANS UN LIQUIDE INFLAMMABLE (pression de vapeur à 50 °C supérieure à 110 kPa)	3	F1	II	3	640C	1 L	E2		PP, EX, A	VE01		1	
1308	ZIRCONIUM EN SUSPENSION DANS UN LIQUIDE INFLAMMABLE (pression de vapeur à 50 °C inférieure ou égale à 110 kPa)	3	F1	II	3	640D	1 L	E2		PP, EX, A	VE01		1	
1308	ZIRCONIUM EN SUSPENSION DANS UN LIQUIDE INFLAMMABLE	3	F1	III	3		5 L	E1		PP, EX, A	VE01		0	
1309	ALUMINIUM EN POUDRE ENROBÉ	4.1	F3	II	4.1		1 kg	E2		PP			1	
1309	ALUMINIUM EN POUDRE ENROBÉ	4.1	F3	III	4.1		5 kg	E1		PP			0	
1310	PICRATE D'AMMONIUM HUMIDIFIÉ avec au moins 10% (masse) d'eau	4.1	D	I	4.1		0	E0		PP			1	
1312	BORNÉOL	4.1	F1	III	4.1		5 kg	E1		PP			0	
1313	RÉSINATE DE CALCIUM	4.1	F3	III	4.1		5 kg	E1		PP			0	
1314	RÉSINATE DE CALCIUM FONDU	4.1	F3	III	4.1		5 kg	E1		PP			0	
1318	RÉSINATE DE COBALT PRÉCIPITÉ	4.1	F3	III	4.1		5 kg	E1		PP			0	
1320	DINITROPHÉNOL HUMIDIFIÉ avec au moins 15% (masse) d'eau	4.1	DT	I	4.1+6.1	802	0	E0		PP, EP			2	
1321	DINITROPHÉNATES HUMIDIFIÉS avec au moins 15% (masse) d'eau	4.1	DT	I	4.1+6.1	802	0	E0		PP, EP			2	
1322	DINITRORÉSORCINOL HUMIDIFIÉ avec au moins 15% (masse) d'eau	4.1	D	I	4.1		0	E0		PP			1	
1323	FERROCÉRIUM	4.1	F3	II	4.1	249	1 kg	E2		PP			1	
1324	FILMS A SUPPORT NITROCELLULOSIQUE avec couche de gélatine (à l'exclusion des déchets)	4.1	F1	III	4.1		5 kg	E1		PP			0	
1325	SOLIDE ORGANIQUE INFLAMMABLE, N.S.A.	4.1	F1	II	4.1	274	1 kg	E2		PP			1	
1325	SOLIDE ORGANIQUE INFLAMMABLE, N.S.A.	4.1	F1	III	4.1	274	5 kg	E1		PP			0	
1326	HAFNIUM EN POUDRE HUMIDIFIÉ avec au moins 25% d'eau	4.1	F3	II	4.1	586	1 kg	E2		PP			1	
1327	Bhusa ou Foin ou Paille	4.1	F1						NON SOUMIS À L'ADN					
1328	HEXAMÉTHYLÈNETÉTRAMINE	4.1	F1	III	4.1		5 kg	E1		PP			0	
1330	RÉSINATE DE MANGANÈSE	4.1	F3	III	4.1		5 kg	E1		PP			0	
1331	ALLUMETTES NON "DE SÛRETÉ"	4.1	F1	III	4.1	293	5 kg	E0		PP			0	
1332	MÉTALDÉHYDE	4.1	F1	III	4.1		5 kg	E1		PP			0	
1333	CÉRIUM, plaques, barres, lingots	4.1	F3	II	4.1		1 kg	E2		PP			1	
1334	NAPHTALÈNE BRUT ou NAPHTALÈNE RAFFINÉ	4.1	F1	III	4.1	501	5 kg	E1	B	PP		CO01	0	
1336	NITROGUANIDINE HUMIDIFIÉE avec au moins 20% d'eau	4.1	D	I	4.1		0	E0		PP			1	
1337	NITROAMIDON HUMIDIFIÉ avec au moins 20% (masse) d'eau	4.1	D	I	4.1		0	E0		PP			1	
1338	PHOSPHORE AMORPHE	4.1	F3	III	4.1		5 kg	E1		PP			0	
1339	HEPTASULFURE DE PHOSPHORE exempt de phosphore jaune ou blanc	4.1	F3	II	4.1	602	1 kg	E2		PP			1	

No. ONU ou ID (1)	Nom et description 3.1.2 (2)	Classe 2.2 (3a)	Code de classification 2.2 (3b)	Groupe d'emballage 2.1.1.3 (4)	Étiquettes 5.2.2 (5)	Dispositions speciales 3.3 (6)	Quantités limitées 3.4 (7a)	et exceptées 3.5.1.2 (7b)	Transport admis 3.2.1 (8)	Équipement exigé 8.1.5 (9)	Venti-lation 7.1.6 (10)	Mesures pendant le chargement/déchargement/transport 7.1.6 (11)	Nombre de cônes, feux bleus 7.1.5 (12)	Observations 3.2.1 (13)
1340	PENTASULFURE DE PHOSPHORE exempt de phosphore jaune ou blanc	4.3	WF2	II	4.3+4.1	602	500 g	E2		PP, EX, A	VE01	HA08	1	
1341	SESQUISULFURE DE PHOSPHORE exempt de phosphore jaune ou blanc	4.1	F3	II	4.1	602	1 kg	E2		PP			1	
1343	TRISULFURE DE PHOSPHORE exempt de phosphore jaune ou blanc	4.1	F3	II	4.1	602	1 kg	E2		PP			1	
1344	TRINITROPHÉNOL (ACIDE PICRIQUE) HUMIDIFIÉ avec au moins 30% (masse) d'eau	4.1	D	I	4.1		0	E0		PP			1	
1345	DÉCHETS DE CAOUTCHOUC ou CHUTES DE CAOUTCHOUC, sous forme de poudre ou de grains, dont l'indice granulométrique ne dépasse pas 840 microns et avec une teneur en caoutchouc supérieure à 45 %.	4.1	F1	II	4.1		1 kg	E2		PP			1	
1346	SILICIUM EN POUDRE AMORPHE	4.1	F3	III	4.1	32	5 kg	E1		PP			0	
1347	PICRATE D'ARGENT HUMIDIFIÉ avec au moins 30% (masse) d'eau	4.1	D	I	4.1		0	E0		PP			1	
1348	DINITRO-o-CRÉSATE DE SODIUM HUMIDIFIÉ avec au moins 15% (masse) d'eau	4.1	DT	I	4.1+6.1	802	0	E0		PP, EP			2	
1349	PICRAMATE DE SODIUM HUMIDIFIÉ avec au moins 20% (masse) d'eau	4.1	D	I	4.1		0	E0		PP			1	
1350	SOUFRE	4.1	F3	III	4.1	242	5 kg	E1	B	PP			0	
1352	TITANE EN POUDRE HUMIDIFIÉ avec au moins 25% d'eau	4.1	F3	II	4.1	586	1 kg	E2		PP			1	
1353	FIBRES ou TISSUS IMPRÉGNÉS DE NITROCELLULOSE FAIBLEMENT NITRÉE, N.S.A.	4.1	F1	III	4.1	502	5 kg	E1		PP			0	
1354	TRINITROBENZÈNE HUMIDIFIÉ avec au moins 30% (masse) d'eau	4.1	D	I	4.1		0	E0		PP			1	
1355	ACIDE TRINITROBENZOÏQUE HUMIDIFIÉ avec au moins 30% (masse) d'eau	4.1	D	I	4.1		0	E0		PP			1	
1356	TRINITROTOLUÈNE (TOLITE, TNT) HUMIDIFIÉ avec au moins 30% (masse) d'eau	4.1	D	I	4.1		0	E0		PP			1	
1357	NITRATE D'URÉE HUMIDIFIÉ avec au moins 20% (masse) d'eau	4.1	D	I	4.1	227	0	E0		PP			1	
1358	ZIRCONIUM EN POUDRE HUMIDIFIÉ avec au moins 25% d'eau	4.1	F3	II	4.1	586	1 kg	E2		PP			1	
1360	PHOSPHURE DE CALCIUM	4.3	WT2	I	4.3+6.1	802	0	E0		PP, EP, EX, TOX, A	VE01, VE02	HA08	2	
1361	CHARBON d'origine animale ou végétale	4.2	S2	II	4.2	665 803	0	E0		PP			0	
1361	CHARBON d'origine animale ou végétale	4.2	S2	III	4.2		0	E0		PP			0	
1362	CHARBON ACTIF	4.2	S2	III	4.2	646	0	E1		PP			0	

No. ONU ou ID	Nom et description	Classe	Code de classification	Groupe d'emballage	Étiquettes	Dispositions speciales	Quantités limitées et exceptées		Transport admis	Équipement exigé	Ventilation	Mesures pendant le chargement/déchargement/transport	Nombre de cônes, feux bleus	Observations
		2.2	2.2	2.1.1.3	5.2.2	3.3	3.4	3.5.1.2	3.2.1	8.1.5	7.1.6	7.1.6	7.1.5	3.2.1
(1)	(2)	(3a)	(3b)	(4)	(5)	(6)	(7a)	(7b)	(8)	(9)	(10)	(11)	(12)	(13)
1363	COPRAH	4.2	S2	III	4.2		0	E0	B	PP		IN01, IN02	0	IN01 et IN02 ne s'appliquent qu'en cas de transport de cette matière en vrac ou sans emballage
1364	DÉCHETS HUILEUX DE COTON	4.2	S2	III	4.2		0	E0	B	PP			0	
1365	COTON HUMIDE	4.2	S2	III	4.2		0	E0	B	PP			0	
1369	p-NITROSODIMÉTHYLANILINE	4.2	S2	II	4.2		0	E2		PP			0	
1372	Fibres d'origine animale ou fibres d'origine végétale brûlées, mouillées ou humides	4.2	S2						NON SOUMIS À L'ADN					
1373	FIBRES ou TISSUS D'ORIGINE ANIMALE ou VÉGÉTALE ou SYNTHÉTIQUE imprégnés d'huile, N.S.A.	4.2	S2	III	4.2		0	E0	B	PP			0	
1374	FARINE DE POISSON (DÉCHETS DE POISSON) NON STABILISÉE	4.2	S2	II	4.2	300	0	E2		PP			0	
1376	OXYDE DE FER RÉSIDUAIRE ou TOURNURE DE FER RÉSIDUAIRE provenant de la purification du gaz de ville	4.2	S4	III	4.2	592	0	E0	B	PP			0	
1378	CATALYSEUR MÉTALLIQUE HUMIDIFIÉ avec un excès visible de liquide	4.2	S4	II	4.2	274	0	E0		PP			0	
1379	PAPIER TRAITÉ AVEC DES HUILES NON SATURÉES, incomplètement séché (comprend le papier carbone)	4.2	S2	III	4.2		0	E0	B	PP			0	
1380	PENTABORANE	4.2	ST3	I	4.2+6.1	802	0	E0		PP, EP, TOX, A	VE02		2	
1381	PHOSPHORE BLANC ou JAUNE, RECOUVERT D'EAU ou EN SOLUTION	4.2	ST3	I	4.2+6.1	503 802	0	E0		PP, EP, TOX, A	VE02		2	
1381	PHOSPHORE BLANC ou JAUNE, SEC	4.2	ST4	I	4.2+6.1	503 802	0	E0		PP, EP			2	
1382	SULFURE DE POTASSIUM ANHYDRE ou SULFURE DE POTASSIUM avec moins de 30% d'eau de cristallisation	4.2	S4	II	4.2	504	0	E2		PP			0	
1383	MÉTAL PYROPHORIQUE, N.S.A. ou ALLIAGE PYROPHORIQUE, N.S.A.	4.2	S4	I	4.2	274	0	E0		PP			0	
1384	DITHIONITE DE SODIUM (HYDROSULFITE DE SODIUM)	4.2	S4	II	4.2		0	E2		PP			0	
1385	SULFURE DE SODIUM ANHYDRE ou SULFURE DE SODIUM avec moins de 30% d'eau de cristallisation	4.2	S4	II	4.2	504	0	E2		PP			0	
1386	TOURTEAUX contenant plus de 1,5% (masse) d'huile et ayant 11% (masse) d'humidité au maximum	4.2	S2	III	4.2	800	0	E0	B	PP		IN01, IN02	0	IN01 et IN02 ne s'appliquent qu'en cas de transport de cette matière en vrac ou sans emballage
1387	Déchets de laine, mouillés	4.2	S2						NON SOUMIS À L'ADN					

No. ONU ou ID	Nom et description	Classe	Code de classification	Groupe d'emballage	Étiquettes	Dispositions speciales	Quantités limitées et exceptées		Transport admis	Équipement exigé	Ventilation	Mesures pendant le chargement/déchargement/transport	Nombre de cônes, feux bleus	Observations
		2.2	2.2	2.1.1.3	5.2.2	3.3	3.4	3.5.1.2	3.2.1	8.1.5	7.1.6	7.1.6	7.1.5	3.2.1
(1)	(2)	(3a)	(3b)	(4)	(5)	(6)	(7a)	(7b)	(8)	(9)	(10)	(11)	(12)	(13)
1389	AMALGAME DE MÉTAUX ALCALINS, LIQUIDE	4.3	W1	I	4.3	182	0	E0		PP, EX, A	VE01	HA08	0	
1390	AMIDURES DE MÉTAUX ALCALINS	4.3	W2	II	4.3	182 505	500 g	E2		PP, EX, A	VE01	HA08	0	
1391	DISPERSION DE MÉTAUX ALCALINS ou DISPERSION DE MÉTAUX ALCALINO-TERREUX	4.3	W1	I	4.3	182 183 506	0	E0		PP, EX, A	VE01	HA08	1	
1392	AMALGAME DE MÉTAUX ALCALINO-TERREUX, LIQUIDE	4.3	W1	I	4.3	183 506	0	E0		PP, EX, A	VE01	HA08	0	
1393	ALLIAGE DE MÉTAUX ALCALINO-TERREUX, N.S.A.	4.3	W2	II	4.3	183 506	500 g	E2		PP, EX, A	VE01	HA08	0	
1394	CARBURE D'ALUMINIUM	4.3	W2	II	4.3		500 g	E2		PP, EX, A	VE01	HA08	0	
1395	ALUMINO-FERRO-SILICIUM EN POUDRE	4.3	WT2	II	4.3+6.1	802	500 g	E2		PP, EP, EX, TOX, A	VE01, VE02	HA08	2	
1396	ALUMINIUM EN POUDRE NON ENROBÉ	4.3	W2	II	4.3		500 g	E2		PP, EX, A	VE01	HA08	0	
1396	ALUMINIUM EN POUDRE NON ENROBÉ	4.3	W2	III	4.3		1 kg	E1		PP, EX, A	VE01	HA08	0	
1397	PHOSPHURE D'ALUMINIUM	4.3	WT2	I	4.3+6.1	507 802	0	E0		PP, EP, EX, TOX, A	VE01, VE02	HA08	2	
1398	SILICO-ALUMINIUM EN POUDRE NON ENROBÉ	4.3	W2	III	4.3	37	1 kg	E1	B	PP, EX, A	VE01, VE03	LO03 HA07, HA08 IN01, IN03	0	VE03, LO03, HA07, IN01 et IN03 ne s'appliquent qu'en cas de transport de cette matière en vrac ou sans emballage
1400	BARYUM	4.3	W2	II	4.3		500 g	E2		PP, EX, A	VE01	HA08	0	
1401	CALCIUM	4.3	W2	II	4.3		500 g	E2		PP, EX, A	VE01	HA08	0	
1402	CARBURE DE CALCIUM	4.3	W2	I	4.3		0	E0		PP, EX, A	VE01	HA08	0	
1402	CARBURE DE CALCIUM	4.3	W2	II	4.3		500 g	E2		PP, EX, A	VE01	HA08	0	
1403	CYANAMIDE CALCIQUE contenant plus de 0,1% (masse) de carbure de calcium	4.3	W2	III	4.3	38	1 kg	E1		PP, EX, A	VE01	HA08	0	
1404	HYDRURE DE CALCIUM	4.3	W2	I	4.3		0	E0		PP, EX, A	VE01	HA08	0	
1405	SILICIURE DE CALCIUM	4.3	W2	II	4.3		500 g	E2		PP, EX, A	VE01	HA08	0	
1405	SILICIURE DE CALCIUM	4.3	W2	III	4.3		1 kg	E1		PP, EX, A	VE01	HA08	0	
1407	CÉSIUM	4.3	W2	I	4.3		0	E0		PP, EX, A	VE01	HA08	0	
1408	FERROSILICIUM contenant 30% (masse) ou plus mais moins de 90% (masse) de silicium	4.3	WT2	III	4.3+6.1	39 801 802	1 kg	E1	B	PP, EP, EX, TOX, A	VE01, VE02, VE03	LO03 HA07, HA08 IN01, IN02, IN03	0	VE03, LO03, HA07, IN01, IN02 et IN03 ne s'appliquent qu'en cas de transport de cette matière en vrac ou sans emballage
1409	HYDRURES MÉTALLIQUES HYDRORÉACTIFS, N.S.A.	4.3	W2	I	4.3	274 508	0	E0		PP, EX, A	VE01	HA08	0	

No. ONU ou ID	Nom et description	Classe	Code de classification	Groupe d'emballage	Étiquettes	Dispositions speciales	Quantités limitées et exceptées		Transport admis	Équipement exigé	Ventilation	Mesures pendant le chargement/déchargement/ transport	Nombre de cônes, feux bleus	Observations
							3.4	3.5.1.2	3.2.1	8.1.5	7.1.6	7.1.6	7.1.5	3.2.1
3.1.1	3.1.2	2.2	2.2	2.1.1.3	5.2.2	3.3	3.4	3.5.1.2						
(1)	(2)	(3a)	(3b)	(4)	(5)	(6)	(7a)	(7b)	(8)	(9)	(10)	(11)	(12)	(13)
1409	HYDRURES METALLIQUES HYDRORÉACTIFS, N.S.A.	4.3	W2	II	4.3	274 508	500 g	E2		PP, EX, A	VE01	HA08	0	
1410	HYDRURE DE LITHIUM-ALUMINIUM	4.3	W2	I	4.3		0	E0		PP, EX, A	VE01	HA08	0	
1411	HYDRURE DE LITHIUM-ALUMINIUM DANS L'ÉTHER	4.3	WF1	I	4.3+3		0	E0		PP, EX, A	VE01	HA08	1	
1413	BOROHYDRURE DE LITHIUM	4.3	W2	I	4.3		0	E0		PP, EX, A	VE01	HA08	0	
1414	HYDRURE DE LITHIUM	4.3	W2	I	4.3		0	E0		PP, EX, A	VE01	HA08	0	
1415	LITHIUM	4.3	W2	I	4.3		0	E0		PP, EX, A	VE01	HA08	0	
1417	SILICO-LITHIUM	4.3	W2	II	4.3		500 g	E2		PP, EX, A	VE01	HA08	0	
1418	MAGNÉSIUM EN POUDRE ou ALLIAGES DE MAGNÉSIUM EN POUDRE	4.3	WS	I	4.3+4.2		0	E0		PP, EX, A	VE01	HA08	0	
1418	MAGNÉSIUM EN POUDRE ou ALLIAGES DE MAGNÉSIUM EN POUDRE	4.3	WS	II	4.3+4.2		0	E2		PP, EX, A	VE01	HA08	0	
1418	MAGNÉSIUM EN POUDRE ou ALLIAGES DE MAGNÉSIUM EN POUDRE	4.3	WS	III	4.3+4.2		0	E1		PP, EX, A	VE01	HA08	0	
1419	PHOSPHURE DE MAGNÉSIUM-ALUMINIUM	4.3	WT2	I	4.3+6.1	802	0	E0		PP, EP, EX, TOX, A	VE01, VE02	HA08	2	
1420	ALLIAGES MÉTALLIQUES DE POTASSIUM, LIQUIDES	4.3	W1	I	4.3		0	E0		PP, EX, A	VE01	HA08	0	
1421	ALLIAGE LIQUIDE DE MÉTAUX ALCALINS,	4.3	W1	I	4.3	182	0	E0		PP, EX, A	VE01	HA08	0	
1422	ALLIAGES DE POTASSIUM ET SODIUM,	4.3	W1	I	4.3		0	E0		PP, EX, A	VE01	HA08	0	
1423	RUBIDIUM	4.3	W2	I	4.3		0	E0		PP, EX, A	VE01	HA08	0	
1426	BOROHYDRURE DE SODIUM	4.3	W2	I	4.3		0	E0		PP, EX, A	VE01	HA08	0	
1427	HYDRURE DE SODIUM	4.3	W2	I	4.3		0	E0		PP, EX, A	VE01	HA08	0	
1428	SODIUM	4.3	W2	I	4.3		0	E0		PP, EX, A	VE01	HA08	0	
1431	MÉTHYLATE DE SODIUM	4.2	SC4	II	4.2+8		0	E2		PP, EP	VE01	HA08	0	
1432	PHOSPHURE DE SODIUM	4.3	WT2	I	4.3+6.1	802	0	E0		PP, EP, EX, TOX, A	VE01, VE02	HA08	2	
1433	PHOSPHURES STANNIQUES	4.3	WT2	I	4.3+6.1	802	0	E0		PP, EP, EX, TOX, A	VE01, VE02	HA08	2	
1435	CENDRES DE ZINC	4.3	W2	III	4.3		1 kg	E1	B	PP, EX, A	VE01, VE03	LO03, HA07, HA08, IN01, IN03	0	VE03, LO03, HA07, IN01 et IN03 ne s'appliquent qu'en cas de transport de cette matière en vrac ou sans emballage
1436	ZINC EN POUDRE ou ZINC EN POUSSIÈRE	4.3	WS	I	4.3+4.2		0	E0		PP, EX, A	VE01	HA08	0	
1436	ZINC EN POUDRE ou ZINC EN POUSSIÈRE	4.3	WS	II	4.3+4.2		0	E2		PP, EX, A	VE01	HA08	0	
1436	ZINC EN POUDRE ou ZINC EN POUSSIÈRE	4.3	WS	III	4.3+4.2		0	E1		PP, EX, A	VE01	HA08	0	
1437	HYDRURE DE ZIRCONIUM	4.1	F3	II	4.1		1 kg	E2		PP	VE01	HA08	1	

No. ONU ou ID	Nom et description	Classe	Code de classification	Groupe d'emballage	Étiquettes	Dispositions speciales	Quantités limitées et exceptées		Transport admis	Équipement exigé	Ventilation	Mesures pendant le chargement/déchargement/ transport	Nombre de cônes, feux bleus	Observations
							3.4	3.5.1.2	3.2.1	8.1.5	7.1.6	7.1.6	7.1.5	3.2.1
(1)	(2)	(3a)	(3b)	(4)	(5)	(6)	(7a)	(7b)	(8)	(9)	(10)	(11)	(12)	(13)
		2.2	2.2	2.1.1.3	5.2.2	3.3			3.2.1					
1438	NITRATE D'ALUMINIUM	5.1	O2	III	5.1		5 kg	E1	B	PP		CO02, LO04	0	CO02 et LO04 ne s'appliquent qu'en cas de transport de cette matière en vrac ou sans emballage
1439	DICHROMATE D'AMMONIUM	5.1	O2	II	5.1		1 kg	E2		PP			0	
1442	PERCHLORATE D'AMMONIUM	5.1	O2	II	5.1	152	1 kg	E2		PP			0	
1444	PERSULFATE D'AMMONIUM	5.1	O2	III	5.1		5 kg	E1		PP			0	
1445	CHLORATE DE BARYUM, SOLIDE	5.1	OT2	II	5.1+6.1	802	1 kg	E2		PP, EP			2	
1446	NITRATE DE BARYUM	5.1	OT2	II	5.1+6.1	802	1 kg	E2		PP, EP			2	
1447	PERCHLORATE DE BARYUM, SOLIDE	5.1	OT2	II	5.1+6.1	802	1 kg	E2		PP, EP			2	
1448	PERMANGANATE DE BARYUM	5.1	OT2	II	5.1+6.1	802	1 kg	E2		PP, EP			2	
1449	PEROXYDE DE BARYUM	5.1	OT2	II	5.1+6.1	802	1 kg	E2		PP, EP			2	
1450	BROMATES INORGANIQUES, N.S.A.	5.1	O2	II	5.1	274 350	1 kg	E2		PP			0	
1451	NITRATE DE CÉSIUM	5.1	O2	III	5.1		5 kg	E1	B	PP		CO02, LO04	0	CO02 et LO04 ne s'appliquent qu'en cas de transport de cette matière en vrac ou sans emballage
1452	CHLORATE DE CALCIUM	5.1	O2	II	5.1		1 kg	E2		PP			0	
1453	CHLORITE DE CALCIUM	5.1	O2	II	5.1		1 kg	E2		PP			0	
1454	NITRATE DE CALCIUM	5.1	O2	III	5.1	208	5 kg	E1	B	PP		CO02, LO04	0	CO02 et LO04 ne s'appliquent qu'en cas de transport de cette matière en vrac ou sans emballage
1455	PERCHLORATE DE CALCIUM	5.1	O2	II	5.1		1 kg	E2		PP			0	
1456	PERMANGANATE DE CALCIUM	5.1	O2	II	5.1		1 kg	E2		PP			0	
1457	PEROXYDE DE CALCIUM	5.1	O2	II	5.1		1 kg	E2		PP			0	
1458	CHLORATE ET BORATE EN MÉLANGE	5.1	O2	II	5.1		1 kg	E2		PP			0	
1458	CHLORATE ET BORATE EN MÉLANGE	5.1	O2	III	5.1		5 kg	E1		PP			0	
1459	CHLORATE ET CHLORURE DE MAGNÉSIUM EN MÉLANGE, SOLIDE	5.1	O2	II	5.1		1 kg	E2		PP			0	
1459	CHLORATE ET CHLORURE DE MAGNÉSIUM EN MÉLANGE, SOLIDE	5.1	O2	III	5.1		5 kg	E1		PP			0	
1461	CHLORATES INORGANIQUES, N.S.A.	5.1	O2	II	5.1	274 351	1 kg	E2		PP			0	
1462	CHLORITES INORGANIQUES, N.S.A.	5.1	O2	II	5.1	274 352 509	1 kg	E2		PP			0	
1463	TRIOXYDE DE CHROME ANHYDRE	5.1	OTC	II	5.1+6.1+8	510	1 kg	E2		PP, EP			2	

No. ONU ou ID (1)	Nom et description 3.1.2 (2)	Classe 2.2 (3a)	Code de classification 2.2 (3b)	Groupe d'emballage 2.1.1.3 (4)	Étiquettes 5.2.2 (5)	Dispositions spéciales 3.3 (6)	Quantités limitées et exceptées 3.4 (7a)	3.5.1.2 (7b)	Transport admis 3.2.1 (8)	Équipement exigé 8.1.5 (9)	Ventilation 7.1.6 (10)	Mesures pendant le chargement/déchargement/transport 7.1.6 (11)	Nombre de cônes, feux bleus 7.1.5 (12)	Observations 3.2.1 (13)
1465	NITRATE DE DIDYME	5.1	O2	III	5.1		5 kg	E1	B	PP		CO02, LO04	0	CO02 et LO04 ne s'appliquent qu'en cas de transport de cette matière en vrac ou sans emballage
1466	NITRATE DE FER III	5.1	O2	III	5.1		5 kg	E1	B	PP		CO02, LO04	0	CO02 et LO04 ne s'appliquent qu'en cas de transport de cette matière en vrac ou sans emballage
1467	NITRATE DE GUANIDINE	5.1	O2	III	5.1		5 kg	E1	B	PP		CO02, LO04	0	CO02 et LO04 ne s'appliquent qu'en cas de transport de cette matière en vrac ou sans emballage
1469	NITRATE DE PLOMB, SOLIDE	5.1	OT2	II	5.1+6.1	802	1 kg	E2		PP, EP			2	
1470	PERCHLORATE DE PLOMB, SOLIDE	5.1	OT2	II	5.1+6.1	802	1 kg	E2		PP, EP			2	
1471	HYPOCHLORITE DE LITHIUM SEC ou HYPOCHLORITE DE LITHIUM EN MÉLANGE	5.1	O2	II	5.1		1 kg	E2		PP			0	
1471	HYPOCHLORITE DE LITHIUM SEC ou HYPOCHLORITE DE LITHIUM EN MÉLANGE	5.1	O2	III	5.1		5 kg	E1		PP			0	
1472	PEROXYDE DE LITHIUM	5.1	O2	II	5.1		1 kg	E2		PP			0	
1473	BROMATE DE MAGNÉSIUM	5.1	O2	II	5.1		1 kg	E2		PP			0	
1474	NITRATE DE MAGNÉSIUM	5.1	O2	III	5.1	332	5 kg	E1	B	PP		CO02, LO04	0	CO02 et LO04 ne s'appliquent qu'en cas de transport de cette matière en vrac ou sans emballage
1475	PERCHLORATE DE MAGNÉSIUM	5.1	O2	II	5.1		1 kg	E2		PP			0	
1476	PEROXYDE DE MAGNÉSIUM	5.1	O2	II	5.1		1 kg	E2		PP			0	
1477	NITRATES INORGANIQUES, N.S.A.	5.1	O2	II	5.1	511	1 kg	E2		PP			0	
1477	NITRATES INORGANIQUES, N.S.A.	5.1	O2	III	5.1	511	5 kg	E1	B	PP		CO02, LO04	0	CO02 et LO04 ne s'appliquent qu'en cas de transport de cette matière en vrac ou sans emballage
1479	SOLIDE COMBURANT, N.S.A.	5.1	O2	I	5.1	274	0	E0		PP			0	
1479	SOLIDE COMBURANT, N.S.A.	5.1	O2	II	5.1	274	1 kg	E2		PP			0	
1479	SOLIDE COMBURANT, N.S.A.	5.1	O2	III	5.1	274	5 kg	E1		PP			0	
1481	PERCHLORATES INORGANIQUES, N.S.A.	5.1	O2	II	5.1		1 kg	E2		PP			0	
1481	PERCHLORATES INORGANIQUES, N.S.A.	5.1	O2	III	5.1		5 kg	E1		PP			0	

No. ONU ou ID	Nom et description	Classe	Code de classi-fication	Groupe d'embal-lage	Étiquettes	Disposit-ions spéciales	Quantités limitées et exceptées		Trans-port admis	Équipement exigé	Venti-lation	Mesures pendant le chargement/décharge-ment/ transport	Nombre de cônes, feux bleus	Observations
3.1.2	3.1.2	2.2	2.2	2.1.1.3	5.2.2	3.3	3.4	3.5.1.2	3.2.1	8.1.5	7.1.6	7.1.6	7.1.5	3.2.1
(1)	(2)	(3a)	(3b)	(4)	(5)	(6)	(7a)	(7b)	(8)	(9)	(10)	(11)	(12)	(13)
1482	PERMANGANATES INORGANIQUES, N.S.A.	5.1	O2	II	5.1	274 353	1 kg	E2		PP			0	
1482	PERMANGANATES INORGANIQUES, N.S.A.	5.1	O2	III	5.1	274 353	5 kg	E1		PP			0	
1483	PEROXYDES INORGANIQUES, N.S.A.	5.1	O2	II	5.1		1 kg	E2		PP			0	
1483	PEROXYDES INORGANIQUES, N.S.A.	5.1	O2	III	5.1		5 kg	E1		PP			0	
1484	BROMATE DE POTASSIUM	5.1	O2	II	5.1		1 kg	E2		PP			0	
1485	CHLORATE DE POTASSIUM	5.1	O2	II	5.1		1 kg	E2		PP			0	
1486	NITRATE DE POTASSIUM	5.1	O2	III	5.1		5 kg	E1	B	PP		CO2, LO04	0	CO02 et LO04 ne s'appliquent qu'en cas de transport de cette matière en vrac ou sans emballage
1487	NITRATE DE POTASSIUM ET NITRITE DE SODIUM EN MÉLANGE	5.1	O2	II	5.1	607	1 kg	E2		PP			0	
1488	NITRITE DE POTASSIUM	5.1	O2	II	5.1		1 kg	E2		PP			0	
1489	PERCHLORATE DE POTASSIUM	5.1	O2	II	5.1		1 kg	E2		PP			0	
1490	PERMANGANATE DE POTASSIUM	5.1	O2	II	5.1		1 kg	E2		PP			0	
1491	PEROXYDE DE POTASSIUM	5.1	O2	I	5.1		0	E0		PP			0	
1492	PERSULFATE DE POTASSIUM	5.1	O2	III	5.1		5 kg	E1		PP			0	
1493	NITRATE D'ARGENT	5.1	O2	II	5.1		1 kg	E2		PP			0	
1494	BROMATE DE SODIUM	5.1	O2	II	5.1		1 kg	E2		PP			0	
1495	CHLORATE DE SODIUM	5.1	O2	II	5.1		1 kg	E2		PP			0	
1496	CHLORITE DE SODIUM	5.1	O2	II	5.1		1 kg	E2		PP			0	
1498	NITRATE DE SODIUM	5.1	O2	III	5.1		5 kg	E1	B	PP		CO2, LO04	0	CO02 et LO04 ne s'appliquent qu'en cas de transport de cette matière en vrac ou sans emballage
1499	NITRATE DE SODIUM ET NITRATE DE POTASSIUM EN MÉLANGE	5.1	O2	III	5.1		5 kg	E1	B	PP		CO2, LO04	0	CO02 et LO04 ne s'appliquent qu'en cas de transport de cette matière en vrac ou sans emballage
1500	NITRITE DE SODIUM	5.1	OT2	III	5.1+6.1	802	5 kg	E1		PP, EP			0	
1502	PERCHLORATE DE SODIUM	5.1	O2	II	5.1		1 kg	E2		PP			0	
1503	PERMANGANATE DE SODIUM	5.1	O2	II	5.1		1 kg	E2		PP			0	
1504	PEROXYDE DE SODIUM	5.1	O2	I	5.1		0	E0		PP			0	
1505	PERSULFATE DE SODIUM	5.1	O2	III	5.1		5 kg	E1		PP			0	
1506	CHLORATE DE STRONTIUM	5.1	O2	II	5.1		1 kg	E2		PP			0	

No. ONU ou ID	Nom et description	Classe	Code de classi-fication	Groupe d'embal-lage	Étiquettes	Disposi-tions spéciales	Quantités limitées et exceptées		Trans-port admis	Équipement exigé	Venti-lation	Mesures pendant le chargement/déchargement/ transport	Nombre de cônes, feux bleus	Observations
3.1.2	3.1.2	2.2	2.2	2.1.1.3	5.2.2	3.3	3.4	3.5.1.2	3.2.1	8.1.5	7.1.6	7.1.6	7.1.5	3.2.1
(1)	(2)	(3a)	(3b)	(4)	(5)	(6)	(7a)	(7b)	(8)	(9)	(10)	(11)	(12)	(13)
1507	NITRATE DE STRONTIUM	5.1	O2	III	5.1		5 kg	E1	B	PP		CO02, LO04	0	CO02 et LO04 ne s'appliquent qu'en cas de transport de cette matière en vrac ou sans emballage
1508	PERCHLORATE DE STRONTIUM	5.1	O2	II	5.1		1 kg	E2		PP			0	
1509	PEROXYDE DE STRONTIUM	5.1	O2	II	5.1		1 kg	E2		PP			0	
1510	TÉTRANITROMÉTHANE	6.1	TO1	I	6.1+5.1	354 609 802	0	E0		PP, EP, TOX, A	VE02		2	
1511	URÉE-PEROXYDE D'HYDROGÈNE	5.1	OC2	III	5.1+8		5 kg	E1		PP, EP			0	
1512	NITRITE DE ZINC AMMONIACAL	5.1	O2	II	5.1		1 kg	E2		PP			0	
1513	CHLORATE DE ZINC	5.1	O2	II	5.1		1 kg	E2		PP			0	
1514	NITRATE DE ZINC	5.1	O2	II	5.1		1 kg	E2		PP			0	
1515	PERMANGANATE DE ZINC	5.1	O2	II	5.1		1 kg	E2		PP			0	
1516	PEROXYDE DE ZINC	5.1	O2	II	5.1		1 kg	E2		PP			0	
1517	PICRAMATE DE ZIRCONIUM HUMIDIFIÉ avec au moins 20% (masse) d'eau	4.1	D	I	4.1		0	E0		PP			1	
1541	CYANHYDRINE D'ACÉTONE STABILISÉE	6.1	T1	I	6.1	354 802	0	E0	T	PP, EP, TOX, A	VE02		2	
1544	ALCALOÏDES SOLIDES, N.S.A. ou SELS D'ALCALOÏDES SOLIDES, N.S.A.	6.1	T2	I	6.1	43 274 802	0	E5		PP, EP			2	
1544	ALCALOÏDES SOLIDES, N.S.A. ou SELS D'ALCALOÏDES SOLIDES, N.S.A.	6.1	T2	II	6.1	43 274 802	500 g	E4		PP, EP			2	
1544	ALCALOÏDES SOLIDES, N.S.A. ou SELS D'ALCALOÏDES SOLIDES, N.S.A.	6.1	T2	III	6.1	43 274 802	5 kg	E1		PP, EP			0	
1545	ISOTHIOCYANATE D'ALLYLE STABILISÉ	6.1	TF1	II	6.1+3	386 676 802	100 ml	E0	T	PP, EP, EX, TOX, A	VE01, VE02		2	
1546	ARSÉNIATE D'AMMONIUM	6.1	T5	II	6.1	802	500 g	E4		PP, EP			2	
1547	ANILINE	6.1	T1	II	6.1	279 802	100 ml	E4	T	PP, EP, TOX, A	VE02		2	
1548	CHLORHYDRATE D'ANILINE	6.1	T2	III	6.1	802	5 kg	E1		PP, EP			0	
1549	COMPOSÉ INORGANIQUE SOLIDE DE L'ANTIMOINE, N.S.A.	6.1	T5	III	6.1	45 274 512 802	5 kg	E1		PP, EP			0	
1550	LACTATE D'ANTIMOINE	6.1	T5	III	6.1	802	5 kg	E1		PP, EP			0	
1551	TARTRATE D'ANTIMOINE ET DE POTASSIUM	6.1	T5	III	6.1	802	5 kg	E1		PP, EP			0	
1553	ACIDE ARSÉNIQUE LIQUIDE	6.1	T4	I	6.1	802	0	E5		PP, EP, TOX, A	VE02		2	
1554	ACIDE ARSÉNIQUE SOLIDE	6.1	T5	II	6.1	802	500 g	E4		PP, EP			2	

No. ONU ou ID	Nom et description	Classe	Code de classification	Groupe d'emballage	Étiquettes	Dispositions spéciales	Quantités limitées et exceptées		Transport admis	Équipement exigé	Ventilation	Mesures pendant le chargement/déchargement/transport	Nombre de cônes, feux bleus	Observations
		2.2	2.2	2.1.1.3	5.2.2	3.3	3.4	3.5.1.2	3.2.1	8.1.5	7.1.6	7.1.6	7.1.5	3.2.1
(1)	(2)	(3a)	(3b)	(4)	(5)	(6)	(7a)	(7b)	(8)	(9)	(10)	(11)	(12)	(13)
1555	BROMURE D'ARSENIC	6.1	T5	II	6.1	802	500 g	E4		PP, EP			2	
1556	COMPOSÉ LIQUIDE DE L'ARSENIC, N.S.A., inorganique, notamment: arséniates n.s.a, arsénites n.s.a. et sulfures d'arsenic n.s.a.	6.1	T4	I	6.1	43 274 802	0	E5		PP, EP, TOX, A	VE02		2	
1556	COMPOSÉ LIQUIDE DE L'ARSENIC, N.S.A., inorganique, notamment: arséniates n.s.a., arsénites n.s.a. et sulfures d'arsenic n.s.a.	6.1	T4	II	6.1	43 274 802	100 ml	E4		PP, EP, TOX, A	VE02		2	
1556	COMPOSÉ LIQUIDE DE L'ARSENIC, N.S.A., inorganique, notamment: arséniates n.s.a, arsénites n.s.a. et sulfures d'arsenic n.s.a.	6.1	T4	III	6.1	43 274 802	5 L	E1		PP, EP, TOX, A	VE02		0	
1557	COMPOSÉ SOLIDE DE L'ARSENIC, N.S.A., inorganique, notamment: arséniates n.s.a., arsénites n.s.a. et sulfures d'arsenic n.s.a.	6.1	T5	I	6.1	43 274 802	0	E5		PP, EP			2	
1557	COMPOSÉ SOLIDE DE L'ARSENIC, N.S.A., inorganique, notamment: arséniates n.s.a., arsénites n.s.a. et sulfures d'arsenic n.s.a.	6.1	T5	II	6.1	43 274 802	500 g	E4		PP, EP			2	
1557	COMPOSÉ SOLIDE DE L'ARSENIC, N.S.A., inorganique, notamment: arséniates n.s.a., arsénites n.s.a. et sulfures d'arsenic n.s.a.	6.1	T5	III	6.1	43 274 802	5 kg	E1		PP, EP			0	
1558	ARSENIC	6.1	T5	II	6.1	802	500 g	E4		PP, EP			2	
1559	PENTOXYDE D'ARSENIC	6.1	T5	II	6.1	802	500 g	E4		PP, EP			2	
1560	TRICHLORURE D'ARSENIC	6.1	T4	I	6.1	802	0	E0		PP, EP, TOX, A	VE02		2	
1561	TRIOXYDE D'ARSENIC	6.1	T5	II	6.1	802	500 g	E4		PP, EP			2	
1562	POUSSIÈRE ARSENICALE	6.1	T5	II	6.1	802	500 g	E4		PP, EP			2	
1564	COMPOSÉ DU BARYUM, N.S.A.	6.1	T5	II	6.1	177 274 513 587 802	500 g	E4		PP, EP			2	
1564	COMPOSÉ DU BARYUM, N.S.A.	6.1	T5	III	6.1	177 274 513 587 802	5 kg	E1		PP, EP			0	
1565	CYANURE DE BARYUM	6.1	T5	I	6.1	802	0	E5		PP, EP			2	
1566	COMPOSÉ DU BERYLLIUM, N.S.A.	6.1	T5	II	6.1	274 514 802	500 g	E4		PP, EP			2	
1566	COMPOSÉ DU BERYLLIUM, N.S.A.	6.1	T5	III	6.1	274 514 802	5 kg	E1		PP, EP			0	
1567	BERYLLIUM EN POUDRE	6.1	TF3	II	6.1+4.1	802	500 g	E4		PP, EP			2	
1569	BROMACÉTONE	6.1	TF1	II	6.1+3	802	0	E0		PP, EP, EX, TOX, A	VE01, VE02		2	

No. ONU ou ID	Nom et description	Classe	Code de classification	Groupe d'emballage	Étiquettes	Dispositions speciales	Quantités limitées et exceptées		Transport admis	Équipement exigé	Ventilation	Mesures pendant le chargement/déchargement/transport	Nombre de cônes, feux bleus	Observations
3.1.2	3.1.2	2.2	2.2	2.1.1.3	5.2.2	3.3	3.4	3.5.1.2	3.2.1	8.1.5	7.1.6	7.1.6	7.1.5	3.2.1
(1)	(2)	(3a)	(3b)	(4)	(5)	(6)	(7a)	(7b)	(8)	(9)	(10)	(11)	(12)	(13)
1570	BRUCINE	6.1	T2	I	6.1	43 802	0	E5		PP, EP			2	
1571	AZOTURE DE BARYUM HUMIDIFIÉ avec au moins 50% (masse) d'eau	4.1	DT	I	4.1+6.1	568 802	0	E0		PP, EP			2	
1572	ACIDE CACODYLIQUE	6.1	T5	II	6.1	802	500 g	E4		PP, EP			2	
1573	ARSÉNIATE DE CALCIUM	6.1	T5	II	6.1	802	500 g	E4		PP, EP			2	
1574	ARSÉNIATE DE CALCIUM ET ARSÉNITE DE CALCIUM EN MÉLANGE SOLIDE	6.1	T5	II	6.1	802	500 g	E4		PP, EP			2	
1575	CYANURE DE CALCIUM	6.1	T5	I	6.1	802	0	E5		PP, EP			2	
1577	CHLORODINITROBENZÈNES LIQUIDES	6.1	T1	II	6.1	279 802	100 ml	E4		PP, EP, TOX, A	VE02		2	
1578	CHLORONITROBENZÈNES SOLIDES	6.1	T2	II	6.1	279 802	500 g	E4	T	PP, EP, TOX, A	VE02		2	
1579	CHLORHYDRATE DE CHLORO-4 o-TOLUIDINE, SOLIDE	6.1	T2	III	6.1	802	5 kg	E1		PP, EP			0	
1580	CHLOROPICRINE	6.1	T1	I	6.1	354 802	0	E0		PP, EP, TOX, A	VE02		2	
1581	BROMURE DE MÉTHYLE ET CHLOROPICRINE EN MÉLANGE contenant plus de 2% de chloropicrine	2	2T		2.3		0	E0		PP, EP, TOX, A	VE02		2	
1582	CHLORURE DE MÉTHYLE ET CHLOROPICRINE EN MÉLANGE	2	2T		2.3		0	E0		PP, EP, TOX, A	VE02		2	
1583	CHLOROPICRINE EN MÉLANGE, N.S.A.	6.1	T1	I	6.1	274 315 515 802	0	E0		PP, EP, TOX, A	VE02		2	
1583	CHLOROPICRINE EN MÉLANGE, N.S.A.	6.1	T1	II	6.1	274 515 802	100 ml	E0		PP, EP, TOX, A	VE02		2	
1583	CHLOROPICRINE EN MÉLANGE, N.S.A.	6.1	T1	III	6.1	274 515 802	5 L	E0		PP, EP, TOX, A	VE02		0	
1585	ACÉTOARSÉNITE DE CUIVRE	6.1	T5	II	6.1	802	500 g	E4		PP, EP			2	
1586	ARSÉNITE DE CUIVRE	6.1	T5	II	6.1	802	500 g	E4		PP, EP			2	
1587	CYANURE DE CUIVRE	6.1	T5	II	6.1	802	500 g	E4		PP, EP			2	
1588	CYANURES INORGANIQUES SOLIDES, N.S.A.	6.1	T5	I	6.1	47 274 802	0	E5		PP, EP			2	
1588	CYANURES INORGANIQUES SOLIDES, N.S.A.	6.1	T5	II	6.1	47 274 802	500 g	E4		PP, EP			2	
1588	CYANURES INORGANIQUES, SOLIDES, N.S.A.	6.1	T5	III	6.1	47 274 802	5 kg	E1		PP, EP			0	
1589	CHLORURE DE CYANOGÈNE STABILISÉ	2	2TC		2.3+8	386 676	0	E0		PP, EP, TOX, A	VE02		2	

No. ONU ou ID	Nom et description	Classe	Code de classification	Groupe d'emballage	Étiquettes	Dispositions spéciales	Quantités limitées et exceptées		Transport admis	Équipement exigé	Ventilation	Mesures pendant le chargement/déchargement/ transport	Nombre de cônes, feux bleus	Observations
		2.2	2.2	2.1.1.3	5.2.2	3.3	3.4	3.5.1.2	3.2.1	8.1.5	7.1.6	7.1.6	7.1.5	3.2.1
(1)	(2)	(3a)	(3b)	(4)	(5)	(6)	(7a)	(7b)	(8)	(9)	(10)	(11)	(12)	(13)
1590	DICHLORANILINES LIQUIDES	6.1	T1	II	6.1	279 802	100 ml	E4		PP, EP, TOX, A	VE02		2	
1591	o-DICHLOROBENZÈNE	6.1	T1	III	6.1	279 802	5 L	E1	T	PP, EP, TOX, A	VE02		0	
1593	DICHLOROMÉTHANE	6.1	T1	III	6.1	516 802	5 L	E1	T	PP, EP, TOX, A	VE02		0	
1594	SULFATE DE DIÉTHYLE	6.1	T1	II	6.1	802	100 ml	E4	T	PP, EP, TOX, A	VE02		2	
1595	SULFATE DE DIMÉTHYLE	6.1	TC1	I	6.1+8	354 802	0	E0	T	PP, EP, TOX, A	VE02		2	
1596	DINITRANILINES	6.1	T2	II	6.1	802	500 g	E4		PP, EP			2	
1597	DINITROBENZÈNES LIQUIDES	6.1	T1	II	6.1	802	100 ml	E4		PP, EP, TOX, A	VE02		2	
1597	DINITROBENZÈNES LIQUIDES	6.1	T1	III	6.1	802	5 L	E1		PP, EP, TOX, A	VE02		0	
1598	DINITRO-o-CRÉSOL	6.1	T2	II	6.1	43 802	500 g	E4		PP, EP			2	
1599	DINITROPHÉNOL EN SOLUTION	6.1	T1	II	6.1	802	100 ml	E4		PP, EP, A			2	
1599	DINITROPHÉNOL EN SOLUTION	6.1	T1	III	6.1	802	5 L	E1		PP, EP, A			0	
1600	DINITROTOLUÈNES FONDUS	6.1	T1	II	6.1	802	0	E0		PP, EP, TOX, A	VE02		2	
1601	DÉSINFECTANT SOLIDE TOXIQUE, N.S.A	6.1	T2	I	6.1	274 802	0	E5		PP, EP			2	
1601	DÉSINFECTANT SOLIDE TOXIQUE, N.S.A	6.1	T2	II	6.1	274 802	500 g	E4		PP, EP			2	
1601	DÉSINFECTANT SOLIDE TOXIQUE, N.S.A	6.1	T2	III	6.1	274 802	5 kg	E1		PP, EP			0	
1602	COLORANT LIQUIDE TOXIQUE, N.S.A. ou MATIÈRE INTERMÉDIAIRE LIQUIDE POUR COLORANT, TOXIQUE, N.S.A.	6.1	T1	I	6.1	274 802	0	E5		PP, EP, TOX, A	VE02		2	
1602	COLORANT LIQUIDE TOXIQUE, N.S.A. ou MATIÈRE INTERMÉDIAIRE LIQUIDE POUR COLORANT, TOXIQUE, N.S.A.	6.1	T1	II	6.1	274 802	100 ml	E4		PP, EP, TOX, A	VE02		2	
1602	COLORANT LIQUIDE TOXIQUE, N.S.A. ou MATIÈRE INTERMÉDIAIRE LIQUIDE POUR COLORANT, TOXIQUE, N.S.A.	6.1	T1	III	6.1	274 802	5 L	E1		PP, EP, TOX, A	VE02		0	
1603	BROMACÉTATE DÉTHYLE	6.1	TF1	II	6.1+3	802	100 ml	E0		PP, EP, EX, TOX, A	VE01, VE02		2	
1604	ÉTHYLÈNEDIAMINE	8	CF1	II	8+3		1 L	E2	T	PP, EP, EX, A	VE01		1	
1605	DIBROMURE D'ÉTHYLÈNE	6.1	T1	I	6.1	354 802	0	E0	T	PP, EP, TOX, A	VE02		2	
1606	ARSÉNIATE DE FER III	6.1	T5	II	6.1	802	500 g	E4		PP, EP			2	
1607	ARSÉNITE DE FER III	6.1	T5	II	6.1	802	500 g	E4		PP, EP			2	
1608	ARSÉNIATE DE FER II	6.1	T5	II	6.1	802	500 g	E4		PP, EP			2	
1611	TÉTRAPHOSPHATE D'HEXAÉTHYLE	6.1	T1	II	6.1	802	100 ml	E4		PP, EP, TOX, A	VE02		2	

No. ONU ou ID (1) 3.1.2	Nom et description (2) 3.1.2	Classe (3a) 2.2	Code de classification (3b) 2.2	Groupe d'emballage (4) 2.1.1.3	Étiquettes (5) 5.2.2	Dispositions spéciales (6) 3.3	Quantités limitées et exceptées (7a) 3.4	(7b) 3.5.1.2	Transport admis (8) 3.2.1	Équipement exigé (9) 8.1.5	Ventilation (10) 7.1.6	Mesures pendant le chargement/déchargement/ transport (11) 7.1.6	Nombre de cônes, feux bleus (12) 7.1.5	Observations (13) 3.2.1
1612	TÉTRAPHOSPHATE D'HEXAÉTHYLE ET GAZ COMPRIMÉ EN MÉLANGE	2	1T		2.3		0	E0		PP, EP, TOX, A	VE02		2	
1613	CYANURE D'HYDROGÈNE EN SOLUTION AQUEUSE (ACIDE CYANHYDRIQUE EN SOLUTION AQUEUSE) contenant au plus 20% de cyanure d'hydrogène	6.1	TF1	I	6.1+3	48 802	0	E0		PP, EP, EX, TOX, A	VE01, VE02		2	
1614	CYANURE D'HYDROGÈNE STABILISÉ, avec moins de 3% d'eau et absorbé dans un matériau inerte poreux	6.1	TF1	I	6.1+3	386 603 676 802	0	E0		PP, EP, EX, TOX, A	VE01, VE02		2	
1616	ACÉTATE DE PLOMB	6.1	T5	III	6.1	802	5 kg	E1		PP, EP			0	
1617	ARSÉNIATES DE PLOMB	6.1	T5	II	6.1	802	500 g	E4		PP, EP			2	
1618	ARSÉNITES DE PLOMB	6.1	T5	II	6.1	802	500 g	E4		PP, EP			2	
1620	CYANURE DE PLOMB	6.1	T5	II	6.1	802	500g	E4		PP, EP			2	
1621	POURPRE DE LONDRES	6.1	T5	II	6.1	43 802	500 g	E4		PP, EP			2	
1622	ARSÉNIATE DE MAGNÉSIUM	6.1	T5	II	6.1	802	500 g	E4		PP, EP			2	
1623	ARSÉNIATE DE MERCURE II	6.1	T5	II	6.1	802	500 g	E4		PP, EP			2	
1624	CHLORURE DE MERCURE II	6.1	T5	II	6.1	802	500 g	E4		PP, EP			2	
1625	NITRATE DE MERCURE II	6.1	T5	II	6.1	802	500 g	E4		PP, EP			2	
1626	CYANURE DOUBLE DE MERCURE ET DE POTASSIUM	6.1	T5	I	6.1	802	0	E5		PP, EP			2	
1627	NITRATE DE MERCURE I	6.1	T5	II	6.1	802	500 g	E4		PP, EP			2	
1629	ACÉTATE DE MERCURE	6.1	T5	II	6.1	802	500 g	E4		PP, EP			2	
1630	CHLORURE DE MERCURE AMMONIACAL	6.1	T5	II	6.1	802	500 g	E4		PP, EP			2	
1631	BENZOATE DE MERCURE	6.1	T5	II	6.1	802	500 g	E4		PP, EP			2	
1634	BROMURES DE MERCURE	6.1	T5	II	6.1	802	500 g	E4		PP, EP			2	
1636	CYANURE DE MERCURE	6.1	T5	II	6.1	802	500 g	E4		PP, EP			2	
1637	GLUCONATE DE MERCURE	6.1	T5	II	6.1	802	500 g	E4		PP, EP			2	
1638	IODURE DE MERCURE	6.1	T5	II	6.1	802	500 g	E4		PP, EP			2	
1639	NUCLÉINATE DE MERCURE	6.1	T5	II	6.1	802	500 g	E4		PP, EP			2	
1640	OLÉATE DE MERCURE	6.1	T5	II	6.1	802	500 g	E4		PP, EP			2	
1641	OXYDE DE MERCURE	6.1	T5	II	6.1	802	500 g	E4		PP, EP			2	
1642	OXYCYANURE DE MERCURE DÉSENSIBILISÉ	6.1	T5	II	6.1	802	500 g	E4		PP, EP			2	
1643	IODURE DOUBLE DE MERCURE ET DE POTASSIUM	6.1	T5	II	6.1	802	500 g	E4		PP, EP			2	
1644	SALICYLATE DE MERCURE	6.1	T5	II	6.1	802	500 g	E4		PP, EP			2	
1645	SULFATE DE MERCURE	6.1	T5	II	6.1	802	500 g	E4		PP, EP			2	
1646	THIOCYANATE DE MERCURE	6.1	T5	II	6.1	802	500 g	E4		PP, EP			2	
1647	BROMURE DE MÉTHYLE ET DIBROMURE D'ÉTHYLÈNE EN MÉLANGE LIQUIDE	6.1	T1	I	6.1	354 802	0	E0		PP, EP, TOX, A	VE02		2	
1648	ACÉTONITRILE	3	F1	II	3		1 L	E2	T	PP, EX, A	VE01		1	
1649	MÉLANGE ANTIDÉTONANT POUR CARBURANTS	6.1	T3	I	6.1	802	0	E0		PP, EP, TOX, A	VE02		2	
1650	bêta-NAPHTYLAMINE, SOLIDE	6.1	T2	II	6.1	802	500 g	E4		PP, EP			2	

No. ONU ou ID (1)	Nom et description (2)	Classe (3a)	Code de classification (3b)	Groupe d'emballage (4)	Étiquettes (5)	Dispositions spéciales (6)	Quantités limitées et exceptées (7a)	(7b)	Transport admis (8)	Équipement exigé (9)	Ventilation (10)	Mesures pendant le chargement/déchargement/transport (11)	Nombre de cônes, feux bleus (12)	Observations (13)
		2.2	2.2	2.1.1.3	5.2.2	3.3	3.4	3.5.1.2	3.2.1	8.1.5	7.1.6	7.1.6	7.1.5	3.2.1
1651	NAPHTYLTHIO-URÉE	6.1	T2	II	6.1	43 802	500 g	E4		PP, EP			2	
1652	NAPHTYLURÉE	6.1	T2	II	6.1	802	500 g	E4		PP, EP			2	
1653	CYANURE DE NICKEL	6.1	T5	II	6.1	802	500 g	E4		PP, EP			2	
1654	NICOTINE	6.1	T1	II	6.1	802	100 ml	E4		PP, EP, TOX, A	VE02		2	
1655	COMPOSÉ SOLIDE DE LA NICOTINE, N.S.A. ou PRÉPARATION SOLIDE DE LA NICOTINE, N.S.A.	6.1	T2	I	6.1	43 274 802	0	E5		PP, EP			2	
1655	COMPOSÉ SOLIDE DE LA NICOTINE, N.S.A. ou PRÉPARATION SOLIDE DE LA NICOTINE, N.S.A.	6.1	T2	II	6.1	43 274 802	500 g	E4		PP, EP			2	
1655	COMPOSÉ SOLIDE DE LA NICOTINE, N.S.A. ou PRÉPARATION SOLIDE DE LA NICOTINE, N.S.A.	6.1	T2	III	6.1	43 274 802	5 kg	E1		PP, EP			0	
1656	CHLORHYDRATE DE NICOTINE LIQUIDE ou EN SOLUTION	6.1	T1	II	6.1	43 802	100 ml	E4		PP, EP, TOX, A	VE02		2	
1656	CHLORHYDRATE DE NICOTINE LIQUIDE ou EN SOLUTION	6.1	T1	III	6.1	43 802	5 L	E1		PP, EP, TOX, A	VE02		0	
1657	SALICYLATE DE NICOTINE	6.1	T2	II	6.1	802	500 g	E4		PP, EP			2	
1658	SULFATE DE NICOTINE EN SOLUTION	6.1	T1	II	6.1	802	100 ml	E4		PP, EP, TOX, A	VE02		2	
1658	SULFATE DE NICOTINE EN SOLUTION	6.1	T1	III	6.1	802	5 L	E1		PP, EP, TOX, A	VE02		0	
1659	TARTRATE DE NICOTINE	6.1	T2	II	6.1	802	500 g	E4		PP, EP			2	
1660	MONOXYDE D'AZOTE (OXYDE NITRIQUE) COMPRIMÉ	2	1TOC		2.3+5.1+8		0	E0		PP, EP, TOX, A	VE02		2	
1661	NITRANILINES (o-, m-, p-)	6.1	T2	II	6.1	279 802	500 g	E4		PP, EP			2	
1662	NITROBENZÈNE	6.1	T1	II	6.1	279 802	100 ml	E4	T	PP, EP, TOX, A	VE02		2	
1663	NITROPHÉNOLS (o-, m-, p-)	6.1	T2	III	6.1	279 802	5 kg	E1	T	PP, EP			0	
1664	NITROTOLUÈNES LIQUIDES	6.1	T1	II	6.1	802	100 ml	E4	T	PP, EP, TOX, A	VE02		2	
1665	NITROXYLÈNES LIQUIDES	6.1	T1	II	6.1	802	100 ml	E4		PP, EP, TOX, A	VE02		2	
1669	PENTACHLORÉTHANE	6.1	T1	II	6.1	802	100 ml	E4		PP, EP, TOX, A	VE02		2	
1670	MERCAPTAN MÉTHYLIQUE PERCHLORÉ	6.1	T1	I	6.1	354 802	0	E0		PP, EP, TOX, A	VE02		2	
1671	PHÉNOL SOLIDE	6.1	T2	II	6.1	279 802	500 g	E4		PP, EP			2	
1672	CHLORURE DE PHÉNYLCARBYLAMINE	6.1	T1	I	6.1	802	0	E0		PP, EP, TOX, A	VE02		2	

No. ONU ou ID (1)	Nom et description (2)	Classe 2.2 (3a)	Code de classification 2.2 (3b)	Groupe d'emballage 2.1.1.3 (4)	Étiquettes 5.2.2 (5)	Dispositions spéciales 3.3 (6)	Quantités limitées et exceptées 3.4 (7a)	Quantités limitées et exceptées 3.5.1.2 (7b)	Transport admis 3.2.1 (8)	Équipement exigé 8.1.5 (9)	Ventilation 7.1.6 (10)	Mesures pendant le chargement/déchargement/ transport 7.1.6 (11)	Nombre de cônes, feux bleus 7.1.5 (12)	Observations 3.2.1 (13)
1673	PHÉNYLÈNEDIAMINES (o-, m-, p-)	6.1	T2	III	6.1	279 802	5 kg	E1		PP, EP			0	
1674	ACÉTATE DE PHÉNYLMERCURE	6.1	T3	II	6.1	43 802	500 g	E4		PP, EP, TOX, A	VE02		2	
1677	ARSÉNIATE DE POTASSIUM	6.1	T5	II	6.1	802	500 g	E4		PP, EP			2	
1678	ARSÉNITE DE POTASSIUM	6.1	T5	II	6.1	802	500 g	E4		PP, EP			2	
1679	CUPROCYANURE DE POTASSIUM	6.1	T5	II	6.1	802	500 g	E4		PP, EP			2	
1680	CYANURE DE POTASSIUM, SOLIDE	6.1	T5	I	6.1	802	0	E5		PP, EP			2	
1683	ARSÉNITE D'ARGENT	6.1	T5	II	6.1	802	500 g	E4		PP, EP			2	
1684	CYANURE D'ARGENT	6.1	T5	II	6.1	802	500 g	E4		PP, EP			2	
1685	ARSÉNIATE DE SODIUM	6.1	T5	II	6.1	802	500 g	E4		PP, EP			2	
1686	ARSÉNITE DE SODIUM EN SOLUTION AQUEUSE	6.1	T4	II	6.1	43 802	100 ml	E4		PP, EP			2	
1686	ARSÉNITE DE SODIUM EN SOLUTION AQUEUSE	6.1	T4	III	6.1	43 802	5 L	E1		PP, EP			0	
1687	AZOTURE DE SODIUM	6.1	T5	II	6.1	802	500 g	E4		PP, EP			2	
1688	CACODYLATE DE SODIUM	6.1	T5	II	6.1	802	500 g	E4		PP, EP			2	
1689	CYANURE DE SODIUM, SOLIDE	6.1	T5	I	6.1	802	0	E5		PP, EP			2	
1690	FLUORURE DE SODIUM, SOLIDE	6.1	T5	III	6.1	802	5 kg	E1	B	PP, EP			0	
1691	ARSÉNITE DE STRONTIUM	6.1	T5	II	6.1	802	500 g	E4		PP, EP			2	
1692	STRYCHNINE ou SELS DE STRYCHNINE	6.1	T2	I	6.1	802	0	E5		PP, EP			2	
1693	MATIÈRE LIQUIDE SERVANT À LA PRODUCTION DE GAZ LACRYMOGÈNES, N.S.A.	6.1	T1	I	6.1	274 802	0	E0		PP, EP, TOX, A	VE02		2	
1693	MATIÈRE LIQUIDE SERVANT À LA PRODUCTION DE GAZ LACRYMOGÈNES, N.S.A.	6.1	T1	II	6.1	274 802	0	E0		PP, EP, TOX, A	VE02		2	
1694	CYANURES DE BROMOBENZYLE LIQUIDES	6.1	T1	I	6.1	138 802	0	E0		PP, EP, TOX, A	VE02		2	
1695	CHLORACÉTONE, STABILISÉE	6.1	TFC	I	6.1+3+8	354 802	0	E0		PP, EP, EX, TOX, A	VE01, VE02		2	
1697	CHLORACÉTOPHÉNONE, SOLIDE	6.1	T2	II	6.1	802	0	E0		PP, EP, TOX, A	VE02		2	
1698	DIPHÉNYLAMINECHLORARSINE	6.1	T3	I	6.1	802	0	E0		PP, EP, TOX, A	VE02		2	
1699	DIPHÉNYLCHLORARSINE LIQUIDE	6.1	T3	I	6.1	802	0	E0		PP, EP, TOX, A	VE02		2	
1700	CHANDELLES LACRYMOGÈNES	6.1	TF3		6.1+4.1	802	0	E0		PP, EP			2	
1701	BROMURE DE XYLYLE, LIQUIDE	6.1	T1	II	6.1	802	0	E0		PP, EP, TOX, A	VE02		2	
1702	1,1,2,2-TÉTRACHLORÉTHANE	6.1	T1	II	6.1	802	100 ml	E4		PP, EP, TOX, A	VE02		2	
1704	DITHIOPYROPHOSPHATE DE TÉTRAÉTHYLE	6.1	T1	II	6.1	43 802	100 ml	E4		PP, EP			2	
1707	COMPOSÉ DU THALLIUM, N.S.A.	6.1	T5	II	6.1	43 274 802	500 g	E4		PP, EP			2	

No. ONU ou ID	Nom et description	Classe	Code de classi- fication	Groupe d'embal- lage	Étiquettes	Disposi- tions speciales	Quantités limitées et exceptées		Trans- port admis	Équipement exigé	Venti- lation	Mesures pendant le chargement/décharge ment/ transport	Nombre de cônes, feux bleus	Observations
3.1.2	3.1.2	2.2	2.2	2.1.1.3	5.2.2	3.3	3.4	3.5.1.2	3.2.1	8.1.5	7.1.6	7.1.6	7.1.5	3.2.1
(1)	(2)	(3a)	(3b)	(4)	(5)	(6)	(7a)	(7b)	(8)	(9)	(10)	(11)	(12)	(13)
1708	TOLUIDINES LIQUIDES	6.1	T1	II	6.1	279 802	100 ml	E4	T	PP, EP, TOX, A	VE02		2	
1709	m-TOLUYLÈNEDIAMINE, SOLIDE	6.1	T2	III	6.1	802	5 kg	E1		PP, EP			0	
1710	TRICHLORÉTHYLÈNE	6.1	T1	III	6.1	802	5 L	E1	T	PP, EP, TOX,	VE02		0	
1711	XYLIDINES LIQUIDES	6.1	T1	II	6.1	802	100 ml	E4		PP, EP, TOX, A	VE02		2	
1712	ARSÉNIATE DE ZINC ou ARSÉNITE DE ZINC ou ARSÉNIATE DE ZINC ET ARSÉNITE DE ZINC EN MÉLANGE	6.1	T5	II	6.1	802	500 g	E4		PP, EP			2	
1713	CYANURE DE ZINC	6.1	T5	I	6.1	802	0	E5		PP, EP			2	
1714	PHOSPHURE DE ZINC	4.3	WT2	I	4.3+6.1	802	0	E0		PP, EP, EX, TOX, A	VE01, VE02	HA08	2	
1715	ANHYDRIDE ACÉTIQUE	8	CF1	II	8+3		1 L	E2	T	PP, EP, EX, A	VE01		1	
1716	BROMURE D'ACÉTYLE	8	C3	II	8		1 L	E2		PP, EP			0	
1717	CHLORURE D'ACÉTYLE	3	FC	II	3+8		1 L	E2	T	PP, EP, EX, A	VE01		1	
1718	PHOSPHATE ACIDE DE BUTYLE	8	C3	III	8	274	5 L	E1		PP, EP			0	
1719	LIQUIDE ALCALIN CAUSTIQUE, N.S.A.	8	C5	II	8	274	1 L	E2		PP, EP			0	
1719	LIQUIDE ALCALIN CAUSTIQUE, N.S.A.	8	C5	III	8	274	5 L	E1		PP, EP			0	
1722	CHLOROFORMIATE D'ALLYLE	6.1	TFC	I	6.1+3+8	802	0	E0		PP, EP, EX, TOX, A	VE01, VE02		2	
1723	IODURE D'ALLYLE	3	FC	II	3+8	386 676	1 L	E2		PP, EP, EX, A	VE01		1	
1724	ALLYLTRICHLOROSILANE STABILISÉ	8	CF1	II	8+3		0	E0		PP, EP, EX, A	VE01		1	
1725	BROMURE D'ALUMINIUM ANHYDRE	8	C2	II	8	588	1 kg	E2		PP, EP			0	
1726	CHLORURE D'ALUMINIUM ANHYDRE	8	C2	II	8	588	1 kg	E2		PP, EP			0	
1727	HYDROGÉNODIFLUORURE D'AMMONIUM SOLIDE	8	C2	II	8		1 kg	E2		PP, EP			0	
1728	AMYLTRICHLOROSILANE	8	C3	II	8		0	E0		PP, EP			0	
1729	CHLORURE D'ANISOYLE	8	C4	II	8		1 kg	E2		PP, EP			0	
1730	PENTACHLORURE D'ANTIMOINE LIQUIDE	8	C1	II	8		1 L	E2		PP, EP			0	
1731	PENTACHLORURE D'ANTIMOINE EN SOLUTION	8	C1	III	8		1 L	E1		PP, EP			0	
1731	PENTACHLORURE D'ANTIMOINE EN SOLUTION	8	C1	III	8		5 L	E1		PP, EP			0	
1732	PENTAFLUORURE D'ANTIMOINE	8	CT1	II	8+6.1	802	1 L	E0		PP, EP, TOX, A	VE02		2	
1733	TRICHLORURE D'ANTIMOINE	8	C2	II	8		1 kg	E2		PP, EP			0	
1736	CHLORURE DE BENZOYLE	8	C3	II	8		1 L	E2		PP, EP			0	
1737	BROMURE DE BENZYLE	6.1	TC1	II	6.1+8	802	0	E4		PP, EP, TOX, A	VE02		2	
1738	CHLORURE DE BENZYLE	6.1	TC1	II	6.1+8	802	0	E4	T	PP, EP, TOX, A	VE02		2	
1739	CHLOROFORMIATE DE BENZYLE	8	C9	I	8		0	E0		PP, EP			0	
1740	HYDROGÉNODIFLUORURES SOLIDES, N.S.A.	8	C2	II	8	517	1 kg	E2		PP, EP			0	
1740	HYDROGÉNODIFLUORURES SOLIDES, N.S.A.	8	C2	III	8	517	5 kg	E1		PP, EP			0	
1741	TRICHLORURE DE BORE	2	2TC		2.3+8		0	E0		PP, EP, TOX, A	VE02		2	

No. ONU ou ID (1)	Nom et description (2)	Classe (3a)	Code de classification (3b)	Groupe d'emballage (4)	Étiquettes (5)	Dispositions spéciales (6)	Quantités limitées (7a)	Quantités exceptées (7b)	Transport admis (8)	Équipement exigé (9)	Ventilation (10)	Mesures pendant le chargement/déchargement/transport (11)	Nombre de cônes, feux bleus (12)	Observations (13)
		2.2	2.2	2.1.1.3	5.2.2	3.3	3.4	3.5.1.2	3.2.1	8.1.5	7.1.6	7.1.6	7.1.5	3.2.1
1742	COMPLEXE DE TRIFLUORURE DE BORE ET D'ACIDE ACÉTIQUE, LIQUIDE	8	C3	II	8		1 L	E2	T	PP, EP			0	
1743	COMPLEXE DE TRIFLUORURE DE BORE ET D'ACIDE PROPIONIQUE, LIQUIDE	8	C3	II	8		1 L	E2		PP, EP			0	
1744	BROME ou BROME EN SOLUTION	8	CT1	I	8+6.1	802	0	E0		PP, EP, TOX, A	VE02		2	
1745	PENTAFLUORURE DE BROME	5.1	OTC	I	5.1+6.1+8	802	0	E0		PP, EP, TOX, A	VE02		2	
1746	TRIFLUORURE DE BROME	5.1	OTC	I	5.1+6.1+8	802	0	E0		PP, EP, TOX, A	VE02		2	
1747	BUTYLTRICHLOROSILANE	8	CF1	II	8+3		0	E0		PP, EP, EX, A	VE01		1	
1748	HYPOCHLORITE DE CALCIUM SEC ou HYPOCHLORITE DE CALCIUM EN MÉLANGE SEC, contenant plus de 39% de chlore actif (8,8% d'oxygène actif)	5.1	O2	II	5.1	314	1 kg	E2		PP			0	
1748	HYPOCHLORITE DE CALCIUM SEC ou HYPOCHLORITE DE CALCIUM EN MÉLANGE SEC, contenant plus de 39% de chlore actif (8,8% d'oxygène actif)	5.1	O2	III	5.1	316	5 kg	E1		PP			0	
1749	TRIFLUORURE DE CHLORE	2	2TOC		2.3+5.1+8		0	E0		PP, EP, TOX, A	VE02		2	
1750	ACIDE CHLORACÉTIQUE EN SOLUTION	6.1	TC1	II	6.1+8	802	100 ml	E4	T	PP, EP, TOX, A	VE02		2	
1751	ACIDE CHLORACÉTIQUE SOLIDE	6.1	TC2	II	6.1+8	802	500 g	E4		PP, EP			2	
1752	CHLORURE DE CHLORACÉTYLE	6.1	TC1	I	6.1+8	354 802	0	E0		PP, EP, TOX, A	VE02		2	
1753	CHLOROPHÉNYLTRICHLOROSILANE	8	C3	II	8		0	E0		PP, EP			0	
1754	ACIDE CHLOROSULFONIQUE contenant ou non du trioxyde de soufre	8	C1	I	8		0	E0		PP, EP			0	
1755	ACIDE CHROMIQUE EN SOLUTION	8	C1	II	8	518	1 L	E2		PP, EP			0	
1755	ACIDE CHROMIQUE EN SOLUTION	8	C1	III	8	518	5 L	E1		PP, EP			0	
1756	FLUORURE DE CHROME III SOLIDE	8	C2	II	8		1 kg	E2		PP, EP			0	
1757	FLUORURE DE CHROME III EN SOLUTION	8	C1	II	8		1 L	E2		PP, EP			0	
1757	FLUORURE DE CHROME III EN SOLUTION	8	C1	III	8		5 L	E1		PP, EP			0	
1758	CHLORURE DE CHROMYLE	8	C10	I	8		0	E0		PP, EP			0	
1759	SOLIDE CORROSIF, N.S.A.	8	C10	II	8	274	0	E0		PP, EP			0	
1759	SOLIDE CORROSIF, N.S.A.	8	C10	II	8	274	1 kg	E2		PP, EP			0	
1759	SOLIDE CORROSIF, N.S.A.	8	C10	III	8	274	5 kg	E1		PP, EP			0	
1760	LIQUIDE CORROSIF, N.S.A.	8	C9	I	8	274	0	E0	T	PP, EP			0	
1760	LIQUIDE CORROSIF, N.S.A.	8	C9	II	8	274	1 L	E2	T	PP, EP			0	
1760	LIQUIDE CORROSIF, N.S.A.	8	C9	III	8	274	5 L	E1		PP, EP			0	
1761	CUPRIÉTHYLÈNEDIAMINE EN SOLUTION	8	CT1	II	8+6.1	802	1 L	E2		PP, EP, A			2	
1761	CUPRIÉTHYLÈNEDIAMINE EN SOLUTION	8	CT1	III	8+6.1	802	5 L	E1		PP, EP, A			0	
1762	CYCLOHEXÉNYLTRICHLOROSILANE	8	C3	II	8		0	E0		PP, EP			0	
1763	CYCLOHEXYLTRICHLOROSILANE	8	C3	II	8		0	E0		PP, EP			0	
1764	ACIDE DICHLORACÉTIQUE	8	C3	II	8		1 L	E2	T	PP, EP			0	

No. ONU ou ID	Nom et description	Classe	Code de classification	Groupe d'emballage	Étiquettes	Dispositions spéciales	Quantités limitées et exceptées		Transport admis	Équipement exigé	Ventilation	Mesures pendant le chargement/déchargement/ transport	Nombre de cônes, feux bleus	Observations
	3.1.2	2.2	2.2	2.1.1.3	5.2.2	3.3	3.4	3.5.1.2	3.2.1	8.1.5	7.1.6	7.1.6	7.1.5	3.2.1
(1)	(2)	(3a)	(3b)	(4)	(5)	(6)	(7a)	(7b)	(8)	(9)	(10)	(11)	(12)	(13)
1765	CHLORURE DE DICHLORACÉTYLE	8	C3	II	8		1 L	E2		PP, EP			0	
1766	DICHLOROPHÉNYLTRICHLOROSILANE	8	C3	II	8		0	E0		PP, EP			0	
1767	DIÉTHYLDICHLOROSILANE	8	CF1	II	8+3			E0		PP, EP, EX, A	VE01		1	
1768	ACIDE DIFLUOROPHOSPHORIQUE ANHYDRE	8	C1	II	8		1 L	E2		PP, EP			0	
1769	DIPHÉNYLDICHLOROSILANE	8	C3	II	8		0	E0		PP, EP			0	
1770	BROMURE DE DIPHÉNYLMÉTHYLE	8	C10	II	8		1 kg	E2		PP, EP			0	
1771	DODÉCYLTRICHLOROSILANE	8	C3	II	8		0	E0		PP, EP			0	
1773	CHLORURE DE FER III ANHYDRE	8	C2	III	8	590	5 kg	E1		PP, EP			0	
1774	CHARGES D'EXTINCTEURS, liquide corrosif	8	C11	II	8		1 L	E0		PP, EP			0	
1775	ACIDE FLUOROBORIQUE	8	C1	II	8		1 L	E2		PP, EP			0	
1776	ACIDE FLUOROPHOSPHORIQUE ANHYDRE	8	C1	II	8		1 L	E2		PP, EP			0	
1777	ACIDE FLUOROSULFONIQUE	8	C1	I	8		0	E0		PP, EP			0	
1778	ACIDE FLUOROSILICIQUE	8	C1	II	8		1 L	E2	T	PP, EP			0	
1779	ACIDE FORMIQUE contenant plus de 85 % (masse) d'acide	8	CF1	II	8+3		1 L	E2	T	PP, EP, EX, A	VE01		1	
1780	CHLORURE DE FUMARYLE	8	C3	II	8		1 L	E2	T	PP, EP			0	
1781	HEXADÉCYLTRICHLOROSILANE	8	C3	II	8		0	E0	T	PP, EP			0	
1782	ACIDE HEXAFLUOROPHOSPHORIQUE	8	C1	II	8	519	1 L	E2		PP, EP			0	
1783	HEXAMÉTHYLÈNEDIAMINE EN SOLUTION	8	C7	II	8	519	1 L	E2	T	PP, EP			0	
1783	HEXAMÉTHYLÈNEDIAMINE EN SOLUTION	8	C7	III	8	520	5 L	E1	T	PP, EP			0	
1784	HEXYLTRICHLOROSILANE	8	C3	III	8	520	0	E0		PP, EP			0	
1786	ACIDE FLUORHYDRIQUE ET ACIDE SULFURIQUE EN MÉLANGE	8	CT1	I	8+6.1	640I 802	0	E0		PP, EP, TOX, A	VE02		2	
1787	ACIDE IODHYDRIQUE	8	C1	II	8		1 L	E2		PP, EP			0	
1787	ACIDE IODHYDRIQUE	8	C1	III	8		5 L	E1		PP, EP			0	
1788	ACIDE BROMHYDRIQUE	8	C1	II	8	519	1 L	E2		PP, EP			0	
1788	ACIDE BROMHYDRIQUE	8	C1	III	8	519	5 L	E1		PP, EP			0	
1789	ACIDE CHLORHYDRIQUE	8	C1	II	8	520	1 L	E2	T	PP, EP			0	
1789	ACIDE CHLORHYDRIQUE	8	C1	III	8	520	5 L	E1	T	PP, EP			0	
1790	ACIDE FLUORHYDRIQUE contenant plus de 85% de fluorure d'hydrogène	8	CT1	I	8+6.1	640I 802	0	E0		PP, EP, TOX, A	VE02		2	
1790	ACIDE FLUORHYDRIQUE contenant plus de 60% de fluorure d'hydrogène mais pas plus de 85% de fluorure d'hydrogène	8	CT1	I	8+6.1	640J 802	0	E0		PP, EP, TOX, A	VE02		2	
1790	ACIDE FLUORHYDRIQUE contenant au plus 60% de fluorure d'hydrogène	8	CT1	II	8+6.1	802	1 L	E2		PP, EP, TOX, A	VE02		2	
1791	HYPOCHLORITE EN SOLUTION	8	C9	II	8	521	1 L	E2		PP, EP			0	
1791	HYPOCHLORITE EN SOLUTION	8	C9	III	8	521	5 L	E1		PP, EP			0	
1792	MONOCHLORURE D'IODE SOLIDE	8	C2	II	8		1 kg	E0.		PP, EP			0	
1793	PHOSPHATE ACIDE D'ISOPROPYLE	8	C3	III	8		5 L	E1		PP, EP			0	
1794	SULFATE DE PLOMB contenant plus de 3% d'acide libre	8	C2	II	8	591	1 kg	E2		PP, EP			0	
1796	ACIDE SULFONITRIQUE contenant plus de 50% d'acide nitrique	8	CO1	I	8+5.1		0	E0		PP, EP			0	
1796	ACIDE SULFONITRIQUE contenant au plus 50% d'acide nitrique	8	C1	II	8		1 L	E0		PP, EP			0	

No. ONU ou ID	Nom et description	Classe	Code de classi-fication	Groupe d'embal-lage	Étiquettes	Disposit-ions spéciales	Quantités limitées et exceptées		Trans-port admis	Équipement exigé	Venti-lation	Mesures pendant le chargement/déchargement/ transport	Nombre de cônes, feux bleus	Observations
							3.4	3.5.1.2						
(1)	(2)	(3a)	(3b)	(4)	(5)	(6)	(7a)	(7b)	(8)	(9)	(10)	(11)	(12)	(13)
	3.1.2	2.2	2.2	2.1.1.3	5.2.2	3.3			3.2.1	8.1.5	7.1.6	7.1.6	7.1.5	3.2.1
1798	ACIDE CHLORHYDRIQUE ET ACIDE NITRIQUE EN MÉLANGE	8	COT	TRANSPORT INTERDIT										
1799	NONYLTRICHLOROSILANE	8	C3	II	8		0	E0		PP, EP			0	
1800	OCTADECYLTRICHLOROSILANE	8	C3	II	8		0	E0		PP, EP			0	
1801	OCTYLTRICHLOROSILANE	8	C3	II	8		0	E0		PP, EP			0	
1802	ACIDE PERCHLORIQUE contenant au plus 50% (masse) d'acide	8	CO1	II	8+5.1	522	1 L	E0		PP, EP			0	
1803	ACIDE PHÉNOLSULFONIQUE LIQUIDE	8	C3	II	8		1 L	E2		PP, EP			0	
1804	PHÉNYLTRICHLOROSILANE	8	C3	II	8		0	E0		PP, EP			0	
1805	ACIDE PHOSPHORIQUE EN SOLUTION	8	C1	III	8		5 L	E1	T	PP, EP			0	
1806	PENTACHLORURE DE PHOSPHORE	8	C2	II	8		1 kg	E0		PP, EP			0	
1807	ANHYDRIDE PHOSPHORIQUE (PENTOXYDE DE PHOSPHORE)	8	C2	II	8		1 kg	E2		PP, EP			0	
1808	TRIBROMURE DE PHOSPHORE	8	C1	II	8		1 L	E0		PP, EP			0	
1809	TRICHLORURE DE PHOSPHORE	6.1	TC3	I	6.1+8	354 802	0	E0		PP, EP, TOX, A	VE02		2	
1810	OXYCHLORURE DE PHOSPHORE	6.1	TC3	I	6.1+8	354	0	E0		PP, EP, TOX, A	VE02		2	
1811	HYDROGÉNODIFLUORURE DE POTASSIUM, SOLIDE	8	CT2	II	8+6.1	802	1 kg	E2		PP, EP			2	
1812	FLUORURE DE POTASSIUM, SOLIDE	6.1	T5	III	6.1	802	5 kg	E1	B	PP, EP			0	
1813	HYDROXYDE DE POTASSIUM SOLIDE	8	C6	II	8		1 kg	E2		PP, EP			0	
1814	HYDROXYDE DE POTASSIUM EN SOLUTION	8	C5	II	8		1 L	E2	T	PP, EP			0	
1814	HYDROXYDE DE POTASSIUM EN SOLUTION	8	C5	III	8		5 L	E1	T	PP, EP			0	
1815	CHLORURE DE PROPIONYLE	3	FC	II	3+8	802	1 L	E2		PP, EP, EX, A	VE01		1	
1816	PROPYLTRICHLOROSILANE	8	CF1	II	8+3		0	E0		PP, EP, EX, A	VE01		1	
1817	CHLORURE DE PYROSULFURYLE	8	C1	II	8		1 L	E2		PP, EP			0	
1818	TÉTRACHLORURE DE SILICIUM	8	C1	II	8		0	E0		PP, EP			0	
1819	ALUMINATE DE SODIUM EN SOLUTION	8	C5	II	8		1 L	E2		PP, EP			0	
1819	ALUMINATE DE SODIUM EN SOLUTION	8	C5	III	8		5 L	E1		PP, EP			0	
1823	HYDROXYDE DE SODIUM SOLIDE	8	C6	II	8		1 kg	E2		PP, EP			0	
1824	HYDROXYDE DE SODIUM EN SOLUTION	8	C5	II	8		1 L	E2	T	PP, EP			0	
1824	HYDROXYDE DE SODIUM EN SOLUTION	8	C5	III	8		5 L	E1	T	PP, EP			0	
1825	MONOXYDE DE SODIUM	8	C6	II	8		1 kg	E2	T	PP, EP			0	
1826	ACIDE SULFONITRIQUE RÉSIDUAIRE contenant plus de 50% d'acide nitrique	8	CO1	I	8+5.1	113	0	E0		PP, EP			0	
1826	ACIDE SULFONITRIQUE RÉSIDUAIRE contenant au plus 50% d'acide nitrique	8	C1	II	8	113	1 L	E0		PP, EP			0	
1827	CHLORURE D'ÉTAIN IV ANHYDRE	8	C1	II	8		1 L	E2		PP, EP			0	
1828	CHLORURES DE SOUFRE	8	C1	I	8		0	E0		PP, EP			0	
1829	TRIOXYDE DE SOUFRE STABILISÉ	8	C1	I	8	386 623 676	0	E0		PP, EP			0	
1830	ACIDE SULFURIQUE contenant plus de 51% d'acide	8	C1	II	8		1 L	E2	T	PP, EP			0	
1831	ACIDE SULFURIQUE FUMANT	8	CT1	I	8+6.1	802	0	E0	T	PP, EP, TOX, A	VE02		2	

No. ONU ou ID	Nom et description	Classe	Code de classification	Groupe d'emballage	Étiquettes	Dispositions spéciales	Quantités limitées et exceptées (3.4)	Quantités limitées et exceptées (3.5.1.2)	Transport admis	Équipement exigé	Ventilation	Mesures pendant le chargement/déchargement/transport	Nombre de cônes, feux bleus	Observations
3.1.2	3.1.2	2.2	2.2	2.1.1.3	5.2.2	3.3	3.4	3.5.1.2	3.2.1	8.1.5	7.1.6	7.1.6	7.1.5	3.2.1
(1)	(2)	(3a)	(3b)	(4)	(5)	(6)	(7a)	(7b)	(8)	(9)	(10)	(11)	(12)	(13)
1832	ACIDE SULFURIQUE RÉSIDUAIRE	8	C1	II	8	113	1 L	E0	T	PP, EP			0	
1833	ACIDE SULFUREUX	8	C1	II	8		1 L	E2		PP, EP			0	
1834	CHLORURE DE SULFURYLE	6.1	TC3	I	6.1+8	354	0	E0		PP, EP, TOX, A	VE02		2	
1835	HYDROXYDE DE TÉTRAMÉTHYLAMMONIUM EN SOLUTION	8	C7	II	8		1 L	E2		PP, EP			0	
1835	HYDROXYDE DE TÉTRAMÉTHYLAMMONIUM EN SOLUTION	8	C7	III	8		5 L	E1		PP, EP			0	
1836	CHLORURE DE THIONYLE	8	C1	I	8		0	E0		PP, EP			0	
1837	CHLORURE DE THIOPHOSPHORYLE	8	C1	II	8		1 L	E0		PP, EP			0	
1838	TÉTRACHLORURE DE TITANE	6.1	TC3	I	6.1+8	354	0	E0		PP, EP, TOX, A	VE02		2	
1839	ACIDE TRICHLORACÉTIQUE	8	C4	II	8		1 kg	E2		PP, EP			0	
1840	CHLORURE DE ZINC EN SOLUTION	8	C1	III	8		5 L	E1		PP, EP			0	
1841	ALDÉHYDATE D'AMMONIAQUE	9	M11	III	9		5 kg	E1		PP			0	
1843	DINITRO-o-CRÉSATE D'AMMONIUM, SOLIDE	6.1	T2	II	6.1	802	500 g	E4		PP, EP			2	
1845	Dioxyde de carbone solide (Anhydride carbonique, Neige carbonique)	9	M11						NON SOUMIS À L'ADN à l'exception du 5.5.3					
1846	TÉTRACHLORURE DE CARBONE	6.1	T1	II	6.1	802	100 ml	E4	T	PP, EP, TOX, A	VE02		2	
1847	SULFURE DE POTASSIUM HYDRATÉ contenant au moins 30% d'eau de cristallisation	8	C6	II	8	523	1 kg	E2		PP, EP			0	
1848	ACIDE PROPIONIQUE contenant au moins 10 % mais moins de 90 % (masse) d'acide	8	C3	III	8		5 L	E1	T	PP, EP			0	
1849	SULFURE DE SODIUM HYDRATÉ contenant au moins 30% d'eau	8	C6	II	8	523	1 kg	E2		PP, EP			0	
1851	MÉDICAMENT LIQUIDE TOXIQUE, N.S.A.	6.1	T1	II	6.1	221 601 802	100 ml	E4		PP, EP, TOX, A	VE02		2	
1851	MÉDICAMENT LIQUIDE TOXIQUE, N.S.A.	6.1	T1	III	6.1	221 601 802	5 L	E1		PP, EP, TOX, A	VE02		0	
1854	ALLIAGES PYROPHORIQUES DE BARYUM	4.2	S4	I	4.2		0	E0		PP			0	
1855	CALCIUM PYROPHORIQUE ou ALLIAGES PYROPHORIQUES DE CALCIUM	4.2	S4	I	4.2		0	E0		PP			0	
1856	Chiffons huileux	4.2	S2						NON SOUMIS À L'ADN					
1857	Déchets textiles mouillés	4.2	S2						NON SOUMIS À L'ADN					
1858	HEXAFLUOROPROPYLÈNE (GAZ RÉFRIGÉRANT R 1216)	2	2A		2.2	662	120 ml	E1		PP			0	
1859	TÉTRAFLUORURE DE SILICIUM	2	2TC		2.3+8		0	E0		PP, EP, TOX, A	VE02		2	
1860	FLUORURE DE VINYLE STABILISÉ	2	2F		2.1	386 662 676	0	E0		PP, EX, A	VE01		1	
1862	CROTONATE D'ÉTHYLE	3	F1	II	3		1 L	E2		PP, EX, A	VE01		1	
1863	CARBURÉACTEUR	3	F1	I	3		500 ml	E3	T	PP, EX, A	VE01		1	

No. ONU ou ID	Nom et description	Classe	Code de classification	Groupe d'emballage	Étiquettes	Dispositions spéciales	Quantités limitées et exceptées		Transport admis	Équipement exigé	Ventilation	Mesures pendant le chargement/déchargement/ transport	Nombre de cônes, feux bleus	Observations
	3.1.2	2.2	2.2	2.1.1.3	5.2.2	3.3	3.4	3.5.1.2	3.2.1	8.1.5	7.1.6	7.1.6	7.1.5	3.2.1
(1)	(2)	(3a)	(3b)	(4)	(5)	(6)	(7a)	(7b)	(8)	(9)	(10)	(11)	(12)	(13)
1863	CARBURÉACTEUR (pression de vapeur à 50 °C supérieure à 110 kPa)	3	F1	II	3	640C	1 L	E2	T	PP, EX, A	VE01		1	
1863	CARBURÉACTEUR (pression de vapeur à 50 °C inférieure ou égale à 110 kPa)	3	F1	II	3	640D	1 L	E2	T	PP, EX, A	VE01		1	
1863	CARBURÉACTEUR	3	F1	III	3		5 L	E1	T	PP, EX, A	VE01		0	
1865	NITRATE DE n-PROPYLE	3	F1	II	3		1 L	E2		PP, EX, A	VE01		1	
1866	RÉSINE EN SOLUTION, inflammable	3	F1	I	3		500 ml	E3		PP, EX, A	VE01		1	
1866	RÉSINE EN SOLUTION, inflammable (pression de vapeur à 50 °C supérieure à 110 kPa)	3	F1	II	3	640C	5 L	E2		PP, EX, A	VE01		1	
1866	RÉSINE EN SOLUTION, inflammable (pression de vapeur à 50 °C inférieure ou égale à 110 kPa)	3	F1	II	3	640D	5 L	E2		PP, EX, A	VE01		1	
1866	RÉSINE EN SOLUTION, inflammable	3	F1	III	3		5 L	E1		PP, EX, A	VE01		0	
1866	RÉSINE EN SOLUTION, inflammable (ayant un point d'éclair inférieur à 23 °C et visqueux selon 2.2.3.1.4 (pression de vapeur à 50 °C supérieure à 110 kPa)	3	F1	III	3		5 L	E1		PP, EX, A	VE01		0	
1866	RÉSINE EN SOLUTION, inflammable (ayant un point d'éclair inférieur à 23 °C et visqueux selon 2.2.3.1.4 (pression de vapeur à 50 °C inférieure ou égale à 110 kPa)	3	F1	III	3		5 L	E1		PP, EX, A	VE01		0	
1868	DÉCABORANE	4.1	FT2	II	4.1+6.1	802	1 kg	E0		PP, EP			2	
1869	MAGNÉSIUM ou ALLIAGES DE MAGNÉSIUM, contenant plus de 50% de magnésium, sous forme de granulés, de tournures ou de rubans	4.1	F3	III	4.1	59	5 kg	E1		PP			0	
1870	BOROHYDRURE DE POTASSIUM	4.3	W2	I	4.3		0	E0		PP, EX, A	VE01		0	
1871	HYDRURE DE TITANE	4.1	F3	II	4.1		1 kg	E2		PP		HA08	1	
1872	DIOXYDE DE PLOMB	5.1	O2	III	5.1		5 kg	E1		PP			0	
1873	ACIDE PERCHLORIQUE contenant plus de 50% (masse) mais au maximum 72% (masse) d'acide	5.1	OC1	I	5.1+8	60	0	E0		PP, EP			0	
1884	OXYDE DE BARYUM	6.1	T5	III	6.1	802	5 kg	E1		PP, EP			0	
1885	BENZIDINE	6.1	T2	II	6.1	802	500 g	E4		PP, EP			2	
1886	CHLORURE DE BENZYLIDÈNE	6.1	T1	II	6.1	802	100 ml	E4		PP, EP, TOX, A	VE02		2	
1887	BROMOCHLOROMÉTHANE	6.1	T1	III	6.1	802	5 L	E1		PP, EP			0	
1888	CHLOROFORME	6.1	T1	III	6.1	802	5 L	E1	T	PP, EP, TOX, A	VE02		0	
1889	BROMURE DE CYANOGÈNE	6.1	TC2	I	6.1+8	802	0	E0		PP, EP			2	
1891	BROMURE D'ÉTHYLE	3	FT1	II	3+6.1	802	1 L	E2		PP, EP, TOX, A	VE02		2	
1892	ÉTHYLDICHLORARSINE	6.1	T3	I	6.1	354 802	0	E0		PP, EP, TOX, A	VE02		2	
1894	HYDROXYDE DE PHÉNYLMERCURE	6.1	T3	II	6.1	802	500 g	E4		PP, EP, TOX, A	VE02		2	
1895	NITRATE DE PHÉNYLMERCURE	6.1	T3	II	6.1	802	500 g	E4		PP, EP, TOX, A	VE02		2	

No. ONU ou ID	Nom et description	Classe	Code de classification	Groupe d'emballage	Étiquettes	Dispositions spéciales	Quantités limitées et exceptées		Transport admis	Équipement exigé	Ventilation	Mesures pendant le chargement/déchargement/ transport	Nombre de cônes, feux bleus	Observations
							3.4	3.5.1.2						
3.1.2	3.1.2	2.2	2.2	2.1.1.3	5.2.2	3.3	3.4	3.5.1.2	3.2.1	8.1.5	7.1.6	7.1.6	7.1.5	3.2.1
(1)	(2)	(3a)	(3b)	(4)	(5)	(6)	(7a)	(7b)	(8)	(9)	(10)	(11)	(12)	(13)
1897	TÉTRACHLORÉTHYLÈNE	6.1	T1	III	6.1	802	5 L	E1	T	PP, EP, TOX, A	VE02		0	
1898	IODURE D'ACÉTYLE	8	C3	II	8		1 L	E2		PP, EP			0	
1902	PHOSPHATE ACIDE DE DIISOOCTYLE	8	C3	III	8		5 L	E1		PP, EP			0	
1903	DÉSINFECTANT LIQUIDE CORROSIF, N.S.A.	8	C9	I	8	274	0	E0		PP, EP			0	
1903	DÉSINFECTANT LIQUIDE CORROSIF, N.S.A.	8	C9	II	8	274	1 L	E2		PP, EP			0	
1903	DÉSINFECTANT LIQUIDE CORROSIF, N.S.A.	8	C9	III	8	274	5 L	E1		PP, EP			0	
1905	ACIDE SÉLÉNIQUE	8	C2	I	8		0	E0		PP, EP			0	
1906	ACIDE RÉSIDUAIRE DE RAFFINAGE	8	C1	II	8		1 L	E0		PP, EP			0	
1907	CHAUX SODÉE contenant plus de 4% d'hydroxyde de sodium	8	C6	III	8	62	5 kg	E1		PP, EP			0	
1908	CHLORITE EN SOLUTION	8	C9	II	8	521	1 L	E2		PP, EP			0	
1908	CHLORITE EN SOLUTION	8	C9	III	8	521	5 L	E1		PP, EP			0	
1910	Oxyde de calcium	8	C6						NON SOUMIS À L'ADN					
1911	DIBORANE	2	2TF		2.3+2.1		0	E0		PP, EP, EX, TOX, A	VE01, VE02		2	
1912	CHLORURE DE MÉTHYLE ET CHLORURE DE MÉTHYLÈNE EN MÉLANGE	2	2F		2.1	228 662	0	E0	T	PP, EX, A	VE01		1	
1913	NÉON LIQUIDE RÉFRIGÉRÉ	2	3A		2.2	593	120 ml	E1		PP			0	
1914	PROPIONATES DE BUTYLE	3	F1	III	3		5 L	E1		PP, EX, A	VE01		0	
1915	CYCLOHEXANONE	3	F1	III	3		5 L	E1		PP, EX, A	VE01		0	
1916	ÉTHER DICHLORO-2,2' DIÉTHYLIQUE	6.1	TF1	II	6.1+3	802	100 ml	E4		PP, EP, EX, TOX, A	VE01, VE02		2	
1917	ACRYLATE D'ÉTHYLE STABILISÉ	3	F1	II	3	386 676	1 L	E2	T	PP, EX, A	VE01		1	
1918	ISOPROPYLBENZÈNE	3	F1	III	3		5 L	E1		PP, EX, A	VE01		0	
1919	ACRYLATE DE MÉTHYLE STABILISÉ	3	F1	II	3	386 676	1 L	E2	T	PP, EX, A	VE01		1	
1920	NONANES	3	F1	III	3		5 L	E1	T	PP, EX, A	VE01		0	
1921	PROPYLÈNEIMINE STABILISÉE	3	FT1	I	3+6.1	386 676 802	0	E0	T	PP, EP, EX, TOX, A	VE01, VE02		2	
1922	PYRROLIDINE	3	FC	II	3+8		1 L	E2	T	PP, EP, EX, A	VE01		1	
1923	DITHIONITE DE CALCIUM (HYDROSULFITE DE CALCIUM)	4.2	S4	II	4.2		0	E2		PP			0	
1928	BROMURE DE MÉTHYLMAGNÉSIUM DANS L'ÉTHER ÉTHYLIQUE	4.3	WF1	I	4.3+3		0	E0		PP, EX, A	VE01	HA08	1	
1929	DITHIONITE DE POTASSIUM (HYDROSULFITE DE POTASSIUM)	4.2	S4	II	4.2		0	E2		PP			0	
1931	DITHIONITE DE ZINC (HYDROSULFITE DE ZINC)	9	M11	III	9	524 592	5 kg	E1		PP			0	
1932	DÉCHETS DE ZIRCONIUM	4.2	S4	III	4.2		0	E0		PP			0	
1935	CYANURE EN SOLUTION, N.S.A.	6.1	T4	I	6.1	274 525 802	0	E5		PP, EP, TOX, A	VE02		2	

No. ONU ou ID	Nom et description	Classe	Code de classi-fication	Groupe d'embal-lage	Étiquettes	Dispositions spéciales	Quantités limitées et exceptées		Transport admis	Équipement exigé	Venti-lation	Mesures pendant le chargement/déchargement/ transport	Nombre de cônes, feux bleus	Observations
	3.1.2	2.2	2.2	2.1.1.3	5.2.2	3.3	3.4	3.5.1.2	3.2.1	8.1.5	7.1.6	7.1.6	7.1.5	3.2.1
(1)	(2)	(3a)	(3b)	(4)	(5)	(6)	(7a)	(7b)	(8)	(9)	(10)	(11)	(12)	(13)
1935	CYANURE EN SOLUTION, N.S.A.	6.1	T4	II	6.1	274 525 802	100 ml	E4		PP, EP, TOX, A	VE02		2	
1935	CYANURE EN SOLUTION, N.S.A.	6.1	T4	III	6.1	274 525 802	5 L	E1		PP, EP, TOX, A	VE02		0	
1938	ACIDE BROMACÉTIQUE EN SOLUTION	8	C3	II	8		1 L	E2		PP, EP			0	
1938	ACIDE BROMACÉTIQUE EN SOLUTION	8	C3	III	8		5 L	E1		PP, EP			0	
1939	OXYBROMURE DE PHOSPHORE	8	C2	II	8		1 kg	E0		PP, EP			0	
1940	ACIDE THIOGLYCOLIQUE	8	C3	II	8		1 L	E2		PP, EP			0	
1941	DIBROMODIFLUOROMÉTHANE	9	M11	III	9		5 L	E1		PP		HA09	0	CO02 et HA09 ne s'appliquent qu'en cas de transport de cette matière en vrac ou sans emballage
1942	NITRATE D'AMMONIUM contenant au plus 0,2% de matières combustibles, y compris les matières organiques exprimées en équivalent carbone, à l'exclusion de toute autre matière	5.1	O2	III	5.1	306 611	5 kg	E1	B	PP		ST01, CO02, LO04	0	
1944	ALLUMETTES DE SÛRETÉ (à frottoir, en carnets ou pochettes)	4.1	F1	III	4.1	293	5 kg	E1		PP			0	
1945	ALLUMETTES-BOUGIES	4.1	F1	III	4.1	293	5 kg	E1		PP	VE04		0	
1950	AÉROSOLS asphyxiants	2	5A		2.2	190 327 344 625	1 L	E0		PP	VE04		0	
1950	AÉROSOLS corrosifs	2	5C		2.2+8	190 327 344 625	1 L	E0		PP, EP	VE04		0	
1950	AÉROSOLS corrosifs, comburants	2	5CO		2.2+5.1+8	190 327 344 625	1 L	E0		PP, EP	VE04		0	
1950	AÉROSOLS inflammables	2	5F		2.1	190 327 344 625	1 L	E0		PP, EX, A	VE01, VE04		1	
1950	AÉROSOLS inflammables, corrosifs	2	5FC		2.1+8	190 327 344 625	1 L	E0		PP, EP, EX, A	VE01, VE04		1	
1950	AÉROSOLS comburants	2	5O		2.2+5.1	190 327 344 625	1 L	E0		PP	VE04		0	

No. ONU ou ID	Nom et description	Classe	Code de classi-fication	Groupe d'embal-lage	Étiquettes	Dispositions speciales	Quantités limitées et exceptées		Transport admis	Équipement exigé	Venti-lation	Mesures pendant le chargement/déchargement/ transport	Nombre de cônes, feux bleus	Observations
3.1.2	3.1.2	2.2	2.2	2.1.1.3	5.2.2	3.3	3.4	3.5.1.2	3.2.1	8.1.5	7.1.6	7.1.6	7.1.5	3.2.1
(1)	(2)	(3a)	(3b)	(4)	(5)	(6)	(7a)	(7b)	(8)	(9)	(10)	(11)	(12)	(13)
1950	AÉROSOLS toxiques	2	5T		2.2+6.1	190 327 344 625 802	120 ml	E0		PP, EP, TOX, A	VE02, VE04		2	
1950	AÉROSOLS toxiques, corrosifs	2	5TC		2.2+6.1+8	190 327 344 625 802	120 ml	E0		PP, EP, TOX, A	VE02, VE04		2	
1950	AÉROSOLS toxiques, inflammables	2	5TF		2.1+6.1	190 327 344 625 802	120 ml	E0		PP, EP, EX, TOX, A	VE01, VE02, VE04		2	
1950	AÉROSOLS toxiques, inflammables, corrosifs	2	5TFC		2.1+6.1+8	190 327 344 625 802	120 ml	E0		PP, EP, EX, TOX, A	VE01, VE02, VE04		2	
1950	AÉROSOLS toxiques, comburants	2	5TO		2.2+5.1+6.1	190 327 344 625 802	120 ml	E0		PP, EP, TOX, A	VE02, VE04		2	
1950	AÉROSOLS toxiques, comburants, corrosifs	2	5TOC		2.2+5.1+6.1+8	190 327 344 625 802	120 ml	E0		PP, EP, TOX, A	VE02, VE04		2	
1951	ARGON LIQUIDE RÉFRIGÉRÉ	2	3A		2.2	593	120 ml	E1		PP			0	
1952	OXYDE D'ÉTHYLÈNE ET DIOXYDE DE CARBONE EN MÉLANGE contenant au plus 9% d'oxyde d'éthylène	2	2A		2.2	392 662	120 ml	E1		PP			0	
1953	GAZ COMPRIMÉ TOXIQUE, INFLAMMABLE, N.S.A.	2	1TF		2.3+2.1	274	0	E0		PP, EP, EX, TOX, A	VE01, VE02		2	
1954	GAZ COMPRIMÉ INFLAMMABLE, N.S.A.	2	1F		2.1	274 392 662	0	E0		PP, EX, A	VE01		1	
1955	GAZ COMPRIMÉ TOXIQUE, N.S.A.	2	1T		2.3	274	0	E0		PP, EP, TOX, A	VE02		2	
1956	GAZ COMPRIMÉ, N.S.A	2	1A		2.2	274 378 392 655 662	120 ml	E1		PP			0	

No. ONU ou ID	Nom et description	Classe	Code de classi-fication	Groupe d'embal-lage	Étiquettes	Disposit-ions speciales	Quantités limitées et exceptées 3.4	3.5.1.2	Trans-port admis	Équipement exigé	Venti-lation	Mesures pendant le chargement/décharge ment/ transport	Nombre de cônes, feux bleus	Observations
		2.2	2.2	2.1.1.3	5.2.2	3.3			3.2.1	8.1.5	7.1.6	7.1.6	7.1.5	3.2.1
(1)	(2)	(3a)	(3b)	(4)	(5)	(6)	(7a)	(7b)	(8)	(9)	(10)	(11)	(12)	(13)
1957	DEUTÉRIUM COMPRIMÉ	2	1F		2.1	662	0	E0		PP, EX, A	VE01		1	
1958	DICHLORO-1,2 TÉTRAFLUORO-1,1,2,2 ÉTHANE (GAZ RÉFRIGÉRANT R 114)	2	2A		2.2	662	120 ml	E1		PP			0	
1959	DIFLUORO-1,1 ÉTHYLÈNE (GAZ RÉFRIGÉRANT R 1132a)	2	2F		2.1	662	0	E0		PP, EX, A	VE01		1	
1961	ÉTHANE LIQUIDE RÉFRIGÉRÉ	2	3F		2.1		0	E0		PP, EX, A	VE01		1	
1962	ÉTHYLÈNE	2	2F		2.1	662	0	E0		PP, EX, A	VE01		1	
1963	HÉLIUM LIQUIDE RÉFRIGÉRÉ	2	3A		2.2	593	120 ml	E1		PP			0	
1964	HYDROCARBURES GAZEUX EN MÉLANGE COMPRIMÉ, N.S.A.	2	1F		2.1	274 662	0	E0		PP, EX, A	VE01		1	
1965	HYDROCARBURES GAZEUX EN MÉLANGE LIQUÉFIÉ, N.S.A. comme mélange A, A01, A02, A0, A1, B1, B2, B ou C	2	2F		2.1	274 392 583 662 674	0	E0	T	PP, EX, A	VE01		1	
1966	HYDROGÈNE LIQUIDE RÉFRIGÉRÉ	2	3F		2.1	274	0	E0		PP, EX, A	VE01		1	
1967	GAZ INSECTICIDE TOXIQUE, N.S.A.	2	2T		2.3	274	0	E0		PP, EP, TOX, A	VE02		2	
1968	GAZ INSECTICIDE, N.S.A.	2	2A		2.2	274 662	120 ml	E1		PP			0	
1969	ISOBUTANE	2	2F		2.1	392 657 662 674	0	E0	T	PP, EX, A	VE01		1	
1970	KRYPTON LIQUIDE RÉFRIGÉRÉ	2	3A		2.2	593	120 ml	E1		PP			0	
1971	MÉTHANE COMPRIMÉ ou GAZ NATUREL (à haute teneur en méthane) COMPRIMÉ	2	1F		2.1	392 662	0	E0		PP, EX, A	VE01		1	
1972	MÉTHANE LIQUIDE RÉFRIGÉRÉ ou GAZ NATUREL (à haute teneur en méthane) LIQUIDE RÉFRIGÉRÉ	2	3F		2.1	392	0	E0	T	PP, EX, A	VE01		1	
1973	CHLORODIFLUOROMÉTHANE ET CHLOROPENTAFLUORÉTHANE EN MÉLANGE à point d'ébullition fixe, contenant environ 49% de chlorodifluorométhane (GAZ RÉFRIGÉRANT R 502)	2	2A		2.2	662	120 ml	E1		PP			0	
1974	BROMOCHLORODIFLUOROMÉTHANE (GAZ RÉFRIGÉRANT R 12B1)	2	2A		2.2	662	120 ml	E1		PP			0	
1975	MONOXYDE D'AZOTE ET TÉTROXYDE DE DIAZOTE EN MÉLANGE (MONOXYDE D'AZOTE ET DIOXYDE D'AZOTE EN MÉLANGE)	2	2TOC		2.3+5.1+8		0	E0		PP, EP, TOX, A	VE02		2	
1976	OCTAFLUOROCYCLOBUTANE (GAZ RÉFRIGÉRANT RC 318)	2	2A		2.2	662	120 ml	E1		PP			0	
1977	AZOTE LIQUIDE RÉFRIGÉRÉ	2	3A		2.2	345 346 593	120 ml	E1		PP			0	

No. ONU ou ID (1) 3.1.2	Nom et description (2) 3.1.2	Classe (3a) 2.2	Code de classification (3b) 2.2	Groupe d'emballage (4) 2.1.1.3	Étiquettes (5) 5.2.2	Dispositions spéciales (6) 3.3	Quantités limitées et exceptées (7a) 3.4	Quantités limitées et exceptées (7b) 3.5.1.2	Transport admis (8) 3.2.1	Équipement exigé (9) 8.1.5	Ventilation (10) 7.1.6	Mesures pendant le chargement/déchargement/ transport (11) 7.1.6	Nombre de cônes, feux bleus (12) 7.1.5	Observations (13) 3.2.1
1978	PROPANE	2	2F		2.1	392 657 662 674	0	E0	T	PP, EX, A	VE01		1	
1982	TÉTRAFLUOROMÉTHANE (GAZ RÉFRIGÉRANT R 14)	2	2A		2.2	662	120 ml	E1		PP			0	
1983	CHLORO-1 TRIFLUORO-2,2,2 ÉTHANE (GAZ RÉFRIGÉRANT R 133a)	2	2A		2.2	662	120 ml	E1		PP			0	
1984	TRIFLUOROMÉTHANE (GAZ RÉFRIGÉRANT R 23)	2	2A		2.2	662	120 ml	E1		PP			0	
1986	ALCOOLS INFLAMMABLES, TOXIQUES, N.S.A.	3	FT1	I	3+6.1	274 802	0	E0	T	PP, EP, EX, TOX, A	VE01, VE02		2	
1986	ALCOOLS INFLAMMABLES, TOXIQUES, N.S.A.	3	FT1	II	3+6.1	274 802	1 L	E2	T	PP, EP, EX, TOX, A	VE01, VE02		2	
1986	ALCOOLS INFLAMMABLES, TOXIQUES, N.S.A.	3	FT1	III	3+6.1	274 802	5 L	E1	T	PP, EP, EX, TOX, A	VE01, VE02		0	
1987	ALCOOLS, N.S.A. (pression de vapeur à 50 °C supérieure à 110 kPa)	3	F1	II	3	274 601 640C	1 L	E2	T	PP, EX, A	VE01		1	
1987	ALCOOLS, N.S.A. (pression de vapeur à 50 °C inférieure ou égale à 110 kPa)	3	F1	II	3	274 601 640D	1 L	E2	T	PP, EX, A	VE01		1	
1987	ALCOOLS, N.S.A.	3	F1	III	3	274 601	5 L	E1	T	PP, EX, A	VE01		0	
1988	ALDÉHYDES INFLAMMABLES, TOXIQUES, N.S.A.	3	FT1	I	3+6.1	274 802	0	E0	T	PP, EP, EX, TOX, A	VE01, VE02		2	
1988	ALDÉHYDES INFLAMMABLES, TOXIQUES, N.S.A.	3	FT1	II	3+6.1	274 802	1 L	E2	T	PP, EP, EX, TOX, A	VE01, VE02		2	
1988	ALDÉHYDES INFLAMMABLES, TOXIQUES, N.S.A.	3	FT1	III	3+6.1	274 802	5 L	E1	T	PP, EP, EX, TOX, A	VE01, VE02		0	
1989	ALDÉHYDES, N.S.A.	3	F1	I	3	274 802	0	E3	T	PP, EX, A	VE01		1	
1989	ALDÉHYDES, N.S.A. (pression de vapeur à 50 °C supérieure à 110 kPa)	3	F1	II	3	274 640C	1 L	E2	T	PP, EX, A	VE01		1	
1989	ALDÉHYDES, N.S.A. (pression de vapeur à 50 °C inférieure ou égale à 110 kPa)	3	F1	II	3	274 640D	1 L	E2	T	PP, EX, A	VE01		1	
1989	ALDÉHYDES, N.S.A.	3	F1	III	3	274	5 L	E1	T	PP, EX, A	VE01		0	
1990	BENZALDÉHYDE	9	M11	III	9	386 676 802	5 L	E1	T	PP			0	
1991	CHLOROPRÈNE STABILISÉ	3	FT1	I	3+6.1	274 802	0	E0	T	PP, EP, EX, TOX, A	VE01, VE02		2	
1992	LIQUIDE INFLAMMABLE, TOXIQUE, N.S.A.	3	FT1	I	3+6.1	274 802	0	E0	T	PP, EP, EX, TOX, A	VE01, VE02		2	
1992	LIQUIDE INFLAMMABLE, TOXIQUE, N.S.A.	3	FT1	II	3+6.1	274 802	1 L	E2	T	PP, EP, EX, TOX, A	VE01, VE02		2	
1992	LIQUIDE INFLAMMABLE, TOXIQUE, N.S.A.	3	FT1	III	3+6.1	274 802	5 L	E1	T	PP, EP, EX, TOX, A	VE01, VE02		0	
1993	LIQUIDE INFLAMMABLE, N.S.A.	3	F1	I	3	274	0	E3	T	PP, EX, A	VE01		1	

No. ONU ou ID	Nom et description	Classe	Code de classification	Groupe d'emballage	Étiquettes	Dispositions spéciales	Quantités limitées et exceptées		Transport admis	Équipement exigé	Ventilation	Mesures pendant le chargement/déchargement/ transport	Nombre de cônes, feux bleus	Observations
3.1.2	3.1.2	2.2	2.2	2.1.1.3	5.2.2	3.3	3.4	3.5.1.2	3.2.1	8.1.5	7.1.6	7.1.6	7.1.5	3.2.1
(1)	(2)	(3a)	(3b)	(4)	(5)	(6)	(7a)	(7b)	(8)	(9)	(10)	(11)	(12)	(13)
1993	LIQUIDE INFLAMMABLE, N.S.A. (pression de vapeur à 50 °C supérieure à 110 kPa)	3	F1	II	3	274 601 640C	1 L	E2	T	PP, EX, A	VE01		1	
1993	LIQUIDE INFLAMMABLE, N.S.A. (pression de vapeur à 50 °C inférieure ou égale à 110 kPa)	3	F1	II	3	274 601 640D	1 L	E2	T	PP, EX, A	VE01		1	
1993	LIQUIDE INFLAMMABLE, N.S.A.	3	F1	III	3	274 601	5 L	E1	T	PP, EX, A	VE01		0	
1993	LIQUIDE INFLAMMABLE, N.S.A. (ayant un point d'éclair inférieur à 23 °C et visqueux selon 2.2.3.1.4) (pression de vapeur à 50 °C supérieure à 110 kPa)	3	F1	III	3	274 601	5 L	E1	T	PP, EX, A	VE01		0	
1993	LIQUIDE INFLAMMABLE, N.S.A. (ayant un point d'éclair inférieur à 23 °C et visqueux selon 2.2.3.1.4) (pression de vapeur à 50 °C inférieure ou égale à 110 kPa)	3	F1	III	3	274 601	5 L	E1	T	PP, EX, A	VE01		0	
1994	FER PENTACARBONYLE	6.1	TF1	I	6.1+3	354 802	0	E0		PP, EP, EX, TOX, A	VE01, VE02		2	
1999	GOUDRONS LIQUIDES, y compris les liants routiers et les cut backs bitumineux (pression de vapeur à 50 °C supérieure à 110 kPa)	3	F1	II	3	640C	5 L	E2		PP, EX, A	VE01		1	
1999	GOUDRONS LIQUIDES, y compris les liants routiers et les cut backs bitumineux (pression de vapeur à 50 °C inférieure ou égale à 110 kPa)	3	F1	II	3	640D	5 L	E2		PP, EX, A	VE01		1	
1999	GOUDRONS LIQUIDES, y compris les liants routiers et les cut backs bitumineux	3	F1	III	3		5 L	E1		PP, EX, A	VE01		0	
1999	GOUDRONS LIQUIDES, y compris les liants routiers et les cut backs bitumineux (ayant un point d'éclair inférieur à 23 °C et visqueux selon 2.2.3.1.4) (pression de vapeur à 50 °C supérieure à 110 kPa)	3	F1	III	3		5 L	E1		PP, EX, A	VE01		0	
1999	GOUDRONS LIQUIDES, y compris les liants routiers et les cut backs bitumineux (ayant un point d'éclair inférieur à 23 °C et visqueux selon 2.2.3.1.4) (pression de vapeur à 50 °C inférieure ou égale à 110 kPa)	3	F1	III	3		5 L	E1		PP, EX, A	VE01		0	
2000	CELLULOÏD en blocs, barres, rouleaux, feuilles, tubes, etc. (à l'exclusion des déchets)	4.1	F1	III	4.1	383 502	5 kg	E1		PP			0	
2001	NAPHTÉNATES DE COBALT EN POUDRE	4.1	F3	III	4.1		5 kg	E1		PP			0	
2002	DÉCHETS DE CELLULOÏD	4.2	S2	III	4.2	526 592	0	E0		PP			0	
2004	DIAMIDEMAGNÉSIUM	4.2	S4	II	4.2		0	E2		PP			0	
2006	MATIÈRES PLASTIQUES À BASE DE NITROCELLULOSE, AUTO-ÉCHAUFFANTES, N.S.A.	4.2	S2	III	4.2	274 528	0	E0		PP			0	
2008	ZIRCONIUM EN POUDRE SEC	4.2	S4	I	4.2	524 540	0	E0		PP			0	
2008	ZIRCONIUM EN POUDRE SEC	4.2	S4	II	4.2	524 540	0	E2		PP			0	

No. ONU ou ID	Nom et description	Classe	Code de classi-fication	Groupe d'embal-lage	Étiquettes	Disposit-ions spéciales	Quantités limitées et exceptées		Trans-port admis	Équipement exigé	Venti-lation	Mesures pendant le chargement/décharge ment/ transport	Nombre de cônes, feux bleus	Observations
							3.4	3.5.1.2						
3.1.2	3.1.2	2.2	2.2	2.1.1.3	5.2.2	3.3			3.2.1	8.1.5	7.1.6	7.1.6	7.1.5	3.2.1
(1)	(2)	(3a)	(3b)	(4)	(5)	(6)	(7a)	(7b)	(8)	(9)	(10)	(11)	(12)	(13)
2008	ZIRCONIUM EN POUDRE SEC	4.2	S4	III	4.2	524 540	0	E1		PP			0	
2009	ZIRCONIUM SEC, sous forme de feuilles, de bandes ou de fil	4.2	S4	III	4.2	524 592	0	E1		PP			0	
2010	HYDRURE DE MAGNÉSIUM	4.3	W2	I	4.3		0	E0		PP, EX, A	VE01	HA08	0	
2011	PHOSPHURE DE MAGNÉSIUM	4.3	WT2	I	4.3+6.1	802	0	E0		PP, EP, EX, TOX, A	VE01, VE02	HA08	2	
2012	PHOSPHURE DE POTASSIUM	4.3	WT2	I	4.3+6.1	802	0	E0		PP, EP, EX, TOX, A	VE01, VE02	HA08	2	
2013	PHOSPHURE DE STRONTIUM	4.3	WT2	I	4.3+6.1	802	0	E0		PP, EP, EX, TOX, A	VE01, VE02	HA08	2	
2014	PEROXYDE D'HYDROGÈNE EN SOLUTION AQUEUSE contenant au moins 20% mais au maximum 60% de peroxyde d'hydrogène (stabilisée selon les besoins)	5.1	OC1	II	5.1+8		1 L	E2	T	PP, EP			0	
2015	PEROXYDE D'HYDROGÈNE STABILISÉ ou PEROXYDE D'HYDROGÈNE EN SOLUTION AQUEUSE STABILISÉE contenant plus de 70% de peroxyde d'hydrogène	5.1	OC1	I	5.1+8	640N	0	E0		PP, EP			0	
2015	PEROXYDE D'HYDROGÈNE EN SOLUTION AQUEUSE STABILISÉE contenant plus de 60% de peroxyde d'hydrogène mais au maximum 70% de peroxyde d'hydrogène	5.1	OC1	I	5.1+8	640O	0	E0		PP, EP			0	
2016	MUNITIONS TOXIQUES NON EXPLOSIVES, sans charge de dispersion ni charge d'expulsion, non amorcées	6.1	T2		6.1	802	0	E0		PP, EP			2	
2017	MUNITIONS LACRYMOGÈNES NON EXPLOSIVES sans charge de dispersion ni charge d'expulsion, non amorcées	6.1	TC2		6.1+8	802	0	E0		PP, EP			2	
2018	CHLORANILINES SOLIDES	6.1	T2	II	6.1	802	500 g	E4		PP, EP			2	
2019	CHLORANILINES LIQUIDES	6.1	T1	II	6.1	802	100 ml	E4		PP, EP, TOX, A	VE02		2	
2020	CHLOROPHÉNOLS SOLIDES	6.1	T2	III	6.1	205 802	5 kg	E1		PP, EP			0	
2021	CHLOROPHÉNOLS LIQUIDES	6.1	T1	III	6.1	802	5 L	E1	T	PP, EP, TOX, A	VE02		0	
2022	ACIDE CRÉSYLIQUE	6.1	TC1	II	6.1+8	802	100 ml	E4	T	PP, EP, TOX, A	VE02		2	
2023	EPICHLORHYDRINE	6.1	TF1	II	6.1+3	279 802	100 ml	E4	T	PP, EP, EX, TOX, A	VE01, VE02		2	
2024	COMPOSÉ LIQUIDE DU MERCURE, N.S.A.	6.1	T4	I	6.1	43 274 802	0	E5		PP, EP, TOX, A	VE02		2	
2024	COMPOSÉ LIQUIDE DU MERCURE, N.S.A.	6.1	T4	II	6.1	43 274 802	100 ml	E4		PP, EP, TOX, A	VE02		2	

No. ONU ou ID	Nom et description	Classe	Code de classification	Groupe d'emballage	Étiquettes	Dispositions spéciales	Quantités limitées et exceptées		Transport admis	Équipement exigé	Ventilation	Mesures pendant le chargement/déchargement/transport	Nombre de cônes, feux bleus	Observations
							3.4	3.5.1.2	3.2.1	8.1.5	7.1.6	7.1.6	7.1.5	3.2.1
(1)	(2)	(3a)	(3b)	(4)	(5)	(6)	(7a)	(7b)	(8)	(9)	(10)	(11)	(12)	(13)
2024	COMPOSÉ LIQUIDE DU MERCURE, N.S.A.	6.1	T4	III	6.1	43 274 802	5 L	E1		PP, EP, TOX, A	VE02		0	
2025	COMPOSÉ SOLIDE DE MERCURE, N.S.A.	6.1	T5	I	6.1	43 66 274 529 802	0	E5		PP, EP			2	
2025	COMPOSÉ SOLIDE DE MERCURE, N.S.A.	6.1	T5	II	6.1	43 66 274 529 802	500 g	E4		PP, EP			2	
2025	COMPOSÉ SOLIDE DE MERCURE, N.S.A.	6.1	T5	III	6.1	43 66 274 529 802	5 kg	E1		PP, EP			0	
2026	COMPOSÉ PHÉNYLMERCURIQUE, N.S.A.	6.1	T3	I	6.1	43 274 802	0	E5		PP, EP, TOX, A	VE02		2	
2026	COMPOSÉ PHÉNYLMERCURIQUE, N.S.A.	6.1	T3	II	6.1	43 274 802	500 g	E4		PP, EP, TOX, A	VE02		2	
2026	COMPOSÉ PHÉNYLMERCURIQUE, N.S.A.	6.1	T3	III	6.1	43 274 802	5 kg	E1		PP, EP, TOX, A	VE02		0	
2027	ARSÉNITE DE SODIUM SOLIDE	6.1	T5	II	6.1	43 802	500 g	E4		PP, EP			2	
2028	BOMBES FUMIGÈNES NON EXPLOSIVES contenant un liquide corrosif, sans dispositif d'amorçage	8	C11	II	8		0	E0		PP, EP			0	
2029	HYDRAZINE ANHYDRE	8	CFT	I	8+3+6.1	802	0	E0		PP, EP, EX, TOX, A	VE01, VE02		2	
2030	HYDRAZINE EN SOLUTION AQUEUSE contenant plus de 37% (masse) d'hydrazine	8	CT1	I	8+6.1	530 802	0	E0		PP, EP, TOX, A	VE02		2	
2030	HYDRAZINE EN SOLUTION AQUEUSE contenant plus de 37% (masse) d'hydrazine	8	CT1	II	8+6.1	530 802	1 L	E0		PP, EP, TOX, A	VE02		2	
2030	HYDRAZINE EN SOLUTION AQUEUSE contenant plus de 37% (masse) d'hydrazine	8	CT1	III	8+6.1	530 802	5 L	E1		PP, EP, TOX, A	VE02		0	
2031	ACIDE NITRIQUE, à l'exclusion de l'acide nitrique fumant rouge, contenant plus de 70% d'acide nitrique	8	CO1	I	8+5.1		0	E0	T	PP, EP			0	
2031	ACIDE NITRIQUE, à l'exclusion de l'acide nitrique fumant rouge, contenant au moins 65%, mais au plus 70% d'acide nitrique	8	CO1	II	8+5.1		1 L	E2	T	PP, EP			0	

No. ONU ou ID (1)	Nom et description (2)	Classe (3a)	Code de classification (3b)	Groupe d'emballage (4)	Étiquettes (5)	Dispositions spéciales (6)	Quantités limitées et exceptées (7a)	Quantités limitées et exceptées (7b)	Transport admis (8)	Équipement exigé (9)	Ventilation (10)	Mesures pendant le chargement/déchargement/transport (11)	Nombre de cônes, feux bleus (12)	Observations (13)
		2.2	2.2	2.1.1.3	5.2.2	3.3	3.4	3.5.1.2	3.2.1	8.1.5	7.1.6	7.1.6	7.1.5	3.2.1
2031	ACIDE NITRIQUE, à l'exclusion de l'acide nitrique fumant rouge, contenant moins de 65% d'acide nitrique	8	C1	II	8		1 L	E2	T	PP,EP			0	
2032	ACIDE NITRIQUE FUMANT ROUGE	8	COT	I	8+5.1+6.1	802	0	E0	T	PP, EP, TOX, A	VE02		2	
2033	MONOXYDE DE POTASSIUM	8	C6	II	8		1 kg	E2		PP, EP			0	
2034	HYDROGÈNE ET MÉTHANE EN MÉLANGE COMPRIMÉ	2	1F		2.1		0	E0		PP, EX, A	VE01		1	
2035	TRIFLUORO-1,1,1 ÉTHANE (GAZ RÉFRIGÉRANT R 143a)	2	2F		2.1	662	0	E0		PP, EX, A	VE01		1	
2036	XÉNON	2	2A		2.2	378 392 662	120 ml	E1		PP			0	
2037	RÉCIPIENTS DE FAIBLE CAPACITÉ CONTENANT DU GAZ (CARTOUCHES À GAZ) sans dispositif de détente, non rechargeables	2	5A		2.2	191 303 327 344	1 L	E0		PP			0	
2037	RÉCIPIENTS DE FAIBLE CAPACITÉ CONTENANT DU GAZ (CARTOUCHES À GAZ) sans dispositif de détente, non rechargeables	2	5F		2.1	191 303 327 344	1 L	E0		PP, EX, A	VE01		1	
2037	RÉCIPIENTS DE FAIBLE CAPACITÉ CONTENANT DU GAZ (CARTOUCHES À GAZ) sans dispositif de détente, non rechargeables	2	5O		2.2+5.1	191 303 327 344	1 L	E0		PP			0	
2037	RÉCIPIENTS DE FAIBLE CAPACITÉ CONTENANT DU GAZ (CARTOUCHES À GAZ) sans dispositif de détente, non rechargeables	2	5T		2.3	303 327 344	120 ml	E0		PP, EP, TOX, A	VE02		2	
2037	RÉCIPIENTS DE FAIBLE CAPACITÉ CONTENANT DU GAZ (CARTOUCHES À GAZ) sans dispositif de détente, non rechargeables	2	5TC		2.3+8	303 327 344	120 ml	E0		PP, EP, TOX, A	VE02		2	
2037	RÉCIPIENTS DE FAIBLE CAPACITÉ CONTENANT DU GAZ (CARTOUCHES À GAZ) sans dispositif de détente, non rechargeables	2	5TF		2.3+2.1	303 327 344	120 ml	E0		PP, EP, EX, TOX, A	VE01, VE02		2	
2037	RÉCIPIENTS DE FAIBLE CAPACITÉ CONTENANT DU GAZ (CARTOUCHES À GAZ) sans dispositif de détente, non rechargeables	2	5TFC		2.3+2.1+8	303 327 344	120 ml	E0		PP, EP, EX, TOX, A	VE01, VE02		2	
2037	RÉCIPIENTS DE FAIBLE CAPACITÉ CONTENANT DU GAZ (CARTOUCHES À GAZ) sans dispositif de détente, non rechargeables	2	5TO		2.3+5.1	303 327 344	120 ml	E0		PP, EP, TOX, A	VE02		2	
2037	RÉCIPIENTS DE FAIBLE CAPACITÉ CONTENANT DU GAZ (CARTOUCHES À GAZ) sans dispositif de détente, non rechargeables	2	5TOC		2.3+5.1+8	303 327 344	120 ml	E0		PP, EP, TOX, A	VE02		2	
2038	DINITROTOLUÈNES LIQUIDES	6.1	T1	II	6.1	802	100 ml	E4		PP, EP, TOX, A	VE02		2	
2044	DIMÉTHYL-2,2 PROPANE	2	2F		2.1	662	0	E0		PP, EX, A	VE01		1	

No. ONU ou ID	Nom et description	Classe	Code de classification	Groupe d'emballage	Étiquettes	Dispositions spéciales	Quantités limitées et exceptées		Transport admis	Équipement exigé	Ventilation	Mesures pendant le chargement/déchargement/ transport	Nombre de cônes, feux bleus	Observations
							3.4	3.5.1.2						
	3.1.2	2.2	2.2	2.1.1.3	5.2.2	3.3	3.4	3.5.1.2	3.2.1	8.1.5	7.1.6	7.1.6	7.1.5	3.2.1
(1)	(2)	(3a)	(3b)	(4)	(5)	(6)	(7a)	(7b)	(8)	(9)	(10)	(11)	(12)	(13)
2045	ISOBUTYRALDÉHYDE (ALDÉHYDE ISOBUTYRIQUE)	3	F1	II	3		1 L	E2	T	PP, EX, A	VE01		1	
2046	CYMÈNES	3	F1	III	3		5 L	E1	T	PP, EX, A	VE01		0	
2047	DICHLOROPROPÈNES	3	F1	II	3		1 L	E2	T	PP, EX, A	VE01		1	
2047	DICHLOROPROPÈNES	3	F1	III	3		5 L	E1	T	PP, EX, A	VE01		0	
2048	DICYCLOPENTADIÈNE	3	F1	III	3		5 L	E1	T	PP, EX, A	VE01		0	
2049	DIÉTHYLBENZÈNE	3	F1	III	3		5 L	E1	T	PP, EX, A	VE01		0	
2050	COMPOSÉS ISOMÉRIQUES DU DIISOBUTYLÈNE	3	F1	II	3		1 L	E2	T	PP, EX, A	VE01		1	
2051	DIMÉTHYLAMINO-2 ÉTHANOL	8	CF1	II	8+3		1 L	E2	T	PP, EP, EX, A	VE01		1	
2052	DIPENTÈNE	3	F1	III	3		5 L	E1	T	PP, EX, A	VE01		0	
2053	ALCOOL MÉTHYLAMYLIQUE	3	F1	III	3		5 L	E1	T	PP, EX, A	VE01		0	
2054	MORPHOLINE	8	CF1	I	8+3		0	E0	T	PP, EP, EX, A	VE01		1	
2055	STYRÈNE MONOMÈRE STABILISÉ	3	F1	III	3	386 676	5 L	E1	T	PP, EX, A	VE01		0	
2056	TÉTRAHYDROFURANNE	3	F1	II	3		1 L	E2	T	PP, EX, A	VE01		1	
2057	TRIPROPYLÈNE	3	F1	II	3		1 L	E2	T	PP, EX, A	VE01		1	
2057	TRIPROPYLÈNE	3	F1	III	3		5 L	E1	T	PP, EX, A	VE01		0	
2058	VALÉRALDÉHYDE	3	F1	II	3		1 L	E2	T	PP, EX, A	VE01		1	
2059	NITROCELLULOSE EN SOLUTION INFLAMMABLE contenant au plus 12.6% (rapporté à la masse sèche) d'azote et 55% de nitrocellulose	3	D	I	3	198 531	0	E0		PP, EX, A	VE01		1	
2059	NITROCELLULOSE EN SOLUTION INFLAMMABLE contenant au plus 12.6% (rapporté à la masse sèche) d'azote et 55% de nitrocellulose (pression de vapeur à 50 °C supérieure à 110 kPa)	3	D	II	3	198 531 640C	1 L	E0		PP, EX, A	VE01		1	
2059	NITROCELLULOSE EN SOLUTION INFLAMMABLE contenant au plus 12.6% (rapporté à la masse sèche) d'azote et 55% de nitrocellulose (pression de vapeur à 50 °C inférieure ou égale à 110 kPa)	3	D	II	3	198 531 640D	1 L	E0		PP, EX, A	VE01		1	
2059	NITROCELLULOSE EN SOLUTION INFLAMMABLE contenant au plus 12.6% (rapporté à la masse sèche) d'azote et 55% de nitrocellulose	3	D	III	3	198 531	5 L	E0		PP, EX, A	VE01		0	
2067	ENGRAIS AU NITRATE D'AMMONIUM	5.1	O2	III	5.1	306 307	5 kg	E1	B	PP		CO02, ST01, LO04 HA09	0	CO02, LO04 et HA09 ne s'appliquent qu'en cas de transport de cette matière en vrac ou sans emballage

No. ONU ou ID (1)	Nom et description (2)	Classe (3a)	Code de classification (3b)	Groupe d'emballage (4)	Étiquettes (5)	Dispositions spéciales (6)	Quantités limitées 3.4 (7a)	Quantités exceptées 3.5.1.2 (7b)	Transport admis (8)	Équipement exigé (9)	Ventilation (10)	Mesures pendant le chargement/déchargement/ transport (11)	Nombre de cônes, feux bleus (12)	Observations (13)
2071	ENGRAIS AU NITRATE D'AMMONIUM	9	M11			193			B	PP		CO02, ST02 / HA09	0	Dangereux uniquement en vrac ou sans emballage. CO02, ST02 et HA09 ne s'appliquent qu'en cas de transport de cette matière en vrac ou sans emballage
2073	AMMONIAC EN SOLUTION AQUEUSE de densité relative inférieure à 0,880 à 15°C contenant plus de 35% mais au plus 50% d'ammoniac	2	4A		2.2	532	120 ml	E0		PP			0	
2074	ACRYLAMIDE, SOLIDE	6.1	T2	III	6.1	802	5 kg	E1		PP, EP			0	
2075	CHLORAL ANHYDRE STABILISÉ	6.1	T1	II	6.1	802	100 ml	E4		PP, EP, TOX, A	VE02		2	
2076	CRÉSOLS LIQUIDES	6.1	TC1	II	6.1+8	802	100 ml	E4		PP, EP, TOX, A	VE02		2	
2077	alpha-NAPHTYLAMINE	6.1	T2	III	6.1	802	5 kg	E1		PP, EP			0	
2078	DIISOCYANATE DE TOLUÈNE	6.1	T1	II	6.1	279, 802	100 ml	E4	T*	PP, EP, TOX, A	VE02		2	* uniquement pour DIISOCYANATE DE TOLUÈNE-2,4
2079	DIÉTHYLÈNETRIAMINE	8	C7	II	8		1 L	E2		T	PP, EP			0	
2186	CHLORURE D'HYDROGÈNE LIQUIDE RÉFRIGÉRÉ	2	3TC						TRANSPORT INTERDIT					
2187	DIOXYDE DE CARBONE LIQUIDE RÉFRIGÉRÉ	2	3A		2.2				T	PP				
2188	ARSINE	2	2TF		2.3+2.1		120 ml	E1	T	PP, EP, EX, TOX, A	VE01, VE02		0	
2189	DICHLOROSILANE	2	2TFC		2.3+2.1+8		0	E0		PP, EP, EX, TOX, A	VE01, VE02		2	
2190	DIFLUORURE D'OXYGÈNE COMPRIMÉ	2	1TOC		2.3+5.1+8		0	E0		PP, EP, TOX, A	VE02		2	
2191	FLUORURE DE SULFURYLE	2	2T		2.3		0	E0		PP, EP, TOX, A	VE02		2	
2192	GERMANE	2	2TF		2.3+2.1	632	0	E0		PP, EP, EX, TOX, A	VE01, VE02		2	
2193	HEXAFLUORÉTHANE (GAZ RÉFRIGÉRANT R116)	2	2A		2.2		120 ml	E1		PP			0	
2194	HEXAFLUORURE DE SÉLÉNIUM	2	2TC		2.3+8	662	0	E0		PP, EP, TOX, A	VE02		2	
2195	HEXAFLUORURE DE TELLURE	2	2TC		2.3+8		0	E0		PP, EP, TOX, A	VE02		2	
2196	HEXAFLUORURE DE TUNGSTÈNE	2	2TC		2.3+8		0	E0		PP, EP, TOX, A	VE02		2	
2197	IODURE D'HYDROGÈNE ANHYDRE	2	2TC		2.3+8		0	E0		PP, EP, TOX, A	VE02		2	

No. ONU ou ID (1) / 3.1.2	Nom et description (2) / 3.1.2	Classe 2.2 (3a)	Code de classification 2.2 (3b)	Groupe d'emballage 2.1.1.3 (4)	Étiquettes 5.2.2 (5)	Dispositions spéciales 3.3 (6)	Quantités limitées et exceptées 3.4 (7a)	Quantités limitées et exceptées 3.5.1.2 (7b)	Transport admis 3.2.1 (8)	Équipement exigé 8.1.5 (9)	Ventilation 7.1.6 (10)	Mesures pendant le chargement/déchargement/ transport 7.1.6 (11)	Nombre de cônes, feux bleus 7.1.5 (12)	Observations 3.2.1 (13)
2198	PENTAFLUORURE DE PHOSPHORE	2	2TC		2.3+8		0	E0		PP, EP, TOX, A	VE02		2	
2199	PHOSPHINE	2	2TF		2.3+2.1	632	0	E0		PP, EP, EX, TOX, A	VE01, VE02		2	
2200	PROPADIÈNE STABILISÉ	2	2F		2.1	386 662 676	0	E0		PP, EX, A	VE01		1	
2201	PROTOXYDE D'AZOTE LIQUIDE RÉFRIGÉRÉ	2	3O		2.2+5.1		0	E0		PP			0	
2202	SÉLÉNIURE D'HYDROGÈNE ANHYDRE	2	2TF		2.3+2.1		0	E0		PP, EP, EX, TOX, A	VE01, VE02		2	
2203	SILANE	2	2F		2.1	632 662	0	E0		PP, EX, A	VE01		1	
2204	SULFURE DE CARBONYLE	2	2TF		2.3+2.1		0	E0		PP, EP, EX, TOX, A	VE01, VE02		2	
2205	ADIPONITRILE	6.1	T1	III	6.1	802	5 L	E1	T	PP, EP, TOX, A	VE02		0	
2206	ISOCYANATES TOXIQUES, N.S.A. ou ISOCYANATE TOXIQUE EN SOLUTION, N.S.A.	6.1	T1	II	6.1	274 551 802	100 ml	E4	T	PP, EP, TOX, A	VE02		2	
2206	ISOCYANATES TOXIQUES, N.S.A. ou ISOCYANATE TOXIQUE EN SOLUTION, N.S.A.	6.1	T1	III	6.1	274 551 802	5 L	E1	T	PP, EP, TOX, A	VE02		0	
2208	HYPOCHLORITE DE CALCIUM EN MÉLANGE SEC, contenant plus de 10% mais 39% au maximum de chlore actif	5.1	O2	III	5.1	314	5 kg	E1		PP			0	
2209	FORMALDÉHYDE EN SOLUTION contenant au moins 25% de formaldéhyde	8	C9	III	8	533	5 L	E1	T	PP, EP			0	
2210	MANÈBE ou PRÉPARATIONS DE MANÈBE contenant au moins 60% de manèbe	4.2	SW	III	4.2+4.3	273	0	E1	B	PP, EX, A	VE01, VE03	IN01, IN03	0	VE03, IN01 et IN03 ne s'appliquent qu'en cas de transport de cette matière en vrac ou sans emballage
2211	POLYMÈRES EXPANSIBLES EN GRANULÉS dégageant des vapeurs inflammables	9	M3	III	none	382 633 675	5 kg	E1	B	PP, EP, EX, A	VE01, VE03	IN01	0	VE03 et IN01 ne s'appliquent qu'en cas de transport de cette matière en vrac ou sans emballage
2212	AMIANTE, AMPHIBOLE (amosite, trémolite, actinolite, anthophyllite, crocidolite)	9	M1	II	9	168 274 542 802	1 kg	E0		PP			0	
2213	PARAFORMALDÉHYDE	4.1	F1	III	4.1		5 kg	E1		PP			0	

No. ONU ou ID	Nom et description	Classe	Code de classi-fication	Groupe d'embal-lage	Étiquettes	Disposit-ions spéciales	Quantités limitées et exceptées		Trans-port admis	Équipement exigé	Venti-lation	Mesures pendant le chargement/déchargement/ transport	Nombre de cônes, feux bleus	Observations
	3.1.2	2.2	2.2	2.1.1.3	5.2.2	3.3	3.4	3.5.1.2	3.2.1	8.1.5	7.1.6	7.1.6	7.1.5	3.2.1
(1)	(2)	(3a)	(3b)	(4)	(5)	(6)	(7a)	(7b)	(8)	(9)	(10)	(11)	(12)	(13)
2214	ANHYDRIDE PHTALIQUE contenant plus de 0,05% d'anhydride maléique	8	C4	III	8	169	5 kg	E1		PP, EP			0	
2215	ANHYDRIDE MALÉIQUE FONDU	8	C3	III	8		0	E0	T	PP, EP			0	
2215	ANHYDRIDE MALÉIQUE	8	C4	III	8		5 kg	E1	B	PP, EP			0	
2216	FARINE DE POISSON STABILISÉE ou DÉCHETS DE POISSON STABILISÉS	9	M11						B	PP			0	
2217	TOURTEAUX contenant au plus 1,5% (masse) d'huile et ayant 11% (masse) d'humidité au maximum	4.2	S2	III	4.2	142 800	0	E0	B	PP		IN01	0	IN01 ne s'applique qu'en cas de transport de cette matière en vrac ou sans emballage
2218	ACIDE ACRYLIQUE STABILISÉ	8	CF1	II	8+3	386 676	1 L	E2	T	PP, EP, EX, A	VE01		1	
2219	ÉTHER ALLYLGLYCIDIQUE	3	F1	III	3		5 L	E1		PP, EX, A	VE01		0	
2222	ANISOLE	3	F1	III	3		5 L	E1		PP, EX, A	VE01		0	
2224	BENZONITRILE	6.1	T1	II	6.1	802	100 ml	E4		PP, EP, TOX, A	VE02		2	
2225	CHLORURE DE BENZÈNESULFONYLE	8	C3	III	8		5 L	E1		PP, EP			0	
2226	CHLORURE DE BENZYLIDYNE	8	C9	II	8		1 L	E2		PP, EP			0	
2227	MÉTHACRYLATE DE n-BUTYLE STABILISÉ	3	F1	III	3	386 676	5 L	E1	T	PP, EX, A	VE01		0	
2232	CHLORO-2 ÉTHANAL	6.1	T1	I	6.1	354 802	0	E0		PP, EP, TOX, A	VE02		2	
2233	CHLORANISIDINES	6.1	T2	III	6.1	802	5 kg	E1		PP, EP			0	
2234	FLUORURES DE CHLOROBENZYLIDYNE	3	F1	III	3		5 L	E1		PP, EX, A	VE01		0	
2235	CHLORURES DE CHLOROBENZYLE, LIQUIDES	6.1	T1	III	6.1	802	5 L	E1		PP, EP, TOX, A	VE02		0	
2236	ISOCYANATE DE CHLORO-3 MÉTHYL-4 PHÉNYLE, LIQUIDE	6.1	T1	II	6.1	802	100 ml	E4	T	PP, EP, TOX, A	VE02		2	
2237	CHLORONITRANILINES	6.1	T2	III	6.1	802	5 kg	E1		PP, EP			0	
2238	CHLOROTOLUÈNES	3	F1	III	3		5 L	E1	T	PP, EX, A	VE01		0	
2239	CHLOROTOLUIDINES SOLIDES	6.1	T2	III	6.1	802	5 kg	E1		PP, EP			0	
2240	ACIDE SULFOCHROMIQUE	8	C1	I	8		0	E0		PP, EP			0	
2241	CYCLOHEPTANE	3	F1	II	3		1 L	E2	T	PP, EX, A	VE01		1	
2242	CYCLOHEPTÈNE	3	F1	II	3		1 L	E2		PP, EX, A	VE01		1	
2243	ACÉTATE DE CYCLOHEXYLE	3	F1	III	3		5 L	E1		PP, EX, A	VE01		0	
2244	CYCLOPENTANOL	3	F1	III	3		5 L	E1		PP, EX, A	VE01		0	
2245	CYCLOPENTANONE	3	F1	III	3		5 L	E1		PP, EX, A	VE01		0	
2246	CYCLOPENTÈNE	3	F1	II	3		1 L	E2		PP, EX, A	VE01		0	
2247	n-DÉCANE	3	F1	III	3		5 L	E1	T	PP, EX, A	VE01		0	
2248	DI-n-BUTYLAMINE	8	CF1	II	8+3		1 L	E2		PP, EP, EX, A	VE01		1	
2249	ÉTHER DICHLORODIMÉTHYLIQUE SYMÉTRIQUE	6.1	TF1						TRANSPORT INTERDIT					
2250	ISOCYANATES DE DICHLOROPHÉNYLE	6.1	T2	II	6.1	802	500 g	E4		PP, EP			2	
2251	BICYCLO-[2.2.1] HEPTADIÈNE-2,5 STABILISÉ (NORBORNADIÈNE-2,5 STABILISÉ)	3	F1	II	3	386 676	1 L	E2		PP, EX, A	VE01		1	

No. ONU ou ID	Nom et description	Classe	Code de classification	Groupe d'emballage	Étiquettes	Dispositions spéciales	Quantités limitées et exceptées		Transport admis	Équipement exigé	Ventilation	Mesures pendant le chargement/déchargement/ transport	Nombre de cônes, feux bleus	Observations
		2.2	2.2	2.1.1.3	5.2.2	3.3	3.4	3.5.1.2	3.2.1	8.1.5	7.1.6	7.1.6	7.1.5	3.2.1
(1)	(2)	(3a)	(3b)	(4)	(5)	(6)	(7a)	(7b)	(8)	(9)	(10)	(11)	(12)	(13)
2252	DIMÉTHOXY-1,2 ÉTHANE	3	F1	II	3		1 L	E2		PP, EX, A	VE01		1	
2253	N,N-DIMÉTHYLANILINE	6.1	T1	II	6.1	802	100 ml	E4		PP, EP, TOX, A	VE02		2	
2254	ALLUMETTES-TISONS	4.1	F1	III	4.1	293	5 kg	E0		PP			0	
2256	CYCLOHEXÈNE	3	F1	II	3		1 L	E2		PP, EX, A	VE01		1	
2257	POTASSIUM	4.3	W2	I	4.3		0	E0		PP, EX, A	VE01	HA08	1	
2258	PROPYLÈNE-1,2 DIAMINE	8	CF1	II	8+3		1 L	E2		PP, EP, EX, A	VE01		1	
2259	TRIÉTHYLÈNETÉTRAMINE	8	C7	II	8		1 L	E2		PP, EP			0	
2260	TRIPROPYLAMINE	3	FC	III	3+8		5 L	E1	T	PP, EP, EX, A	VE01		0	
2261	XYLÉNOLS, SOLIDES	6.1	T2	II	6.1	802	500 g	E4		PP, EP			2	
2262	CHLORURE DE DIMÉTHYLCARBAMOYLE	8	C3	II	8		1 L	E2		PP, EP			0	
2263	DIMÉTHYLCYCLOHEXANES	3	F1	II	3		1 L	E2	T	PP, EX, A	VE01		1	
2264	N,N-DIMÉTHYLCYCLOHEXYLAMINE	8	CF1	II	8+3		1 L	E2	T	PP, EP, EX, A	VE01		1	
2265	N,N-DIMÉTHYLFORMAMIDE	3	F1	III	3		5 L	E1	T	PP, EX, A	VE01		0	
2266	N,N-DIMÉTHYLPROPYLAMINE	3	FC	II	3+8		1 L	E2		PP, EP, EX, A	VE01		1	
2267	CHLORURE DE DIMÉTHYLTHIOPHOSPHORYLE	6.1	TC1	II	6.1+8	802	100 ml	E4	T	PP, EP, TOX, A	VE02		2	
2269	IMINOBISPROPYLAMINE-3,3'	8	C7	III	8		5 L	E1		PP, EP	VE01		0	
2270	ÉTHYLAMINE EN SOLUTION AQUEUSE contenant au moins 50% mais au maximum 70% (masse) d'éthylamine	3	FC	II	3+8		1 L	E2		PP, EP, EX, A			1	
2271	ÉTHYLAMYLCÉTONE	3	F1	III	3		5 L	E1		PP, EX, A	VE01		0	
2272	N-ÉTHYLANILINE	6.1	T1	III	6.1	802	5 L	E1		PP, EP, TOX, A	VE02		0	
2273	ÉTHYL-2 ANILINE	6.1	T1	III	6.1	802	5 L	E1		PP, EP, TOX, A	VE02		0	
2274	N-ÉTHYL N-BENZYLANILINE	6.1	T1	III	6.1	802	5 L	E1		PP, EP, TOX, A	VE02		0	
2275	ÉTHYL-2 BUTANOL	3	F1	III	3		5 L	E1		PP, EX, A	VE01		0	
2276	ÉTHYL-2 HEXYLAMINE	3	FC	III	3+8		5 L	E1		PP, EP, EX, A	VE01		0	
2277	MÉTHACRYLATE D'ÉTHYLE STABILISÉ	3	F1	II	3	386 676	1 L	E2	T	PP, EX, A	VE01		1	
2278	n-HEPTÈNE	3	F1	II	3		1 L	E2	T	PP, EX, A	VE01		1	
2279	HEXACHLOROBUTADIÈNE	6.1	T1	III	6.1	802	5 L	E1		PP, EP, TOX, A	VE02		0	
2280	HEXAMÉTHYLÈNEDIAMINE SOLIDE	8	C8	III	8		5 kg	E1	T	PP, EP			0	
2281	DIISOCYANATE D'HEXAMÉTHYLÈNE	6.1	T1	II	6.1	802	100 ml	E4		PP, EP, TOX, A	VE02		2	
2282	HEXANOLS	3	F1	III	3		5 L	E1	T	PP, EX, A	VE01		0	
2283	MÉTHACRYLATE D'ISOBUTYLE STABILISÉ	3	F1	III	3	386 676	5 L	E1		PP, EX, A	VE01		0	
2284	ISOBUTYRONITRILE	3	FT1	II	3+6.1	802	1 L	E2	T	PP, EP, EX, TOX, A	VE01, VE02		2	
2285	FLUORURES D'ISOCYANATOBENZYLIDYNE	6.1	TF1	II	6.1+3	802	100 ml	E4		PP, EP, EX, TOX, A	VE01, VE02		2	
2286	PENTAMÉTHYLHEPTANE	3	F1	III	3		5 L	E1	T	PP, EX, A	VE01		0	

No. ONU ou ID	Nom et description	Classe	Code de classification	Groupe d'emballage	Étiquettes	Dispositions spéciales	Quantités limitées et exceptées		Transport admis	Équipement exigé	Ventilation	Mesures pendant le chargement/déchargement/transport	Nombre de cônes, feux bleus	Observations
							3.4	3.5.1.2	3.2.1	8.1.5	7.1.6	7.1.6	7.1.5	3.2.1
3.1.2	3.1.2	2.2	2.2	2.1.1.3	5.2.2	3.3								
(1)	(2)	(3a)	(3b)	(4)	(5)	(6)	(7a)	(7b)	(8)	(9)	(10)	(11)	(12)	(13)
2287	ISOHEPTÈNES	3	F1	II	3		1 L	E2		PP, EX, A	VE01		1	
2288	ISOHEXÈNES	3	F1	II	3		1 L	E2	T	PP, EX, A	VE01		1	
2289	ISOPHORONEDIAMINE	8	C7	III	8		5 L	E1	T	PP, EP			0	
2290	DIISOCYANATE DISOPHORONE	6.1	T1	III	6.1	802	5 L	E1		PP, EP, TOX, A	VE02		0	
2291	COMPOSÉ SOLUBLE DU PLOMB, N.S.A.	6.1	T5	III	6.1	199 274 535 802	5 kg	E1	B	PP, EP, A			0	
2293	METHOXY-4 MÉTHYL-4 PENTANONE-2	3	F1	III	3		5 L	E1		PP, EX, A	VE01		0	
2294	N-METHYLANILINE	6.1	T1	III	6.1	802	5 L	E1		PP, EP, TOX, A	VE02		0	
2295	CHLORACÉTATE DE MÉTHYLE	6.1	TF1	I	6.1+3	802	0	E0		PP, EP, EX, TOX, A	VE01, VE02		2	
2296	MÉTHYLCYCLOHEXANE	3	F1	II	3		1 L	E2		PP, EX, A	VE01		1	
2297	MÉTHYLCYCLOHEXANONE	3	F1	III	3		5 L	E1		PP, EX, A	VE01		0	
2298	MÉTHYLCYCLOPENTANE	3	F1	II	3		1 L	E2		PP, EX, A	VE01		1	
2299	DICHLORACÉTATE DE MÉTHYLE	6.1	T1	III	6.1	802	5 L	E1		PP, EP, TOX, A	VE02		0	
2300	MÉTHYL-2 ÉTHYL-5 PYRIDINE	6.1	T1	III	6.1	802	5 L	E1		PP, EP, TOX, A	VE02		0	
2301	MÉTHYL-2 FURANNE	3	F1	II	3		1 L	E2		PP, EX, A	VE01		1	
2302	MÉTHYL-5 HEXANONE-2	3	F1	III	3		5 L	E1	T	PP, EX, A	VE01		0	
2303	ISOPROPÉNYLBENZENE	3	F1	III	3		5 L	E1	T	PP, EX, A	VE01		0	
2304	NAPHTALÈNE FONDU	4.1	F2	III	4.1	536	0	E0		PP			0	
2305	ACIDE NITROBENZÈNESULFONIQUE	8	C4	II	8	802	1 kg	E2		PP, EP			0	
2306	FLUORURES DE NITROBENZYLIDYNE, LIQUIDES	6.1	T1	II	6.1	802	100 ml	E4		PP, EP, TOX, A	VE02		2	
2307	FLUORURE DE NITRO-3 CHLORO-4 BENZYLIDYNE	6.1	T1	II	6.1	802	100 ml	E4		PP, EP, TOX, A	VE02		2	
2308	HYDROGÉNOSULFATE DE NITROSYLE LIQUIDE	8	C1	II	8		1 L	E2		PP, EP	VE02		0	
2309	OCTADIÈNES	3	F1	II	3		1 L	E2	T	PP, EX, A	VE01		1	
2310	PENTANEDIONE-2,4	3	FT1	III	3+6.1	802	5 L	E1		PP, EP, EX, TOX, A	VE01, VE02		0	
2311	PHÉNÉTIDINES	6.1	T1	III	6.1	279 802	5 L	E1	T	PP, EP, TOX, A	VE02		0	
2312	PHÉNOL FONDU	6.1	T1	II	6.1	802	0	E0	T	PP, EP, TOX, A	VE02		2	
2313	PICOLINES	3	F1	III	3	305 802	5 L	E1		PP, EX, A	VE01		0	
2315	DIPHÉNYLES POLYCHLORÉS LIQUIDES	9	M2	II	9	305 802	1 L	E2		PP, EP			0	
2316	CUPROCYANURE DE SODIUM SOLIDE	6.1	T5	I	6.1	802	0	E5		PP, EP			2	
2317	CUPROCYANURE DE SODIUM EN SOLUTION	6.1	T4	I	6.1	802	0	E5		PP, EP			2	

No. ONU ou ID (1)	Nom et description 3.1.2 (2)	Classe 2.2 (3a)	Code de classification 2.2 (3b)	Groupe d'emballage 2.1.1.3 (4)	Étiquettes 5.2.2 (5)	Dispositions speciales 3.3 (6)	Quantités limitées et exceptées 3.4 (7a)	3.5.1.2 (7b)	Transport admis 3.2.1 (8)	Équipement exigé 8.1.5 (9)	Ventilation 7.1.6 (10)	Mesures pendant le chargement/déchargement/transport 7.1.6 (11)	Nombre de cônes, feux bleus 7.1.5 (12)	Observations 3.2.1 (13)
2318	HYDROGÉNOSULFURE DE SODIUM avec moins de 25% d'eau de cristallisation	4.2	S4	II	4.2	504	0	E2		PP			0	
2319	HYDROCARBURES TERPÉNIQUES, N.S.A.	3	F1	III	3		5 L	E1		PP, EP	VE01		0	
2320	TÉTRAÉTHYLÈNEPENTAMINE	8	C7	III	8		5 L	E1	T	PP, EP			0	
2321	TRICHLOROBENZÈNES LIQUIDES	6.1	T1	III	6.1	802	5 L	E1	T	PP, EP, TOX, A	VE02		0	
2322	TRICHLOROBUTENE	6.1	T1	II	6.1	802	100 ml	E4		PP, EP, TOX, A	VE02		2	
2323	PHOSPHITE DE TRIÉTHYLE	3	F1	III	3		5 L	E1	T	PP, EX, A	VE01		0	
2324	TRIISOBUTYLÈNE	3	F1	III	3		5 L	E1	T	PP, EX, A	VE01		0	
2325	TRIMÉTHYL-1,3,5 BENZÈNE	3	F1	III	3		5 L	E1	T	PP, EX, A	VE01		0	
2326	TRIMÉTHYLCYCLOHEXYLAMINE	8	C7	III	8		5 L	E1		PP, EP			0	
2327	TRIMÉTHYLHEXAMÉTHYLÈNEDIAMINES	8	C7	III	8		5 L	E1		PP, EP			0	
2328	DIISOCYANATE DE TRIMÉTHYLHEXAMÉTHYLÈNE	6.1	T1	III	6.1	802	5 L	E1		PP, EP, TOX, A	VE02		0	
2329	PHOSPHITE DE TRIMÉTHYLE	3	F1	III	3		5 L	E1		PP, EX, A	VE01		0	
2330	UNDÉCANE	3	F1	III	3		5 L	E1		PP, EX, A	VE01		0	
2331	CHLORURE DE ZINC ANHYDRE	8	C2	III	8		5 kg	E1		PP, EP			0	
2332	ACÉTALDOXIME	3	F1	III	3		5 L	E1		PP, EX, A	VE01		0	
2333	ACÉTATE D'ALLYLE	3	FT1	II	3+6.1	802	1 L	E2	T	PP, EP, EX, TOX, A	VE01, VE02		2	
2334	ALLYLAMINE	6.1	TF1	I	6.1+3	354 802	0	E0		PP, EP, EX, TOX, A	VE01, VE02		2	
2335	ÉTHER ALLYLÉTHYLIQUE	3	FT1	II	3+6.1	802	1 L	E2		PP, EP, EX, TOX, A	VE01, VE02		2	
2336	FORMIATE D'ALLYLE	3	FT1	I	3+6.1	802	0	E0		PP, EP, EX, TOX, A	VE01, VE02		2	
2337	MERCAPTAN PHÉNYLIQUE	6.1	TF1	I	6.1+3	354 802	0	E0		PP, EP, EX, TOX, A	VE01, VE02		2	
2338	FLUORURE DE BENZYLIDYNE	3	F1	II	3		1 L	E2		PP, EX, A	VE01		1	
2339	BROMO-2 BUTANE	3	F1	II	3		1 L	E2		PP, EX, A	VE01		1	
2340	ÉTHER BROMO-2 ÉTHYLÉTHYLIQUE	3	F1	II	3		1 L	E2		PP, EX, A	VE01		1	
2341	BROMO-1 MÉTHYL-3 BUTANE	3	F1	III	3		5 L	E1		PP, EX, A	VE01		0	
2342	BROMOMÉTHYLPROPANES	3	F1	II	3		1 L	E2		PP, EX, A	VE01		1	
2343	BROMO-2 PENTANE	3	F1	II	3		1 L	E2		PP, EX, A	VE01		1	
2344	BROMOPROPANES	3	F1	II	3		1 L	E2		PP, EX, A	VE01		1	
2344	BROMOPROPANES	3	F1	III	3		5 L	E1		PP, EX, A	VE01		0	
2345	BROMO-3 PROPYNE	3	F1	II	3		1 L	E2		PP, EX, A	VE01		1	
2346	BUTANEDIONE	3	F1	II	3		1 L	E2		PP, EX, A	VE01		1	
2347	MERCAPTAN BUTYLIQUE	3	F1	II	3		1 L	E2		PP, EX, A	VE01		0	
2348	ACRYLATES DE BUTYLE, STABILISÉS	3	F1	III	3	386 676	5 L	E1	T	PP, EX, A	VE01		1	
2350	ÉTHER BUTYLMÉTHYLIQUE	3	F1	II	3		1 L	E2	T	PP, EX, A	VE01		1	
2351	NITRITES DE BUTYLE	3	F1	II	3		1 L	E2		PP, EX, A	VE01		1	
2351	NITRITES DE BUTYLE	3	F1	III	3		5 L	E1		PP, EX, A	VE01		0	

No. ONU ou ID	Nom et description	Classe	Code de classification	Groupe d'emballage	Étiquettes	Dispositions spéciales	Quantités limitées et exceptées		Transport admis	Équipement exigé	Ventilation	Mesures pendant le chargement/déchargement/transport	Nombre de cônes, feux bleus	Observations
3.1.2	3.1.2	2.2	2.2	2.1.1.3	5.2.2	3.3	3.4	3.5.1.2	3.2.1	8.1.5	7.1.6	7.1.6	7.1.5	3.2.1
(1)	(2)	(3a)	(3b)	(4)	(5)	(6)	(7a)	(7b)	(8)	(9)	(10)	(11)	(12)	(13)
2352	ÉTHER BUTYL VINYLIQUE STABILISÉ	3	F1	II	3	386 676	1 L	E2		PP, EX, A	VE01		1	
2353	CHLORURE DE BUTYRYLE	3	FC	II	3+8		1 L	E2		PP, EP, EX, A	VE01		1	
2354	ÉTHER CHLOROMÉTHYLÉTHYLIQUE	3	FT1	II	3+6.1	802	1 L	E2		PP, EP, EX, TOX, A	VE01, VE02		2	
2356	CHLORO-2 PROPANE	3	F1	I	3		0	E3	T	PP, EX, A	VE01		1	
2357	CYCLOHEXYLAMINE	8	CF1	II	8+3		1 L	E2	T	PP, EP, EX, A	VE01		1	
2358	CYCLOOCTATÉTRAÈNE	3	F1	II	3		1 L	E2		PP, EX, A	VE01		1	
2359	DIALLYLAMINE	3	FTC	II	3+6.1+8	802	1 L	E2		PP, EP, EX, TOX, A	VE01, VE02		2	
2360	ÉTHER DIALLYLIQUE	3	FT1	II	3+6.1	802	1 L	E2		PP, EP, EX, TOX, A	VE01, VE02		2	
2361	DIISOBUTYLAMINE	3	FC	III	3+8		5 L	E1		PP, EP, EX, A	VE01		0	
2362	DICHLORO-1,1 ÉTHANE	3	F1	II	3		1 L	E2	T	PP, EX, A	VE01		1	
2363	MERCAPTAN ÉTHYLIQUE	3	F1	I	3		0	E0		PP, EX, A	VE01		1	
2364	n-PROPYLBENZÈNE	3	F1	III	3		5 L	E1		PP, EX, A	VE01		0	
2366	CARBONATE D'ÉTHYLE	3	F1	III	3		5 L	E1		PP, EX, A	VE01		0	
2367	alpha-MÉTHYLVALÉRALDÉHYDE	3	F1	II	3		1 L	E2		PP, EX, A	VE01		1	
2368	alpha-PINÈNE	3	F1	III	3		5 L	E1		PP, EX, A	VE01		0	
2370	HEXÈNE-1	3	F1	II	3		5 L	E2		PP, EX, A	VE01		1	
2371	ISOPENTÈNES	3	F1	I	3		0	E3	T	PP, EX, A	VE01		1	
2372	BIS (DIMÉTHYLAMINO)-1,2 ÉTHANE	3	F1	II	3		1 L	E2		PP, EX, A	VE01		1	
2373	DIÉTHOXYMÉTHANE	3	F1	II	3		1 L	E2		PP, EX, A	VE01		1	
2374	DIÉTHOXY-3,3 PROPÈNE	3	F1	II	3		1 L	E2		PP, EX, A	VE01		1	
2375	SULFURE D'ÉTHYLE	3	F1	II	3		1 L	E2		PP, EX, A	VE01		1	
2376	DIHYDRO-2,3 PYRANNE	3	F1	II	3		1 L	E2		PP, EX, A	VE01		1	
2377	DIMÉTHOXY-1,1 ÉTHANE	3	F1	II	3		1 L	E2		PP, EX, A	VE01		1	
2378	DIMÉTHYLAMINO-ACÉTONITRILE	3	FT1	II	3+6.1	802	1 L	E2		PP, EP, EX, TOX, A	VE01, VE02		2	
2379	DIMÉTHYL-1,3 BUTYLAMINE	3	FC	II	3+8		1 L	E2		PP, EP, EX, A	VE01		1	
2380	DIMÉTHYLDIÉTHOXYSILANE	3	F1	II	3		1 L	E2		PP, EX, A	VE01		1	
2381	DISULFURE DE DIMÉTHYLE	3	FT1	II	3+6.1	802	1 L	E0	T	PP, EP, EX, TOX, A	VE01, VE02		2	
2382	DIMÉTHYLHYDRAZINE SYMÉTRIQUE	6.1	TF1	I	6.1+3	354 802	0	E0	T	PP, EP, EX, TOX, A	VE01, VE02		2	
2383	DIPROPYLAMINE	3	FC	II	3+8		1 L	E2	T	PP, EP, EX, A	VE01		1	
2384	ÉTHER DI-n-PROPYLIQUE	3	F1	II	3		1 L	E2		PP, EX, A	VE01		1	
2385	ISOBUTYRATE D'ÉTHYLE	3	F1	II	3		1 L	E2		PP, EX, A	VE01		1	
2386	ÉTHYL-1 PIPÉRIDINE	3	FC	II	3+8		1 L	E2		PP, EP, EX, A	VE01		1	
2387	FLUOROBENZÈNE	3	F1	II	3		1 L	E2		PP, EX, A	VE01		1	
2388	FLUOROTOLUÈNES	3	F1	II	3		1 L	E2		PP, EX, A	VE01		1	
2389	FURANNE	3	F1	I	3		0	E3		PP, EX, A	VE01		1	
2390	IODO-2 BUTANE	3	F1	II	3		1 L	E2		PP, EX, A	VE01		1	
2391	IODOMÉTHYLPROPANES	3	F1	II	3		1 L	E2		PP, EX, A	VE01		1	
2392	IODOPROPANES	3	F1	III	3		5 L	E1		PP, EX, A	VE01		0	
2393	FORMIATE D'ISOBUTYLE	3	F1	II	3		1 L	E2		PP, EX, A	VE01		1	

No. ONU ou ID (1)	Nom et description (2)	Classe 2.2 (3a)	Code de classification 2.2 (3b)	Groupe d'emballage 2.1.1.3 (4)	Étiquettes 5.2.2 (5)	Dispositions spéciales 3.3 (6)	Quantités limitées 3.4 (7a)	Quantités exceptées 3.5.1.2 (7b)	Transport admis 3.2.1 (8)	Équipement exigé 8.1.5 (9)	Ventilation 7.1.6 (10)	Mesures pendant le chargement/déchargement/transport 7.1.6 (11)	Nombre de cônes, feux bleus 7.1.5 (12)	Observations 3.2.1 (13)
2394	PROPIONATE D'ISOBUTYLE	3	F1	III	3		5 L	E1		PP, EX, A	VE01		0	
2395	CHLORURE D'ISOBUTYRYLE	3	FC	II	3+8		1 L	E2		PP, EP, EX, A	VE01		1	
2396	MÉTHYLACROLÉINE STABILISÉE	3	FT1	II	3+6.1	386 676 802	1 L	E2		PP, EP, EX, TOX, A	VE01, VE02		2	
2397	MÉTHYL-3 BUTANONE-2	3	F1	II	3		1 L	E2	T	PP, EX, A	VE01		1	
2398	ÉTHER MÉTHYL tert-BUTYLIQUE	3	F1	II	3		1 L	E2	T	PP, EX, A	VE01		1	
2399	MÉTHYL-1 PIPÉRIDINE	3	FC	II	3+8		1 L	E2		PP, EP, EX, A	VE01		1	
2400	ISOVALÉRATE DE MÉTHYLE	3	F1	II	3		1 L	E2		PP, EX, A	VE01		1	
2401	PIPÉRIDINE	8	CF1	I	8+3		0	E0		PP, EP, EX, A	VE01		1	
2402	PROPANETHIOLS	3	F1	II	3		1 L	E2		PP, EX, A	VE01		1	
2403	ACÉTATE D'ISOPROPÉNYLE	3	F1	II	3		1 L	E2		PP, EX, A	VE01		1	
2404	PROPIONITRILE	3	FT1	II	3+6.1	802	1 L	E0	T	PP, EP, EX, TOX, A	VE01, VE02		2	
2405	BUTYRATE D'ISOPROPYLE	3	F1	III	3		5 L	E1		PP, EX, A	VE01		0	
2406	ISOBUTYRATE D'ISOPROPYLE	3	F1	II	3		1 L	E2		PP, EX, A	VE01		2	
2407	CHLOROFORMIATE D'ISOPROPYLE	6.1	TFC	I	6.1+3+8	354 802	0	E0		PP, EP, EX, TOX, A	VE01, VE02		2	
2409	PROPIONATE D'ISOPROPYLE	3	F1	II	3		1 L	E2		PP, EX, A	VE01		1	
2410	TÉTRAHYDRO-1,2,3,6 PYRIDINE	3	F1	II	3		1 L	E2		PP, EX, A	VE01		1	
2411	BUTYRONITRILE	3	FT1	II	3+6.1	802	1 L	E2		PP, EP, EX, TOX, A	VE01, VE02		2	
2412	TÉTRAHYDROTHIOPHÈNE	3	F1	II	3		1 L	E2		PP, EX, A	VE01		1	
2413	ORTHOTITANATE DE PROPYLE	3	F1	III	3		5 L	E1		PP, EX, A	VE01		0	
2414	THIOPHÈNE	3	F1	II	3		1 L	E2	T	PP, EX, A	VE01		1	
2416	BORATE DE TRIMÉTHYLE	3	F1	II	3		1 L	E2		PP, EX, A	VE01		1	
2417	FLUORURE DE CARBONYLE	2	2TC		2.3+8		0	E0		PP, EP, TOX, A	VE02		2	
2418	TÉTRAFLUORURE DE SOUFRE	2	2TC		2.3+8		0	E0		PP, EP, TOX, A	VE02		2	
2419	BROMOTRIFLUORÉTHYLÈNE	2	2F		2.1	662	0	E0		PP, EX, A	VE01		1	
2420	HEXAFLUORACÉTONE	2	2TC		2.3+8		0	E0		PP, EP, TOX, A	VE02		2	
2421	TRIOXYDE D'AZOTE	2	2TOC							TRANSPORT INTERDIT				
2422	OCTAFLUOROBUTÈNE-2 (GAZ RÉFRIGÉRANT R 1318)	2	2A		2.2	662	120 ml	E1		PP			0	
2424	OCTAFLUOROPROPANE (GAZ RÉFRIGÉRANT R 218)	2	2A		2.2	662	120 ml	E1		PP			0	
2426	NITRATE D'AMMONIUM LIQUIDE, solution chaude concentrée	5.1	O1		5.1	252 644	0	E0		PP			0	
2427	CHLORATE DE POTASSIUM EN SOLUTION AQUEUSE	5.1	O1	II	5.1		1 L	E2		PP			0	
2427	CHLORATE DE POTASSIUM EN SOLUTION AQUEUSE	5.1	O1	III	5.1		5 L	E1		PP			0	
2428	CHLORATE DE SODIUM EN SOLUTION AQUEUSE	5.1	O1	II	5.1		1 L	E2		PP			0	

No. ONU ou ID	Nom et description	Classe	Code de classification	Groupe d'emballage	Étiquettes	Dispositions spéciales	Quantités limitées et exceptées		Transport admis	Équipement exigé	Ventilation	Mesures pendant le chargement/déchargement/transport	Nombre de cônes, feux bleus	Observations
							3.4	3.5.1.2						
3.1.2	3.1.2	2.2	2.2	2.1.1.3	5.2.2	3.3	3.4	3.5.1.2	3.2.1	8.1.5	7.1.6	7.1.6	7.1.5	3.2.1
(1)	(2)	(3a)	(3b)	(4)	(5)	(6)	(7a)	(7b)	(8)	(9)	(10)	(11)	(12)	(13)
2428	CHLORATE DE SODIUM EN SOLUTION AQUEUSE	5.1	O1	III	5.1		5 L	E1		PP			0	
2429	CHLORATE DE CALCIUM EN SOLUTION AQUEUSE	5.1	O1	II	5.1		1 L	E2		PP			0	
2429	CHLORATE DE CALCIUM EN SOLUTION AQUEUSE	5.1	O1	III	5.1		5 L	E1		PP			0	
2430	ALKYLPHÉNOLS SOLIDES, N.S.A. (y compris les homologues C2 à C12)	8	C4	I	8		0	E0		PP, EP			0	
2430	ALKYLPHÉNOLS SOLIDES, N.S.A. (y compris les homologues C2 à C12)	8	C4	II	8		1 kg	E2	T	PP, EP			0	
2430	ALKYLPHÉNOLS SOLIDES, N.S.A. (y compris les homologues C2 à C12)	8	C4	III	8		5 kg	E1		PP, EP			0	
2431	ANISIDINES	6.1	T1	III	6.1	802	5 L	E1		PP, EP, TOX, A	VE02		0	
2432	N,N-DIÉTHYLANILINE	6.1	T1	III	6.1	279 802	5 L	E1	T	PP, EP, TOX, A	VE02		0	
2433	CHLORONITROTOLUÈNES LIQUIDES	6.1	T1	III	6.1	802	5 L	E1		PP, EP, TOX, A	VE02		0	
2434	DIBENZYLDICHLOROSILANE	8	C3	II	8		0	E0		PP, EP			0	
2435	ÉTHYLPHÉNYLDICHLOROSILANE	8	C3	II	8		0	E0		PP, EP			0	
2436	ACIDE THIOACÉTIQUE	3	F1	II	3		1 L	E2		PP, EX, A	VE01		1	
2437	MÉTHYLPHÉNYLDICHLOROSILANE	8	C3	II	8		0	E0		PP, EP			0	
2438	CHLORURE DE TRIMÉTHYLACÉTYLE	6.1	TFC	I	6.1+3+8	802	0	E0		PP, EP, EX, TOX, A	VE01, VE02		2	
2439	HYDROGÉNODIFLUORURE DE SODIUM	8	C2	II	8		1 kg	E2		PP, EP			0	
2440	CHLORURE D'ÉTAIN IV PENTAHYDRATÉ	8	C2	III	8		5 kg	E1		PP, EP			0	
2441	TRICHLORURE DE TITANE PYROPHORIQUE ou TRICHLORURE DE TITANE EN MÉLANGE PYROPHORIQUE	4.2	SC4	I	4.2+8	537	0	E0		PP, EP	VE02		0	
2442	CHLORURE DE TRICHLORACÉTYLE	8	C3	II	8		0	E0		PP, EP			0	
2443	OXYTRICHLORURE DE VANADIUM	8	C1	II	8		1 L	E0		PP, EP			0	
2444	TÉTRACHLORURE DE VANADIUM	8	C1	I	8		0	E0		PP, EP			0	
2446	NITROCRÉSOLS, SOLIDES	6.1	T2	III	6.1	802	5 kg	E1		PP, EP, TOX, A	VE02		0	
2447	PHOSPHORE BLANC FONDU	4.2	ST3	I	4.2+6.1	802	0	E0		PP, EP, TOX, A			2	
2448	SOUFRE FONDU	4.1	F3	III	4.1	538	0	E0	T	PP			0	
2451	TRIFLUORURE D'AZOTE	2	2O		2.2+5.1	662	0	E0		PP			0	
2452	ÉTHYLACÉTYLÈNE STABILISÉ	2	2F		2.1	386 662 676	0	E0		PP, EX, A	VE01		1	
2453	FLUORURE D'ÉTHYLE (GAZ RÉFRIGÉRANT R 161)	2	2F		2.1	662	0	E0		PP, EX, A	VE01		1	
2454	FLUORURE DE MÉTHYLE (GAZ RÉFRIGÉRANT R 41)	2	2F		2.1	662	0	E0		PP, EX, A	VE01		1	
2455	NITRITE DE MÉTHYLE	2	2A						TRANSPORT INTERDIT					
2456	CHLORO-2 PROPÈNE	3	F1	I	3		0	E3		PP, EX, A	VE01		1	
2457	DIMÉTHYL-2,3 BUTANE	3	F1	II	3		1 L	E2		PP, EX, A	VE01		1	

No. ONU ou ID	Nom et description	Classe	Code de classification	Groupe d'emballage	Étiquettes	Dispositions spéciales	Quantités limitées et exceptées		Transport admis	Équipement exigé	Ventilation	Mesures pendant le chargement/déchargement/ transport	Nombre de cônes, feux bleus	Observations
	3.1.2	2.2	2.2	2.1.1.3	5.2.2	3.3	3.4	3.5.1.2	3.2.1	8.1.5	7.1.6	7.1.6	7.1.5	3.2.1
(1)	(2)	(3a)	(3b)	(4)	(5)	(6)	(7a)	(7b)	(8)	(9)	(10)	(11)	(12)	(13)
2458	HEXADIÈNES	3	F1	II	3		1 L	E2	T	PP, EX, A	VE01		1	
2459	MÉTHYL-2 BUTÈNE-1	3	F1	I	3		0	E3		PP, EX, A	VE01		1	
2460	MÉTHYL-2 BUTÈNE-2	3	F1	II	3		1 L	E2		PP, EX, A	VE01		1	
2461	MÉTHYLPENTADIÈNES	3	F1	II	3		1 L	E2		PP, EX, A	VE01		1	
2463	HYDRURE D'ALUMINIUM	4.3	W2	I	4.3		0	E0		PP, EX, A	VE01	HA08	0	
2464	NITRATE DE BÉRYLLIUM	5.1	OT2	II	5.1+6.1	802	1 kg	E2		PP, EP			2	
2465	ACIDE DICHLOROISOCYANURIQUE SEC ou SELS DE L'ACIDE DICHLOROISOCYANURIQUE	5.1	O2	II	5.1	135	1 kg	E2		PP			0	
2466	SUPEROXYDE DE POTASSIUM	5.1	O2	I	5.1		0	E0		PP			0	
2468	ACIDE TRICHLOROISOCYANURIQUE SEC	5.1	O2	II	5.1		1 kg	E2		PP			0	
2469	BROMATE DE ZINC	5.1	O2	III	5.1		5 kg	E1		PP			0	
2470	PHÉNYLACÉTONITRILE LIQUIDE	6.1	T1	III	6.1	802	5 L	E1		PP, EP, TOX, A	VE02		0	
2471	TÉTROXYDE D'OSMIUM	6.1	T5	I	6.1	802	0	E5		PP, EP			2	
2473	ARSANILATE DE SODIUM	6.1	T3	III	6.1	802	5 kg	E1		PP, EP, TOX, A	VE02		0	
2474	THIOPHOSGÈNE	6.1	T1	I	6.1	279 354 802	0	E0		PP, EP, TOX, A	VE02		2	
2475	TRICHLORURE DE VANADIUM	8	C2	III	8		5 kg	E1		PP, EP			0	
2477	ISOTHIOCYANATE DE MÉTHYLE	6.1	TF1	I	6.1+3	354 802	0	E0	T	PP, EP, EX, TOX, A	VE01, VE02		2	
2478	ISOCYANATES INFLAMMABLES, TOXIQUES, N.S.A. ou ISOCYANATE EN SOLUTION, INFLAMMABLE, TOXIQUE, N.S.A.	3	FT1	II	3+6.1	274 539 802	1 L	E2		PP, EP, EX, TOX, A	VE01, VE02		2	
2478	ISOCYANATES INFLAMMABLES, TOXIQUES, N.S.A. ou ISOCYANATES EN SOLUTION, INFLAMMABLE, TOXIQUE, N.S.A.	3	FT1	III	3+6.1	274 802	5 L	E1		PP, EP, EX, TOX, A	VE01, VE02		0	
2480	ISOCYANATE DE MÉTHYLE	6.1	TF1	I	6.1+3	354 802	0	E0		PP, EP, EX, TOX, A	VE01, VE02		2	
2481	ISOCYANATE D'ÉTHYLE	6.1	TF1	I	6.1+3	354 802	0	E0		PP, EP, EX, TOX, A	VE01, VE02		2	
2482	ISOCYANATE DE n-PROPYLE	6.1	TF1	I	6.1+3	354 802	0	E0		PP, EP, EX, TOX, A	VE01, VE02		2	
2483	ISOCYANATE D'ISOPROPYLE	6.1	TF1	I	6.1+3	354 802	0	E0		PP, EP, EX, TOX, A	VE01, VE02		2	
2484	ISOCYANATE DE tert-BUTYLE	6.1	TF1	I	6.1+3	354 802	0	E0		PP, EP, EX, TOX, A	VE01, VE02		2	
2485	ISOCYANATE DE n-BUTYLE	6.1	TF1	I	6.1+3	354 802	0	E0	T	PP, EP, EX, TOX, A	VE01, VE02		2	
2486	ISOCYANATE D'ISOBUTYLE	6.1	TF1	I	6.1+3	354 802	0	E0	T	PP, EP, EX, TOX, A	VE01, VE02		2	
2487	ISOCYANATE DE PHÉNYLE	6.1	TF1	I	6.1+3	354 802	0	E0	T	PP, EP, EX, TOX, A	VE01, VE02		2	
2488	ISOCYANATE DE CYCLOHEXYLE	6.1	TF1	I	6.1+3	354 802	0	E0		PP, EP, EX, TOX, A	VE01, VE02		2	

No. ONU ou ID	Nom et description	Classe	Code de classification	Groupe d'emballage	Étiquettes	Dispositions spéciales	Quantités limitées et exceptées		Transport admis	Équipement exigé	Ventilation	Mesures pendant le chargement/déchargement/ transport	Nombre de cônes, feux bleus	Observations
3.1.2	3.1.2	2.2	2.2	2.1.1.3	5.2.2	3.3	3.4	3.5.1.2	3.2.1	8.1.5	7.1.6	7.1.6	7.1.5	3.2.1
(1)	(2)	(3a)	(3b)	(4)	(5)	(6)	(7a)	(7b)	(8)	(9)	(10)	(11)	(12)	(13)
2490	ÉTHER DICHLOROISOPROPYLIQUE	6.1	T1	II	6.1	802	100 ml	E4	T	PP, EP, TOX, A	VE02		2	
2491	ÉTHANOLAMINE ou ÉTHANOLAMINE EN SOLUTION	8	C7	III	8		5 L	E1		PP, EP			0	
2493	HEXAMÉTHYLÈNEIMINE	3	FC	II	3+8		1 L	E2	T	PP, EP, EX, A	VE01		1	
2495	PENTAFLUORURE D'IODE	5.1	OTC	I	5.1+6.1+8	802	0	E0		PP, EP, TOX, A	VE02		2	
2496	ANHYDRIDE PROPIONIQUE	8	C3	III	8		5 L	E1	T	PP, EP			0	
2498	TÉTRAHYDRO-1,2,3,6 BENZALDÉHYDE	3	F1	III	3		5 L	E1		PP, EX, A	VE01		0	
2501	OXYDE DE TRIS (AZIRIDINYL-1) PHOSPHINE EN SOLUTION	6.1	T1	II	6.1	802	100 ml	E4		PP, EP, TOX, A	VE02		2	
2501	OXYDE DE TRIS (AZIRIDINYL-1) PHOSPHINE EN SOLUTION	6.1	T1	III	6.1	802	5 L	E1		PP, EP, TOX, A	VE02		0	
2502	CHLORURE DE VALÉRYLE	8	CF1	II	8+3		1 L	E2		PP, EP, EX, A	VE01		1	
2503	TÉTRACHLORURE DE ZIRCONIUM	8	C2	III	8		5 kg	E1		PP, EP			0	
2504	TÉTRABROMÉTHANE	6.1	T1	III	6.1	802	5 L	E1		PP, EP, TOX, A	VE02		0	
2505	FLUORURE D'AMMONIUM	6.1	T5	III	6.1	802	5 kg	E1	B	PP, EP			0	
2506	HYDROGÉNOSULFATE D'AMMONIUM	8	C2	II	8		1 kg	E2	B	PP, EP		CO03	0	CO03 ne s'applique qu'en cas de transport de cette matière en vrac ou sans emballage
2507	ACIDE CHLOROPLATINIQUE SOLIDE	8	C2	III	8		5 kg	E1		PP, EP			0	
2508	PENTACHLORURE DE MOLYBDÈNE	8	C2	III	8		5 kg	E1		PP, EP			0	
2509	HYDROGÉNOSULFATE DE POTASSIUM	8	C2	II	8		1 kg	E2	B	PP, EP		CO03	0	CO03 ne s'applique qu'en cas de transport de cette matière en vrac ou sans emballage
2511	ACIDE CHLORO-2 PROPIONIQUE	8	C3	III	8		5 L	E1		PP, EP			0	
2512	AMINOPHÉNOLS (o-, m-, p-)	6.1	T2	III	6.1	279 802	5 kg	E1		PP, EP			0	
2513	BROMURE DE BROMACÉTYLE	8	C3	II	8		1 L	E2		PP, EP			0	
2514	BROMOBENZÈNE	3	F1	III	3		5 L	E1		PP, EX, A	VE01		0	
2515	BROMOFORME	6.1	T1	III	6.1	802	5 L	E1	T	PP, EP, TOX, A	VE02		0	
2516	TÉTRABROMURE DE CARBONE	6.1	T2	III	6.1	802	5 kg	E1		PP, EP			0	
2517	CHLORO-1 DIFLUORO-1,1 ÉTHANE (GAZ RÉFRIGÉRANT R 142b)	2	2F		2.1	662	0	E0		PP, EP			1	
2518	CYCLODODÉCATRIÈNE-1,5,9	6.1	T1	III	6.1	802	5 L	E1		PP, EP, TOX, A	VE02		0	
2520	CYCLOOCTADIÈNES	3	F1	III	3		5 L	E1		PP, EX, A	VE01		0	

No. ONU ou ID	Nom et description	Classe	Code de classification	Groupe d'emballage	Étiquettes	Dispositions spéciales	Quantités limitées et exceptées		Transport admis	Équipement exigé	Ventilation	Mesures pendant le chargement/déchargement/transport	Nombre de cônes, feux bleus	Observations
		2.2	2.2	2.1.1.3	5.2.2	3.3	3.4	3.5.1.2	3.2.1	8.1.5	7.1.6	7.1.6	7.1.5	3.2.1
(1)	(2)	(3a)	(3b)	(4)	(5)	(6)	(7a)	(7b)	(8)	(9)	(10)	(11)	(12)	(13)
2521	DICÉTÈNE STABILISÉ	6.1	TF1	I	6.1+3	354 386 676 802	0	E0		PP, EP, EX, TOX, A	VE01, VE02		2	
2522	MÉTHACRYLATE DE 2-DIMÉTHYLAMINOÉTHYLE STABILISÉ	6.1	T1	II	6.1	386 676 802	100 ml	E4		PP, EP, TOX, A	VE02		2	
2524	ORTHOFORMIATE D'ÉTHYLE	3	F1	III	3		5 L	E1		PP, EX, A	VE01		0	
2525	OXALATE D'ÉTHYLE	6.1	T1	III	6.1	802	5 L	E1		PP, EP, TOX, A	VE02		0	
2526	FURFURYLAMINE	3	FC	III	3+8		5 L	E1		PP, EP, EX, A	VE01		0	
2527	ACRYLATE D'ISOBUTYLE STABILISÉ	3	F1	III	3	386 676	5 L	E1	T	PP, EX, A	VE01		0	
2528	ISOBUTYRATE D'ISOBUTYLE	3	F1	III	3		5 L	E1	T	PP, EX, A	VE01		0	
2529	ACIDE ISOBUTYRIQUE	3	FC	III	3+8		5 L	E1		PP, EP, EX, A	VE01		0	
2531	ACIDE MÉTHACRYLIQUE STABILISÉ	8	C3	II	8	386 676	1 L	E2	T	PP, EP			0	
2533	TRICHLORACÉTATE DE MÉTHYLE	6.1	T1	III	6.1	802	5 L	E1		PP, EP, TOX, A	VE02		0	
2534	MÉTHYLCHLOROSILANE	2	2TFC		2.3+2.1+8		0	E0		PP, EP, EX, TOX, A	VE01, VE02		2	
2535	4-MÉTHYLMORPHOLINE (N-MÉTHYL-MORPHOLINE)	3	FC	II	3+8		1 L	E2		PP, EP, EX, A	VE01		1	
2536	MÉTHYLTÉTRAHYDROFURANNE	3	F1	II	3		1 L	E2		PP, EX, A	VE01		1	
2538	NITRONAPHTALÈNE	4.1	F1	III	4.1		5 kg	E1		PP			0	
2541	TERPINOLÈNE	3	F1	III	3		5 L	E1		PP, EX, A	VE01		0	
2542	TRIBUTYLAMINE	6.1	T1	II	6.1	802	100 ml	E4		PP, EP, TOX, A	VE02		2	
2545	HAFNIUM EN POUDRE SEC	4.2	S4	I	4.2	540	0	E0		PP			0	
2545	HAFNIUM EN POUDRE SEC	4.2	S4	II	4.2	540	0	E2		PP			0	
2545	HAFNIUM EN POUDRE SEC	4.2	S4	III	4.2	540	0	E1		PP			0	
2546	TITANE EN POUDRE SEC	4.2	S4	I	4.2	540	0	E0		PP			0	
2546	TITANE EN POUDRE SEC	4.2	S4	II	4.2	540	0	E2		PP			0	
2546	TITANE EN POUDRE SEC	4.2	S4	III	4.2	540	0	E1		PP			0	
2547	SUPEROXYDE DE SODIUM	5.1	O2	I	5.1		0	E0		PP			0	
2548	PENTAFLUORURE DE CHLORE	2	2TOC		2.3+5.1+8		0	E0		PP, EP, TOX, A	VE02		2	
2552	HYDRATE D'HEXAFLUORACÉTONE, LIQUIDE	6.1	T1	II	6.1	802	100 ml	E4		PP, EP, TOX, A	VE02		2	
2554	CHLORURE DE MÉTHYLALLYLE	3	F1	II	3		1 L	E2		PP, EX, A	VE01		1	
2555	NITROCELLULOSE AVEC au moins 25% (masse) d'EAU	4.1	D	II	4.1	394 541	0	E0		PP			0	
2556	NITROCELLULOSE AVEC au moins 25% (masse) d'ALCOOL et une teneur en azote ne dépassant pas 12,6% (rapportée à la masse sèche)	4.1	D	II	4.1	394 541	0	E0		PP			0	

No. ONU ou ID	Nom et description	Classe	Code de classification	Groupe d'emballage	Étiquettes	Dispositions spéciales	Quantités limitées et exceptées		Transport admis	Équipement exigé	Ventilation	Mesures pendant le chargement/déchargement/transport	Nombre de cônes, feux bleus	Observations
	3.1.2	2.2	2.2	2.1.1.3	5.2.2	3.3	3.4	3.5.1.2	3.2.1	8.1.5	7.1.6	7.1.6	7.1.5	3.2.1
(1)	(2)	(3a)	(3b)	(4)	(5)	(6)	(7a)	(7b)	(8)	(9)	(10)	(11)	(12)	(13)
2557	NITROCELLULOSE EN MÉLANGE d'une teneur ne dépassant pas 12,6% (rapportée à la masse sèche) AVEC ou SANS PLASTIFIANT, AVEC ou SANS PIGMENT	4.1	D	II	4.1	241 394 541	0	E0		PP			0	
2558	ÉPIBROMHYDRINE	6.1	TF1	I	6.1+3	802	0	E0		PP, EP, EX, TOX, A	VE01, VE02		2	
2560	MÉTHYL-2 PENTANOL-2	3	F1	III	3		5 L	E1		PP, EX, A	VE01		0	
2561	MÉTHYL-3 BUTÈNE-1	3	F1	I	3		0	E3		PP, EX, A	VE01		1	
2564	ACIDE TRICHLORACÉTIQUE EN SOLUTION	8	C3	II	8		1 L	E2	T	PP, EP			0	
2564	ACIDE TRICHLORACÉTIQUE EN SOLUTION –	8	C3	III	8		5 L	E1	T	PP, EP			0	
2565	DICYCLOHEXYLAMINE	8	C7	III	8		5 L	E1		PP, EP			0	
2567	PENTACHLOROPHÉNATE DE SODIUM	6.1	T2	II	6.1	802	500 g	E4		PP, EP			2	
2570	COMPOSÉ DU CADMIUM	6.1	T5	I	6.1	274 596 802	0	E5		PP, EP			2	
2570	COMPOSÉ DU CADMIUM	6.1	T5	II	6.1	274 596 802	500 g	E4		PP, EP			2	
2570	COMPOSÉ DU CADMIUM	6.1	T5	III	6.1	274 596 802	5 kg	E1		PP, EP			0	
2571	ACIDES ALKYLSULFURIQUES	8	C3	II	8		1 L	E2		PP, EP			0	
2572	PHÉNYLHYDRAZINE	6.1	T1	II	6.1	802	100 ml	E4		PP, EP, TOX, A	VE02		2	
2573	CHLORATE DE THALLIUM	5.1	OT2	II	5.1+6.1	802	1 kg	E2		PP, EP			2	
2574	PHOSPHATE DE TRICRÉSYLE avec plus de 3% d'isomère ortho	6.1	T1	II	6.1	802	100 ml	E4	T	PP, EP, TOX, A	VE02		2	
2576	OXYBROMURE DE PHOSPHORE FONDU	8	C1	II	8		0	E0		PP, EP			0	
2577	CHLORURE DE PHÉNYLACÉTYLE	8	C3	II	8		1 L	E2		PP, EP			0	
2578	TRIOXYDE DE PHOSPHORE	8	C2	III	8		5 kg	E1		PP, EP			0	
2579	PIPÉRAZINE	8	C8	III	8		5 kg	E1	T	PP, EP			0	
2580	BROMURE D'ALUMINIUM EN SOLUTION	8	C1	III	8		5 L	E1		PP, EP			0	
2581	CHLORURE D'ALUMINIUM EN SOLUTION	8	C1	III	8		5 L	E1		PP, EP			0	
2582	CHLORURE DE FER III EN SOLUTION	8	C1	III	8		5 L	E1	T	PP, EP			0	
2583	ACIDES ALKYLSULFONIQUES SOLIDES ou ACIDES ARYLSULFONIQUES SOLIDES contenant plus de 5% d'acide sulfurique libre	8	C2	II	8		1 kg	E2		PP, EP			0	
2584	ACIDES ALKYLSULFONIQUES LIQUIDES ou ACIDES ARYLSULFONIQUES LIQUIDES contenant plus de 5% d'acide sulfurique libre	8	C1	II	8		1 L	E2		PP, EP			0	
2585	ACIDES ALKYLSULFONIQUES SOLIDES ou ACIDES ARYLSULFONIQUES SOLIDES contenant au plus 5% d'acide sulfurique libre	8	C4	III	8		5 kg	E1		PP, EP			0	
2586	ACIDES ALKYLSULFONIQUES LIQUIDES ou ACIDES ARYLSULFONIQUES LIQUIDES contenant au plus 5% d'acide sulfurique libre	8	C3	III	8		5 L	E1	T	PP, EP			0	

No. ONU ou ID	Nom et description	Classe	Code de classi-fication	Groupe d'embal-lage	Étiquettes	Dispositions speciales	Quantités limitées et exceptées 3.4	3.5.1.2	Trans-port admis	Équipement exigé	Venti-lation	Mesures pendant le chargement/décharge ment/ transport	Nombre de cônes, feux bleus	Observations
	3.1.2	2.2	2.2	2.1.1.3	5.2.2	3.3	3.4	3.5.1.2	3.2.1	8.1.5	7.1.6	7.1.6	7.1.5	3.2.1
(1)	(2)	(3a)	(3b)	(4)	(5)	(6)	(7a)	(7b)	(8)	(9)	(10)	(11)	(12)	(13)
2587	BENZOQUINONE	6.1	T2	II	6.1	802	500 g	E4		PP, EP			2	
2588	PESTICIDE SOLIDE TOXIQUE, N.S.A.	6.1	T7	I	6.1	61 274 648 802	0	E5		PP, EP			2	
2588	PESTICIDE SOLIDE TOXIQUE, N.S.A.	6.1	T7	II	6.1	61 274 648 802	500 g	E4		PP, EP			2	
2588	PESTICIDE SOLIDE TOXIQUE, N.S.A.	6.1	T7	III	6.1	61 274 648 802	5 kg	E1		PP, EP			0	
2589	CHLORACÉTATE DE VINYLE	6.1	TF1	II	6.1+3	802	100 ml	E4		PP, EP, EX, TOX, A	VE01, VE02		2	
2590	AMIANTE, CHRYSOTILE	9	M1	III	9	168 802	5 kg	E1					0	
2591	XÉNON LIQUIDE RÉFRIGÉRÉ	2	3A		2.2	593	120 ml	E1		PP			0	
2599	CHLOROTRIFLUOROMÉTHANE ET TRIFLUOROMÉTHANE EN MÉLANGE AZÉOTROPE, contenant environ 60% de chlorotrifluorométhane (GAZ RÉFRIGÉRANT R 503)	2	2A		2.2	662	120 ml	E1		PP			0	
2601	CYCLOBUTANE	2	2F		2.1	662	0	E0		PP, EX, A	VE01		1	
2602	DICHLORODIFLUOROMÉTHANE ET DIFLUORO-1,1 ÉTHANE EN MÉLANGE AZÉOTROPE contenant environ 74% de dichlorodifluorométhane (GAZ RÉFRIGÉRANT R 500)	2	2A		2.2	662	120 ml	E1		PP	VE01		0	
2603	CYCLOHEPTATRIÈNE	3	FT1	II	3+6.1	802	1 L	E2		PP, EP, EX, TOX, A	VE01, VE02		2	
2604	ÉTHÉRATE DIÉTHYLIQUE DE TRIFLUORURE DE BORE	8	CF1	I	8+3		0	E0		PP, EP, EX, A	VE01		1	
2605	ISOCYANATE DE MÉTHOXYMÉTHYLE	6.1	TF1	I	6.1+3	354 802	0	E0		PP, EP, EX, TOX, A	VE01, VE02		2	
2606	ORTHOSILICATE DE MÉTHYLE	6.1	TF1	I	6.1+3	354 802	0	E0		PP, EP, EX, TOX, A	VE01, VE02		2	
2607	ACROLÉÏNE, DIMÈRE STABILISÉ	3	F1	III	3	386 676	5 L	E1		PP, EX, A	VE01		0	
2608	NITROPROPANES	3	F1	III	3		5 L	E1	T	PP, EX, A	VE01		0	
2609	BORATE DE TRIALLYLE	6.1	T1	III	6.1	802	5 L	E1		PP, EP, TOX, A	VE02		0	
2610	TRIALLYLAMINE	3	FC	III	3+8		5 L	E1		PP, EP, EX, A	VE01		0	
2611	CHLORO-1 PROPANOL-2	6.1	TF1	II	6.1+3	802	100 ml	E4		PP, EP, EX, TOX, A	VE01, VE02		2	
2612	ÉTHER MÉTHYLPROPYLIQUE	3	F1	II	3		1 L	E2		PP, EX, A	VE01		1	
2614	ALCOOL MÉTHALLYLIQUE	3	F1	III	3		5 L	E1		PP, EX, A	VE01		0	
2615	ÉTHER ÉTHYLPROPYLIQUE	3	F1	II	3		1 L	E2	T	PP, EX, A	VE01		1	

No. ONU ou ID	Nom et description	Classe	Code de classification	Groupe d'emballage	Étiquettes	Dispositions spéciales	Quantités limitées et exceptées		Transport admis	Équipement exigé	Ventilation	Mesures pendant le chargement/déchargement/ transport	Nombre de cônes, feux bleus	Observations
3.1.2		2.2	2.2	2.1.1.3	5.2.2	3.3	3.4	3.5.1.2	3.2.1	8.1.5	7.1.6	7.1.6	7.1.5	3.2.1
(1)	(2)	(3a)	(3b)	(4)	(5)	(6)	(7a)	(7b)	(8)	(9)	(10)	(11)	(12)	(13)
2616	BORATE DE TRIISOPROPYLE	3	F1	II	3		1 L	E2		PP, EX, A	VE01		1	
2616	BORATE DE TRIISOPROPYLE	3	F1	III	3		5 L	E1		PP, EX, A	VE01		0	
2617	MÉTHYLCYCLOHEXANOLS inflammables	3	F1	III	3		5 L	E1		PP, EX, A	VE01		0	
2618	VINYLTOLUÈNES STABILISÉS	3	F1	III	3	386 676	5 L	E1	T	PP, EX, A	VE01		0	
2619	BENZYLDIMÉTHYLAMINE	8	CF1	II	8+3		1 L	E2		PP, EP, EX, A	VE01		1	
2620	BUTYRATES D'AMYLE	3	F1	III	3		5 L	E1		PP, EX, A	VE01		0	
2621	ACÉTYLMÉTHYLCARBINOL	3	F1	III	3		5 L	E1		PP, EX, A	VE01		0	
2622	GLYCIDALDÉHYDE	3	FT1	II	3+6.1	802	1 L	E2		PP, EP, EX, TOX, A	VE01, VE02		2	
2623	ALLUME-FEU SOLIDES imprégnés de liquide inflammable	4.1	F1	III	4.1		5 kg	E1		PP			0	
2624	SILICIURE DE MAGNÉSIUM	4.3	W2	II	4.3		500 g	E2		PP, EX, A	VE01	HA08	0	
2626	ACIDE CHLORIQUE EN SOLUTION AQUEUSE contenant au plus 10% d'acide chlorique	5.1	O1	II	5.1	613	1 L	E0		PP			0	
2627	NITRITES INORGANIQUES, N.S.A.	5.1	O2	II	5.1	103 274	1 kg	E2		PP			0	
2628	FLUORACÉTATE DE POTASSIUM	6.1	T2	I	6.1	802	0	E5		PP, EP			2	
2629	FLUORACÉTATE DE SODIUM	6.1	T2	I	6.1	802	0	E5		PP, EP			2	
2630	SÉLÉNIATES ou SÉLÉNITES	6.1	T5	I	6.1	274 802	0	E5		PP, EP			2	
2642	ACIDE FLUORACÉTIQUE	6.1	T2	I	6.1	802	0	E5		PP, EP			2	
2643	BROMACÉTATE DE MÉTHYLE	6.1	T1	II	6.1	802	100 ml	E4		PP, EP, TOX, A	VE02		2	
2644	IODURE DE MÉTHYLE	6.1	T1	I	6.1	354 802	0	E0		PP, EP, TOX, A	VE02		2	
2645	BROMURE DE PHÉNACYLE	6.1	T2	II	6.1	802	500 g	E4		PP, EP			2	
2646	HEXACHLOROCYCLOPENTADIÈNE	6.1	T1	I	6.1	354 802	0	E0		PP, EP, TOX, A	VE02		2	
2647	MALONITRILE	6.1	T2	II	6.1	802	500 g	E4		PP, EP			2	
2648	DIBROMO-1,2 BUTANONE-3	6.1	T1	II	6.1	802	100 ml	E4		PP, EP, TOX, A	VE02		2	
2649	DICHLORO-1,3 ACÉTONE	6.1	T2	II	6.1	802	500 g	E4		PP, EP			2	
2650	DICHLORO-1,1 NITRO-1 ÉTHANE	6.1	T1	II	6.1	802	100 ml	E4		PP, EP, TOX, A	VE02		2	
2651	DIAMINO-4,4' DIPHÉNYLMÉTHANE	6.1	T2	III	6.1	802	5 kg	E1		PP, EP			0	
2653	IODURE DE BENZYLE	6.1	T1	II	6.1	802	100 ml	E4	T	PP, EP, TOX, A	VE02		2	
2655	FLUOROSILICATE DE POTASSIUM	6.1	T5	III	6.1	802	5 kg	E1		PP, EP			0	
2656	QUINOLÉINE	6.1	T1	III	6.1	802	5 L	E1		PP, EP, TOX, A	VE02		0	
2657	DISULFURE DE SÉLÉNIUM	6.1	T5	II	6.1	802	500 g	E4		PP, EP			2	
2659	CHLORACÉTATE DE SODIUM	6.1	T2	III	6.1	802	5 kg	E1		PP, EP			0	
2660	MONONITROTOLUIDINES	6.1	T2	III	6.1	802	5 kg	E1		PP, EP			0	
2661	HEXACHLORACÉTONE	6.1	T1	III	6.1	802	5 L	E1		PP, EP, TOX, A	VE02		0	

No. ONU ou ID (1)	Nom et description (2)	Classe (3a)	Code de classification (3b)	Groupe d'emballage (4)	Étiquettes (5)	Dispositions spéciales (6)	Quantités limitées et exceptées 3.4 (7a)	3.5.1.2 (7b)	Transport admis (8)	Équipement exigé (9)	Ventilation (10)	Mesures pendant le chargement/déchargement/transport (11)	Nombre de cônes, feux bleus (12)	Observations (13)
2664	DIBROMOMÉTHANE	6.1	T1	III	6.1	802	5 L	E1		PP, EP, TOX, A	VE02		0	
2667	BUTYLTOLUÈNES	6.1	T1	III	6.1	802	5 L	E1		PP, EP, TOX, A	VE02		0	
2668	CHLORACÉTONITRILE	6.1	TF1	I	6.1+3	354 802	0	E0		PP, EP, EX, TOX, A	VE01, VE02		2	
2669	CHLOROCRÉSOLS EN SOLUTION	6.1	T1	II	6.1	802	100 ml	E4		PP, EP, TOX, A	VE02		2	
2669	CHLOROCRÉSOLS EN SOLUTION	6.1	T1	III	6.1	802	5 L	E1		PP, EP, TOX, A	VE02		0	
2670	CHLORURE CYANURIQUE	8	C4	II	8		1 kg	E2		PP, EP			0	
2671	AMINOPYRIDINES (o-, m-, p-)	6.1	T2	II	6.1	802	500 g	E4		PP, EP			2	
2672	AMMONIAC EN SOLUTION aqueuse de densité relative comprise entre 0,880 et 0,957 à 15 °C contenant plus de 10% mais pas plus de 35% d'ammoniac	8	C5	III	8	543	5 L	E1	T	PP, EP			0	
2673	AMINO-2 CHLORO-4 PHÉNOL	6.1	T2	II	6.1	802	500 g	E4		PP, EP			2	
2674	FLUOROSILICATE DE SODIUM	6.1	T5	III	6.1	802	5 kg	E1		PP, EP			0	
2676	STIBINE	2	2TF		2.3+2.1		0	E0		PP, EP, EX, TOX, A	VE01, VE02		2	
2677	HYDROXYDE DE RUBIDIUM EN SOLUTION	8	C5	II	8		1 L	E2		PP, EP			0	
2677	HYDROXYDE DE RUBIDIUM EN SOLUTION	8	C5	III	8		5 L	E1		PP, EP			0	
2678	HYDROXYDE DE RUBIDIUM	8	C6	II	8		1 kg	E2		PP, EP			0	
2679	HYDROXYDE DE LITHIUM EN SOLUTION	8	C5	II	8		1 L	E2		PP, EP			0	
2679	HYDROXYDE DE LITHIUM EN SOLUTION	8	C5	III	8		5 L	E1		PP, EP			0	
2680	HYDROXYDE DE LITHIUM	8	C6	II	8		1 kg	E2		PP, EP			0	
2681	HYDROXYDE DE CÉSIUM EN SOLUTION	8	C5	II	8		1 L	E2		PP, EP			0	
2681	HYDROXYDE DE CÉSIUM EN SOLUTION	8	C5	III	8		5 L	E1		PP, EP			0	
2682	HYDROXYDE DE CÉSIUM	8	C6	II	8		1 kg	E2		PP, EP			0	
2683	SULFURE D'AMMONIUM EN SOLUTION	8	CFT	II	8+3+6.1	802	1 L	E2	T	PP, EP, EX, TOX, A	VE01, VE02		2	
2684	3-DIÉTHYLAMINOPROPYLAMINE	3	FC	III	3+8		5 L	E1		PP, EP, EX, A	VE01		0	
2685	N,N-DIÉTHYLÉTHYLÈNEDIAMINE	8	CF1	II	8+3		1 L	E2		PP, EP, EX, A	VE01		1	
2686	DIÉTHYLAMINO-2 ÉTHANOL	8	CF1	II	8+3		1 L	E2		PP, EP, EX, A	VE01		1	
2687	NITRITE DE DICYCLOHEXYLAMMONIUM	4.1	F3	III	4.1		5 kg	E1		PP			0	
2688	BROMO-1 CHLORO-3 PROPANE	6.1	T1	III	6.1	802	5 L	E1		PP, EP, TOX, A	VE02		0	
2689	alpha-MONOCHLORHYDRINE DU GLYCÉROL	6.1	T1	III	6.1	802	5 L	E1		PP, EP, TOX, A	VE02		0	
2690	N,n-BUTYLIMIDAZOLE	6.1	T1	II	6.1	802	100 ml	E4		PP, EP, TOX, A	VE02		2	
2691	PENTABROMURE DE PHOSPHORE	8	C2	II	8		1 kg	E2		PP, EP			0	
2692	TRIBROMURE DE BORE	8	C1	I	8		0	E0		PP, EP			0	
2693	HYDROGÉNOSULFITES EN SOLUTION AQUEUSE, N.S.A.	8	C1	III	8	274	5 L	E1	T	PP, EP			0	

No. ONU ou ID	Nom et description	Classe	Code de classi- fication	Groupe d'embal- lage	Étiquettes	Disposit- ions speciales	Quantités limitées et exceptées		Trans- port admis	Équipement exigé	Venti- lation	Mesures pendant le chargement/déchargement/ transport	Nombre de cônes, feux bleus	Observations
3.1.2	3.1.2	2.2	2.2	2.1.1.3	5.2.2	3.3	3.4	3.5.1.2	3.2.1	8.1.5	7.1.6	7.1.6	7.1.5	3.2.1
(1)	(2)	(3a)	(3b)	(4)	(5)	(6)	(7a)	(7b)	(8)	(9)	(10)	(11)	(12)	(13)
2698	ANHYDRIDES TÉTRAHYDROPHTALIQUES contenant plus de 0,05% d'anhydride maléique	8	C4	III	8	169	5 kg	E1		PP, EP			0	
2699	ACIDE TRIFLUORACÉTIQUE	8	C3	I	8		0	E0		PP, EP			0	
2705	PENTOL-1	8	C9	II	8		1 L	E2		PP, EP			0	
2707	DIMÉTHYLDIOXANNES	3	F1	II	3		1 L	E2		PP, EX, A	VE01		1	
2707	DIMÉTHYLDIOXANNES	3	F1	III	3		5 L	E1		PP, EX, A	VE01		0	
2709	BUTYLBENZÈNES	3	F1	III	3		5 L	E1	T	PP, EX, A	VE01		0	
2710	DIPROPYLCÉTONE	3	F1	III	3		5 L	E1		PP, EX, A	VE01		0	
2713	ACRIDINE	6.1	T2	III	6.1	802	5 kg	E1		PP, EP			0	
2714	RÉSINATE DE ZINC	4.1	F3	III	4.1		5 kg	E1		PP			0	
2715	RÉSINATE D'ALUMINIUM	4.1	F3	III	4.1		5 kg	E1		PP			0	
2716	BUTYNEDIOL-1,4	6.1	T2	III	6.1	802	5 kg	E1		PP, EP			0	
2717	CAMPHRE synthétique	4.1	F1	III	4.1		5 kg	E1		PP			0	
2719	BROMATE DE BARYUM	5.1	OT2	II	5.1+6.1	802	1 kg	E2		PP, EP			2	
2720	NITRATE DE CHROME	5.1	O2	III	5.1		5 kg	E1	B	PP		CO02, LO04	0	CO02 et LO04 ne s'appliquent qu'en cas de transport de cette matière en vrac ou sans emballage
2721	CHLORATE DE CUIVRE	5.1	O2	II	5.1		1 kg	E2		PP			0	
2722	NITRATE DE LITHIUM	5.1	O2	III	5.1		5 kg	E1	B	PP		CO02, LO04	0	CO02 et LO04 ne s'appliquent qu'en cas de transport de cette matière en vrac ou sans emballage
2723	CHLORATE DE MAGNÉSIUM	5.1	O2	II	5.1		1 kg	E2		PP			0	
2724	NITRATE DE MANGANÈSE	5.1	O2	III	5.1		5 kg	E1	B	PP		CO02, LO04	0	CO02 et LO04 ne s'appliquent qu'en cas de transport de cette matière en vrac ou sans emballage
2725	NITRATE DE NICKEL	5.1	O2	III	5.1		5 kg	E1	B	PP		CO02, LO04	0	CO02 et LO04 ne s'appliquent qu'en cas de transport de cette matière en vrac ou sans emballage
2726	NITRITE DE NICKEL	5.1	O2	III	5.1		5 kg	E1		PP			0	
2727	NITRATE DE THALLIUM	6.1	TO2	II	6.1+5.1	802	500 g	E4		PP, EP			2	

No. ONU ou ID	Nom et description	Classe	Code de classification	Groupe d'emballage	Étiquettes	Dispositions speciales	Quantités limitées et exceptées		Transport admis	Équipement exigé	Ventilation	Mesures pendant le chargement/déchargement/ transport	Nombre de cônes, feux bleus	Observations
(1)	3.1.2 (2)	2.2 (3a)	2.2 (3b)	2.1.1.3 (4)	5.2.2 (5)	3.3 (6)	3.4 (7a)	3.5.1.2 (7b)	3.2.1 (8)	8.1.5 (9)	7.1.6 (10)	7.1.6 (11)	7.1.5 (12)	3.2.1 (13)
2728	NITRATE DE ZIRCONIUM	5.1	O2	III	5.1		5 kg	E1	B	PP		CO02, LO04	0	CO02 et LO04 ne s'appliquent qu'en cas de transport de cette matière en vrac ou sans emballage
2729	HEXACHLOROBENZÈNE	6.1	T2	III	6.1	802	5 kg	E1		PP, EP			0	
2730	NITRANISOLES LIQUIDES	6.1	T1	III	6.1	279 802	5 L	E1		PP, EP, TOX, A	VE02		0	
2732	NITROBROMOBENZÈNES LIQUIDES	6.1	T1	III	6.1	802	5 L	E1		PP, EP, TOX, A	VE02		0	
2733	AMINES INFLAMMABLES, CORROSIVES, N.S.A. ou POLYAMINES INFLAMMABLES, CORROSIVES, N.S.A.	3	FC	I	3+8	274 544	0	E0		PP, EP, EX, A	VE01		1	
2733	AMINES INFLAMMABLES, CORROSIVES, N.S.A. ou POLYAMINES INFLAMMABLES, CORROSIVES, N.S.A.	3	FC	II	3+8	274 544	1 L	E2	T	PP, EP, EX, A	VE01		1	
2733	AMINES INFLAMMABLES, CORROSIVES, N.S.A. ou POLYAMINES INFLAMMABLES, CORROSIVES, N.S.A.	3	FC	III	3+8	274 544	5 L	E1		PP, EP, EX, A	VE01		0	
2734	AMINES LIQUIDES CORROSIVES, INFLAMMABLES, N.S.A. ou POLYAMINES LIQUIDES CORROSIVES, INFLAMMABLES, N.S.A.	8	CF1	I	8+3	274	0	E0		PP, EP, EX, A	VE01		1	
2734	AMINES LIQUIDES CORROSIVES, INFLAMMABLES, N.S.A. ou POLYAMINES LIQUIDES CORROSIVES, INFLAMMABLES, N.S.A.	8	CF1	II	8+3	274	1 L	E2		PP, EP, EX, A	VE01		1	
2735	AMINES LIQUIDES CORROSIVES, N.S.A. ou POLYAMINES LIQUIDES CORROSIVES, N.S.A.	8	C7	I	8	274	0	E0	T	PP, EP			0	
2735	AMINES LIQUIDES CORROSIVES, N.S.A. ou POLYAMINES LIQUIDES CORROSIVES, N.S.A.	8	C7	II	8	274	1 L	E2	T	PP, EP			0	
2735	AMINES LIQUIDES CORROSIVES, N.S.A. ou POLYAMINES LIQUIDES CORROSIVES, N.S.A.	8	C7	III	8	274	5 L	E1	T	PP, EP			0	
2738	N-BUTYLANILINE	6.1	T1	II	6.1	802	100 ml	E4		PP, EP, TOX, A	VE02		2	
2739	ANHYDRIDE BUTYRIQUE	8	C3	III	8		5 L	E1		PP, EP			0	
2740	CHLOROFORMIATE DE n-PROPYLE	6.1	TFC	I	6.1+3+8	802	0	E0		PP, EP, EX, TOX, A	VE01, VE02		2	
2741	HYPOCHLORITE DE BARYUM contenant plus de 22% de chlore actif	5.1	OT2	II	5.1+6.1	802	1 kg	E2		PP, EP			2	
2742	CHLOROFORMIATES TOXIQUES, CORROSIFS, INFLAMMABLES, N.S.A.	6.1	TFC	II	6.1+3+8	274 561 802	100 ml	E4		PP, EP, EX, TOX, A	VE01, VE02		2	
2743	CHLOROFORMIATE DE n-BUTYLE	6.1	TFC	II	6.1+3+8	802	100 ml	E0		PP, EP, EX, TOX, A	VE01, VE02		2	
2744	CHLOROFORMIATE DE CYCLOBUTYLE	6.1	TFC	II	6.1+3+8	802	100 ml	E4		PP, EP, EX, TOX, A	VE01, VE02		2	

No. ONU ou ID	Nom et description	Classe	Code de classification	Groupe d'emballage	Étiquettes	Dispositions spéciales	Quantités limitées et exceptées		Transport admis	Équipement exigé	Ventilation	Mesures pendant le chargement/déchargement/ transport	Nombre de cônes, feux bleus	Observations
		2.2	2.2	2.1.1.3	5.2.2	3.3	3.4	3.5.1.2	3.2.1	8.1.5	7.1.6	7.1.6	7.1.5	3.2.1
(1)	(2)	(3a)	(3b)	(4)	(5)	(6)	(7a)	(7b)	(8)	(9)	(10)	(11)	(12)	(13)
2745	CHLOROFORMIATE DE CHLOROMÉTHYLE	6.1	TC1	II	6.1+8	802	100 ml	E4		PP, EP, TOX, A	VE02		2	
2746	CHLOROFORMIATE DE PHÉNYLE	6.1	TC1	II	6.1+8	802	100 ml	E4		PP, EP, TOX, A	VE02		2	
2747	CHLOROFORMIATE DE tert-BUTYLCYCLOHEXYLE	6.1	T1	III	6.1	802	5 L	E1		PP, EP, TOX, A	VE02		0	
2748	CHLOROFORMIATE DÉTHYL-2 HEXYLE	6.1	TC1	II	6.1+8	802	100 ml	E4		PP, EP, TOX, A	VE02		2	
2749	TÉTRAMÉTHYLSILANE	3	F1	I	3		0	E0		PP, EX, A	VE01		1	
2750	DICHLORO-1,3 PROPANOL-2	6.1	T1	II	6.1	802	100 ml	E4		PP, EP, TOX, A	VE02		2	
2751	CHLORURE DE DIÉTHYLTHIOPHOSPHORYLE	8	C3	II	8		1 L	E2		PP, EP			0	
2752	ÉPOXY-1,2 ÉTHOXY-3 PROPANE	3	F1	III	3		5 L	E1		PP, EX, A	VE01		0	
2753	N-ÉTHYLBENZYLTOLUIDINES LIQUIDES	6.1	T1	III	6.1	802	5 L	E1		PP, EP, TOX, A	VE02		0	
2754	N-ÉTHYLTOLUIDINES	6.1	T1	II	6.1	802	100 ml	E4	T	PP, EP, TOX, A	VE02		2	
2757	CARBAMATE PESTICIDE SOLIDE, TOXIQUE	6.1	T7	I	6.1	61 274 648 802	0	E5		PP, EP			2	
2757	CARBAMATE PESTICIDE SOLIDE, TOXIQUE	6.1	T7	II	6.1	61 274 648 802	500 g	E4		PP, EP			2	
2757	CARBAMATE PESTICIDE SOLIDE, TOXIQUE	6.1	T7	III	6.1	61 274 648 802	5 kg	E1		PP, EP			0	
2758	CARBAMATE PESTICIDE LIQUIDE, INFLAMMABLE, TOXIQUE, ayant un point d'éclair inférieur à 23 °C	3	FT2	I	3+6.1	61 274 802	0	E0		PP, EP, EX, TOX, A	VE01, VE02		2	
2758	CARBAMATE PESTICIDE LIQUIDE, INFLAMMABLE, TOXIQUE, ayant un point d'éclair inférieur à 23 °C	3	FT2	II	3+6.1	61 274 802	1 L	E2		PP, EP, EX, TOX, A	VE01, VE02		2	
2759	PESTICIDE ARSENICAL SOLIDE TOXIQUE	6.1	T7	I	6.1	61 274 648 802	0	E5		PP, EP			2	
2759	PESTICIDE ARSENICAL SOLIDE TOXIQUE	6.1	T7	II	6.1	61 274 648 802	500 g	E4		PP, EP			2	

No. ONU ou ID	Nom et description	Classe	Code de classification	Groupe d'emballage	Étiquettes	Dispositions spéciales	Quantités limitées et exceptées		Transport admis	Équipement exigé	Ventilation	Mesures pendant le chargement/déchargement/ transport	Nombre de cônes, feux bleus	Observations
	3.1.2	2.2	2.2	2.1.1.3	5.2.2	3.3	3.4	3.5.1.2	3.2.1	8.1.5	7.1.6	7.1.6	7.1.5	3.2.1
(1)	(2)	(3a)	(3b)	(4)	(5)	(6)	(7a)	(7b)	(8)	(9)	(10)	(11)	(12)	(13)
2759	PESTICIDE ARSENICAL SOLIDE TOXIQUE	6.1	T7	III	6.1	61 274 648 802	5 kg	E1		PP, EP			0	
2760	PESTICIDE ARSENICAL LIQUIDE INFLAMMABLE, TOXIQUE, ayant un point d'éclair inférieur à 23 °C	3	FT2	I	3+6.1	61 274 802	0	E0		PP, EP, EX, TOX, A	VE01, VE02		2	
2760	PESTICIDE ARSENICAL LIQUIDE INFLAMMABLE, TOXIQUE, ayant un point d'éclair inférieur à 23 °C	3	FT2	II	3+6.1	61 274 802	1 L	E2		PP, EP, EX, TOX, A	VE01, VE02		2	
2761	PESTICIDE ORGANOCHLORÉ SOLIDE TOXIQUE	6.1	T7	I	6.1	61 274 648 802	0	E5		PP, EP			2	
2761	PESTICIDE ORGANOCHLORÉ SOLIDE TOXIQUE	6.1	T7	II	6.1	61 274 648 802	500 g	E4		PP, EP			2	
2761	PESTICIDE ORGANOCHLORÉ SOLIDE TOXIQUE	6.1	T7	III	6.1	61 274 648 802	5 kg	E1		PP, EP			0	
2762	PESTICIDE ORGANOCHLORÉ LIQUIDE INFLAMMABLE, TOXIQUE, ayant un point d'éclair inférieur à 23 °C	3	FT2	I	3+6.1	61 274 802	0	E0		PP, EP, EX, TOX, A	VE01, VE02		2	
2762	PESTICIDE ORGANOCHLORÉ LIQUIDE INFLAMMABLE, TOXIQUE, ayant un point d'éclair inférieur à 23 °C	3	FT2	II	3+6.1	61 274 802	1 L	E2		PP, EP, EX, TOX, A	VE01, VE02		2	
2763	TRIAZINE PESTICIDE SOLIDE, TOXIQUE	6.1	T7	I	6.1	61 274 648 802	0	E5		PP, EP			2	
2763	TRIAZINE PESTICIDE SOLIDE, TOXIQUE	6.1	T7	II	6.1	61 274 648 802	500 g	E4		PP, EP			2	
2763	TRIAZINE PESTICIDE SOLIDE, TOXIQUE	6.1	T7	III	6.1	61 274 648 802	5 kg	E1		PP, EP			0	
2764	TRIAZINE PESTICIDE LIQUIDE INFLAMMABLE, TOXIQUE, ayant un point d'éclair inférieur à 23 °C	3	FT2	I	3+6.1	61 274 802	0	E0		PP, EP, EX, TOX, A	VE01, VE02		2	
2764	TRIAZINE PESTICIDE LIQUIDE INFLAMMABLE, TOXIQUE, ayant un point d'éclair inférieur à 23 °C	3	FT2	II	3+6.1	61 274 802	1 L	E2		PP, EP, EX, TOX, A	VE01, VE02		2	

No. ONU ou ID	Nom et description	Classe	Code de classification	Groupe d'emballage	Étiquettes	Dispositions spéciales	Quantités limitées et exceptées		Transport admis	Équipement exigé	Ventilation	Mesures pendant le chargement/déchargement/ transport	Nombre de cônes, feux bleus	Observations
	3.1.2	2.2	2.2	2.1.1.3	5.2.2	3.3	3.4	3.5.1.2	3.2.1	8.1.5	7.1.6	7.1.6	7.1.5	3.2.1
(1)	(2)	(3a)	(3b)	(4)	(5)	(6)	(7a)	(7b)	(8)	(9)	(10)	(11)	(12)	(13)
2771	THIOCARBAMATE PESTICIDE SOLIDE TOXIQUE	6.1	T7	I	6.1	61 274 648 802	0	E5		PP, EP			2	
2771	THIOCARBAMATE PESTICIDE SOLIDE TOXIQUE	6.1	T7	II	6.1	61 274 648 802	500 g	E4		PP, EP			2	
2771	THIOCARBAMATE PESTICIDE SOLIDE TOXIQUE	6.1	T7	III	6.1	61 274 648 802	5 kg	E1		PP, EP			0	
2772	THIOCARBAMATE PESTICIDE LIQUIDE INFLAMMABLE, TOXIQUE, ayant un point d'éclair inférieur à 23 °C	3	FT2	I	3+6.1	61 274 802	0	E0		PP, EP, EX, TOX, A	VE01, VE02		2	
2772	THIOCARBAMATE PESTICIDE LIQUIDE INFLAMMABLE, TOXIQUE, ayant un point d'éclair inférieur à 23 °C	3	FT2	II	3+6.1	61 274 802	1 L	E2		PP, EP, EX, TOX, A	VE01, VE02		2	
2775	PESTICIDE CUIVRIQUE SOLIDE TOXIQUE	6.1	T7	I	6.1	61 274 648 802	0	E5		PP, EP			2	
2775	PESTICIDE CUIVRIQUE SOLIDE TOXIQUE	6.1	T7	II	6.1	61 274 648 802	500 g	E4		PP, EP			2	
2775	PESTICIDE CUIVRIQUE SOLIDE TOXIQUE	6.1	T7	III	6.1	61 274 648 802	5 kg	E1		PP, EP			0	
2776	PESTICIDE CUIVRIQUE LIQUIDE INFLAMMABLE, TOXIQUE, ayant un point d'éclair inférieur à 23 °C	3	FT2	I	3+6.1	61 274 802	0	E0		PP, EP, EX, TOX, A	VE01, VE02		2	
2776	PESTICIDE CUIVRIQUE LIQUIDE INFLAMMABLE, TOXIQUE, ayant un point d'éclair inférieur à 23 °C	3	FT2	II	3+6.1	61 274 802	1 L	E2		PP, EP, EX, TOX, A	VE01, VE02		2	
2777	PESTICIDE MERCURIEL SOLIDE TOXIQUE	6.1	T7	I	6.1	61 274 648 802	0	E5		PP, EP			2	
2777	PESTICIDE MERCURIEL SOLIDE TOXIQUE	6.1	T7	II	6.1	61 274 648 802	500 g	E4		PP, EP			2	

No. ONU ou ID	Nom et description	Classe	Code de classi-fication	Groupe d'embal-lage	Étiquettes	Disposit-ions speciales	Quantités limitées et exceptées		Trans-port admis	Équipement exigé	Venti-lation	Mesures pendant le chargement/déchargement/ transport	Nombre de cônes, feux bleus	Observations
							3.4	3.5.1.2						
3.1.2	3.1.2	2.2	2.2	2.1.1.3	5.2.2	3.3	3.4	3.5.1.2	3.2.1	8.1.5	7.1.6	7.1.6	7.1.5	3.2.1
(1)	(2)	(3a)	(3b)	(4)	(5)	(6)	(7a)	(7b)	(8)	(9)	(10)	(11)	(12)	(13)
2777	PESTICIDE MERCURIEL SOLIDE TOXIQUE	6.1	T7	III	6.1	61 274 648 802	5 kg	E1		PP, EP			0	
2778	PESTICIDE MERCURIEL LIQUIDE INFLAMMABLE, TOXIQUE, ayant un point d'éclair inférieur à 23 °C	3	FT2	I	3+6.1	61 274 802	0	E0		PP, EP, EX, TOX, A	VE01, VE02		2	
2778	PESTICIDE MERCURIEL LIQUIDE INFLAMMABLE, TOXIQUE, ayant un point d'éclair inférieur à 23 °C	3	FT2	II	3+6.1	61 274 802	1 L	E2		PP, EP, EX, TOX, A	VE01, VE02		2	
2779	NITROPHÉNOL SUBSTITUÉ PESTICIDE SOLIDE TOXIQUE	6.1	T7	I	6.1	61 274 648 802	0	E5		PP, EP			2	
2779	NITROPHÉNOL SUBSTITUÉ PESTICIDE SOLIDE TOXIQUE	6.1	T7	II	6.1	61 274 648 802	500 g	E4		PP, EP			2	
2779	NITROPHÉNOL SUBSTITUÉ PESTICIDE SOLIDE TOXIQUE	6.1	T7	III	6.1	61 274 648 802	5 kg	E1		PP, EP			0	
2780	NITROPHÉNOL SUBSTITUÉ PESTICIDE LIQUIDE INFLAMMABLE, TOXIQUE, ayant un point d'éclair inférieur à 23 °C	3	FT2	I	3+6.1	61 274 802	0	E0		PP, EP, EX, TOX, A	VE01, VE02		2	
2780	NITROPHÉNOL SUBSTITUÉ PESTICIDE LIQUIDE INFLAMMABLE, TOXIQUE, ayant un point d'éclair inférieur à 23 °C	3	FT2	II	3+6.1	61 274 802	1 L	E2		PP, EP, EX, TOX, A	VE01, VE02		2	
2781	PESTICIDE BIPYRIDYLIQUE SOLIDE TOXIQUE	6.1	T7	I	6.1	61 274 648 802	0	E5		PP, EP			2	
2781	PESTICIDE BIPYRIDYLIQUE SOLIDE TOXIQUE	6.1	T7	II	6.1	61 274 648 802	500 g	E4		PP, EP			2	
2781	PESTICIDE BIPYRIDYLIQUE SOLIDE TOXIQUE	6.1	T7	III	6.1	61 274 648 802	5 kg	E1		PP, EP			0	
2782	PESTICIDE BIPYRIDYLIQUE LIQUIDE INFLAMMABLE, TOXIQUE, ayant un point d'éclair inférieur à 23 °C	3	FT2	I	3+6.1	61 274 802	0	E0		PP, EP, EX, TOX, A	VE01, VE02		2	
2782	PESTICIDE BIPYRIDYLIQUE LIQUIDE INFLAMMABLE, TOXIQUE, ayant un point d'éclair inférieur à 23 °C	3	FT2	II	3+6.1	61 274 802	1 L	E2		PP, EP, EX, TOX, A	VE01, VE02		2	

No. ONU ou ID	Nom et description	Classe	Code de classification	Groupe d'emballage	Étiquettes	Dispositions spéciales	Quantités limitées et exceptées		Transport admis	Équipement exigé	Ventilation	Mesures pendant le chargement/déchargement/ transport	Nombre de cônes, feux bleus	Observations
(1)	3.1.2 (2)	2.2 (3a)	2.2 (3b)	2.1.1.3 (4)	5.2.2 (5)	3.3 (6)	3.4 (7a)	3.5.1.2 (7b)	3.2.1 (8)	8.1.5 (9)	7.1.6 (10)	7.1.6 (11)	7.1.5 (12)	3.2.1 (13)
2783	PESTICIDE ORGANOPHOSPHORÉ SOLIDE TOXIQUE	6.1	T7	I	6.1	61 274 648 802	0	E5		PP, EP			2	
2783	PESTICIDE ORGANOPHOSPHORÉ SOLIDE TOXIQUE	6.1	T7	II	6.1	61 274 648 802	500 g	E4		PP, EP			2	
2783	PESTICIDE ORGANOPHOSPHORÉ SOLIDE TOXIQUE	6.1	T7	III	6.1	61 274 648 802	5 kg	E1		PP, EP			0	
2784	PESTICIDE ORGANOPHOSPHORÉ LIQUIDE INFLAMMABLE, TOXIQUE, ayant un point d'éclair inférieur à 23 °C	3	FT2	I	3+6.1	61 274 802	0	E0		PP, EP, EX, TOX, A	VE01, VE02		2	
2784	PESTICIDE ORGANOPHOSPHORÉ LIQUIDE INFLAMMABLE, TOXIQUE, ayant un point d'éclair inférieur à 23 °C	3	FT2	II	3+6.1	61 274 802	1 L	E2		PP, EP, EX, TOX, A	VE01, VE02		2	
2785	4-THIAPENTANAL	6.1	T1	III	6.1	802	5 L	E1	T	PP, EP, TOX, A	VE02		0	
2786	PESTICIDE ORGANOSTANNIQUE SOLIDE TOXIQUE	6.1	T7	I	6.1	61 274 648 802	0	E5		PP, EP			2	
2786	PESTICIDE ORGANOSTANNIQUE SOLIDE TOXIQUE	6.1	T7	II	6.1	61 274 648 802	500 g	E4		PP, EP			2	
2786	PESTICIDE ORGANOSTANNIQUE SOLIDE TOXIQUE	6.1	T7	III	6.1	61 274 648 802	5 kg	E1		PP, EP			0	
2787	PESTICIDE ORGANOSTANNIQUE LIQUIDE INFLAMMABLE, TOXIQUE, ayant un point d'éclair inférieur à 23 °C	3	FT2	I	3+6.1	61 274 802	0	E0		PP, EP, EX, TOX, A	VE01, VE02		2	
2787	PESTICIDE ORGANOSTANNIQUE LIQUIDE INFLAMMABLE, TOXIQUE, ayant un point d'éclair inférieur à 23 °C	3	FT2	II	3+6.1	61 274 802	1 L	E2		PP, EP, EX, TOX, A	VE01, VE02		2	
2788	COMPOSÉ ORGANIQUE LIQUIDE DE L'ÉTAIN, N.S.A.	6.1	T3	I	6.1	43 274 802	0	E5		PP, EP, TOX, A	VE02		2	
2788	COMPOSÉ ORGANIQUE LIQUIDE DE L'ÉTAIN, N.S.A.	6.1	T3	II	6.1	43 274 802	100 ml	E4		PP, EP, TOX, A	VE02		2	

No. ONU ou ID	Nom et description	Classe	Code de classification	Groupe d'emballage	Étiquettes	Dispositions speciales	Quantités limitées	et exceptées	Transport admis	Équipement exigé	Ventilation	Mesures pendant le chargement/déchargement/transport	Nombre de cônes, feux bleus	Observations
3.1.2	3.1.2	2.2	2.2	2.1.1.3	5.2.2	3.3	3.4	3.5.1.2	3.2.1	8.1.5	7.1.6	7.1.6	7.1.5	3.2.1
(1)	(2)	(3a)	(3b)	(4)	(5)	(6)	(7a)	(7b)	(8)	(9)	(10)	(11)	(12)	(13)
2788	COMPOSÉ ORGANIQUE LIQUIDE DE L'ÉTAIN, N.S.A.	6.1	T3	III	6.1	43 274 802	5 L	E1		PP, EP, TOX, A	VE02		0	
2789	ACIDE ACÉTIQUE GLACIAL ou ACIDE ACÉTIQUE EN SOLUTION contenant plus de 80% (masse) d'acide	8	CF1	II	8+3		1 L	E2	T	PP, EP, EX, A	VE01		1	
2790	ACIDE ACÉTIQUE EN SOLUTION contenant au moins 50% et au plus 80% (masse) d'acide	8	C3	II	8		1 L	E2	T	PP, EP			0	
2790	ACIDE ACÉTIQUE EN SOLUTION contenant plus de 10% et moins de 50% (masse) d'acide	8	C3	III	8	597 647	5 L	E1	T	PP, EP			0	
2793	ROGNURES, COPEAUX, TOURNURES, ÉBARBURES DE MÉTAUX FERREUX sous forme auto-échauffante	4.2	S4	III	4.2	592	0	E1	B	PP		LO02	0	LO02 ne s'applique qu'en cas de transport de cette matière en vrac ou sans emballage
2794	ACCUMULATEURS électriques REMPLIS D'ÉLECTROLYTE LIQUIDE ACIDE	8	C11		8	295 598	1 L	E0		PP, EP			0	
2795	ACCUMULATEURS électriques REMPLIS D'ÉLECTROLYTE LIQUIDE ALCALIN	8	C11		8	295 598	1 L	E0		PP, EP			0	
2796	ACIDE SULFURIQUE contenant au plus 51% d'acide ou ÉLECTROLYTE ACIDE POUR ACCUMULATEURS	8	C1	II	8		1 L	E2	T	PP, EP			0	
2797	ÉLECTROLYTE ALCALIN POUR ACCUMULATEURS	8	C5	II	8		1 L	E2	T	PP, EP			0	
2798	DICHLOROPHÉNYLPHOSPHINE	8	C3	II	8		1 L	E0		PP, EP			0	
2799	DICHLORO(PHÉNYL)THIOPHOSPHORÉ	8	C3	II	8		1 L	E0		PP, EP			0	
2800	ACCUMULATEURS électriques INVERSABLES REMPLIS D'ÉLECTROLYTE LIQUIDE	8	C11	II	8	238 295 598	1 L	E0		PP, EP			0	
2801	COLORANT LIQUIDE CORROSIF, N.S.A. ou MATIÈRE INTERMÉDIAIRE LIQUIDE POUR COLORANT, CORROSIF, N.S.A.	8	C9	I	8	274	0	E0		PP, EP			0	
2801	COLORANT LIQUIDE CORROSIF, N.S.A. ou MATIÈRE INTERMÉDIAIRE LIQUIDE POUR COLORANT, CORROSIF, N.S.A.	8	C9	II	8	274	1 L	E2		PP, EP			0	
2801	COLORANT LIQUIDE CORROSIF, N.S.A. ou MATIÈRE INTERMÉDIAIRE LIQUIDE POUR COLORANT, CORROSIF, N.S.A.	8	C9	III	8	274	5 L	E1		PP, EP			0	
2802	CHLORURE DE CUIVRE	8	C2	III	8		5 kg	E1		PP, EP			0	
2803	GALLIUM	8	C10	III	8		5 kg	E0		PP, EP			0	
2805	HYDRURE DE LITHIUM SOLIDE, PIÈCES COULÉES	4.3	W2	II	4.3		500 g	E2		PP, EX, A	VE01	HA08	0	
2806	NITRURE DE LITHIUM	4.3	W2	I	4.3		0	E0		PP, EX, A	VE01	HA08	0	
2807	Masses magnétisées	9	M11							NON SOUMIS À L'ADN				
2809	MERCURE	8	CT1	III	8+6.1	365	5 kg	E0		PP, EP, EX, TOX, A	VE02		0	

No. ONU ou ID	Nom et description	Classe	Code de classification	Groupe d'emballage	Étiquettes	Dispositions spéciales	Quantités limitées et exceptées		Transport admis	Équipement exigé	Ventilation	Mesures pendant le chargement/déchargement/ transport	Nombre de cônes, feux bleus	Observations
3.1.2	3.1.2	2.2	2.2	2.1.1.3	5.2.2	3.3	3.4	3.5.1.2	3.2.1	8.1.5	7.1.6	7.1.6	7.1.5	3.2.1
(1)	(2)	(3a)	(3b)	(4)	(5)	(6)	(7a)	(7b)	(8)	(9)	(10)	(11)	(12)	(13)
2810	LIQUIDE ORGANIQUE TOXIQUE, N.S.A.	6.1	T1	I	6.1	274 315 614 802	0	E5	T	PP, EP, TOX, A	VE02		2	
2810	LIQUIDE ORGANIQUE TOXIQUE, N.S.A.	6.1	T1	II	6.1	274 614 802	100 ml	E4	T	PP, EP, TOX, A	VE02		2	
2810	LIQUIDE ORGANIQUE TOXIQUE, N.S.A.	6.1	T1	III	6.1	274 614 802	5 L	E1	T	PP, EP, TOX, A	VE02		0	
2811	SOLIDE ORGANIQUE TOXIQUE, N.S.A.	6.1	T2	I	6.1	274 614 802	0	E5		PP, EP			2	
2811	SOLIDE ORGANIQUE TOXIQUE, N.S.A.	6.1	T2	II	6.1	274 614 802	500 g	E4		PP, EP			2	
2811	SOLIDE ORGANIQUE TOXIQUE, N.S.A.	6.1	T2	III	6.1	274 614 802	5 kg	E1	T	PP, EP			0	
2812	Aluminate de sodium solide	8	C6	NON SOUMIS À L'ADN										
2813	SOLIDE HYDRORÉACTIF, N.S.A.	4.3	W2	I	4.3	274	0	E0		PP, EX, A	VE01	HA08	0	
2813	SOLIDE HYDRORÉACTIF, N.S.A.	4.3	W2	II	4.3	274	500 g	E2		PP, EX, A	VE01	HA08	0	
2813	SOLIDE HYDRORÉACTIF, N.S.A.	4.3	W2	III	4.3	274	1 kg	E1		PP, EX, A	VE01	HA08	0	
2814	MATIÈRE INFECTIEUSE POUR L'HOMME	6.2	I1		6.2	318 802	0	E0		PP			0	
2814	MATIÈRE INFECTIEUSE POUR L'HOMME, dans de l'azote liquide réfrigéré	6.2	I1		6.2 +2.2	318 802	0	E0		PP			0	
2814	MATIÈRE INFECTIEUSE POUR L'HOMME (matériel animal uniquement)	6.2	I1		6.2	318 802	0	E0		PP			0	
2815	N-AMINOÉTHYLPIPÉRAZINE	8	CT1	III	8+6.1		5 L	E1	T	PP, EP			0	
2817	DIFLUORURE ACIDE D'AMMONIUM EN SOLUTION	8	CT1	II	8+6.1	802	1 L	E2		PP, EP			2	
2817	DIFLUORURE ACIDE D'AMMONIUM EN SOLUTION	8	CT1	III	8+6.1	802	5 L	E1		PP, EP			0	
2818	POLYSULFURE D'AMMONIUM EN SOLUTION	8	CT1	II	8+6.1	802	1 L	E2		PP, EP			2	
2818	POLYSULFURE D'AMMONIUM EN SOLUTION	8	CT1	III	8+6.1	802	5 L	E1		PP, EP			0	
2819	PHOSPHATE ACIDE D'AMYLE	8	C3	III	8	802	5 L	E1		PP, EP			0	
2820	ACIDE BUTYRIQUE	8	C3	III	8	802	5 L	E1	T	PP, EP			0	
2821	PHÉNOL EN SOLUTION	6.1	T1	II	6.1	802	100 ml	E4		PP, EP, TOX, A	VE02		2	
2821	PHÉNOL EN SOLUTION	6.1	T1	III	6.1	802	5 L	E1		PP, EP, TOX, A	VE02		0	
2822	CHLORO-2-PYRIDINE	6.1	T1	II	6.1	802	100 ml	E4		PP, EP, TOX, A	VE02		2	
2823	ACIDE CROTONIQUE SOLIDE	8	C4	III	8	802	5 kg	E1		PP, EP			0	
2826	CHLOROTHIOFORMIATE D'ÉTHYLE	8	CF1	II	8+3	802	0	E0		PP, EP, EX, A	VE01		1	

No. ONU ou ID	Nom et description	Classe	Code de classification	Groupe d'emballage	Étiquettes	Dispositions speciales	Quantités limitées et exceptées		Transport admis	Équipement exigé	Venti-lation	Mesures pendant le chargement/déchargement/ transport	Nombre de cônes, feux bleus	Observations
3.1.2	3.1.2	2.2	2.2	2.1.1.3	5.2.2	3.3	3.4	3.5.1.2	3.2.1	8.1.5	7.1.6	7.1.6	7.1.5	3.2.1
(1)	(2)	(3a)	(3b)	(4)	(5)	(6)	(7a)	(7b)	(8)	(9)	(10)	(11)	(12)	(13)
2829	ACIDE CAPROÏQUE	8	C3	III	8		5 L	E1	T	PP, EP			0	
2830	SILICO-FERRO-LITHIUM	4.3	W2	II	4.3		500 g	E2		PP, EX, A	VE01	HA08	0	
2831	TRICHLORO-1,1,1 ÉTHANE	6.1	T1	III	6.1	802	5 L	E1	T	PP, EP, TOX, A	VE02		0	
2834	ACIDE PHOSPHOREUX	8	C2	III	8		5 kg	E1		PP, EP			0	
2835	HYDRURE DE SODIUM-ALUMINIUM	4.3	W2	II	4.3		500 g	E0		PP, EX, A	VE01	HA08	0	
2837	HYDROGÉNOSULFATES EN SOLUTION	8	C1	II	8		1 L	E2		PP, EP			0	
2837	HYDROGÉNOSULFATES EN SOLUTION	8	C1	III	8		5 L	E1		PP, EP			0	
2838	BUTYRATE DE VINYLE STABILISÉ	3	F1	II	3	386 676	1 L	E2		PP, EX, A	VE01		1	
2839	ALDOL	6.1	T1	II	6.1	802	100 ml	E4		PP, EP, TOX, A	VE02		2	
2840	BUTYRALDOXIME	3	F1	III	3		5 L	E1		PP, EX, A	VE01		0	
2841	DI-n-AMYLAMINE	3	FT1	III	3+6.1	802	5 L	E1		PP, EP, EX, TOX, A	VE01, VE02		2	
2842	NITROÉTHANE	3	F1	III	3		5 L	E1		PP, EX, A	VE01		0	
2844	SILICO-MANGANO-CALCIUM	4.3	W2	III	4.3		1 kg	E1		PP, EX, A	VE01	HA08	0	
2845	LIQUIDE ORGANIQUE PYROPHORIQUE, N.S.A.	4.2	S1	I	4.2	274	0	E0		PP			0	
2846	SOLIDE ORGANIQUE PYROPHORIQUE, N.S.A.	4.2	S2	I	4.2	274	0	E0		PP			0	
2849	CHLORO-3 PROPANOL-1	6.1	T1	III	6.1	802	5 L	E1		PP, EP, TOX, A	VE02		0	
2850	TÉTRAPROPYLÈNE	3	F1	III	3		5 L	E1	T	PP, EX, A	VE01		0	
2851	TRIFLUORURE DE BORE DIHYDRATÉ	8	C1	II	8		1 L	E2		PP, EP			0	
2852	SULFURE DE DIPICRYLE HUMIDIFIÉ avec au moins 10% (masse) d'eau	4.1	D	I	4.1	545	0	E0		PP			1	
2853	FLUOROSILICATE DE MAGNÉSIUM	6.1	T5	III	6.1	802	5 kg	E1		PP, EP			0	
2854	FLUOROSILICATE D'AMMONIUM	6.1	T5	III	6.1	802	5 kg	E1		PP, EP			0	
2855	FLUOROSILICATE DE ZINC	6.1	T5	III	6.1	600 802	5 kg	E1		PP, EP			0	
2856	FLUOROSILICATES, N.S.A.	6.1	T5	III	6.1	274 802	5 kg	E1		PP, EP			0	
2857	MACHINES FRIGORIFIQUES contenant des gaz non inflammables et non toxiques ou des solutions d'ammoniac (No ONU 2672)	2	6A		2.2	119	0	E0		PP			0	
2858	ZIRCONIUM SEC, sous forme de fils enroulés, plaques métalliques ou de bandes (d'une épaisseur inférieure à 254 microns, mais au minimum 18 microns)	4.1	F3	III	4.1	546	5 kg	E1		PP			0	
2859	MÉTAVANADATE D'AMMONIUM	6.1	T5	II	6.1	802	500 g	E4		PP, EP			2	
2861	POLYVANADATE D'AMMONIUM	6.1	T5	II	6.1	802	500 g	E4		PP, EP			2	
2862	PENTOXYDE DE VANADIUM sous forme non fondue	6.1	T5	III	6.1	600 802	5 kg	E1		PP, EP			0	
2863	VANADATE DOUBLE D'AMMONIUM ET DE SODIUM	6.1	T5	II	6.1	802	500 g	E4		PP, EP			2	
2864	MÉTAVANADATE DE POTASSIUM	6.1	T5	II	6.1	802	500 g	E4		PP, EP			2	
2865	SULFATE NEUTRE D'HYDROXYLAMINE	8	C2	III	8		5 kg	E1		PP, EP			0	
2869	TRICHLORURE DE TITANE EN MÉLANGE	8	C2	II	8		1 kg	E2		PP, EP			0	

No. ONU ou ID	Nom et description	Classe	Code de classification	Groupe d'emballage	Étiquettes	Dispositions spéciales	Quantités limitées et exceptées		Transport admis	Équipement exigé	Ventilation	Mesures pendant le chargement/déchargement/ transport	Nombre de cônes, feux bleus	Observations
		2.2	2.2	2.1.1.3	5.2.2	3.3	3.4	3.5.1.2	3.2.1	8.1.5	7.1.6	7.1.6	7.1.5	3.2.1
(1)	3.1.2 (2)	(3a)	(3b)	(4)	(5)	(6)	(7a)	(7b)	(8)	(9)	(10)	(11)	(12)	(13)
2869	TRICHLORURE DE TITANE EN MÉLANGE	8	C2	III	8		5 kg	E1		PP, EP				0	
2870	BOROHYDRURE D'ALUMINIUM	4.2	SW	I	4.2+4.3		0	E0		PP, EX, A	VE01			0	
2870	BOROHYDRURE D'ALUMINIUM CONTENU DANS DES ENGINS	4.2	SW	I	4.2+4.3		0	E0		PP, EX, A	VE01			0	
2871	ANTIMOINE EN POUDRE	6.1	T5	III	6.1	802	5 kg	E1		PP, EP				0	
2872	DIBROMOCHLOROPROPANES	6.1	T1	II	6.1	802	100 ml	E4		PP, EP, TOX, A	VE02			2	
2872	DIBROMOCHLOROPROPANES	6.1	T1	III	6.1	802	5 L	E1		PP, EP, TOX, A	VE02			0	
2873	DIBUTYLAMINOÉTHANOL	6.1	T1	III	6.1	802	5 L	E1		PP, EP, TOX, A	VE02			0	
2874	ALCOOL FURFURYLIQUE	6.1	T1	III	6.1	802	5 L	E1	T	PP, EP, TOX, A	VE02			0	
2875	HEXACHLOROPHÈNE	6.1	T2	III	6.1	802	5 kg	E1		PP, EP				0	
2876	RÉSORCINOL	6.1	T2	III	6.1	802	5 kg	E1		PP, EP				0	
2878	ÉPONGE DE TITANE SOUS FORME DE GRANULES ou SOUS FORME DE POUDRE	4.1	F3	III	4.1	802	5 kg	E1		PP				0	
2879	OXYCHLORURE DE SÉLÉNIUM	8	CT1	I	8+6.1	802	0	E0		PP, EP, TOX, A	VE02			2	
2880	HYPOCHLORITE DE CALCIUM HYDRATÉ ou HYPOCHLORITE DE CALCIUM EN MÉLANGE HYDRATÉ contenant au moins 5,5% mais au plus 16% d'eau	5.1	O2	II	5.1	314 322	1 kg	E2		PP				0	
2880	HYPOCHLORITE DE CALCIUM HYDRATÉ ou HYPOCHLORITE DE CALCIUM EN MÉLANGE HYDRATÉ contenant au moins 5,5 % mais au plus 16% d'eau	5.1	O2	III	5.1	314	5 kg	E1		PP				0	
2881	CATALYSEUR MÉTALLIQUE SEC	4.2	S4	I	4.2	274	0	E0		PP				0	
2881	CATALYSEUR MÉTALLIQUE SEC	4.2	S4	II	4.2	274	0	E0		PP				0	
2881	CATALYSEUR MÉTALLIQUE SEC	4.2	S4	III	4.2	274	0	E1		PP				0	
2900	MATIÈRE INFECTIEUSE POUR LES ANIMAUX uniquement	6.2	I2		6.2	318 802	0	E0		PP				0	
2900	MATIÈRE INFECTIEUSE POUR LES ANIMAUX uniquement, dans de l'azote liquide réfrigéré	6.2	I2		6.2 +2.2	318 802	0	E0		PP				0	
2900	MATIÈRE INFECTIEUSE POUR LES ANIMAUX uniquement (matériel animal uniquement)	6.2	I2		6.2	318 802	0	E0		PP				0	
2901	CHLORURE DE BROME	2	2TOC		2.3+5.1+8		0	E0		PP, EP, TOX, A	VE02			2	
2902	PESTICIDE LIQUIDE TOXIQUE, N.S.A.	6.1	T6	I	6.1	61 274 648 802	0	E5		PP, EP, TOX, A	VE02			2	
2902	PESTICIDE LIQUIDE TOXIQUE, N.S.A.	6.1	T6	II	6.1	61 274 648 802	100 ml	E4		PP, EP, TOX, A	VE02			2	

No. ONU ou ID	Nom et description	Classe	Code de classification	Groupe d'emballage	Étiquettes	Dispositions speciales	Quantités limitées et exceptées		Transport admis	Équipement exigé	Ventilation	Mesures pendant le chargement/déchargement/ transport	Nombre de cônes, feux bleus	Observations
							3.4	3.5.1.2	3.2.1	8.1.5	7.1.6	7.1.6	7.1.5	3.2.1
	3.1.2	2.2	2.2	2.1.1.3	5.2.2	3.3								
(1)	(2)	(3a)	(3b)	(4)	(5)	(6)	(7a)	(7b)	(8)	(9)	(10)	(11)	(12)	(13)
2902	PESTICIDE LIQUIDE TOXIQUE, N.S.A.	6.1	T6	III	6.1	61 274 648 802	5 L	E1		PP, EP, TOX, A	VE02		0	
2903	PESTICIDE LIQUIDE TOXIQUE INFLAMMABLE, N.S.A., ayant un point d'éclair égal ou supérieur à 23 °C	6.1	TF2	I	6.1+3	61 274 802	0	E5		PP, EP, EX, TOX, A	VE01, VE02		2	
2903	PESTICIDE LIQUIDE TOXIQUE INFLAMMABLE, N.S.A., ayant un point d'éclair égal ou supérieur à 23 °C	6.1	TF2	II	6.1+3	61 274 802	100 ml	E4		PP, EP, EX, TOX, A	VE01, VE02		2	
2903	PESTICIDE LIQUIDE TOXIQUE INFLAMMABLE, N.S.A., ayant un point d'éclair égal ou supérieur à 23 °C	6.1	TF2	III	6.1+3	61 274 802	5 L	E1		PP, EP, EX, TOX, A	VE01, VE02		0	
2904	CHLOROPHÉNOLATES LIQUIDES ou PHÉNOLATES LIQUIDES	8	C9	III	8		5 L	E1	T *	PP, EP			0	* ne s'applique que pour les phénolates et non pour les chlorophénolates
2905	CHLOROPHÉNOLATES SOLIDES ou PHÉNOLATES SOLIDES	8	C10	III	8		5 kg	E1		PP, EP			0	
2907	DINITRATE D'ISOSORBIDE EN MÉLANGE avec au moins 60% de lactose, de mannose, d'amidon ou d'hydrogénophosphate de calcium	4.1	D	II	4.1	127	0	E0		PP			0	
2908	MATIÈRES RADIOACTIVES, EMBALLAGES VIDES COMME COLIS EXCEPTÉS	7				290 368	0	E0		PP			0	
2909	MATIÈRES RADIOACTIVES, OBJETS MANUFACTURÉS EN URANIUM NATUREL ou EN URANIUM APPAUVRI ou EN THORIUM NATUREL, EN COLIS EXCEPTÉ	7				290	0	E0		PP			0	
2910	MATIÈRES RADIOACTIVES, QUANTITÉS LIMITÉES, EN COLIS EXCEPTÉ	7				290 368	0	E0		PP			0	
2911	MATIÈRES RADIOACTIVES, APPAREILS ou OBJETS EN COLIS EXCEPTÉ	7				290	0	E0		PP			0	
2912	MATIÈRES RADIOACTIVES DE FAIBLE ACTIVITÉ SPÉCIFIQUE (LSA-I) non fissiles ou fissiles exceptées	7			7X	172 317 325	0	E0	B	PP		RA01	2	
2913	MATIÈRES RADIOACTIVES, OBJETS CONTAMINÉS SUPERFICIELLEMENT (SCO-I, SCO-II ou SCO-III) non fissiles ou fissiles exceptés	7			7X	172 317 325	0	E0	B	PP		RA02	2	
2915	MATIÈRES RADIOACTIVES EN COLIS DE TYPE A, qui ne sont pas sous forme spéciale, non fissiles ou fissiles exceptées	7			7X	172 317 325	0	E0		PP			2	
2916	MATIÈRES RADIOACTIVES EN COLIS DE TYPE B(U), non fissiles ou fissiles exceptées	7			7X	172 317 325 337	0	E0		PP			2	

No. ONU ou ID (1)	Nom et description (2)	Classe (3a)	Code de classification (3b)	Groupe d'emballage (4)	Étiquettes (5)	Dispositions speciales (6)	Quantités limitées (7a)	Quantités exceptées (7b)	Transport admis (8)	Équipement exigé (9)	Ventilation (10)	Mesures pendant le chargement/déchargement/transport (11)	Nombre de cônes, feux bleus (12)	Observations (13)
	3.1.2	2.2	2.2	2.1.1.3	5.2.2	3.3	3.4	3.5.1.2	3.2.1	8.1.5	7.1.6	7.1.6	7.1.5	3.2.1
2917	MATIÈRES RADIOACTIVES EN COLIS DE TYPE B(M), non fissiles ou fissiles exceptées	7			7X	172 317 325 337	0	E0		PP			2	
2919	MATIÈRES RADIOACTIVES TRANSPORTÉES SOUS ARRANGEMENT SPECIAL, non fissiles ou fissiles exceptées	7			7X	172 325 317	0	E0		PP			2	
2920	LIQUIDE CORROSIF, INFLAMMABLE, N.S.A.	8	CF1	I	8+3	274	0	E0		PP, EP, EX, A	VE01		1	
2920	LIQUIDE CORROSIF, INFLAMMABLE, N.S.A.	8	CF1	II	8+3	274	1 L	E2	T	PP, EP, EX, A	VE01		1	
2921	SOLIDE CORROSIF, INFLAMMABLE, N.S.A.	8	CF2	II	8+4.1	274	0	E0		PP, EP			1	
2921	SOLIDE CORROSIF, INFLAMMABLE, N.S.A.	8	CF2	III	8+4.1	274	1 kg	E2		PP, EP			1	
2922	LIQUIDE CORROSIF, TOXIQUE, N.S.A.	8	CT1	I	8+6.1	274 802	0	E0	T	PP, EP, TOX, A	VE02		2	
2922	LIQUIDE CORROSIF, TOXIQUE, N.S.A.	8	CT1	II	8+6.1	274 802	1 L	E2	T	PP, EP, TOX, A	VE02		2	
2922	LIQUIDE CORROSIF, TOXIQUE, N.S.A.	8	CT1	III	8+6.1	274 802	5 L	E1	T	PP, EP, TOX, A	VE02		0	
2923	SOLIDE CORROSIF, TOXIQUE, N.S.A.	8	CT2	I	8+6.1	274 802	0	E0		PP, EP			2	
2923	SOLIDE CORROSIF, TOXIQUE, N.S.A.	8	CT2	II	8+6.1	274 802	1 kg	E2		PP, EP			2	
2923	SOLIDE CORROSIF, TOXIQUE, N.S.A.	8	CT2	III	8+6.1	274 802	5 kg	E1		PP, EP			0	
2924	LIQUIDE INFLAMMABLE, CORROSIF, N.S.A.	3	FC	I	3+8	274	0	E0	T	PP, EP, EX, A	VE01		1	
2924	LIQUIDE INFLAMMABLE, CORROSIF, N.S.A.	3	FC	II	3+8	274	1 L	E2	T	PP, EP, EX, A	VE01		1	
2924	LIQUIDE INFLAMMABLE, CORROSIF, N.S.A.	3	FC	III	3+8	274	5 L	E1	T	PP, EP, EX, A	VE01		0	
2925	SOLIDE ORGANIQUE INFLAMMABLE, CORROSIF, N.S.A.	4.1	FC1	II	4.1+8	274	1 kg	E2		PP, EP			1	
2925	SOLIDE ORGANIQUE INFLAMMABLE, CORROSIF, N.S.A.	4.1	FC1	III	4.1+8	274	5 kg	E1		PP, EP			0	
2926	SOLIDE ORGANIQUE INFLAMMABLE, TOXIQUE, N.S.A.	4.1	FT1	II	4.1+6.1	274 802	1 kg	E2		PP, EP			2	
2926	SOLIDE ORGANIQUE INFLAMMABLE, TOXIQUE, N.S.A.	4.1	FT1	III	4.1+6.1	274 802	5 kg	E1		PP, EP			0	
2927	LIQUIDE ORGANIQUE TOXIQUE, CORROSIF, N.S.A.	6.1	TC1	I	6.1+8	274 315 802	0	E5	T	PP, EP, TOX, A	VE02		2	
2927	LIQUIDE ORGANIQUE TOXIQUE, CORROSIF, N.S.A.	6.1	TC1	II	6.1+8	274 802	100 ml	E4		PP, EP, TOX, A	VE02		2	
2928	SOLIDE ORGANIQUE TOXIQUE, CORROSIF, N.S.A.	6.1	TC2	I	6.1+8	274 802	0	E5		PP, EP			2	
2928	SOLIDE ORGANIQUE TOXIQUE, CORROSIF, N.S.A.	6.1	TC2	II	6.1+8	274 802	500 g	E4		PP, EP			2	
2929	LIQUIDE ORGANIQUE TOXIQUE, INFLAMMABLE, N.S.A.	6.1	TF1	I	6.1+3	274 315 802	0	E5	T	PP, EP, EX, TOX, A	VE01, VE02		2	

No. ONU ou ID	Nom et description	Classe	Code de classification	Groupe d'emballage	Étiquettes	Dispositions speciales	Quantités limitées et exceptées		Transport admis	Équipement exigé	Ventilation	Mesures pendant le chargement/déchargement/ transport	Nombre de cônes, feux bleus	Observations
		2.2	2.2	2.1.1.3	5.2.2	3.3	3.4	3.5.1.2	3.2.1	8.1.5	7.1.6	7.1.6	7.1.5	3.2.1
(1)	3.1.2 (2)	(3a)	(3b)	(4)	(5)	(6)	(7a)	(7b)	(8)	(9)	(10)	(11)	(12)	(13)
2929	LIQUIDE ORGANIQUE TOXIQUE, INFLAMMABLE, N.S.A.	6.1	TF1	II	6.1+3	274 802	100 ml	E4	T	PP, EP, EX, TOX, A	VE01, VE02		2	
2930	SOLIDE ORGANIQUE TOXIQUE, INFLAMMABLE, N.S.A.	6.1	TF3	I	6.1+4.1	274 802	0	E5		PP, EP			2	
2930	SOLIDE ORGANIQUE TOXIQUE, INFLAMMABLE, N.S.A.	6.1	TF3	II	6.1+4.1	274 802	500 g	E4		PP, EP			2	
2931	SULFATE DE VANADYLE	6.1	T5	II	6.1	802	500 g	E4		PP, EP	VE01		2	
2933	CHLORO-2 PROPIONATE DE MÉTHYLE	3	F1	III	3		5 L	E1		PP, EX, A	VE01		0	
2934	CHLORO-2 PROPIONATE D'ISOPROPYLE	3	F1	III	3		5 L	E1		PP, EX, A	VE01		0	
2935	CHLORO-2 PROPIONATE D'ÉTHYLE	3	F1	III	3		5 L	E1	T	PP, EX, A	VE01		0	
2936	ACIDE THIOLACTIQUE	6.1	T1	II	6.1	802	100 ml	E4		PP, EP, TOX, A	VE02		2	
2937	ALCOOL alpha-MÉTHYLBENZYLIQUE LIQUIDE	6.1	T1	III	6.1	802	5 L	E1		PP, EP, TOX, A	VE02		0	
2940	PHOSPHA-9 BICYCLONONANES (CYCLOOCTADIÈNE PHOSPHINES)	4.2	S2	II	4.2	802	0	E2		PP			0	
2941	FLUOROANILINES	6.1	T1	III	6.1	802	5 L	E1		PP, EP, TOX, A	VE02		0	
2942	TRIFLUOROMÉTHYL-2 ANILINE	6.1	T1	III	6.1	802	5 L	E1		PP, EP, TOX, A	VE02		0	
2943	TÉTRAHYDROFURFURYLAMINE	3	F1	III	3		5 L	E1		PP, EX, A	VE01		0	
2945	N-MÉTHYLBUTYLAMINE	3	FC	II	3+8		1 L	E2		PP, EP, EX, A	VE01		1	
2946	AMINO-2 DIÉTHYLAMINO-5 PENTANE	6.1	T1	III	6.1	802	5 L	E1		PP, EP, TOX, A	VE02		0	
2947	CHLORACÉTATE DISOPROPYLE	3	F1	III	3		5 L	E1	T	PP, EX, A	VE01		0	
2948	TRIFLUOROMÉTHYL-3 ANILINE	6.1	T1	II	6.1	802	100 ml	E4		PP, EP, TOX, A	VE02		2	
2949	HYDROGÉNOSULFURE DE SODIUM HYDRATÉ avec au moins 25% d'eau de cristallisation	8	C6	II	8	523	1 kg	E2		PP, EP			0	
2950	GRANULÉS DE MAGNÉSIUM ENROBÉS d'une granulométrie d'au moins 149 microns	4.3	W2	III	4.3		1 kg	E1		PP, EX, A	VE01	HA08	0	
2956	tert-BUTYL-5 TRINITRO-2,4,6 m-XYLÈNE (MUSC-XYLÈNE)	4.1	SR1	III	4.1	638	5 kg	E0		PP			0	
2965	ÉTHÉRATE DIMÉTHYLIQUE DE TRIFLUORURE DE BORE	4.3	WFC	I	4.3+3+8		0	E0		PP, EP, EX, A	VE01	HA08	1	
2966	THIOGLYCOL	6.1	T1	II	6.1	802	100 ml	E4	T	PP, EP, TOX, A	VE02		2	
2967	ACIDE SULFAMIQUE	8	C2	III	8		5 kg	E1		PP, EP			0	
2968	MANÈBE STABILISÉ ou PRÉPARATIONS DE MANÈBE, STABILISÉES contre l'auto-échauffement	4.3	W2	III	4.3	547	1 kg	E1		PP, EX, A	VE01	HA08	0	
2969	FARINE DE RICIN ou GRAINES DE RICIN ou GRAINES DE RICIN EN FLOCONS ou TOURTEAUX DE RICIN	9	M11	II	9	141	5 kg	E2	B	PP			0	
2977	MATIÈRES RADIOACTIVES, HEXAFLUORURE D'URANIUM, FISSILES	7			7X +7E +6.1 +8		0	E0		PP, EP	VE02		2	

No. ONU ou ID	Nom et description	Classe	Code de classification	Groupe d'emballage	Étiquettes	Dispositions spéciales	Quantités limitées et exceptées		Transport admis	Équipement exigé	Ventilation	Mesures pendant le chargement/déchargement/transport	Nombre de cônes, feux bleus	Observations
							3.4	3.5.1.2						
(1)	(2)	(3a)	(3b)	(4)	(5)	(6)	(7a)	(7b)	(8)	(9)	(10)	(11)	(12)	(13)
3.1.2	3.1.2	2.2	2.2	2.1.1.3	5.2.2	3.3	3.4	3.5.1.2	3.2.1	8.1.5	7.1.6	7.1.6	7.1.5	3.2.1
2978	MATIÈRES RADIOACTIVES, HEXAFLUORURE D'URANIUM, non fissiles ou fissiles exceptées	7			7X + 6.1+8	317	0	E0		PP, EP			2	
2983	OXYDE D'ÉTHYLÈNE ET OXYDE DE PROPYLÈNE EN MÉLANGE contenant au plus 30% d'oxyde d'éthylène	3	FT1	I	3+6.1	802	0	E0	T	PP, EP, EX, TOX, A	VE01, VE02		2	
2984	PEROXYDE D'HYDROGÈNE EN SOLUTION AQUEUSE contenant au minimum 8%, mais moins de 20% de peroxyde d'hydrogène (stabilisée selon les besoins)	5.1	O1	III	5.1	65	5 L	E1	T	PP			0	
2985	CHLOROSILANES INFLAMMABLES, CORROSIFS, N.S.A.	3	FC	II	3+8	548	0	E0		PP, EP, EX, A	VE01		1	
2986	CHLOROSILANES CORROSIFS, INFLAMMABLES, N.S.A.	8	CF1	II	8+3	548	0	E0		PP, EP, EX, A	VE01		1	
2987	CHLOROSILANES CORROSIFS, N.S.A.	8	C3	II	8	548	0	E0		PP, EP			0	
2988	CHLOROSILANES HYDRORÉACTIFS, INFLAMMABLES, CORROSIFS, N.S.A.	4.3	WFC	I	4.3+3+8	549	0	E0		PP, EP, EX, A	VE01	HA08	1	
2989	PHOSPHITE DE PLOMB DIBASIQUE	4.1	F3	II	4.1		1 kg	E2		PP			1	
2989	PHOSPHITE DE PLOMB DIBASIQUE	4.1	F3	III	4.1		5 kg	E1		PP			0	
2990	ENGINS DE SAUVETAGE AUTOGONFLABLES	9	M5		9	296 635	0	E0		PP			0	
2991	CARBAMATE PESTICIDE LIQUIDE, TOXIQUE, INFLAMMABLE, ayant un point d'éclair égal ou supérieur à 23 °C	6.1	TF2	I	6.1+3	61 274 802	0	E5		PP, EP, EX, TOX, A	VE01, VE02		2	
2991	CARBAMATE PESTICIDE LIQUIDE, TOXIQUE, INFLAMMABLE, ayant un point d'éclair égal ou supérieur à 23 °C	6.1	TF2	II	6.1+3	61 274 802	100 ml	E4		PP, EP, EX, TOX, A	VE01, VE02		2	
2991	CARBAMATE PESTICIDE LIQUIDE, TOXIQUE, INFLAMMABLE, ayant un point d'éclair égal ou supérieur à 23 °C	6.1	TF2	III	6.1+3	61 274 648 802	5 L	E1		PP, EP, EX, TOX, A	VE01, VE02		0	
2992	CARBAMATE PESTICIDE LIQUIDE, TOXIQUE	6.1	T6	I	6.1	61 274 648 802	0	E5		PP, EP, TOX, A	VE02		2	
2992	CARBAMATE PESTICIDE LIQUIDE, TOXIQUE	6.1	T6	II	6.1	61 274 648 802	100 ml	E4		PP, EP, TOX, A	VE02		2	
2992	CARBAMATE PESTICIDE LIQUIDE, TOXIQUE	6.1	T6	III	6.1	61 274 648 802	5 L	E1		PP, EP, EX, TOX, A	VE02		0	
2993	PESTICIDE ARSENICAL LIQUIDE TOXIQUE, INFLAMMABLE, ayant un point d'éclair égal ou supérieur à 23 °C	6.1	TF2	I	6.1+3	61 274 802	0	E5		PP, EP, EX, TOX, A	VE01, VE02		2	

No. ONU ou ID	Nom et description	Classe	Code de classification	Groupe d'emballage	Étiquettes	Dispositions spéciales	Quantités limitées et exceptées		Transport admis	Équipement exigé	Venti-lation	Mesures pendant le chargement/déchargement/ transport	Nombre de cônes, feux bleus	Observations
							3.4	3.5.1.2	3.2.1	8.1.5	7.1.6	7.1.6	7.1.5	3.2.1
3.1.2	3.1.2	2.2	2.2	2.1.1.3	5.2.2	3.3								
(1)	(2)	(3a)	(3b)	(4)	(5)	(6)	(7a)	(7b)	(8)	(9)	(10)	(11)	(12)	(13)
2993	PESTICIDE ARSENICAL LIQUIDE TOXIQUE, INFLAMMABLE, ayant un point d'éclair égal ou supérieur à 23 °C	6.1	TF2	II	6.1+3	61 274 802	100 ml	E4		PP, EP, EX, TOX, A	VE01, VE02		2	
2993	PESTICIDE ARSENICAL LIQUIDE TOXIQUE, INFLAMMABLE, ayant un point d'éclair égal ou supérieur à 23 °C	6.1	TF2	III	6.1+3	61 274 802	5 L	E1		PP, EP, EX, TOX, A	VE01, VE02		0	
2994	PESTICIDE ARSENICAL LIQUIDE TOXIQUE	6.1	T6	I	6.1	61 274 648 802	0	E5		PP, EP, TOX, A	VE02		2	
2994	PESTICIDE ARSENICAL LIQUIDE TOXIQUE	6.1	T6	II	6.1	61 274 648 802	100 ml	E4		PP, EP, TOX, A	VE02		2	
2994	PESTICIDE ARSENICAL LIQUIDE TOXIQUE	6.1	T6	III	6.1	61 274 648 802	5 L	E1		PP, EP, TOX, A	VE02		0	
2995	PESTICIDE ORGANOCHLORÉ LIQUIDE TOXIQUE, INFLAMMABLE, ayant un point d'éclair égal ou supérieur à 23 °C	6.1	TF2	I	6.1+3	61 274 802	0	E5		PP, EP, EX, TOX, A	VE01, VE02		2	
2995	PESTICIDE ORGANOCHLORÉ LIQUIDE TOXIQUE, INFLAMMABLE, ayant un point d'éclair égal ou supérieur à 23 °C	6.1	TF2	II	6.1+3	61 274 802	100 ml	E4		PP, EP, EX, TOX, A	VE01, VE02		2	
2995	PESTICIDE ORGANOCHLORÉ LIQUIDE TOXIQUE, INFLAMMABLE, ayant un point d'éclair égal ou supérieur à 23 °C	6.1	TF2	III	6.1+3	61 274 802	5 L	E1		PP, EP, EX, TOX, A	VE01, VE02		0	
2996	PESTICIDE ORGANOCHLORÉ LIQUIDE TOXIQUE	6.1	T6	I	6.1	61 274 648 802	0	E5		PP, EP, TOX, A	VE02		2	
2996	PESTICIDE ORGANOCHLORÉ LIQUIDE TOXIQUE	6.1	T6	II	6.1	61 274 648 802	100 ml	E4		PP, EP, TOX, A	VE02		2	
2996	PESTICIDE ORGANOCHLORÉ LIQUIDE TOXIQUE	6.1	T6	III	6.1	61 274 648 802	5 L	E1		PP, EP, TOX, A	VE02		0	
2997	TRIAZINE PESTICIDE LIQUIDE TOXIQUE, INFLAMMABLE, ayant un point d'éclair égal ou supérieur à 23 °C	6.1	TF2	I	6.1+3	61 274 802	0	E5		PP, EP, EX, TOX, A	VE01, VE02		2	
2997	TRIAZINE PESTICIDE LIQUIDE TOXIQUE, INFLAMMABLE, ayant un point d'éclair égal ou supérieur à 23 °C	6.1	TF2	II	6.1+3	61 274 802	100 ml	E4		PP, EP, EX, TOX, A	VE01, VE02		2	

No. ONU ou ID	Nom et description	Classe	Code de classification	Groupe d'emballage	Étiquettes	Dispositions spéciales	Quantités limitées et exceptées		Transport admis	Équipement exigé	Ventilation	Mesures pendant le chargement/déchargement/ transport	Nombre de cônes, feux bleus	Observations
	3.1.2	2.2	2.2	2.1.1.3	5.2.2	3.3	3.4	3.5.1.2	3.2.1	8.1.5	7.1.6	7.1.6	7.1.5	3.2.1
(1)	(2)	(3a)	(3b)	(4)	(5)	(6)	(7a)	(7b)	(8)	(9)	(10)	(11)	(12)	(13)
2997	TRIAZINE PESTICIDE LIQUIDE TOXIQUE, INFLAMMABLE, ayant un point d'éclair égal ou supérieur à 23 °C	6.1	TF2	III	6.1+3	61 274 802	5 L	E1		PP, EP, EX, TOX, A	VE01, VE02		0	
2998	TRIAZINE PESTICIDE LIQUIDE TOXIQUE	6.1	T6	I	6.1	61 274 648 802	0	E5		PP, EP, TOX, A	VE02		2	
2998	TRIAZINE PESTICIDE LIQUIDE TOXIQUE	6.1	T6	II	6.1	61 274 648 802	100 ml	E4		PP, EP, TOX, A	VE02		2	
2998	TRIAZINE PESTICIDE LIQUIDE TOXIQUE	6.1	T6	III	6.1	61 274 648 802	5 L	E1		PP, EP, TOX, A	VE02		0	
3005	THIOCARBAMATE PESTICIDE LIQUIDE TOXIQUE, INFLAMMABLE, ayant un point d'éclair égal ou supérieur à 23 °C	6.1	TF2	I	6.1+3	61 274 802	0	E5		PP, EP, EX, TOX, A	VE01, VE02		2	
3005	THIOCARBAMATE PESTICIDE LIQUIDE TOXIQUE, INFLAMMABLE, ayant un point d'éclair égal ou supérieur à 23 °C	6.1	TF2	II	6.1+3	61 274 802	100 ml	E4		PP, EP, EX, TOX, A	VE01, VE02		2	
3005	THIOCARBAMATE PESTICIDE LIQUIDE TOXIQUE, INFLAMMABLE, ayant un point d'éclair égal ou supérieur à 23 °C	6.1	TF2	III	6.1+3	61 274 802	5 L	E1		PP, EP, EX, TOX, A	VE01, VE02		0	
3006	THIOCARBAMATE PESTICIDE LIQUIDE TOXIQUE	6.1	T6	I	6.1	61 274 648 802	0	E5		PP, EP, TOX, A	VE02		2	
3006	THIOCARBAMATE PESTICIDE LIQUIDE TOXIQUE	6.1	T6	II	6.1	61 274 648 802	100 ml	E4		PP, EP, TOX, A	VE02		2	
3006	THIOCARBAMATE PESTICIDE LIQUIDE TOXIQUE	6.1	T6	III	6.1	61 274 648 802	5 L	E1		PP, EP, TOX, A	VE02		0	
3009	PESTICIDE CUIVRIQUE LIQUIDE TOXIQUE, INFLAMMABLE, ayant un point d'éclair égal ou supérieur à 23 °C	6.1	TF2	I	6.1+3	61 274 802	0	E5		PP, EP, EX, TOX, A	VE01, VE02		2	
3009	PESTICIDE CUIVRIQUE LIQUIDE TOXIQUE, INFLAMMABLE, ayant un point d'éclair égal ou supérieur à 23 °C	6.1	TF2	II	6.1+3	61 274 802	100 ml	E4		PP, EP, EX, TOX, A	VE01, VE02		2	
3009	PESTICIDE CUIVRIQUE LIQUIDE TOXIQUE, INFLAMMABLE, ayant un point d'éclair égal ou supérieur à 23 °C	6.1	TF2	III	6.1+3	61 274 802	5 L	E1		PP, EP, EX, TOX, A	VE01, VE02		0	

No. ONU ou ID	Nom et description	Classe	Code de classification	Groupe d'emballage	Étiquettes	Dispositions spéciales	Quantités limitées et exceptées		Transport admis	Équipement exigé	Ventilation	Mesures pendant le chargement/déchargement/transport	Nombre de cônes, feux bleus	Observations
		2.2	2.2	2.1.1.3	5.2.2	3.3	3.4	3.5.1.2	3.2.1	8.1.5	7.1.6	7.1.6	7.1.5	3.2.1
(1)	(2)	(3a)	(3b)	(4)	(5)	(6)	(7a)	(7b)	(8)	(9)	(10)	(11)	(12)	(13)
3010	PESTICIDE CUIVRIQUE LIQUIDE TOXIQUE	6.1	T6	I	6.1	61 274 648 802	0	E5		PP, EP, TOX, A	VE02		2	
3010	PESTICIDE CUIVRIQUE LIQUIDE TOXIQUE	6.1	T6	II	6.1	61 274 648 802	100 ml	E4		PP, EP, TOX, A	VE02		2	
3010	PESTICIDE CUIVRIQUE LIQUIDE TOXIQUE	6.1	T6	III	6.1	61 274 648 802	5 L	E1		PP, EP, TOX, A	VE02		0	
3011	PESTICIDE MERCURIEL LIQUIDE TOXIQUE, INFLAMMABLE, ayant un point d'éclair égal ou supérieur à 23 °C	6.1	TF2	I	6.1+3	61 274 802	0	E5		PP, EP, EX, TOX, A	VE01, VE02		2	
3011	PESTICIDE MERCURIEL LIQUIDE TOXIQUE, INFLAMMABLE, ayant un point d'éclair égal ou supérieur à 23 °C	6.1	TF2	II	6.1+3	61 274 802	100 ml	E4		PP, EP, EX, TOX, A	VE01, VE02		2	
3011	PESTICIDE MERCURIEL LIQUIDE TOXIQUE, INFLAMMABLE, ayant un point d'éclair égal ou supérieur à 23 °C	6.1	TF2	III	6.1+3	61 274 802	5 L	E1		PP, EP, EX, TOX, A	VE01, VE02		0	
3012	PESTICIDE MERCURIEL LIQUIDE TOXIQUE	6.1	T6	I	6.1	61 274 648 802	0	E5		PP, EP, TOX, A	VE02		2	
3012	PESTICIDE MERCURIEL LIQUIDE TOXIQUE	6.1	T6	II	6.1	61 274 648 802	100 ml	E4		PP, EP, TOX, A	VE02		2	
3012	PESTICIDE MERCURIEL LIQUIDE TOXIQUE	6.1	T6	III	6.1	61 274 648 802	5 L	E1		PP, EP, TOX, A	VE02		0	
3013	NITROPHÉNOL SUBSTITUÉ PESTICIDE LIQUIDE, TOXIQUE, INFLAMMABLE, ayant un point d'éclair égal ou supérieur à 23 °C	6.1	TF2	I	6.1+3	61 274 802	0	E5		PP, EP, EX, TOX, A	VE01, VE02		2	
3013	NITROPHÉNOL SUBSTITUÉ PESTICIDE LIQUIDE, TOXIQUE, INFLAMMABLE, ayant un point d'éclair égal ou supérieur à 23 °C	6.1	TF2	II	6.1+3	61 274 802	100 ml	E4		PP, EP, EX, TOX, A	VE01, VE02		2	
3013	NITROPHÉNOL SUBSTITUÉ PESTICIDE LIQUIDE, TOXIQUE, INFLAMMABLE, ayant un point d'éclair égal ou supérieur à 23 °C	6.1	TF2	III	6.1+3	61 274 802	5 L	E1		PP, EP, EX, TOX, A	VE01, VE02		0	
3014	NITROPHÉNOL SUBSTITUÉ PESTICIDE LIQUIDE, TOXIQUE	6.1	T6	I	6.1	61 274 648 802	0	E5		PP, EP, TOX, A	VE02		2	

No. ONU ou ID	Nom et description	Classe	Code de classification	Groupe d'emballage	Étiquettes	Dispositions spéciales	Quantités limitées et exceptées		Transport admis	Équipement exigé	Ventilation	Mesures pendant le chargement/déchargement/transport	Nombre de cônes, feux bleus	Observations
		2.2	2.2	2.1.1.3	5.2.2	3.3	3.4	3.5.1.2	3.2.1	8.1.5	7.1.6	7.1.6	7.1.5	3.2.1
(1)	(2)	(3a)	(3b)	(4)	(5)	(6)	(7a)	(7b)	(8)	(9)	(10)	(11)	(12)	(13)
3014	NITROPHÉNOL SUBSTITUÉ PESTICIDE LIQUIDE, TOXIQUE	6.1	T6	II	6.1	61 274 648 802	100 ml	E4		PP, EP, TOX, A	VE02		2	
3014	NITROPHÉNOL SUBSTITUÉ PESTICIDE LIQUIDE, TOXIQUE	6.1	T6	III	6.1	61 274 648 802	5 L	E1		PP, EP, TOX, A	VE02		0	
3015	PESTICIDE BIPYRIDYLIQUE LIQUIDE TOXIQUE, INFLAMMABLE, ayant un point d'éclair égal ou supérieur à 23 °C	6.1	TF2	I	6.1+3	61 274 802	0	E5		PP, EP, EX, TOX, A	VE01, VE02		2	
3015	PESTICIDE BIPYRIDYLIQUE LIQUIDE TOXIQUE, INFLAMMABLE, ayant un point d'éclair égal ou supérieur à 23 °C	6.1	TF2	II	6.1+3	61 274 802	100 ml	E4		PP, EP, EX, TOX, A	VE01, VE02		2	
3015	PESTICIDE BIPYRIDYLIQUE LIQUIDE TOXIQUE, INFLAMMABLE, ayant un point d'éclair égal ou supérieur à 23 °C	6.1	TF2	III	6.1+3	61 274 802	5 L	E1		PP, EP, EX, TOX, A	VE01, VE02		0	
3016	PESTICIDE BIPYRIDYLIQUE LIQUIDE TOXIQUE	6.1	T6	I	6.1	61 274 648 802	0	E5		PP, EP, TOX, A	VE02		2	
3016	PESTICIDE BIPYRIDYLIQUE LIQUIDE TOXIQUE	6.1	T6	II	6.1	61 274 648 802	100 ml	E4		PP, EP, TOX, A	VE02		2	
3016	PESTICIDE BIPYRIDYLIQUE LIQUIDE TOXIQUE	6.1	T6	III	6.1	61 274 648 802	5 L	E1		PP, EP, TOX, A	VE02		0	
3017	PESTICIDE ORGANOPHOSPHORÉ LIQUIDE TOXIQUE, INFLAMMABLE, ayant un point d'éclair égal ou supérieur à 23 °C	6.1	TF2	I	6.1+3	61 274 802	0	E5		PP, EP, EX, TOX, A	VE01, VE02		2	
3017	PESTICIDE ORGANOPHOSPHORÉ LIQUIDE TOXIQUE, INFLAMMABLE, ayant un point d'éclair égal ou supérieur à 23 °C	6.1	TF2	II	6.1+3	61 274 802	100 ml	E4		PP, EP, EX, TOX, A	VE01, VE02		2	
3017	PESTICIDE ORGANOPHOSPHORÉ LIQUIDE TOXIQUE, INFLAMMABLE, ayant un point d'éclair égal ou supérieur à 23 °C	6.1	TF2	III	6.1+3	61 274 802	5 L	E1		PP, EP, EX, TOX, A	VE01, VE02		0	
3018	PESTICIDE ORGANOPHOSPHORÉ LIQUIDE TOXIQUE	6.1	T6	I	6.1	61 274 648 802	0	E5		PP, EP, TOX, A	VE02		2	
3018	PESTICIDE ORGANOPHOSPHORÉ LIQUIDE TOXIQUE	6.1	T6	II	6.1	61 274 648 802	100 ml	E4		PP, EP, TOX, A	VE02		2	

No. ONU ou ID (1)	Nom et description (2)	Classe (3a) 2.2	Code de classification (3b) 2.2	Groupe d'emballage (4) 2.1.1.3	Étiquettes (5) 5.2.2	Dispositions spéciales (6) 3.3	Quantités limitées (7a) 3.4	Quantités exceptées (7b) 3.5.1.2	Transport admis (8) 3.2.1	Équipement exigé (9) 8.1.5	Ventilation (10) 7.1.6	Mesures pendant le chargement/déchargement/transport (11) 7.1.6	Nombre de cônes, feux bleus (12) 7.1.5	Observations (13) 3.2.1
3018	PESTICIDE ORGANOPHOSPHORÉ LIQUIDE TOXIQUE	6.1	T6	III	6.1	61 274 648 802	5 L	E1		PP, EP, TOX, A	VE02		0	
3019	PESTICIDE ORGANOSTANNIQUE LIQUIDE TOXIQUE, INFLAMMABLE, ayant un point d'éclair égal ou supérieur à 23 °C	6.1	TF2	I	6.1+3	61 274 802	0	E5		PP, EP, EX, TOX, A	VE01, VE02		2	
3019	PESTICIDE ORGANOSTANNIQUE LIQUIDE TOXIQUE, INFLAMMABLE, ayant un point d'éclair égal ou supérieur à 23 °C	6.1	TF2	II	6.1+3	61 274 802	100 ml	E4		PP, EP, EX, TOX, A	VE01, VE02		2	
3019	PESTICIDE ORGANOSTANNIQUE LIQUIDE TOXIQUE, INFLAMMABLE, ayant un point d'éclair égal ou supérieur à 23 °C	6.1	TF2	III	6.1+3	61 274 802	5 L	E1		PP, EP, EX, TOX, A	VE01, VE02		0	
3020	PESTICIDE ORGANOSTANNIQUE LIQUIDE TOXIQUE	6.1	T6	I	6.1	61 274 648 802	0	E5		PP, EP, TOX, A	VE02		2	
3020	PESTICIDE ORGANOSTANNIQUE LIQUIDE TOXIQUE	6.1	T6	II	6.1	61 274 648 802	100 ml	E4		PP, EP, TOX, A	VE02		2	
3020	PESTICIDE ORGANOSTANNIQUE LIQUIDE TOXIQUE	6.1	T6	III	6.1	61 274 648 802	5 L	E1		PP, EP, TOX, A	VE02		0	
3021	PESTICIDE LIQUIDE, INFLAMMABLE, TOXIQUE, N.S.A., ayant un point d'éclair inférieur à 23 °C	3	FT2	I	3+6.1	61 274 802	0	E0		PP, EP, EX, TOX, A	VE01, VE02		2	
3021	PESTICIDE LIQUIDE, INFLAMMABLE, TOXIQUE, N.S.A., ayant un point d'éclair inférieur à 23 °C	3	FT2	II	3+6.1	61 274 802	1 L	E2		PP, EP, EX, TOX, A	VE01, VE02		2	
3022	OXYDE DE BUTYLÈNE-1,2 STABILISÉ	3	F1	II	3	386 676	1 L	E2		PP, EX, A	VE01		1	
3023	2-MÉTHYL-2-HEPTANETHIOL	6.1	TF1	I	6.1+3	354 802	0	E0		PP, EP, EX, TOX, A	VE01, VE02		2	
3024	PESTICIDE COUMARINIQUE LIQUIDE INFLAMMABLE, TOXIQUE, ayant un point d'éclair inférieur à 23 °C	3	FT2	I	3+6.1	61 274 802	0	E0		PP, EP, EX, TOX, A	VE01, VE02		2	
3024	PESTICIDE COUMARINIQUE LIQUIDE INFLAMMABLE, TOXIQUE, ayant un point d'éclair inférieur à 23 °C	3	FT2	II	3+6.1	61 274 802	1 L	E2		PP, EP, EX, TOX, A	VE01, VE02		2	
3025	PESTICIDE COUMARINIQUE LIQUIDE TOXIQUE, INFLAMMABLE, ayant un point d'éclair égal ou supérieur à 23 °C	6.1	TF2	I	6.1+3	61 274 802	0	E5		PP, EP, EX, TOX, A	VE01, VE02		2	

No. ONU ou ID (1)	Nom et description 3.1.2 (2)	Classe 2.2 (3a)	Code de classification 2.2 (3b)	Groupe d'emballage 2.1.1.3 (4)	Étiquettes 5.2.2 (5)	Dispositions spéciales 3.3 (6)	Quantités limitées et exceptées 3.4 (7a)	3.5.1.2 (7b)	Transport admis 3.2.1 (8)	Équipement exigé 8.1.5 (9)	Ventilation 7.1.6 (10)	Mesures pendant le chargement/déchargement/ transport 7.1.6 (11)	Nombre de cônes, feux bleus 7.1.5 (12)	Observations 3.2.1 (13)
3025	PESTICIDE COUMARINIQUE LIQUIDE TOXIQUE, INFLAMMABLE, ayant un point d'éclair égal ou supérieur à 23 °C	6.1	TF2	II	6.1+3	61 274 802	100 ml	E4		PP, EP, EX, TOX, A	VE01, VE02		2	
3025	PESTICIDE COUMARINIQUE LIQUIDE TOXIQUE, INFLAMMABLE, ayant un point d'éclair égal ou supérieur à 23 °C	6.1	TF2	III	6.1+3	61 274 802	5 L	E1		PP, EP, EX, TOX, A	VE01, VE02		0	
3026	PESTICIDE COUMARINIQUE LIQUIDE TOXIQUE	6.1	T6	I	6.1	61 274 648 802	0	E5		PP, EP, TOX, A	VE02		2	
3026	PESTICIDE COUMARINIQUE LIQUIDE TOXIQUE	6.1	T6	II	6.1	61 274 648 802	100 ml	E4		PP, EP, TOX, A	VE02		2	
3026	PESTICIDE COUMARINIQUE LIQUIDE TOXIQUE	6.1	T6	III	6.1	61 274 648 802	5 L	E1		PP, EP, TOX, A	VE02		0	
3027	PESTICIDE COUMARINIQUE SOLIDE TOXIQUE	6.1	T7	I	6.1	61 274 648 802	0	E5		PP, EP			2	
3027	PESTICIDE COUMARINIQUE SOLIDE TOXIQUE	6.1	T7	II	6.1	61 274 648 802	500 g	E4		PP, EP			2	
3027	PESTICIDE COUMARINIQUE SOLIDE TOXIQUE	6.1	T7	III	6.1	61 274 648 802	5 kg	E1		PP, EP			0	
3028	ACCUMULATEURS ÉLECTRIQUES secs CONTENANT DE L'HYDROXYDE DE POTASSIUM SOLIDE	8	C11		8	295 304 598	2 kg	E0		PP, EP			0	
3048	PESTICIDE AU PHOSPHURE D'ALUMINIUM	6.1	T7	I	6.1	153 648 802	0	E0		PP, EP			2	
3054	MERCAPTAN CYCLOHEXYLIQUE	3	F1	III	3		5 L	E1		PP, EX, A	VE01		0	
3055	(AMINO-2 ÉTHOXY)-2 ÉTHANOL	8	C7	III	8		5 L	E1		PP, EP			0	
3056	n-HEPTALDÉHYDE	3	F1	III	3		5 L	E1		PP, EX, A	VE01		0	
3057	CHLORURE DE TRIFLUORACÉTYLE	2	2TC		2.3+8		0	E0		PP, EP, TOX, A	VE02		2	
3064	NITROGLYCÉRINE EN SOLUTION ALCOOLIQUE avec plus de 1% mais pas plus de 5% de nitroglycérine	3	D	II	3	359	0	E0		PP, EX, A	VE01		1	
3065	BOISSONS ALCOOLISÉES contenant plus de 70% d'alcool en volume	3	F1	II	3		5 L	E2		PP, EX, A	VE01		1	

No. ONU ou ID	Nom et description	Classe	Code de classification	Groupe d'emballage	Étiquettes	Dispositions speciales	Quantités limitées et exceptées		Transport admis	Équipement exigé	Ventilation	Mesures pendant le chargement/déchargement/ transport	Nombre de cônes, feux bleus	Observations
	3.1.2	2.2	2.2	2.1.1.3	5.2.2	3.3	3.4	3.5.1.2	3.2.1	8.1.5	7.1.6	7.1.6	7.1.5	3.2.1
(1)	(2)	(3a)	(3b)	(4)	(5)	(6)	(7a)	(7b)	(8)	(9)	(10)	(11)	(12)	(13)
3065	BOISSONS ALCOOLISÉES contenant entre 24% et 70% d'alcool en volume	3	F1	III	3	144 145 247	5 L	E1		PP, EX, A	VE01		0	
3066	PEINTURES (y compris peintures, laques, émaux, couleurs, shellac, vernis, cirages, encaustiques, enduits d'apprêt et bases liquides pour laques), ou MATIÈRES APPARENTÉES AUX PEINTURES (y compris solvants et diluants pour peintures)	8	C9	II	8	163 367	1 L	E2		PP, EP			0	
3066	PEINTURES (y compris peintures, laques, émaux, couleurs, shellac, vernis, cirages, encaustiques, enduits d'apprêt et bases liquides pour laques), ou MATIÈRES APPARENTÉES AUX PEINTURES (y compris solvants et diluants pour peintures)	8	C9	III	8	163 367	5 L	E1		PP, EP			0	
3070	OXYDE D'ÉTHYLÈNE ET DICHLORODIFLUOROMÉTHANE EN MÉLANGE contenant au plus 12,5% d'oxyde d'éthylène	2	2A		2.2	392 662	120 ml	E1		PP			0	
3071	MERCAPTANS LIQUIDES TOXIQUES, INFLAMMABLES, N.S.A. ou MERCAPTANS EN MÉLANGE LIQUIDE TOXIQUE, INFLAMMABLE, N.S.A.	6.1	TF1	II	6.1+3	274 802	100 ml	E4		PP, EP, EX, TOX, A	VE01, VE02		2	
3072	ENGINS DE SAUVETAGE NON AUTOGONFLABLES contenant des marchandises dangereuses comme équipement	9	M5		9	296 635	0	E0		PP			0	
3073	VINYLPYRIDINES STABILISÉES	6.1	TFC	II	6.1+3+8	386 676 802	100 ml	E4		PP, EP, EX, TOX, A	VE01, VE02		2	
3077	MATIÈRE DANGEREUSE DU POINT DE VUE DE L'ENVIRONNEMENT, SOLIDE, N.S.A.	9	M7	III	9	274 335 375 601	5 kg	E1	T* B**	PP A***			0	* Uniquement à l'état fondu. ** Pour le transport en vrac, voir aussi le 7.1.4.1. *** Uniquement en cas de transport en vrac.
3078	CÉRIUM, copeaux ou poudre abrasive	4.3	W2	II	4.3	550	500 g	E2		PP, EX, A	VE01	HA08	0	
3079	MÉTHACRYLONITRILE STABILISÉ	6.1	TF1	I	6.1+3	354 386 676 802	0	E0	T	PP, EP, EX, TOX, A	VE01, VE02		2	
3080	ISOCYANATES TOXIQUES, INFLAMMABLES, N.S.A. ou ISOCYANATE TOXIQUE, INFLAMMABLE, EN SOLUTION, N.S.A.	6.1	TF1	II	6.1+3	274 551 802	100 ml	E4		PP, EP, EX, TOX, A	VE01, VE02		2	

No. ONU ou ID (1)	Nom et description (2) 3.1.2	Classe (3a) 2.2	Code de classification (3b) 2.2	Groupe d'emballage (4) 2.1.1.3	Étiquettes (5) 5.2.2	Dispositions spéciales (6) 3.3	Quantités limitées et exceptées (7a) 3.4	(7b) 3.5.1.2	Transport admis (8) 3.2.1	Équipement exigé (9) 8.1.5	Ventilation (10) 7.1.6	Mesures pendant le chargement/déchargement/transport (11) 7.1.6	Nombre de cônes, feux bleus (12) 7.1.5	Observations (13) 3.2.1
3082	MATIÈRE DANGEREUSE DU POINT DE VUE DE L'ENVIRONNEMENT, LIQUIDE, N.S.A.	9	M6	III	9	274 335 375 601	5 L	E1	T	PP			0	
3083	FLUORURE DE PERCHLORYLE	2	2TO		2.3+5.1		0	E0		PP, EP, TOX, A	VE02		2	
3084	SOLIDE CORROSIF, COMBURANT, N.S.A.	8	CO2	I	8+5.1	274	0	E0		PP, EP			0	
3084	SOLIDE CORROSIF, COMBURANT, N.S.A.	8	CO2	II	8+5.1	274	1 kg	E2		PP, EP			0	
3085	SOLIDE COMBURANT, CORROSIF, N.S.A.	5.1	OC2	I	5.1+8	274	0	E0		PP, EP			0	
3085	SOLIDE COMBURANT, CORROSIF, N.S.A.	5.1	OC2	II	5.1+8	274	1 kg	E2		PP, EP			0	
3085	SOLIDE COMBURANT, CORROSIF, N.S.A.	5.1	OC2	III	5.1+8	274	5 kg	E1		PP, EP			0	
3086	SOLIDE TOXIQUE, COMBURANT, N.S.A.	6.1	TO2	I	6.1+5.1	274 802	0	E5		PP, EP			2	
3086	SOLIDE TOXIQUE, COMBURANT, N.S.A.	6.1	TO2	II	6.1+5.1	274 802	500 g	E4		PP, EP			2	
3087	SOLIDE COMBURANT, TOXIQUE, N.S.A.	5.1	OT2	I	5.1+6.1	274 802	0	E0		PP, EP			2	
3087	SOLIDE COMBURANT, TOXIQUE, N.S.A.	5.1	OT2	II	5.1+6.1	274 802	1 kg	E2		PP, EP			2	
3087	SOLIDE COMBURANT, TOXIQUE, N.S.A.	5.1	OT2	III	5.1+6.1	274 802	5 kg	E1		PP, EP			2	
3088	SOLIDE ORGANIQUE AUTO-ÉCHAUFFANT, N.S.A.	4.2	S2	II	4.2	274	0	E2		PP			0	
3088	SOLIDE ORGANIQUE AUTO-ÉCHAUFFANT, N.S.A.	4.2	S2	III	4.2	274 665	0	E1		PP			0	
3089	POUDRE MÉTALLIQUE INFLAMMABLE, N.S.A.	4.1	F3	II	4.1	552	1 kg	E2		PP			1	
3089	POUDRE MÉTALLIQUE INFLAMMABLE, N.S.A.	4.1	F3	III	4.1	552	5 kg	E1		PP			0	
3090	PILES AU LITHIUM MÉTAL (y compris les piles à alliage de lithium)	9	M4		9A	188 230 310 376 377 387 636	0	E0					0	
3091	PILES AU LITHIUM MÉTAL CONTENUES DANS UN ÉQUIPEMENT ou PILES AU LITHIUM MÉTAL EMBALLÉES AVEC UN ÉQUIPEMENT (y compris les piles à alliage de lithium)	9	M4		9A	188 230 310 360 376 377 387 390 670	0	E0		PP			0	
3092	MÉTHOXY-1 PROPANOL-2	3	F1	III	3		5 L	E1	T	PP, EX, A	VE01		0	
3093	LIQUIDE CORROSIF, COMBURANT, N.S.A.	8	CO1	I	8+5.1	274	0	E0		PP, EP			0	
3093	LIQUIDE CORROSIF, COMBURANT, N.S.A.	8	CO1	II	8+5.1	274	1 L	E2		PP, EP			0	
3094	LIQUIDE CORROSIF, HYDRORÉACTIF, N.S.A.	8	CW1	I	8+4.3	274	0	E0		PP, EP			0	

No. ONU ou ID (1) 3.1.2	Nom et description (2)	Classe 2.2 (3a)	Code de classification 2.2 (3b)	Groupe d'emballage 2.1.1.3 (4)	Étiquettes 5.2.2 (5)	Dispositions spéciales 3.3 (6)	Quantités limitées et exceptées 3.4 (7a)	3.5.1.2 (7b)	Transport admis 3.2.1 (8)	Équipement exigé 8.1.5 (9)	Ventilation 7.1.6 (10)	Mesures pendant le chargement/déchargement/transport 7.1.6 (11)	Nombre de cônes, feux bleus 7.1.5 (12)	Observations 3.2.1 (13)
3094	LIQUIDE CORROSIF, HYDRORÉACTIF, N.S.A.	8	CW1	II	8+4.3	274	1 L	E2		PP, EP			0	
3095	SOLIDE CORROSIF, AUTO-ÉCHAUFFANT, N.S.A.	8	CS2	I	8+4.2	274	0	E0		PP, EP			0	
3095	SOLIDE CORROSIF, AUTO-ÉCHAUFFANT, N.S.A.	8	CS2	II	8+4.2	274	1 kg	E2		PP, EP			0	
3096	SOLIDE CORROSIF, HYDRORÉACTIF, N.S.A.	8	CW2	I	8+4.3	274	0	E0		PP, EP			0	
3096	SOLIDE CORROSIF, HYDRORÉACTIF, N.S.A.	8	CW2	II	8+4.3	274	1 kg	E2		PP, EP			0	
3097	SOLIDE INFLAMMABLE, COMBURANT, N.S.A.	4.1	FO						TRANSPORT INTERDIT					
3098	LIQUIDE COMBURANT, CORROSIF, N.S.A.	5.1	OC1	I	5.1+8	274	0	E0		PP, EP			0	
3098	LIQUIDE COMBURANT, CORROSIF, N.S.A.	5.1	OC1	II	5.1+8	274	1 L	E2		PP, EP			0	
3098	LIQUIDE COMBURANT, CORROSIF, N.S.A.	5.1	OC1	III	5.1+8	274	5 L	E1		PP, EP			0	
3099	LIQUIDE COMBURANT, TOXIQUE, N.S.A.	5.1	OT1	I	5.1+6.1	274	0	E0		PP, EP, TOX, A	VE02		2	
3099	LIQUIDE COMBURANT, TOXIQUE, N.S.A.	5.1	OT1	II	5.1+6.1	274 802	1 L	E2		PP, EP, TOX, A	VE02		2	
3099	LIQUIDE COMBURANT, TOXIQUE, N.S.A.	5.1	OT1	III	5.1+6.1	274 802	5 L	E1		PP, EP, TOX, A	VE02		0	
3100	SOLIDE COMBURANT, AUTO-ÉCHAUFFANT, N.S.A.	5.1	OS						TRANSPORT INTERDIT					
3101	PEROXYDE ORGANIQUE DE TYPE B, LIQUIDE	5.2	P1		5.2+1	122 181 274	25 ml	E0		PP, EX, A	VE01	HA01, HA10	3	
3102	PEROXYDE ORGANIQUE DE TYPE B, SOLIDE	5.2	P1		5.2+1	122 181 274	100 g	E0		PP, EX, A	VE01	HA01, HA10	3	
3103	PEROXYDE ORGANIQUE DE TYPE C, LIQUIDE	5.2	P1		5.2	122 274	25 ml	E0		PP, EX, A	VE01		0	
3104	PEROXYDE ORGANIQUE DE TYPE C, SOLIDE	5.2	P1		5.2	122 274	100 g	E0		PP, EX, A	VE01		0	
3105	PEROXYDE ORGANIQUE DE TYPE D, LIQUIDE	5.2	P1		5.2	122 274	125 ml	E0		PP, EX, A	VE01		0	
3106	PEROXYDE ORGANIQUE DE TYPE D, SOLIDE	5.2	P1		5.2	122 274	500 g	E0		PP, EX, A	VE01		0	
3107	PEROXYDE ORGANIQUE DE TYPE E, LIQUIDE	5.2	P1		5.2	122 274	125 ml	E0		PP, EX, A	VE01		0	
3108	PEROXYDE ORGANIQUE DE TYPE E, SOLIDE	5.2	P1		5.2	122 274	500 g	E0		PP, EX, A	VE01		0	
3109	PEROXYDE ORGANIQUE DE TYPE F, LIQUIDE	5.2	P1		5.2	122 274	125 ml	E0		PP, EX, A	VE01		0	
3110	PEROXYDE ORGANIQUE DE TYPE F, SOLIDE	5.2	P1		5.2	122 274	500 g	E0		PP, EX, A	VE01		0	
3111	PEROXYDE ORGANIQUE DE TYPE B, LIQUIDE, AVEC RÉGULATION DE TEMPÉRATURE	5.2	P2		5.2+1	122 181 274	0	E0		PP, EX, A	VE01	HA01, HA10	3	
3112	PEROXYDE ORGANIQUE DE TYPE B, SOLIDE, AVEC RÉGULATION DE TEMPÉRATURE	5.2	P2		5.2+1	122 181 274	0	E0		PP, EX, A	VE01	HA01, HA10	3	

No. ONU ou ID (1)	Nom et description 3.1.2 (2)	Classe 2.2 (3a)	Code de classification 2.2 (3b)	Groupe d'emballage 2.1.1.3 (4)	Étiquettes 5.2.2 (5)	Dispositions spéciales 3.3 (6)	Quantités limitées et exceptées 3.4 (7a)	Quantités limitées et exceptées 3.5.1.2 (7b)	Transport admis 3.2.1 (8)	Équipement exigé 8.1.5 (9)	Ventilation 7.1.6 (10)	Mesures pendant le chargement/déchargement/transport 7.1.6 (11)	Nombre de cônes, feux bleus 7.1.5 (12)	Observations 3.2.1 (13)
3113	PEROXYDE ORGANIQUE DE TYPE C, LIQUIDE, AVEC RÉGULATION DE TEMPÉRATURE	5.2	P2		5.2	122 274	0	E0		PP, EX, A	VE01		0	
3114	PEROXYDE ORGANIQUE DE TYPE C, SOLIDE, AVEC RÉGULATION DE TEMPÉRATURE	5.2	P2		5.2	122 274	0	E0		PP, EX, A	VE01		0	
3115	PEROXYDE ORGANIQUE DE TYPE D, LIQUIDE, AVEC RÉGULATION DE TEMPÉRATURE	5.2	P2		5.2	122 274	0	E0		PP, EX, A	VE01		0	
3116	PEROXYDE ORGANIQUE DE TYPE D, SOLIDE, AVEC RÉGULATION DE TEMPÉRATURE	5.2	P2		5.2	122 274	0	E0		PP, EX, A	VE01		0	
3117	PEROXYDE ORGANIQUE DE TYPE E, LIQUIDE, AVEC RÉGULATION DE TEMPÉRATURE	5.2	P2		5.2	122 274	0	E0		PP, EX, A	VE01		0	
3118	PEROXYDE ORGANIQUE DE TYPE E, SOLIDE, AVEC RÉGULATION DE TEMPÉRATURE	5.2	P2		5.2	122 274	0	E0		PP, EX, A	VE01		0	
3119	PEROXYDE ORGANIQUE DE TYPE F, LIQUIDE, AVEC RÉGULATION DE TEMPÉRATURE	5.2	P2		5.2	122 274	0	E0		PP, EX, A	VE01		0	
3120	PEROXYDE ORGANIQUE DE TYPE F, SOLIDE, AVEC RÉGULATION DE TEMPÉRATURE	5.2	P2		5.2	122 274	0	E0		PP, EX, A	VE01		0	
3121	SOLIDE COMBURANT, HYDRORÉACTIF, N.S.A.	5.1	OW						TRANSPORT INTERDIT					
3122	LIQUIDE TOXIQUE, COMBURANT, N.S.A.	6.1	TO1	I	6.1+5.1	274 315 802	0	E0		PP, EP, TOX, A	VE02		2	
3122	LIQUIDE TOXIQUE, COMBURANT, N.S.A.	6.1	TO1	II	6.1+5.1	274 802	100 ml	E4		PP, EP, TOX, A	VE02		2	
3123	LIQUIDE TOXIQUE, HYDRORÉACTIF, N.S.A.	6.1	TW1	I	6.1+4.3	274 315 802	0	E0		PP, EP, TOX, A	VE02		2	
3123	LIQUIDE TOXIQUE, HYDRORÉACTIF, N.S.A.	6.1	TW1	II	6.1+4.3	274 802	100 ml	E4		PP, EP, TOX, A	VE02		2	
3124	SOLIDE TOXIQUE, AUTO-ÉCHAUFFANT, N.S.A.	6.1	TS	I	6.1+4.2	274 802	0	E5		PP, EP			2	
3124	SOLIDE TOXIQUE, AUTO-ÉCHAUFFANT, N.S.A.	6.1	TS	II	6.1+4.2	274 802	0	E4		PP, EP			2	
3125	SOLIDE TOXIQUE, HYDRORÉACTIF, N.S.A.	6.1	TW2	I	6.1+4.3	274 802	0	E5		PP, EP			2	
3125	SOLIDE TOXIQUE, HYDRORÉACTIF, N.S.A.	6.1	TW2	II	6.1+4.3	274 802	500 g	E4		PP, EP			2	
3126	SOLIDE ORGANIQUE AUTO-ÉCHAUFFANT, CORROSIF, N.S.A.	4.2	SC2	II	4.2+8	274	0	E2		PP, EP			0	
3126	SOLIDE ORGANIQUE AUTO-ÉCHAUFFANT, CORROSIF, N.S.A.	4.2	SC2	III	4.2+8	274	0	E1		PP, EP			0	
3127	SOLIDE AUTO-ÉCHAUFFANT, COMBURANT, N.S.A.	4.2	SO						TRANSPORT INTERDIT					
3128	SOLIDE ORGANIQUE AUTO-ÉCHAUFFANT, TOXIQUE, N.S.A.	4.2	ST2	II	4.2+6.1	274 802	0	E2		PP, EP			2	
3128	SOLIDE ORGANIQUE AUTO-ÉCHAUFFANT, TOXIQUE, N.S.A.	4.2	ST2	III	4.2+6.1	274 802	0	E1		PP, EP			0	
3129	LIQUIDE HYDRORÉACTIF, CORROSIF, N.S.A.	4.3	WC1	I	4.3+8	274	0	E0		PP, EP, EX, A	VE01	HA08	0	

No. ONU ou ID (1)	Nom et description (2)	Classe (3a)	Code de classification (3b)	Groupe d'emballage (4)	Étiquettes (5)	Dispositions spéciales (6)	Quantités limitées et exceptées 3.4 (7a)	Quantités limitées et exceptées 3.5.1.2 (7b)	Transport admis (8)	Équipement exigé (9)	Ventilation (10)	Mesures pendant le chargement/déchargement/transport (11)	Nombre de cônes, feux bleus (12)	Observations (13)
3129	LIQUIDE HYDRORÉACTIF, CORROSIF, N.S.A.	4.3	WC1	II	4.3+8	274	500 ml	E0		PP, EP, EX, A	VE01	HA08	0	
3129	LIQUIDE HYDRORÉACTIF, CORROSIF, N.S.A.	4.3	WC1	III	4.3+8	274	1 L	E1		PP, EP, EX, A	VE01	HA08	0	
3130	LIQUIDE HYDRORÉACTIF, TOXIQUE, N.S.A.	4.3	WT1	I	4.3+6.1	274 802	0	E0		PP, EP, EX, TOX, A	VE01, VE02	HA08	2	
3130	LIQUIDE HYDRORÉACTIF, TOXIQUE, N.S.A.	4.3	WT1	II	4.3+6.1	274 802	500 ml	E0		PP, EP, EX, TOX, A	VE01, VE02	HA08	2	
3130	LIQUIDE HYDRORÉACTIF, TOXIQUE, N.S.A.	4.3	WT1	III	4.3+6.1	274 802	1 L	E1		PP, EP, EX, TOX, A	VE01, VE02	HA08	0	
3131	SOLIDE HYDRORÉACTIF, CORROSIF, N.S.A.	4.3	WC2	I	4.3+8	274	0	E0		PP, EP, EX, A	VE01	HA08	0	
3131	SOLIDE HYDRORÉACTIF, CORROSIF, N.S.A.	4.3	WC2	II	4.3+8	274	500 g	E2		PP, EP, EX, A	VE01	HA08	0	
3131	SOLIDE HYDRORÉACTIF, CORROSIF, N.S.A.	4.3	WC2	III	4.3+8	274	1 kg	E1		PP, EP, EX, A	VE01	HA08	0	
3132	SOLIDE HYDRORÉACTIF, INFLAMMABLE, N.S.A.	4.3	WF2	I	4.3 + 4.1	274	0	E0		PP,EX,A	VE01	HA08	1	
3132	SOLIDE HYDRORÉACTIF, INFLAMMABLE, N.S.A.	4.3	WF2	II	4.3 + 4.1	274	500 g	E2		PP,EX,A	VE01	HA08	1	
3132	SOLIDE HYDRORÉACTIF, INFLAMMABLE, N.S.A.	4.3	WF2	III	4.3 + 4.1	274	1 kg	E1		PP,EX,A	VE01	HA08	0	
3133	SOLIDE HYDRORÉACTIF, COMBURANT, N.S.A.	4.3	WO						TRANSPORT INTERDIT					
3134	SOLIDE HYDRORÉACTIF, TOXIQUE, N.S.A.	4.3	WT2	I	4.3+6.1	274 802	0	E0		PP, EP, EX, TOX, A	VE01	HA08	2	
3134	SOLIDE HYDRORÉACTIF, TOXIQUE, N.S.A.	4.3	WT2	II	4.3+6.1	274 802	500 g	E2		PP, EP, EX, TOX, A	VE01	HA08	2	
3134	SOLIDE HYDRORÉACTIF, TOXIQUE, N.S.A.	4.3	WT2	III	4.3+6.1	274 802	1 kg	E1		PP, EP, EX, TOX, A	VE01	HA08	0	
3135	SOLIDE HYDRORÉACTIF, AUTO-ÉCHAUFFANT, N.S.A.	4.3	WS	I	4.3 + 4.2	274	0	E0		PP,EX,A	VE01	HA08	0	
3135	SOLIDE HYDRORÉACTIF, AUTO-ÉCHAUFFANT, N.S.A.	4.3	WS	II	4.3 + 4.2	274	0	E2		PP,EX,A	VE01	HA08	0	
3135	SOLIDE HYDRORÉACTIF, AUTO-ÉCHAUFFANT, N.S.A.	4.3	WS	III	4.3 + 4.2	274	0	E1		PP,EX,A	VE01	HA08	0	
3136	TRIFLUOROMÉTHANE LIQUIDE RÉFRIGÉRÉ	2	3A		2.2	593	120 ml	E1		PP			0	
3137	SOLIDE COMBURANT, INFLAMMABLE, N.S.A.	5.1	OF						TRANSPORT INTERDIT					
3138	ÉTHYLÈNE, ACÉTYLÈNE ET PROPYLÈNE EN MÉLANGE LIQUIDE RÉFRIGÉRÉ, contenant 71,5% au moins d'éthylène, 22,5% au plus d'acétylène et 6% au plus de propylène	2	3F		2.1		0	E0		PP, EP, EX, A	VE01		1	
3139	LIQUIDE COMBURANT, N.S.A.	5.1	O1	I	5.1	274	0	E0		PP			0	
3139	LIQUIDE COMBURANT, N.S.A.	5.1	O1	II	5.1	274	1 L	E2		PP			0	
3139	LIQUIDE COMBURANT, N.S.A.	5.1	O1	III	5.1	274	5 L	E1		PP			0	
3140	ALCALOÏDES LIQUIDES, N.S.A. ou SELS D'ALCALOÏDES LIQUIDES, N.S.A.	6.1	T1	I	6.1	43 274 802	0	E5		PP, EP, TOX, A	VE02		2	
3140	ALCALOÏDES LIQUIDES, N.S.A. ou SELS D'ALCALOÏDES LIQUIDES, N.S.A.	6.1	T1	II	6.1	43 274 802	100 ml	E4		PP, EP, TOX, A	VE02		2	
3140	ALCALOÏDES LIQUIDES, N.S.A. ou SELS D'ALCALOÏDES LIQUIDES, N.S.A.	6.1	T1	III	6.1	43 274 802	5 L	E1		PP, EP, TOX, A	VE02		0	

No. ONU ou ID (1)	Nom et description 3.1.2 (2)	Classe 2.2 (3a)	Code de classification 2.2 (3b)	Groupe d'emballage 2.1.1.3 (4)	Étiquettes 5.2.2 (5)	Dispositions spéciales 3.3 (6)	Quantités limitées 3.4 (7a)	et exceptées 3.5.1.2 (7b)	Transport admis 3.2.1 (8)	Équipement exigé 8.1.5 (9)	Ventilation 7.1.6 (10)	Mesures pendant le chargement/déchargement/transport 7.1.6 (11)	Nombre de cônes, feux bleus 7.1.5 (12)	Observations 3.2.1 (13)
3141	COMPOSÉ INORGANIQUE LIQUIDE DE L'ANTIMOINE, N.S.A.	6.1	T4	III	6.1	45 274 512 802	5 L	E1		PP, EP, TOX, A	VE02		0	
3142	DÉSINFECTANT LIQUIDE TOXIQUE, N.S.A.	6.1	T1	I	6.1	274 802	0	E5		PP, EP, TOX, A	VE02		2	
3142	DÉSINFECTANT LIQUIDE TOXIQUE, N.S.A.	6.1	T1	II	6.1	274 802	100 ml	E4		PP, EP, TOX, A	VE02		2	
3142	DÉSINFECTANT LIQUIDE TOXIQUE, N.S.A.	6.1	T1	III	6.1	274 802	5 L	E1		PP, EP, TOX, A	VE02		0	
3143	COLORANT SOLIDE TOXIQUE, N.S.A. ou MATIÈRE INTERMÉDIAIRE SOLIDE POUR COLORANT, TOXIQUE, N.S.A.	6.1	T2	I	6.1	274 802	0	E5		PP, EP			2	
3143	COLORANT SOLIDE TOXIQUE, N.S.A. ou MATIÈRE INTERMÉDIAIRE SOLIDE POUR COLORANT, TOXIQUE, N.S.A.	6.1	T2	II	6.1	274 802	500 g	E4		PP, EP			2	
3143	COLORANT SOLIDE TOXIQUE, N.S.A. ou MATIÈRE INTERMÉDIAIRE SOLIDE POUR COLORANT, TOXIQUE, N.S.A.	6.1	T2	III	6.1	274 802	5 kg	E1		PP, EP			0	
3144	COMPOSÉ LIQUIDE DE LA NICOTINE, N.S.A. ou PRÉPARATION LIQUIDE DE LA NICOTINE, N.S.A.	6.1	T1	I	6.1	43 274 802	0	E5		PP, EP, TOX, A	VE02		2	
3144	COMPOSÉ LIQUIDE DE LA NICOTINE, N.S.A. ou PRÉPARATION LIQUIDE DE LA NICOTINE, N.S.A.	6.1	T1	II	6.1	43 274 802	100 ml	E4		PP, EP, TOX, A	VE02		2	
3144	COMPOSÉ LIQUIDE DE LA NICOTINE, N.S.A. ou PRÉPARATION LIQUIDE DE LA NICOTINE, N.S.A.	6.1	T1	III	6.1	43 274 802	5 L	E1		PP, EP, TOX, A	VE02		0	
3145	ALKYLPHÉNOLS LIQUIDES, N.S.A. (y compris les homologues C_2 à C_{12})	8	C3	I	8		0	E0		PP, EP			0	
3145	ALKYLPHÉNOLS LIQUIDES, N.S.A. (y compris les homologues C_2 à C_{12})	8	C3	II	8		1 L	E2	T	PP, EP			0	
3145	ALKYLPHÉNOLS LIQUIDES, N.S.A. (y compris les homologues C_2 à C_{12})	8	C3	III	8		5 L	E1	T	PP, EP			0	
3146	COMPOSÉ ORGANIQUE SOLIDE DE L'ÉTAIN, N.S.A.	6.1	T3	I	6.1	43 274 802	0	E5		PP, EP			2	
3146	COMPOSÉ ORGANIQUE SOLIDE DE L'ÉTAIN, N.S.A.	6.1	T3	II	6.1	43 274 802	500 g	E4		PP, EP			2	
3146	COMPOSÉ ORGANIQUE SOLIDE DE L'ÉTAIN, N.S.A.	6.1	T3	III	6.1	43 274 802	5 kg	E1		PP, EP			0	

No. ONU ou ID	Nom et description	Classe	Code de classification	Groupe d'emballage	Étiquettes	Dispositions spéciales	Quantités limitées et exceptées		Transport admis	Équipement exigé	Ventilation	Mesures pendant le chargement/déchargement/transport	Nombre de cônes, feux bleus	Observations
	3.1.2	2.2	2.2	2.1.1.3	5.2.2	3.3	3.4	3.5.1.2	3.2.1	8.1.5	7.1.6	7.1.6	7.1.5	3.2.1
(1)	(2)	(3a)	(3b)	(4)	(5)	(6)	(7a)	(7b)	(8)	(9)	(10)	(11)	(12)	(13)
3147	COLORANT SOLIDE CORROSIF, N.S.A. ou MATIÈRE INTERMÉDIAIRE SOLIDE POUR COLORANT, CORROSIVE, N.S.A.	8	C10	I	8	274	0	E0		PP, EP			0	
3147	COLORANT SOLIDE CORROSIF, N.S.A. ou MATIÈRE INTERMÉDIAIRE SOLIDE POUR COLORANT, CORROSIVE, N.S.A.	8	C10	II	8	274	1 kg	E2		PP, EP			0	
3147	COLORANT SOLIDE CORROSIF, N.S.A. ou MATIÈRE INTERMÉDIAIRE SOLIDE POUR COLORANT, CORROSIVE, N.S.A.	8	C10	III	8	274	5 kg	E1		PP, EP			0	
3148	LIQUIDE HYDRORÉACTIF, N.S.A.	4.3	W1	I	4.3	274	0	E0		PP, EX, A	VE01	HA08	0	
3148	LIQUIDE HYDRORÉACTIF, N.S.A.	4.3	W1	II	4.3	274	500 ml	E2		PP, EX, A	VE01	HA08	0	
3148	LIQUIDE HYDRORÉACTIF, N.S.A.	4.3	W1	III	4.3	274	1 L	E1		PP, EX, A	VE01	HA08	0	
3149	PEROXYDE D'HYDROGÈNE ET ACIDE PEROXYACÉTIQUE EN MÉLANGE avec acide(s), eau et au plus 5% d'acide peroxyacétique, STABILISÉ	5.1	OC1	II	5.1+8	196 553	1 L	E2		PP, EP	VE01		0	
3150	PETITS APPAREILS À HYDROCARBURES GAZEUX ou RECHARGES D'HYDROCARBURES GAZEUX POUR PETITS APPAREILS avec dispositif de décharge	2	6F		2.1		0	E0		PP, EX, A	VE01		1	
3151	DIPHÉNYLES POLYHALOGÉNÉS LIQUIDES ou MONOMÉTHYLDIPHÉNYLMÉTHANES HALOGÉNÉS LIQUIDES ou TERPHÉNYLES POLYHALOGÉNÉS LIQUIDES	9	M2	II	9	203 305 802	1 L	E2		PP, EP			0	
3152	DIPHÉNYLES POLYHALOGÉNÉS SOLIDES ou MONOMÉTHYLDIPHÉNYLMÉTHANES HALOGÉNÉS SOLIDES ou TERPHÉNYLES POLYHALOGÉNÉS SOLIDES	9	M2	II	9	203 305 802	1 kg	E2		PP, EP			0	
3153	ÉTHER PERFLUORO (MÉTHYLVINYLIQUE)	2	2F		2.1	662	0	E0		PP, EX, A	VE01		1	
3154	ÉTHER PERFLUORO (ÉTHYLVINYLIQUE)	2	2F		2.1	662	0	E0		PP, EX, A	VE01		1	
3155	PENTACHLOROPHÉNOL	6.1	T2	II	6.1	43 802	500 g	E4		PP, EP			2	
3156	GAZ COMPRIMÉ COMBURANT, N.S.A.	2	1O		2.2+5.1	274 655 662	0	E0		PP			0	
3157	GAZ LIQUÉFIÉ COMBURANT, N.S.A.	2	2O		2.2+5.1	274 662	0	E0		PP			0	
3158	GAZ LIQUIDE RÉFRIGÉRÉ, N.S.A.	2	3A		2.2	274 593	120 ml	E1		PP			0	
3159	TÉTRAFLUORO-1,1,2 ÉTHANE (GAZ RÉFRIGÉRANT R 134a)	2	2A		2.2	662	120 ml	E1		PP			0	
3160	GAZ LIQUÉFIÉ TOXIQUE, INFLAMMABLE, N.S.A.	2	2TF		2.3+2.1	274	0	E0		PP, EP, EX, TOX, A	VE01, VE02		2	
3161	GAZ LIQUÉFIÉ INFLAMMABLE, N.S.A.	2	2F		2.1	274 662	0	E0		PP, EX, A	VE01		1	
3162	GAZ LIQUÉFIÉ TOXIQUE, N.S.A.	2	2T		2.3	274	0	E0		PP, EP, TOX, A	VE02		2	

No. ONU ou ID (1)	Nom et description (2)	Classe (3a)	Code de classification (3b)	Groupe d'emballage (4)	Étiquettes (5)	Dispositions spéciales (6)	Quantités limitées (7a)	Quantités exceptées (7b)	Transport admis (8)	Équipement exigé (9)	Ventilation (10)	Mesures pendant le chargement/déchargement/ transport (11)	Nombre de cônes, feux bleus (12)	Observations (13)
3163	GAZ LIQUÉFIÉ, N.S.A.	2	2A		2.2	274 392 662	120 ml	E1		PP			0	
3164	OBJETS SOUS PRESSION PNEUMATIQUE ou HYDRAULIQUE (contenant un gaz non inflammable)	2	6A		2.2	283 371 594	120 ml	E0		PP			0	
3165	RÉSERVOIR DE CARBURANT POUR MOTEUR DE CIRCUIT HYDRAULIQUE D'AÉRONEF (contenant un mélange d'hydrazine anhydre et de monométhyl-hydrazine) (carburant M86)	3	FTC	I	3+6.1+8	802	0	E0		PP, EP, EX, TOX, A	VE01, VE02		2	
3166	VÉHICULE À PROPULSION PAR GAZ INFLAMMABLE ou VÉHICULE À PROPULSION PAR LIQUIDE INFLAMMABLE ou VÉHICULE À PROPULSION PAR PILE À COMBUSTIBLE CONTENANT DU GAZ INFLAMMABLE ou VÉHICULE À PROPULSION PAR PILE À COMBUSTIBLE CONTENANT DU LIQUIDE INFLAMMABLE	9	M11			388 666 667 669				PP			0	
3167	ÉCHANTILLON DE GAZ, NON COMPRIMÉ, INFLAMMABLE, N.S.A., sous une forme autre qu'un liquide réfrigéré	2	7F		2.1		0	E0		PP, EX, A	VE01		1	
3168	ÉCHANTILLON DE GAZ, NON COMPRIMÉ, TOXIQUE, INFLAMMABLE, N.S.A., sous une forme autre qu'un liquide réfrigéré	2	7TF		2.3+2.1		0	E0		PP, EP, EX, TOX, A	VE01, VE02		2	
3169	ÉCHANTILLON DE GAZ, NON COMPRIMÉ, TOXIQUE, N.S.A., sous une forme autre qu'un liquide réfrigéré	2	7T		2.3		0	E0		PP, EP, TOX, A	VE02		2	
3170	SOUS-PRODUITS DE LA FABRICATION DE L'ALUMINIUM ou SOUS-PRODUITS DE LA REFUSION DE L'ALUMINIUM	4.3	W2	II	4.3	244	500 g	E2		PP, EX, A	VE01	HA08	0	
3170	SOUS-PRODUITS DE LA FABRICATION DE L'ALUMINIUM ou SOUS-PRODUITS DE LA REFUSION DE L'ALUMINIUM	4.3	W2	III	4.3	244	1 kg	E1	B	PP, EX, A	VE01, VE03	LO03 HA07, HA08 / IN01, IN02, IN03	0	VE03, LO03, HA07, IN01, IN02 et IN03 ne s'appliquent qu'en cas de transport de cette matière en vrac ou sans emballage
3171	APPAREIL MÛ PAR ACCUMULATEURS ou VÉHICULE MÛ PAR ACCUMULATEURS	9	M11			388 666 667 669				PP			0	
3172	TOXINES EXTRAITES D'ORGANISMES VIVANTS, LIQUIDES, N.S.A.	6.1	T1	I	6.1	210 274 802	0	E5		PP, EP, TOX, A	VE02		2	

No. ONU ou ID (1)	Nom et description (2)	Classe (3a)	Code de classification (3b)	Groupe d'emballage (4)	Étiquettes (5)	Dispositions spéciales (6)	Quantités limitées (7a)	Quantités exceptées (7b)	Transport admis (8)	Équipement exigé (9)	Ventilation (10)	Mesures pendant le chargement/déchargement/transport (11)	Nombre de cônes, feux bleus (12)	Observations (13)
		2.2	2.2	2.1.1.3	5.2.2	3.3	3.4	3.5.1.2	3.2.1	8.1.5	7.1.6	7.1.6	7.1.5	3.2.1
3172	TOXINES EXTRAITES D'ORGANISMES VIVANTS, LIQUIDES, N.S.A.	6.1	T1	II	6.1	210 274 802	100 ml	E4		PP, EP, TOX, A	VE02		2	
3172	TOXINES EXTRAITES D'ORGANISMES VIVANTS, LIQUIDES, N.S.A.	6.1	T1	III	6.1	210 274 802	5 L	E1		PP, EP, TOX, A	VE02		0	
3174	DISULFURE DE TITANE	4.2	S4	III	4.2		0	E1		PP			0	
3175	SOLIDES ou mélanges de solides CONTENANT DU LIQUIDE INFLAMMABLE ayant un point d'éclair inférieur ou égal à 60°C (tels que préparations et déchets), N.S.A.	4.1	F1	II	4.1	216 274 601 800	1 kg	E2	B	PP, EX, A	VE01, VE03	IN01, IN02	1	VE03, IN01 et IN02 ne s'appliquent qu'en cas de transport de cette matière en vrac ou sans emballage
3175	SOLIDES CONTENANT DU LIQUIDE INFLAMMABLE N.S.A., FONDUS ayant un point d'éclair de 60 °C au plus	4.1	F1	II	4.1	216 274 601 800	1 kg	E2	T	PP, EX, A	VE01, VE03	IN01, IN02	1	VE03, IN01 et IN02 ne s'appliquent qu'en cas de transport de cette matière en vrac ou sans emballage
3176	SOLIDE ORGANIQUE INFLAMMABLE FONDU, N.S.A.	4.1	F2	II	4.1	274	0	E0		PP			1	
3176	SOLIDE ORGANIQUE INFLAMMABLE FONDU, N.S.A.	4.1	F2	III	4.1	274	0	E0		PP			0	
3178	SOLIDE INORGANIQUE INFLAMMABLE, N.S.A.	4.1	F3	II	4.1	274	1 kg	E2		PP			1	
3178	SOLIDE INORGANIQUE INFLAMMABLE, N.S.A.	4.1	F3	III	4.1	274	5 kg	E1		PP			0	
3179	SOLIDE INORGANIQUE INFLAMMABLE, TOXIQUE, N.S.A.	4.1	FT2	II	4.1+6.1	274 802	1 kg	E2		PP, EP			2	
3179	SOLIDE INORGANIQUE INFLAMMABLE, TOXIQUE, N.S.A.	4.1	FT2	III	4.1+6.1	274 802	5 kg	E1		PP, EP			0	
3180	SOLIDE INORGANIQUE INFLAMMABLE, CORROSIF, N.S.A.	4.1	FC2	II	4.1+8	274	1 kg	E2		PP, EP			1	
3180	SOLIDE INORGANIQUE INFLAMMABLE, CORROSIF, N.S.A.	4.1	FC2	III	4.1+8	274	5 kg	E1		PP, EP			0	
3181	SELS MÉTALLIQUES DE COMPOSÉS ORGANIQUES, INFLAMMABLES, N.S.A.	4.1	F3	II	4.1	274	1 kg	E2		PP			1	
3181	SELS MÉTALLIQUES DE COMPOSÉS ORGANIQUES, INFLAMMABLES, N.S.A.	4.1	F3	III	4.1	274	5 kg	E1		PP			0	
3182	HYDRURES MÉTALLIQUES INFLAMMABLES, N.S.A.	4.1	F3	II	4.1	274 554	1 kg	E2		PP			1	
3182	HYDRURES MÉTALLIQUES INFLAMMABLES, N.S.A.	4.1	F3	III	4.1	274 554	5 kg	E1		PP			0	
3183	LIQUIDE ORGANIQUE AUTO-ÉCHAUFFANT, N.S.A.	4.2	S1	II	4.2	274	0	E2		PP			0	

No. ONU ou ID	Nom et description	Classe	Code de classi-fication	Groupe d'embal-lage	Étiquettes	Disposit-ions speciales	Quantités limitées et exceptées		Trans-port admis	Équipement exigé	Venti-lation	Mesures pendant le chargement/déchargement/ transport	Nombre de cônes, feux bleus	Observations
		2.2	2.2	2.1.1.3	5.2.2	3.3	3.4	3.5.1.2	3.2.1	8.1.5	7.1.6	7.1.6	7.1.5	3.2.1
(1)	(2)	(3a)	(3b)	(4)	(5)	(6)	(7a)	(7b)	(8)	(9)	(10)	(11)	(12)	(13)
3183	LIQUIDE ORGANIQUE AUTO-ÉCHAUFFANT, N.S.A.	4.2	S1	III	4.2	274	0	E1		PP			0	
3184	LIQUIDE ORGANIQUE AUTO-ÉCHAUFFANT, TOXIQUE, N.S.A.	4.2	ST1	II	4.2+6.1	274 802	0	E2		PP, EP, TOX, A	VE02		2	
3184	LIQUIDE ORGANIQUE AUTO-ÉCHAUFFANT, TOXIQUE, N.S.A.	4.2	ST1	III	4.2+6.1	274 802	0	E1		PP, EP, TOX, A	VE02		0	
3185	LIQUIDE ORGANIQUE AUTO-ÉCHAUFFANT, CORROSIF, N.S.A.	4.2	SC1	II	4.2+8	274	0	E2		PP, EP			0	
3185	LIQUIDE ORGANIQUE AUTO-ÉCHAUFFANT, CORROSIF, N.S.A.	4.2	SC1	III	4.2+8	274	0	E1		PP, EP			0	
3186	LIQUIDE INORGANIQUE AUTO-ÉCHAUFFANT, N.S.A.	4.2	S3	II	4.2	274	0	E2		PP			0	
3186	LIQUIDE INORGANIQUE AUTO-ÉCHAUFFANT, N.S.A.	4.2	S3	III	4.2	274	0	E1		PP			0	
3187	LIQUIDE INORGANIQUE AUTO-ÉCHAUFFANT, TOXIQUE, N.S.A.	4.2	ST3	II	4.2+6.1	274 802	0	E2		PP, EP, TOX, A	VE02		2	
3187	LIQUIDE INORGANIQUE AUTO-ÉCHAUFFANT, TOXIQUE, N.S.A.	4.2	ST3	III	4.2+6.1	274 802	0	E1		PP, EP, TOX, A	VE02		0	
3188	LIQUIDE INORGANIQUE AUTO-ÉCHAUFFANT, CORROSIF, N.S.A.	4.2	SC3	II	4.2+8	274	0	E2		PP, EP			0	
3188	LIQUIDE INORGANIQUE AUTO-ÉCHAUFFANT, CORROSIF, N.S.A.	4.2	SC3	III	4.2+8	274	0	E1		PP, EP			0	
3189	POUDRE MÉTALLIQUE AUTO-ÉCHAUFFANTE, N.S.A.	4.2	S4	II	4.2	274 555	0	E2		PP			0	
3189	POUDRE MÉTALLIQUE AUTO-ÉCHAUFFANTE, N.S.A.	4.2	S4	III	4.2	274 555	0	E1		PP			0	
3190	SOLIDE INORGANIQUE AUTO-ÉCHAUFFANT, N.S.A.	4.2	S4	II	4.2	274	0	E2		PP			0	
3190	SOLIDE INORGANIQUE AUTO-ÉCHAUFFANT, N.S.A.	4.2	S4	III	4.2	274	0	E1	B	PP			0	
3191	SOLIDE INORGANIQUE AUTO-ÉCHAUFFANT, TOXIQUE, N.S.A.	4.2	ST4	II	4.2+6.1	274 802	0	E2		PP, EP			2	
3191	SOLIDE INORGANIQUE AUTO-ÉCHAUFFANT, TOXIQUE, N.S.A.	4.2	ST4	III	4.2+6.1	274 802	0	E1		PP, EP			0	
3192	SOLIDE INORGANIQUE AUTO-ÉCHAUFFANT, CORROSIF, N.S.A.	4.2	SC4	II	4.2+8	274	0	E2		PP, EP			0	
3192	SOLIDE INORGANIQUE AUTO-ÉCHAUFFANT, CORROSIF, N.S.A.	4.2	SC4	III	4.2+8	274	0	E1		PP, EP			0	
3194	LIQUIDE INORGANIQUE PYROPHORIQUE, N.S.A.	4.2	S3	I	4.2	274	0	E0		PP			0	
3200	SOLIDE INORGANIQUE PYROPHORIQUE, N.S.A.	4.2	S4	I	4.2	274	0	E0		PP			0	
3205	ALCOOLATES DE MÉTAUX ALCALINO-TERREUX, N.S.A.	4.2	S4	II	4.2	183 274	0	E2		PP			0	
3205	ALCOOLATES DE MÉTAUX ALCALINO-TERREUX, N.S.A.	4.2	S4	III	4.2	183 274	0	E1		PP			0	
3206	ALCOOLATES DE MÉTAUX ALCALINS AUTO-ÉCHAUFFANTS, CORROSIFS, N.S.A.	4.2	SC4	II	4.2+8	182 274	0	E2		PP, EP			0	

No. ONU ou ID (1)	Nom et description (2)	Classe 2.2 (3a)	Code de classification 2.2 (3b)	Groupe d'emballage 2.1.1.3 (4)	Étiquettes 5.2.2 (5)	Dispositions spéciales 3.3 (6)	Quantités limitées et exceptées 3.4 (7a)	Quantités limitées et exceptées 3.5.1.2 (7b)	Transport admis 3.2.1 (8)	Équipement exigé 8.1.5 (9)	Ventilation 7.1.6 (10)	Mesures pendant le chargement/déchargement/transport 7.1.6 (11)	Nombre de cônes, feux bleus 7.1.5 (12)	Observations 3.2.1 (13)
3206	ALCOOLATES DE MÉTAUX ALCALINS AUTO-ÉCHAUFFANTS, CORROSIFS, N.S.A.	4.2	SC4	III	4.2+8	182 274	0	E1		PP, EP			0	
3208	MATIÈRE MÉTALLIQUE HYDRORÉACTIVE, N.S.A.	4.3	W2	I	4.3	274 557	0	E0		PP, EX, A	VE01	HA08	0	
3208	MATIÈRE MÉTALLIQUE HYDRORÉACTIVE, N.S.A.	4.3	W2	II	4.3	274 557	500 g	E2		PP, EX, A	VE01	HA08	0	
3208	MATIÈRE MÉTALLIQUE HYDRORÉACTIVE, N.S.A.	4.3	W2	III	4.3	274 557	1 kg	E1		PP, EX, A	VE01	HA08	0	
3209	MATIÈRE MÉTALLIQUE HYDRORÉACTIVE, AUTO-ÉCHAUFFANTE, N.S.A.	4.3	WS	I	4.3+4.2	274 558	0	E0		PP, EX, A	VE01	HA08	0	
3209	MATIÈRE MÉTALLIQUE HYDRORÉACTIVE, AUTO-ÉCHAUFFANTE, N.S.A.	4.3	WS	II	4.3+4.2	274 558	0	E0		PP, EX, A	VE01	HA08	0	
3209	MATIÈRE MÉTALLIQUE HYDRORÉACTIVE, AUTO-ÉCHAUFFANTE, N.S.A.	4.3	WS	III	4.3+4.2	274 558	0	E1		PP, EX, A	VE01	HA08	0	
3210	CHLORATES INORGANIQUES EN SOLUTION AQUEUSE, N.S.A.	5.1	O1	II	5.1	274 351	1 L	E2		PP			0	
3210	CHLORATES INORGANIQUES EN SOLUTION AQUEUSE, N.S.A.	5.1	O1	III	5.1	274 351	5 L	E1		PP			0	
3211	PERCHLORATES INORGANIQUES EN SOLUTION AQUEUSE, N.S.A.	5.1	O1	II	5.1		1 L	E2		PP			0	
3211	PERCHLORATES INORGANIQUES EN SOLUTION AQUEUSE, N.S.A.	5.1	O1	III	5.1		5 L	E1		PP			0	
3212	HYPOCHLORITES INORGANIQUES, N.S.A.	5.1	O2	II	5.1	274 349	1 kg	E2		PP			0	
3213	BROMATES INORGANIQUES EN SOLUTION AQUEUSE, N.S.A.	5.1	O1	II	5.1	274 350	1 L	E2		PP			0	
3213	BROMATES INORGANIQUES EN SOLUTION AQUEUSE, N.S.A.	5.1	O1	III	5.1	274 350	5 L	E1		PP			0	
3214	PERMANGANATES INORGANIQUES EN SOLUTION AQUEUSE, N.S.A.	5.1	O1	II	5.1	274 353	1 L	E2		PP			0	
3215	PERSULFATES INORGANIQUES, N.S.A.	5.1	O2	III	5.1		5 kg	E1		PP			0	
3216	PERSULFATES INORGANIQUES EN SOLUTION AQUEUSE, N.S.A.	5.1	O1	III	5.1		5 L	E1		PP			0	
3218	NITRATES INORGANIQUES EN SOLUTION AQUEUSE, N.S.A.	5.1	O1	II	5.1	270 511	1 L	E2		PP			0	
3218	NITRATES INORGANIQUES EN SOLUTION AQUEUSE, N.S.A.	5.1	O1	III	5.1	270 511	5 L	E1		PP			0	
3219	NITRITES INORGANIQUES EN SOLUTION AQUEUSE, N.S.A.	5.1	O1	II	5.1	103 274	1 L	E2		PP			0	
3219	NITRITES INORGANIQUES EN SOLUTION AQUEUSE, N.S.A.	5.1	O1	III	5.1	103 274	5 L	E1		PP			0	
3220	PENTAFLUORÉTHANE (GAZ RÉFRIGÉRANT R 125)	2	2A		2.2	662	120 ml	E1		PP			0	
3221	LIQUIDE AUTORÉACTIF DU TYPE B	4.1	SR1		4.1+1	181 194 274	25 ml	E0		PP		HA01, HA10	3	

No. ONU ou ID	Nom et description	Classe	Code de classification	Groupe d'emballage	Étiquettes	Dispositions spéciales	Quantités limitées et exceptées		Transport admis	Équipement exigé	Ventilation	Mesures pendant le chargement/déchargement/ transport	Nombre de cônes, feux bleus	Observations
							3.4	3.5.1.2	3.2.1	8.1.5	7.1.6	7.1.6	7.1.5	3.2.1
(1)	3.1.2 (2)	2.2 (3a)	2.2 (3b)	2.1.1.3 (4)	5.2.2 (5)	3.3 (6)	(7a)	(7b)	(8)	(9)	(10)	(11)	(12)	(13)
3222	SOLIDE AUTORÉACTIF DU TYPE B	4.1	SR1		4.1+1	181 194 274	100g	E0		PP		HA01, HA10	3	
3223	LIQUIDE AUTORÉACTIF DU TYPE C	4.1	SR1		4.1	194 274	25 ml	E0		PP			0	
3224	SOLIDE AUTORÉACTIF DU TYPE C	4.1	SR1		4.1	194 274	100g	E0		PP			0	
3225	SOLIDE AUTORÉACTIF DU TYPE D	4.1	SR1		4.1	194 274	125 ml	E0		PP			0	
3226	SOLIDE AUTORÉACTIF DU TYPE D	4.1	SR1		4.1	194 274	500 g	E0		PP			0	
3227	LIQUIDE AUTORÉACTIF DU TYPE E	4.1	SR1		4.1	194 274	125 ml	E0		PP			0	
3228	SOLIDE AUTORÉACTIF DU TYPE E	4.1	SR1		4.1	194 274	500 g	E0		PP			0	
3229	LIQUIDE AUTORÉACTIF DU TYPE F	4.1	SR1		4.1	194 274	125 ml	E0		PP			0	
3230	SOLIDE AUTORÉACTIF DU TYPE F	4.1	SR1		4.1	194 274	500 g	E0		PP			0	
3231	LIQUIDE AUTORÉACTIF DU TYPE B, AVEC RÉGULATION DE TEMPÉRATURE	4.1	SR2		4.1+1	181 194 274	0	E0		PP		HA01, HA10	3	
3232	SOLIDE AUTORÉACTIF DU TYPE B, AVEC RÉGULATION DE TEMPÉRATURE	4.1	SR2		4.1+1	181 194 274	0	E0		PP		HA01, HA10	3	
3233	LIQUIDE AUTORÉACTIF DU TYPE C, AVEC RÉGULATION DE TEMPÉRATURE	4.1	SR2		4.1	194 274	0	E0		PP			0	
3234	SOLIDE AUTORÉACTIF DU TYPE C, AVEC RÉGULATION DE TEMPÉRATURE	4.1	SR2		4.1	194 274	0	E0		PP			0	
3235	LIQUIDE AUTORÉACTIF DU TYPE D, AVEC RÉGULATION DE TEMPÉRATURE	4.1	SR2		4.1	194 274	0	E0		PP			0	
3236	SOLIDE AUTORÉACTIF DU TYPE D, AVEC RÉGULATION DE TEMPÉRATURE	4.1	SR2		4.1	194 274	0	E0		PP			0	
3237	LIQUIDE AUTORÉACTIF DU TYPE E, AVEC RÉGULATION DE TEMPÉRATURE	4.1	SR2		4.1	194 274	0	E0		PP			0	
3238	SOLIDE AUTORÉACTIF DU TYPE E, AVEC RÉGULATION DE TEMPÉRATURE	4.1	SR2		4.1	194 274	0	E0		PP			0	
3239	LIQUIDE AUTORÉACTIF DU TYPE F, AVEC RÉGULATION DE TEMPÉRATURE	4.1	SR2		4.1	194 274	0	E0		PP			0	
3240	SOLIDE AUTORÉACTIF DU TYPE F, AVEC RÉGULATION DE TEMPÉRATURE	4.1	SR2		4.1	194 274	0	E0		PP			0	
3241	BROMO-2 NITRO-2 PROPANEDIOL-1,3	4.1	SR1	III	4.1	638	5 kg	E1		PP			0	
3242	AZODICARBONAMIDE	4.1	SR1	II	4.1	215 638	1 kg	E0		PP			0	

No. ONU ou ID	Nom et description	Classe	Code de classification	Groupe d'emballage	Étiquettes	Dispositions spéciales	Quantités limitées et exceptées 3.4	3.5.1.2	Transport admis	Équipement exigé	Ventilation	Mesures pendant le chargement/déchargement/transport	Nombre de cônes, feux bleus	Observations
(1)	(2) 3.1.2	(3a) 2.2	(3b) 2.2	(4) 2.1.1.3	(5) 5.2.2	(6) 3.3	(7a) 3.4	(7b) 3.5.1.2	(8) 3.2.1	(9) 8.1.5	(10) 7.1.6	(11) 7.1.6	(12) 7.1.5	(13) 3.2.1
3243	SOLIDES CONTENANT DU LIQUIDE TOXIQUE, N.S.A.	6.1	T9	II	6.1	217 274 601 802	500 g	E4		PP, EP, TOX, A	VE02		2	
3244	SOLIDES CONTENANT DU LIQUIDE CORROSIF, N.S.A.	8	C10	II	8	218 274	1 kg	E2		PP, EP			0	
3245	MICRO-ORGANISMES GÉNÉTIQUEMENT MODIFIÉS OU ORGANISMES GÉNÉTIQUEMENT MODIFIÉS	9	M8		9	219 637 802	0	E0		PP			0	
3245	MICRO-ORGANISMES GÉNÉTIQUEMENT MODIFIÉS ou ORGANISMES GÉNÉTIQUEMENT MODIFIÉS, dans de l'azote liquide réfrigéré	9	M8		9 +2.2	219 637 802	0	E0		PP			0	
3246	CHLORURE DE METHANESULFONYLE	6.1	TC1	I	6.1+8	354 802	0	E0		PP, EP, TOX, A	VE02		2	
3247	PEROXOBORATE DE SODIUM ANHYDRE	5.1	O2	II	5.1		1 kg	E2		PP			0	
3248	MÉDICAMENT LIQUIDE INFLAMMABLE, TOXIQUE, N.S.A.	3	FT1	II	3+6.1	220 221 601 802	1 L	E2		PP, EP, EX, TOX, A	VE01, VE02		2	
3248	MÉDICAMENT LIQUIDE INFLAMMABLE, TOXIQUE, N.S.A.	3	FT1	III	3+6.1	220 221 601 802	5 L	E1		PP, EP, EX, TOX, A	VE01, VE02		0	
3249	MÉDICAMENT SOLIDE TOXIQUE, N.S.A.	6.1	T2	II	6.1	221 601 802	500 g	E4		PP, EP			2	
3249	MÉDICAMENT SOLIDE TOXIQUE, N.S.A.	6.1	T2	III	6.1	221 601 802	5 kg	E1		PP, EP			0	
3250	ACIDE CHLORACÉTIQUE FONDU	6.1	TC1	II	6.1+8	802	0	E0		PP, EP, TOX, A	VE02		2	
3251	MONONITRATE-5 D'ISOSORBIDE	4.1	SR1	III	4.1	226 638	5 kg	E0		PP			0	
3252	DIFLUOROMÉTHANE (GAZ RÉFRIGÉRANT R 32)	2	2F		2.1	662	0	E0		PP, EX, A	VE01		1	
3253	TRIOXOSILICATE DE DISODIUM	8	C6	III	8		5 kg	E1		PP, EP			0	
3254	TRIBUTYLPHOSPHANE	4.2	S1	I	4.2		0	E0		PP			0	
3255	HYPOCHLORITE DE tert-BUTYLE	4.2	SC1							TRANSPORT INTERDIT				
3256	LIQUIDE TRANSPORTÉ À CHAUD, INFLAMMABLE, N.S.A., ayant un point d'éclair supérieur à 60 °C, à une température égale ou supérieure à son point d'éclair et inférieure à 100°C	3	F2	III	3	274 560	0	E0	T	PP, EX, A	VE01		0	
3256	LIQUIDE TRANSPORTÉ À CHAUD, INFLAMMABLE, N.S.A., ayant un point d'éclair supérieur à 60 °C, à une température égale ou supérieure à son point d'éclair et égale ou supérieure à 100°C	3	F2	III	3	274 560	0	E0	T	PP, EX, A	VE01		0	

No. ONU ou ID (1)	Nom et description (2) 3.1.2	Classe (3a) 2.2	Code de classification (3b) 2.2	Groupe d'emballage (4) 2.1.1.3	Étiquettes (5) 5.2.2	Dispositions spéciales (6) 3.3	Quantités limitées et exceptées (7a) 3.4	(7b) 3.5.1.2	Transport admis (8) 3.2.1	Équipement exigé (9) 8.1.5	Ventilation (10) 7.1.6	Mesures pendant le chargement/déchargement/transport (11) 7.1.6	Nombre de cônes, feux bleus (12) 7.1.5	Observations (13) 3.2.1
3257	LIQUIDE TRANSPORTÉ A CHAUD, N.S.A. (y compris métal fondu, sel fondu, etc.) à une température égale ou supérieure à 100 °C et inférieure à son point d'éclair	9	M9	III	9	274 643 668	0	E0	T	PP			0	
3258	SOLIDE TRANSPORTÉ A CHAUD, N.S.A., à une température égale ou supérieure à 240 °C	9	M10	III	9	274 643	0	E0		PP			0	
3259	AMINES SOLIDES CORROSIVES, N.S.A. ou POLYAMINES SOLIDES CORROSIVES, N.S.A.	8	C8	I	8	274	0	E0		PP, EP			0	
3259	AMINES SOLIDES CORROSIVES, N.S.A. ou POLYAMINES SOLIDES CORROSIVES, N.S.A.	8	C8	II	8	274	1 kg	E2		PP, EP			0	
3259	AMINES SOLIDES CORROSIVES, N.S.A. ou POLYAMINES SOLIDES CORROSIVES, N.S.A.	8	C8	III	8	274	5 kg	E1	T	PP, EP			0	
3260	SOLIDE INORGANIQUE CORROSIF, ACIDE, N.S.A.	8	C2	I	8	274	0	E0		PP, EP			0	
3260	SOLIDE INORGANIQUE CORROSIF, ACIDE, N.S.A.	8	C2	II	8	274	1 kg	E2		PP, EP			0	
3260	SOLIDE INORGANIQUE CORROSIF, ACIDE, N.S.A.	8	C2	III	8	274	5 kg	E1		PP, EP			0	
3261	SOLIDE ORGANIQUE CORROSIF, ACIDE, N.S.A.	8	C4	I	8	274	0	E0		PP, EP			0	
3261	SOLIDE ORGANIQUE CORROSIF, ACIDE, N.S.A.	8	C4	II	8	274	1 kg	E2		PP, EP			0	
3261	SOLIDE ORGANIQUE CORROSIF, ACIDE, N.S.A.	8	C4	III	8	274	5 kg	E1		PP, EP			0	
3262	SOLIDE INORGANIQUE CORROSIF, BASIQUE, N.S.A.	8	C6	I	8	274	0	E0		PP, EP			0	
3262	SOLIDE INORGANIQUE CORROSIF, BASIQUE, N.S.A.	8	C6	II	8	274	1 kg	E2		PP, EP			0	
3262	SOLIDE INORGANIQUE CORROSIF, BASIQUE, N.S.A.	8	C6	III	8	274	5 kg	E1		PP, EP			0	
3263	SOLIDE ORGANIQUE CORROSIF, BASIQUE, N.S.A.	8	C8	I	8	274	0	E0		PP, EP			0	
3263	SOLIDE ORGANIQUE CORROSIF, BASIQUE, N.S.A.	8	C8	II	8	274	1 kg	E2		PP, EP			0	
3263	SOLIDE ORGANIQUE CORROSIF, BASIQUE, N.S.A.	8	C8	III	8	274	5 kg	E1		PP, EP			0	
3264	LIQUIDE INORGANIQUE CORROSIF, ACIDE, N.S.A.	8	C1	I	8	274	0	E0	T	PP, EP			0	
3264	LIQUIDE INORGANIQUE CORROSIF, ACIDE, N.S.A.	8	C1	II	8	274	1 L	E2	T	PP, EP			0	
3264	LIQUIDE INORGANIQUE CORROSIF, ACIDE, N.S.A.	8	C1	III	8	274	5 L	E1	T	PP, EP			0	
3265	LIQUIDE ORGANIQUE CORROSIF, ACIDE, N.S.A.	8	C3	I	8	274	0	E0	T	PP, EP			0	
3265	LIQUIDE ORGANIQUE CORROSIF, ACIDE, N.S.A.	8	C3	II	8	274	1 L	E2	T	PP, EP			0	
3265	LIQUIDE ORGANIQUE CORROSIF, ACIDE, N.S.A.	8	C3	III	8	274	5 L	E1	T	PP, EP			0	
3266	LIQUIDE INORGANIQUE CORROSIF, BASIQUE, N.S.A.	8	C5	I	8	274	0	E0	T	PP, EP			0	
3266	LIQUIDE INORGANIQUE CORROSIF, BASIQUE, N.S.A.	8	C5	II	8	274	1 L	E2	T	PP, EP			0	
3266	LIQUIDE INORGANIQUE CORROSIF, BASIQUE, N.S.A.	8	C5	III	8	274	5 L	E1	T	PP, EP			0	
3267	LIQUIDE ORGANIQUE CORROSIF, BASIQUE, N.S.A.	8	C7	I	8	274	0	E0	T	PP, EP			0	
3267	LIQUIDE ORGANIQUE CORROSIF, BASIQUE, N.S.A.	8	C7	II	8	274	1 L	E2	T	PP, EP			0	

No. ONU ou ID	Nom et description	Classe	Code de classification	Groupe d'emballage	Étiquettes	Dispositions spéciales	Quantités limitées et exceptées		Transport admis	Équipement exigé	Ventilation	Mesures pendant le chargement/déchargement/ transport	Nombre de cônes, feux bleus	Observations
		2.2	2.2	2.1.1.3	5.2.2	3.3	3.4	3.5.1.2	3.2.1	8.1.5	7.1.6	7.1.6	7.1.5	3.2.1
(1)	(2)	(3a)	(3b)	(4)	(5)	(6)	(7a)	(7b)	(8)	(9)	(10)	(11)	(12)	(13)
3267	LIQUIDE ORGANIQUE CORROSIF, BASIQUE, N.S.A.	8	C7	III	8	274	5 L	E1	T	PP, EP			0	
3268	DISPOSITIFS DE SÉCURITÉ à amorçage électrique	9	M5		9	280 289	0	E0		PP			0	
3269	TROUSSES DE RÉSINE POLYESTER, constituant de base liquide	3	F3	II	3	236 340	5 L	Voir DS 340		PP, EX, A	VE01		1	
3269	TROUSSES DE RÉSINE POLYESTER, constituant de base liquide	3	F3	III	3	236 340	5 L	Voir DS 340		PP, EX, A	VE01		0	
3270	MEMBRANES FILTRANTES EN NITROCELLULOSE, d'une teneur en azote ne dépassant pas 12,6% (rapportée à la masse sèche)	4.1	F1	II	4.1	237 286	1 kg	E2		PP			1	
3271	ÉTHERS, N.S.A.	3	F1	II	3	274	1 L	E2	T	PP, EX, A	VE01		1	
3271	ÉTHERS, N.S.A.	3	F1	III	3	274	5 L	E1	T	PP, EX, A	VE01		0	
3272	ESTERS, N.S.A.	3	F1	II	3	274 601	1 L	E2	T	PP, EX, A	VE01		1	
3272	ESTERS, N.S.A.	3	F1	III	3	274 601	5 L	E1	T	PP, EX, A	VE01		0	
3273	NITRILES INFLAMMABLES, TOXIQUES, N.S.A.	3	FT1	I	3+6.1	274 802	0	E0		PP, EP, EX, TOX, A	VE01, VE02		2	
3273	NITRILES INFLAMMABLES, TOXIQUES, N.S.A.	3	FT1	II	3+6.1	274 802	1 L	E2		PP, EP, EX, TOX, A	VE01, VE02		2	
3274	ALCOOLATES EN SOLUTION dans l'alcool, N.S.A.	3	FC	II	3+8	274	1 L	E2		PP, EP, EX, A	VE01		1	
3275	NITRILES TOXIQUES, INFLAMMABLES, N.S.A.	6.1	TF1	I	6.1+3	274 315 802	0	E5		PP, EP, EX, TOX, A	VE01, VE02		2	
3275	NITRILES TOXIQUES, INFLAMMABLES, N.S.A.	6.1	TF1	II	6.1+3	274 802	100 ml	E4		PP, EP, EX, TOX, A	VE01, VE02		2	
3276	NITRILES LIQUIDES TOXIQUES, N.S.A.	6.1	T1	I	6.1	274 315 802	0	E5		PP, EP, TOX, A	VE02		2	
3276	NITRILES LIQUIDES TOXIQUES, N.S.A.	6.1	T1	II	6.1	274 802	100 ml	E4	T	PP, EP, TOX, A	VE02		2	
3276	NITRILES LIQUIDES TOXIQUES, N.S.A.	6.1	T1	III	6.1	274 802	5 L	E1		PP, EP, TOX, A	VE02		0	
3277	CHLOROFORMIATES TOXIQUES, CORROSIFS, N.S.A.	6.1	TC1	II	6.1+8	274 561 802	100 ml	E4		PP, EP, TOX, A	VE02		2	
3278	COMPOSÉ ORGANOPHOSPHORÉ LIQUIDE TOXIQUE, N.S.A.	6.1	T1	I	6.1	43 274 315 802	0	E5		PP, EP, TOX, A	VE02		2	
3278	COMPOSÉ ORGANOPHOSPHORÉ LIQUIDE TOXIQUE, N.S.A.	6.1	T1	II	6.1	43 274 802	100 ml	E4		PP, EP, TOX, A	VE02		2	

No. ONU ou ID (1)	Nom et description (2)	Classe 2.2 (3a)	Code de classification 2.2 (3b)	Groupe d'emballage 2.1.1.3 (4)	Étiquettes 5.2.2 (5)	Dispositions speciales 3.3 (6)	Quantités limitées 3.4 (7a)	Quantités exceptées 3.5.1.2 (7b)	Transport admis 3.2.1 (8)	Équipement exigé 8.1.5 (9)	Ventilation 7.1.6 (10)	Mesures pendant le chargement/déchargement/transport 7.1.6 (11)	Nombre de cônes, feux bleus 7.1.5 (12)	Observations 3.2.1 (13)
3278	COMPOSÉ ORGANOPHOSPHORÉ LIQUIDE TOXIQUE, N.S.A.	6.1	T1	III	6.1	43 274 802	5 L	E1		PP, EP, TOX, A	VE02		0	
3279	COMPOSÉ ORGANOPHOSPHORÉ TOXIQUE, INFLAMMABLE, N.S.A.	6.1	TF1	I	6.1+3	43 274 315 802	0	E5		PP, EP, EX, TOX, A	VE01, VE02		2	
3279	COMPOSÉ ORGANOPHOSPHORÉ TOXIQUE, INFLAMMABLE, N.S.A.	6.1	TF1	II	6.1+3	43 274 802	100 ml	E4		PP, EP, EX, TOX, A	VE01, VE02		2	
3280	COMPOSÉ ORGANIQUE DE L'ARSENIC, LIQUIDE, N.S.A.	6.1	T3	I	6.1	274 315 802	0	E5		PP, EP, TOX, A	VE02		2	
3280	COMPOSÉ ORGANIQUE DE L'ARSENIC, LIQUIDE, N.S.A.	6.1	T3	II	6.1	274 802	100 ml	E4		PP, EP, TOX, A	VE02		2	
3280	COMPOSÉ ORGANIQUE DE L'ARSENIC, LIQUIDE, N.S.A.	6.1	T3	III	6.1	274 802	5 L	E1		PP, EP, TOX, A	VE02		0	
3281	MÉTAUX-CARBONYLES, LIQUIDES, N.S.A.	6.1	T3	I	6.1	274 315 562 802	0	E5		PP, EP, TOX, A	VE02		2	
3281	MÉTAUX-CARBONYLES, LIQUIDES, N.S.A.	6.1	T3	II	6.1	274 562 802	100 ml	E4		PP, EP, TOX, A	VE02		2	
3281	MÉTAUX-CARBONYLES, LIQUIDES, N.S.A.	6.1	T3	III	6.1	274 562 802	5 L	E1		PP, EP, TOX, A	VE02		0	
3282	COMPOSÉ ORGANOMÉTALLIQUE LIQUIDE TOXIQUE, N.S.A.	6.1	T3	I	6.1	274 562 802	0	E5		PP, EP, TOX, A	VE02		2	
3282	COMPOSÉ ORGANOMÉTALLIQUE LIQUIDE TOXIQUE, N.S.A.	6.1	T3	II	6.1	274 562 802	100 ml	E4		PP, EP, TOX, A	VE02		2	
3282	COMPOSÉ ORGANOMÉTALLIQUE LIQUIDE TOXIQUE, N.S.A.	6.1	T3	III	6.1	274 562 802	5 L	E1		PP, EP, TOX, A	VE02		0	
3283	COMPOSÉ DU SÉLÉNIUM, SOLIDE, N.S.A.	6.1	T5	I	6.1	274 563 802	0	E5		PP, EP			2	
3283	COMPOSÉ DU SÉLÉNIUM, SOLIDE, N.S.A.	6.1	T5	II	6.1	274 563 802	500 g	E4		PP, EP			2	
3283	COMPOSÉ DU SÉLÉNIUM, SOLIDE, N.S.A.	6.1	T5	III	6.1	274 563 802	5 kg	E1		PP, EP			0	

No. ONU ou ID	Nom et description	Classe	Code de classification	Groupe d'emballage	Étiquettes	Dispositions spéciales	Quantités limitées et exceptées		Transport admis	Équipement exigé	Ventilation	Mesures pendant le chargement/déchargement/transport	Nombre de cônes, feux bleus	Observations
		2.2	2.2	2.1.1.3	5.2.2	3.3	3.4	3.5.1.2	3.2.1	8.1.5	7.1.6	7.1.6	7.1.5	3.2.1
(1)	3.1.2 (2)	(3a)	(3b)	(4)	(5)	(6)	(7a)	(7b)	(8)	(9)	(10)	(11)	(12)	(13)
3284	COMPOSÉ DU TELLURE, N.S.A.	6.1	T5	I	6.1	274 802	0	E5		PP, EP			2	
3284	COMPOSÉ DU TELLURE, N.S.A.	6.1	T5	II	6.1	274 802	500 g	E4		PP, EP			2	
3284	COMPOSÉ DU TELLURE, N.S.A.	6.1	T5	III	6.1	274 802	5 kg	E1		PP, EP			0	
3285	COMPOSÉ DU VANADIUM, N.S.A.	6.1	T5	I	6.1	274 564 802	0	E5		PP, EP			2	
3285	COMPOSÉ DU VANADIUM, N.S.A.	6.1	T5	II	6.1	274 564 802	500 g	E4		PP, EP			2	
3285	COMPOSÉ DU VANADIUM, N.S.A.	6.1	T5	III	6.1	274 564 802	5 kg	E1		PP, EP			0	
3286	LIQUIDE INFLAMMABLE, TOXIQUE, CORROSIF, N.S.A.	3	FTC	I	3+6.1+8	274 802	0	E0	T	PP, EP, EX, TOX, A	VE01, VE02		2	
3286	LIQUIDE INFLAMMABLE, TOXIQUE, CORROSIF, N.S.A.	3	FTC	II	3+6.1+8	274 802	1 L	E2	T	PP, EP, EX, TOX, A	VE01, VE02		2	
3287	LIQUIDE INORGANIQUE TOXIQUE, N.S.A.	6.1	T4	I	6.1	274 315 802	0	E5	T	PP, EP, TOX, A	VE02		2	
3287	LIQUIDE INORGANIQUE TOXIQUE, N.S.A.	6.1	T4	II	6.1	274 802	100 ml	E4	T	PP, EP, TOX, A	VE02		2	
3287	LIQUIDE INORGANIQUE TOXIQUE, N.S.A.	6.1	T4	III	6.1	274 802	5 L	E1	T	PP, EP, TOX, A	VE02		0	
3288	SOLIDE INORGANIQUE TOXIQUE, N.S.A.	6.1	T5	I	6.1	274 802	0	E5		PP, EP			2	
3288	SOLIDE INORGANIQUE TOXIQUE, N.S.A.	6.1	T5	II	6.1	274 802	500 g	E4		PP, EP			2	
3288	SOLIDE INORGANIQUE TOXIQUE, N.S.A.	6.1	T5	III	6.1	274 802	5 kg	E1		PP, EP			0	
3289	LIQUIDE INORGANIQUE TOXIQUE, CORROSIF, N.S.A.	6.1	TC3	I	6.1+8	274 315 802	0	E5	T	PP, EP, TOX, A	VE02		2	
3289	LIQUIDE INORGANIQUE TOXIQUE, CORROSIF, N.S.A.	6.1	TC3	II	6.1+8	274 802	100 ml	E4	T	PP, EP, TOX, A	VE02		2	
3290	SOLIDE INORGANIQUE TOXIQUE, CORROSIF, N.S.A.	6.1	TC4	I	6.1+8	274 802	0	E5		PP, EP			2	
3290	SOLIDE INORGANIQUE TOXIQUE, CORROSIF, N.S.A.	6.1	TC4	II	6.1+8	274 802	500 g	E4		PP, EP			2	
3291	DÉCHET D'HÔPITAL NON SPÉCIFIÉ, N.S.A. ou DÉCHET (BIOMÉDICAL, N.S.A. ou DÉCHET MÉDICAL RÉGLEMENTÉ, N.S.A.	6.2	I3		6.2	565 802	0	E0		PP			0	

No. ONU ou ID	Nom et description	Classe	Code de classification	Groupe d'emballage	Étiquettes	Dispositions spéciales	Quantités limitées et exceptées		Transport admis	Équipement exigé	Ventilation	Mesures pendant le chargement/déchargement/ transport	Nombre de cônes, feux bleus	Observations
		2.2	2.2	2.1.1.3	5.2.2	3.3	3.4	3.5.1.2	3.2.1	8.1.5	7.1.6	7.1.6	7.1.5	3.2.1
(1)	(2)	(3a)	(3b)	(4)	(5)	(6)	(7a)	(7b)	(8)	(9)	(10)	(11)	(12)	(13)
3291	DÉCHET D'HÔPITAL NON SPÉCIFIÉ, N.S.A. ou DÉCHET (BIO)MÉDICAL, N.S.A. ou DÉCHET MÉDICAL RÉGLEMENTÉ, N.S.A., dans de l'azote liquide réfrigéré	6.2	I3		6.2 +2.2	565 802	0	E0		PP			0	
3292	ACCUMULATEURS AU SODIUM ou ÉLÉMENTS D'ACCUMULATEUR AU SODIUM	4.3	W3		4.3	239 295	0	E0		PP, EX, A	VE01	HA08	0	
3293	HYDRAZINE EN SOLUTION AQUEUSE avec au plus 37% (masse) d'hydrazine	6.1	T4	III	6.1	566 802	5 L	E1		PP, EP, TOX, A	VE02		0	
3294	CYANURE D'HYDROGÈNE EN SOLUTION ALCOOLIQUE contenant au plus 45% de cyanure d'hydrogène	6.1	TF1	I	6.1+3	610 802	0	E0		PP, EP, EX, TOX, A	VE01, VE02		2	
3295	HYDROCARBURES LIQUIDES, N.S.A.	3	F1	I	3		500 ml	E3	T	PP, EX, A	VE01		1	
3295	HYDROCARBURES LIQUIDES, N.S.A. (pression de vapeur à 50 °C supérieure à 110 kPa)	3	F1	II	3	640C	1 L	E2	T	PP, EX, A	VE01		1	
3295	HYDROCARBURES LIQUIDES, N.S.A. (pression de vapeur à 50 °C inférieure ou égale à 110 kPa)	3	F1	II	3	640D	1 L	E2	T	PP, EX, A	VE01		1	
3295	HYDROCARBURES LIQUIDES, N.S.A.	3	F1	III	3		5 L	E1	T	PP, EX, A	VE01		0	
3296	HEPTAFLUOROPROPANE (GAZ RÉFRIGÉRANT R 227)	2	2A		2.2	662	120 ml	E1		PP			0	
3297	OXYDE D'ÉTHYLÈNE ET CHLOROTÉTRAFLUOR-ÉTHANE EN MÉLANGE contenant au plus 8,8% d'oxyde d'éthylène	2	2A		2.2	392 662	120 ml	E1		PP			0	
3298	OXYDE D'ÉTHYLÈNE ET PENTAFLUORÉTHANE EN MÉLANGE contenant au plus 7,9% d'oxyde d'éthylène	2	2A		2.2	392 662	120 ml	E1		PP			0	
3299	OXYDE D'ÉTHYLÈNE ET TÉTRAFLUORÉTHANE EN MÉLANGE contenant au plus 5,6% d'oxyde d'éthylène	2	2A		2.2	392 662	120 ml	E1		PP			0	
3300	OXYDE D'ÉTHYLÈNE ET DIOXYDE DE CARBONE EN MÉLANGE contenant plus de 87% d'oxyde d'éthylène	2	2TF		2.3+2.1		0	E0		PP, EP, EX, TOX, A	VE01, VE02		2	
3301	LIQUIDE CORROSIF, AUTO-ÉCHAUFFANT, N.S.A.	8	CS1	I	8+4.2	274	0	E0		PP, EP			0	
3301	LIQUIDE CORROSIF, AUTO-ÉCHAUFFANT, N.S.A.	8	CS1	II	8+4.2	274	0	E2		PP, EP			0	
3302	ACRYLATE DE 2-DIMÉTHYLAMINOÉTHYLE STABILISÉ	6.1	T1	II	6.1	386 676 802	100 ml	E4		PP, EP, TOX, A	VE02		2	
3303	GAZ COMPRIMÉ TOXIQUE, COMBURANT, N.S.A.	2	1TO		2.3+5.1	274	0	E0		PP, EP, TOX, A	VE02		2	
3304	GAZ COMPRIMÉ TOXIQUE, CORROSIF, N.S.A.	2	1TC		2.3+8	274	0	E0		PP, EP, TOX, A	VE02		2	
3305	GAZ COMPRIMÉ TOXIQUE, INFLAMMABLE, CORROSIF, N.S.A.	2	1TFC		2.3+2.1+8	274	0	E0		PP, EP, EX, TOX, A	VE01, VE02		2	
3306	GAZ COMPRIMÉ TOXIQUE, COMBURANT, CORROSIF, N.S.A.	2	1TOC		2.3+5.1+8	274	0	E0		PP, EP, TOX, A	VE02		2	
3307	GAZ LIQUÉFIÉ TOXIQUE, COMBURANT, N.S.A.	2	2TO		2.3+5.1	274	0	E0		PP, EP, TOX, A	VE02		2	

No. ONU ou ID	Nom et description	Classe	Code de classification	Groupe d'emballage	Étiquettes	Dispositions spéciales	Quantités limitées et exceptées		Transport admis	Équipement exigé	Ventilation	Mesures pendant le chargement/déchargement/ transport	Nombre de cônes, feux bleus	Observations
	3.1.2	2.2	2.2	2.1.1.3	5.2.2	3.3	3.4	3.5.1.2	3.2.1	8.1.5	7.1.6	7.1.6	7.1.5	3.2.1
(1)	(2)	(3a)	(3b)	(4)	(5)	(6)	(7a)	(7b)	(8)	(9)	(10)	(11)	(12)	(13)
3308	GAZ LIQUÉFIÉ TOXIQUE, CORROSIF, N.S.A.	2	2TC		2.3+8	274	0	E0		PP, EP, TOX, A	VE02		2	
3309	GAZ LIQUÉFIÉ TOXIQUE, INFLAMMABLE, CORROSIF, N.S.A.	2	2TFC		2.3+2.1+8	274	0	E0		PP, EP, EX, TOX, A	VE01, VE02		2	
3310	GAZ LIQUÉFIÉ TOXIQUE, COMBURANT, CORROSIF, N.S.A.	2	2TOC		2.3+5.1+8	274	0	E0		PP, EP, TOX, A	VE02		2	
3311	GAZ LIQUIDE RÉFRIGÉRÉ, COMBURANT, N.S.A.	2	3O		2.2+5.1	274	0	E0		PP			0	
3312	GAZ LIQUIDE RÉFRIGÉRÉ, INFLAMMABLE, N.S.A.	2	3F		2.1	274	0	E0		PP, EX, A	VE01		1	
3313	PIGMENTS ORGANIQUES AUTO-ÉCHAUFFANTS	4.2	S2	II	4.2		0	E2		PP			0	
3313	PIGMENTS ORGANIQUES AUTO-ÉCHAUFFANTS	4.2	S2	III	4.2		0	E1		PP			0	
3314	MATIÈRE PLASTIQUE POUR MOULAGE en pâte, en feuille ou en cordon extrudé, dégageant des vapeurs inflammables	9	M3	III	none	207 633 675	5 kg	E1		PP, EP, EX, A	VE01		0	
3315	ÉCHANTILLON CHIMIQUE TOXIQUE	6.1	T8	I	6.1	250 802	0	E0		PP, EP, TOX, A	VE02		2	
3316	TROUSSE CHIMIQUE ou TROUSSE DE PREMIERS SECOURS	9	M11		9	251 340 671	Voir DS 251	Voir DS 340		PP			0	
3317	2-AMINO-4,6-DINITROPHÉNOL HUMIDIFIÉ avec au moins 20% (masse) d'eau	4.1	D	I	4.1		0	E0		PP			1	
3318	AMMONIAC EN SOLUTION AQUEUSE de densité relative inférieure à 0,880 à 15 °C contenant plus de 50% d'ammoniac	2	4TC		2.3+8	23	0	E0		PP, EP, TOX, A	VE02		2	
3319	NITROGLYCÉRINE EN MÉLANGE, DÉSENSIBILISÉE, SOLIDE, N.S.A., avec plus de 2% mais au plus 10% (masse) de nitroglycérine	4.1	D	II	4.1	272 274	0	E0		PP			0	
3320	BOROHYDRURE DE SODIUM ET HYDROXYDE DE SODIUM EN SOLUTION, contenant au plus 12% (masse) de borohydrure de sodium et au plus 40% (masse) d'hydroxyde de sodium	8	C5	II	8		1 L	E2		PP, EP			0	
3320	BOROHYDRURE DE SODIUM ET HYDROXYDE DE SODIUM EN SOLUTION, contenant au plus 12% (masse) de borohydrure de sodium et au plus 40% (masse) d'hydroxyde de sodium	8	C5	III	8		5 L	E1		PP, EP			0	
3321	MATIÈRES RADIOACTIVES DE FAIBLE ACTIVITÉ SPÉCIFIQUE (LSA-II), non fissiles ou fissiles exceptées	7			7X	172 317 325 336	0	E0		PP			2	
3322	MATIÈRES RADIOACTIVES DE FAIBLE ACTIVITÉ SPÉCIFIQUE (LSA-III), non fissiles ou fissiles exceptées	7			7X	172 317 325 336	0	E0		PP			2	
3323	MATIÈRES RADIOACTIVES EN COLIS DE TYPE C, non fissiles ou fissiles exceptées	7			7X	172 317 325	0	E0		PP			2	

No. ONU ou ID	Nom et description	Classe	Code de classification	Groupe d'emballage	Étiquettes	Dispositions spéciales	Quantités limitées et exceptées		Transport admis	Équipement exigé	Ventilation	Mesures pendant le chargement/déchargement/ transport	Nombre de cônes, feux bleus	Observations
							3.4	3.5.1.2						
3.1.2	3.1.2	2.2	2.2	2.1.1.3	5.2.2	3.3			3.2.1	8.1.5	7.1.6	7.1.6	7.1.5	3.2.1
(1)	(2)	(3a)	(3b)	(4)	(5)	(6)	(7a)	(7b)	(8)	(9)	(10)	(11)	(12)	(13)
3324	MATIÈRES RADIOACTIVES DE FAIBLE ACTIVITÉ SPÉCIFIQUE (LSA-II), FISSILES	7			7X+7E	172 326 336	0	E0		PP			2	
3325	MATIÈRES RADIOACTIVES DE FAIBLE ACTIVITÉ SPÉCIFIQUE (LSA-III), FISSILES	7			7X+7E	172 326 336	0	E0		PP			2	
3326	MATIÈRES RADIOACTIVES, OBJETS CONTAMINÉS SUPERFICIELLEMENT (SCO-I ou SCO-II), FISSILES	7			7X+7E	172 326	0	E0		PP			2	
3327	MATIÈRES RADIOACTIVES EN COLIS DE TYPE A, FISSILES, qui ne sont pas sous forme spéciale	7			7X+7E	172 326	0	E0		PP			2	
3328	MATIÈRES RADIOACTIVES EN COLIS DE TYPE B(U), FISSILES	7			7X+7E	172 326 337	0	E0		PP			2	
3329	MATIÈRES RADIOACTIVES EN COLIS DE TYPE B(M), FISSILES	7			7X+7E	172 326 337	0	E0		PP			2	
3330	MATIÈRES RADIOACTIVES EN COLIS DE TYPE C, FISSILES	7			7X+7E	172 326	0	E0		PP			2	
3331	MATIÈRES RADIOACTIVES TRANSPORTÉES SOUS ARRANGEMENT SPÉCIAL, FISSILES	7			7X+7E	172 326	0	E0		PP			2	
3332	MATIÈRES RADIOACTIVES EN COLIS DE TYPE A, SOUS FORME SPÉCIALE, non fissiles ou fissiles exceptées	7			7X	172 317	0	E0		PP			2	
3333	MATIÈRES RADIOACTIVES EN COLIS DE TYPE A, SOUS FORME SPÉCIALE, FISSILES	7			7X+7E	172	0	E0		PP			2	
3334	Matière liquide réglementée pour l'aviation, n.s.a.	9	M11						NON SOUMIS À L'ADN					
3335	Matière solide réglementée pour l'aviation, n.s.a.	9	M11						NON SOUMIS À L'ADN					
3336	MERCAPTANS LIQUIDES INFLAMMABLES, N.S.A. ou MERCAPTANS EN MÉLANGE LIQUIDE INFLAMMABLE, N.S.A.	3	F1	I	3	274	0	E0		PP, EX, A	VE01		1	
3336	MERCAPTANS LIQUIDES INFLAMMABLES, N.S.A. ou MERCAPTANS EN MÉLANGE LIQUIDE INFLAMMABLE, N.S.A. (pression de vapeur à 50 °C supérieure à 110 kPa)	3	F1	II	3	274 640C	1 L	E2		PP, EX, A	VE01		1	
3336	MERCAPTANS LIQUIDES INFLAMMABLES, N.S.A. ou MERCAPTANS EN MÉLANGE LIQUIDE INFLAMMABLE, N.S.A. (pression de vapeur à 50 °C inférieure ou égale à 110 kPa)	3	F1	II	3	274 640D	1 L	E2		PP, EX, A	VE01		1	
3336	MERCAPTANS LIQUIDES INFLAMMABLES, N.S.A. ou MERCAPTANS EN MÉLANGE LIQUIDE INFLAMMABLE, N.S.A.	3	F1	III	3	274	5 L	E1		PP, EX, A	VE01		0	
3337	GAZ RÉFRIGÉRANT R 404A (pentafluoréthane, trifluoro-1,1,1 éthane et tétrafluoro-1,1,2 éthane, en mélange zéotropique avec environ 44% de pentafluoréthane et 52% de trifluoro-1,1,1 éthane)	2	2A		2.2	662	120 ml	E1		PP			0	

No. ONU ou ID	Nom et description	Classe	Code de classification	Groupe d'emballage	Étiquettes	Dispositions spéciales	Quantités limitées et exceptées		Transport admis	Équipement exigé	Ventilation	Mesures pendant le chargement/déchargement/ transport	Nombre de cônes, feux bleus	Observations
							3.4	3.5.1.2	3.2.1	8.1.5	7.1.6	7.1.6	7.1.5	3.2.1
(1)	(2)	(3a)	(3b)	(4)	(5)	(6)	(7a)	(7b)	(8)	(9)	(10)	(11)	(12)	(13)
	3.1.2	2.2	2.2	2.1.1.3	5.2.2	3.3								
3338	GAZ RÉFRIGÉRANT R 407A (difluorométhane, pentafluoroéthane et tétrafluoro-1,1,1,2 éthane, en mélange zéotropique avec environ 20% de difluorométhane et 40% de pentafluoroéthane)	2	2A		2.2	662	120 ml	E1		PP			0	
3339	GAZ RÉFRIGÉRANT R 407B (difluorométhane, pentafluoroéthane et tétrafluoro-1,1,1,2 éthane, en mélange zéotropique avec environ 10% de difluorométhane et 70% de pentafluoroéthane)	2	2A		2.2	662	120 ml	E1		PP			0	
3340	GAZ RÉFRIGÉRANT R 407C (difluorométhane, pentafluoroéthane et tétrafluoro-1,1,1,2 éthane, en mélange zéotropique avec environ 23% de difluorométhane et 25% de pentafluoroéthane)	2	2A		2.2	662	120 ml	E1		PP			0	
3341	DIOXYDE DE THIO-URÉE	4.2	S2	II	4.2		0	E2		PP			0	
3341	DIOXYDE DE THIO-URÉE	4.2	S2	III	4.2		0	E1		PP			0	
3342	XANTHATES	4.2	S2	II	4.2		0	E2		PP			0	
3342	XANTHATES	4.2	S2	III	4.2		0	E1		PP			0	
3343	NITROGLYCÉRINE EN MÉLANGE, DÉSENSIBILISÉE, LIQUIDE, INFLAMMABLE, N.S.A., avec au plus 30% (masse) de nitroglycérine	3	D		3	274 278	0	E0		PP, EX, A	VE01		1	
3344	TÉTRANITRATE DE PENTAÉRYTHRITE (TÉTRANITRATE DE PENTAÉRYTHRITOL, PENTHRITE, PETN) EN MÉLANGE DÉSENSIBILISÉ, SOLIDE, N.S.A., avec plus de 10% mais au plus 20% (masse) de PETN	4.1	D	II	4.1	272 274	0	E0		PP			1	
3345	ACIDE PHÉNOXYACÉTIQUE, DÉRIVÉ PESTICIDE SOLIDE, TOXIQUE	6.1	T7	I	6.1	61 274 648 802	0	E5		PP, EP			2	
3345	ACIDE PHÉNOXYACÉTIQUE, DÉRIVÉ PESTICIDE SOLIDE, TOXIQUE	6.1	T7	II	6.1	61 274 648 802	500 g	E4		PP, EP			2	
3345	ACIDE PHÉNOXYACÉTIQUE, DÉRIVÉ PESTICIDE SOLIDE, TOXIQUE	6.1	T7	III	6.1	61 274 648 802	5 kg	E1		PP, EP			0	
3346	ACIDE PHÉNOXYACÉTIQUE, DÉRIVÉ PESTICIDE LIQUIDE, INFLAMMABLE, TOXIQUE ayant un point d'éclair inférieur à 23 °C	3	FT2	I	3+6.1	61 274 802	0	E0		PP, EP, EX, TOX, A	VE01, VE02		2	
3346	ACIDE PHÉNOXYACÉTIQUE, DÉRIVÉ PESTICIDE LIQUIDE, INFLAMMABLE, TOXIQUE ayant un point d'éclair inférieur à 23 °C	3	FT2	II	3+6.1	61 274 802	1 L	E2		PP, EP, EX, TOX, A	VE01, VE02		2	
3347	ACIDE PHÉNOXYACÉTIQUE, DÉRIVÉ PESTICIDE LIQUIDE, TOXIQUE, INFLAMMABLE ayant un point d'éclair égal ou supérieur à 23 °C	6.1	TF2	I	6.1+3	61 274 802	0	E5		PP, EP, EX, TOX, A	VE01, VE02		2	

No. ONU ou ID	Nom et description	Classe	Code de classification	Groupe d'emballage	Étiquettes	Dispositions speciales	Quantités limitées et exceptées		Transport admis	Équipement exigé	Ventilation	Mesures pendant le chargement/déchargement/ transport	Nombre de cônes, feux bleus	Observations
		2.2	2.2	2.1.1.3	5.2.2	3.3	3.4	3.5.1.2	3.2.1	8.1.5	7.1.6	7.1.6	7.1.5	3.2.1
(1)	(2)	(3a)	(3b)	(4)	(5)	(6)	(7a)	(7b)	(8)	(9)	(10)	(11)	(12)	(13)
3347	ACIDE PHÉNOXYACÉTIQUE, DÉRIVÉ PESTICIDE LIQUIDE, TOXIQUE, INFLAMMABLE ayant un point d'éclair égal ou supérieur à 23 °C	6.1	TF2	II	6.1+3	61 274 802	100 ml	E4		PP, EP, EX, TOX, A	VE01, VE02		2	
3347	ACIDE PHÉNOXYACÉTIQUE, DÉRIVÉ PESTICIDE LIQUIDE, TOXIQUE, INFLAMMABLE ayant un point d'éclair égal ou supérieur à 23 °C	6.1	TF2	III	6.1+3	61 274 802	5 L	E1		PP, EP, EX, TOX, A	VE01, VE02		0	
3348	ACIDE PHÉNOXYACÉTIQUE, DÉRIVÉ PESTICIDE LIQUIDE, TOXIQUE	6.1	T6	I	6.1	61 274 648 802	0	E5		PP, EP, TOX, A	VE02		2	
3348	ACIDE PHÉNOXYACÉTIQUE, DÉRIVÉ PESTICIDE LIQUIDE, TOXIQUE	6.1	T6	II	6.1	61 274 648 802	100 ml	E4		PP, EP, TOX, A	VE02		2	
3348	ACIDE PHÉNOXYACÉTIQUE, DÉRIVÉ PESTICIDE LIQUIDE, TOXIQUE	6.1	T6	III	6.1	61 274 648 802	5 L	E1		PP, EP, TOX, A	VE02		0	
3349	PYRÉTHROÏDE PESTICIDE SOLIDE TOXIQUE	6.1	T7	I	6.1	61 274 648 802	0	E5		PP, EP			2	
3349	PYRÉTHROÏDE PESTICIDE SOLIDE TOXIQUE	6.1	T7	II	6.1	61 274 648 802	500 g	E4		PP, EP			2	
3349	PYRÉTHROÏDE PESTICIDE SOLIDE TOXIQUE	6.1	T7	III	6.1	61 274 648 802	5 kg	E1		PP, EP			0	
3350	PYRÉTHROÏDE PESTICIDE LIQUIDE INFLAMMABLE, TOXIQUE, ayant un point d'éclair inférieur à 23 °C	3	FT2	I	3+6.1	61 274 802	0	E0		PP, EP, EX, TOX, A	VE01, VE02		2	
3350	PYRÉTHROÏDE PESTICIDE LIQUIDE INFLAMMABLE, TOXIQUE, ayant un point d'éclair inférieur à 23 °C	3	FT2	II	3+6.1	61 274 802	1 L	E2		PP, EP, EX, TOX, A	VE01, VE02		2	
3351	PYRÉTHROÏDE PESTICIDE LIQUIDE TOXIQUE, INFLAMMABLE, ayant un point d'éclair égal ou supérieur à 23 °C	6.1	TF2	I	6.1+3	61 274 802	0	E5		PP, EP, EX, TOX, A	VE01, VE02		2	
3351	PYRÉTHROÏDE PESTICIDE LIQUIDE TOXIQUE, INFLAMMABLE, ayant un point d'éclair égal ou supérieur à 23 °C	6.1	TF2	II	6.1+3	61 274 802	100 ml	E4		PP, EP, EX, TOX, A	VE01, VE02		2	
3351	PYRÉTHROÏDE PESTICIDE LIQUIDE TOXIQUE, INFLAMMABLE, ayant un point d'éclair égal ou supérieur à 23 °C	6.1	TF2	III	6.1+3	61 274 802	5 L	E1		PP, EP, EX, TOX, A	VE01, VE02		0	

No. ONU ou ID	Nom et description	Classe	Code de classification	Groupe d'emballage	Étiquettes	Dispositions spéciales	Quantités limitées et exceptées		Transport admis	Équipement exigé	Ventilation	Mesures pendant le chargement/déchargement/ transport	Nombre de cônes, feux bleus	Observations
							3.4	3.5.1.2						
	3.1.2	2.2	2.2	2.1.1.3	5.2.2	3.3			3.2.1	8.1.5	7.1.6	7.1.6	7.1.5	3.2.1
(1)	(2)	(3a)	(3b)	(4)	(5)	(6)	(7a)	(7b)	(8)	(9)	(10)	(11)	(12)	(13)
3352	PYRÉTHROÏDE PESTICIDE LIQUIDE TOXIQUE	6.1	T6	I	6.1	61 274 648 802	0	E5		PP, EP, TOX, A	VE02		2	
3352	PYRÉTHROÏDE PESTICIDE LIQUIDE TOXIQUE	6.1	T6	II	6.1	61 274 648 802	100 ml	E4		PP, EP, TOX, A	VE02		2	
3352	PYRÉTHROÏDE PESTICIDE LIQUIDE TOXIQUE	6.1	T6	III	6.1	61 274 648 802	5 L	E1		PP, EP, TOX, A	VE02		0	
3354	GAZ INSECTICIDE INFLAMMABLE, N.S.A.	2	2F		2.1	274 662	0	E0		PP, EX, A	VE01		1	
3355	GAZ INSECTICIDE TOXIQUE INFLAMMABLE, N.S.A.	2	2TF		2.3+2.1	274	0	E0		PP, EP, EX, TOX, A	VE01, VE02		2	
3356	GÉNÉRATEUR CHIMIQUE D'OXYGÈNE	5.1	O3		5.1	284	0	E0		PP			0	
3357	NITROGLYCÉRINE EN MÉLANGE, DÉSENSIBILISÉE, LIQUIDE, N.S.A., avec au plus 30% (masse) de nitroglycérine	3	D	II	3	274 288	0	E0		PP, EX, A	VE01		1	
3358	MACHINES FRIGORIFIQUES contenant un gaz liquéfié inflammable et non toxique	2	6F		2.1	291	0	E0		PP, EX, A	VE01		1	
3359	ENGIN DE TRANSPORT SOUS FUMIGATION	9	M11			302	0	E0		PP				
3360	Fibres végétales sèches	4.1	F1						NON SOUMIS A L'ADN					
3361	CHLOROSILANES TOXIQUES, CORROSIFS, N.S.A	6.1	TC1	II	6.1+8	274 802	0	E0		PP, EP, TOX, A	VE02		2	
3362	CHLOROSILANES TOXIQUES, CORROSIFS, INFLAMMABLES, N.S.A.	6.1	TFC	II	6.1+3+8	274	0	E0		PP, EP, EX, TOX, A	VE01, VE02		2	
3363	MARCHANDISES DANGEREUSES CONTENUES DANS DES OBJETS ou MARCHANDISES DANGEREUSES CONTENUES DANS DES MACHINES ou MARCHANDISES DANGEREUSES CONTENUES DANS DES APPAREILS	9	M11		9	301 672	0	E0						
3364	TRINITROPHÉNOL (ACIDE PICRIQUE) HUMIDIFIÉ avec au moins 10% (masse) d'eau	4.1	D	I	4.1		0	E0		PP			1	
3365	TRINITROCHLOROBENZÈNE (CHLORURE DE PICRYLE) HUMIDIFIÉ avec au moins 10% (masse) d'eau	4.1	D	I	4.1		0	E0		PP			1	
3366	TRINITROTOLUÈNE (TOLITE, TNT) HUMIDIFIÉ avec au moins 10% (masse) d'eau	4.1	D	I	4.1		0	E0		PP			1	
3367	TRINITROBENZÈNE HUMIDIFIÉ avec au moins 10% (masse) d'eau	4.1	D	I	4.1		0	E0		PP			1	
3368	ACIDE TRINITROBENZOÏQUE HUMIDIFIÉ avec au moins 10% (masse) d'eau	4.1	D	I	4.1		0	E0		PP			1	
3369	DINITRO-o-CRÉSATE DE SODIUM HUMIDIFIÉ avec au moins 10% (masse) d'eau	4.1	DT	I	4.1+6.1	802	0	E0		PP, EP			2	

No. ONU ou ID (1)	Nom et description (2)	Classe (3a)	Code de classification (3b)	Groupe d'emballage (4)	Étiquettes (5)	Dispositions speciales (6)	Quantités limitées et exceptées 3.4 (7a)	Quantités limitées et exceptées 3.5.1.2 (7b)	Transport admis (8)	Équipement exigé (9)	Venti-lation (10)	Mesures pendant le chargement/déchargement/ transport (11)	Nombre de cônes, feux bleus (12)	Observations (13)
3370	NITRATE D'URÉE HUMIDIFIÉ avec au moins 10% (masse) d'eau	4.1	D	I	4.1		0	E0		PP			1	
3371	2-MÉTHYLBUTANAL	3	F1	II	3		1 L	E2		PP, EX, A	VE01		1	
3373	MATIÈRE BIOLOGIQUE, CATÉGORIE B	6.2	I4		6.2	319	0	E0		PP			0	
3373	MATIÈRE BIOLOGIQUE, CATÉGORIE B (matériel animal uniquement)	6.2	I4		6.2	319	0	E0		PP	VE01		0	
3374	ACÉTYLÈNE SANS SOLVANT	2	2F		2.1	662	0	E0		PP, EX, A	VE01		1	
3375	NITRATE D'AMMONIUM, EN ÉMULSION, SUSPENSION ou GEL, servant à la fabrication des explosifs de mine, liquide	5.1	O1	II	5.1	309	0	E2		PP			0	
3375	NITRATE D'AMMONIUM, EN ÉMULSION, SUSPENSION ou GEL, servant à la fabrication des explosifs de mine, solide	5.1	O2	II	5.1	309	0	E2		PP			0	
3376	NITRO-4 PHÉNYLHYDRAZINE, contenant au moins 30% (masse) d'eau	4.1	D	I	4.1		0	E0		PP			1	
3377	PERBORATE DE SODIUM MONOHYDRATÉ	5.1	O2	III	5.1		5 kg	E1		PP			0	
3378	CARBONATE DE SODIUM PEROXYHYDRATÉ	5.1	O2	II	5.1		1 kg	E2		PP			0	
3378	CARBONATE DE SODIUM PEROXYHYDRATÉ	5.1	O2	III	5.1		5 kg	E1		PP			0	
3379	LIQUIDE EXPLOSIBLE DÉSENSIBILISÉ, N.S.A	3	D	I	3	274 311	0	E0		PP, EX, A	VE01		1	
3380	SOLIDE EXPLOSIBLE DÉSENSIBILISÉ, N.S.A	4.1	D	I	4.1	274 311 394	0	E0		PP			1	
3381	LIQUIDE TOXIQUE A L'INHALATION, N.S.A., de CL$_{50}$ inférieure ou égale à 200 ml/m^3 et de concentration de vapeur saturée supérieure ou égale à 500 CL$_{50}$	6.1	T1 or T4	I	6.1	274 802	0	E0		PP, EP, TOX, A	VE02		2	
3382	LIQUIDE TOXIQUE A L'INHALATION, N.S.A., de CL$_{50}$ inférieure ou égale à 1000 ml/m^3 et de concentration de vapeur saturée supérieure ou égale à 10 CL$_{50}$	6.1	T1 or T4	I	6.1	274 802	0	E0		PP, EP, TOX, A	VE02		2	
3383	LIQUIDE TOXIQUE A L'INHALATION, INFLAMMABLE, N.S.A., de CL$_{50}$ inférieure ou égale à 200 ml/m^3 et de concentration de vapeur saturée supérieure ou égale à 500 CL$_{50}$	6.1	TF1	I	6.1 +3	274 802	0	E0		PP, EP, EX, TOX, A	VE01, VE02		2	
3384	LIQUIDE TOXIQUE A L'INHALATION, INFLAMMABLE, N.S.A., de CL$_{50}$ inférieure ou égale à 1000 ml/m^3 et de concentration de vapeur saturée supérieure ou égale à 10 CL$_{50}$	6.1	TF1	I	6.1 +3	274 802	0	E0		PP, EP, EX, TOX, A	VE01, VE02		2	
3385	LIQUIDE TOXIQUE A L'INHALATION, HYDROUÉACTIF, N.S.A., de CL$_{50}$ inférieure ou égale à 200 ml/m^3 et de concentration de vapeur saturée supérieure ou égale à 500 CL$_{50}$	6.1	TW1	I	6.1 +4.3	274 802	0	E0		PP, EP, TOX, A	VE02		2	

No. ONU ou ID (1)	Nom et description (2) 3.1.2	Classe (3a) 2.2	Code de classification (3b) 2.2	Groupe d'emballage (4) 2.1.1.3	Étiquettes (5) 5.2.2	Dispositions spéciales (6) 3.3	Quantités limitées (7a) 3.4	Quantités exceptées (7b) 3.5.1.2	Transport admis (8) 3.2.1	Équipement exigé (9) 8.1.5	Ventilation (10) 7.1.6	Mesures pendant le chargement/déchargement/transport (11) 7.1.6	Nombre de cônes, feux bleus (12) 7.1.5	Observations (13) 3.2.1
3386	LIQUIDE TOXIQUE À L'INHALATION, HYDRORÉACTIF, N.S.A., de CL_{50} inférieure ou égale à 1000 ml/m³ et de concentration de vapeur saturée supérieure ou égale à 10 CL_{50}	6.1	TW1	I	6.1 +4.3	274 802	0	E0		PP, EP, TOX, A	VE02		2	
3387	LIQUIDE TOXIQUE À L'INHALATION, COMBURANT, N.S.A., de CL_{50} inférieure ou égale à 200 ml/m³ et de concentration de vapeur saturée supérieure ou égale à 500 CL_{50}	6.1	TO1	I	6.1 +5.1	274 802	0	E0		PP, EP, TOX, A	VE02		2	
3388	LIQUIDE TOXIQUE À L'INHALATION, COMBURANT, N.S.A., de CL_{50} inférieure ou égale à 1000 ml/m³ et de concentration de vapeur saturée supérieure ou égale à 10 CL_{50}	6.1	TO1	I	6.1 +5.1	274 802	0	E0		PP, EP, TOX, A	VE02		2	
3389	LIQUIDE TOXIQUE À L'INHALATION, CORROSIF, N.S.A., de CL_{50} inférieure ou égale à 200 ml/m³ et de concentration de vapeur saturée supérieure ou égale à 500 CL_{50}	6.1	TC1 or TC3	I	6.1 +8	274 802	0	E0		PP, EP, TOX, A	VE02		2	
3390	LIQUIDE TOXIQUE À L'INHALATION, CORROSIF, N.S.A., de CL_{50} inférieure ou égale à 1000 ml/m³ et de concentration de vapeur saturée supérieure ou égale à 10 CL_{50}	6.1	TC1 or TC3	I	6.1 +8	274 802	0	E0		PP, EP, TOX, A	VE02		2	
3391	MATIÈRE ORGANO-MÉTALLIQUE SOLIDE PYROPHORIQUE	4.2	S5	I	4.2	274	0	E0		PP			0	
3392	MATIÈRE ORGANO-MÉTALLIQUE LIQUIDE PYROPHORIQUE	4.2	S5	I	4.2	274	0	E0		PP			0	
3393	MATIÈRE ORGANO-MÉTALLIQUE SOLIDE PYROPHORIQUE, HYDRORÉACTIVE	4.2	SW	I	4.2 +4.3	274	0	E0		PP, EX, A	VE01		0	
3394	MATIÈRE ORGANO-MÉTALLIQUE LIQUIDE PYROPHORIQUE, HYDRORÉACTIVE	4.2	SW	I	4.2 +4.3	274	0	E0		PP, EX, A	VE01		0	
3395	MATIÈRE ORGANO-MÉTALLIQUE SOLIDE HYDRORÉACTIVE	4.3	W2	I	4.3	274	0	E0		PP, EX, A	VE01	HA08	0	
3395	MATIÈRE ORGANO-MÉTALLIQUE SOLIDE HYDRORÉACTIVE	4.3	W2	II	4.3	274	500 g	E2		PP, EX, A	VE01	HA08	0	
3395	MATIÈRE ORGANO-MÉTALLIQUE SOLIDE HYDRORÉACTIVE	4.3	W2	III	4.3	274	1 kg	E1		PP, EX, A	VE01	HA08	0	
3396	MATIÈRE ORGANO-MÉTALLIQUE SOLIDE HYDRORÉACTIVE, INFLAMMABLE	4.3	WF2	I	4.3 +4.1	274	0	E0		PP, EX, A	VE01	HA08	1	
3396	MATIÈRE ORGANO-MÉTALLIQUE SOLIDE HYDRORÉACTIVE, INFLAMMABLE	4.3	WF2	II	4.3 +4.1	274	500 g	E2		PP, EX, A	VE01	HA08	1	
3396	MATIÈRE ORGANO-MÉTALLIQUE SOLIDE HYDRORÉACTIVE, INFLAMMABLE	4.3	WF2	III	4.3 +4.1	274	1 kg	E1		PP, EX, A	VE01	HA08	0	
3397	MATIÈRE ORGANO-MÉTALLIQUE SOLIDE HYDRORÉACTIVE, AUTO-ÉCHAUFFANTE	4.3	WS	I	4.3 +4.2	274	0	E0		PP, EX, A	VE01	HA08	0	

No. ONU ou ID (1)	Nom et description 3.1.2 (2)	Classe 2.2 (3a)	Code de classification 2.2 (3b)	Groupe d'emballage 2.1.1.3 (4)	Étiquettes 5.2.2 (5)	Dispositions spéciales 3.3 (6)	Quantités limitées et exceptées 3.4 (7a)	3.5.1.2 (7b)	Transport admis 3.2.1 (8)	Équipement exigé 8.1.5 (9)	Ventilation 7.1.6 (10)	Mesures pendant le chargement/déchargement/ transport 7.1.6 (11)	Nombre de cônes, feux bleus 7.1.5 (12)	Observations 3.2.1 (13)
3397	MATIÈRE ORGANO-MÉTALLIQUE SOLIDE HYDRORÉACTIVE, AUTO-ÉCHAUFFANTE	4.3	WS	II	4.3 +4.2	274	500 g	E2		PP, EX, A	VE01	HA08	0	
3397	MATIÈRE ORGANO-MÉTALLIQUE SOLIDE HYDRORÉACTIVE, AUTO-ÉCHAUFFANTE	4.3	WS	III	4.3 +4.2	274	1 kg	E1		PP, EX, A	VE01	HA08	0	
3398	MATIÈRE ORGANO-MÉTALLIQUE LIQUIDE HYDRORÉACTIVE	4.3	W1	I	4.3	274	0	E0		PP, EX, A	VE01	HA08	0	
3398	MATIÈRE ORGANO-MÉTALLIQUE LIQUIDE HYDRORÉACTIVE	4.3	W1	II	4.3	274	500 ml	E2		PP, EX, A	VE01	HA08	0	
3398	MATIÈRE ORGANO-MÉTALLIQUE LIQUIDE HYDRORÉACTIVE	4.3	W1	III	4.3	274	1 L	E1		PP, EX, A	VE01	HA08	0	
3399	MATIÈRE ORGANO-MÉTALLIQUE LIQUIDE HYDRORÉACTIVE, INFLAMMABLE	4.3	WF1	I	4.3 +3	274	0	E0		PP, EX, A	VE01	HA08	1	
3399	MATIÈRE ORGANO-MÉTALLIQUE LIQUIDE HYDRORÉACTIVE, INFLAMMABLE	4.3	WF1	II	4.3 +3	274	500 ml	E2		PP, EX, A	VE01	HA08	1	
3399	MATIÈRE ORGANO-MÉTALLIQUE LIQUIDE HYDRORÉACTIVE, INFLAMMABLE	4.3	WF1	III	4.3 +3	274	1 L	E1		PP, EX, A	VE01	HA08	0	
3400	MATIÈRE ORGANO-MÉTALLIQUE SOLIDE AUTO-ÉCHAUFFANTE	4.2	S5	II	4.2	274	500 g	E2		PP			0	
3400	MATIÈRE ORGANO-MÉTALLIQUE SOLIDE AUTO-ÉCHAUFFANTE	4.2	S5	III	4.2	274	1 kg	E1		PP			0	
3401	AMALGAME DE MÉTAUX ALCALINS, SOLIDE	4.3	W2	I	4.3	182	0	E0		PP, EX, A	VE01	HA08	0	
3402	AMALGAME DE MÉTAUX ALCALINO-TERREUX, SOLIDE	4.3	W2	I	4.3	183 506	0	E0		PP, EX, A	VE01	HA08	0	
3403	ALLIAGES MÉTALLIQUES DE POTASSIUM, SOLIDES	4.3	W2	I	4.3		0	E0		PP, EX, A	VE01	HA08	0	
3404	ALLIAGES DE POTASSIUM ET SODIUM, SOLIDES	4.3	W2	I	4.3		0	E0		PP, EX, A	VE01	HA08	0	
3405	CHLORATE DE BARYUM EN SOLUTION	5.1	OT1	II	5.1 +6.1	802	1 L	E2		PP, EP, TOX, A	VE02		2	
3405	CHLORATE DE BARYUM EN SOLUTION	5.1	OT1	III	5.1 +6.1	802	5 L	E1		PP, EP, TOX, A	VE02		0	
3406	PERCHLORATE DE BARYUM EN SOLUTION	5.1	OT1	II	5.1 +6.1	802	1 L	E2		PP, EP, TOX, A	VE02		2	
3406	PERCHLORATE DE BARYUM EN SOLUTION	5.1	OT1	III	5.1 +6.1	802	5 L	E1		PP, EP, TOX, A	VE02		0	
3407	CHLORATE ET CHLORURE DE MAGNÉSIUM EN MÉLANGE, EN SOLUTION	5.1	OI	II	5.1		1 L	E2		PP			0	
3407	CHLORATE ET CHLORURE DE MAGNÉSIUM EN MÉLANGE, EN SOLUTION	5.1	OI	III	5.1		5 L	E1		PP			0	
3408	PERCHLORATE DE PLOMB EN SOLUTION	5.1	OT1	II	5.1 +6.1	802	1 L	E2		PP, EP			2	
3408	PERCHLORATE DE PLOMB EN SOLUTION	5.1	OT1	III	5.1 +6.1	802	5 L	E1		PP, EP			0	
3409	CHLORONITROBENZÈNES LIQUIDES	6.1	T1	II	6.1	279 802	100 ml	E4		PP, EP, TOX, A	VE02		2	
3410	CHLORHYDRATE DE CHLORO-4 o-TOLUIDINE EN SOLUTION	6.1	T1	III	6.1	802	5 L	E1		PP, EP, TOX, A	VE02		0	
3411	bêta-NAPHTHYLAMINE EN SOLUTION	6.1	T1	II	6.1	802	100 ml	E4		PP, EP, TOX, A	VE02		2	

No. ONU ou ID (1)	Nom et description (2) 3.1.2	Classe (3a) 2.2	Code de classification (3b) 2.2	Groupe d'emballage (4) 2.1.1.3	Étiquettes (5) 5.2.2	Dispositions spéciales (6) 3.3	Quantités limitées et exceptées (7a) 3.4	(7b) 3.5.1.2	Transport admis (8) 3.2.1	Équipement exigé (9) 8.1.5	Ventilation (10) 7.1.6	Mesures pendant le chargement/déchargement/transport (11) 7.1.6	Nombre de cônes, feux bleus (12) 7.1.5	Observations (13) 3.2.1
3411	bêta-NAPHTHYLAMINE EN SOLUTION	6.1	T1	III	6.1	802	5 L	E1		PP, EP, TOX, A	VE02		0	
3412	ACIDE FORMIQUE contenant au moins 10 % et au plus 85 % (masse) d'acide	8	C3	II	8		1 L	E2	T	PP, EP			0	
3412	ACIDE FORMIQUE contenant au moins 5 % mais moins de 10 % (masse) d'acide	8	C3	III	8		5 L	E1	T	PP, EP			0	
3413	CYANURE DE POTASSIUM EN SOLUTION	6.1	T4	I	6.1	802	0	E5		PP, EP, TOX, A	VE02		2	
3413	CYANURE DE POTASSIUM EN SOLUTION	6.1	T4	II	6.1	802	100 ml	E4		PP, EP, TOX, A	VE02		2	
3413	CYANURE DE POTASSIUM EN SOLUTION	6.1	T4	III	6.1	802	5 L	E1		PP, EP, TOX, A	VE02		0	
3414	CYANURE DE SODIUM EN SOLUTION	6.1	T4	I	6.1	802	0	E5		PP, EP, TOX, A	VE02		2	
3414	CYANURE DE SODIUM EN SOLUTION	6.1	T4	II	6.1	802	100 ml	E4		PP, EP, TOX, A	VE02		2	
3414	CYANURE DE SODIUM EN SOLUTION	6.1	T4	III	6.1	802	5 L	E1		PP, EP, TOX, A	VE02		0	
3415	FLUORURE DE SODIUM EN SOLUTION	6.1	T4	III	6.1	802	5 L	E1		PP, EP, TOX, A	VE02		0	
3416	CHLORACÉTOPHÉNONE, LIQUIDE	6.1	T1	II	6.1	802	0	E0		PP, EP, TOX, A	VE02		2	
3417	BROMURE DE XYLYLE, SOLIDE	6.1	T2	II	6.1	802	0	E4		PP, EP	VE02		2	
3418	m-TOLUYLÈNEDIAMINE EN SOLUTION	6.1	T1	III	6.1	802	5 L	E1		PP, EP, TOX, A	VE02		0	
3419	COMPLEXE DE TRIFLUORURE DE BORE ET D'ACIDE ACÉTIQUE, SOLIDE	8	C4	II	8		1 kg	E2		PP, EP			0	
3420	COMPLEXE DE TRIFLUORURE DE BORE ET D'ACIDE PROPIONIQUE, SOLIDE	8	C4	II	8		1 kg	E2		PP, EP			0	
3421	HYDROGÉNODIFLUORURE DE POTASSIUM EN SOLUTION	8	CT1	II	8 +6.1	802	1 L	E2		PP, EP, TOX, A	VE02		2	
3421	HYDROGÉNODIFLUORURE DE POTASSIUM EN SOLUTION	8	CT1	III	8 +6.1	802	5 L	E1		PP, EP, TOX, A	VE02		0	
3422	FLUORURE DE POTASSIUM EN SOLUTION	6.1	T4	III	6.1	802	5 L	E1		PP, EP, TOX, A	VE02		0	
3423	HYDROXYDE DE TÉTRAMÉTHYLAMMONIUM, SOLIDE	8	C8	II	8		1 kg	E2		PP, EP			0	
3424	DINITRO-o-CRÉSATE D'AMMONIUM EN SOLUTION	6.1	T1	II	6.1	802	100 ml	E4		PP, EP, TOX, A	VE02		2	
3424	DINITRO-o-CRÉSATE D'AMMONIUM EN SOLUTION	6.1	T1	III	6.1	802	5 L	E1		PP, EP, TOX, A	VE02		0	
3425	ACIDE BROMACÉTIQUE SOLIDE	8	C4	II	8		1 kg	E2		PP, EP	VE02		0	
3426	ACRYLAMIDE EN SOLUTION	6.1	T1	III	6.1	802	5 L	E1	T	PP, EP, TOX, A	VE02		0	
3427	CHLORURES DE CHLOROBENZYLE, SOLIDES	6.1	T2	III	6.1	802	5 kg	E1		PP, EP			0	

No. ONU ou ID (1)	Nom et description (2)	Classe 2.2 (3a)	Code de classification 2.2 (3b)	Groupe d'emballage 2.1.1.3 (4)	Étiquettes 5.2.2 (5)	Dispositions spéciales 3.3 (6)	Quantités limitées 3.4 (7a)	Quantités exceptées 3.5.1.2 (7b)	Transport admis 3.2.1 (8)	Équipement exigé 8.1.5 (9)	Ventilation 7.1.6 (10)	Mesures pendant le chargement/déchargement/transport 7.1.6 (11)	Nombre de cônes, feux bleus 7.1.5 (12)	Observations 3.2.1 (13)
3428	ISOCYANATE DE CHLORO-3 MÉTHYL-4 PHÉNYLE, SOLIDE	6.1	T2	II	6.1	802	500 g	E4		PP, EP			2	
3429	CHLOROTOLUIDINES LIQUIDES	6.1	T1	III	6.1	802	5 L	E1	T	PP, EP, TOX, A	VE02		0	
3430	XYLÉNOLS, LIQUIDES	6.1	T1	II	6.1	802	100 ml	E4		PP, EP, TOX, A	VE02		2	
3431	FLUORURES DE NITROBENZYLIDYNE, SOLIDES	6.1	T2	II	6.1	802	500 g	E4		PP, EP			2	
3432	DIPHÉNYLES POLYCHLORÉS SOLIDES	9	M2	II	9	305 802	1 kg	E2		PP, EP			0	
3434	NITROCRÉSOLS, LIQUIDES	6.1	T1	III	6.1	802	5 L	E1		PP, EP, TOX, A	VE02		0	
3436	HYDRATE D'HEXAFLUORACÉTONE, SOLIDE	6.1	T2	II	6.1	802	500 g	E4		PP, EP			2	
3437	CHLOROCRÉSOLS SOLIDES	6.1	T2	II	6.1	802	500 g	E4		PP, EP			2	
3438	ALCOOL alpha-MÉTHYLBENZYLIQUE SOLIDE	6.1	T2	III	6.1	802	5 kg	E1		PP, EP			0	
3439	NITRILES SOLIDES TOXIQUES, N.S.A.	6.1	T2	I	6.1	274 802	0	E5		PP, EP			2	
3439	NITRILES SOLIDES TOXIQUES, N.S.A.	6.1	T2	II	6.1	274 802	500 g	E4		PP, EP			2	
3439	NITRILES SOLIDES TOXIQUES, N.S.A.	6.1	T2	III	6.1	274 802	5 kg	E1		PP, EP			0	
3440	COMPOSÉ DU SÉLÉNIUM, LIQUIDE, N.S.A.	6.1	T4	I	6.1	274 563 802	0	E5		PP, EP, TOX, A	VE02		2	
3440	COMPOSÉ DU SÉLÉNIUM, LIQUIDE, N.S.A.	6.1	T4	II	6.1	274 563 802	100 ml	E4		PP, EP, TOX, A	VE02		2	
3440	COMPOSÉ DU SÉLÉNIUM, LIQUIDE, N.S.A.	6.1	T4	III	6.1	274 563 802	5 L	E1		PP, EP, TOX, A	VE02		0	
3441	CHLORODINITROBENZÈNES SOLIDES	6.1	T2	II	6.1	279 802	500 g	E4		PP, EP			2	
3442	DICHLORANILINES SOLIDES	6.1	T2	II	6.1	279 802	500 g	E4		PP, EP			2	
3443	DINITROBENZÈNES SOLIDES	6.1	T2	II	6.1	802	500 g	E4		PP, EP			2	
3444	CHLORHYDRATE DE NICOTINE SOLIDE	6.1	T2	II	6.1	43 802	500 g	E4		PP, EP			2	
3445	SULFATE DE NICOTINE SOLIDE	6.1	T2	II	6.1	802	500 g	E4		PP, EP			2	
3446	NITROTOLUÈNES SOLIDES	6.1	T2	II	6.1	802	500 g	E4	T	PP, EP			2	
3447	NITROXYLÈNES SOLIDES	6.1	T2	II	6.1	802	500 g	E4		PP, EP			2	
3448	MATIÈRE SOLIDE SERVANT À LA PRODUCTION DE GAZ LACRYMOGÈNES, N.S.A.	6.1	T2	I	6.1	274 802	0	E0		PP, EP			2	
3448	MATIÈRE SOLIDE SERVANT À LA PRODUCTION DE GAZ LACRYMOGÈNES, N.S.A.	6.1	T2	II	6.1	274 802	0	E0		PP, EP			2	
3449	CYANURES DE BROMOBENZYLE SOLIDES	6.1	T2	I	6.1	138 802	0	E5		PP, EP			2	
3450	DIPHÉNYLCHLORARSINE, SOLIDE	6.1	T3	I	6.1	802	0	E0		PP, EP			2	

No. ONU ou ID	Nom et description	Classe	Code de classification	Groupe d'emballage	Étiquettes	Dispositions spéciales	Quantités limitées et exceptées		Transport admis	Équipement exigé	Ventilation	Mesures pendant le chargement/déchargement/transport	Nombre de cônes, feux bleus	Observations
3.1.2	3.1.2	2.2	2.2	2.1.1.3	5.2.2	3.3	3.4	3.5.1.2	3.2.1	8.1.5	7.1.6	7.1.6	7.1.5	3.2.1
(1)	(2)	(3a)	(3b)	(4)	(5)	(6)	(7a)	(7b)	(8)	(9)	(10)	(11)	(12)	(13)
3451	TOLUIDINES SOLIDES	6.1	T2	II	6.1	279 802	500 g	E4	T	PP, EP			2	
3452	XYLIDINES SOLIDES	6.1	T2	II	6.1	802	500 g	E4		PP, EP			2	
3453	ACIDE PHOSPHORIQUE SOLIDE	8	C2	III	8		5 kg	E1		PP, EP			0	
3454	DINITROTOLUÈNES SOLIDES	6.1	T2	II	6.1	802	500 g	E4		PP, EP			2	
3455	CRÉSOLS SOLIDES	6.1	TC2	II	6.1+8	802	500 g	E4	T	PP, EP			2	
3456	HYDROGÉNOSULFATE DE NITROSYLE SOLIDE	8	C2	II	8		1 kg	E2		PP, EP			0	
3457	CHLORONITROTOLUÈNES SOLIDES	6.1	T2	III	6.1	802	5 kg	E1		PP, EP			0	
3458	NITRANISOLES SOLIDES	6.1	T2	III	6.1	279 802	5 kg	E1		PP, EP			0	
3459	NITROBROMOBENZÈNES SOLIDES	6.1	T2	III	6.1	802	5 kg	E1		PP, EP			0	
3460	N-ÉTHYLBENZYLTOLUIDINES SOLIDES	6.1	T2	III	6.1	802	5 kg	E1		PP, EP			0	
3462	TOXINES EXTRAITES D'ORGANISMES VIVANTS, SOLIDES, N.S.A.	6.1	T2	I	6.1	210 274 802	0	E5		PP, EP			2	
3462	TOXINES EXTRAITES D'ORGANISMES VIVANTS, SOLIDES, N.S.A.	6.1	T2	II	6.1	210 274 802	500 g	E4		PP, EP			2	
3462	TOXINES EXTRAITES D'ORGANISMES VIVANTS, SOLIDES, N.S.A.	6.1	T2	III	6.1	210 274 802	5 kg	E1		PP, EP			0	
3463	ACIDE PROPIONIQUE contenant au moins 90 % (masse) d'acide	8	CF1	II	8+3		1 L	E2	T	PP, EP, EX, A	VE01		1	
3464	COMPOSÉ ORGANOPHOSPHORÉ SOLIDE TOXIQUE, N.S.A.	6.1	T2	I	6.1	43 274 802	0	E5		PP, EP			2	
3464	COMPOSÉ ORGANOPHOSPHORÉ SOLIDE TOXIQUE, N.S.A.	6.1	T2	II	6.1	43 274 802	500 g	E4		PP, EP			2	
3464	COMPOSÉ ORGANOPHOSPHORÉ SOLIDE TOXIQUE, N.S.A.	6.1	T2	III	6.1	43 274 802	5 kg	E1		PP, EP			0	
3465	COMPOSÉ ORGANIQUE DE L'ARSENIC, SOLIDE, N.S.A.	6.1	T3	I	6.1	274 802	0	E5		PP, EP			2	
3465	COMPOSÉ ORGANIQUE DE L'ARSENIC, SOLIDE, N.S.A.	6.1	T3	II	6.1	274 802	500 g	E4		PP, EP			2	
3465	COMPOSÉ ORGANIQUE DE L'ARSENIC, SOLIDE, N.S.A.	6.1	T3	III	6.1	274 802	5 kg	E1		PP, EP			0	
3466	MÉTAUX-CARBONYLES, SOLIDES, N.S.A.	6.1	T3	I	6.1	274 562 802	0	E5		PP, EP			2	
3466	MÉTAUX-CARBONYLES, SOLIDES, N.S.A.	6.1	T3	II	6.1	274 562 802	500 g	E4		PP, EP			2	

No. ONU ou ID (1)	Nom et description (2) 3.1.2	Classe (3a) 2.2	Code de classification (3b) 2.2	Groupe d'emballage (4) 2.1.1.3	Étiquettes (5) 5.2.2	Dispositions speciales (6) 3.3	Quantités limitées (7a) 3.4	(7b) 3.5.1.2	Transport admis (8) 3.2.1	Équipement exigé (9) 8.1.5	Ventilation (10) 7.1.6	Mesures pendant le chargement/déchargement/ transport (11) 7.1.6	Nombre de cônes, feux bleus (12) 7.1.5	Observations (13) 3.2.1
3466	MÉTAUX-CARBONYLES, SOLIDES, N.S.A.	6.1	T3	III	6.1	274 562 802	5 kg	E1		PP, EP			0	
3467	COMPOSÉ ORGANOMÉTALLIQUE SOLIDE TOXIQUE, N.S.A.	6.1	T3	I	6.1	274 562 802	0	E5		PP, EP			2	
3467	COMPOSÉ ORGANOMÉTALLIQUE SOLIDE TOXIQUE, N.S.A.	6.1	T3	II	6.1	274 562 802	500 g	E4		PP, EP			2	
3467	COMPOSÉ ORGANOMÉTALLIQUE SOLIDE TOXIQUE, N.S.A.	6.1	T3	III	6.1	274 562 802	5 kg	E1		PP, EP			0	
3468	HYDROGÈNE DANS UN DISPOSITIF DE STOCKAGE À HYDRURE MÉTALLIQUE ou HYDROGÈNE DANS UN DISPOSITIF DE STOCKAGE À HYDRURE MÉTALLIQUE CONTENU DANS UN ÉQUIPEMENT ou HYDROGÈNE DANS UN DISPOSITIF DE STOCKAGE À HYDRURE MÉTALLIQUE EMBALLÉ	2	1F		2.1	321 356	0	E0		PP, EX, A	VE01		1	
3469	PEINTURES INFLAMMABLES, CORROSIVES (y compris peintures, laques, émaux, couleurs, shellacs, vernis, cirages, encaustiques, enduits d'apprêt et bases liquides pour laques) ou MATIÈRES APPARENTÉES AUX PEINTURES, INFLAMMABLES, CORROSIVES (y compris solvants et diluants pour peintures)	3	FC	I	3+8	163 367	0	E0		PP, EX, A	VE01		1	
3469	PEINTURES INFLAMMABLES, CORROSIVES (y compris peintures, laques, émaux, couleurs, shellacs, vernis, cirages, encaustiques, enduits d'apprêt et bases liquides pour laques) ou MATIÈRES APPARENTÉES AUX PEINTURES, INFLAMMABLES, CORROSIVES (y compris solvants et diluants pour peintures)	3	FC	II	3+8	163 367	1 L	E2		PP, EX, A	VE01		1	
3469	PEINTURES INFLAMMABLES, CORROSIVES (y compris peintures, laques, émaux, couleurs, shellacs, vernis, cirages, encaustiques, enduits d'apprêt et bases liquides pour laques) ou MATIÈRES APPARENTÉES AUX PEINTURES, INFLAMMABLES, CORROSIVES (y compris solvants et diluants pour peintures)	3	FC	III	3+8	163 367	5 L	E1		PP, EX, A	VE01		0	
3470	PEINTURES CORROSIVES, INFLAMMABLES (y compris peintures, laques, émaux, couleurs, shellacs, vernis, cirages, encaustiques, enduits d'apprêt et bases liquides pour laques) ou MATIÈRES APPARENTÉES AUX PEINTURES, CORROSIVES, INFLAMMABLES (y compris solvants et diluants pour peintures)	8	CF1	II	8+3	163 367	1 L	E2		PP, EP, EX, A	VE01		1	
3471	HYDROGÉNODIFLUORURES EN SOLUTION, N.S.A.	8	CT1	II	8+6.1	802	1 L	E2		PP, EP			2	

No. ONU ou ID	Nom et description	Classe	Code de classi-fication	Groupe d'embal-lage	Étiquettes	Disposit-ions speciales	Quantités limitées et exceptées		Trans-port admis	Équipement exigé	Venti-lation	Mesures pendant le chargement/déchargement/transport	Nombre de cônes, feux bleus	Observations
3.1.2		2.2	2.2	2.1.1.3	5.2.2	3.3	3.4	3.5.1.2	3.2.1	8.1.5	7.1.6	7.1.6	7.1.5	3.2.1
(1)	(2)	(3a)	(3b)	(4)	(5)	(6)	(7a)	(7b)	(8)	(9)	(10)	(11)	(12)	(13)
3471	HYDROGÉNODIFLUORURES EN SOLUTION, N.S.A.	8	CT1	III	8 +6.1	802	5 L	E1		PP, EP				0	
3472	ACIDE CROTONIQUE LIQUIDE	8	C3	III	8		5 L	E1		PP, EP				0	
3473	CARTOUCHES POUR PILE À COMBUSTIBLE ou CARTOUCHES POUR PILE À COMBUSTIBLE CONTENUES DANS UN ÉQUIPEMENT ou CARTOUCHES POUR PILE À COMBUSTIBLE EMBALLÉES AVEC UN ÉQUIPEMENT contenant des liquides inflammables	3	F3		3	328	1 L	E0		PP, EX, A	VE01			1	
3474	1-HYDROXYBENZOTRIAZOLE MONOHYDRATÉ	4.1	D	I	4.1		0	E0		PP				1	
3475	MÉLANGE D'ÉTHANOL ET D'ESSENCE contenant plus de 10% d'éthanol	3	F1	II	3	333	1 L	E2	T	PP, EX, A	VE01			1	
3476	CARTOUCHES POUR PILE À COMBUSTIBLE ou CARTOUCHES POUR PILE À COMBUSTIBLE CONTENUES DANS UN ÉQUIPEMENT ou CARTOUCHES POUR PILE À COMBUSTIBLE EMBALLÉES AVEC UN ÉQUIPEMENT, contenant des matières hydroréactives	4.3	W3		4.3	328 334	500 ml ou 500 g	E0		PP, EX, A	VE01	HA08		0	
3477	CARTOUCHES POUR PILE À COMBUSTIBLE ou CARTOUCHES POUR PILE À COMBUSTIBLE CONTENUES DANS UN ÉQUIPEMENT ou CARTOUCHES POUR PILE À COMBUSTIBLE EMBALLÉES AVEC UN ÉQUIPEMENT, contenant des matières corrosives	8	C11		8	328 334	1 L ou 1 kg	E0		PP, EP, A				0	
3478	CARTOUCHES POUR PILE À COMBUSTIBLE ou CARTOUCHES POUR PILE À COMBUSTIBLE CONTENUES DANS UN ÉQUIPEMENT ou CARTOUCHES POUR PILE À COMBUSTIBLE EMBALLÉES AVEC UN ÉQUIPEMENT, contenant un gaz liquéfié inflammable	2	6F		2.1	328 338	120 ml	E0		PP, EX, A	VE01			1	
3479	CARTOUCHES POUR PILE À COMBUSTIBLE ou CARTOUCHES POUR PILE À COMBUSTIBLE CONTENUES DANS UN ÉQUIPEMENT ou CARTOUCHES POUR PILE À COMBUSTIBLE EMBALLÉES AVEC UN ÉQUIPEMENT, contenant de l'hydrogène dans un hydrure métallique	2	6F		2.1	328 339	120 ml	E0		PP, EX, A	VE01			1	
3480	PILES AU LITHIUM IONIQUE (y compris les piles au lithium ionique à membrane polymère)	9	M4		9A	188 230 310 348 376 377 387 636	0	E0		PP				0	

No. ONU ou ID (1)	Nom et description (2)	Classe 2.2 (3a)	Code de classification 2.2 (3b)	Groupe d'emballage 2.1.1.3 (4)	Étiquettes 5.2.2 (5)	Dispositions spéciales 3.3 (6)	Quantités limitées 3.4 (7a)	Quantités exceptées 3.5.1.2 (7b)	Transport admis 3.2.1 (8)	Équipement exigé 8.1.5 (9)	Ventilation 7.1.6 (10)	Mesures pendant le chargement/déchargement/transport 7.1.6 (11)	Nombre de cônes, feux bleus 7.1.5 (12)	Observations 3.2.1 (13)
3481	PILES AU LITHIUM IONIQUE CONTENUES DANS UN ÉQUIPEMENT ou PILES AU LITHIUM IONIQUE EMBALLÉES AVEC UN ÉQUIPEMENT (y compris les piles au lithium ionique à membrane polymère)	9	M4		9A	188 230 310 348 360 376 377 387 390 670	0	E0		PP			0	
3482	DISPERSION DE MÉTAUX ALCALINS, INFLAMMABLE ou DISPERSION DE MÉTAUX ALCALINO-TERREUX, INFLAMMABLE	4.3	WF1	I	4.3+3	182 183 506	0	E0		PP, EX, A	VE01	HA08	1	
3483	MÉLANGE ANTIDÉTONANT POUR CARBURANTS, INFLAMMABLE	6.1	TF1	I	6.1+3	802	0	E0		PP, EP, EX, TOX, A	VE01, VE02		2	
3484	HYDRAZINE EN SOLUTION AQUEUSE, INFLAMMABLE, contenant plus de 37 % (masse) d'hydrazine	8	CFT	I	8+3+6.1	530	0	E0		PP, EP, EX, TOX, A	VE01, VE02		2	
3485	HYPOCHLORITE DE CALCIUM SEC, CORROSIF ou HYPOCHLORITE DE CALCIUM EN MÉLANGE SEC, CORROSIF contenant plus de 39 % de chlore actif (8,8 % d'oxygène actif)	5.1	OC2	II	5.1+8	314	1 kg	E2		PP			0	
3486	HYPOCHLORITE DE CALCIUM EN MÉLANGE SEC, CORROSIF contenant plus de 10 % mais au maximum de chlore actif	5.1	OC2	III	5.1+8	314	5 kg	E1		PP			0	
3487	HYPOCHLORITE DE CALCIUM HYDRATÉ, CORROSIF ou HYPOCHLORITE DE CALCIUM EN MÉLANGE HYDRATÉ, CORROSIF, avec au moins 5,5 % mais au plus 16 % d'eau	5.1	OC2	II	5.1+8	314 322	1 kg	E2		PP			0	
3487	HYPOCHLORITE DE CALCIUM HYDRATÉ, CORROSIF ou HYPOCHLORITE DE CALCIUM EN MÉLANGE HYDRATÉ, CORROSIF avec au moins 5,5 % mais au plus 16 % d'eau	5.1	OC2	III	5.1+8	314	5 kg	E1		PP			0	
3488	LIQUIDE TOXIQUE À L'INHALATION, INFLAMMABLE, CORROSIF, N.S.A., de CL_{50} inférieure ou égale à 200 ml/m^3 et de concentration de vapeur saturée supérieure ou égale à 500 CL_{50}	6.1	TFC	I	6.1+3+8	274 802	0	E0		PP, EP, EX, TOX, A	VE01, VE02		2	
3489	LIQUIDE TOXIQUE À L'INHALATION, INFLAMMABLE, CORROSIF, N.S.A., de CL_{50} inférieure ou égale à 1 000 ml/m^3 et de concentration de vapeur saturée supérieure ou égale à 10 CL_{50}	6.1	TFC	I	6.1+3+8	274	0	E0		PP, EP, EX, TOX, A	VE01, VE02		2	
3490	LIQUIDE TOXIQUE À L'INHALATION, HYDRORÉACTIF, INFLAMMABLE, N.S.A., de CL_{50} inférieure ou égale à 200 ml/m^3 et de concentration de vapeur saturée supérieure ou égale à 500 CL_{50}	6.1	TFW	I	6.1+4.3+3	274 802	0	E0		PP, EP, EX, TOX, A	VE01, VE02		2	

No. ONU ou ID	Nom et description	Classe	Code de classification	Groupe d'emballage	Étiquettes	Dispositions spéciales	Quantités limitées et exceptées		Transport admis	Équipement exigé	Ventilation	Mesures pendant le chargement/déchargement/ transport	Nombre de cônes, feux bleus	Observations
		2.2	2.2	2.1.1.3	5.2.2	3.3	3.4	3.5.1.2	3.2.1	8.1.5	7.1.6	7.1.6	7.1.5	3.2.1
(1)	(2)	(3a)	(3b)	(4)	(5)	(6)	(7a)	(7b)	(8)	(9)	(10)	(11)	(12)	(13)
3491	LIQUIDE TOXIQUE A L'INHALATION, HYDRORÉACTIF, INFLAMMABLE, N.S.A., de CL$_{50}$ inférieure ou égale à 1 000 ml/m³ et de concentration de vapeur saturée supérieure ou égale à 10 CL$_{50}$	6.1	TFW	I	6.1+4.3+3	274 802	0	E0		PP, EP, EX, TOX, A	VE01, VE02		2	
3494	PÉTROLE BRUT ACIDE, INFLAMMABLE, TOXIQUE	3	FT1	I	3+6.1	343 802	0	E0	T	PP, EP, EX, TOX, A	VE01, VE02		2	
3494	PÉTROLE BRUT ACIDE, INFLAMMABLE, TOXIQUE	3	FT1	II	3+6.1	343 802	1 L	E2	T	PP, EP, EX, TOX, A	VE01, VE02		2	
3494	PÉTROLE BRUT ACIDE, INFLAMMABLE, TOXIQUE	3	FT1	III	3+6.1	343 802	5 L	E1	T	PP, EP, EX, TOX, A	VE01, VE02		0	
3495	IODE	8	CT2	III	8+6.1	279 802	5 kg	E1		PP, EP, TOX, A	VE02		0	
3496	Piles au nickel-hydrure métallique	9	M11						NON SOUMIS À L'ADN					
3497	FARINE DE KRILL	4.2	S2	II	4.2	300	0	E2		PP			0	
3497	FARINE DE KRILL	4.2	S2	III	4.2	300	0	E1		PP			0	
3498	MONOCHLORURE D'IODE, LIQUIDE	8	C1	II	8		1L	E0		PP, EP			0	
3499	CONDENSATEUR ÉLECTRIQUE A DOUBLE COUCHE (ayant une capacité de stockage d'énergie supérieure à 0,3 Wh)	9	M11		9	361	0	E0		PP			0	
3500	PRODUIT CHIMIQUE SOUS PRESSION, N.S.A.	2	8A		2.2	274 659	0	E0		PP			0	
3501	PRODUIT CHIMIQUE SOUS PRESSION, INFLAMMABLE, N.S.A.	2	8F		2.1	274 659	0	E0		PP, EX, A	VE01		1	
3502	PRODUIT CHIMIQUE SOUS PRESSION, TOXIQUE, N.S.A	2	8T		2.2+6.1	274 659	0	E0		PP, EP, TOX, A	VE02		2	
3503	PRODUIT CHIMIQUE SOUS PRESSION, CORROSIF, N.S.A	2	8C		2.2+8	274 659	0	E0		PP, EP			0	
3504	PRODUIT CHIMIQUE SOUS PRESSION, INFLAMMABLE, TOXIQUE, N.S.A	2	8TF		2.1+6.1	274 659	0	E0		PP, EP, EX, TOX, A	VE01, VE02		2	
3505	PRODUIT CHIMIQUE SOUS PRESSION, INFLAMMABLE, CORROSIF, N.S.A	2	8FC		2.1+8	274 659	0	E0		PP, EP, EX, A	VE01		1	
3506	MERCURE CONTENU DANS DES OBJETS MANUFACTURÉS	8	CT3		8+6.1	366	5kg	E0		PP, EP, TOX, A	VE02		0	
3507	HEXAFLUORURE D'URANIUM, MATIÈRES RADIOACTIVES, moins de 0,1 kg par colis, non fissiles ou fissiles exceptées, EN COLIS EXCEPTÉ	6.1		I	6.1+8	317 369	0	E0		PP, EP			0	
3508	CONDENSATEUR ASYMÉTRIQUE (ayant une capacité de stockage d'énergie supérieure à 0,3Wh)	9	M11		9	372	0	E0		PP			0	
3509	EMBALLAGES AU REBUT, VIDES, NON NETTOYÉS	9	M11		9	663	0	E0		PP			0	
3510	GAZ ADSORBÉ INFLAMMABLE, N.S.A.	2	9F		2.1	274	0	E0		PP, EX, A	VE01		1	
3511	GAZ ADSORBÉ, N.S.A.	2	9A		2.2	274	0	E0		PP			0	

No. ONU ou ID	Nom et description	Classe	Code de classification	Groupe d'emballage	Étiquettes	Dispositions spéciales	Quantités limitées et exceptées		Transport admis	Équipement exigé	Venti-lation	Mesures pendant le chargement/déchargement/ transport	Nombre de cônes, feux bleus	Observations
							3.4	3.5.1.2	3.2.1	8.1.5	7.1.6	7.1.6	7.1.5	3.2.1
3.1.2	3.1.2	2.2	2.2	2.1.1.3	5.2.2	3.3								
(1)	(2)	(3a)	(3b)	(4)	(5)	(6)	(7a)	(7b)	(8)	(9)	(10)	(11)	(12)	(13)
3512	GAZ ADSORBÉ TOXIQUE, N.S.A.	2	9T		2.3	274	0	E0		PP, EP, TOX, A	VE02		2	
3513	GAZ ADSORBÉ COMBURANT, N.S.A.	2	9O		2.2+5.1	274	0	E0		PP			0	
3514	GAZ ADSORBÉ TOXIQUE, INFLAMMABLE, N.S.A.	2	9TF		2.3+2.1	274	0	E0		PP, EP, EX, TOX, A	VE01, VE02		2	
3515	GAZ ADSORBÉ TOXIQUE, COMBURANT, N.S.A.	2	9TO		2.3+5.1	274	0	E0		PP, EP, TOX, A	VE02		2	
3516	GAZ ADSORBÉ TOXIQUE, CORROSIF, N.S.A.	2	9TC		2.3+8	274 379	0	E0		PP, EP, TOX, A	VE02		2	
3517	GAZ ADSORBÉ TOXIQUE, INFLAMMABLE, CORROSIF, N.S.A.	2	9TFC		2.3+2.1+8	274	0	E0		PP, EP, EX, TOX, A	VE01, VE02		2	
3518	GAZ ADSORBÉ TOXIQUE, COMBURANT, CORROSIF, N.S.A.	2	9TOC		2.3+5.1+8	274	0	E0		PP, EP, TOX, A	VE02		2	
3519	TRIFLUORURE DE BORE ADSORBÉ	2	9TC		2.3+8		0	E0		PP, EP, TOX, A	VE02		2	
3520	CHLORE ADSORBÉ	2	9TOC		2.3+5.1+8		0	E0		PP, EP, TOX, A	VE02		2	
3521	TÉTRAFLUORURE DE SILICIUM ADSORBÉ	2	9TC		2.3+8		0	E0		PP, EP, TOX, A	VE02		2	
3522	ARSINE ADSORBÉ	2	9TF		2.3+2.1		0	E0		PP, EP, EX, TOX, A	VE01, VE02		2	
3523	GERMANE ADSORBÉ	2	9TF		2.3+2.1		0	E0		PP, EP, EX, TOX, A	VE01, VE02		2	
3524	PENTAFLUORURE DE PHOSPHORE ADSORBÉ	2	9TC		2.3+8		0	E0		PP, EP, TOX, A	VE02		2	
3525	PHOSPHINE ADSORBÉE	2	9TF		2.3+2.1		0	E0		PP, EP, EX, TOX, A	VE01, VE02		2	
3526	SÉLÉNIURE D'HYDROGÈNE ADSORBÉ	2	9TF		2.3+2.1		0	E0		PP, EP, EX, TOX, A	VE01, VE02		2	
3527	TROUSSE DE RÉSINE POLYESTER, constituant de base solide	4.1	F4	II	4.1	236 340	5kg	Voir DS 340		PP			1	
3527	TROUSSE DE RÉSINE POLYESTER, constituant de base solide	4.1	F4	III	4.1	236 340	5kg	Voir DS 340		PP			0	
3528	MOTEUR À COMBUSTION INTERNE FONCTIONNANT AU LIQUIDE INFLAMMABLE ou MOTEUR PILE À COMBUSTIBLE CONTENANT DU LIQUIDE INFLAMMABLE ou MACHINE À COMBUSTION INTERNE FONCTIONNANT AU LIQUIDE INFLAMMABLE ou MACHINE PILE À COMBUSTIBLE CONTENANT DU LIQUIDE INFLAMMABLE	3	F3		3	363 667 669	0	E0		PP, EX, A	VE01		0	

No. ONU ou ID (1)	Nom et description (2)	Classe (3a) 2.2	Code de classification (3b) 2.2	Groupe d'emballage (4) 2.1.1.3	Étiquettes (5) 5.2.2	Dispositions spéciales (6) 3.3	Quantités limitées (7a) 3.4	Quantités exceptées (7b) 3.5.1.2	Transport admis (8) 3.2.1	Équipement exigé (9) 8.1.5	Ventilation (10) 7.1.6	Mesures pendant le chargement/déchargement/transport (11) 7.1.6	Nombre de cônes, feux bleus (12) 7.1.5	Observations (13) 3.2.1
3529	MOTEUR À COMBUSTION INTERNE FONCTIONNANT AU GAZ INFLAMMABLE ou MOTEUR PILE À COMBUSTIBLE CONTENANT DU GAZ INFLAMMABLE ou MACHINE À COMBUSTION INTERNE FONCTIONNANT AU GAZ INFLAMMABLE ou MACHINE PILE À COMBUSTIBLE CONTENANT DU GAZ INFLAMMABLE	2	6F		2.1	363 667 669	0	E0		PP, EX, A	VE01		0	
3530	MOTEUR À COMBUSTION INTERNE ou MACHINE À COMBUSTION INTERNE	9	M11		9	363 667 669	0	E0		PP			0	
3531	MATIÈRE SOLIDE QUI POLYMÉRISE, STABILISÉE, N.S.A	4.1	PM1	III	4.1	274 386 676	0	E0		PP			0	
3532	MATIÈRE LIQUIDE QUI POLYMÉRISE, STABILISÉE, N.S.A	4.1	PM1	III	4.1	274 386 676	0	E0		PP			0	
3533	MATIÈRE SOLIDE QUI POLYMÉRISE, AVEC RÉGULATION DE TEMPÉRATURE, N.S.A	4.1	PM2	III	4.1	274 386 676	0	E0		PP			0	
3534	MATIÈRE LIQUIDE QUI POLYMÉRISE, AVEC RÉGULATION DE TEMPÉRATURE, N.S.A	4.1	PM2	III	4.1	274 386 676	0	E0		PP			0	
3535	SOLIDE INORGANIQUE TOXIQUE, INFLAMMABLE, N.S.A.	6.1	TF3	I	6.1 +4.1	274	0	E5		PP, EP, EX, A	VE01		2	
3535	SOLIDE INORGANIQUE TOXIQUE, INFLAMMABLE, N.S.A.	6.1	TF3	II	6.1 +4.1	274	500 g	E4		PP, EP, EX, A	VE01		2	
3536	BATTERIES AU LITHIUM INSTALLÉES DANS DES ENGINS DE TRANSPORT, batteries au lithium ionique ou batteries au lithium métal	9	M4		9	389	0	E0		PP			0	
3537	OBJETS CONTENANT DU GAZ INFLAMMABLE, N.S.A.	2	6F		Voir 5.2.2.1.12	274 802	0	E0		PP, EX, A	VE01		1	
3538	OBJETS CONTENANT DU GAZ ININFLAMMABLE, NON TOXIQUE, N.S.A.	2	6A		Voir 5.2.2.1.12	274 396	0	E0		PP			0	
3539	OBJETS CONTENANT DU GAZ TOXIQUE, N.S.A.	2	6T		Voir 5.2.2.1.12	274 802	0	E0		PP, EP, TOX, A	VE02		2	
3540	OBJETS CONTENANT DU LIQUIDE INFLAMMABLE, N.S.A.	3	F3		Voir 5.2.2.1.12	274 802	0	E0		PP, EX, A	VE01		1	
3541	OBJETS CONTENANT DU SOLIDE INFLAMMABLE, N.S.A.	4.1	F4		Voir 5.2.2.1.12	274 802	0	E0		PP			0	
3542	OBJETS CONTENANT DE LA MATIÈRE SUJETTE À L'INFLAMMATION SPONTANÉE, N.S.A.	4.2	S6		Voir 5.2.2.1.12	274 802	0	E0		PP			0	

No. ONU ou ID	Nom et description	Classe	Code de classification	Groupe d'emballage	Étiquettes	Dispositions spéciales	Quantités limitées et exceptées		Transport admis	Équipement exigé	Ventilation	Mesures pendant le chargement/déchargement/transport	Nombre de cônes, feux bleus	Observations
		2.2	2.2	2.1.1.3	5.2.2	3.3	3.4	3.5.1.2	3.2.1	8.1.5	7.1.6	7.1.6	7.1.5	3.2.1
(1)	(2)	(3a)	(3b)	(4)	(5)	(6)	(7a)	(7b)	(8)	(9)	(10)	(11)	(12)	(13)
3543	OBJETS CONTENANT DE LA MATIÈRE QUI, AU CONTACT DE L'EAU, DÉGAGE DES GAZ INFLAMMABLES, N.S.A.	4.3	W3		Voir 5.2.2.1.12	274 802	0	E0		PP, EX, A	VE01	HA08	0	
3544	OBJETS CONTENANT DE LA MATIÈRE COMBURANTE, N.S.A.	5.1	O3		Voir 5.2.2.1.12	274 802	0	E0		PP			0	
3545	OBJETS CONTENANT DU PEROXYDE ORGANIQUE, N.S.A.	5.2	P1 ou P2		Voir 5.2.2.1.12	274 802	0	E0		PP, EX, A	VE01		0	
3546	OBJETS CONTENANT DE LA MATIÈRE TOXIQUE, N.S.A.	6.1	T10		Voir 5.2.2.1.12	274 802	0	E0		PP, EP, TOX, A	VE02		0	
3547	OBJETS CONTENANT DE LA MATIÈRE CORROSIVE, N.S.A.	8	C11		Voir 5.2.2.1.12	274 802	0	E0		PP, EP			0	
3548	OBJETS CONTENANT DES MARCHANDISES DANGEREUSES DIVERSES, N.S.A.	9	M11		Voir 5.2.2.1.12	274 802	0	E0		PP			0	
3549	DÉCHETS MÉDICAUX INFECTIEUX POUR L'HOMME, CATÉGORIE A, solides ou DÉCHETS MÉDICAUX INFECTIEUX POUR LES ANIMAUX uniquement, CATÉGORIE A, solides	6.2	I3		6.2	395 802	0	E0		PP			0	
3550	POUDRE DE DIHYDROXYDE DE COBALT ayant une teneur en particules respirables supérieure ou égale à 10 %	6.1	T5	I	6.1	802	0	E5		PP, EP			2	
9000	AMMONIAC, FORTEMENT RÉFRIGÉRÉ	2	3TC		2.3 +8				T	PP, EP, TOX, A	VE02		2	Admis au transport uniquement en bateaux-citernes
9001	MATIÈRE DONT LE POINT D'ÉCLAIR EST SUPÉRIEUR À 60 °C, CHAUFFÉE jusqu'à 15 K en dessous du point d'éclair	3	F4		none				T	PP			0	Dangereux uniquement en cas de transport en bateaux-citernes
9002	MATIÈRES DONT LA TEMPÉRATURE D'AUTO-INFLAMMATION EST INFÉRIEURE OU ÉGALE À 200 °C, N.S.A.	3	F5		none				T	PP			0	Dangereux uniquement en cas de transport en bateaux-citernes
9003	MATIÈRES DONT LE POINT D'ÉCLAIR EST SUPÉRIEUR À 60 °C MAIS INFÉRIEUR OU ÉGAL À 100 °C, qui ne sont pas affectées à une autre classe	9	M12		none				T	PP			0	Dangereux uniquement en cas de transport en bateaux-citernes
9004	DIISOCYANATE DE DIPHÉNYLMÉTHANE-4,4'	9	M12		none				T	PP			0	Dangereux uniquement en cas de transport en bateaux-citernes
9005	MATIÈRE DANGEREUSE DU POINT DE VUE DE L'ENVIRONNEMENT, SOLIDE, N.S.A., FONDUE	9	M12		none				T	PP			0	Dangereux uniquement en cas de transport en bateaux-citernes

No. ONU ou ID	Nom et description	Classe	Code de classification	Groupe d'emballage	Étiquettes	Dispositions speciales	Quantités limitées et exceptées		Transport admis	Équipement exigé	Ventilation	Mesures pendant le chargement/déchargement/ transport	Nombre de cônes, feux bleus	Observations
	3.1.2			2.1.1.3	5.2.2	3.3	3.4	3.5.1.2	3.2.1	8.1.5	7.1.6	7.1.6	7.1.5	3.2.1
(1)	(2)	(3a)	(3b)	(4)	(5)	(6)	(7a)	(7b)	(8)	(9)	(10)	(11)	(12)	(13)
9006	MATIÈRE DANGEREUSE DU POINT DE VUE DE L'ENVIRONNEMENT, LIQUIDE, N.S.A.	9	M12		none				T	PP			0	Dangereux uniquement en cas de transport en bateaux-citernes

3.2.2   **Tableau B: Liste des marchandises dangereuses par ordre alphabétique**

Le tableau B ci-après comporte une liste alphabétique des matières et des objets qui sont présentés dans le tableau A du 3.2.1 dans l'ordre des numéros ONU. Il ne fait pas partie intégrante de l'ADN. Il a été préparé, avec tout le soin nécessaire, par le secrétariat de la Commission économique des Nations Unies pour l'Europe, pour faciliter la consultation du Règlement annexé à l'ADN, mais il ne peut en aucun cas se substituer aux prescriptions dudit Règlement qui, en cas de contradiction, font foi et qui doivent donc être soigneusement vérifiées et respectées.

NOTA 1: Il n'est pas tenu compte dans l'ordre alphabétique des chiffres, des lettres grecques, des lettres "n", "N", "o" (ortho), "m" (méta), "p" (para), des termes "sec", "tert", des préfixes "cis" et "trans", ni des prépositions, qui font cependant partie de la désignation officielle de transport. Il n'est pas non plus tenu compte des pluriels ni de l'abréviation "N.S.A." (non spécifié par ailleurs).

2: L'utilisation des lettres majuscules pour désigner une matière ou un objet signifie qu'il s'agit d'une désignation officielle de transport (voir 3.1.2).

3: Si la désignation de la matière ou de l'objet est indiquée en lettres majuscules et est suivie de "voir", il s'agit d'une alternative à la désignation officielle de transport ou à une partie de celle-ci (à l'exception du PCB) (voir 3.1.2.1).

4: Si la désignation de la matière ou de l'objet est indiquée en lettres minuscules et est suivie de "voir", il ne s'agit pas de la désignation officielle de transport mais d'un synonyme.

5: Lorsqu'une désignation est en partie en majuscules et en partie en minuscules, la partie en minuscules n'est pas considérée comme faisant partie de la désignation officielle de transport (voir 3.1.2.1).

6: Sur les documents et les colis, la désignation officielle de transport peut figurer au singulier ou au pluriel, comme il convient (voir 3.1.2.3).

7: Pour la détermination exacte de la désignation officielle de transport, voir 3.1.2.

Nom et description	No ONU	Classe	Note	Nom et description	No ONU	Classe	Note
ACCUMULATEURS AU SODIUM	3292	4.3		Acétate de plomb (II), voir	1616	6.1	
				ACÉTATE DE n-PROPYLE	1276	3	
ACCUMULATEURS électriques INVERSABLES REMPLIS D'ÉLECTROLYTE LIQUIDE	2800	8		ACÉTATE DE VINYLE STABILISÉ	1301	3	
ACCUMULATEURS électriques REMPLIS D'ÉLECTROLYTE LIQUIDE ACIDE	2794	8		ACÉTOARSÉNITE DE CUIVRE	1585	6.1	
				Acétoïne, voir	2621	3	
ACCUMULATEURS électriques REMPLIS D'ÉLECTROLYTE LIQUIDE ALCALIN	2795	8		ACÉTONE	1090	3	
				ACÉTONITRILE	1648	3	
				ACÉTYLÈNE DISSOUS	1001	2	
ACCUMULATEURS électriques SECS CONTENANT DE L'HYDROXYDE DE POTASSIUM SOLIDE	3028	8		ACÉTYLÈNE SANS SOLVANT	3374	2	
				ACÉTYLMÉTHYLCARBINOL	2621	3	
ACÉTAL	1088	3		ACIDE ACÉTIQUE EN SOLUTION contenant au moins 50% et au plus 80% (masse) d'acide	2790	8	
ACÉTALDÉHYDE	1089	3					
ACÉTALDOXIME	2332	3		ACIDE ACÉTIQUE EN SOLUTION contenant plus de 10% et moins de 50% (masse) d'acide	2790	8	
ACÉTATE D'ALLYLE	2333	3					
ACÉTATES D'AMYLE	1104	3		ACIDE ACÉTIQUE EN SOLUTION contenant plus de 80% (masse) d'acide	2789	8	
ACÉTATES DE BUTYLE	1123	3					
Acétate de butyle secondaire, voir	1123	3					
ACÉTATE DE CYCLOHEXYLE	2243	3		ACIDE ACÉTIQUE GLACIAL	2789	8	
ACÉTATE DE L'ÉTHER MONOÉTHYLIQUE DE L'ÉTHYLÈNEGLYCOL	1172	3		ACIDE ACRYLIQUE STABILISÉ	2218	8	
				ACIDES ALKYLSULFONIQUES LIQUIDES contenant au plus 5% d'acide sulfurique libre	2586	8	
ACÉTATE DE L'ÉTHER MONOMÉTHYLIQUE DE L'ÉTHYLÈNEGLYCOL	1189	3		ACIDES ALKYLSULFONIQUES LIQUIDES contenant plus de 5% d'acide sulfurique libre	2584	8	
Acétate d'éthoxy-2 éthyle, voir	1172	3		ACIDES ALKYLSULFONIQUES SOLIDES contenant au plus 5% d'acide sulfurique libre	2585	8	
ACÉTATE DE 2-ÉTHYLBUTYLE	1177	3					
ACÉTATE D'ÉTHYLE	1173	3		ACIDES ALKYLSULFONIQUES SOLIDES contenant plus de 5% d'acide sulfurique libre	2583	8	
Acétate d'éthyl-2 butyle, voir	1177	3					
Acétate d'éthylglycol, voir	1172	3		ACIDES ALKYLSULFURIQUES	2571	8	
ACÉTATE D'ISOBUTYLE	1213	3		Acide arsénieux, voir	1561	6.1	
ACÉTATE D'ISOPROPÉNYLE	2403	3		ACIDE ARSÉNIQUE LIQUIDE	1553	6.1	
ACÉTATE D'ISOPROPYLE	1220	3		ACIDE ARSÉNIQUE SOLIDE	1554	6.1	
ACÉTATE DE MERCURE	1629	6.1		ACIDES ARYLSULFONIQUES LIQUIDES contenant au plus 5% d'acide sulfurique libre	2586	8	
ACÉTATE DE MÉTHYLAMYLE	1233	3					
ACÉTATE DE MÉTHYLE	1231	3					
Acétate de méthylglycol, voir	1189	3		ACIDES ARYLSULFONIQUES LIQUIDES contenant plus de 5% d'acide sulfurique libre	2584	8	
ACÉTATE DE PHÉNYLMERCURE	1674	6.1					
ACÉTATE DE PLOMB	1616	6.1					

Nom et description	No ONU	Classe	Note	Nom et description	No ONU	Classe	Note
ACIDES ARYLSULFONIQUES SOLIDES contenant au plus 5% d'acide sulfurique libre	2585	8		ACIDE CYANHYDRIQUE EN SOLUTION AQUEUSE contenant au plus 20% de cyanure d'hydrogène, voir	1613	6.1	
ACIDES ARYLSULFONIQUES SOLIDES contenant plus de 5% d'acide sulfurique libre	2583	8		ACIDE DICHLORACÉTIQUE	1764	8	
				ACIDE DICHLOROISOCYA-NURIQUE SEC	2465	5.1	
ACIDE BROMACÉTIQUE EN SOLUTION	1938	8		ACIDE DIFLUORO-PHOSPHORIQUE ANHYDRE	1768	8	
ACIDE BROMACÉTIQUE SOLIDE	3425	8		Acide diméthylarsinique, voir	1572	6.1	
ACIDE BROMHYDRIQUE	1788	8		ACIDE FLUORACÉTIQUE	2642	6.1	
ACIDE BUTYRIQUE	2820	8		ACIDE FLUORHYDRIQUE contenant plus de 60% de fluorure d'hydrogène mais pas plus de 85% de fluorure d'hydrogène	1790	8	
ACIDE CACODYLIQUE	1572	6.1					
ACIDE CAPROÏQUE	2829	8		ACIDE FLUORHYDRIQUE contenant plus de 85% de fluorure d'hydrogène	1790	8	
ACIDE CHLORACÉTIQUE EN SOLUTION	1750	6.1					
ACIDE CHLORACÉTIQUE FONDU	3250	6.1		ACIDE FLUORHYDRIQUE contenant au plus 60% de fluorure d'hydrogène	1790	8	
ACIDE CHLORACÉTIQUE SOLIDE	1751	6.1		ACIDE FLUORHYDRIQUE ET ACIDE SULFURIQUE EN MÉLANGE	1786	8	
ACIDE CHLORHYDRIQUE	1789	8		ACIDE FLUOROBORIQUE	1775	8	
ACIDE CHLORHYDRIQUE ET ACIDE NITRIQUE EN MÉLANGE	1798	8	Transport interdit	ACIDE FLUORO-PHOSPHORIQUE ANHYDRE	1776	8	
ACIDE CHLORIQUE EN SOLUTION AQUEUSE contenant au plus 10% d'acide chlorique	2626	5.1		ACIDE FLUOROSILICIQUE	1778	8	
				ACIDE FLUOROSULFONIQUE	1777	8	
Acide chloracétique, voir	1750 1751 3250	6.1 6.1 6.1		ACIDE FORMIQUE contenant au moins 10% et au plus 85 % (masse) d'acide	3412	8	
ACIDE CHLOROPLATINIQUE SOLIDE	2507	8		ACIDE FORMIQUE contenant au moins 5% mais moins de 10 % (masse) d'acide	3412	8	
ACIDE CHLORO-2 PROPIONIQUE	2511	8		ACIDE FORMIQUE contenant plus de 85 % (masse) d'acide	1779	8	
ACIDE CHLOROSULFONIQUE contenant ou non du trioxyde de soufre	1754	8		ACIDE HEXAFLUORO-PHOSPHORIQUE	1782	8	
Acide chromique anhydre, voir	1463	5.1		Acide hexanoïque, voir	2829	8	
Acide chromique solide, voir	1463	5.1		Acide hydrofluosilicique, voir	1778	8	
ACIDE CHROMIQUE EN SOLUTION	1755	8		ACIDE IODHYDRIQUE	1787	8	
				ACIDE ISOBUTYRIQUE	2529	3	
ACIDE CRÉSYLIQUE	2022	6.1		ACIDE MERCAPTO-5 TÉTRAZOL-1-ACÉTIQUE	0448	1	
ACIDE CROTONIQUE LIQUIDE	3472	8					
ACIDE CROTONIQUE SOLIDE	2823	8		Acide mercapto-2 propionique, voir	2936	6.1	
				ACIDE MÉTHACRYLIQUE STABILISÉ	2531	8	

Nom et description	No ONU	Classe	Note	Nom et description	No ONU	Classe	Note
ACIDE MIXTE, voir	1796	8		ACIDE PHOSPHORIQUE SOLIDE	3453	8	
ACIDE MIXTE RÉSIDUAIRE, voir	1826	8		ACIDE PICRIQUE, voir	0154	1	
					1344	4.1	
Acide muriatique, voir	1789	8		ACIDE PICRIQUE HUMIDIFIÉ, voir	3364	4.1	
ACIDE NITRIQUE, à l'exclusion de l'acide nitrique fumant rouge, contenant plus de 70% d'acide nitrique	2031	8		ACIDE PROPIONIQUE contenant au moins 10 % mais moins de 90 % (masse) d'acide	1848	8	
ACIDE NITRIQUE, à l'exclusion de l'acide nitrique fumant rouge, contenant au moins 65%, mais au plus 70% d'acide nitrique	2031	8		ACIDE PROPIONIQUE contenant au moins 90 % (masse) d'acide	3463	8	
ACIDE NITRIQUE, à l'exclusion de l'acide nitrique fumant rouge, contenant moins de 65% d'acide nitrique	2031	8		Acide prussique, voir	1051	6.1	
					1614	6.1	
				ACIDE RÉSIDUAIRE DE RAFFINAGE	1906	8	
Acide nitrique et acide chlorhydrique en mélange, voir	1798	8	Transport interdit	Acide sélénhydrique, voir	2202	2	
				ACIDE SÉLÉNIQUE	1905	8	
ACIDE NITRIQUE FUMANT ROUGE	2032	8		ACIDE STYPHNIQUE, voir	0219	1	
					0394	1	
ACIDE NITROBENZÈNE-SULFONIQUE	2305	8		ACIDE SULFAMIQUE	2967	8	
Acide orthophosphorique, voir	1805	8		ACIDE SULFOCHROMIQUE	2240	8	
ACIDE PERCHLORIQUE contenant au plus 50% (masse) d'acide	1802	8		ACIDE SULFONITRIQUE contenant plus de 50% d'acide nitrique	1796	8	
ACIDE PERCHLORIQUE contenant plus de 50% (masse) mais au maximum 72% (masse) d'acide	1873	5.1		ACIDE SULFONITRIQUE contenant au plus 50% d'acide nitrique	1796	8	
ACIDE PHÉNOLSULFONIQUE LIQUIDE	1803	8		ACIDE SULFONITRIQUE RÉSIDUAIRE contenant plus de 50% d'acide nitrique	1826	8	
ACIDE PHÉNOXYACÉTIQUE, DÉRIVÉ PESTICIDE LIQUIDE, INFLAMMABLE, TOXIQUE, ayant un point d'éclair inférieur à 23 °C	3346	3		ACIDE SULFONITRIQUE RÉSIDUAIRE contenant au plus 50% d'acide nitrique	1826	8	
				ACIDE SULFUREUX	1833	8	
ACIDE PHÉNOXYACÉTIQUE, DÉRIVÉ PESTICIDE, LIQUIDE, TOXIQUE	3348	6.1		ACIDE SULFURIQUE contenant plus de 51% d'acide	1830	8	
ACIDE PHÉNOXYACÉTIQUE, DÉRIVÉ PESTICIDE LIQUIDE, TOXIQUE, INFLAMMABLE, ayant un point d'éclair égal ou supérieur à 23 °C	3347	6.1		ACIDE SULFURIQUE contenant au plus 51% d'acide	2796	8	
				ACIDE SULFURIQUE FUMANT	1831	8	
				ACIDE SULFURIQUE RÉSIDUAIRE	1832	8	
ACIDE PHÉNOXYACÉTIQUE, DÉRIVÉ PESTICIDE SOLIDE, TOXIQUE	3345	6.1		Acide sulfurique et acide fluorhydrique en mélange, voir	1786	8	
				ACIDE TÉTRAZOL-1 – ACÉTIQUE	0407	1	
ACIDE PHOSPHOREUX	2834	8		ACIDE THIOACÉTIQUE	2436	3	
ACIDE PHOSPHORIQUE EN SOLUTION	1805	8		ACIDE THIOGLYCOLIQUE	1940	8	

Nom et description	No ONU	Classe	Note	Nom et description	No ONU	Classe	Note
AMINES LIQUIDES CORROSIVES, INFLAMMABLES, N.S.A.	2734	8		Amorces de mine non électriques, voir	0029	1	
					0267	1	
					0455	1	
AMINES LIQUIDES CORROSIVES, N.S.A.	2735	8		AMORCES À PERCUSSION	0044	1	
					0377	1	
					0378	1	
AMINES SOLIDES CORROSIVES, N.S.A.	3259	8		AMORCES TUBULAIRES	0319	1	
					0320	1	
Aminobutane, voir	1125	3			0376	1	
AMINO-2 CHLORO-4 PHÉNOL	2673	6.1		Amosite, voir	2212	9	
AMINO-2 DIÉTHYLAMINO-5 PENTANE	2946	6.1		AMYLAMINES	1106	3	
2-AMINO-4, 6-DINITROPHÉNOL, HUMIDIFIÉ avec au moins 20% (masse) d'eau	3317	4.1		n-AMYLÈNE, voir	1108	3	
				n-AMYLMÉTHYL-CÉTONE	1110	3	
				AMYLTRICHLOROSILANE	1728	8	
(AMINO-2 ÉTHOXY)-2 ÉTHANOL	3055	8		ANHYDRIDE ACÉTIQUE	1715	8	
N-AMINOÉTHYL-PIPÉRAZINE	2815	8		Anhydride arsénieux, voir	1561	6.1	
				Anhydride arsénique, voir	1559	6.1	
Amino-1-nitro-2 benzène, voir	1661	6.1		ANHYDRIDE BUTYRIQUE	2739	8	
Amino-1-nitro-3 benzène, voir	1661	6.1		Anhydride carbonique, voir	1013	2	
Amino-1 nitro-4 benzène, voir	1661	6.1			1041	2	
					1952	2	
Amino-4 phénylhydrogénoarsénate de sodium, voir	2473	6.1			2187	2	
AMINOPHÉNOLS (o-, m-, p-)	2512	6.1		Anhydride carbonique solide, voir	1845	9	Non soumis à l'ADN
AMINOPYRIDINES (o-, m, p-)	2671	6.1		Anhydride chromique, voir	1463	5.1	
				Anhydride chromique solide, voir	1463	5.1	
AMMONIAC ANHYDRE	1005	2		Anhydride cyclohexène-4 dicarboxylique-1,2, voir	2698	8	
AMMONIAC EN SOLUTION AQUEUSE de densité inférieure à 0,880 à 15 °C contenant plus de 50% d'ammoniac	3318	2		ANHYDRIDE MALÉIQUE	2215	8	
				ANHYDRIDE MALÉIQUE FONDU	2215	8	
AMMONIAC EN SOLUTION aqueuse de densité comprise entre 0,880 et 0,957 à 15 °C contenant plus de 10% mais au maximum 35% d'ammoniac	2672	8		ANHYDRIDE PHOSPHORIQUE	1807	8	
				ANHYDRIDE PHTALIQUE contenant plus de 0,05% d'anhydride maléique	2214	8	
AMMONIAC EN SOLUTION AQUEUSE de densité inférieure à 0,880 à 15 °C contenant plus de 35% mais au maximum 50% d'ammoniac	2073	2		ANHYDRIDE PROPIONIQUE	2496	8	
				Anhydride sulfureux liquéfié, voir	1079	2	
AMMONIAC, FORTEMENT RÉFRIGÉRÉ	9000	2	Admis au transport uniquement en bateau-citerne	ANHYDRIDES TÉTRA-HYDROPHTALIQUES contenant plus de 0,05% d'anhydride maléique	2698	8	
				ANILINE	1547	6.1	
Amorces de mine électriques, voir	0030	1		ANISIDINES	2431	6.1	
	0255	1		ANISOLE	2222	3	
	0456	1					

Nom et description	No ONU	Classe	Note	Nom et description	No ONU	Classe	Note
Anthophyllite, voir	2212	9		ARSÉNITE DE CUIVRE	1586	6.1	
Antimoine, composé inorganique liquide de l',n.s.a., voir	3141	6.1		Arsénite de cuivre (II), voir	1586	6.1	
Antimoine, composé inorganique solide de l', n.s.a., voir	1549	6.1		ARSÉNITE DE FER III	1607	6.1	
				ARSÉNITES DE PLOMB	1618	6.1	
ANTIMOINE EN POUDRE	2871	6.1		ARSÉNITE DE POTASSIUM	1678	6.1	
Antu, voir	1651	6.1		ARSÉNITE DE SODIUM EN SOLUTION AQUEUSE	1686	6.1	
APPAREIL MÛ PAR ACCUMULATEURS	3171	9		ARSÉNITE DE SODIUM SOLIDE	2027	6.1	
ARGON COMPRIMÉ	1006	2		ARSÉNITE DE STRONTIUM	1691	6.1	
ARGON LIQUIDE RÉFRIGÉRÉ	1951	2		ARSÉNITE DE ZINC	1712	6.1	
ARSANILATE DE SODIUM	2473	6.1		ARSINE	2188	2	
Arséniates, n.s.a., voir	1556	6.1		ARSINE ADSORBÉ	3522	2	
	1557	6.1		ARTIFICES DE DIVERTISSEMENT	0333	1	
ARSÉNIATE D'AMMONIUM	1546	6.1			0334	1	
					0335	1	
ARSÉNIATE DE CALCIUM	1573	6.1			0336	1	
					0337	1	
ARSÉNIATE DE CALCIUM ET ARSÉNITE DE CALCIUM EN MÉLANGE SOLIDE	1574	6.1		ARTIFICES DE SIGNALISATION À MAIN	0191	1	
					0373	1	
ARSÉNIATE DE FER II	1608	6.1		ASSEMBLAGES DE DÉTONATEURS de mine (de sautage) NON ÉLECTRIQUES	0360	1	
ARSÉNIATE DE FER III	1606	6.1			0361	1	
					0500	1	
ARSÉNIATE DE MAGNÉSIUM	1622	6.1		ATTACHES PYROTECHNIQUES EXPLOSIVES	0173	1	
ARSÉNIATE DE MERCURE II	1623	6.1					
ARSÉNIATES DE PLOMB	1617	6.1		AZODICARBONAMIDE	3242	4.1	
ARSÉNIATE DE POTASSIUM	1677	6.1		AZOTE COMPRIMÉ	1066	2	
ARSÉNIATE DE SODIUM	1685	6.1		AZOTE LIQUIDE RÉFRIGÉRÉ	1977	2	
ARSÉNIATE DE ZINC	1712	6.1		AZOTURE DE BARYUM HUMIDIFIÉ avec au moins 50% (masse) d'eau	1571	4.1	
ARSÉNIATE DE ZINC ET ARSÉNITE DE ZINC EN MÉLANGE	1712	6.1		AZOTURE DE BARYUM sec ou humidifié avec moins de 50% (masse) d'eau	0224	1	
ARSENIC	1558	6.1					
Arsenic blanc, voir	1561	6.1		AZOTURE DE PLOMB HUMIDIFIÉ avec au moins 20% (masse) d'eau ou d'un mélange d'alcool et d'eau	0129	1	
Arsenic, composé liquide de l', n.s.a., inorganique, notamment: arséniates n.s.a., arsénites n.s.a. et sulfures d'arsenic n.s.a., voir	1556	6.1					
				AZOTURE DE SODIUM	1687	6.1	
Arsenic, composé solide de l', n.s.a., inorganique, notamment: arséniates n.s.a., arsénites n.s.a. et sulfures d'arsenic n.s.a., voir	1557	6.1		Balistite, voir	0160	1	
					0161	1	
				Balle de tennis de table, voir	2000	4.1	
Arsenic, sulfure d'arsenic, n.s.a., voir	1556	6.1		BARYUM	1400	4.3	
	1557	6.1		Baryum, alliage pyrophorique de, voir	1854	4.2	
Arsénites, n.s.a., voir	1556	6.1					
	1557	6.1		Baryum, composé du, n.s.a., voir	1564	6.1	
ARSÉNITE D'ARGENT	1683	6.1					

Nom et description	No ONU	Classe	Note	Nom et description	No ONU	Classe	Note
Bases liquides pour laques, voir	1263	3		BOMBES avec charge d'éclatement	0033	1	
	3066	8			0034	1	
	3469	3			0035	1	
	3470	8			0291	1	
BATTERIES AU LITHIUM INSTALLÉES DANS DES ENGINS DE TRANSPORT batteries au lithium ionique ou batteries au lithium métal	3536	9		BOMBES CONTENANT UN LIQUIDE INFLAMMABLE, avec charge d'éclatement	0399	1	
					0400	1	
				Bombes éclairantes, voir	0171	1	
					0254	1	
BENZALDÉHYDE	1990	9			0297	1	
BENZÈNE	1114	3		BOMBES FUMIGÈNES NON EXPLOSIVES contenant un liquide corrosif, sans dispositif d'amorçage	2028	8	
Benzènethiol, voir	2337	6.1					
BENZIDINE	1885	6.1		BOMBES PHOTO-ÉCLAIR	0037	1	
BENZOATE DE MERCURE	1631	6.1			0038	1	
					0039	1	
BENZONITRILE	2224	6.1			0299	1	
BENZOQUINONE	2587	6.1		Bombes de repérage, voir	0171	1	
BENZYLDIMÉTHYLAMINE	2619	8			0254	1	
					0297	1	
BÉRYLLIUM EN POUDRE	1567	6.1		Borate d'allyle, voir	2609	6.1	
Béryllium, composé du, n.s.a., voir	1566	6.1		BORATE D'ÉTHYLE	1176	3	
Bhusa	1327	4.1	Non soumis à l'ADN	Borate d'isopropyle, voir	2616	3	
				Borate de méthyle, voir	2416	3	
BICYCLO [2.2.1]HEPTA-DIÈNE-2,5, STABILISÉ	2251	3		BORATE DE TRIALLYLE	2609	6.1	
Bioxyde d'azote, voir	1067	2		BORATE DE TRIISOPROPYLE	2616	3	
BIS (DIMÉTHYLAMINO)-1,2 ÉTHANE	2372	3		BORATE DE TRIMÉTHYLE	2416	3	
				Borate et chlorate en mélange, voir	1458	5.1	
Bisulfate d'ammonium, voir	2506	8		Borate triéthylique, voir	1176	3	
Bisulfate de potassium, voir	2509	8		BORNÉOL	1312	4.1	
Bisulfites inorganiques, solutions aqueuses de, n.s.a., voir	2693	8		BOROHYDRURE D'ALUMINIUM	2870	4.2	
Bitume, ayant un point d'éclair d'au plus 60 °C, voir	1999	3		BOROHYDRURE D'ALUMINIUM CONTENUS DANS DES ENGINS	2870	4.2	
Bitume ayant un point d'éclair supérieur à 60 °C, à une température égale ou supérieure à son point d'éclair, voir	3256	9		BOROHYDRURE DE LITHIUM	1413	4.3	
				BOROHYDRURE DE POTASSIUM	1870	4.3	
Bitume à une température égale ou supérieure à 100 °C et inférieur à son point d'éclair	3257	9		BOROHYDRURE DE SODIUM	1426	4.3	
BOISSONS ALCOOLISÉES contenant entre 24% et 70% d'alcool en volume	3065	3		BOROHYDRURE DE SODIUM ET HYDROXYDE DE SODIUM EN SOLUTION, contenant au plus 12% (masse) de borohydrure de sodium et au plus 40% (masse) d'hydroxyde de sodium	3320	8	
BOISSONS ALCOOLISÉES contenant plus de 70% d'alcool en volume	3065	3		Bouillies explosives, voir	0241	1	
					0332	1	

Nom et description	No ONU	Classe	Note	Nom et description	No ONU	Classe	Note
BRIQUETS contenant un gaz inflammable	1057	2		BROMURE D'ALUMINIUM ANHYDRE	1725	8	
BROMACÉTATE D'ÉTHYLE	1603	6.1		BROMURE D'ALUMINIUM EN SOLUTION	2580	8	
BROMACÉTATE DE MÉTHYLE	2643	6.1		BROMURE D'ARSENIC	1555	6.1	
BROMACÉTONE	1569	6.1		Bromure d'arsenic (III), voir	1555	6.1	
Oméga-Bromacétophénone, voir	2645	6.1		BROMURE DE BENZYLE	1737	6.1	
BROMATE DE BARYUM	2719	5.1		Bromure de bore, voir	2692	8	
BROMATE DE MAGNÉSIUM	1473	5.1		BROMURE DE BROMACÉTYLE	2513	8	
BROMATE DE POTASSIUM	1484	5.1		Bromure de n-butyle, voir	1126	3	
BROMATE DE SODIUM	1494	5.1		BROMURE DE CYANOGÈNE	1889	6.1	
BROMATE DE ZINC	2469	5.1		BROMURE DE DIPHÉNYLMÉTHYLE	1770	8	
BROMATES INORGANIQUES, N.S.A.	1450	5.1		BROMURE D'ÉTHYLE	1891	6.1	
BROMATES INORGANIQUES EN SOLUTION AQUEUSE, N.S.A.	3213	5.1		BROMURE D'HYDROGÈNE ANHYDRE	1048	2	
BROME	1744	8		BROMURES DE MERCURE	1634	6.1	
BROME EN SOLUTION	1744	8		BROMURE DE MÉTHYLE contenant au plus 2% de chloropicrine	1062	2	
Brométhane, voir	1891	6.1		BROMURE DE MÉTHYLE ET DIBROMURE D'ÉTHYLÈNE EN MÉLANGE LIQUIDE	1647	6.1	
BROMOBENZÈNE	2514	3					
1-BROMOBUTANE	1126	3		BROMURE DE MÉTHYLE ET CHLOROPICRINE EN MÉLANGE contenant plus de 2% de chloropicrine	1581	2	
BROMO-2 BUTANE	2339	3					
BROMOCHLORODI-FLUOROMÉTHANE	1974	2		BROMURE DE MÉTHYL-MAGNÉSIUM DANS L'ÉTHER ÉTHYLIQUE	1928	4.3	
BROMOCHLOROMÉTHANE	1887	6.1					
BROMO-1 CHLORO-3 PROPANE	2688	6.1		Bromure de méthylène, voir	2664	6.1	
Bromo-1 époxy-2,3 propane, voir	2558	6.1		BROMURE DE PHÉNACYLE	2645	6.1	
BROMOFORME	2515	6.1		BROMURE DE VINYLE STABILISÉ	1085	2	
Bromométhane, voir	1062	2					
BROMO-1 MÉTHYL-3 BUTANE	2341	3		BROMURE DE XYLYLE, LIQUIDE	1701	6.1	
BROMOMÉTHYLPROPANES	2342	3		BROMURE DE XYLYLE, SOLIDE	3417	6.1	
BROMO-2 NITRO-2 PROPANEDIOL-1,3	3241	4.1					
BROMO-2 PENTANE	2343	3		BRUCINE	1570	6.1	
BROMOPROPANES	2344	3		BUTADIÈNES STABILISÉS ou BUTADIÈNES ET HYDROCARBURES EN MÉLANGE STABILISÉ, contenant plus de 40 % de butadiènes	1010	2	
BROMO-3 PROPYNE	2345	3					
BROMOTRIFLUOR-ÉTHYLÈNE	2419	2					
BROMOTRIFLUOROMÉTHANE	1009	2					
BROMURE D'ACÉTYLE	1716	8		Butadiène-1-2, stabilisé, voir	1010	2	
BROMURE D'ALLYLE	1099	3		Butadiène-1,3, stabilisé, voir	1010	2	

Nom et description	No ONU	Classe	Note	Nom et description	No ONU	Classe	Note
BUTANE	1011	2		BUTYRONITRILE	2411	3	
BUTANEDIONE	2346	3		CACODYLATE DE SODIUM	1688	6.1	
Butanethiol-1, voir	2347	3		Cadmium, composé du, voir	2570	6.1	
BUTANOLS	1120	3		CALCIUM	1401	4.3	
Butanol secondaire, voir	1120	3		CALCIUM PYROPHORIQUE	1855	4.2	
Butanol tertiaire, voir	1120	3		Calcium, alliages pyrophoriques de, voir	1855	4.2	
Butanone, voir	1193	3		Camphanone, voir	2717	4.1	
Butène, voir	1012	2		CAMPHRE SYNTHÉTIQUE	2717	4.1	
Butène-2 al, voir	1143	3		Caoutchouc, chutes ou déchets de, sous forme de poudre ou de grains, voir	1345	4.1	
Butène-2 ol-1, voir	2614	3					
Butène-3 one-2, voir	1251	3		Caoutchouc, déchets de, sous forme de poudre ou de grains, voir	1345	4.1	
n-BUTYLAMINE	1125	3					
N-BUTYLANILINE	2738	6.1		Caoutchouc, dissolution de, voir	1287	3	
BUTYLBENZÈNES	2709	3		CAPSULES DE SONDAGE EXPLOSIVES	0204	1	
BUTYLÈNE	1012	2			0296	1	
					0374	1	
1-butylène, voir	1012	2			0375	1	
cis-2-butylène, voir	1012	2		CARBAMATE PESTICIDE LIQUIDE INFLAMMABLE, TOXIQUE, ayant un point d'éclair inférieur à 23°C	2758	3	
trans-2-butylène, voir	1012	2					
Butylènes, mélange, voir	1012	2					
N-n-BUTYLIMIDAZOLE	2690	6.1		CARBAMATE PESTICIDE LIQUIDE TOXIQUE	2992	6.1	
Butylphénols, liquides, voir	3145	8		CARBAMATE PESTICIDE LIQUIDE TOXIQUE, INFLAMMABLE, ayant un point d'éclair égal ou supérieur à 23 °C	2991	6.1	
Butylphénols, solides, voir	2430	8					
BUTYLTOLUÈNES	2667	6.1					
BUTYLTRICHLOROSILANE	1747	8		CARBAMATE PESTICIDE SOLIDE TOXIQUE	2757	6.1	
tert-BUTYL-5 TRINITRO-2,4,6 m-XYLÈNE	2956	4.1		CARBONATE D'ÉTHYLE	2366	3	
Butyne-1, voir	2452	2		CARBONATE DE MÉTHYLE	1161	3	
Butyne-2, voir	1144	3		CARBONATE DE SODIUM PEROXYHYDRATÉ	3378	5.1	
BUTYNEDIOL-1,4	2716	6.1					
Butyne-2 diol-1,4, voir	2716	6.1		CARBURANT DIESEL	1202	3	
BUTYRALDHÉYDE	1129	3		CARBURÉACTEUR	1863	3	
BUTYRALDOXIME	2840	3		CARBURE D'ALUMINIUM	1394	4.3	
BUTYRATE D'ÉTHYLE	1180	3		CARBURE DE CALCIUM	1402	4.3	
BUTYRATE D'ISOPROPYLE	2405	3		CARTOUCHES À BLANC POUR ARMES	0014	1	
BUTYRATE DE MÉTHYLE	1237	3			0326	1	
					0327	1	
BUTYRATE DE VINYLE STABILISÉ	2838	3			0338	1	
					0413	1	
BUTYRATES D'AMYLE	2620	3		CARTOUCHES À BLANC POUR ARMES DE PETIT CALIBRE ou CARTOUCHES À BLANC POUR OUTILS, voir	0014	1	
					0327	1	
					0338	1	

Nom et description	No ONU	Classe	Note	Nom et description	No ONU	Classe	Note
CARTOUCHES À GAZ, sans dispositif de détente, non rechargeables, voir	2037	2		CELLULOÏD en blocs, barres, rouleaux, feuilles, tubes, etc. (à l'exclusion des déchets)	2000	4.1	
Cartouches à poudre pour extincteur ou pour vanne automatique, voir	0275 0276 0323 0381	1 1 1 1		CENDRES DE ZINC	1435	4.3	
				CÉRIUM, plaques, barres lingots	1333	4.1	
CARTOUCHES À PROJECTILE INERTE POUR ARMES	0012 0328 0339 0417	1 1 1 1		CÉRIUM, copeaux ou poudre abrasive	3078	4.3	
				Cer mischmetall, voir	1323	4.1	
Cartouches de démarrage pour moteurs à réaction, voir	0275 0276 0323 0381	1 1 1 1		CÉSIUM	1407	4.3	
				CÉTONES LIQUIDES, N.S.A.	1224	3	
				CGEM vide, non nettoyé			Voir 4.3.2.4 de l'ADR, 5.1.3 et 5.4.1.1.6
CARTOUCHES DE SIGNALISATION	0054 0312 0405	1 1 1		CHANDELLES LACRYMOGÈNES	1700	6.1	
CARTOUCHES-ÉCLAIR	0049 0050	1 1		CHARBON ACTIF	1362	4.2	
Cartouches éclairantes, voir	0171 0254 0297	1 1 1		CHARBON d'origine animale ou végétale	1361	4.2	
CARTOUCHES POUR ARMES avec charge d'éclatement	0005 0006 0007 0321 0348 0412	1 1 1 1 1 1		CHARGES CREUSES sans détonateur	0059 0439 0440 0441	1 1 1 1	
CARTOUCHES POUR ARMES DE PETIT CALIBRE, voir	0012 0339 0417	1 1 1		CHARGES D'ÉCLATEMENT À LIANT PLASTIQUE	0457 0458 0459 0460	1 1 1 1	
CARTOUCHES POUR PILE À COMBUSTIBLE ou CARTOUCHES POUR PILE À COMBUSTIBLE CONTENUES DANS UN ÉQUIPEMENT ou CARTOUCHES POUR PILE À COMBUSTIBLE EMBALLÉES AVEC UN ÉQUIPEMENT	3478 3479 3473 3476 3477	2 2 3 4.3 8		Charges d'expulsion pour extincteurs, voir	0275 0276 0323 0381	1 1 1 1	
				CHARGES DE DÉMOLITION	0048	1	
				CHARGES DE DISPERSION	0043	1	
CARTOUCHES POUR PUITS DE PÉTROLE	0277 0278	1 1		CHARGES D'EXTINCTEURS, constituées par un liquide corrosif	1774	8	
CARTOUCHES POUR PYROMÉCANISMES	0275 0276 0323 0381	1 1 1 1		CHARGES EXPLOSIVES INDUSTRIELLES sans détonateur	0442 0443 0444 0445	1 1 1 1	
CATALYSEUR MÉTALLIQUE HUMIDIFIÉ avec un excès visible de liquide	1378	4.2		CHARGES PROPULSIVES	0271 0272 0415 0491	1 1 1 1	
CATALYSEUR MÉTALLIQUE SEC	2881	4.2		CHARGES PROPULSIVES POUR CANON	0242 0279 0414	1 1 1	
Celloïdine, voir	2555 2556 2557	4.1 4.1 4.1		CHARGES DE RELAIS EXPLOSIFS	0060	1	
Celluloïd, déchets de, voir	2002	4.2		CHARGES SOUS-MARINES	0056	1	

Nom et description	No ONU	Classe	Note	Nom et description	No ONU	Classe	Note
CHAUX SODEE contenant plus de 4% d'hydroxyde de sodium	1907	8		CHLORATE DE ZINC	1513	5.1	
Chiffons huileux	1856	4.2	Non soumis à l'ADN	CHLORATE ET BORATE EN MÉLANGE	1458	5.1	
CHLORACÉTATE D'ÉTHYLE	1181	6.1		CHLORATE ET CHLORURE DE MAGNÉSIUM EN MÉLANGE, EN SOLUTION	3407	5.1	
CHLORACÉTATE D'ISOPROPYLE	2947	3		CHLORATE ET CHLORURE DE MAGNÉSIUM EN MÉLANGE, SOLIDE	1459	5.1	
CHLORACÉTATE DE MÉTHYLE	2295	6.1		Chlorate cuprique, voir	2721	5.1	
CHLORACÉTATE DE SODIUM	2659	6.1		CHLORATES INORGANIQUES, N.S.A.	1461	5.1	
CHLORACÉTATE DE VINYLE	2589	6.1		CHLORATES INORGANIQUES EN SOLUTION AQUEUSE, N.S.A.	3210	5.1	
CHLORACÉTONE, STABILISÉE	1695	6.1					
CHLORACÉTONITRILE	2668	6.1		Chlorate thalleux, voir	2573	5.1	
CHLORACÉTOPHÉNONE, LIQUIDE	3416	6.1		CHLORE	1017	2	
CHLORACÉTOPHÉNONE, SOLDE	1697	6.1		CHLORE ADSORBÉ	3520	2	
CHLORAL ANHYDRE STABILISÉ	2075	6.1		Chloréthane, voir	1037	2	
				Chloréthane nitrile, voir	2668	6.1	
CHLORANILINES LIQUIDES	2019	6.1		CHLORHYDRATE D'ANILINE	1548	6.1	
CHLORANILINES SOLIDES	2018	6.1		CHLORHYDRATE DE CHLORO-4 o-TOLUIDINE EN SOLUTION	3410	6.1	
CHLORANISIDINES	2233	6.1					
CHLORATE DE BARYUM EN SOLUTION	3405	5.1		CHLORHYDRATE DE CHLORO-4 o-TOLUIDINE, SOLIDE	1579	6.1	
CHLORATE DE BARYUM, SOLIDE	1445	5.1		CHLORHYDRATE DE NICOTINE EN SOLUTION	1656	6.1	
CHLORATE DE CALCIUM	1452	5.1		CHLORHYDRATE DE NICOTINE, LIQUIDE	1656	6.1	
CHLORATE DE CALCIUM EN SOLUTION AQUEUSE	2429	5.1		CHLORHYDRATE DE NICOTINE, SOLIDE	3444	6.1	
CHLORATE DE CUIVRE	2721	5.1		Chlorhydrine propylénique	2611	6.1	
Chlorate de cuivre (II), voir	2721	5.1		CHLORITE DE CALCIUM	1453	5.1	
CHLORATE DE MAGNÉSIUM	2723	5.1		CHLORITE DE SODIUM	1496	5.1	
Chlorate de potasse, voir	1485	5.1		CHLORITE EN SOLUTION	1908	8	
CHLORATE DE POTASSIUM	1485	5.1		CHLORITES INORGANIQUES, N.S.A.	1462	5.1	
CHLORATE DE POTASSIUM EN SOLUTION AQUEUSE	2427	5.1		CHLOROBENZÈNE	1134	3	
CHLORATE DE SODIUM	1495	5.1		Chlorobromure de triméthylène, voir	2688	6.1	
CHLORATE DE SODIUM EN SOLUTION AQUEUSE	2428	5.1		Chloro-1 butane, voir	1127	3	
Chlorate de soude, voir	1495	5.1		Chloro-2 butane, voir	1127	3	
CHLORATE DE STRONTIUM	1506	5.1		CHLOROBUTANES	1127	3	
CHLORATE DE THALLIUM	2573	5.1		Chlorocarbonate d'éthyle, voir	1182	6.1	
Chlorate de thallium (I), voir	2573	5.1					

Nom et description	No ONU	Classe	Note	Nom et description	No ONU	Classe	Note
CHLOROCRÉSOLS EN SOLUTION	2669	6.1		Chloro-2 méthyl-2 butane, voir	1107	3	
CHLOROCRÉSOLS SOLIDES	3437	6.1		Chloro-1 méthyl-2 propane, voir	1127	3	
CHLORO-1 DIFLUORO-1,1 ÉTHANE	2517	2		Chloro-2 méthyl-2 propane, voir	1127	3	
CHLORODIFLUOROMÉTHANE	1018	2		Chloro-3 méthyl-2 propène-1, voir	2554	3	
CHLORODIFLUORO-MÉTHANE ET CHLOROPENTAFLUOR-ÉTHANE EN MÉLANGE à point d'ébullition fixe, contenant environ 49% de chlorodifluorométhane	1973	2		CHLORONITRANILINES	2237	6.1	
				CHLORONITROBENZÈNES LIQUIDES	3409	6.1	
CHLORODINITROBENZÈNES, LIQUIDES	1577	6.1		CHLORONITROBENZÈNES SOLIDES	1578	6.1	
CHLORODINITROBENZÈNES, SOLIDES	3441	6.1		CHLORONITROTOLUÈNES LIQUIDES	2433	6.1	
CHLORO-2 ÉTHANAL	2232	6.1		CHLORONITROTOLUÈNES SOLIDES	3457	6.1	
Chloro-2 éthanol, voir	1135	6.1		CHLOROPENTA-FLUORÉTHANE	1020	2	
CHLOROFORME	1888	6.1					
CHLOROFORMIATE D'ALLYLE	1722	6.1		Chloropentafluoréthane et chlorodifluorométhane en mélange à point d'ébullition fixe, contenant environ 40 % de chlorodifluorométhane, voir	1973	2	
CHLOROFORMIATE DE BENZYLE	1739	8					
CHLOROFORMIATE DE tert-BUTYLCYCLOHEXYLE	2747	6.1		CHLOROPHÉNOLATES LIQUIDES	2904	8	
CHLOROFORMIATE DE n-BUTYLE	2743	6.1		CHLOROPHÉNOLATES SOLIDES	2905	8	
CHLOROFORMIATE DE CHLOROMÉTHYLE	2745	6.1		CHLOROPHÉNOLS LIQUIDES	2021	6.1	
CHLOROFORMIATE DE CYCLOBUTYLE	2744	6.1		CHLOROPHÉNOLS SOLIDES	2020	6.1	
CHLOROFORMIATE D'ÉTHYLE	1182	6.1		CHLOROPHÉNYL-TRICHLOROSILANE	1753	8	
CHLOROFORMIATE D'ÉTHYL-2 HEXYLE	2748	6.1		CHLOROPICRINE	1580	6.1	
CHLOROFORMIATE D'ISOPROPYLE	2407	6.1		Chloropicrine et bromure de méthyle en mélange, voir	1581	2	
CHLOROFORMIATE DE MÉTHYLE	1238	6.1		Chloropicrine et chlorure de méthyle en mélange, voir	1582	2	
CHLOROFORMIATE DE PHÉNYLE	2746	6.1		CHLOROPICRINE EN MÉLANGE, N.S.A.	1583	6.1	
CHLOROFORMIATE DE n-PROPYLE	2740	6.1		CHLOROPRÈNE STABILISÉ	1991	3	
CHLOROFORMIATES TOXIQUES, CORROSIFS, INFLAMMABLES, N.S.A.	2742	6.1		CHLORO-2 PROPANE	2356	3	
				Chloro-3 propanediol-1,2, voir	2689	6.1	
CHLOROFORMIATES TOXIQUES, CORROSIFS, N.S.A.	3277	6.1		CHLORO-3 PROPANOL-1	2849	6.1	
				CHLORO-1 PROPANOL-2	2611	6.1	
Chlorométhane, voir	1063	2		CHLORO-2 PROPÈNE	2456	3	
				Chloro-3 propène, voir	1100	3	
Chloro-1 méthyl-3 butane, voir	1107	3		Alpha-Chloropropionate d'éthyle, voir	2935	3	

Nom et description	No ONU	Classe	Note	Nom et description	No ONU	Classe	Note
CHLORO-2 PROPIONATE D'ÉTHYLE	2935	3		CHLORURE D'ALLYLE	1100	3	
Alpha-Chloropropionate d'isopropyle, voir	2934	3		CHLORURE D'ALUMINIUM ANHYDRE	1726	8	
CHLORO-2 PROPIONATE D'ISOPROPYLE	2934	3		CHLORURE D'ALUMINIUM EN SOLUTION	2581	8	
Alpha-Chloropropionate de méthyle, voir	2933	3		CHLORURES D'AMYLE	1107	3	
				CHLORURE D'ANISOYLE	1729	8	
CHLORO-2 PROPIONATE DE MÉTHYLE	2933	3		Chlorure d'arsenic, voir	1560	6.1	
CHLORO-2 PYRIDINE	2822	6.1		CHLORURE DE BENZÈNESULFONYLE	2225	8	
CHLOROSILANES CORROSIFS, N.S.A.	2987	8		CHLORURE DE BENZOYLE	1736	8	
CHLOROSILANES CORROSIFS, INFLAMMABLES, N.S.A.	2986	8		CHLORURE DE BENZYLE	1738	6.1	
				CHLORURE DE BENZYLIDÈNE	1886	6.1	
CHLOROSILANES INFLAMMABLES, CORROSIFS, N.S.A.	2985	3		CHLORURE DE BENZYLIDYNE	2226	8	
				CHLORURE DE BROME	2901	2	
CHLOROSILANES HYDRORÉACTIFS, INFLAMMABLES, CORROSIFS, N.S.A.	2988	4.3		Chlorure de butyroyle, voir	2353	3	
				CHLORURE DE BUTYRYLE	2353	3	
				CHLORURE DE CHLORACÉTYLE	1752	6.1	
CHLOROSILANES TOXIQUES, CORROSIFS, N.S.A.	3361	6.1		CHLORURES DE CHLOROBENZYLE, LIQUIDES	2235	6.1	
CHLOROSILANES TOXIQUES, CORROSIFS, INFLAMMABLES, N.S.A.	3362	6.1		CHLORURES DE CHLOROBENZYLE, SOLIDES	3427	6.1	
CHLORO-1 TÉTRAFLUORO-1,2,2,2 ÉTHANE	1021	2		CHLORURE DE CHROMYLE	1758	8	
				CHLORURE DE CUIVRE	2802	8	
CHLORO-1 TRIFLUORO-2,2,2 ÉTHANE	1983	2		CHLORURE DE CYANOGÈNE STABILISÉ	1589	2	
CHLOROTHIOFORMIATE D'ÉTHYLE	2826	8		CHLORURE CYANURIQUE	2670	8	
CHLOROTOLUÈNES	2238	3		CHLORURE DE DIALKYLMÉTHYLAM-MONIUM (C$_{12}$-C$_{18}$) et 2-PROPANOL	3175	4.1	
CHLOROTOLUIDINES LIQUIDES	3429	6.1					
CHLOROTOLUIDINES SOLIDES	2239	6.1		CHLORURE DE DICHLORACÉTYLE	1765	8	
CHLOROTRIFLUORO-MÉTHANE	1022	2		CHLORURE DE DIÉTHYL-THIOPHOSPHORYLE	2751	8	
CHLOROTRIFLUORO-MÉTHANE ET TRIFLUOROMÉTHANE EN MÉLANGE AZÉOTROPE, contenant environ 60% de chlorotrifluorométhane	2599	2		CHLORURE DE DIMÉTHYL-CARBAMOYLE	2262	8	
				CHLORURE DE DIMÉTHYL-THIOPHOSPHORYLE	2267	6.1	
Chlorure antimonieux, voir	1733	8		CHLORURE D'ÉTAIN IV ANHYDRE	1827	8	
Chlorure arsénieux, voir	1560	6.1		CHLORURE D'ÉTAIN IV PENTAHYDRATÉ	2440	8	
CHLORURE D'ACÉTYLE	1717	3					
				CHLORURE D'ÉTHYLE	1037	2	

Nom et description	No ONU	Classe	Note	Nom et description	No ONU	Classe	Note
CHLORURE DE FER III ANHYDRE	1773	8		CHLORURES DE SOUFRE	1828	8	
Chlorure ferrique anhydre, voir	1773	8		CHLORURE DE SULFURYLE	1834	6.1	
CHLORURE DE FER III EN SOLUTION	2582	8		CHLORURE DE MÉTHANESULFONYLE	3246	6.1	
CHLORURE DE FUMARYLE	1780	8		Chlorure de propyle, voir	1278	3	
CHLORURE D'HYDROGÈNE ANHYDRE	1050	2		CHLORURE DE THIONYLE	1836	8	
CHLORURE D'HYDROGÈNE LIQUIDE RÉFRIGÉRÉ	2186	2	Transport interdit	CHLORURE DE THIOPHOSPHORYLE	1837	8	
CHLORURE D'ISOBUTYRYLE	2395	3		CHLORURE DE TRICHLORACÉTYLE	2442	8	
Chlorure d'isopropyle, voir	2356	3		CHLORURE DE TRIFLUORACÉTYLE	3057	2	
Chlorure d'isovaléryle, voir	2502	8		CHLORURE DE TRIMÉTHYLACÉTYLE	2438	6.1	
Chlorure de magnésium et chlorate en mélange, voir	1459 3407	5.1 5.1		CHLORURE DE VALÉRYLE	2502	8	
Chlorure de mercure I, voir	2025	6.1		CHLORURE DE VINYLE STABILISÉ	1086	2	
CHLORURE DE MERCURE II	1624	6.1		CHLORURE DE VINYLIDÈNE STABILISÉ	1303	3	
CHLORURE DE MERCURE AMMONIACAL	1630	6.1		CHLORURE DE ZINC ANHYDRE	2331	8	
CHLORURE DE MÉTHYLE	1063	2		CHLORURE DE ZINC EN SOLUTION	1840	8	
CHLORURE DE MÉTHYLALLYLE	2554	3		CHLORURE-1 PROPANE	1278	3	
CHLORURE DE MÉTHYLE ET CHLOROPICRINE EN MÉLANGE	1582	2		Chrysotile, voir	2590	9	
CHLORURE DE MÉTHYLE ET CHLORURE DE MÉTHYLÈNE EN MÉLANGE	1912	2		CHUTES DE CAOUTCHOUC sous forme de poudre ou de grains, dont l'indice granulométrique ne dépasse pas 840 microns et dont la teneur en caoutchouc est supérieure à 45 %	1345	4.1	
Chlorure de méthylène et chlorure de méthyle en mélange, voir	1912	2					
CHLORURE DE NITROSYLE	1069	2		Cinène, voir	2052	3	
Chlorure de perfluoracétyle, voir	3057	2		Cinnamène, voir	2055	3	
CHLORURE DE PHÉNYLACÉTYLE	2577	8		Cirages, voir	1263 3066 3469 3470	3 8 3 8	
CHLORURE DE PHÉNYLCARBYLAMINE	1672	6.1					
Chlorure de phosphoryle, voir	1810	6.1		CISAILLES PYROTECHNIQUES EXPLOSIVES	0070	1	
CHLORURE DE PICRYLE, voir	0155	1		Citerne vide, non nettoyée			Voir 4.3.2.4, 5.1.3 et 5.4.1.1.6
CHLORURE DE PICRYLE HUMIDIFIÉ avec au moins 10% (masse) d'eau, voir	3365	4.1					
Chlorure de pivaloyle, voir	2438	8		Cocculus, voir	3172 3462	6.1 6.1	
CHLORURE DE PROPIONYLE	1815	3		Colles, voir	1133	3	
CHLORURE DE PYROSULFURYLE	1817	8		Collodions, voir	2059 2060	3 3	

Nom et description	No ONU	Classe	Note	Nom et description	No ONU	Classe	Note
COLORANT LIQUIDE TOXIQUE, N.S.A.	1602	6.1		COMPOSÉS ISOMÉRIQUES DU DIISOBUTYLÈNE	2050	3	
COLORANT LIQUIDE CORROSIF, N.S.A.	2801	8		COMPOSÉ LIQUIDE DE LA NICOTINE, N.S.A.	3144	6.1	
COLORANT SOLIDE CORROSIF, N.S.A.	3147	8		COMPOSÉ LIQUIDE DE L'ARSENIC, N.S.A., inorganique, notamment: arséniates n.s.a., arsénites n.s.a. et sulfures d'arsenic n.s.a.	1556	6.1	
COLORANT SOLIDE TOXIQUE, N.S.A.	3143	6.1					
COMPLEXE DE TRIFLUORURE DE BORE ET D'ACIDE ACÉTIQUE, LIQUIDE	1742	8		COMPOSÉ ORGANIQUE DE L'ARSENIC, LIQUIDE, N.S.A.	3280	6.1	
COMPLEXE DE TRIFLUORURE DE BORE ET D'ACIDE ACÉTIQUE, SOLIDE	3419	8		COMPOSÉ ORGANIQUE DE L'ARSENIC, SOLIDE, N.S.A.	3465	6.1	
COMPLEXE DE TRIFLUORURE DE BORE ET D'ACIDE PROPIONIQUE, LIQUIDE	1743	8		COMPOSÉ ORGANIQUE LIQUIDE DE L'ÉTAIN, N.S.A.	2788	6.1	
COMPLEXE DE TRIFLUORURE DE BORE ET D'ACIDE PROPIONIQUE, SOLIDE	3420	8		COMPOSÉ ORGANIQUE SOLIDE DE L'ÉTAIN, N.S.A.	3146	6.1	
COMPOSANTS DE CHAÎNE PYROTECHNIQUE, N.S.A.	0382 0383 0384 0461	1 1 1 1		Composé organométallique ou Composé organométallique en solution ou Composé organométallique en dispersion, hydroréactif, inflammable, n.s.a., voir	3399	4.3	
COMPOSÉ DU BARYUM, N.S.A.	1564	6.1		Composé organométallique pyrophorique, hydroréactif, n.s.a., liquide, voir	3394	4.2	
COMPOSÉ DU BÉRYLLIUM, N.S.A.	1566	6.1		Composé organométallique pyrophorique, hydroréactif, n.s.a., solide, voir	3393	4.2	
COMPOSÉ DU CADMIUM	2570	6.1		Composé organométallique solide hydroréactif, inflammable, n.s.a., voir	3396	4.3	
COMPOSÉ LIQUIDE DU MERCURE, N.S.A.	2024	6.1					
COMPOSÉ SOLIDE DE MERCURE, N.S.A.	2025	6.1		COMPOSÉ ORGANOMÉTALLIQUE LIQUIDE, TOXIQUE, N.S.A.	3282	6.1	
COMPOSÉ SOLUBLE DU PLOMB, N.S.A.	2291	6.1		COMPOSÉ ORGANOMÉTALLIQUE SOLIDE, TOXIQUE, N.S.A.	3467	6.1	
COMPOSÉ DU SÉLÉNIUM, LIQUIDE, N.S.A.	3440	6.1		COMPOSÉ ORGANOPHOSPHORÉ TOXIQUE, INFLAMMABLE, N.S.A.	3279	6.1	
COMPOSÉ DU SÉLÉNIUM, SOLIDE, N.S.A.	3283	6.1					
COMPOSÉ DU TELLURE, N.S.A.	3284	6.1		COMPOSÉ ORGANOPHOSPHORÉ LIQUIDE, TOXIQUE, N.S.A.	3278	6.1	
COMPOSÉ DU THALLIUM, N.S.A.	1707	6.1					
COMPOSÉ DU VANADIUM, N.S.A.	3285	6.1		COMPOSÉ ORGANOPHOSPHORÉ SOLIDE, TOXIQUE, N.S.A.	3464	6.1	
COMPOSÉ INORGANIQUE LIQUIDE DE L'ANTIMOINE, N.S.A.	3141	6.1		COMPOSÉ PHÉNYLMERCURIQUE, N.S.A.	2026	6.1	
COMPOSÉ INORGANIQUE SOLIDE DE L'ANTIMOINE, N.S.A.	1549	6.1					

Nom et description	No ONU	Classe	Note	Nom et description	No ONU	Classe	Note
COMPOSE SOLIDE DE L'ARSENIC, N.S.A., inorganique, notamment: arséniates n.s.a., arsénites n.s.a. et sulfures d'arsenic n.s.a.	1557	6.1		Crasses d'aluminium, voir	3170	4.3	
				CRÉSOLS LIQUIDES	2076	6.1	
				CRÉSOLS SOLIDES	3455	6.1	
COMPOSÉ SOLIDE DE LA NICOTINE, N.S.A.	1655	6.1		Crocidolite, voir	2212	9	
				CROTONALDÉHYDE STABILISÉ, voir	1143	6.1	
Composition B, voir	0118	1					
Condensats d'hydrocarbure, voir	3295	3		CROTONATE D'ÉTHYLE	1862	3	
CONDENSATEUR ASYMÉTRIQUE (ayant une capacité de stockage d'énergie supérieure à 0,3 Wh)	3508	9		CROTONYLÈNE	1144	3	
				Cumène, voir	1918	3	
				CUPRIÉTHYLÈNE-DIAMINE EN SOLUTION	1761	8	
CONDENSATEUR ÉLECTRIQUE À DOUBLE COUCHE (avec une capacité de stockage d'énergie supérieure à 0,3 Wh)	3499	9		CUPROCYANURE DE POTASSIUM	1679	6.1	
				CUPROCYANURE DE SODIUM EN SOLUTION	2317	6.1	
Contreforts de chaussures (à base de nitrocellulose), voir	1353	4.1		CUPROCYANURE DE SODIUM SOLIDE	2316	6.1	
COPEAUX DE MÉTAUX FERREUX sous forme auto-échauffante	2793	4.2		Cut-backs bitumineux, ayant un point d'éclair d'au plus 60°C, voir	1999	3	
COPRAH	1363	4.2		Cut backs bitumineux ayant un point d'éclair supérieur à 60 °C, à une température égale ou supérieure à son point d'éclair, voir	3256	3	
CORDEAU BICKFORD, voir	0105	1					
CORDEAU D'ALLUMAGE à enveloppe métallique	0103	1		Cut backs bitumineux à une température égale ou supérieure à 100 °C et inférieure à son point d'éclair	3257	9	
CORDEAU DÉTONANT à enveloppe métallique	0102	1					
	0290	1					
CORDEAU DÉTONANT À CHARGE RÉDUITE à enveloppe métallique	0104	1		Cyanacétonitrile, voir	2647	6.1	
				CYANAMIDE CALCIQUE contenant plus de 0,1% (masse) de carbure de calcium	1403	4.3	
CORDEAU DÉTONANT À SECTION PROFILÉE	0237	1					
	0288	1					
CORDEAU DÉTONANT souple	0065	1		CYANHYDRINE D'ACÉTONE STABILISÉE	1541	6.1	
	0289	1					
Cordite, voir	0160	1		CYANOGÈNE	1026	2	
	0161	1		CYANURE D'ARGENT	1684	6.1	
Coton-collodions, voir	2059	3		CYANURE DE BARYUM	1565	6.1	
	2555	4.1					
	2556	4.1		Cyanure de benzyle, voir	2470	6.1	
	2557	4.1		CYANURES DE BROMOBENZYLE LIQUIDES	1694	6.1	
Coton, déchets huileux de, voir	1364	4.2					
COTON HUMIDE	1365	4.2		CYANURES DE BROMOBENZYLE SOLIDES	3449	6.1	
Coton-poudre, voir	0340	1					
	0341	1		CYANURE DE CALCIUM	1575	6.1	
	0342	1					
	0343	1		Cyanure de chlorométhyle, voir	2668	6.1	
Couleurs, voir	1263	3		CYANURE DE CUIVRE	1587	6.1	
	3066	8					
	3469	3		CYANURE DE MERCURE	1636	6.1	
	3470	8					

Nom et description	No ONU	Classe	Note	Nom et description	No ONU	Classe	Note
Cyanure de méthyle, voir	1648	3		Cyclohexadiènedione -1,4, voir	2587	6.1	
Cyanure de méthylène, voir	2647	6.1		CYCLOHEXANE	1145	3	
CYANURE DE NICKEL	1653	6.1					
Cyanure de nickel (II), voir	1653	6.1		CYCLOHEXANONE	1915	3	
CYANURE DE PLOMB	1620	6.1		CYCLOHEXÈNE	2256	3	
Cyanure de plomb (II), voir	1620	6.1		CYCLOHEXÈNYL-TRICHLOROSILANE	1762	8	
CYANURE DE POTASSIUM EN SOLUTION	3413	6.1		CYCLOHEXYLAMINE	2357	3	
CYANURE DE POTASSIUM, SOLIDE	1680	6.1		CYCLOHÉXYL-TRICHLOROSILANE	1763	8	
CYANURE DE SODIUM EN SOLUTION	3414	6.1		CYCLONITE DÉSENSIBILISÉE, voir	0483	1	
CYANURE DE SODIUM, SOLIDE	1689	6.1		CYCLONITE EN MÉLANGE AVEC DE LA CYCLOTÉTRAMÉTHYLÈNETÉ TRANITRAMINE (HMX, OCTOGÈNE) HUMIDIFIÉE avec au moins 15% (masse) d'eau ou DÉSENSIBILISÉE avec au moins 10% (masse) de flegmatisant, voir	0391	1	
CYANURE DE ZINC	1713	6.1					
CYANURE D'HYDROGÈNE EN SOLUTION ALCOOLIQUE contenant au plus 45% de cyanure d'hydrogène	3294	6.1					
CYANURE D'HYDROGÈNE EN SOLUTION AQUEUSE, contenant au plus 20% de cyanure d'hydrogène	1613	6.1		CYCLONITE HUMIDIFIÉE, avec au moins 15% (masse) d'eau, voir	0072	1	
				CYCLOOCTADIÈNE PHOSPHINES, voir	2940	4.2	
CYANURE D'HYDROGÈNE STABILISÉ, avec moins de 3% d'eau	1051	6.1		CYCLOOCTADIÈNES	2520	3	
				CYCLOOCTATÉTRAÈNE	2358	3	
CYANURE D'HYDROGÈNE STABILISÉ, avec moins de 3% d'eau et absorbé dans un matériau poreux inerte.	1614	6.1		CYCLOPENTANE	1146	3	
				CYCLOPENTANOL	2244	3	
				CYCLOPENTANONE	2245	3	
CYANURE DOUBLE DE MERCURE ET DE POTASSIUM	1626	6.1		CYCLOPENTÈNE	2246	3	
CYANURE EN SOLUTION, N.S.A.	1935	6.1		CYCLOPROPANE	1027	2	
CYANURES INORGANIQUES SOLIDES, N.S.A.	1588	6.1		CYCLOTÉTRAMÉTHYLÈNE-TÉTRANITRAMINE DÉSENSIBILISÉE	0484	1	
Cyanures organiques, inflammables, toxiques, n.s.a., voir	3273	3		CYCLOTÉTRA MÉTHYLÈNE-TÉTRANITRAMINE HUMIDIFIÉE avec au moins 15% (masse) d'eau	0226	1	
Cyanures organiques, toxiques, inflammables, n.s.a., voir	3275	6.1					
Cyanures organiques, toxiques, n.s.a., voir	3276 3439	6.1 6.1		CYCLOTRIMÉTHYLÈNE-TRINITRAMINE DÉSENSIBILISÉE	0483	1	
CYCLOBUTANE	2601	2		CYCLOTRIMÉTHYLÈNE-TRINITRAMINE EN MÉLANGE AVEC DE LA CYCLOTÉTRAMÉTHYLÈNE TÉTRANITRAMINE DÉSENSIBILISÉE avec au moins 10% (masse) de flegmatisant	0391	1	
CYCLODODÉCATRIÈNE-1,5,9	2518	6.1					
CYCLOHEPTANE	2241	3					
CYCLOHEPTATRIÈNE	2603	3					
CYCLOHEPTÈNE	2242	3					

Nom et description	No ONU	Classe	Note	Nom et description	No ONU	Classe	Note
CYCLOTRIMÉTHYLÈNE-TRINITRAMINE EN MÉLANGE AVEC DE LA CYCLOTÉTRAMÉTHYLÈNE TÉTRANITRAMINE HUMIDIFIÉE avec au moins 15% (masse) d'eau	0391	1		DÉSINFECTANT LIQUIDE TOXIQUE, N.S.A.	3142	6.1	
				DÉSINFECTANT SOLIDE TOXIQUE, N.S.A	1601	6.1	
CYCLOTRIMÉTHYLÈNE-TRINITRAMINE HUMIDIFIÉE, avec au moins 15% (masse) d'eau	0072	1		DÉTONATEURS de mine (de sautage) ÉLECTRONIQUE programmables	0511 0512 0513	1 1 1	
CYMÈNES	2046	3		DÉTONATEURS de mine ÉLECTRIQUES	0030 0255 0456	1 1 1	
Cymol, voir	2046	3					
DÉCABORANE	1868	4.1		DÉTONATEURS de mine NON ÉLECTRIQUES	0029 0267 0455	1 1 1	
DÉCAHYDRONAPHTALÈNE	1147	3					
Décaline, voir	1147	3		DÉTONATEURS de sautage ÉLECTRIQUES, voir	0030 0255 0456	1 1 1	
n-DÉCANE	2247	3					
DÉCHET (BIO)MÉDICAL, N.S.A.	3291	6.2		DÉTONATEURS de sautage NON ÉLECTRIQUES, voir	0029 0267 0455	1 1 1	
DÉCHETS DE CAOUTCHOUC sous forme de poudre ou de grains, dont l'indice granulométrique ne dépasse pas 840 microns et dont la teneur en caoutchouc est supérieure à 45 %	1345	4.1		DÉTONATEURS POUR MUNITIONS	0073 0364 0365 0366	1 1 1 1	
				DEUTÉRIUM COMPRIMÉ	1957	2	
DÉCHETS DE CELLULOÏD	2002	4.2		DIACÉTONE-ALCOOL	1148	3	
Déchets de laine mouillés	1387	4.2	Non soumis à l'ADN	DIALLYLAMINE	2359	3	
				DIAMIDEMAGNÉSIUM	2004	4.2	
DÉCHETS DE POISSON NON STABILISÉS, voir	1374	4.2		DIAMINO-4,4' DIPHÉNYLMÉTHANE	2651	6.1	
DÉCHETS DE POISSON STABILISÉS, voir	2216	9		Diamino-1,2 éthane, voir	1604	8	
DÉCHETS DE ZIRCONIUM	1932	4.2		DI-n-AMYLAMINE	2841	3	
DÉCHET D'HÔPITAL NON SPÉCIFIÉ, N.S.A.	3291	6.2		DIAZODINITROPHÉNOL HUMIDIFIÉ avec au moins 40% (masse) d'eau ou d'un mélange d'alcool et d'eau	0074	1	
DÉCHETS HUILEUX DE COTON	1364	4.2					
DÉCHET MÉDICAL ou DÉCHET MÉDICAL RÉGLEMENTÉ, N.S.A.	3291	6.2		Dibenzopyridine, voir	2713	6.1	
				DIBENZYL-DICHLOROSILANE	2434	8	
DÉCHETS MÉDICAUX INFECTIEUX POUR L'HOMME, CATÉGORIE A, solides	3549	6.2		DIBORANE	1911	2	
				DIBROMO-1,2 BUTANONE-3	2648	6.1	
DÉCHETS MÉDICAUX INFECTIEUX POUR LES ANIMAUX uniquement, CATÉGORIE A, solides	3549	6.2		DIBROMOCHLOROPROPANES	2872	6.1	
				DIBROMO-DIFLUOROMÉTHANE	1941	9	
				DIBROMOMÉTHANE	2664	6.1	
Déchets textiles mouillés	1387	4.2	Non soumis à l'ADN	DIBROMURE D'ÉTHYLÈNE	1605	6.1	
				Dibromure d'éthylène et bromure de méthyle en mélange liquide, voir	1647	6.1	
DÉSINFECTANT LIQUIDE CORROSIF, N.S.A.	1903	8					
				DI-n-BUTYLAMINE	2248	8	

Nom et description	No ONU	Classe	Note	Nom et description	No ONU	Classe	Note
DIBUTYLAMINOETHANOL	2873	6.1		Dichlorure de fumaroyle, voir	1780	8	
Dibutylamino-2 éthanol, voir	2873	6.1		Dichlorure de mercure, voir	1624	6.1	
DICÉTÈNE STABILISÉ	2521	6.1		Dichlorure de propylène, voir	1279	3	
DICHLORACÉTATE DE MÉTHYLE	2299	6.1		Dichlorure de soufre, voir	1828	8	
DICHLORANILINES LIQUIDES	1590	6.1		DICHLORURE D'ÉTHYLÈNE	1184	3	
DICHLORANILINES SOLIDES	3442	6.1		Dichlorure d'isocyanophényle, voir	1672	6.1	
alpha-Dichlorhydrine, voir	2750	6.1		DICHROMATE D'AMMONIUM	1439	5.1	
Dichlorhydrine-1,3 du glycérol, voir	2750	6.1		Dicyano-1,4 butane, voir	2205	6.1	
DICHLORO-1,3 ACÉTONE	2649	6.1		Dicyanocuprate de potassium (I), voir	1679	6.1	
o-DICHLOROBENZÈNE	1591	6.1		Dicyanocuprate de sodium (I) en solution, voir	2317	6.1	
DICHLORODIFLUORO-MÉTHANE	1028	2		Dicyanocuprate de sodium (I) solide, voir	2316	6.1	
DICHLORODIFLUORO-MÉTHANE ET DIFLUORO-1,1 ÉTHANE EN MÉLANGE AZÉOTROPE contenant environ 74% de dichlorodifluorométhane	2602	2		Dicycloheptadiène, voir	2251	3	
				DICYCLOHEXYLAMINE	2565	8	
				DICYCLOPENTADIÈNE	2048	3	
				Diesel, voir	1202	3	
Dichlorodifluorométhane et oxyde d'éthylène, mélange de, contenant au plus 12,5% d'oxyde d'éthylène, voir	3070	2		Diéthoxy-1,1 éthane, voir	1088	3	
				Diéthoxy-1,2 éthane, voir	1153	3	
				DIÉTHOXYMÉTHANE	2373	3	
DICHLORO-1,1 ÉTHANE	2362	3		DIÉTHOXY-3,3 PROPÈNE	2374	3	
DICHLORO-1,2 ÉTHYLÈNE	1150	3		DIÉTHYLAMINE	1154	3	
DICHLOROFLUOROMÉTHANE	1029	2		DIÉTHYLAMINO-2 ÉTHANOL	2686	8	
DICHLOROMÉTHANE	1593	6.1		3-DIÉTHYLAMINO-PROPYLAMINE	2684	3	
DICHLORO-1,1 NITRO-1 ÉTHANE	2650	6.1		N,N-DIÉTHYLANILINE	2432	6.1	
DICHLOROPENTANES	1152	3		DIÉTHYLBENZÈNE	2049	3	
DICHLOROPHÉNYL-PHOSPHINE	2798	8		Diéthylcarbinol, voir	1105	3	
DICHLORO(PHÉNYL)-THIOPHOSPHORE	2799	8		DIÉTHYLCÉTONE	1156	3	
DICHLOROPHÉNYL-TRICHLOROSILANE	1766	8		DIÉTHYLDICHLORO-SILANE	1767	8	
DICHLORO-1,2 PROPANE	1279	3		Diéthylènediamine, voir	2579	8	
DICHLORO-1,3 PROPANOL-2	2750	6.1		DIÉTHYLÈNETRIAMINE	2079	8	
DICHLOROPROPÈNES	2047	3		N,N-DIÉTHYLÉTHYLÈNE-DIAMINE	2685	8	
DICHLOROSILANE	2189	2		Diéthylzinc, voir	3394	4.2	
DICHLORO-1,2 TÉTRAFLUORO-1,1,2,2, ÉTHANE	1958	2		Difluoro-2,4 aniline, voir	2941	6.1	
				Difluorochloroéthane, voir	2517	2	
Dichloro s-triazine trione-2,4,6, voir	2465	5.1		DIFLUORO-1,1 ÉTHANE	1030	2	
				DIFLUORO-1,1 ÉTHYLÈNE	1959	2	

Nom et description	No ONU	Classe	Note	Nom et description	No ONU	Classe	Note
DIFLUOROMÉTHANE	3252	2		DIMÉTHYLAMINO-ACÉTONITRILE	2378	3	
Difluorométhane, pentafluoroéthane et tétrafluoro-1,1,1,2 éthane, en mélange zéotropique avec environ 10% de difluorométhane et 70% de pentafluoroéthane, voir	3339	2		DIMÉTHYLAMINO-2 ÉTHANOL	2051	8	
				N,N-DIMÉTHYLANILINE	2253	6.1	
				DIMÉTHYL-2,3 BUTANE	2457	3	
Difluorométhane, pentafluoro-éthane et tétrafluoro-1,1,1,2 éthane, en mélange zéotropique avec environ 20% de difluorométhane et 40% de pentafluoroéthane, voir	3338	2		DIMÉTHYL-1,3 BUTYLAMINE	2379	3	
				DIMÉTHYLCYCLO-HEXANES	2263	3	
				N,N-DIMÉTHYLCYCLO-HEXYLAMINE	2264	8	
Difluorométhane, pentafluoro-éthane et tétrafluoro-1,1,1,2 éthane, en mélange zéotropique avec environ 23% de difluorométhane et 25% de pentafluoroéthane, voir	3340	2		DIMÉTHYLDICHLOROSILANE	1162	3	
				DIMÉTHYLDIÉTHOXYSILANE	2380	3	
				DIMÉTHYLDIOXANNES	2707	3	
DIFLUORURE ACIDE D'AMMONIUM EN SOLUTION	2817	8		Diméthyléthanolamine, voir	2051	8	
				N,N-DIMÉTHYLFORMAMIDE	2265	3	
DIFLUORURE D'OXYGÈNE COMPRIMÉ	2190	2		DIMÉTHYLHYDRAZINE ASYMÉTRIQUE	1163	6.1	
DIHYDRO-2,3 PYRANNE	2376	3		DIMÉTHYLHYDRAZINE SYMÉTRIQUE	2382	6.1	
DIISOBUTYLAMINE	2361	3					
DIISOBUTYLCÉTONE	1157	3		Diméthyl-1,1 hydrazine, voir	1163	6.1	
Diisobutylène, composés isomériques du, voir	2050	3		DIMÉTHYL-2,2 PROPANE	2044	2	
DIISOCYANATE DE DIPHÉNYLMÉTHANE-4,4'	9004	9	Dangereux en bateau-citerne seulement	N,N-DIMÉTHYL-PROPYLAMINE	2266	3	
				Diméthylzinc, voir	3394	4.2	
				DINGU, voir	0489	1	
DIISOCYANATE D'HEXAMÉTHYLÈNE	2281	6.1		DINITRANILINES	1596	6.1	
DIISOCYANATE D'ISOPHORONE	2290	6.1		DINITRATE DE DIÉTHYLÈNEGLYCOL DÉSENSIBILISÉ avec au moins 25% (masse) de flegmatisant non volatil insoluble dans l'eau	0075	1	
DIISOCYANATE DE TOLUÈNE	2078	6.1					
DIISOCYANATE DE TOLUÈNE-2,4	2078	6.1		DINITRATE D'ISOSORBIDE EN MÉLANGE avec au moins 60% de lactose, de mannose, d'amidon ou d'hydrogénophosphate de calcium	2907	4.1	
DIISOCYANATE DE TRIMÉTHYLHEXA-MÉTHYLÈNE	2328	6.1					
DIISOPROPYLAMINE	1158	3		DINITROBENZÈNES LIQUIDES	1597	6.1	
Diluants pour peintures, voir	1263	3		DINITROBENZÈNES SOLIDES	3443	6.1	
	3066	8		Dinitrochlorobenzène, voir	1577	6.1	
	3469	3			3441	6.1	
	3470	8					
DIMÉTHOXY-1,1 ÉTHANE	2377	3		DINITRO-o-CRÉSATE D'AMMONIUM EN SOLUTION	3424	6.1	
DIMÉTHOXY-1,2 ÉTHANE	2252	3		DINITRO-o-CRÉSATE D'AMMONIUM, SOLIDE	1843	6.1	
DIMÉTHYLAMINE ANHYDRE	1032	2					
DIMÉTHYLAMINE EN SOLUTION AQUEUSE	1160	3		DINITRO-o-CRÉSATE DE SODIUM HUMIDIFIÉ avec au moins 15% (masse) d'eau	1348	6.1	

Nom et description	No ONU	Classe	Note	Nom et description	No ONU	Classe	Note
DINITRO-o-CRÉSATE DE SODIUM HUMIDIFIÉ avec au moins 10% (masse) d'eau	3369	4.1		Dioxyde de carbone et oxyde d'éthylène en mélange contenant plus de 9% mais pas plus de 87% d'oxyde d'éthylène, voir	1041	2	
DINITRO-o-CRÉSATE DE SODIUM sec ou humidifié avec moins de 15% (masse) d'eau	0234	1		Dioxyde de carbone et oxyde d'éthylène en mélange contenant au plus 87% d'oxyde d'éthylène, voir	3300	2	
DINITRO-o-CRÉSOL	1598	6.1		DIOXYDE DE PLOMB	1872	5.1	
DINITROGLYCOLURILE	0489	1		Dioxyde de sodium, voir	1504	5.1	
DINITROPHÉNATES de métaux alcalins, secs ou humidifiés avec moins de 15% (masse) d'eau	0077	1		DIOXYDE DE SOUFRE	1079	2	
				Dioxyde de strontium, voir	1509	5.1	
DINITROPHÉNATES HUMIDIFIÉS avec au moins 15% (masse) d'eau	1321	4.1		DIOXYDE DE THIOURÉE	3341	4.2	
DINITROPHÉNOL EN SOLUTION	1599	6.1		DIPENTÈNE	2052	3	
				DIPHÉNYLAMINE-CHLORARSINE	1698	6.1	
DINITROPHÉNOL HUMIDIFIÉ avec au moins 15% (masse) d'eau	1320	4.1		DIPHÉNYLCHLORARSINE LIQUIDE	1699	6.1	
DINITROPHÉNOL sec ou humidifié avec moins de 15% (masse) d'eau	0076	1		DIPHÉNYLCHLORARSINE SOLIDE	3450	6.1	
DINITRORÉSORCINOL HUMIDIFIÉ avec au moins 15% (masse) d'eau	1322	4.1		DIPHÉNYLDICHLOROSILANE	1769	8	
				DIPHÉNYLES POLYCHLORÉS, LIQUIDES	2315	9	
DINITRORÉSORCINOL sec ou humidifié avec moins de 15% (masse) d'eau	0078	1		DIPHÉNYLES POLYCHLORÉS, SOLIDES	3432	9	
				DIPHÉNYLES POLYHALOGÉNÉS LIQUIDES	3151	9	
DINITROSOBENZÈNE	0406	1		DIPHÉNYLES POLYHALOGÉNÉS SOLIDES	3152	9	
DINITROTOLUÈNES FONDUS	1600	6.1					
DINITROTOLUÈNES LIQUIDES	2038	6.1		Diphénylmagnésium, voir	3393	4.2	
DINITROTOLUÈNES SOLIDES	3454	6.1		DIPICRYLAMINE, voir	0079	1	
DIOXANNE	1165	3		DIPROPYLAMINE	2383	3	
DIOXOLANNE	1166	3		DIPROPYLCÉTONE	2710	3	
Dioxychlorure de chrome (VI), voir	1758	8		DISPERSION DE MÉTAUX ALCALINO-TERREUX ayant un point d'éclair supérieur à 60 °C	1391	4.3	
DIOXYDE D'AZOTE, voir	1067	2					
Dioxyde de baryum, voir	1449	5.1		DISPERSION DE MÉTAUX ALCALINO-TERREUX, INFLAMMABLE	3482	4.3	
DIOXYDE DE CARBONE	1013	2					
DIOXYDE DE CARBONE LIQUIDE RÉFRIGÉRÉ	2187	2		DISPERSION DE MÉTAUX ALCALINS ayant un point d'éclair supérieur à 60 °C	1391	4.3	
Dioxyde de carbone solide	1845	9	Non soumis à l'ADN				
				DISPERSION DE MÉTAUX ALCALINS, INFLAMMABLE	3482	4.3	
Dioxyde de carbone et oxyde d'éthylène en mélange contenant au plus 9% d'oxyde d'éthylène, voir	1952	2		DISPOSITIFS DE SÉCURITÉ à amorçage électrique	3268	9	

Nom et description	No ONU	Classe	Note	Nom et description	No ONU	Classe	Note
DISPOSITIFS PYROTECHNIQUES DE SÉCURITÉ	0503	1		ÉCHANTILLON DE GAZ, NON COMPRIMÉ, TOXIQUE, INFLAMMABLE, N.S.A., sous une forme autre qu'un liquide réfrigéré	3168	2	
DISPOSITIFS ÉCLAIRANTS AÉRIENS	0093 0403 0404 0420 0421	1 1 1 1 1		ÉCHANTILLON DE GAZ, NON COMPRIMÉ, TOXIQUE, N.S.A., sous une forme autre qu'un liquide réfrigéré	3169	2	
DISPOSITIFS ÉCLAIRANTS DE SURFACE	0092 0418 0419	1 1 1		ÉCHANTILLONS D'EXPLOSIFS, autres que des explosifs d'amorçage	0190	1	
Dispositifs éclairants hydroactifs, voir	0249	1		ÉLECTROLYTE ACIDE POUR ACCUMULATEURS	2796	8	
DISSOLUTION DE CAOUTCHOUC	1287	3		ÉLECTROLYTE ALCALIN POUR ACCUMULATEURS	2797	8	
DISTILLATS DE GOUDRON DE HOUILLE, INFLAMMABLES	1136	3		ÉLÉMENTS D'ACCUMULATEUR AU SODIUM	3292	4.3	
DISTILLATS DE PÉTROLE, N.S.A.	1268	3		Émaux, voir	1263 3066 3469 3470	3 8 3 8	
DISULFURE DE CARBONE	1131	3					
DISULFURE DE DIMÉTHYLE	2381	3		EMBALLAGES AU REBUT, VIDES, NON NETTOYÉS	3509	9	
DISULFURE DE SÉLÉNIUM	2657	6.1		Emballage vide, non nettoyé			Voir 4.1.1.11de l'ADR, 5.1.3 et 5.4.1.1.6
DISULFURE DE TITANE	3174	4.2					
DITHIONITE DE CALCIUM	1923	4.2					
DITHIONITE DE POTASSIUM	1929	4.2					
DITHIONITE DE SODIUM	1384	4.2		Encaustiques, voir	1263 3066 3469 3470	3 8 3 8	
DITHIONITE DE ZINC	1931	9					
DITHIOPYROPHOSPHATE DE TÉTRAÉTHYLE	1704	6.1					
DODÉCYL-TRICHLOROSILANE	1771	8		ENCRES D'IMPRIMERIE, inflammables	1210	3	
DOUILLES COMBUSTIBLES VIDES ET NON AMORCÉES	0446 0447	1 1		Enduits d'apprêt, voir	1263 3066 3469 3470	3 8 3 8	
DOUILLES DE CARTOUCHES VIDES AMORCÉES	0055 0379	1 1					
Dynamite, dynamites-gommes, dynamites gélatinisées, voir	0081	1		ENGINS AUTOPROPULSÉS À PROPERGOL LIQUIDE avec charge d'éclatement	0397 0398	1 1	
ÉBARBURES DE MÉTAUX FERREUX, sous forme auto-échauffante	2793	4.2		ENGINS AUTOPROPULSÉS à tête inerte	0183 0502	1 1	
ÉCHANTILLON CHIMIQUE TOXIQUE	3315	6.1		ENGINS AUTOPROPULSÉS avec charge d'éclatement	0180 0181 0182 0295	1 1 1 1	
ÉCHANTILLON DE GAZ, NON COMPRIMÉ, INFLAMMABLE, N.S.A., sous une forme autre qu'un liquide réfrigéré	3167	2		ENGINS AUTOPROPULSÉS avec charge d'expulsion	0436 0437 0438	1 1 1	
				ENGINS DE SAUVETAGE AUTOGONFLABLES	2990	9	

Nom et description	No ONU	Classe	Note	Nom et description	No ONU	Classe	Note
ENGINS DE SAUVETAGE NON AUTOGONFLABLES contenant des marchandises dangereuses comme équipement	3072	9		Éthanol, mélange d'éthanol et d'essence contenant plus de 10% d'éthanol, voir	3475	3	
				ÉTHANOLAMINE	2491	8	
ENGINS HYDROACTIFS avec charge de dispersion, charge d'expulsion ou charge propulsive	0248 0249	1 1		ÉTHANOLAMINE EN SOLUTION	2491	8	
				Éther, voir	1155	3	
ENGIN DE TRANSPORT SOUS FUMIGATION	3359	9		ÉTHER ALLYLÉTHYLIQUE	2335	3	
				ÉTHER ALLYLGLYCIDIQUE	2219	3	
ENGRAIS AU NITRATE D'AMMONIUM	2067 2071	5.1 9		Éther anesthésique, voir	1155	3	
ENGRAIS EN SOLUTION contenant de l'ammoniac non combiné	1043	2		ÉTHÉRATE DIÉTHYLIQUE DE TRIFLUORURE DE BORE	2604	8	
ÉPIBROMHYDRINE	2558	6.1		ÉTHÉRATE DIMÉTHYLIQUE DE TRIFLUORURE DE BORE	2965	4.3	
ÉPICHLORHYDRINE	2023	6.1		ÉTHER BROMO-2 ÉTHYL ÉTHYLIQUE	2340	3	
ÉPONGE DE TITANE SOUS FORME DE GRANULÉS	2878	4.1		ÉTHERS BUTYLIQUES	1149	3	
ÉPONGE DE TITANE SOUS FORME DE POUDRE	2878	4.1		ÉTHER BUTYLMÉTHYLIQUE	2350	3	
Époxy-1,2 butane, voir	3022	3		ÉTHER BUTYLVINYLIQUE STABILISÉ	2352	3	
Époxyéthane, voir	1040	2		ÉTHER CHLOROMÉTHYL-ÉTHYLIQUE	2354	3	
ÉPOXY-1,2 ETHOXY-3 PROPANE	2752	3		Éther chlorométhylméthylique, voir	1239	6.1	
Époxy-2,3 propanal-1, voir	2622	3		ÉTHER DIALLYLIQUE	2360	3	
ESSENCE	1203	3		ÉTHER DICHLORO-DIMÉTHYLIQUE SYMÉTRIQUE	2249	6.1	Transport interdit
Essence minérale légère, voir	1268	3		ÉTHER DICHLORO-2,2' DIÉTHYLIQUE	1916	6.1	
Essence naturelle, voir	1203	3					
ESSENCE pour moteurs d'automobiles, voir	1203	3		ÉTHER DICHLOROISOPRO-PYLIQUE	2490	6.1	
Essence, mélange d'éthanol et d'essence contenant plus de 10% d'éthanol, voir	3475	3		ÉTHER DIÉTHYLIQUE	1155	3	
				ÉTHER DIÉTHYLIQUE DE L'ÉTHYLÈNEGLYCOL	1153	3	
ESSENCE DE TÉRÉBENTHINE	1299	3		Éther diméthylique de l'éthylèneglycol, voir	2252	3	
Essence de térébenthine, succédané de, voir	1300	3					
Ester nitreux, voir	1194	3		ÉTHER DI-n-PROPYLIQUE	2384	3	
ESTERS, N.S.A.	3272	3		ÉTHER ÉTHYLBUTYLIQUE	1179	3	
ÉTHANE	1035	2		ÉTHER ÉTHYLIQUE, voir	1155	3	
ÉTHANE LIQUIDE RÉFRIGÉRÉ	1961	2		ÉTHER ÉTHYLPROPYLIQUE	2615	3	
Éthanethiol, voir	2363	3		ÉTHER ÉTHYLVINYLIQUE STABILISÉ	1302	3	
ÉTHANOL	1170	3					
ÉTHANOL EN SOLUTION	1170	3		ÉTHER ISOBUTYLVINYLIQUE STABILISÉ	1304	3	
				ÉTHER ISOPROPYLIQUE	1159	3	

Nom et description	No ONU	Classe	Note	Nom et description	No ONU	Classe	Note
ÉTHER MÉTHYL tert-BUTYLIQUE	2398	3		ÉTHYLÈNE	1962	2	
ÉTHER MÉTHYLÉTHYLIQUE	1039	2		ÉTHYLÈNE LIQUIDE RÉFRIGÉRÉ	1038	2	
ÉTHER MÉTHYLIQUE	1033	2		ÉTHYLÈNEDIAMINE	1604	8	
ÉTHER MÉTHYLIQUE MONOCHLORÉ	1239	6.1		ÉTHYLÈNEIMINE STABILISÉE	1185	3	
ÉTHER MÉTHYLPROPYLIQUE	2612	3		Éthylhexaldéhyde, voir	1191	3	
ÉTHER MÉTHYLVINYLIQUE STABILISÉ	1087	2		ÉTHYL-2 HEXYLAMINE	2276	3	
ÉTHER MONOÉTHYLIQUE DE L'ÉTHYLÈNEGLYCOL	1171	3		ÉTHYLMÉTHYLCÉTONE	1193	3	
ÉTHER MONOMÉTHYLIQUE DE L'ÉTHYLÈNEGLYCOL	1188	3		ÉTHYLPHÉNYL-DICHLOROSILANE	2435	8	
ÉTHER PERFLUORO (ÉTHYLVINYLIQUE)	3154	2		ÉTHYL-1 PIPÉRIDINE	2386	3	
ÉTHER PERFLUORO (MÉTHYLVINYLIQUE)	3153	2		N-ÉTHYLTOLUIDINES	2754	6.1	
Éther de pétrole, voir	1268	3		ÉTHYLTRICHLOROSILANE	1196	3	
ÉTHERS, N.S.A.	3271	3		EXPLOSIF DE MINE DU TYPE A	0081	1	
ÉTHER VINYLIQUE STABILISÉ	1167	3		EXPLOSIF DE MINE DU TYPE B	0082	1	
Éthoxy-2 éthanol, voir	1171	3			0331	1	
ÉTHYLACÉTYLÈNE STABILISÉ	2452	2		EXPLOSIF DE MINE DU TYPE C	0083	1	
ÉTHYLAMINE	1036	2		EXPLOSIF DE MINE DU TYPE D	0084	1	
ÉTHYLAMINE EN SOLUTION AQUEUSE contenant au moins 50% mais au maximum 70% (masse) d'éthylamine	2270	3		EXPLOSIF DE MINE DU TYPE E	0241	1	
					0332	1	
				EXPLOSIF DE SAUTAGE, voir	0081	1	
					0082	1	
					0083	1	
ÉTHYLAMYLCÉTONE	2271	3			0084	1	
					0241	1	
N-ÉTHYLANILINE	2272	6.1			0331	1	
					0332	1	
ÉTHYL-2 ANILINE	2273	6.1		Explosifs en émulsion, voir	0241	1	
					0332	1	
ÉTHYLBENZÈNE	1175	3		Explosifs plastiques, voir	0084	1	
N-ÉTHYL N-BENZYLANILINE	2274	6.1		Explosifs sismiques, voir	0081	1	
N-ÉTHYLBENZYL-TOLUIDINES LIQUIDES	2753	6.1			0082	1	
					0083	1	
					0331	1	
N-ÉTHYLBENZYL-TOLUIDINES SOLIDES	3460	6.1		EXTINCTEURS contenant un gaz comprimé ou liquéfié	1044	2	
ÉTHYL-2 BUTANOL	2275	3		Extraits aromatiques liquides, voir	1197	3	
ÉTHYLDICHLORARSINE	1892	6.1		EXTRAITS, LIQUIDES, pour aromatiser	1197	3	
ÉTHYLDICHLOROSILANE	1183	4.3		EXTRAITS, LIQUIDES, pour aromatiser, voir	1197	3	
ÉTHYLÈNE, ACÉTYLÈNE ET PROPYLÈNE EN MÉLANGE LIQUIDE RÉFRIGÉRÉ, contenant 71,5% au moins d'éthylène, 22,5% au plus d'acétylène et 6% au plus de propylène	3138	2		FARINE DE KRILL	3497	4.2	
				FARINE DE POISSON NON STABILISÉE	1374	4.2	
				FARINE DE POISSON STABILISÉE	2216	9	

Nom et description	No ONU	Classe	Note
FARINE DE RICIN	2969	9	
FER PENTACARBONYLE	1994	6.1	
FERROCÉRIUM	1323	4.1	
FERROSILICIUM contenant 30% (masse) ou plus mais moins de 90% (masse) de silicium	1408	4.3	
Feux de signaux routiers ou ferroviaires, voir	0191	1	
	0373	1	
Fibres d'origine animale brûlées, mouillées ou humides	1372	4.2	Non soumis à l'ADN
FIBRES D'ORIGINE ANIMALE imprégnées d'huile, N.S.A.	1373	4.2	
FIBRES D'ORIGINE SYNTHÉTIQUE imprégnées d'huile, N.S.A.	1373	4.2	
Fibres d'origine végétale brûlées, mouillées ou humides	1372	4.2	Non soumis à l'ADN
FIBRES D'ORIGINE VÉGÉTALE imprégnées d'huile, N.S.A.	1373	4.2	
FIBRES IMPRÉGNÉES DE NITROCELLULOSE FAIBLEMENT NITRÉE, N.S.A.	1353	4.1	
Fibres végétales sèches	3360	4.1	Non soumis à l'ADN
FILMS À SUPPORT NITRO-CELLULOSIQUE avec couche de gélatine (à l'exclusion des déchets)	1324	4.1	
Films débarrassés de gélatine; déchets de films, voir	2002	4.2	
Flambeaux de surface, voir	0092	1	
	0418	1	
	0419	1	
FLUOR COMPRIMÉ	1045	2	
FLUORACÉTATE DE POTASSIUM	2628	6.1	
FLUORACÉTATE DE SODIUM	2629	6.1	
FLUOROANILINES	2941	6.1	
o-Fluoraniline, voir	2941	6.1	
p-Fluoraniline, voir	2941	6.1	
Fluoréthane, voir	2453	2	
Fluoro-2 aniline, voir	2941	6.1	
Fluoro-4 aniline, voir	2941	6.1	
FLUOROBENZÈNE	2387	3	
Fluoroforme, voir	1984	2	
Fluorométhane, voir	2454	2	
FLUOROSILICATE D'AMMONIUM	2854	6.1	
FLUOROSILICATE DE MAGNÉSIUM	2853	6.1	
FLUOROSILICATE DE POTASSIUM	2655	6.1	
FLUOROSILICATE DE SODIUM	2674	6.1	
FLUOROSILICATE DE ZINC	2855	6.1	
FLUOROSILICATES, N.S.A.	2856	6.1	
FLUOROTOLUÈNES	2388	3	
Fluorure d'amino-2 benzylidyne, voir	2942	6.1	
Fluorure d'amino-3 benzylidyne, voir	2948	6.1	
FLUORURE D'AMMONIUM	2505	6.1	
FLUORURE DE BENZYLIDYNE	2338	3	
FLUORURE DE CARBONYLE	2417	2	
FLUORURES DE CHLOROBENZYLIDYNE	2234	3	
FLUORURE DE CHROME III EN SOLUTION	1757	8	
FLUORURE DE CHROME III SOLIDE	1756	8	
FLUORURE D'ÉTHYLE	2453	2	
FLUORURE D'HYDROGÈNE ANHYDRE	1052	8	
FLUORURES D'ISO-CYANATOBENZYLIDYNE	2285	6.1	
FLUORURE DE MÉTHYLE	2454	2	
FLUORURES DE NITROBENZYLIDYNE, LIQUIDES	2306	6.1	
FLUORURES DE NITROBENZYLIDYNE, SOLIDES	3431	6.1	
FLUORURE DE NITRO-3 CHLORO-4 BENZYLIDYNE	2307	6.1	
FLUORURE DE PERCHLORYLE	3083	2	
FLUORURE DE POTASSIUM EN SOLUTION	3422	6.1	
FLUORURE DE POTASSIUM, SOLIDE	1812	6.1	
FLUORURE DE SODIUM EN SOLUTION	3415	6.1	
FLUORURE DE SODIUM, SOLIDE	1690	6.1	

Nom et description	No ONU	Classe	Note	Nom et description	No ONU	Classe	Note
FLUORURE DE SULFURYLE	2191	2		FUSEES-DETONATEURS	0106	1	
					0107	1	
FLUORURE DE VINYLE STABILISÉ	1860	2			0257	1	
					0367	1	
Fluorure de vinylidène, voir	1959	2		FUSÉES-DÉTONATEURS avec dispositifs de sécurité	0408	1	
Fluosilicate d'ammonium, voir	2854	6.1			0409	1	
					0410	1	
Fluosilicate de magnésium, voir	2853	6.1		Fusées de divertissement, voir	0333	1	Voir 2.2.1.1.7
Fluosilicate de potassium, voir	2655	6.1			0334	1	
					0335	1	
Fluosilicate de sodium, voir	2674	6.1			0336	1	
					0337	1	
Fluosilicate de zinc, voir	2855	6.1					
Fluosilicates n.s.a., voir	2856	6.1		Fusées de signalisation, voir	0191	1	
					0373	1	
Foin	1327	4.1	Non soumis à l'ADN	Fusées pour munitions, voir	0106	1	
					0107	1	
					0257	1	
FORMALDÉHYDE EN SOLUTION contenant au moins 25% de formaldéhyde	2209	8			0316	1	
					0317	1	
					0367	1	
					0368	1	
FORMALDÉHYDE EN SOLUTION INFLAMMABLE	1198	3		Fusées spatiales, voir	0180	1	
					0181	1	
Formaline, voir	1198	3			0182	1	
	2209	8			0183	1	
					0295	1	
Formamidine sulphinique acide, voir	3341	4.2			0397	1	
					0398	1	
					0436	1	
FORMIATE D'ALLYLE	2336	3			0437	1	
					0438	1	
FORMIATES D'AMYLE	1109	3					
FORMIATE DE n-BUTYLE	1128	3		GALETTE HUMIDIFIÉE avec au moins 17% (masse) d'alcool	0433	1	
FORMIATE D'ÉTHYLE	1190	3					
FORMIATE D'ISOBUTYLE	2393	3		GALETTE HUMIDIFIÉE avec au moins 25% (masse) d'eau	0159	1	
Formiate d'isopropyle, voir	1281	3		GALLIUM	2803	8	
FORMIATE DE MÉTHYLE	1243	3		Gargousses, voir	0242	1	
					0279	1	
FORMIATES DE PROPYLE	1281	3					
Formyl-2 dihydro-3,4 (2H) pyranne, voir	2607	3		Gas-oil, voir	1202	3	
Fulmicoton, voir	0340	1		GAZ ADSORBÉ INFLAMMABLE, N.S.A.	3510	2	
	0341	1					
FULMINATE DE MERCURE HUMIDIFIÉ avec au moins 20% (masse) d'eau (ou d'un mélange d'alcool et d'eau)	0135	1		GAZ ADSORBÉ, N.S.A	3511	2	
				GAZ ADSORBÉ TOXIQUE, N.S.A	3512	2	
				GAZ ADSORBÉ COMBURANT, N.S.A	3513	2	
FURALDÉHYDES	1199	6.1		GAZ ADSORBÉ TOXIQUE, INFLAMMABLE, N.S.A	3514	2	
FURANNE	2389	3					
FURFURYLAMINE	2526	3		GAZ ADSORBÉ TOXIQUE, COMBURANT, N.S.	3515	2	
FUSÉES-ALLUMEURS	0316	1					
	0317	1		GAZ ADSORBÉ TOXIQUE, CORROSIF, N.S.A.	3516	2	
	0368	1					

Nom et description	No ONU	Classe	Note	Nom et description	No ONU	Classe	Note
GAZ ADSORBE TOXIQUE, INFLAMMABLE, CORROSIF, N.S.A.	3517	2		GAZ INSECTICIDE TOXIQUE INFLAMMABLE, N.S.A.	3355	2	
GAZ ADSORBÉ TOXIQUE, COMBURANT, CORROSIF, N.S.A.	3518	2		Gaz lacrymogènes, matière liquide servant à la production de, n.s.a., voir	1693	6.1	
GAZ COMPRIMÉ, N.S.A	1956	2		Gaz lacrymogènes, matière solide servant à la production de, n.s.a., voir	3448	6.1	
GAZ COMPRIMÉ COMBURANT, N.S.A.	3156	2		GAZ LIQUÉFIÉ, N.S.A.	3163	2	
Gaz comprimé et tétraphosphate hexaéthylique en mélange, voir	1612	2		GAZ LIQUÉFIÉ COMBURANT, N.S.A.	3157	2	
GAZ COMPRIMÉ INFLAMMABLE, N.S.A.	1954	2		GAZ LIQUÉFIÉ INFLAMMABLE, N.S.A.	3161	2	
GAZ COMPRIMÉ TOXIQUE, N.S.A.	1955	2		GAZ LIQUÉFIÉS ininflammables, additionnés d'azote, de dioxyde de carbone ou d'air	1058	2	
GAZ COMPRIMÉ TOXIQUE, COMBURANT, N.S.A.	3303	2		GAZ LIQUÉFIÉ TOXIQUE, N.S.A.	3162	2	
GAZ COMPRIMÉ TOXIQUE, COMBURANT, CORROSIF, N.S.A.	3306	2		GAZ LIQUÉFIÉ TOXIQUE, COMBURANT, N.S.A.	3307	2	
GAZ COMPRIMÉ TOXIQUE, CORROSIF, N.S.A.	3304	2		GAZ LIQUÉFIÉ TOXIQUE, COMBURANT, CORROSIF, N.S.A.	3310	2	
GAZ COMPRIMÉ TOXIQUE, INFLAMMABLE, N.S.A.	1953	2		GAZ LIQUÉFIÉ TOXIQUE, CORROSIF, N.S.A.	3308	2	
GAZ COMPRIMÉ TOXIQUE, INFLAMMABLE, CORROSIF, N.S.A.	3305	2		GAZ LIQUÉFIÉ TOXIQUE, INFLAMMABLE, N.S.A.	3160	2	
GAZ DE HOUILLE COMPRIMÉ	1023	2		GAZ LIQUÉFIÉ TOXIQUE, INFLAMMABLE, CORROSIF, N.S.A.	3309	2	
GAZ DE PÉTROLE COMPRIMÉ	1071	2					
GAZ DE PÉTROLE LIQUÉFIÉS	1075	2		GAZ LIQUIDE RÉFRIGÉRÉ, N.S.A.	3158	2	
Gaz, échantillon de, non comprimé, inflammable, n.s.a., non fortement réfrigéré, voir	3167	2		GAZ LIQUIDE RÉFRIGÉRÉ, COMBURANT, N.S.A.	3311	2	
Gaz, échantillon de, non comprimé, toxique, inflammable, n.s.a., non fortement réfrigéré, voir	3168	2		GAZ LIQUIDE RÉFRIGÉRÉ, INFLAMMABLE, N.S.A.	3312	2	
Gaz, échantillon de, non comprimé, toxique, n.s.a., non fortement réfrigéré, voir	3169	2		GAZ NATUREL (à haute teneur en méthane) COMPRIMÉ	1971	2	
GAZ FRIGORIFIQUE, N.S.A., comme le mélange F1, le mélange F2, le mélange F3	1078	2		GAZ NATUREL (à haute teneur en méthane) LIQUIDE RÉFRIGÉRÉ	1972	2	
				GAZOLE	1202	3	
Gaz inflammable dans les briquets, voir	1057	2		GAZ RÉFRIGÉRANT, N.S.A., voir	1078	2	
GAZ INSECTICIDE, N.S.A.	1968	2		GAZ RÉFRIGÉRANT R 12, voir	1028	2	
GAZ INSECTICIDE INFLAMMABLE, N.S.A.	3354	2		GAZ RÉFRIGÉRANT R 12B1, voir	1974	2	
GAZ INSECTICIDE TOXIQUE N.S.A.	1967	2		GAZ RÉFRIGÉRANT R 13, voir	1022	2	

Nom et description	No ONU	Classe	Note	Nom et description	No ONU	Classe	Note
GAZ RÉFRIGÉRANT R 13B1, voir	1009	2		Générateurs de gaz pour sac gonflable, voir	0503 3268	1.4G 9	
GAZ RÉFRIGÉRANT R 14, voir	1982	2		GERMANE	2192	2	
GAZ RÉFRIGÉRANT R 21, voir	1029	2		GERMANE ADSORBÉ	3523	2	
GAZ RÉFRIGÉRANT R 22, voir	1018	2		Glucinium, voir	1566 1567	6.1 6.1	
GAZ RÉFRIGÉRANT R 23, voir	1984	2					
GAZ RÉFRIGÉRANT R 32, voir	3252	2		GLUCONATE DE MERCURE	1637	6.1	
GAZ RÉFRIGÉRANT R 40, voir	1063	2		GLYCIDALDÉHYDE	2622	3	
GAZ RÉFRIGÉRANT R 41, voir	2454	2		Goudron de houille, distillats de, inflammables, voir	1136	3	
GAZ RÉFRIGÉRANT R 114, voir	1958	2		GOUDRONS LIQUIDES, y compris les liants routiers et les cut backs bitumineux	1999	3	
GAZ RÉFRIGÉRANT R 115, voir	1020	2					
GAZ RÉFRIGÉRANT R 116, voir	2193	2		Goudrons liquides, y compris les liants routiers et les cut backs bitumineux, ayant un point d'éclair supérieur à 60 °C, à une température égale ou supérieure à son point d'éclair, voir	3256	3	
GAZ RÉFRIGÉRANT R 124, voir	1021	2					
GAZ RÉFRIGÉRANT R 125, voir	3220	2					
GAZ RÉFRIGÉRANT R 133a, voir	1983	2					
GAZ RÉFRIGÉRANT R 134a, voir	3159	2		Goudrons liquides, y compris les liants routiers et les cut backs bitumineux, à une température égale ou supérieure à 100 °C et inférieur à son point d'éclai	3257	9	
GAZ RÉFRIGÉRANT R 142b, voir	2517	2					
GAZ RÉFRIGÉRANT R 143a, voir	2035	2					
GAZ RÉFRIGÉRANT R 152a, voir	1030	2					
GAZ RÉFRIGÉRANT R 161, voir	2453	2		GRAINES DE RICIN	2969	9	
GAZ RÉFRIGÉRANT R 218, voir	2424	2		GRAINES DE RICIN EN FLOCONS	2969	9	
GAZ RÉFRIGÉRANT R 227, voir	3296	2		Graines oléagineuses, graines égrugées et tourteaux contenant de l'huile végétale, traités aux solvants, non sujets à l'inflammation spontanée	3175	4.1	
GAZ RÉFRIGÉRANT R 404A	3337	2					
GAZ RÉFRIGÉRANT R 407A	3338	2					
GAZ RÉFRIGÉRANT R 407B	3339	2		Grand emballage vide, non nettoyé			Voir 4.1.1.11 de l'ADR, 5.1.3 et 5.4.1.1.6
GAZ RÉFRIGÉRANT R 407C	3340	2					
GAZ RÉFRIGÉRANT R 500, voir	2602	2					
GAZ RÉFRIGÉRANT R 502, voir	1973	2					
GAZ RÉFRIGÉRANT R 503, voir	2599	2		Grand récipient pour vrac (GRV) vide, non nettoyé			Voir 4.1.1.11 de l'ADR, 5.1.3 et 5.4.1.1.6
GAZ RÉFRIGÉRANT R 1113, voir	1082	2					
GAZ RÉFRIGÉRANT R 1132a, voir	1959	2					
GAZ RÉFRIGÉRANT R 1216, voir	1858	2		GRANULÉS DE MAGNÉSIUM ENROBÉS d'une granulométrie d'au moins 149 microns	2950	4.3	
GAZ RÉFRIGÉRANT R 1318, voir	2422	2					
GAZ RÉFRIGÉRANT RC 318, voir	1976	2		GRENADES à main ou à fusil avec charge d'éclatement	0284 0285 0292 0293	1 1 1 1	
Gels aqueux explosifs, voir	0241 0332	1 1					
GÉNÉRATEUR CHIMIQUE D'OXYGÈNE	3356	5.1					

Nom et description	No ONU	Classe	Note	Nom et description	No ONU	Classe	Note
GRENADES D'EXERCICE à main ou à fusil	0110	1		HEXACHLOROBUTADIÈNE	2279	6.1	
	0318	1		Hexachlorobutadiène-1,3, voir	2279	6.1	
	0372	1		HEXACHLOROCYCLO-PENTADIÈNE	2646	6.1	
	0452	1					
Grenades éclairantes, voir	0171	1		HEXACHLOROPHÈNE	2875	6.1	
	0254	1		HEXADÉCYLTRICHLO-ROSILANE	1781	8	
	0297	1					
Grenades fumigènes, voir	0015	1		HEXADIÈNES	2458	3	
	0016	1		HEXAFLUORACÉTONE	2420	2	
	0245	1					
	0246	1		Hexafluoracétone, hydrate, voir	2552	6.1	
	0303	1			3436	6.1	
GUANITE, voir	0282	1		HEXAFLUORÉTHANE	2193	2	
GUANYLNITROSAMI-NOGUANYLIDÈNE HYDRAZINE HUMIDIFIÉE avec au moins 30% (masse) d'eau	0113	1		HEXAFLUOROPROPYLÈNE	1858	2	
				Hexafluorosilicate d'ammonium, voir	2854	6.1	
GUANYLNITROSAMI-NOGUANYLTÉTRAZÈNE HUMIDIFIÉ avec au moins 30% (masse) d'eau ou d'un mélange d'alcool et d'eau	0114	1		Hexafluorosilicate de potassium, voir	2655	6.1	
				Hexafluorosilicate de sodium, voir	2674	6.1	
Gutta percha, solution de, voir	1287	3		Hexafluorosilicate de zinc, voir	2855	6.1	
HAFNIUM EN POUDRE HUMIDIFIÉ avec au moins 25% d'eau	1326	4.1		HEXAFLUORURE DE SÉLÉNIUM	2194	2	
HAFNIUM EN POUDRE SEC	2545	4.2		HEXAFLUORURE DE SOUFRE	1080	2	
Halogénures d'alkylaluminium liquides, voir	3394	4.2		HEXAFLUORURE DE TELLURE	2195	2	
Halogénures d'alkylaluminium solides, voir	3393	4.2		HEXAFLUORURE DE TUNGSTÈNE	2196	2	
Halogénures de métaux-alkyles hydroréactifs, n.s.a. / Halogénures de métaux-aryles hydroréactifs, n.s.a., voir	3394	4.2		HEXAFLUORURE D'URANIUM, MATIÈRES RADIOACTIVES, moins de 0,1 kg par colis, non fissiles ou fissiles exceptées, EN COLIS EXCEPTÉ	3507	6.1	
HÉLIUM COMPRIMÉ	1046	2		Hexahydrocrésol, voir	2617	3	
HÉLIUM LIQUIDE RÉFRIGÉRÉ	1963	2		Hexahydrométhylphénol, voir	2617	3	
HEPTAFLUOROPROPANE	3296	2		Hexahydropyrazine, voir	2579	8	
n-HEPTALDÉHYDE	3056	3		HEXALDÉHYDE	1207	3	
n-Heptanal, voir	3056	3		HEXAMÉTHYLÈNEDIAMINE SOLIDE	2280	8	
HEPTANES	1206	3					
Heptanone-4, voir	2710	3		HEXAMÉTHYLÈNEDIAMINE EN SOLUTION	1783	8	
HEPTASULFURE DE PHOSPHORE exempt de phosphore jaune ou blanc	1339	4.1		HEXAMÉTHYLÈNEIMINE	2493	3	
				HEXAMÉTHYLÈNE-TÉTRAMINE	1328	4.1	
n-HEPTÈNE	2278	3		Hexamine, voir	1328	4.1	
HEXACHLORACÉTONE	2661	6.1					
HEXACHLOROBENZÈNE	2729	6.1		HEXANES	1208	3	

Nom et description	No ONU	Classe	Note	Nom et description	No ONU	Classe	Note
HEXANITRATE DE MANNITOL, HUMIDIFIÉ avec au moins 40% (masse) d'eau ou d'un mélange d'alcool et d'eau	0133	1		HYDRATE D'HEXAFLUORACÉTONE, LIQUIDE	2552	6.1	
HEXANITRODIPHÉNYL-AMINE	0079	1		HYDRATE D'HEXAFLUORACÉTONE, SOLIDE	3436	6.1	
HEXANITROSTILBÈNE	0392	1		HYDRAZINE ANHYDRE	2029	8	
HEXANOLS	2282	3		HYDRAZINE EN SOLUTION AQUEUSE avec au plus 37% (masse) d'hydrazine	3293	6.1	
HÉXÈNE-1	2370	3					
HEXOGENE DÉSENSIBILISÉE, voir	0483	1		HYDRAZINE EN SOLUTION AQUEUSE contenant plus de 37% (masse) d'hydrazine ayant un point d'éclair supérieur à 60 °C	2030	8	
HEXOGÈNE EN MÉLANGE AVEC DE LA CYCLOTÉTRAMÉTHY-LÈNETÉTRANITRAMINE DÉSENSIBILISÉE avec au moins 10% (masse) de flegmatisant, voir	0391	1					
				HYDRAZINE EN SOLUTION AQUEUSE, INFLAMMABLE contenant plus de 37% (masse) d'hydrazine	3484	8	
HEXOGÈNE EN MÉLANGE AVEC DE LA CYCLOTÉTRAMÉTHYLÈNE-TÉTRANITRAMINE HUMIDIFIÉE avec au moins 15% (masse) d'eau, voir	0391	1		HYDROCARBURES GAZEUX EN MÉLANGE COMPRIMÉ, N.S.A.	1964	2	
				HYDROCARBURES GAZEUX EN MÉLANGE LIQUÉFIÉ, N.S.A. comme mélange A, A01, A02, A1, B1, B2, B ou C, voir	1965	2	
HEXOGÈNE HUMIDIFIÉE, avec au moins 15% (masse) d'eau, voir	0072	1					
HEXOLITE, sèche ou humidifiée avec moins de 15% (masse) d'eau	0118	1		HYDROCARBURES LIQUIDES, N.S.A.	3295	3	
HEXOTOL, sèche ou humidifiée avec moins de 15% (masse) d'eau, voir	0118	1		HYDROCARBURES TERPÉNIQUES, N.S.A.	2319	3	
HEXOTONAL	0393	1		Hydrogène arsenié, voir	2188	2	
Hexotonal, coulé, voir	0393	1		HYDROGÈNE COMPRIMÉ	1049	2	
HEXYL, voir	0079	1		HYDROGÈNE DANS UN DISPOSITIF DE STOCKAGE À HYDRURE MÉTALLIQUE	3468	2	
HEXYLTRICHLOROSILANE	1784	8					
HMX, voir	0391	1		HYDROGÈNE DANS UN DISPOSITIF DE STOCKAGE À HYDRURE MÉTALLIQUE CONTENU DANS UN ÉQUIPEMENT	3468	2	
HMX DÉSENSIBILISÉE, voir	0484	1					
HMX HUMIDIFIÉE avec au moins 15% (masse) d'eau, voir	0226	1					
				HYDROGÈNE DANS UN DISPOSITIF DE STOCKAGE À HYDRURE MÉTALLIQUE EMBALLÉ AVEC UN ÉQUIPEMENT	3468	2	
HUILES D'ACÉTONE	1091	3					
Huile d'aniline, voir	1547	6.1					
HUILE DE CAMPHRE	1130	3		Hydrogène germanié, voir	2192	2	
HUILE DE CHAUFFE LÉGÈRE	1202	3		HYDROGÈNE LIQUIDE RÉFRIGÉR	1966	2	
HUILE DE COLOPHANE	1286	3					
HUILE DE FUSEL	1201	3		HYDROGÈNE ET MÉTHANE EN MÉLANGE COMPRIMÉ	2034	2	
HUILE DE PIN	1272	3		Hydrogène phosphoré, voir	2199	2	
HUILE DE SCHISTE	1288	3		Hydrogène silicié, voir	2203	2	

Nom et description	No ONU	Classe	Note	Nom et description	No ONU	Classe	Note
HYDROGENODIFLUORURE D'AMMONIUM SOLIDE	1727	8		HYDROXYDE DE LITHIUM	2680	8	
HYDROGÉNODIFLUORURE DE POTASSIUM EN SOLUTION	3421	8		HYDROXYDE DE LITHIUM EN SOLUTION	2679	8	
HYDROGÉNODIFLUORURE DE POTASSIUM, SOLIDE	1811	8		HYDROXYDE DE PHÉNYLMERCURE	1894	6.1	
HYDROGÉNODIFLUORURE DE SODIUM	2439	8		HYDROXYDE DE POTASSIUM EN SOLUTION	1814	8	
HYDROGÉNO-DIFLUORURES EN SOLUTION, N.S.A.	3471	8		HYDROXYDE DE POTASSIUM SOLIDE	1813	8	
HYDROGÉNO-DIFLUORURES SOLIDES, N.S.A.	1740	8		HYDROXYDE DE RUBIDIUM	2678	8	
HYDROGÉNOSULFATE D'AMMONIUM	2506	8		HYDROXYDE DE RUBIDIUM EN SOLUTION	2677	8	
Hydrogénosulfate d'éthyle, voir	2571	8		HYDROXYDE DE SODIUM EN SOLUTION	1824	8	
HYDROGÉNOSULFATE DE NITROSYLE LIQUIDE	2308	8		Hydroxyde de sodium et borohydrure de sodium en solution contenant au plus 12% (masse) de borohydrure de sodium et au plus 40% (masse) d'hydroxyde de sodium, voir	3320	8	
HYDROGÉNOSULFATE DE NITROSYLE SOLIDE	3456	8					
HYDROGÉNOSULFATE DE POTASSIUM	2509	8		HYDROXYDE DE SODIUM SOLIDE	1823	8	
HYDROGÉNOSULFATES EN SOLUTION AQUEUSE	2837	8		HYDROXYDE DE TÉTRA-MÉTHYLAMMONIUM, EN SOLUTION	1835	8	
HYDROGÉNOSULFITES EN SOLUTION AQUEUSE, N.S.A.	2693	8		HYDROXYDE DE TÉTRA-MÉTHYLAMMONIUM, SOLIDE	3423	8	
HYDROGÉNOSULFURE DE SODIUM avec moins de 25% d'eau de cristallisation	2318	4.2		Hydrures d'alkyl-aluminium, voir	3394	4.2	
				HYDRURE D'ALUMINIUM	2463	4.3	
HYDROGÉNOSULFURE DE SODIUM HYDRATÉ avec au moins 25% d'eau de cristallisation	2949	8		Hydrure d'antimoine, voir	2676	2	
				HYDRURE DE CALCIUM	1404	4.3	
Hydrolithe, voir	1404	4.3		HYDRURE DE LITHIUM	1414	4.3	
HYDROSULFITE DE CALCIUM, voir	1923	4.2		HYDRURE DE LITHIUM-ALUMINIUM	1410	4.3	
HYDROSULFITE DE POTASSIUM, voir	1929	4.2		HYDRURE DE LITHIUM-ALUMINIUM DANS L'ÉTHER	1411	4.3	
HYDROSULFITE DE SODIUM, voir	1384	4.2		HYDRURE DE LITHIUM SOLIDE, PIÈCES COULÉES	2805	4.3	
HYDROSULFITE DE ZINC, voir	1931	9		HYDRURE DE MAGNÉSIUM	2010	4.3	
Hydroxy-3 butanone-2, voir	2621	3		Hydrures de métaux-alkyles hydroréactifs, n.s.a. / Hydrures de métaux-aryles hydroréactifs, n.s.a., voir	3394	4.2	
HYDROXYBENZOTRIAZOLE MONOHYDRATÉ	3474	4.1					
1-HYDROXYBENZOTRIAZOLE ANHYDRE, sec ou humidifié avec moins de 20% (masse) d'eau	0508	1		HYDRURES MÉTALLIQUES HYDRORÉACTIFS, N.S.A.	1409	4.3	
				HYDRURES MÉTALLIQUES INFLAMMABLES, N.S.A.	3182	4.1	
HYDROXYDE DE CÉSIUM	2682	8					
HYDROXYDE DE CÉSIUM EN SOLUTION	2681	8		HYDRURE DE SODIUM	1427	4.3	

Nom et description	No ONU	Classe	Note	Nom et description	No ONU	Classe	Note
HYDRURE DE SODIUM-ALUMINIUM	2835	4.3		IMINOBISPROPYLAMINE-3,3'	2269	8	
HYDRURE DE TITANE	1871	4.1		INFLAMMATEURS	0121	1	
					0314	1	
HYDRURE DE ZIRCONIUM	1437	4.1			0315	1	
					0325	1	
HYPOCHLORITE DE BARYUM contenant plus de 22% de chlore actif	2741	5.1			0454	1	
				IODE	3495	8	
HYPOCHLORITE DE CALCIUM HYDRATÉ avec au moins 5,5% mais au plus 16% d'eau	2880	5.1		IODO-2 BUTANE	2390	3	
				Iodométhane, voir	2644	6.1	
HYPOCHLORITE DE CALCIUM HYDRATÉ, CORROSIF avec au moins 5,5% mais au plus 16% d'eau	3487	5.1		IODOMÉTHYLPROPANES	2391	3	
				IODOPROPANES	2392	3	
				alpha-Iodotoluène, voir	2653	6.1	
HYPOCHLORITE DE CALCIUM EN MÉLANGE HYDRATÉ avec au moins 5,5% mais au plus 16% d'eau	2880	5.1		IODURE D'ACÉTYLE	1898	8	
				IODURE D'ALLYLE	1723	3	
				IODURE DE BENZYLE	2653	6.1	
HYPOCHLORITE DE CALCIUM EN MÉLANGE HYDRATÉ, CORROSIF avec au moins 5,5% mais au plus 16% d'eau				IODURE D'HYDROGÈNE ANHYDRE	2197	2	
				IODURE DE MERCURE	1638	6.1	
HYPOCHLORITE DE CALCIUM SEC	1748	5.1		IODURE DE MÉTHYLE	2644	6.1	
HYPOCHLORITE DE CALCIUM SEC, CORROSIF	3485	5.1		IODURE DOUBLE DE MERCURE ET DE POTASSIUM	1643	6.1	
HYPOCHLORITE DE CALCIUM EN MÉLANGE SEC contenant plus de 39% de chlore actif (8,8% d'oxygène actif)	1748	5.1		IPDI, voir	2290	6.1	
				ISOBUTANE	1969	2	
				ISOBUTANOL	1212	3	
				Isobutène, voir	1055	2	
HYPOCHLORITE DE CALCIUM EN MÉLANGE SEC, CORROSIF contenant plus de 39% de chlore actif (8,8% d'oxygène actif)	3485	5.1		ISOBUTYLAMINE	1214	3	
				ISOBUTYLÈNE	1055	2	
HYPOCHLORITE DE CALCIUM EN MÉLANGE SEC, contenant plus de 10% mais 39% au maximum de chlore actif	2208	5.1		ISOBUTYRALDÉHYDE	2045	3	
				ISOBUTYRATE D'ÉTHYLE	2385	3	
				ISOBUTYRATE D'ISOBUTYLE	2528	3	
HYPOCHLORITE DE CALCIUM EN MÉLANGE SEC, CORROSIF contenant plus de 10% mais 39% au maximum de chlore actif	3486	5.1		ISOBUTYRATE D'ISOPROPYLE	2406	3	
				ISOBUTYRONITRILE	2284	3	
				ISOCYANATE D'ÉTHYLE	2481	6.1	
HYPOCHLORITES INORGANIQUES, N.S.A.	3212	5.1		ISOCYANATE D'ISOBUTYLE	2486	6.1	
HYPOCHLORITE DE LITHIUM EN MÉLANGE	1471	5.1		Isocyanate d'isocyanatométhyl-3 triméthyl-3,5,5 cyclohexyle, voir	2290	6.1	
HYPOCHLORITE DE LITHIUM SEC	1471	5.1		ISOCYANATE D'ISOPROPYLE	2483	6.1	
HYPOCHLORITE DE tert-BUTYLE	3255	4.2	Transport interdit	ISOCYANATE DE n-BUTYLE	2485	6.1	
				ISOCYANATE DE tert-BUTYLE	2484	6.1	
HYPOCHLORITE EN SOLUTION	1791	8		ISOCYANATE DE CHLORO-3 MÉTHYL-4 PHÉNYLE, LIQUIDE	2236	6.1	

Nom et description	No ONU	Classe	Note
ISOCYANATE DE CHLORO-3 MÉTHYL-4 PHÉNYLE, SOLIDE	3428	6.1	
Isocyanate de chlorotoluylène, voir	2236	6.1	
ISOCYANATE DE CYCLO-HEXYLE	2488	6.1	
ISOCYANATE DEMÉTHOXYMÉTHYLE	2605	6.1	
ISOCYANATE DE MÉTHYLE	2480	6.1	
ISOCYANATE DE PHÉNYLE	2487	6.1	
ISOCYANATE DE n-PROPYLE	2482	6.1	
ISOCYANATE EN SOLUTION, INFLAMMABLE, TOXIQUE, N.S.A.	2478	3	
ISOCYANATES DE DICHLOROPHÉNYLE	2250	6.1	
ISOCYANATES INFLAMMABLES, TOXIQUES, N.S.A.	2478	3	
ISOCYANATE TOXIQUE EN SOLUTION, N.S.A.	2206	6.1	
ISOCYANATE TOXIQUE, INFLAMMABLE, EN SOLUTION, N.S.A.	3080	6.1	
ISOCYANATES TOXIQUES, INFLAMMABLES, N.S.A.	3080	6.1	
ISOCYANATES TOXIQUES, N.S.A.	2206	6.1	
ISOHEPTÈNES	2287	3	
ISOHEXÈNES	2288	3	
Isooctane, voir	1262	3	
ISOOCTÈNES	1216	3	
Isopentane, voir	1265	3	
ISOPENTÈNES	2371	3	
Isopentylamine, voir	1106	3	
ISOPHORONEDIAMINE	2289	8	
ISOPRÈNE STABILISÉ	1218	3	
ISOPROPANOL	1219	3	
ISOPROPÉNYLBENZÈNE	2303	3	
ISOPROPYLAMINE	1221	3	
ISOPROPYLBENZÈNE	1918	3	
Isopropyléthylène, voir	2561	3	
ISOTHIOCYANATE D'ALLYLE STABILISÉ	1545	6.1	
ISOTHIOCYANATE DE MÉTHYLE	2477	6.1	
Isovaléraldéhyde, voir	2058	3	
ISOVALÉRATE DE MÉTHYLE	2400	3	
KÉROSÈNE	1223	3	
KRYPTON COMPRIMÉ	1056	2	
KRYPTON LIQUIDE RÉFRIGÉRÉ	1970	2	
LACTATE D'ANTIMOINE	1550	6.1	
Lactate d'antimoine (III), voir	1550	6.1	
LACTATE D'ÉTHYLE	1192	3	
Laque, voir	1263	3	
	3066	8	
	3469	3	
	3470	8	
Laque, matière de base pour ou particules pour, humidifiées avec de l'alcool ou du solvant, voir	1263	3	
	2059	3	
	2555	4.1	
	2556	4.1	
Laque, matière de base pour ou particules pour, sèches avec nitrocellulose, voir	2557	4.1	
Liants routiers, ayant un point d'éclair d'au plus 60 °C voir	1999	3	
Liants routiers ayant un point d'éclair supérieur à 60 °C, à une température égale ou supérieure à son point d'éclair, voir	3256	3	
Liants routiers à une température égale ou supérieure à 100 °C et inférieur à son point d'éclair	3257	9	
Ligroïne, voir	1268	3	
Limonène actif, voir	2052	3	
LIQUIDE ALCALIN CAUSTIQUE, N.S.A.	1719	8	
LIQUIDE AUTORÉACTIF DU TYPE B	3221	4.1	
LIQUIDE AUTORÉACTIF DU TYPE B, AVEC RÉGULATION DE TEMPÉRATURE	3231	4.1	
LIQUIDE AUTORÉACTIF DU TYPE C	3223	4.1	
LIQUIDE AUTORÉACTIF DU TYPE C, AVEC RÉGULATION DE TEMPÉRATURE	3233	4.1	
LIQUIDE AUTORÉACTIF DU TYPE D	3225	4.1	

Nom et description	No ONU	Classe	Note	Nom et description	No ONU	Classe	Note
LIQUIDE AUTORÉACTIF DU TYPE D, AVEC RÉGULATION DE TEMPÉRATURE	3235	4.1		LIQUIDE INORGANIQUE AUTO-ÉCHAUFFANT, N.S.A.	3186	4.2	
LIQUIDE AUTORÉACTIF DU TYPE E	3227	4.1		LIQUIDE INORGANIQUE AUTO-ÉCHAUFFANT, TOXIQUE, N.S.A.	3187	4.2	
LIQUIDE AUTORÉACTIF DU TYPE E, AVEC RÉGULATION DE TEMPÉRATURE	3237	4.1		LIQUIDE INORGANIQUE CORROSIF, ACIDE, N.S.A.	3264	8	
LIQUIDE AUTORÉACTIF DU TYPE F	3229	4.1		LIQUIDE INORGANIQUE CORROSIF, BASIQUE, N.S.A.	3266	8	
LIQUIDE AUTORÉACTIF DU TYPE F, AVEC RÉGULATION DE TEMPÉRATURE	3239	4.1		LIQUIDE INORGANIQUE PYROPHORIQUE, N.S.A.	3194	4.2	
LIQUIDE COMBURANT, CORROSIF, N.S.A.	3098	5.1		LIQUIDE INORGANIQUE TOXIQUE, CORROSIF, N.S.A.	3289	6.1	
LIQUIDE COMBURANT, N.S.A.	3139	5.1		LIQUIDE INORGANIQUE TOXIQUE, N.S.A.	3287	6.1	
LIQUIDE COMBURANT, TOXIQUE, N.S.A.	3099	5.1		LIQUIDE ORGANIQUE AUTO-ÉCHAUFFANT, CORROSIF, N.S.A.	3185	4.2	
LIQUIDE CORROSIF, AUTO-ÉCHAUFFANT, N.S.A.	3301	8		LIQUIDE ORGANIQUE AUTO-ÉCHAUFFANT, N.S.A.	3183	4.2	
LIQUIDE CORROSIF, COMBURANT, N.S.A.	3093	8		LIQUIDE ORGANIQUE AUTO-ÉCHAUFFANT, TOXIQUE, N.S.A.	3184	4.2	
LIQUIDE CORROSIF, INFLAMMABLE, N.S.A.	2920	8		LIQUIDE ORGANIQUE CORROSIF, ACIDE, N.S.A.	3265	8	
LIQUIDE CORROSIF, N.S.A.	1760	8		LIQUIDE ORGANIQUE CORROSIF, BASIQUE, N.S.A.	3267	8	
LIQUIDE CORROSIF, HYDRORÉACTIF, N.S.A.	3094	8		LIQUIDE ORGANIQUE PYROPHORIQUE, N.S.A.	2845	4.2	
LIQUIDE CORROSIF, TOXIQUE, N.S.A.	2922	8		LIQUIDE ORGANIQUE TOXIQUE, CORROSIF, N.S.A.	2927	6.1	
LIQUIDE EXPLOSIBLE DÉSENSIBILISÉ, N.S.A.	3379	3		LIQUIDE ORGANIQUE TOXIQUE, INFLAMMABLE, N.S.A.	2929	6.1	
LIQUIDE HYDRORÉACTIF, CORROSIF, N.S.A.	3129	4.3		LIQUIDE ORGANIQUE TOXIQUE, N.S.A.	2810	6.1	
LIQUIDE HYDRORÉACTIF, N.S.A.	3148	4.3		LIQUIDE TOXIQUE À L'INHALATION, N.S.A., de CL_{50} inférieure ou égale à 200 ml/m^3 et de concentration de vapeur saturée supérieure ou égale à 500 CL_{50}	3381	6.1	
LIQUIDE HYDRORÉACTIF, TOXIQUE, N.S.A.	3130	4.3		LIQUIDE TOXIQUE À L'INHALATION, N.S.A., de CL_{50} inférieure ou égale à 1000 ml/m^3 et de concentration de vapeur saturée supérieure ou égale à 10 CL_{50}	3382	6.1	
LIQUIDE INFLAMMABLE, N.S.A.	1993	3					
LIQUIDE INFLAMMABLE, CORROSIF, N.S.A.	2924	3		LIQUIDE TOXIQUE À L'INHALATION, COMBURANT, N.S.A., de CL_{50} inférieure ou égale à 200 ml/m^3 et de concentration de vapeur saturée supérieure ou égale à 500 CL_{50}	3387	6.1	
LIQUIDE INFLAMMABLE, TOXIQUE, CORROSIF, N.S.A.	3286	3					
LIQUIDE INFLAMMABLE, TOXIQUE, N.S.A.	1992	3					
LIQUIDE INORGANIQUE AUTO-ÉCHAUFFANT, CORROSIF, N.S.A.	3188	4.2					

Nom et description	No ONU	Classe	Note	Nom et description	No ONU	Classe	Note
LIQUIDE TOXIQUE A L'INHALATION, COMBURANT, N.S.A., de CL_{50} inférieure ou égale à 1000 ml/m^3 et de concentration de vapeur saturée supérieure ou égale à 10 CL_{50}	3388	6.1		LIQUIDE TOXIQUE A L'INHALATION, HYDRORÉACTIF, INFLAMMABLE, N.S.A., de CL_{50} inférieure ou égale à 200 ml/m^3 et de concentration de vapeur saturée supérieure ou égale à 500 CL_{50}	3490	6.1	
LIQUIDE TOXIQUE À L'INHALATION, CORROSIF, N.S.A., de CL_{50} inférieure ou égale à 200 ml/m^3 et de concentration de vapeur saturée supérieure ou égale à 500 CL_{50}	3389	6.1		LIQUIDE TOXIQUE À L'INHALATION, HYDRORÉACTIF, INFLAMMABLE, N.S.A., de CL_{50} inférieure ou égale à 1000 ml/m^3 et de concentration de vapeur saturée supérieure ou égale à 10 CL_{50}	3491	6.1	
LIQUIDE TOXIQUE À L'INHALATION, CORROSIF, N.S.A., de CL_{50} inférieure ou égale à 1000 ml/m^3 et de concentration de vapeur saturée supérieure ou égale à 10 CL_{50}	3390	6.1		LIQUIDE TOXIQUE, COMBURANT, N.S.A.	3122	6.1	
LIQUIDE TOXIQUE À L'INHALATION, INFLAMMABLE, N.S.A., de CL_{50} inférieure ou égale à 200 ml/m^3 et de concentration de vapeur saturée supérieure ou égale à 500 CL_{50}	3383	6.1		LIQUIDE TOXIQUE, HYDRORÉACTIF, N.S.A.	3123	6.1	
LIQUIDE TOXIQUE À L'INHALATION, INFLAMMABLE, N.S.A., de CL_{50} inférieure ou égale à 1000 ml/m^3 et de concentration de vapeur saturée supérieure ou égale à 10 CL_{50}	3384	6.1		LIQUIDE TRANSPORTÉ À CHAUD, INFLAMMABLE, N.S.A., ayant un point d'éclair supérieur à 60 °C, à une température égale ou supérieure à son point d'éclair et inférieure à 100°C	3256	3	
LIQUIDE TOXIQUE À L'INHALATION, INFLAMMABLE, CORROSIF, N.S.A., de CL_{50} inférieure ou égale à 200 ml/m^3 et de concentration de vapeur saturée supérieure ou égale à 500 CL_{50}	3488	6.1		LIQUIDE TRANSPORTÉ À CHAUD, INFLAMMABLE, N.S.A., ayant un point d'éclair supérieur à 60 °C, à une température égale ou supérieure à son point d'éclair et égale ou supérieure à 100°C	3256	3	
LIQUIDE TOXIQUE À L'INHALATION, INFLAMMABLE, CORROSIF, N.S.A., de CL_{50} inférieure ou égale à 1000 ml/m^3 et de concentration de vapeur saturée supérieure ou égale à 10 CL_{50}	3489	6.1		LIQUIDE TRANSPORTÉ À CHAUD, N.S.A. (y compris métal fondu, sel fondu, etc.) à une température égale ou supérieure à 100 °C et inférieure à son point d'éclair	3257	9	
LIQUIDE TOXIQUE À L'INHALATION, HYDRORÉACTIF, N.S.A., de CL_{50} inférieure ou égale à 200 ml/m^3 et de concentration de vapeur saturée supérieure ou égale à 500 CL_{50}	3385	6.1		LITHIUM	1415	4.3	
				MACHINE À COMBUSTION INTERNE	3530	9	
LIQUIDE TOXIQUE À L'INHALATION, HYDRORÉACTIF, N.S.A., de CL_{50} inférieure ou égale à 1000 ml/m^3 et de concentration de vapeur saturée supérieure ou égale à 10 CL_{50}	3386	6.1		MACHINE À COMBUSTION INTERNE FONCTIONNANT AU GAZ INFLAMMABLE	3529	2.1	
				MACHINE À COMBUSTION INTERNE FONCTIONNANT AU LIQUIDE INFLAMMABLE	3528	3	
				MACHINES FRIGORIFIQUES contenant des gaz non inflammables et non toxiques ou des solutions d'ammoniac (No ONU 2672)	2857	2	
				MACHINES FRIGORIFIQUES contenant un gaz liquéfié inflammable et non toxique	3358	2	
				MACHINE PILE À COMBUSTIBLE CONTENANT DU GAZ INFLAMMABLE	3529	2.1	

Nom et description	No ONU	Classe	Note	Nom et description	No ONU	Classe	Note
MACHINE PILE À COMBUSTIBLE CONTENANT DU LIQUIDE INFLAMMABLE	3528	3		MATIÈRE BIOLOGIQUE, CATÉGORIE B (matériel animal uniquement)	3373	6.2	
Magnésium, alliages de, contenant plus de 50% de magnésium, sous forme de granulés, de tournures ou de rubans, voir	1869	4.1		MATIÈRE DANGEREUSE DU POINT DE VUE DE L'ENVIRONNEMENT, LIQUIDE, N.S.A.	3082 9006	9	Dangereux uniquement en cas de transport en bateaux-citernes
Magnésium, alliages de, en poudre, voir	1418	4.3					
Magnésium, granulés de, enrobés, d'une granulométrie d'au moins 149 microns, voir	2950	4.3		MATIÈRE DANGEREUSE DU POINT DE VUE DE L'ENVIRONNEMENT, SOLIDE, N.S.A.	3077	9	
MAGNÉSIUM EN POUDRE	1418	4.3		MATIÈRE DANGEREUSE DU POINT DE VUE DE L'ENVIRONNEMENT, SOLIDE, N.S.A., FONDUE	9005	9	Dangereux uniquement en cas de transport en bateaux-citernes
MAGNÉSIUM, sous forme de granulés, de tournures ou de rubans	1869	4.1					
MALONITRILE	2647	6.1		MATIÈRES DONT LE POINT D'ÉCLAIR EST SUPÉRIEUR À 60 °C MAIS INFÉRIEUR OU ÉGAL À 100 °C, qui ne sont pas affectées à une autre classe	9003	9	Dangereux en bateau-citerne seulement
Malonodinitrile, voir	2647	6.1					
MANÈBE	2210	4.2		MATIÈRES DONT LE POINT D'ÉCLAIR EST SUPÉRIEUR À 60 °C, transportées à chaud à une température PLUS PRÈS QUE 15 K DU POINT D'ÉCLAIR	9001	3	Dangereux en bateau-citerne seulement
Manèbe, préparation de, contenant au moins 60% de manèbe, voir	2210	4.2					
Manèbe, préparation de, stabilisée contre l'auto-échauffement, voir	2968	4.3		MATIÈRES DONT LA TEMPÉRATURE D'AUTO-INFLAMMATION EST INFÉRIEURE OU ÉGALE À 200 °C, n.s.a.	9002	3	Dangereux en bateau-citerne seulement
MANÈBE STABILISÉ contre l'auto-échauffement	2968	4.3					
MARCHANDISES DANGEREUSES CONTENUES DANS DES MACHINES OU MARCHANDISES DANGEREUSES CONTENUES DANS DES APPAREILS	3363	9		MATIÈRES, ETPS, N.S.A., voir	0482	1	
MARCHANDISES DANGEREUSES CONTENUES DANS DES OBJETS	3363	9		MATIÈRES EXPLOSIVES, N.S.A.	0357 0358 0359 0473 0474 0475 0476 0477 0478 0479 0480 0481 0485	1 1 1 1 1 1 1 1 1 1 1 1 1	
Masses magnétisées	2807	9	Non soumis à l'ADN				
Matériel animal, voir	3373	6.2					
MATIÈRES APPARENTÉES AUX ENCRES D'IMPRIMERIE (y compris solvants et diluants pour encres d'imprimerie), inflammables	1210	3		MATIÈRES EXPLOSIVES TRÈS PEU SENSIBLES, N.S.A.	0482	1	
MATIÈRES APPARENTÉES AUX PEINTURES (y compris solvants et diluants pour peintures)	1263 3066 3469 3470	3 8 3 8		MATIÈRE INFECTIEUSE POUR L'HOMME	2814	6.2	
Matières Autoréactives (liste)			Voir 2.2.41.4	MATIÈRE INFECTIEUSE POUR LES ANIMAUX uniquement	2900	6.2	
MATIÈRE BIOLOGIQUE, CATÉGORIE B	3373	6.2					

Nom et description	No ONU	Classe	Note	Nom et description	No ONU	Classe	Note
MATIÈRE INTERMÉDIAIRE LIQUIDE POUR COLORANT, CORROSIVE, N.S.A.	2801	8		MATIÈRE ORGANOMÉTALLIQUE SOLIDE HYDRORÉACTIVE, INFLAMMABLE	3396	4.3	
MATIÈRE INTERMÉDIAIRE LIQUIDE POUR COLORANT, TOXIQUE, N.S.A.	1602	6.1		MATIÈRE ORGANOMÉTALLIQUE SOLIDE PYROPHORIQUE	3391	4.2	
MATIÈRE INTERMÉDIAIRE SOLIDE POUR COLORANT, CORROSIVE, N.S.A.	3147	6.1		MATIÈRE ORGANOMÉTALLIQUE SOLIDE PYROPHORIQUE, HYDRORÉACTIVE	3393	4.2	
MATIÈRE INTERMÉDIAIRE SOLIDE POUR COLORANT, TOXIQUE, N.S.A.	3143	6.1		MATIÈRE SOLIDE SERVANT À LA PRODUCTION DE GAZ LACRYMOGÈNES, N.S.A.	3448	6.1	
MATIÈRE LIQUIDE QUI POLYMÉRISE, AVEC RÉGULATION DE TEMPÉRATURE, N.S.A	3534	4.1		MATIÈRES PLASTIQUES À BASE DE NITRO-CELLULOSE, AUTO-ÉCHAUFFANTES, N.S.A.	2006	4.2	
MATIÈRE LIQUIDE QUI POLYMÉRISE, STABILISÉE, N.S.A	3532	4.1		MATIÈRE PLASTIQUE POUR MOULAGE en pâte, en feuille ou en cordon extrudé, dégageant des vapeurs inflammables	3314	9	
Matière liquide réglementée pour l'aviation n.s.a.	3334	9	Non soumis à l'ADN	MATIÈRES RADIOACTIVES, APPAREILS EN COLIS EXCEPTÉ	2911	7	
MATIÈRE LIQUIDE SERVANT À LA PRODUCTION DE GAZ LACRYMOGÈNES, N.S.A.	1693	6.1		MATIÈRES RADIOACTIVES DE FAIBLE ACTIVITÉ SPÉCIFIQUE (LSA-I) non fissiles ou fissiles exceptées	2912	7	
MATIÈRE MÉTALLIQUE HYDRORÉACTIVE, AUTO-ÉCHAUFFANTE, N.S.A.	3209	4.3		MATIÈRES RADIOACTIVES DE FAIBLE ACTIVITÉ SPÉCIFIQUE (LSA-II), non fissiles ou fissiles exceptées	3321	7	
MATIÈRE MÉTALLIQUE HYDRORÉACTIVE, N.S.A.	3208	4.3		MATIÈRES RADIOACTIVES DE FAIBLE ACTIVITÉ SPÉCIFIQUE (LSA-II), FISSILES	3324	7	
MATIÈRE ORGANOMÉTALLIQUE LIQUIDE HYDRORÉACTIVE	3398	4.3		MATIÈRES RADIOACTIVES DE FAIBLE ACTIVITÉ SPÉCIFIQUE (LSA-III), non fissiles ou fissiles exceptées	3322	7	
MATIÈRE ORGANOMÉTALLIQUE LIQUIDE HYDRORÉACTIVE, INFLAMMABLE	3399	4.3		MATIÈRES RADIOACTIVES DE FAIBLE ACTIVITÉ SPÉCIFIQUE (LSA-III), FISSILES	3325	7	
MATIÈRE ORGANOMÉTALLIQUE LIQUIDE PYROPHORIQUE	3392	4.2		MATIÈRES RADIOACTIVES, EMBALLAGES VIDES, EN COLIS EXCEPTÉ	2908	7	
MATIÈRE ORGANOMÉTALLIQUE LIQUIDE PYROPHORIQUE, HYDRORÉACTIVE	3394	4.2		MATIÈRES RADIOACTIVES EN COLIS DE TYPE A, FISSILES, qui ne sont pas sous forme spéciale	3327	7	
MATIÈRE ORGANOMÉTALLIQUE SOLIDE AUTOÉCHAUFFANTE	3400	4.2		MATIÈRES RADIOACTIVES EN COLIS DE TYPE A, qui ne sont pas sous forme spéciale, non fissiles ou fissiles exceptées	2915	7	
MATIÈRE ORGANOMÉTALLIQUE SOLIDE HYDRORÉACTIVE	3395	4.3					
MATIÈRE ORGANOMÉTALLIQUE SOLIDE HYDRORÉACTIVE, AUTO-ÉCHAUFFANTE	3397	4.3		MATIÈRES RADIOACTIVES EN COLIS DE TYPE A, SOUS FORME SPÉCIALE, FISSILES	3333	7	

Nom et description	No ONU	Classe	Note	Nom et description	No ONU	Classe	Note
MATIÈRES RADIOACTIVES EN COLIS DE TYPE A, SOUS FORME SPÉCIALE, non fissiles ou fissiles exceptées	3332	7		MATIÈRES RADIOACTIVES TRANSPORTÉES SOUS ARRANGEMENT SPÉCIAL, non fissiles ou fissiles exceptées	2919	7	
MATIÈRES RADIOACTIVES EN COLIS DE TYPE B(M), non fissiles ou fissiles exceptées	2917	7		MATIÈRES RADIOACTIVES, TRANSPORTÉES SOUS ARRANGEMENT SPÉCIAL, FISSILES	3331	7	
MATIÈRES RADIOACTIVES EN COLIS DE TYPE B(M), FISSILES	3329	7		MATIÈRE SOLIDE QUI POLYMÉRISE, STABILISÉE, N.S.A	3531	4.1	
MATIÈRES RADIOACTIVES EN COLIS DE TYPE B(U), non fissiles ou fissiles exceptées	2916	7		MATIÈRE SOLIDE QUI POLYMÉRISE, AVEC RÉGULATION DE TEMPÉRATURE, N.S.A	3533	4.1	
MATIÈRES RADIOACTIVES EN COLIS DE TYPE B(U), FISSILES	3328	7					
MATIÈRES RADIOACTIVES EN COLIS DE TYPE C, non fissiles ou fissiles exceptées	3323	7		Matière solide réglementée pour l'aviation, n.s.a.	3335	9	Non soumis à l'ADN
MATIÈRES RADIOACTIVES EN COLIS DE TYPE C, FISSILES	3330	7		MÈCHE À COMBUSTION RAPIDE	0066	1	
MATIÈRES RADIOACTIVES, HEXAFLUORURE D'URANIUM, non fissiles ou fissiles exceptées	2978	7		MÈCHE NON DÉTONANTE	0101	1	
				MÈCHE LENTE, voir	0105	1	
MATIÈRES RADIOACTIVES, HEXAFLUORURE D'URANIUM, FISSILES	2977	7		MÈCHE DE MINEUR	0105	1	
MATIÈRES RADIOACTIVES, OBJETS CONTAMINÉS SUPERFICIELLEMENT (SCO-I, SCO-II ou SCO-III) non fissiles ou fissiles exceptés	2913	7		MÉDICAMENT LIQUIDE INFLAMMABLE, TOXIQUE, N.S.A.	3248	3	
				MÉDICAMENT LIQUIDE TOXIQUE, N.S.A.	1851	6.1	
				MÉDICAMENT SOLIDE TOXIQUE, N.S.A.	3249	6.1	
MATIÈRES RADIOACTIVES, OBJETS CONTAMINÉS SUPERFICIELLEMENT (SCO-I ou SCO-II), FISSILES	3326	7		MÉLANGE ANTIDÉTONANT POUR CARBURANTS ayant un point d'éclair supérieur à 60 °C	1649	6.1	
MATIÈRES RADIOACTIVES, OBJETS EN COLIS EXCEPTÉ	2911	7		MÉLANGE ANTIDÉTONANT POUR CARBURANTS, INFLAMMABLE	3483	6.1	
MATIÈRES RADIOACTIVES, OBJETS MANUFACTURÉS EN THORIUM NATUREL, EN COLIS EXCEPTÉ	2909	7		MÉLANGE D'ÉTHANOL ET D'ESSENCE contenant plus de 10% d'éthanol	3475	3	
MATIÈRES RADIOACTIVES, OBJETS MANUFACTURÉS EN URANIUM APPAUVRI, EN COLIS EXCEPTÉ	2909	7		MEMBRANES FILTRANTES EN NITROCELLULOSE d'une teneur en azote ne dépassant pas 12,6 % (rapportée à la masse sèche)	3270	4.1	
MATIÈRES RADIOACTIVES, OBJETS MANUFACTURÉS EN URANIUM NATUREL, EN COLIS EXCEPTÉ	2909	7		MERCAPTAN AMYLIQUE	1111	3	
				MERCAPTAN BUTYLIQUE	2347	3	
				MERCAPTAN CYCLO-HEXYLIQUE	3054	3	
MATIÈRES RADIOACTIVES, QUANTITÉS LIMITÉES EN COLIS EXCEPTÉ	2910	7		MERCAPTAN ÉTHYLIQUE	2363	3	
				MERCAPTAN MÉTHYLIQUE	1064	2	
				MERCAPTAN MÉTHYLIQUE PERCHLORÉ	1670	6.1	

Nom et description	No ONU	Classe	Note	Nom et description	No ONU	Classe	Note
Mercaptan isopropylique, voir	2402	3		Métaux alcalins, amidures de, voir	1390	4.3	
MERCAPTAN PHÉNYLIQUE	2337	6.1		Métaux alcalins, dispersion de, voir	1391	4.3	
Mercaptan propylique, voir	2402	3		Métaux alcalino-terreux, dispersion de, voir	1391	4.3	
MERCAPTANS EN MÉLANGE LIQUIDE INFLAMMABLE, N.S.A.	3336	3		Métaux alcalino-terreux, dispersion de, inflammable, voir	3482	4.3	
MERCAPTANS EN MÉLANGE LIQUIDE, INFLAMMABLE, TOXIQUE, N.S.A.	1228	3		Métaux-alkyles hydroréactifs, n.s.a. / Métaux-aryles, hydroréactifs, n.s.a., voir	3393	4.2	
MERCAPTANS EN MÉLANGE LIQUIDE, TOXIQUE, INFLAMMABLE, N.S.A.	3071	6.1		MÉTAUX-CARBONYLES, LIQUIDES, N.S.A.	3281	6.1	
MERCAPTANS LIQUIDES INFLAMMABLES, N.S.A.	3336	3		MÉTAUX-CARBONYLES, SOLIDES, N.S.A.	3466	6.1	
MERCAPTANS LIQUIDES INFLAMMABLES, TOXIQUES, N.S.A.	1228	3		Métaux ferreux (rognures, copeaux, tournures ou ébarbures de) sous forme auto-échauffante, voir	2793	4.2	
MERCAPTANS LIQUIDES TOXIQUES, INFLAMMABLES, N.S.A.	3071	6.1		MÉTAVANADATE D'AMMONIUM	2859	6.1	
Mercapto-2 éthanol, voir	2966	6.1		MÉTAVANADATE DE POTASSIUM	2864	6.1	
MERCURE	2809	8		MÉTHACRYLATE DE n-BUTYLE STABILISÉ	2227	3	
Mercure, composé liquide du, n.s.a, voir	2024	6.1		MÉTHACRYLATE DE 2-DIMÉTHYL-AMINOÉTHYLE STABILISÉ	2522	6.1	
Mercure, composé solide du, n.s.a, voir	2025	6.1		MÉTHACRYLATE D'ÉTHYLE STABILISÉ	2277	3	
MERCURE CONTENU DANS DES ARTICLES MANUFACTURÉS	3506	8		MÉTHACRYLATE D'ISOBUTYLE STABILISÉ	2283	3	
Mercurol, voir	1639	6.1		MÉTHACRYLATE DE MÉTHYLE MONOMÈRE STABILISÉ	1247	3	
Mésitylène, voir	2325	3					
MÉTALDÉHYDE	1332	4.1		MÉTHACRYLONITRILE STABILISÉ	3079	6.1	
MÉTAL PYROPHORIQUE, N.S.A.	1383	4.2		MÉTHANE COMPRIMÉ	1971	2	
Métaux alcalino-terreux, alliage de, n.s.a, voir	1393	4.3		MÉTHANE LIQUIDE RÉFRIGÉRÉ	1972	2	
Métaux alcalino-terreux, amalgame liquide de, voir	1392	4.3		Méthanethiol, voir	1064	2	
Métaux alcalino-terreux, amalgame solide de, voir	3402	4.3		MÉTHANOL	1230	3	
Métaux alcalino-terreux, dispersion de, inflammable, voir	3482	4.3		MÉTHOXY-4 MÉTHYL-4 PENTANONE-2	2293	3	
Métaux alcalins, alliage liquide de, n.s.a., voir	1421	4.3		Méthoxy-1 nitro-2 benzène, voir	2730 3458	6.1 6.1	
Métaux alcalins, amalgame liquide de, voir	1389	4.3		Méthoxy-1 nitro-3 benzène, voir	2730 3458	6.1 6.1	
Métaux alcalins, amalgame solide de, voir	3401	4.3		Méthoxy-1 nitro-4 benzène, voir	2730 3458	6.1 6.1	
				MÉTHOXY-1 PROPANOL - 2	3092	3	

Nom et description	No ONU	Classe	Note	Nom et description	No ONU	Classe	Note
MÉTHYLACÉTYLENE ET PROPADIÈNE EN MÉLANGE STABILISÉ comme le mélange P1, le mélange P2, voir	1060	2		N-MÉTHYLMORPHOLINE, voir	2535	3	
				MÉTHYLPENTADIÈNES	2461	3	
				Méthylpentanes, voir	1208	3	
MÉTHYLACROLÉINE STABILISÉE	2396	3		MÉTHYL-2 PENTANOL-2	2560	3	
bêta-Méthylacroléine, voir	1143	3		Méthyl-4 pentanol-2, voir	2053	3	
MÉTHYLAL	1234	3		3-Méthylpent-2-èn-4-yol, voir	2705	8	
MÉTHYLAMINE ANHYDRE	1061	2		MÉTHYLPHÉNYL-DICHLOROSILANE	2437	8	
MÉTHYLAMINE EN SOLUTION AQUEUSE	1235	3		MÉTHYL-1 PIPÉRIDINE	2399	3	
2-MÉTHYLBUTANAL	3371	3		Méthyl-2 phényl-2 propane, voir	2709	3	
Méthylamylcétone, voir	1110	3		MÉTHYLPROPYLCÉTONE	1249	3	
N-MÉTHYLANILINE	2294	6.1		Méthylpyridines, voir	2313	3	
MÉTHYLATE DE SODIUM	1431	4.2		Méthylstyrène, voir	2618	3	
MÉTHYLATE DE SODIUM EN SOLUTION dans l'alcool	1289	3		alpha-Méthylstyrène, voir	2303	3	
MÉTHYL-3 BUTANONE-2	2397	3		MÉTHYLTÉTRAHYDRO-FURANNE	2536	3	
MÉTHYL-2 BUTÈNE-1	2459	3		MÉTHYLTHIO-3 PROPANAL, voir	2785	6.1	
MÉTHYL-2 BUTÈNE-2	2460	3					
MÉTHYL-3 BUTÈNE-1	2561	3		MÉTHYLTRICHLORO-SILANE	1250	3	
N-MÉTHYLBUTYLAMINE	2945	3		alpha-MÉTHYL-VALÉRALDÉHYDE	2367	3	
MÉTHYLCHLOROSILANE	2534	2		Méthylvinylbenzène, voir	2618	3	
MÉTHYLCYCLOHEXANE	2296	3		MÉTHYLVINYLCÉTONE, STABILISÉE	1251	6.1	
MÉTHYLCYCLOHEXANOLS inflammables	2617	3		MICRO-ORGANISMES GÉNÉTIQUEMENT MODIFIÉS	3245	9	
MÉTHYLCYCLOHEXANONE	2297	3		MINES avec charge d'éclatement	0136	1	
MÉTHYLCYCLOPENTANE	2298	3			0137	1	
MÉTHYLDICHLOROSILANE	1242	4.3			0138	1	
					0294	1	
MÉTHYLÉTHYLCÉTONE, voir	1193	3		Missiles guidés, voir	0180	1	
MÉTHYL-2 ÉTHYL-5 PYRIDINE	2300	6.1			0181	1	
					0182	1	
2-MÉTHYL-2-HEPTANETHIOL	3023	6.1			0183	1	
					0295	1	
MÉTHYL-2 FURANNE	2301	3			0397	1	
					0398	1	
MÉTHYL-5 HEXANONE-2	2302	3			0436	1	
					0437	1	
MÉTHYLHYDRAZINE	1244	6.1			0438	1	
MÉTHYLISOBUTYLCÉTONE	1245	3		Alpha-MONO-CHLORHYDRINE DU GLYCÉROL	2689	6.1	
MÉTHYLISOPROPÉNYL-CÉTONE STABILISÉE	1246	3		Modules de sac gonflable, voir	0503	1.4G	
					3268	9	
bêta-Méthylmercapto-propionaldéhyde, voir	2785	6.1		MONOCHLORHYDRINE DU GLYCOL	1135	6.1	
4-MÉTHYLMORPHOLINE	2535	3		Monochlorobenzène, voir	1134	3	

Nom et description	No ONU	Classe	Note	Nom et description	No ONU	Classe	Note
Monochlorodifluorométhane, voir	1018	2		MOTEUR PILE À COMBUSTIBLE CONTENANT DU LIQUIDE INFLAMMABLE	3528	3	
Monochlorodifluorométhane et monochloropenta-fluoréthane en mélange à point d'ébullition fixe contenant environ 49% de monochlorodifluorométhane, voir	1973	2		Munitions à blanc, voir	0014 0326 0327 0338 0413	1 1 1 1 1	
Monochlorodifluoromono-bromométhane, voir	1974	2		MUNITIONS ÉCLAIRANTES avec ou sans charge de dispersion, charge d'expulsion ou charge propulsive	0171 0254 0297	1 1 1	
Monochloropentafluor-éthane, voir	1020	2		Munitions à charge séparée, Munitions encartouchées, Munitions semi-encartouchées, voir	0005 0006 0007 0321 0348 0412	1 1 1 1 1 1	
MONOCHLORURE D'IODE SOLIDE	1792	8					
MONOCHLORURE D'IODE LIQUIDE	3498	8					
Monoéthylamine, voir	1036	2					
MONOMÉTHYLDIPHÉNYLMÉTHANES HALOGÉNÉS LIQUIDES	3151	9		MUNITIONS D'EXERCICE	0362 0488	1 1	
MONOMÉTHYLDIPHÉNYLMÉTHANES HALOGÉNÉS SOLIDES	3152	9		MUNITIONS FUMIGÈNES avec ou sans charge de dispersion, charge d'expulsion ou charge propulsive	0015 0016 0303	1 1 1	
MONONITRATE-5 D'ISOSORBIDE	3251	4.1					
Monopropylamine, voir	1277	3		Munitions fumigènes (engins hydroactifs) sans phosphore blanc ou phosphures, avec charge de dispersion, charge d'expulsion ou charge propulsive, voir	0248 0249	1 1	
MONO-NITROTOLUIDINES	2660	6.1					
MONOXYDE D'AZOTE COMPRIMÉ	1660	2					
MONOXYDE D'AZOTE ET DIOXYDE D'AZOTE EN MÉLANGE, voir	1975	2		MUNITIONS FUMIGÈNES AU PHOSPHORE BLANC avec charge de dispersion, charge d'expulsion ou charge propulsive	0245 0246	1 1	
MONOXYDE D'AZOTE ET TÉTROXYDE DE DIAZOTE EN MÉLANGE	1975	2		Munitions fumigènes au phosphore blanc (engins hydroactifs) avec charge de dispersion, charge d'expulsion ou charge propulsive, voir	0248 0249	1 1	
MONOXYDE DE CARBONE COMPRIMÉ	1016	2					
MONOXYDE DE POTASSIUM	2033	8		MUNITIONS INCENDIAIRES avec ou sans charge de dispersion, charge d'expulsion ou charge propulsive	0009 0010 0300	1 1 1	
MONOXYDE DE SODIUM	1825	8					
MORPHOLINE	2054	8					
MOTEUR À COMBUSTION INTERNE	3530	9		Munitions incendiaires (engins hydroactifs) avec charge de dispersion, charge d'expulsion ou charge propulsive, voir	0248 0249	1 1	
MOTEUR À COMBUSTION INTERNE FONCTIONNANT AU GAZ INFLAMMABLE	3529	2.1					
MOTEUR À COMBUSTION INTERNE FONCTIONNANT AU LIQUIDE INFLAMMABLE	3528	3		MUNITIONS INCENDIAIRES AU PHOSPHORE BLANC avec charge de dispersion, charge d'expulsion ou charge propulsive	0243 0244	1 1	
MOTEUR PILE À COMBUSTIBLE CONTENANT DU GAZ INFLAMMABLE	3529	2.1		MUNITIONS INCENDIAIRES à liquide ou à gel, avec charge de dispersion, charge d'expulsion ou charge propulsive	0247	1	

Nom et description	No ONU	Classe	Note
MUNITIONS LACRYMOGÈNES avec charge de dispersion, charge d'expulsion ou charge propulsive	0018 0019 0301	1 1 1	
MUNITIONS LACRYMOGÈNES NON EXPLOSIVES sans charge de dispersion ni charge d'expulsion, non amorcées	2017	6.1	
MUNITIONS POUR ESSAIS	0363	1	
MUNITIONS TOXIQUES avec charge de dispersion, charge d'expulsion ou charge propulsive	0020 0021	1 1	Transport interdit
Munitions toxiques (engins hydroactifs) avec charge de dispersion, charge d'expulsion ou charge propulsive, voir	0248 0249	1 1	
MUNITIONS TOXIQUES NON EXPLOSIVES, sans charge de dispersion ni charge d'expulsion, non amorcées	2016	6.1	
MUSC-XYLÈNE, voir	2956	4.1	
Mysorite, voir	2212	9	
NAPHTALÈNE BRUT	1334	4.1	
NAPHTALÈNE FONDU	2304	4.1	
NAPHTALÈNE RAFFINÉ	1334	4.1	
Naphte, voir	1268	3	
Naphte, essence lourde, voir	1268	3	
NAPHTÉNATES DE COBALT EN POUDRE	2001	4.1	
Alpha-NAPHTYLAMINE	2077	6.1	
bêta-NAPHTYLAMINE EN SOLUTION	3411	6.1	
bêta-NAPHTYLAMINE, SOLIDE	1650	6.1	
NAPHTYLTHIOURÉE	1651	6.1	
Naphtyl-1 thio-urée, voir	1651	6.1	
NAPHTYLURÉE	1652	6.1	
Neige carbonique, voir	1845	9	Non soumis à l'ADN
Néohexane, voir	1208	3	
NÉON COMPRIMÉ	1065	2	
NÉON LIQUIDE RÉFRIGÉRÉ	1913	2	
Néopentane, voir	2044	2	
Nickel, catalyseur au, voir	1378 2881	4.2 4.2	
NICKEL-TÉTRACARBONYLE	1259	3	
NICOTINE	1654	6.1	

Nom et description	No ONU	Classe	Note
Nicotine, composé liquide de la, n.s.a, voir	3144	6.1	
Nicotine, composé solide de la, n.s.a, voir	1655	6.1	
NITRANILINES (o-, m-, p-)	1661	6.1	
NITRANISOLES LIQUIDES	2730	6.1	
NITRANISOLES SOLIDES	3458	6.1	
NITRATE D'ALUMINIUM	1438	5.1	
NITRATE D'AMMONIUM contenant au plus 0,2% de matières combustibles, y compris les matières organiques exprimées en équivalent carbone, à l'exclusion de toute autre matière	1942	5.1	
NITRATE D'AMMONIUM	0222	1	
Nitrate d'ammonium, engrais au, voir	2067	5.1	
Nitrate d'ammonium, engrais au, voir	2071	9	
Nitrate d'ammonium, explosif au, voir	0082 0331	1 1	
NITRATE D'AMMONIUM, EN ÉMULSION, servant à la fabrication des explosifs de mine, liquide	3375	5.1	
NITRATE D'AMMONIUM, EN ÉMULSION, servant à la fabrication des explosifs de mine, solide	3375	5.1	
NITRATE D'AMMONIUM, EN GEL, servant à la fabrication des explosifs de mine, liquide	3375	5.1	
NITRATE D'AMMONIUM, EN GEL, servant à la fabrication des explosifs de mine, solide	3375	5.1	
NITRATE D'AMMONIUM, EN SUSPENSION, servant à la fabrication des explosifs de mine, liquide	3375	5.1	
NITRATE D'AMMONIUM, EN SUSPENSION, servant à la fabrication des explosifs de mine, solide	3375	5.1	
NITRATE D'AMMONIUM LIQUIDE, solution chaude concentrée	2426	5.1	
NITRATES D'AMYLE	1112	3	
NITRATE D'ARGENT	1493	5.1	
NITRATE DE BARYUM	1446	5.1	
NITRATE DE BÉRYLLIUM	2464	5.1	

Nom et description	No ONU	Classe	Note	Nom et description	No ONU	Classe	Note
NITRATE DE CALCIUM	1454	5.1		NITRATE D'URÉE sec ou humidifié avec moins de 20% (masse) d'eau	0220	1	
NITRATE DE CÉSIUM	1451	5.1					
NITRATE DE CHROME	2720	5.1		NITRATE DE ZINC	1514	5.1	
Nitrate de chrome (III), voir	2720	5.1		NITRATE DE ZIRCONIUM	2728	5.1	
NITRATE DE DIDYME	1465	5.1		NITRATES INORGANIQUES EN SOLUTION AQUEUSE, N.S.A.	3218	5.1	
NITRATE DE FER III	1466	5.1					
NITRATE DE GUANIDINE	1467	5.1		NITRATES INORGANIQUES, N.S.A.	1477	5.1	
NITRATE D'ISOPROPYLE	1222	3		Nitrile acrylique, voir	1093	3	
NITRATE DE LITHIUM	2722	5.1		Nitrile malonique, voir	2647	6.1	
NITRATE DE MAGNÉSIUM	1474	5.1		Nitrile propionique, voir	2404	3	
NITRATE DE MANGANÈSE	2724	5.1		NITRILES INFLAMMABLES, TOXIQUES, N.S.A.	3273	3	
Nitrate de manganèse (II), voir	2724	5.1					
Nitrate manganeux, voir	2724	5.1		NITRILES TOXIQUES, INFLAMMABLES, N.S.A.	3275	6.1	
NITRATE DE MERCURE I	1627	6.1		NITRILES LIQUIDES TOXIQUES, N.S.A.	3276	6.1	
NITRATE DE MERCURE II	1625	6.1					
NITRATE DE NICKEL	2725	5.1		NITRILES SOLIDES TOXIQUES, N.S.A.	3439	6.1	
Nitrate de nickel (II), voir	2725	5.1					
Nitrate nickeleux, voir	2725	5.1		NITRITES D'AMYLE	1113	3	
NITRATE DE PHÉNYLMERCURE	1895	6.1		NITRITES DE BUTYLE	2351	3	
NITRATE DE n-PROPYLE	1865	3		Nitrite de dicyclohexylamine, voir	2687	4.1	
NITRATE DE PLOMB	1469	5.1		NITRITE DE DICYCLO-HEXYLAMMONIUM	2687	4.1	
Nitrate de plomb (II), voir	1469	5.1		NITRITE D'ÉTHYLE EN SOLUTION	1194	3	
NITRATE DE POTASSIUM	1486	5.1					
NITRATE DE POTASSIUM ET NITRITE DE SODIUM EN MÉLANGE	1487	5.1		Nitrite d'isopentyle, voir	1113	3	
				NITRITE DE MÉTHYLE	2455	2	Transport interdit
Nitrate de potassium et nitrate de sodium en mélange, voir	1499	5.1		NITRITE DE NICKEL	2726	5.1	
Nitrate de rubidium, voir	1477	5.1		Nitrite de nickel (II), voir	2726	5.1	
NITRATE DE SODIUM	1498	5.1		NITRITE DE POTASSIUM	1488	5.1	
NITRATE DE SODIUM ET NITRATE DE POTASSIUM EN MÉLANGE	1499	5.1		NITRITE DE SODIUM	1500	5.1	
				Nitrite de sodium et nitrate de potassium en mélange, voir	1487	5.1	
NITRATE DE STRONTIUM	1507	5.1		NITRITE DE ZINC AMMONIACAL	1512	5.1	
NITRATE DE THALLIUM	2727	6.1		NITRITES INORGANIQUES, N.S.A.	2627	5.1	
Nitrate de thallium (I), voir	2727	6.1					
NITRATE D'URÉE HUMIDIFIÉ avec au moins 20% (masse) d'eau	1357	4.1		NITRITES INORGANIQUES EN SOLUTION AQUEUSE, N.S.A.	3219	5.1	
				Nitrite nickeleux, voir	2726	5.1	
NITRATE D'URÉE HUMIDIFIÉ avec au moins 10% (masse) d'eau	3370	4.1		NITROAMIDON HUMIDIFIÉ avec au moins 20% (masse) d'eau	1337	4.1	

Nom et description	No ONU	Classe	Note	Nom et description	No ONU	Classe	Note
NITROAMIDON sec ou humidifié avec moins de 20% (masse) d'eau	0146	1		NITROGLYCÉRINE EN MÉLANGE, DÉSENSIBILISÉE, LIQUIDE, N.S.A., avec au plus 30% (masse) de nitroglycérine	3357	3	
NITROBENZÈNE	1662	6.1		NITROGLYCÉRINE EN MÉLANGE, DÉSENSIBILISÉE, SOLIDE, N.S.A., avec plus de 2% mais au plus 10% (masse) de nitroglycérine	3319	4.1	
Nitrobenzine, voir	1662	6.1					
NITRO-5 BENZOTRIAZOL	0385	1					
NITROBROMOBENZÈNES LIQUIDES	2732	6.1					
NITROBROMOBENZÈNES SOLIDES	3459	6.1		NITROGLYCÉRINE EN SOLUTION ALCOOLIQUE avec au plus 1% de nitroglycérine	1204	3	
NITROCELLULOSE AVEC au moins 25% (masse) d'EAU	2555	4.1		NITROGLYCÉRINE EN SOLUTION ALCOOLIQUE avec plus de 1% mais au maximum 10% de nitroglycérine	0144	1	
NITROCELLULOSE sèche ou humidifiée avec moins de 25% (masse) d'eau (ou d'alcool)	0340	1					
NITROCELLULOSE AVEC au moins 25% (masse) d'ALCOOL et une teneur en azote ne dépassant pas 12,6% (rapportée à la masse sèche)	2556	4.1		NITROGLYCÉRINE EN SOLUTION ALCOOLIQUE avec plus de 1% mais pas plus de 5% de nitroglycérine	3064	3	
NITROCELLULOSE non modifiée ou plastifiée avec moins de 18% (masse) de plastifiant	0341	1		NITROGUANIDINE HUMIDIFIÉE avec au moins 20% (masse) d'eau	1336	4.1	
NITROCELLULOSE EN MÉLANGE d'une teneur en azote ne dépassant pas 12,6% (rapportée à la masse sèche) AVEC ou SANS PLASTIFIANT, AVEC ou SANS PIGMENT	2557	4.1		NITROGUANIDINE sèche ou humidifiée avec moins de 20% (masse) d'eau	0282	1	
				NITROMANNITE, HUMIDIFIÉ, voir	0133	1	
				NITROMÉTHANE	1261	3	
NITROCELLULOSE EN SOLUTION INFLAMMABLE contenant au plus 12,6 % (rapporté à la masse sèche) d'azote et 55% de nitrocellulose	2059	3		NITRONAPHTALÈNE	2538	4.1	
				NITROPHÉNOLS (o-, m-, p-)	1663	6.1	
				NITROPHÉNOL SUBSTITUÉ PESTICIDE LIQUIDE, INFLAMMABLE, TOXIQUE, ayant un point d'éclair inférieur à 23 °C	2780	3	
NITROCELLULOSE HUMIDIFIÉE avec au moins 25% (masse) d'alcool	0342	1					
NITROCELLULOSE PLASTIFIÉE avec au moins 18% (masse) de plastifiant	0343	1		NITROPHÉNOL SUBSTITUÉ PESTICIDE LIQUIDE, TOXIQUE	3014	6.1	
NITROCRÉSOLS, LIQUIDES	3434	6.1		NITROPHÉNOL SUBSTITUÉ PESTICIDE LIQUIDE, TOXIQUE, INFLAMMABLE, ayant un point d'éclair égal ou supérieur à 23 °C	3013	6.1	
NITROCRÉSOLS, SOLIDES	2446	6.1					
Nitrochlorobenzène, voir	1578	6.1		NITROPHÉNOL SUBSTITUÉ PESTICIDE SOLIDE TOXIQUE	2779	6.1	
	3409	6.1					
NITROÉTHANE	2842	3		NITRO-4 PHÉNYLHYDRAZINE, contenant au moins 30% (masse) d'eau	3376	4.1	
NITROGLYCÉRINE DÉSENSIBILISÉE avec au moins 40% (masse) de flegmatisant non volatil insoluble dans l'eau	0143	1		NITROPROPANES	2608	3	
				p-NITROSODIMÉTHYL-ANILINE	1369	4.2	
NITROGLYCÉRINE EN MÉLANGE, DÉSENSIBILISÉE, LIQUIDE, INFLAMMABLE, N.S.A., avec au plus 30% (masse) de nitroglycérine	3343	3		Nitroso-4 N,N-diméthylaniline, voir	1369	4.2	
				NITROTOLUÈNES LIQUIDES	1664	6.1	

Nom et description	No ONU	Classe	Note	Nom et description	No ONU	Classe	Note
NITROTOLUÈNES SOLIDES	3446	6.1		OBJETS EXPLOSIFS, N.S.A.	0349	1	
					0350	1	
Nitrotoluidines(mono), voir	2660	6.1			0351	1	
					0352	1	
NITRO-URÉE	0147	1			0353	1	
					0354	1	
NITROXYLÈNES LIQUIDES	1665	6.1			0355	1	
					0356	1	
NITROXYLÈNES SOLIDES	3447	6.1			0462	1	
					0463	1	
NITRURE DE LITHIUM	2806	4.3			0464	1	
					0465	1	
Noir de carbone (d'origine animale ou végétale), voir	1361	4.2			0466	1	
					0467	1	
					0468	1	
NONANES	1920	3			0469	1	
					0470	1	
NONYLTRICHLOROSILANE	1799	8			0471	1	
					0472	1	
NORBORNADIÈNE-2,5 STABILISÉ, voir	2251	3					
NUCLÉINATE DE MERCURE	1639	6.1		OBJETS EXPLOSIFS, EXTRÊMEMENT PEU SENSIBLES	0486	1	
OBJETS CONTENANT DU GAZ INFLAMMABLE, N.S.A.	3537	2		OBJETS PYROPHORIQUES	0380	1	
OBJETS CONTENANT DU GAZ ININFLAMMABLE, NON TOXIQUE, N.S.A.	3538	2		OBJETS PYROTECHNIQUES à usage technique	0428	1	
					0429	1	
					0430	1	
OBJETS CONTENANT DU GAZ TOXIQUE, N.S.A.	3539	2			0431	1	
					0432	1	
OBJETS CONTENANT DU LIQUIDE INFLAMMABLE, N.S.A.	3540	3		OBJETS SOUS PRESSION HYDRAULIQUE ou PNEUMATIQUE (contenant un gaz non inflammable)	3164	2	
OBJETS CONTENANT DU SOLIDE INFLAMMABLE, N.S.A.	3541	4.1					
OBJETS CONTENANT DE LA MATIÈRE SUJETTE À L'INFLAMMATION SPONTANEE, N.S.A.	3542	4.2		OCTADÉCYLTRICHLO-ROSILANE	1800	8	
				OCTADIÈNES	2309	3	
OBJETS CONTENANT DE LA MATIÈRE QUI, AU CONTACT DE L'EAU, DÉGAGE DES GAZ INFLAMMABLES, N.S.A.	3543	4.3		OCTAFLUOROBUTÈNE-2	2422	2	
				OCTAFLUOROCYCLOBUTANE	1976	2	
				OCTAFLUOROPROPANE	2424	2	
OBJETS CONTENANT DE LA MATIÈRE COMBURANTE, N.S.A.	3544	5.1		OCTANES	1262	3	
				OCTOGÈNE, voir	0226	1	
					0391	1	
OBJETS CONTENANT DU PEROXYDE ORGANIQUE, N.S.A.	3545	5.2			0484	1	
				OCTOGÈNE DÉSENSIBILISÉE	0484	1	
OBJETS CONTENANT DE LA MATIÈRE TOXIQUE, N.S.A.	3546	6.1		OCTOGÈNE HUMIDIFIÉE avec au moins 15% (masse) d'eau	0226	1	
OBJETS CONTENANT DE LA MATIÈRE CORROSIVE, N.S.A.	3547	8		OCTOL sec ou humidifié avec moins de 15% (masse) d'eau, voir	0266	1	
OBJETS CONTENANT DES MARCHANDISES DANGEREUSES DIVERSES, N.S.A.	3548	9		OCTOLITE sèche ou humidifiée avec moins de 15% (masse) d'eau	0266	1	
				OCTONAL	0496	1	
OBJETS EEPS, voir	0486	1		Tert-Octylmercaptan, voir	3023	6.1	

Nom et description	No ONU	Classe	Note	Nom et description	No ONU	Classe	Note
OCTYLTRICHLOROSILANE	1801	8		Oxyde de diisopropyle, voir	1159	3	
Oenanthol pur, voir	3056	3		Oxyde de diméthyle, voir	1033	2	
OLÉATE DE MERCURE	1640	6.1		Oxyde de dipropyle, voir	2384	3	
ONTA, voir	0490	1		Oxyde de divinyle stabilisé, voir	1167	3	
ORGANISMES GÉNÉTIQUEMENT MODIFIÉS	3245	9		Oxyde d'éthyle et de bromo-2 éthyle, voir	2340	3	
ORTHOFORMIATE D'ÉTHYLE	2524	3		Oxyde d'éthyle et de butyle, voir	1179	3	
Orthoformiate de triéthyle, voir	2524	3		Oxyde d'éthyle et de propyle, voir	2615	3	
ORTHOSILICATE DE MÉTHYLE	2606	6.1		Oxyde d'éthyle et de vinyle, (stabilisé), voir	1302	3	
ORTHOTITANATE DE PROPYLE	2413	3		OXYDE D'ÉTHYLÈNE	1040	2	
Orthotitanate tétrapropylique, voir	2413	3		OXYDE D'ÉTHYLÈNE AVEC DE L'AZOTE jusqu'à une pression totale de 1 MPa (10 bar) à 50 °C	1040	2	
OXALATE D'ÉTHYLE	2525	6.1					
OXYBROMURE DE PHOSPHORE	1939	8		OXYDE D'ÉTHYLÈNE ET CHLOROTÉTRAFLUOR-ÉTHANE EN MÉLANGE contenant au plus 8,8% d'oxyde d'éthylène	3297	2	
OXYBROMURE DE PHOSPHORE FONDU	2576	8					
Oxychlorure de carbone, voir	1076	2		OXYDE D'ÉTHYLÈNE ET DICHLORODIFLUORO-MÉTHANE EN MÉLANGE contenant au plus 12,5% d'oxyde d'éthylène	3070	2	
OXYCHLORURE DE PHOSPHORE	1810	6.1					
OXYCHLORURE DE SÉLÉNIUM	2879	8		OXYDE D'ÉTHYLÈNE ET DIOXYDE DE CARBONE EN MÉLANGE contenant au plus 9% d'oxyde d'éthylène	1952	2	
OXYCYANURE DE MERCURE DÉSENSIBILISÉ	1642	6.1					
Oxyde d'arsenic (III), voir	1561	6.1		OXYDE D'ÉTHYLÈNE ET DIOXYDE DE CARBONE EN MÉLANGE contenant plus de 87% d'oxyde d'éthylène	3300	2	
Oxyde d'arsenic (V), voir	1559	6.1					
OXYDE DE BARYUM	1884	6.1					
Oxyde de bis (chloro-2 éthyle), voir	1916	6.1		OXYDE D'ÉTHYLÈNE ET DIOXYDE DE CARBONE EN MÉLANGE contenant plus de 9% mais pas plus de 87% d'oxyde d'éthylène	1041	2	
Oxyde de bis (chlorométhyle), voir	2249	6.1	Transport interdit				
Oxyde-2,2'de bis (chloro-1 propyle), voir	2490	6.1					
Oxyde de butène-1,2, voir	3022	3		OXYDE D'ÉTHYLÈNE ET OXYDE DE PROPYLÈNE EN MÉLANGE contenant au plus 30% d'oxyde d'éthylène	2983	3	
Oxyde de butyle et de vinyle (stabilisé), voir	2352	3					
OXYDE DE BUTYLÈNE-1,2 STABILISÉ	3022	3		OXYDE D'ÉTHYLÈNE ET PENTAFLUORÉTHANE EN MÉLANGE contenant au plus 7,9% d'oxyde d'éthylène	3298	2	
Oxyde de calcium	1910	8	Non soumis à l'ADN				
Oxyde de chloréthyle, voir	1916	6.1		OXYDE D'ÉTHYLÈNE ET TÉTRAFLUORÉTHANE EN MÉLANGE contenant au plus 5,6% d'oxyde d'éthylène	3299	2	
Oxyde de chlorométhyle et d'éthyle, voir	2354	3					
Oxyde de dibutyle, voir	1149	3		OXYDE DE FER RÉSIDUAIRE provenant de la purification du gaz de ville	1376	4.2	
Oxyde de diéthyle, voir	1155	3					

Nom et description	No ONU	Classe	Note	Nom et description	No ONU	Classe	Note
Oxyde d'isobutyle et de vinyle, (stabilisé), voir	1304	3		PENTABORANE	1380	4.2	
OXYDE DE MERCURE	1641	6.1		PENTABROMURE DE PHOSPHORE	2691	8	
OXYDE DE MÉSITYLE	1229	3		PENTACHLORÉTHANE	1669	6.1	
Oxyde de méthyle et d'allyle, voir	2335	3		PENTACHLOROPHÉNATE DE SODIUM	2567	6.1	
Oxyde de méthyle et de n-butyle, voir	2350	3		PENTACHLOROPHÉNOL	3155	6.1	
Oxyde de méthyle et de tert-butyle, voir	2398	3		PENTACHLORURE D'ANTI-MOINE EN SOLUTION	1731	8	
Oxyde de méthyle et de chlorométhyle, voir	1239	6.1		PENTACHLORURE D'ANTIMOINE LIQUIDE	1730	8	
Oxyde de méthyle et d'éthyle, voir	1039	2		PENTACHLORURE DE MOLYBDÈNE	2508	8	
Oxyde de méthyle et de propyle, voir	2612	3		PENTACHLORURE DE PHOSPHORE	1806	8	
Oxyde de méthyle et de vinyle, stabilisé, voir	1087	2		PENTAFLUORÉTHANE	3220	2	
OXYDE DE PROPYLÈNE	1280	3		Pentafluoroéthane, trifluoro-1,1,1 éthane et tétrafluoro-1,1,1,2 éthane, mélange zéotropique avec environ 44% de pentafluoroéthane et 52% de trifluoro-1,1,1 éthane, voir	3337	2	
OXYDE DE TRIS- (AZIRIDINYL-1) PHOSPHINE EN SOLUTION	2501	6.1					
Oxyde nitrique et tétroxyde d'azote en mélange, voir	1975	2		PENTAFLUORURE D'ANTIMOINE	1732	8	
OXYDE NITRIQUE COMPRIMÉ, voir	1660	2		PENTAFLUORURE DE BROME	1745	5.1	
OXYGÈNE COMPRIMÉ	1072	2		PENTAFLUORURE DE CHLORE	2548	2	
OXYGÈNE LIQUIDE RÉFRIGÉRÉ	1073	2		PENTAFLUORURE D'IODE	2495	5.1	
OXYNITROTRIAZOLE	0490	1		PENTAFLUORURE DE PHOSPHORE	2198	2	
Oxysulfate de vanadium (IV), voir	2931	6.1		PENTAFLUORURE DE PHOSPHORE ADSORBÉ	3524	2	
Oxysulfure de carbone, voir	2204	2		PENTAMÉTHYLHEPTANE	2286	3	
OXYTRICHLORURE DE VANADIUM	2443	8		n-PENTANE, voir	1265	3	
Paille	1327	4.1	Non soumis à l'ADN	PENTANEDIONE-2,4	2310	3	
				PENTANES, liquides	1265	3	
Papier carbone, voir	1379	4.2		Pentanethiol, voir	1111	3	
PAPIER TRAITÉ AVEC DES HUILES NON SATURÉES, incomplètement séché	1379	4.2		PENTANOLS	1105	3	
				Pentanol-3, voir	1105	3	
PARAFORMALDÉHYDE	2213	4.1		PENTASULFURE DE PHOSPHORE exempt de phosphore jaune ou blanc	1340	4.3	
PARALDÉHYDE	1264	3					
PCB, liquides, voir	2315	9		PENTÈNE-1	1108	3	
	3432	9					
PEINTURES (y compris peintures, laques, émaux, couleurs, shellac, vernis, cirages, encaustiques, enduits d'apprêt et bases liquides pour laques)	1263	3		PENTHRITE, voir	0150	1	
	3066	8			0411	1	
	3469	3			3344	4.1	
	3470	8		PENTOL-1	2705	8	

Nom et description	No ONU	Classe	Note	Nom et description	No ONU	Classe	Note
PENTOLITE sèche ou humidifiée avec moins de 15% (masse) d'eau	0151	1		PERMANGANATE DE CALCIUM	1456	5.1	
PENTOXYDE DE PHOSPHORE, voir	1807	8		PERMANGANATE DE POTASSIUM	1490	5.1	
PENTOXYDE D'ARSENIC	1559	6.1		PERMANGANATE DE SODIUM	1503	5.1	
PENTOXYDE DE VANADIUM sous forme non fondue	2862	6.1		PERMANGANATE DE ZINC	1515	5.1	
PERBORATE DE SODIUM MONOHYDRATÉ	3377	5.1		PERMANGANATES INORGANIQUES EN SOLUTION AQUEUSE, N.S.A.	3214	5.1	
PERCHLORATE D'AMMONIUM	0402 1442	1 5.1		PERMANGANATES INORGANIQUES, N.S.A.	1482	5.1	
PERCHLORATE DE BARYUM EN SOLUTION	3406	5.1		PEROXOBORATE DE SODIUM ANHYDRE	3247	5.1	
PERCHLORATE DE BARYUM, SOLIDE	1447	5.1		PEROXYDE DE BARYUM	1449	5.1	
PERCHLORATE DE CALCIUM	1455	5.1		PEROXYDE DE CALCIUM	1457	5.1	
PERCHLORATE DE MAGNÉSIUM	1475	5.1		PEROXYDE D'HYDROGÈNE EN SOLUTION AQUEUSE contenant au minimum 8%, mais moins de 20% de peroxyde d'hydrogène (stabilisée selon les besoins)	2984	5.1	
PERCHLORATE DE PLOMB, EN SOLUTION	3408	5.1		PEROXYDE D'HYDROGÈNE EN SOLUTION AQUEUSE contenant au moins 20% mais au maximum 60% de peroxyde d'hydrogène (stabilisée selon les besoins)	2014	5.1	
PERCHLORATE DE PLOMB, SOLIDE	1470	5.1					
Perchlorate de plomb (II), voir	1470 3408	5.1 5.1		PEROXYDE D'HYDROGÈNE EN SOLUTION AQUEUSE STABILISÉE contenant plus de 70 % de peroxyde d'hydrogène	2015	5.1	
PERCHLORATE DE POTASSIUM	1489	5.1					
PERCHLORATE DE SODIUM	1502	5.1		PEROXYDE D'HYDROGÈNE EN SOLUTION AQUEUSE STABILISÉE contenant plus de 60% de peroxyde d'hydrogène mais au maximum 70% de peroxyde d'hydrogène	2015	5.1	
PERCHLORATE DE STRONTIUM	1508	5.1					
PERCHLORATES INORGA-NIQUES EN SOLUTION AQUEUSE, N.S.A.	3211	5.1					
PERCHLORATES INORGANIQUES, N.S.A.	1481	5.1		PEROXYDE D'HYDROGÈNE ET ACIDE PEROXYACÉTIQUE EN MÉLANGE avec acide(s), eau et au plus 5% d'acide peroxyacétique, STABILISÉ	3149	5.1	
Perchloréthylène, voir	1897	6.1					
Perchlorobenzène, voir	2729	6.1		PEROXYDE D'HYDROGÈNE STABILISÉ	2015	5.1	
Perchlorocyclopentadiène, voir	2646	6.1					
Perchlorure d'antimoine, voir	1730	8		PEROXYDE DE LITHIUM	1472	5.1	
Perchlorure de fer, voir	1773	8		PEROXYDE DE MAGNÉSIUM	1476	5.1	
Perchlorure de fer en solution, voir	2582	8		PEROXYDE DE POTASSIUM	1491	5.1	
Perfluorocyclobutane, voir	1976	2		PEROXYDE DE SODIUM	1504	5.1	
Perfluoropropane, voir	2424	2		PEROXYDE DE STRONTIUM	1509	5.1	
PERFORATEURS À CHARGE CREUSE pour puits de pétrole, sans détonateur	0124 0494	1 1		PEROXYDE DE ZINC	1516	5.1	
PERMANGANATE DE BARYUM	1448	5.1		PEROXYDE ORGANIQUE DE TYPE B, LIQUIDE	3101	5.2	

Nom et description	No ONU	Classe	Note	Nom et description	No ONU	Classe	Note
PEROXYDE ORGANIQUE DE TYPE B, LIQUIDE, AVEC RÉGULATION DE TEMPÉRATURE	3111	5.2		PEROXYDE ORGANIQUE DE TYPE F, SOLIDE	3110	5.2	
PEROXYDE ORGANIQUE DE TYPE B, SOLIDE	3102	5.2		PEROXYDE ORGANIQUE DE TYPE F, SOLIDE, AVEC RÉGULATION DE TEMPÉRATURE	3120	5.2	
PEROXYDE ORGANIQUE DE TYPE B, SOLIDE, AVEC RÉGULATION DE TEMPÉRATURE	3112	5.2		PEROXYDES INORGANIQUES, N.S.A.	1483	5.1	
				PERSULFATE D'AMMONIUM	1444	5.1	
PEROXYDE ORGANIQUE DE TYPE C, LIQUIDE	3103	5.2		PERSULFATE DE POTASSIUM	1492	5.1	
				PERSULFATE DE SODIUM	1505	5.1	
PEROXYDE ORGANIQUE DE TYPE C, LIQUIDE, AVEC RÉGULATION DE TEMPÉRATURE	3113	5.2		PERSULFATES INORGANIQUES EN SOLUTION AQUEUSE, N.S.A.	3216	5.1	
PEROXYDE ORGANIQUE DE TYPE C, SOLIDE	3104	5.2		PERSULFATES INORGANIQUES, N.S.A.	3215	5.1	
PEROXYDE ORGANIQUE DE TYPE C, SOLIDE, AVEC RÉGULATION DE TEMPÉRATURE	3114	5.2		Peroxydes organiques (liste)			Voir 2.2.52.4
PEROXYDE ORGANIQUE DE TYPE D, LIQUIDE	3105	5.2		PESTICIDE ARSENICAL LIQUIDE INFLAMMABLE, TOXIQUE, ayant un point d'éclair inférieur à 23 °C	2760	3	
PEROXYDE ORGANIQUE DE TYPE D, LIQUIDE, AVEC RÉGULATION DE TEMPÉRATURE	3115	5.2		PESTICIDE ARSENICAL LIQUIDE TOXIQUE	2994	6.1	
				PESTICIDE ARSENICAL LIQUIDE TOXIQUE, INFLAMMABLE ayant un point d'éclair égal ou supérieur à 23 °C	2993	6.1	
PEROXYDE ORGANIQUE DE TYPE D, SOLIDE	3106	5.2		PESTICIDE ARSENICAL SOLIDE TOXIQUE	2759	6.1	
PEROXYDE ORGANIQUE DE TYPE D, SOLIDE, AVEC RÉGULATION DE TEMPÉRATURE	3116	5.2		PESTICIDE AU PHOSPHURE D'ALUMINIUM	3048	6.1	
PEROXYDE ORGANIQUE DE TYPE E, LIQUIDE	3107	5.2		PESTICIDE BIPYRIDYLIQUE LIQUIDE INFLAMMABLE, TOXIQUE, ayant un point d'éclair inférieur à 23 °C	2782	3	
PEROXYDE ORGANIQUE DE TYPE E, LIQUIDE, AVEC RÉGULATION DE TEMPÉRATURE	3117	5.2		PESTICIDE BIPYRIDYLIQUE LIQUIDE TOXIQUE	3016	6.1	
PEROXYDE ORGANIQUE DE TYPE E, SOLIDE	3108	5.2		PESTICIDE BIPYRIDYLIQUE LIQUIDE TOXIQUE, INFLAMMABLE, ayant un point d'éclair égal ou supérieur à 23 °C	3015	6.1	
PEROXYDE ORGANIQUE DE TYPE E, SOLIDE, AVEC RÉGULATION DE TEMPÉRATURE	3118	5.2		PESTICIDE BIPYRIDYLIQUE SOLIDE TOXIQUE	2781	6.1	
PEROXYDE ORGANIQUE DE TYPE F, LIQUIDE	3109	5.2		PESTICIDE COUMARINIQUE LIQUIDE INFLAMMABLE, TOXIQUE, ayant un point d'éclair inférieur à 23 °C	3024	3	
PEROXYDE ORGANIQUE DE TYPE F, LIQUIDE, AVEC RÉGULATION DE TEMPÉRATURE	3119	5.2		PESTICIDE COUMARINIQUE LIQUIDE TOXIQUE, INFLAMMABLE, ayant un point d'éclair égal ou supérieur à 23 °C	3025	6.1	

Nom et description	No ONU	Classe	Note	Nom et description	No ONU	Classe	Note
PESTICIDE COUMARINIQUE LIQUIDE TOXIQUE	3026	6.1		PESTICIDE ORGANOPHOSPHORÉ LIQUIDE INFLAMMABLE, TOXIQUE, ayant un point d'éclair inférieur à 23 °C	2784	3	
PESTICIDE COUMARINIQUE SOLIDE TOXIQUE	3027	6.1					
PESTICIDE CUIVRIQUE LIQUIDE INFLAMMABLE, TOXIQUE, ayant un point d'éclair inférieur à 23 °C	2776	3		PESTICIDE ORGANOPHOSPHORÉ LIQUIDE TOXIQUE	3018	6.1	
PESTICIDE CUIVRIQUE LIQUIDE TOXIQUE	3010	6.1		PESTICIDE ORGANOPHOSPHORÉ LIQUIDE TOXIQUE, INFLAMMABLE, ayant un point d'éclair égal ou supérieur à 23 °C	3017	6.1	
PESTICIDE CUIVRIQUE LIQUIDE TOXIQUE, INFLAMMABLE, ayant un point d'éclair égal ou supérieur à 23 °C	3009	6.1					
PESTICIDE CUIVRIQUE SOLIDE TOXIQUE	2775	6.1		PESTICIDE ORGANOPHOSPHORÉ SOLIDE TOXIQUE	2783	6.1	
PESTICIDE LIQUIDE INFLAMMABLE, TOXIQUE, N.S.A., ayant un point d'éclair inférieur à 23°C	3021	3		PESTICIDE ORGANOSTANNIQUE LIQUIDE INFLAMMABLE, TOXIQUE, ayant un point d'éclair inférieur à 23 °C	2787	3	
PESTICIDE LIQUIDE TOXIQUE, INFLAMMABLE, N.S.A., ayant un point d'éclair égal ou supérieur à 23 °C	2903	6.1		PESTICIDE ORGANOSTANNIQUE LIQUIDE TOXIQUE	3020	6.1	
PESTICIDE LIQUIDE TOXIQUE, N.S.A.	2902	6.1		PESTICIDE ORGANOSTANNIQUE LIQUIDE TOXIQUE, INFLAMMABLE, ayant un point d'éclair égal ou supérieur à 23 °C	3019	6.1	
PESTICIDE MERCURIEL LIQUIDE INFLAMMABLE, TOXIQUE, ayant un point d'éclair inférieur à 23 °C	2778	3					
PESTICIDE MERCURIEL LIQUIDE, TOXIQUE	3012	6.1		PESTICIDE ORGANOSTANNIQUE SOLIDE TOXIQUE	2786	6.1	
PESTICIDE MERCURIEL LIQUIDE TOXIQUE, INFLAMMABLE, ayant un point d'éclair égal ou supérieur à 23 °C	3011	6.1		PESTICIDE SOLIDE TOXIQUE, N.S.A.	2588	6.1	
PESTICIDE MERCURIEL SOLIDE TOXIQUE	2777	6.1		PÉTARDS DE CHEMIN DE FER	0192 0193 0492 0493	1 1 1 1	
PESTICIDE ORGANOCHLORÉ LIQUIDE INFLAMMABLE, TOXIQUE, ayant un point d'éclair inférieur à 23 °C	2762	3		PETITS APPAREILS À HYDROCARBURES GAZEUX avec dispositif de décharge	3150	2	
PESTICIDE ORGANOCHLORÉ LIQUIDE TOXIQUE	2996	6.1		Petits feux de détresse, voir	0191 0373	1 1	
PESTICIDE ORGANOCHLORÉ LIQUIDE TOXIQUE, INFLAMMABLE, ayant un point d'éclair égal ou supérieur à 23 °C	2995	6.1		PETN, voir	0411 0150 3344	1 1 4.1	
PESTICIDE ORGANOCHLORÉ SOLIDE TOXIQUE	2761	6.1		PÉTROLE BRUT	1267	3	
				PÉTROLE BRUT ACIDE, INFLAMMABLE, TOXIQUE	3494	3	
				Pétrole, distillats de, n.s.a, voir	1268	3	
				Pétrole lampant, voir	1223	3	
				PHÉNÉTIDINES	2311	6.1	

Nom et description	No ONU	Classe	Note	Nom et description	No ONU	Classe	Note
PHÉNOL EN SOLUTION	2821	6.1		PHOSPHORE BLANC RECOUVERT D'EAU	1381	4.2	
PHÉNOL FONDU	2312	6.1		PHOSPHORE BLANC SEC	1381	4.2	
PHÉNOL SOLIDE	1671	6.1		Phosphore jaune fondu, voir	2447	4.2	
PHÉNOLATES LIQUIDES	2904	8		PHOSPHORE JAUNE EN SOLUTION	1381	4.2	
PHÉNOLATES SOLIDES	2905	8		PHOSPHORE JAUNE RECOUVERT D'EAU	1381	4.2	
PHÉNYLACÉTONITRILE LIQUIDE	2470	6.1		PHOSPHORE JAUNE SEC	1381	4.2	
Phényl-1 butane, voir	2709	3		Phosphore rouge, voir	1338	4.1	
Phényl-2 butane, voir	2709	3		PHOSPHURE D'ALUMINIUM	1397	4.3	
PHÉNYLÈNEDIAMINES (o-, m-, p-)	1673	6.1		PHOSPHURE DE CALCIUM	1360	4.3	
PHÉNYLHYDRAZINE	2572	6.1		PHOSPHURE DE MAGNÉSIUM	2011	4.3	
Phénylmercurique, composé, n.s.a, voir	2026	6.1		PHOSPHURE DE MAGNÉSIUM-ALUMINIUM	1419	4.3	
Phénylméthylène, voir	2055	3		PHOSPHURE DE POTASSIUM	2012	4.3	
Phényl-2 propène, voir	2303	3		PHOSPHURE DE SODIUM	1432	4.3	
PHÉNYLTRICHLORO-SILANE	1804	8		PHOSPHURE DE STRONTIUM	2013	4.3	
PHOSGÈNE	1076	2		PHOSPHURE DE ZINC	1714	4.3	
PHOSPHA-9 BICYCLO-NONANES	2940	4.2		PHOSPHURES STANNIQUES	1433	4.3	
PHOSPHATE ACIDE D'AMYLE	2819	8		PICOLINES	2313	3	
PHOSPHATE ACIDE DE BUTYLE	1718	8		PICRAMATE DE SODIUM HUMIDIFIÉ avec au moins 20% (masse) d'eau	1349	4.1	
PHOSPHATE ACIDE DE DIISOOCTYLE	1902	8		PICRAMATE DE SODIUM sec ou humidifié avec moins de 20% (masse) d'eau	0235	1	
PHOSPHATE ACIDE D'ISOPROPYLE	1793	8		PICRAMATE DE ZIRCONIUM HUMIDIFIÉ avec au moins 20% (masse) d'eau	1517	4.1	
Phosphate de tolyle, voir	2574	6.1		PICRAMATE DE ZIRCONIUM sec ou humidifié avec moins de 20% (masse) d'eau	0236	1	
PHOSPHATE DE TRICRÉSYLE avec plus de 3% d'isomère ortho	2574	6.1		PICRAMIDE, voir	0153	1	
PHOSPHINE	2199	2		PICRATE D'AMMONIUM HUMIDIFIÉ avec au moins 10% (masse) d'eau	1310	4.1	
PHOSPHINE ADSORBÉE	3525	2		PICRATE D'AMMONIUM sec ou humidifié avec moins de 10% (masse) d'eau	0004	1	
Phosphite d'éthyle, voir	2323	3					
Phosphite de méthyle, voir	2329	3		PICRATE D'ARGENT HUMIDIFIÉ avec au moins 30% (masse) d'eau	1347	4.1	
PHOSPHITE DE PLOMB DIBASIQUE	2989	4.1					
PHOSPHITE DE TRIÉTHYLE	2323	3					
PHOSPHITE DE TRIMÉTHYLE	2329	3		Picrotoxine, voir	3172	6.1	
PHOSPHORE AMORPHE	1338	4.1			3462	6.1	
PHOSPHORE BLANC FONDU	2447	4.2					
PHOSPHORE BLANC EN SOLUTION	1381	4.2					

Nom et description	No ONU	Classe	Note	Nom et description	No ONU	Classe	Note
Pièces coulées d'hydrure de lithium solide, voir	2805	4.3		POLYSULFURE D'AMMONIUM EN SOLUTION	2818	8	
PIGMENTS ORGANIQUES AUTO-ÉCHAUFFANTS	3313	4.2		POLYVANADATE D'AMMONIUM	2861	6.1	
PILES AU LITHIUM IONIQUE (y compris les piles au lithium ionique à membrane polymère)	3480	9		POTASSIUM	2257	4.3	
				Potassium, alliages métalliques liquides de, voir	1420	4.3	
PILES AU LITHIUM IONIQUE CONTENUES DANS UN ÉQUIPEMENT (y compris les piles au lithium ionique à membrane polymère)	3481	9		Potassium, alliages métalliques solides de, voir	3403	4.3	
				Potassium et sodium, alliages liquides de, voir	1422	4.3	
PILES AU LITHIUM IONIQUE EMBALLÉES AVEC UN ÉQUIPEMENT (y compris les piles au lithium ionique à membrane polymère)	3481	9		Potassium et sodium, alliages solides de, voir	3404	4.3	
PILES AU LITHIUM MÉTAL (y compris les piles à alliage de lithium)	3090	9		POUDRE DE DIHYDROXYDE DE COBALT ayant une teneur en particules respirables supérieure ou égale à 10 %	3550	6.1	
PILES AU LITHIUM MÉTAL CONTENUES DANS UN ÉQUIPEMENT (y compris les piles à alliage de lithium)	3091	9		POUDRE ÉCLAIR	0094 0305	1 1	
				POUDRE MÉTALLIQUE AUTO-ÉCHAUFFANTE, N.S.A.	3189	4.2	
PILES AU LITHIUM MÉTAL EMBALLÉES AVEC UN ÉQUIPEMENT (y compris les piles à alliage de lithium)	3091	9		POUDRE MÉTALLIQUE INFLAMMABLE, N.S.A.	3089	4.1	
				POUDRE NOIRE sous forme de grains ou de pulvérin	0027	1	
Piles au nickel-hydrure métallique	3496	9	Non soumis à l'ADN	POUDRE NOIRE COMPRIMÉE	0028	1	
				POUDRE NOIRE EN COMPRIMÉS	0028	1	
Pine oil, voir	1272	3					
alpha-PINÈNE	2368	3		Poudres propulsives à simple base, double base ou triple base, voir	0160 0161	1 1	
PIPÉRAZINE	2579	8		POUDRE SANS FUMÉE	0160 0161 0509	1 1 1	
PIPÉRIDINE	2401	8					
Plomb-tétraéthyle, voir	1649	6.1		Poudre sans fumée coulée ou comprimée, voir	0242 0271 0272 0279 0414 0415	1 1 1 1 1 1	
POLYAMINES INFLAMMABLES, CORROSIVES, N.S.A.	2733	3					
POLYAMINES LIQUIDES CORROSIVES, N.S.A.	2735	8		POURPRE DE LONDRES	1621	6.1	
POLYAMINES LIQUIDES CORROSIVES, INFLAMMABLES, N.S.A.	2734	8		POUSSIÈRE ARSENICALE	1562	6.1	
				PRÉPARATION LIQUIDE DE LA NICOTINE, N.S.A.	3144	6.1	
POLYAMINES SOLIDES CORROSIVES, N.S.A.	3259	8		PRÉPARATIONS DE MANÈBE contenant au moins 60% de manèbe	2210	4.2	
POLYMÈRES EXPANSIBLES EN GRANULÉS dégageant des vapeurs inflammables	2211	9		PRÉPARATIONS DE MANÈBE, STABILISÉES contre l'auto-échauffement	2968	4.3	
Polystyrène expansible en granulés, voir	2211	9		PRÉPARATION SOLIDE DE LA NICOTINE, N.S.A.	1655	6.1	

Nom et description	No ONU	Classe	Note	Nom et description	No ONU	Classe	Note
PRODUIT CHIMIQUE SOUS PRESSION, N.S.A.	3500	2		Propène, voir	1077	2	
PRODUIT CHIMIQUE SOUS PRESSION, INFLAMMABLE, N.S.A	3501	2		PROPIONATES DE BUTYLE	1914	3	
				PROPIONATE D'ÉTHYLE	1195	3	
				PROPIONATE D'ISOBUTYLE	2394	3	
PRODUIT CHIMIQUE SOUS PRESSION, TOXIQUE, N.S.A.	3502	2		PROPIONATE D'ISOPROPYLE	2409	3	
PRODUIT CHIMIQUE SOUS PRESSION, CORROSIF, N.S.A	3503	2		PROPIONATE DE MÉTHYLE	1248	3	
				PROPIONITRILE	2404	3	
PRODUIT CHIMIQUE SOUS PRESSION, INFLAMMABLE, TOXIQUE, N.S.A.	3504	2		PROPULSEURS	0186	1	
					0280	1	
					0281	1	
PRODUIT CHIMIQUE SOUS PRESSION, INFLAMMABLE, CORROSIF, N.S.A	3505	2			0510	1	
				PROPULSEURS À PROPERGOL LIQUIDE	0395	1	
					0396	1	
PRODUITS DE PRÉSERVATION DES BOIS, LIQUIDES	1306	3		PROPULSEURS CONTENANT DES LIQUIDES HYPERGO-LIQUES, avec ou sans charge d'expulsion	0250	1	
					0322	1	
PRODUITS PÉTROLIERS, N.S.A.	1268	3					
PRODUITS POUR PARFUMERIE contenant des solvants inflammables	1266	3		PROPYLAMINE	1277	3	
				n-PROPYLBENZÈNE	2364	3	
PROJECTILES avec charge d'éclatement	0167	1		PROPYLÈNE	1077	2	
	0168	1		PROPYLÈNE-1,2 DIAMINE	2258	8	
	0169	1		PROPYLÈNEIMINE STABILISÉE	1921	3	
	0324	1					
	0344	1		Propylène trimère, voir	2057	3	
PROJECTILES avec charge de dispersion ou charge d'expulsion	0346	1		PROPYLTRICHLOROSILANE	1816	8	
	0347	1		Protochlorure d'iode, voir	1792	8	
	0426	1					
	0427	1		Protochlorure de soufre, voir	1828	8	
	0434	1		PROTOXYDE D'AZOTE	1070	2	
	0435	1					
Projectiles éclairants, voir	0171	1		PROTOXYDE D'AZOTE LIQUIDE RÉFRIGÉRÉ	2201	2	
	0254	1					
	0297	1		PYRÉTHROÏDE PESTICIDE LIQUIDE INFLAMMABLE, TOXIQUE, ayant un point d'éclair inférieur à 23 °C	3350	3	
PROJECTILES inertes avec traceur	0345	1					
	0424	1					
	0425	1		PYRÉTHROÏDE PESTICIDE LIQUIDE TOXIQUE	3352	6.1	
PROPADIÈNE STABILISÉ	2200	2		PYRÉTHROÏDE PESTICIDE LIQUIDE TOXIQUE, INFLAMMABLE	3351	6.1	
Propadiène et méthylacétylène en mélange stabilisé, voir	1060	2					
PROPANE	1978	2		PYRÉTHROÏDE PESTICIDE SOLIDE TOXIQUE	3349	6.1	
PROPANETHIOLS	2402	3					
n-PROPANOL	1274	3		PYRIDINE	1282	3	
PROPERGOL LIQUIDE	0495	1		Pyromécanismes, voir	0275	1	
	0497	1			0276	1	
PROPERGOL SOLIDE	0498	1			0323	1	
	0499	1			0381	1	
	0501	1					
Propergols, voir	0160	1					
	0161	1					

Nom et description	No ONU	Classe	Note	Nom et description	No ONU	Classe	Note
Pyrosulfate de mercure, voir	1645	6.1		RÉSINE EN SOLUTION, inflammable	1866	3	
Pyroxyline en solution, voir	2059	3		RÉSORCINOL	2876	6.1	
	2060	3		Rétracteurs de ceinture de sécurité, voir	0503	1.4G	
PYRROLIDINE	1922	3			3268	9	
QUINOLÉINE	2656	6.1		RIVETS EXPLOSIFS	0174	1	
Quinone ordinaire, voir	2587	6.1		ROGNURES DE MÉTAUX FERREUX sous forme auto-échauffante	2793	4.2	
R ... (voir GAZ RÉFRIGERANT)							
Raffinat de pétrole, voir	1268	3		ROQUETTES LANCE-AMARRES	0238	1	
RDX, voir	0072	1			0240	1	
	0391	1			0453	1	
	0483	1		RUBIDIUM	1423	4.3	
RECHARGES D'HYDRO-CARBURES GAZEUX POUR PETITS APPAREILS, avec dispositif de décharge	3150	2		SALICYLATE DE MERCURE	1644	6.1	
				SALICYLATE DE NICOTINE	1657	6.1	
RECHARGES POUR BRIQUETS contenant un gaz inflammable	1057	2		Salpêtre, voir	1486	5.1	
				Salpêtre du Chili, voir	1498	5.1	
RÉCIPIENTS DE FAIBLE CAPACITÉ CONTENANT DU GAZ, sans dispositif de détente, non rechargeables	2037	2		SÉLÉNIATES	2630	6.1	
				SÉLÉNITES	2630	6.1	
Récipients vides, non nettoyés			Voir 5.1.3 et 5.4.1.1.6	SÉLÉNIURE D'HYDROGÈNE ADSORBÉ	3526	2	
				SÉLÉNIURE D'HYDROGÈNE ANHYDRE	2202	2	
Relais détonants avec cordeau détonant, voir	0360	1		SELS D'ALCALOÏDES LIQUIDES, N.S.A.	3140	6.1	
	0361	1					
Relais détonants sans cordeau détonant, voir	0029	1		SELS D'ALCALOÏDES SOLIDES, N.S.A.	1544	6.1	
		1					
RENFORÇATEURS AVEC DÉTONATEUR	0225	1		SELS DE L'ACIDE DICHLORO-ISOCYANURIQUE	2465	5.1	
	0268	1					
RENFORÇATEURS sans détonateur	0042	1		SELS DE STRYCHNINE	1692	6.1	
	0283	1		SELS MÉTALLIQUES DE COMPOSÉS ORGANIQUES, INFLAMMABLES, N.S.A.	3181	4.1	
RÉSERVOIR DE CARBURANT POUR MOTEUR DE CIRCUIT HYDRAULIQUE D'AÉRONEF (contenant un mélange d'hydrazine anhydre et de monométhylhydrazine) (carburant M86)	3165	3		SELS MÉTALLIQUES DÉFLAGRANTS DE DÉRIVÉS NITRÉS AROMATIQUES, N.S.A.	0132	1	
				Sesquioxyde d'azote, voir	2421	2	
RÉSINATE D'ALUMINIUM	2715	4.1		SESQUISULFURE DE PHOSPHORE exempt de phosphore jaune ou blanc	1341	4.1	
RÉSINATE DE CALCIUM	1313	4.1					
RÉSINATE DE CALCIUM FONDU	1314	4.1		Shellacs, voir	1263	3	
					3066	8	
RÉSINATE DE COBALT PRÉCIPITÉ	1318	4.1			3469	3	
					3470	8	
RÉSINATE DE MANGANÈSE	1330	4.1		SIGNAUX DE DÉTRESSE de navires	0194	1	
RÉSINATE DE ZINC	2714	4.1			0195	1	
					0505	1	
					0506	1	

Nom et description	No ONU	Classe	Note	Nom et description	No ONU	Classe	Note
Signaux de détresse de navires (hydroactifs), voir	0248 0249	1 1		SOLIDE AUTORÉACTIF DU TYPE F, AVEC RÉGULATION DE TEMPÉRATURE	3240	4.1	
SIGNAUX FUMIGÈNES	0196 0197 0313 0487 0507	1 1 1 1 1		SOLIDE COMBURANT AUTO-ÉCHAUFFANT, N.S.A.	3100	5.1	Transport interdit
				SOLIDE COMBURANT, CORROSIF, N.S.A.	3085	5.1	
SILANE	2203	2		SOLIDE COMBURANT, HYDRORÉACTIF, N.S.A.	3121	5.1	Transport interdit
Silicate d'éthyle, voir	1292	3					
SILICATE DE TÉTRAÉTHYLE	1292	3		SOLIDE COMBURANT, INFLAMMABLE, N.S.A.	3137	5.1	Transport interdit
Silicate tétraéthylique, voir	1292	3		SOLIDE COMBURANT, N.S.A.	1479	5.1	
SILICIUM EN POUDRE AMORPHE	1346	4.1		SOLIDE COMBURANT, TOXIQUE, N.S.A.	3087	5.1	
SILICIURE DE CALCIUM	1405	4.3		SOLIDES CONTENANT DU LIQUIDE CORROSIF, N.S.A.	3244	8	
SILICIURE DE MAGNÉSIUM	2624	4.3		SOLIDES OU MÉLANGES DE SOLIDES CONTENANT DU LIQUIDE INFLAMMABLE, N.S.A., ayant un point d'éclair inférieur à 60 °C (tels que préparations et déchets)	3175	4.1	
SILICO-ALUMINIUM EN POUDRE NON ENROBÉ	1398	4.3					
Silico-calcium, voir	1405	4.3					
Silicochloroforme, voir	1295	4.3					
SILICO-FERRO-LITHIUM	2830	4.3		SOLIDES CONTENANT DU LIQUIDE TOXIQUE, N.S.A.	3243	6.1	
SILICO-LITHIUM	1417	4.3					
SILICO-MANGANO-CALCIUM	2844	4.3		SOLIDE CORROSIF, AUTO-ÉCHAUFFANT, N.S.A.	3095	8	
SODIUM	1428	4.3		SOLIDE CORROSIF, COMBURANT, N.S.A.	3084	8	
SOLIDE AUTO-ÉCHAUFFANT, COMBURANT, N.S.A.	3127	4.2	Transport interdit	SOLIDE CORROSIF, HYDRORÉACTIF, N.S.A.	3096	8	
SOLIDE AUTORÉACTIF DU TYPE B	3222	4.1		SOLIDE CORROSIF, INFLAMMABLE, N.S.A.	2921	8	
SOLIDE AUTORÉACTIF DU TYPE B, AVEC RÉGULATION DE TEMPÉRATURE	3232	4.1		SOLIDE CORROSIF, N.S.A.	1759	8	
SOLIDE AUTORÉACTIF DU TYPE C	3224	4.1		SOLIDE CORROSIF, TOXIQUE, N.S.A.	2923	8	
SOLIDE AUTORÉACTIF DU TYPE C, AVEC RÉGULATION DE TEMPÉRATURE	3234	4.1		SOLIDE EXPLOSIBLE DÉSENSIBILISÉ, N.S.A.	3380	4.1	
SOLIDE AUTORÉACTIF DU TYPE D	3226	4.1		SOLIDE HYDRORÉACTIF, AUTO-ÉCHAUFFANT, N.S.A.	3135	4.3	
SOLIDE AUTORÉACTIF DU TYPE D, AVEC RÉGULATION DE TEMPÉRATURE	3236	4.1		SOLIDE HYDRORÉACTIF, COMBURANT, N.S.A.	3133	4.3	Transport interdit
SOLIDE AUTORÉACTIF DU TYPE E	3228	4.1		SOLIDE HYDRORÉACTIF, CORROSIF, N.S.A.	3131	4.3	
SOLIDE AUTORÉACTIF DU TYPE E, AVEC RÉGULATION DE TEMPÉRATURE	3238	4.1		SOLIDE HYDRORÉACTIF, INFLAMMABLE, N.S.A.	3132	4.3	
				SOLIDE HYDRORÉACTIF, N.S.A.	2813	4.3	
SOLIDE AUTORÉACTIF DU TYPE F	3230	4.1		SOLIDE HYDRORÉACTIF, TOXIQUE, N.S.A.	3134	4.3	

Nom et description	No ONU	Classe	Note
SOLIDE INFLAMMABLE COMBURANT, N.S.A.	3097	4.1	Transport interdit
SOLIDE INORGANIQUE AUTO-ÉCHAUFFANT, CORROSIF, N.S.A.	3192	4.2	
SOLIDE INORGANIQUE AUTO-ÉCHAUFFANT, N.S.A.	3190	4.2	
SOLIDE INORGANIQUE AUTO-ÉCHAUFFANT, TOXIQUE, N.S.A.	3191	4.2	
SOLIDE INORGANIQUE CORROSIF, ACIDE, N.S.A.	3260	8	
SOLIDE INORGANIQUE CORROSIF, BASIQUE, N.S.A.	3262	8	
SOLIDE INORGANIQUE INFLAMMABLE, CORROSIF, N.S.A.	3180	4.1	
SOLIDE INORGANIQUE INFLAMMABLE, N.S.A.	3178	4.1	
SOLIDE INORGANIQUE TOXIQUE, INFLAMMABLE, N.S.A.	6.1	3535	
SOLIDE INORGANIQUE INFLAMMABLE, TOXIQUE, N.S.A.	3179	4.1	
SOLIDE INORGANIQUE PYROPHORIQUE, N.S.A.	3200	4.2	
SOLIDE INORGANIQUE TOXIQUE, CORROSIF, N.S.A.	3290	6.1	
SOLIDE INORGANIQUE TOXIQUE, N.S.A.	3288	6.1	
SOLIDE ORGANIQUE AUTO-ÉCHAUFFANT, CORROSIF, N.S.A.	3126	4.2	
SOLIDE ORGANIQUE AUTO-ÉCHAUFFANT, N.S.A.	3088	4.2	
SOLIDE ORGANIQUE AUTO-ÉCHAUFFANT, TOXIQUE, N.S.A.	3128	4	
SOLIDE ORGANIQUE CORROSIF, ACIDE, N.S.A.	3261	8	
SOLIDE ORGANIQUE CORROSIF, BASIQUE, N.S.A.	3263	8	
SOLIDE ORGANIQUE INFLAMMABLE, CORROSIF, N.S.A.	2925	4.1	
SOLIDE ORGANIQUE INFLAMMABLE FONDU, N.S.A.	3176	4.1	
SOLIDE ORGANIQUE INFLAMMABLE, N.S.A.	1325	4.1	

Nom et description	No ONU	Classe	Note
SOLIDE ORGANIQUE INFLAMMABLE, TOXIQUE, N.S.A.	2926	4.1	
SOLIDE ORGANIQUE PYROPHORIQUE, N.S.A.	2846	4.2	
SOLIDE ORGANIQUE TOXIQUE, CORROSIF, N.S.A.	2928	6.1	
SOLIDE ORGANIQUE TOXIQUE, INFLAMMABLE, N.S.A.	2930	6.1	
SOLIDE ORGANIQUE TOXIQUE, N.S.A.	2811	6.1	
SOLIDE TOXIQUE, AUTO-ÉCHAUFFANT, N.S.A.	3124	6.1	
SOLIDE TOXIQUE, COMBURANT, N.S.A.	3086	6.1	
SOLIDE TOXIQUE, HYDRORÉACTIF, N.S.A.	3125	6.1	
SOLIDE TRANSPORTÉ À CHAUD, N.S.A., à une température égale ou supérieure à 240 °C	3258	9	
SOLUTION D'ENROBAGE (traitement de surface ou enrobages utilisés dans l'industrie ou à d'autres fins, tels que sous-couche pour carrosserie de véhicule, revêtement pour fûts et tonneaux)	1139	3	
Solvant-naphte, voir	1268	3	
SOUFRE	1350	4.1	
Solvants, voir	1263	3	
	3066	8	
	3469	3	
	3470	8	
SOUFRE FONDU	2448	4.1	
SOUS-PRODUITS DE LA FABRICATION DE L'ALUMINIUM	3170	4.3	
SOUS-PRODUITS DE LA REFUSION DE L'ALUMINIUM	3170	4.3	
Squibs, voir	0325	1	
	0454	1	
STIBINE	2676	2	
STRYCHNINE	1692	6.1	
Strychnine, sels de, voir	1692	6.1	
STYPHNATE DE PLOMB HUMIDIFIÉ avec au moins 20% (masse) d'eau ou d'un mélange d'alcool et d'eau	0130	1	
STYRÈNE MONOMÈRE STABILISÉ	2055	3	

Nom et description	No ONU	Classe	Note	Nom et description	No ONU	Classe	Note
Styrol, voir	2055	3		SULFURE DE POTASSIUM ANHYDRE	1382	4.2	
Styrolène, voir	2055	3		SULFURE DE POTASSIUM avec moins de 30% d'eau de cristallisation	1382	4.2	
SUCCÉDANÉ D'ESSENCE DE TÉRÉBENTHINE	1300	3					
Sulfate acide d'éthyle, voir	2571	8		SULFURE DE POTASSIUM HYDRATÉ avec au moins 30% d'eau de cristallisation	1847	8	
Sulfate acide de nitrosyle, voir	2308	8					
SULFATE DE DIÉTHYLE	1594	6.1		SULFURE DE SODIUM ANHYDRE	1385	4.2	
SULFATE DE DIMÉTHYLE	1595	6.1		SULFURE DE SODIUM avec moins de 30% d'eau de cristallisation	1385	4.2	
Sulfate diéthylique, voir	1594	6.1					
Sulfate diméthylique, voir	1595	6.1		SULFURE DE SODIUM HYDRATÉ avec au moins 30% d'eau	1849	8	
Sulfate d'éthyle, voir	1594	6.1					
SULFATE DE MERCURE	1645	6.1					
Sulfate de mercure (I), voir	1645	6.1		SUPEROXYDE DE POTASSIUM	2466	5.1	
Sulfate de mercure (II), voir	1645	6.1		SUPEROXYDE DE SODIUM	2547	5.1	
Sulfate de méthyle, voir	1595	6.1		Talc avec de la trémolite et/ou l'actinolite, voir	2212	9	
SULFATE DE NICOTINE EN SOLUTION	1658	6.1		TARTRATE D'ANTIMOINE ET DE POTASSIUM	1551	6.1	
SULFATE DE NICOTINE SOLIDE	3445	6.1		TARTRATE DE NICOTINE	1659	6.1	
SULFATE DE PLOMB contenant plus de 3% d'acide libre	1794	8		TEINTURES MÉDICINALES	1293	3	
SULFATE DE VANADYLE	2931	6.1		TERPHÉNYLES POLY-HALOGÉNÉS LIQUIDES	3151	9	
SULFATE NEUTRE D'HYDROXYLAMINE	2865	8		TERPHÉNYLES POLY-HALOGÉNÉS SOLIDES	3152	9	
Sulfhydrate de sodium, voir	2318 2949	4.2 8		TERPINOLÈNE	2541	3	
SULFURE D'AMMONIUM EN SOLUTION	2683	8		TÊTES MILITAIRES POUR ENGINS AUTOPROPULSÉS avec charge d'éclatement	0286 0287 0369	1 1 1	
Sulfures d'arsenic, n.s.a, voir	1556 1557	6.1 6.1		TÊTES MILITAIRES POUR ENGINS AUTOPROPULSÉS avec charge de dispersion ou charge d'expulsion	0370 0371	1 1	
Sulfure de carbone, voir	1131	3					
SULFURE DE CARBONYLE	2204	2		Têtes militaires pour missiles guidés, voir	0286 0287 0369 0370 0371	1 1 1 1 1	
SULFURE DE DIPICRYLE HUMIDIFIÉ avec au moins 10% (masse) d'eau	2852	4.1					
SULFURE DE DIPICRYLE sec ou humidifié avec moins de 10% (masse) d'eau	0401	1		TÊTES MILITAIRES POUR TORPILLES avec charge d'éclatement	0221	1	
SULFURE D'ÉTHYLE	2375	3		TÉTRABROMÉTHANE	2504	6.1	
SULFURE D'HYDROGÈNE	1053	2		Tétrabromométhane, voir	2516	6.1	
SULFURE DE MÉTHYLE	1164	3		Tétrabromure d'acétylène, voir	2504	6.1	
Sulfure de phosphore (V) exempt de phosphore jaune ou blanc, voir	1340	4.3		TÉTRABROMURE DE CARBONE	2516	6.1	

Nom et description	No ONU	Classe	Note	Nom et description	No ONU	Classe	Note
1,1,2,2-TETRACHLORÉTHANE	1702	6.1		TÉTRANITRATE DE PENTAÉRYTHRITE (TÉTRANITRATE DE PENTAÉRYTHRITOL, PENTHRITE; PETN) EN MÉLANGE DÉSENSIBILISÉ, SOLIDE, N.S.A., avec plus de 10% mais au plus 20% (masse) de PETN	3344	4.1	
TÉTRACHLORÉTHYLÈNE	1897	6.1					
Tétrachlorure d'acétylène, voir	1702	6.1					
Tétracyanomercurate de potassium (II), voir	1626	6.1					
TÉTRACHLORURE DE CARBONE	1846	6.1		TÉTRANITRATE DE PENTAÉRYTHRITE, HUMIDIFIÉ avec au moins 25% (masse) d'eau	0150	1	
TÉTRACHLORURE DE SILICIUM	1818	8					
TÉTRACHLORURE DE TITANE	1838	6.1		TÉTRANITRATE DE PENTAÉRYTHRITOL, voir	0150 0411 3344	1 1 4.1	
TÉTRACHLORURE DE VANADIUM	2444	8		TÉTRANITROMÉTHANE	1510	6.1	
TÉTRACHLORURE DE ZIRCONIUM	2503	8		TÉTRAPHOSPHATE D'HEXAÉTHYLE	1611	6.1	
Tétraéthoxysilane, voir	1292	3		TÉTRAPHOSPHATE D'HEXAÉTHYLE ET GAZ COMPRIMÉ EN MÉLANGE	1612	2	
TÉTRAÉTHYLÈNE-PENTAMINE	2320	8					
TÉTRAFLUORÉTHYLÈNE STABILISÉ	1081	2		Tétraphosphate hexaéthylique, voir	1611	6.1	
TÉTRAFLUORO-1,1,1,2 ÉTHANE	3159	2		TÉTRAPROPYLÈNE	2850	3	
TÉTRAFLUORO-MÉTHANE	1982	2		TÉTRAZÈNE HUMIDIFIÉ avec au moins 30% (masse) d'eau ou d'un mélange d'alcool et d'eau, voir	0114	1	
Tétrafluorure de carbone, voir	1982	2					
TÉTRAFLUORURE DE SILICIUM	1859	2		1H-TÉTRAZOLE	0504	1	
TÉTRAFLUORURE DE SILICIUM ADSORBÉ	3521	2		TÉTROXYDE DE DIAZOTE	1067	2	
TÉTRAFLUORURE DE SOUFRE	2418	2		TÉTROXYDE D'OSMIUM	2471	6.1	
TÉTRAHYDRO-1,2,3,6 BENZALDÉHYDE	2498	3		TÉTRYL, voir	0208	1	
				Thallium, composé du, n.s.a, voir	1707	6.1	
TÉTRAHYDROFURANNE	2056	3		4-THIAPENTANAL	2785	6.1	
TÉTRAHYDROFUR-FURYLAMINE	2943	3		THIOCARBAMATE PESTICIDE LIQUIDE, INFLAMMABLE, TOXIQUE, ayant un point d'éclair inférieur à 23°C	2772	3	
TÉTRAHYDRO-1,2,3,6 PYRIDINE	2410	3					
TÉTRAHYDROTHIOPHÈNE	2412	3		THIOCARBAMATE PESTICIDE LIQUIDE, TOXIQUE	3006	6.1	
TÉTRAMÉTHYLSILANE	2749	3		THIOCARBAMATE PESTICIDE LIQUIDE, TOXIQUE, INFLAMMABLE, ayant un point d'éclair égal ou supérieur à 23 °C	3005	6.1	
TÉTRANITRANILINE	0207	1					
TÉTRANITRATE DE PENTAÉRYTHRITE avec au moins 7% (masse) de cire	0411	1		THIOCARBAMATE PESTICIDE SOLIDE, TOXIQUE	2771	6.1	
TÉTRANITRATE DE PENTAÉRYTHRITE, DÉSENSIBILISÉ avec au moins 15% (masse) de flegmatisant	0150	1		THIOCYANATE DE MERCURE	1646	6.1	
				THIOGLYCOL	2966	6.1	
				THIOPHÈNE	2414	3	
				Thiophénol, voir	2337	6.1	
				THIOPHOSGÈNE	2474	6.1	

Nom et description	No ONU	Classe	Note	Nom et description	No ONU	Classe	Note
TISSUS D'ORIGINE ANIMALE imprégnés d'huile, N.S.A.	1373	4.2		m-TOLUYLÈNE-DIAMINE, SOLIDE	1709	6.1	
TISSUS D'ORIGINE SYNTHÉTIQUE imprégnés d'huile, N.S.A.	1373	4.2		Tolyléthylène, voir	2618	3	
TISSUS D'ORIGINE VÉGÉTALE imprégnés d'huile, N.S.A.	1373	4.2		Torpilles Bangalore, voir	0136 0137 0138 0294	1 1 1 1	
TISSUS IMPRÉGNÉS DE NITROCELLULOSE FAIBLEMENT NITRÉE, N.S.A.	1353	4.1		TORPILLES avec charge d'éclatement	0329 0330 0451	1 1 1	
Titane, éponge de, sous forme de granulés, voir	2878	4.1		TORPILLES À COMBUSTIBLE LIQUIDE avec ou sans charge d'éclatement	0449	1	
Titane, éponge de, sous forme de poudre, voir	2878	4.1		TORPILLES À COMBUSTIBLE LIQUIDE avec tête inerte	0450	1	
TITANE EN POUDRE HUMIDIFIÉ avec au moins 25% d'eau	1352	4.1		TORPILLES DE FORAGE EXPLOSIVES sans détonateur pour puits de pétrole	0099	1	
TITANE EN POUDRE SEC	2546	4.2		TOURTEAUX DE RICIN	2969	9	
TNT, voir	0209	1		TOURNURE DE FER RÉSIDUAIRE provenant de la purification du gaz de ville	1376	4.2	
TNT EN MÉLANGE AVEC DE L'HEXANITRO-STILBÈNE, voir	0388	1		TOURNURES DE MÉTAUX FERREUX sous forme auto-échauffante	2793	4.2	
TNT EN MÉLANGE AVEC DU TRINITROBENZÈNE, voir	0388	1		TOURTEAUX contenant au plus 1,5 % (masse) d'huile et ayant 11% (masse) d'humidité au maximum	2217	4.2	
TNT EN MÉLANGE AVEC DU TRINITROBENZÈNE ET DE L'HEXANITRO-STILBÈNE, voir	0389	1		TOURTEAUX contenant plus de 1,5% (masse) d'huile et ayant 11% (masse) d'humidité au maximum	1386	4.2	
TNT HUMIDIFIÉ, voir	1356 3366	4.1 4.1		TOXINES EXTRAITES D'ORGANISMES VIVANTS, LIQUIDES, N.S.A.	3172	6.1	
Toile enduite de nitrocellulose (industrie de la chaussure), voir	1353	4.1		TOXINES EXTRAITES D'ORGANISMES VIVANTS, SOLIDES, N.S.A.	3462	6.1	
TOLITE, voir	0209	1		TRACEURS POUR MUNITIONS	0212 0306	1 1	
TOLITE EN MÉLANGE AVEC DE L'HEXANITROSTILBÈNE, voir	0388	1		Trémolite, voir	2212	9	
TOLITE EN MÉLANGE AVEC DU TRINITROBENZÈNE, voir	0388	1		TRIALLYLAMINE	2610	3	
TOLITE EN MÉLANGE AVEC DU TRINITROBENZÈNE ET DE L'HEXANITRO-STILBÈNE, voir	0389	1		TRIAZINE PESTICIDE LIQUIDE INFLAMMABLE, TOXIQUE, ayant un point d'éclair inférieur à 23°C	2764	3	
TOLITE HUMIDIFIÉE, voir	1356 3366	4.1 4.1		TRIAZINE PESTICIDE LIQUIDE TOXIQUE	2998	6.1	
TOLUÈNE	1294	3					
TOLUIDINES LIQUIDES	1708	6.1		TRIAZINE PESTICIDE LIQUIDE TOXIQUE, INFLAMMABLE, ayant un point d'éclair égal ou supérieur à 23 °C	2997	6.1	
TOLUIDINES SOLIDES	3451	6.1					
Toluol, voir	1294	3					
m-TOLUYLÈNE-DIAMINE EN SOLUTION	3418	6.1					

Nom et description	No ONU	Classe	Note
TRIAZINE PESTICIDE SOLIDE TOXIQUE	2763	6.1	
TRIBROMURE DE BORE	2692	8	
TRIBROMURE DE PHOSPHORE	1808	8	
TRIBUTYLAMINE	2542	6.1	
TRIBUTYLPHOSPHANE	3254	4.2	
Trichloracétaldéhyde, voir	2075	6.1	
TRICHLORACÉTATE DE MÉTHYLE	2533	6.1	
TRICHLORÉTHYLÈNE	1710	6.1	
TRICHLOROBENZÈNES LIQUIDES	2321	6.1	
TRICHLOROBUTÈNE	2322	6.1	
TRICHLORO-1,1,1 ÉTHANE	2831	6.1	
Trichloronitrométhane, voir	1580	6.1	
TRICHLOROSILANE	1295	4.3	
Trichloro-2,4,6 triazine-1,3,5, voir	2670	8	
Trichloro- 1,3,5 s-triazine trione-2,4,6, voir	2468	5.1	
TRICHLORURE D'ANTIMOINE	1733	8	
TRICHLORURE D'ARSENIC	1560	6.1	
TRICHLORURE DE BORE	1741	2	
TRICHLORURE DE PHOSPHORE	1809	6.1	
TRICHLORURE DE TITANE EN MÉLANGE	2869	8	
TRICHLORURE DE TITANE EN MÉLANGE PYROPHORIQUE	2441	4.2	
TRICHLORURE DE TITANE PYROPHORIQUE	2441	4.2	
TRICHLORURE DE VANADIUM	2475	8	
TRIÉTHYLAMINE	1296	3	
TRIÉTHYLÈNE-TRÉTRAMINE	2259	8	
Trifluorobromométhane, voir	1009	2	
TRIFLUORO-1,1,1 ÉTHANE	2035	2	
TRIFLUOROCHLORÉTHYLÈNE STABILISÉ (GAZ RÉFRIGÉRANT R 1113)	1082	2	
Trifluorochlorométhane, voir	1022	2	
TRIFLUOROMÉTHANE	1984	2	
TRIFLUOROMÉTHANE LIQUIDE RÉFRIGÉRÉ	3136	2	
TRIFLUOROMÉTHYL-2 ANILINE	2942	6.1	
TRIFLUOROMÉTHYL-3 ANILINE	2948	6.1	
TRIFLUORURE D'AZOTE	2451	2	
TRIFLUORURE DE BORE	1008	2	
TRIFLUORURE DE BORE ADSORBÉ	3519	2	
TRIFLUORURE DE BORE DIHYDRATÉ	2851	8	
Trifluorure de bore et d'acide acétique, complexe liquide de, voir	1742	8	
Trifluorure de bore et d'acide propionique, complexe liquide de, voir	1743	8	
TRIFLUORURE DE BROME	1746	5.1	
TRIFLUORURE DE CHLORE	1749	2	
TRIISOBUTYLÈNE	2324	3	
TRIMÉTHYLAMINE ANHYDRE	1083	2	
TRIMÉTHYLAMINE EN SOLUTION AQUEUSE contenant au plus 50% (masse) de triméthylamine	1297	3	
TRIMÉTHYL-1,3,5 BENZÈNE	2325	3	
TRIMÉTHYLCHLOROSILANE	1298	3	
TRIMÉTHYLCYCLO-HEXYLAMINE	2326	8	
TRIMÉTHYLHEXA-MÉTHYLÈNEDIAMINES	2327	8	
Triméthyl-2,4,4 pentanethiol-2, voir	3023	6.1	
TRINITRANILINE	0153	1	
TRINITRANISOLE	0213	1	
TRINITROBENZÈNE HUMIDIFIÉ avec au moins 30% (masse) d'eau	1354	4.1	
TRINITROBENZÈNE HUMIDIFIÉ avec au moins 10% (masse) d'eau	3367	4.1	
TRINITROBENZÈNE sec ou humidifié avec moins de 30% (masse) d'eau	0214	1	
TRINITROCHLORO-BENZÈNE	0155	1	
TRINITROCHLORO-BENZÈNE HUMIDIFIÉ avec moins de 10% (masse) d'eau	3365	4.1	
TRINITRO-m-CRÉSOL	0216	1	

Nom et description	No ONU	Classe	Note	Nom et description	No ONU	Classe	Note
TRINITROFLUORÉNONE	0387	1		TRIOXYDE DE PHOSPHORE	2578	8	
TRINITRONAPHTALÈNE	0217	1		TRIOXYDE DE SOUFRE STABILISÉ	1829	8	
TRINITROPHÉNÉTOLE	0218	1		TRIPROPYLAMINE	2260	3	
TRINITROPHÉNOL HUMIDIFIÉ (ACIDE PICRIQUE) avec au moins 30% (masse) d'eau	1344	4.1		TRIPROPYLÈNE	2057	3	
TRINITROPHÉNOL HUMIDIFIÉ avec au moins 10% (masse) d'eau	3364	4.1		TRISULFURE DE PHOSPHORE exempt de phosphore jaune ou blanc	1343	4.1	
TRINITROPHÉNOL sec ou humidifié avec moins de 30% (masse) d'eau	0154	1		TRITONAL	0390	1	
				Tropilidène, voir	2603	3	
TRINITROPHÉNYL-MÉTHYLNITRAMINE	0208	1		TROUSSE CHIMIQUE	3316	9	
TRINITRORÉSORCINATE DE PLOMB, voir	0130	1		TROUSSE DE PREMIERS SECOURS	3316	9	
TRINITRORÉSORCINE, voir	0219	1		TROUSSE DE RÉSINE POLYESTER, constituant de base liquide	3269	3	
TRINITRORÉSORCINOL HUMIDIFIÉ avec au moins 20% (masse) d'eau (ou d'un mélange d'alcool et d'eau)	0394	1		TROUSSE DE RÉSINE POLYESTER, constituant de base solide	3527	4.1	
TRINITRORÉSORCINOL sec ou humidifié avec moins de 20% (masse) d'eau (ou d'un mélange d'alcool et d'eau)	0219	1		Tubes porte-amorces, voir	0319 0320 0376	1 1 1	
TRINITROTOLUÈNE EN MÉLANGE AVEC DE L'HEXANITROSTILBÈNE	0388	1		UNDÉCANE	2330	3	
TRINITROTOLUÈNE EN MÉLANGE AVEC DU TRINITROBENZÈNE	0388	1		URÉE-PEROXYDE D'HYDROGÈNE	1511	5.1	
				VALÉRALDÉHYDE	2058	3	
TRINITROTOLUÈNE EN MÉLANGE AVEC DU TRINITROBENZÈNE ET DE L'HEXANITRO-STILBÈNE	0389	1		VANADATE DOUBLE D'AMMONIUM ET DE SODIUM	2863	6.1	
TRINITROTOLUÈNE HUMIDIFIÉ avec au moins 30% (masse) d'eau	1356	4.1		VÉHICULE À PROPULSION PAR GAZ INFLAMMABLE	3166	9	
TRINITROTOLUÈNE HUMIDIFIÉ avec au moins 10% (masse) d'eau	3366	4.1		VÉHICULE À PROPULSION PAR LIQUIDE INFLAMMABLE	3166	9	
TRINITROTOLUÈNE sec ou humidifié avec moins de 30% (masse) d'eau	0209	1		VÉHICULE À PROPULSION PAR PILE À COMBUSTIBLE CONTENANT DU GAZ INFLAMMABLE	3166	9	
				VÉHICULE À PROPULSION PAR PILE À COMBUSTIBLE CONTENANT DU LIQUIDE INFLAMMABLE	3166	9	
TRIOXOSILICATE DE DISODIUM	3253	8		Véhicule-batterie vide, non nettoyé			Voir 4.3.2.4 de l'ADR, 5.1.3 et 5.4.1.1.6
TRIOXYDE D'ARSENIC	1561	6.1					
TRIOXYDE D'AZOTE	2421	2	Transport Interdit	VÉHICULE MÛ PAR ACCUMULATEURS	3171	9	
TRIOXYDE DE CHROME ANHYDRE	1463	5.1					

Nom et description	No ONU	Classe	Note	Nom et description	No ONU	Classe	Note
Véhicule vide, non nettoyé			Voir 5.1.3 et 5.4.1.1.6	XYLIDINES LIQUIDES	1711	6.1	
				XYLIDINES SOLIDES	3452	6.1	
Vernis, voir	1263	3		Zinc, cendres de, voir	1435	4.3	
	3066	8		ZINC EN POUDRE	1436	4.3	
	3469	3		ZINC EN POUSSIÈRE	1436	4.3	
	3470	8					
Vinylbenzène, voir	2055	3		Zirconium, déchets de, voir	1932	4.2	
VINYLPYRIDINES STABILISÉES	3073	6.1		ZIRCONIUM EN POUDRE HUMIDIFIÉ avec au moins 25% d'eau	1358	4.1	
VINYLTOLUÈNES STABILISÉS	2618	3		ZIRCONIUM EN POUDRE SEC	2008	4.2	
VINYLTRICHLOROSILANE	1305	3		ZIRCONIUM EN SUSPENSION DANS UN LIQUIDE INFLAMMABLE	1308	3	
White spirit, voir	1300	3					
XANTHATES	3342	4.2		ZIRCONIUM SEC, sous forme de feuilles, de bandes ou de fil	2009	4.2	
XÉNON	2036	2		ZIRCONIUM SEC, sous forme de fils enroulés, de plaques métalliques ou de bandes (d'une épaisseur de moins de 254 microns mais au minimum 18 microns)	2858	4.1	
XÉNON LIQUIDE RÉFRIGÉRÉ	2591	2					
XYLÈNES	1307	3					
XYLÉNOLS LIQUIDES	3430	6.1					
XYLÉNOLS SOLIDES	2261	6.1					

3.2.3   (Voir Volume I)

3.2.4   (Voir Volume I)

CHAPITRE 3.3

DISPOSITIONS SPÉCIALES APPLICABLES À UNE MATIÈRE OU À UN OBJET PARTICULIERS

3.3.1   On trouvera dans le présent chapitre les dispositions spéciales correspondant aux numéros indiqués dans la colonne (6) du tableau A du chapitre 3.2 en regard des matières ou objets auxquels ces dispositions s'appliquent. Lorsqu'une disposition spéciale comprend une prescription en matière de marquage des emballages, les dispositions des alinéas a) et b) du 5.2.1.2 s'appliquent. Si la marque en question fait l'objet d'une formulation particulière entre guillemets, comme "PILES AU LITHIUM POUR ÉLIMINATION", la dimension minimale de la marque est de 12 mm, sauf indication contraire dans la disposition spéciale ou ailleurs dans l'ADN.

16   Des échantillons de matières ou objets explosibles nouveaux ou existants peuvent être transportés conformément aux instructions des autorités compétentes (voir sous 2.2.1.1.3), aux fins, entre autres, d'essai, de classement, de recherche et développement, de contrôle de qualité ou en tant qu'échantillons commerciaux. La masse d'échantillons explosibles non mouillés ou non désensibilisés est limitée à 10 kg en petits colis, selon les prescriptions des autorités compétentes. La masse d'échantillons explosibles mouillés ou désensibilisés est limitée à 25 kg.

23   Cette matière présente un danger d'inflammabilité, mais ce dernier ne se manifeste qu'en cas d'incendie très violent dans un espace confiné.

32   Cette matière n'est pas soumise aux prescriptions de l'ADN lorsqu'elle est sous toute autre forme.

37   Cette matière n'est pas soumise aux prescriptions de l'ADN lorsqu'elle est enrobée.

38   Cette matière n'est pas soumise aux prescriptions de l'ADN lorsqu'elle contient au plus 0,1 % de carbure de calcium.

39   Cette matière n'est pas soumise aux prescriptions de l'ADN lorsqu'elle contient moins de 30 % ou au moins 90 % de silicium.

43   Lorsqu'elles sont présentées au transport en tant que pesticides, ces matières doivent être transportées sous couvert de la rubrique pesticide pertinente et conformément aux dispositions relatives aux pesticides qui sont applicables (voir 2.2.61.1.10 à 2.2.61.1.11.2).

45   Les sulfures et les oxydes d'antimoine qui contiennent au plus 0,5 % d'arsenic par rapport à la masse totale ne sont pas soumis aux prescriptions de l'ADN.

47   Les ferricyanures et les ferrocyanures ne sont pas soumis aux prescriptions de l'ADN.

48   Cette matière n'est pas admise au transport lorsqu'elle contient plus de 20 % d'acide cyanhydrique.

59   Ces matières ne sont pas soumises aux prescriptions de l'ADN lorsqu'elles ne contiennent pas plus de 50 % de magnésium.

60   Cette matière n'est pas admise au transport si la concentration dépasse 72 %.

61   Le nom technique qui doit compléter la désignation officielle de transport doit être le nom commun approuvé par l'ISO (voir aussi ISO 1750:1981 "*Produits phytosanitaires et assimilés - Noms communs*" tel que modifié), les autres noms figurant dans les "*Lignes directrices pour la classification des pesticides par danger recommandée par l'OMS*" *(The WHO recommended classification of pesticides by hazard and guidelines to classification)* ou le nom de la matière active (voir aussi 3.1.2.8.1 et 3.1.2.8.1.1).

62   Cette matière n'est pas soumise aux prescriptions de l'ADN lorsqu'elle ne contient pas plus de 4 % d'hydroxyde de sodium.

65   Les solutions aqueuses de peroxyde d'hydrogène contenant moins de 8 % de cette matière ne sont pas soumises aux prescriptions de l'ADN.

66   Le cinabre n'est pas soumis aux prescriptions de l'ADN.

103   Le transport de nitrites d'ammonium et de mélanges contenant un nitrite inorganique et un sel d'ammonium est interdit.

105   La nitrocellulose correspondant aux descriptions des Nos ONU 2556 ou 2557 peut être affectée à la classe 4.1.

113   Le transport des mélanges chimiquement instables est interdit.

119   Les machines frigorifiques comprennent les machines ou autres appareils conçus spécifiquement en vue de garder des aliments ou d'autres produits à basse température, dans un compartiment interne, ainsi que les unités de conditionnement d'air. Les machines frigorifiques et les éléments des machines frigorifiques ne sont pas soumis aux prescriptions de l'ADN s'ils contiennent moins de 12 kg d'un gaz de la classe 2, groupe A ou O selon 2.2.2.1.3, ou moins de 12 *l* de solution d'ammoniac (No ONU 2672).

       NOTA: Aux fins du transport, les pompes à chaleur peuvent être considérées comme des machines frigorifiques.

122   Les dangers subsidiaires, et, s'il y a lieu, la température de régulation et la température critique, ainsi que les numéros ONU (rubriques génériques) pour chacune des préparations de peroxydes organiques déjà affectées sont indiqués au 2.2.52.4, dans l'instruction d'emballage IBC520 au 4.1.4.2 de l'ADR et dans l'instruction de transport en citernes mobiles T23 au 4.2.5.2.6 de l'ADR.

123   *(Réservé)*

127   D'autres matières inertes ou d'autres mélanges de matières inertes peuvent être utilisés, pour autant que ces matières inertes aient des propriétés flegmatisantes identiques.

131   La matière flegmatisée doit être nettement moins sensible que le PETN sec.

135   Le sel de sodium dihydraté de l'acide dichloroisocyanurique ne répond pas aux critères d'inclusion dans la classe 5.1 et n'est pas soumis à l'ADN sauf s'il satisfait aux critères d'inclusion dans une autre classe.

138   Le cyanure de p-bromobenzyle n'est pas soumis aux prescriptions de l'ADN.

141   Les produits qui, ayant subi un traitement thermique suffisant, ne représentent aucun danger en cours de transport ne sont pas soumis aux prescriptions de l'ADN.

142   La farine de graines de soja ayant subi un traitement d'extraction par solvant, contenant au plus 1,5 % d'huile et ayant au plus 11 % d'humidité, et ne contenant pratiquement pas de solvant inflammable, n'est pas soumise aux prescriptions de l'ADN.

144   Une solution aqueuse ne contenant pas plus de 24 % d'alcool (volume) n'est pas soumise aux prescriptions de l'ADN.

145   Les boissons alcoolisées du groupe d'emballage III, lorsqu'elles sont transportées en récipients d'une contenance ne dépassant pas 250 *l,* ne sont pas soumises aux prescriptions de l'ADN.

152   Le classement de cette matière variera en fonction de la granulométrie et de l'emballage, mais les valeurs limites n'ont pas été déterminées expérimentalement. Les classements appropriés doivent être effectués conformément au 2.2.1.

153   Cette rubrique est applicable seulement s'il a été démontré par des essais que ces matières, au contact de l'eau, ne sont pas combustibles, qu'elles ne présentent pas de tendance à l'inflammation spontanée et que le mélange de gaz émis n'est pas inflammable.

163   Une matière nommément mentionnée dans le tableau A du chapitre 3.2 ne doit pas être transportée au titre de cette rubrique. Les matières transportées au titre de cette rubrique peuvent contenir jusqu'à 20 % de nitrocellulose, à condition que la nitrocellulose ne renferme pas plus de 12,6 % d'azote (masse sèche).

168   L'amiante immergé, ou fixé dans un liant naturel ou artificiel (ciment, matière plastique, asphalte, résine, minéral, etc.), de telle manière qu'il ne puisse pas y avoir libération en quantités dangereuses de fibres d'amiante respirables pendant le transport, n'est pas soumis aux prescriptions de l'ADN. Les objets manufacturés contenant de l'amiante et ne satisfaisant pas à cette disposition ne sont pas pour autant soumis aux prescriptions de l'ADN pour le transport, s'ils sont emballés de telle manière qu'il ne puisse pas y avoir libération en quantités dangereuses de fibres d'amiante respirables au cours du transport.

169   L'anhydride phtalique à l'état solide et les anhydrides tétrahydrophtaliques ne contenant pas plus de 0,05 % d'anhydride maléique, ne sont pas soumis aux prescriptions de l'ADN. L'anhydride phtalique fondu à une température supérieure à son point d'éclair, ne contenant pas plus de 0,05 % d'anhydride maléique, doit être affecté au No ONU 3256.

172   Lorsqu'une matière radioactive présente un danger subsidiaire:

   a)   La matière doit être affectée au groupe d'emballage I, II ou III, selon le cas, conformément aux critères de classification par groupe d'emballage énoncés dans la deuxième partie, correspondant à la nature du danger subsidiaire prépondérant;

   b)   Les colis doivent porter des étiquettes de danger subsidiaire correspondant à chaque danger subsidiaire présenté par la matière; des plaques-étiquettes correspondantes doivent être apposées sur les engins de transport, conformément aux dispositions pertinentes du 5.3.1;

   c)   Aux fins de la documentation et du marquage des colis, la désignation officielle de transport doit être complétée par le nom des composants qui contribuent de manière prépondérante à ce(s) danger(s) subsidiaire(s) et qui doit figurer entre parenthèses;

   d)   Le document de transport doit comporter, après le numéro de la classe 7 et entre parenthèses, le ou les numéros de modèle d'étiquette correspondant à chaque danger subsidiaire et, le cas échéant, le groupe d'emballage auquel a été affectée la matière le cas conformément au 5.4.1.1.1 d).

Pour l'emballage, voir aussi le 4.1.9.1.5 de l'ADR.

177   Le sulfate de baryum n'est pas soumis aux prescriptions de l'ADN.

178   Cette désignation ne doit être utilisée que lorsqu'il n'existe pas d'autre désignation appropriée dans le tableau A du chapitre 3.2, et uniquement avec l'approbation de l'autorité compétente du pays d'origine (voir 2.2.1.1.3).

181   Les colis contenant cette matière doivent porter une étiquette conforme au modèle No 1 (voir 5.2.2.2.2), à moins que l'autorité compétente du pays d'origine n'accorde une dérogation pour un emballage spécifique, parce qu'elle juge que, d'après les résultats d'épreuve, la matière dans cet emballage n'a pas un comportement explosif (voir 5.2.2.1.9).

182   Le groupe des métaux alcalins comprend le lithium, le sodium, le potassium, le rubidium et le césium.

183   Le groupe des métaux alcalino-terreux comprend le magnésium, le calcium, le strontium et le baryum.

186   *(Supprimé)*

188   Les piles et batteries présentées au transport ne sont pas soumises aux autres dispositions de l'ADN si elles satisfont aux conditions énoncées ci-après:

a)   Pour une pile au lithium métal ou à alliage de lithium, le contenu de lithium n'est pas supérieur à 1 g, et pour une pile au lithium ionique, l'énergie nominale en wattheures ne doit pas dépasser 20 Wh;

NOTA: Lorsque les batteries au lithium sont transportées conformément au 2.2.9.1.7 f), la teneur totale en lithium de toutes les piles au lithium métal contenues dans la batterie ne doit pas dépasser 1,5 g et la capacité totale de toutes les piles au lithium ionique contenues dans la batterie ne doit pas dépasser 10 Wh (voir disposition spéciale 387).

b)   Pour une batterie au lithium métal ou à alliage de lithium, le contenu total de lithium n'est pas supérieur à 2 g, et pour une batterie au lithium ionique, l'énergie nominale en wattheures ne doit pas dépasser 100 Wh. Dans le cas des batteries au lithium ionique remplissant cette disposition, l'énergie nominale en wattheures doit être inscrite sur l'enveloppe extérieure, sauf pour celles fabriquées avant le 1er janvier 2009;

NOTA: Lorsque les batteries au lithium sont transportées conformément au 2.2.9.1.7 f), la teneur totale en lithium de toutes les piles au lithium métal contenues dans la batterie ne doit pas dépasser 1,5 g et la capacité totale de toutes les piles au lithium ionique contenues dans la batterie ne doit pas dépasser 10 Wh (voir disposition spéciale 387).

c)   Chaque pile ou batterie satisfait aux dispositions du 2.2.9.1.7 a), e), f) le cas échéant et g);

d)   Les piles et les batteries, sauf si elles sont installées dans un équipement, doivent être placées dans des emballages intérieurs qui les enferment complètement. Les piles et batteries doivent être protégées de manière à éviter tout court-circuit. Ceci inclut la protection contre les contacts avec des matériaux conducteurs d'électricité, contenus à l'intérieur du même emballage, qui pourraient entraîner un court-circuit. Les emballages intérieurs doivent être emballés dans des emballages extérieurs robustes conformes aux dispositions des 4.1.1.1, 4.1.1.2 et 4.1.1.5 de l'ADR;

e) Les piles et les batteries, lorsqu'elles sont montées dans des équipements, doivent être protégées contre les endommagements et les courts-circuits, et l'équipement doit être pourvu de moyens efficaces pour empêcher leur fonctionnement accidentel. Cette prescription ne s'applique pas aux dispositifs intentionnellement actifs pendant le transport (transmetteurs de radio-identification, montres, capteurs, etc.) et qui ne sont pas susceptibles de générer un dégagement dangereux de chaleur. Lorsque des batteries sont installées dans un équipement, ce dernier doit être placé dans des emballages extérieurs robustes, construits en matériaux appropriés, et d'une résistance et d'une conception adaptées à la capacité de l'emballage et à l'utilisation prévue, à moins qu'une protection équivalente de la batterie ne soit assurée par l'équipement dans lequel elle est contenue;

f) Chaque colis doit porter la marque de pile au lithium appropriée, comme indiqué au 5.2.1.9.

Cette prescription ne s'applique pas:

i) aux colis ne contenant que des piles boutons montées dans un équipement (y compris les circuits imprimés); et

ii) aux colis ne contenant pas plus de 4 piles ou 2 batteries montées dans un équipement, lorsque l'envoi ne comporte pas plus de deux tels colis.

Lorsque les colis sont placés dans un suremballage, la marque de pile au lithium doit être soit directement visible, soit reproduite à l'extérieur du suremballage et celui-ci doit porter la marque "SUREMBALLAGE". Les lettres de la marque "SUREMBALLAGE" doivent mesurer au moins 12 mm de hauteur.

NOTA: Les colis contenant des piles au lithium emballées conformément aux dispositions de la section IB des instructions d'emballage 965 ou 968 du chapitre 11 de la partie 4 des Instructions techniques de l'OACI qui portent la marque représentée au paragraphe 5.2.1.9 (marque pour les piles au lithium) et l'étiquette représentée au paragraphe 5.2.2.2.2, modèle No 9A sont réputés satisfaire aux dispositions de la présente disposition spéciale.

g) Sauf lorsque les piles ou batteries sont montées dans un équipement, chaque colis doit pouvoir résister à une épreuve de chute d'une hauteur de 1,2 m, quelle que soit son orientation, sans que les piles ou batteries qu'il contient soient endommagées, sans que son contenu soit déplacé de telle manière que les batteries (ou les piles) se touchent, et sans qu'il y ait libération du contenu; et

h) Sauf lorsque les piles ou batteries sont montées dans un équipement ou emballées avec un équipement, la masse brute des colis ne doit pas dépasser 30 kg.

Ci-dessus et ailleurs dans l'ADN, l'expression "contenu de lithium" désigne la masse de lithium présente dans l'anode d'une pile au lithium métal ou à alliage de lithium. Dans la présente disposition spéciale, on entend par "équipement" un appareil alimenté par des piles ou batteries au lithium.

Des rubriques séparées existent pour les batteries au lithium métal et pour les batteries au lithium ionique pour faciliter le transport de ces batteries pour des modes de transport spécifiques et pour permettre l'application des actions d'intervention en cas d'accident.

Une batterie à une seule pile telle que définie dans la sous-section 38.3.2.3 de la troisième partie du Manuel d'épreuves et de critères est considérée comme une "pile" et doit être transportée selon les exigences des "piles" dans le cadre de cette disposition spéciale.

190 Les générateurs d'aérosols doivent être munis d'un dispositif de protection contre une décharge accidentelle. Les générateurs d'aérosols d'une contenance ne dépassant pas 50 ml, contenant seulement des matières non toxiques, ne sont pas soumis aux prescriptions de l'ADN.

191 Les récipients de faible capacité d'une contenance ne dépassant pas 50 ml, contenant seulement des matières non toxiques, ne sont pas soumis aux prescriptions de l'ADN.

193 Cette rubrique n'est applicable qu'aux engrais au nitrate d'ammonium composés. Ils doivent être classés conformément à la procédure définie dans le Manuel d'épreuves et de critères, troisième partie, section 39. Les engrais répondant aux critères de ce numéro ONU ne sont soumis aux prescriptions de l'ADN que s'ils sont transportés en vrac.

194 La température de régulation et la température critique, le cas échéant, ainsi que le numéro ONU (rubrique générique) de toutes les matières autoréactives actuellement affectées sont indiqués au 2.2.41.4.

196 Une préparation qui, lors d'épreuves de laboratoire, ne détone pas à l'état cavité, ne déflagre pas, ne réagit pas au chauffage sous confinement et a une puissance explosive nulle peut être transportée sous cette rubrique. La préparation doit être aussi thermiquement stable (c'est-à-dire avoir une température de décomposition auto-accélérée (TDAA) égale ou supérieure à 60 °C pour un colis de 50 kg). Une préparation ne répondant pas à ces critères doit être transportée conformément aux dispositions s'appliquant à la classe 5.2 (voir 2.5.52.4).

198 Les solutions de nitrocellulose ne contenant pas plus de 20 % de nitrocellulose peuvent être transportées en tant que peintures, produits pour parfumerie ou encres d'imprimerie, selon le cas (voir les Nos ONU 1210, 1263, 1266, 3066, 3469 et 3470).

199 Les composés du plomb qui, mélangés à 1:1000 avec l'acide chlorhydrique 0,07 M et agités pendant une heure à 23 °C ± 2 °C, présentent une solubilité de 5 % ou moins (voir norme ISO 3711:1990 "Pigments à base de chromate et de chromomolybdate de plomb - Spécifications et méthodes d'essai") sont considérés comme insolubles et ne sont pas soumis aux prescriptions de l'ADN sauf s'ils satisfont aux critères d'inclusion dans une autre classe ou division de danger.

201 Les briquets et recharges pour briquets doivent satisfaire aux dispositions en vigueur dans le pays où ils ont été remplis. Ils doivent être protégés contre toute décharge accidentelle. La partie liquide du contenu ne doit pas représenter plus de 85 % de la capacité du récipient à 15 °C. Les récipients, y compris les fermetures, doivent pouvoir résister à une pression interne représentant deux fois la pression du gaz de pétrole liquéfié à 55 °C. Les mécanismes de soupape et les dispositifs d'allumage doivent être fermés de manière sûre, fixés avec un ruban adhésif ou bloqués autrement ou encore conçus pour empêcher tout fonctionnement ou fuite du contenu pendant le transport. Les briquets ne doivent pas contenir plus de 10 g de gaz de pétrole liquéfié, et les recharges pas plus de 65 g.

NOTA: *S'agissant des briquets mis au rebut, recueillis séparément, voir le chapitre 3.3, disposition spéciale 654.*

203 Cette rubrique ne doit pas être utilisée pour les diphényles polychlorés liquides (No ONU 2315) ni pour les diphényles polychlorés solides (No ONU 3432).

204 *(Supprimé)*

205 Cette rubrique ne doit pas être utilisée pour le PENTACHLOROPHÉNOL, No ONU 3155.

207 Les matières plastiques pour moulage peuvent être du polystyrène, du poly(méthacrylate de méthyle) ou un autre matériau polymère.

208 L'engrais au nitrate de calcium de qualité commerciale, consistant principalement en un sel double (nitrate de calcium et nitrate d'ammonium) ne contenant pas plus de 10 % de nitrate d'ammonium, ni moins de 12 % d'eau de cristallisation, n'est pas soumis aux prescriptions de l'ADN.

210 Les toxines d'origine végétale, animale ou bactérienne qui contiennent des matières infectieuses, ou les toxines qui sont contenues dans des matières infectieuses, doivent être affectées à la classe 6.2.

215 Cette rubrique ne s'applique qu'à la matière techniquement pure ou aux préparations qui en découlent dont la TDAA est supérieure à 75 °C et ne s'applique donc pas aux préparations qui sont des matières autoréactives, pour les matières autoréactives voir 2.2.41.4. Les mélanges homogènes ne contenant pas plus de 35% en masse d'azodicarbonamide et au moins 65 % de matière inerte ne sont pas soumis aux prescriptions de l'ADN, à moins qu'ils ne répondent aux critères d'autres classes.

216 Les mélanges de matières solides non soumises aux prescriptions de l'ADN et de liquides inflammables peuvent être transportés au titre de cette rubrique sans que les critères de classification de la classe 4.1 leur soient d'abord appliqués, à condition qu'aucun liquide excédent ne soit visible au moment du chargement de la marchandise ou de la fermeture de l'emballage ou de l'engin de transport. Les paquets et les objets scellés contenant moins de 10 ml d'un liquide inflammable des groupes d'emballage II ou III absorbé dans un matériau solide ne sont pas soumis aux prescriptions de l'ADN, à condition que le paquet ou l'objet ne contienne pas de liquide libre.

217 Les mélanges de matières solides non soumises aux prescriptions de l'ADN et de liquides toxiques peuvent être transportés au titre de cette rubrique sans que les critères de classification de la classe 6.1 leur soient d'abord appliqués, à condition qu'aucun liquide excédent ne soit visible au moment du chargement de la marchandise ou de la fermeture de l'emballage ou de l'engin de transport. Cette rubrique ne doit pas être utilisée pour les solides contenant un liquide relevant du groupe d'emballage I.

218 Les mélanges de matières solides non soumises aux prescriptions de l'ADN et de liquides corrosifs peuvent être transportés au titre de cette rubrique sans que les critères de classification de la classe 8 leur soient d'abord appliqués, à condition qu'aucun liquide excédent ne soit visible au moment du chargement de la marchandise ou de la fermeture de l'emballage ou de l'engin de transport.

219 Les micro-organismes génétiquement modifiés (MOGM) et organismes génétiquement modifiés (OGM) emballés et marqués conformément à l'instruction d'emballage P904 du 4.1.4.1 de l'ADR ne sont soumis à aucune autre prescription de l'ADN.

Si des MOGM ou OGM répondent aux critères pour l'inclusion dans la classe 6.1 ou 6.2 (voir 2.2.61.1 et 2.2.62.1), les prescriptions de l'ADN pour le transport des matières toxiques ou des matières infectieuses s'appliquent.

220 Seul le nom technique du liquide inflammable faisant partie de cette solution ou de ce mélange doit être indiqué entre parenthèses immédiatement après la désignation officielle de transport.

221 Les matières qui relèvent de cette rubrique ne doivent pas appartenir au groupe d'emballage I.

224 La matière doit rester liquide dans les conditions normales de transport à moins que l'on puisse prouver par des essais que la matière n'est pas plus sensible à l'état congelé qu'à l'état liquide. Elle ne doit pas geler aux températures supérieures à -15 °C.

225 Les extincteurs relevant de cette rubrique peuvent être équipés de cartouches assurant leur fonctionnement (cartouches pour pyromécanismes, du code de classification 1.4C ou 1.4 S), sans changement de classification dans la classe 2, groupe A ou O selon 2.2.2.1.3, si la quantité totale de poudre propulsive agglomérée ne dépasse pas 3,2 g par extincteur. Les extincteurs doivent être fabriqués, soumis aux essais, agréés et étiquetés conformément aux dispositions appliquées dans le pays de fabrication.

NOTA: On entend par "dispositions appliquées dans le pays de fabrication" les dispositions applicables dans le pays de fabrication ou celles applicables dans le pays d'utilisation.

Les extincteurs visés par cette rubrique comprennent les extincteurs suivants:

a) Extincteurs portatifs pour manutention et opération manuelles;

NOTA: Cette rubrique s'applique aux extincteurs portatifs, même si certains éléments nécessaires à leur bon fonctionnement (par exemple, les tuyaux et les buses) sont temporairement détachés, tant que la sécurité des conteneurs d'agent d'extinction sous pression n'est pas compromise et que les extincteurs continuent d'être identifiés en tant qu'extincteurs portatifs.

b) Extincteurs destinés à être placés à bord d'aéronefs;

c) Extincteurs montés sur roues pour manutention manuelle;

d) Équipement ou appareil de lutte contre l'incendie monté sur roues ou sur un chariot à roues ou un engin de transport analogue à une (petite) remorque; et

e) Extincteurs composés d'un fût à pression et d'un équipement non munis de roues et manipulés par exemple au moyen d'un chariot à fourche ou d'une grue à l'état chargé ou déchargé.

NOTA: Les récipients à pression contenant des gaz destinés à être utilisés dans les extincteurs susmentionnés ou dans des installations d'extinction d'incendie fixes doivent être conformes aux prescriptions du chapitre 6.2 de l'ADR et à toutes les prescriptions applicables aux marchandises dangereuses concernées lorsque ces récipients sont transportés séparément.

226 Les compositions de cette matière, qui contiennent au minimum 30 % d'un flegmatisant non volatil, non inflammable, ne sont pas soumises aux prescriptions de l'ADN.

227 Lorsque cette matière est flegmatisée avec de l'eau et une matière inorganique inerte, la teneur en nitrate d'urée ne doit pas dépasser 75 % (masse) et le mélange ne doit pas pouvoir détoner lors des épreuves du type a) de la série 1 de la première partie du *Manuel d'épreuves et de critères*.

228 Les mélanges ne satisfaisant pas aux critères concernant les gaz inflammables (voir 2.2.2.1.5) doivent être transportés sous le No ONU 3163.

230 Les piles et batteries au lithium peuvent être transportées sous cette rubrique si elles satisfont aux dispositions du 2.2.9.1.7.

235 Cette rubrique s'applique aux objets contenant des matières explosibles de la classe 1 et pouvant également contenir des marchandises dangereuses d'autres classes. Ces objets sont utilisés pour améliorer la sécurité dans les véhicules, les bateaux ou les aéronefs, par exemple les générateurs de gaz pour sac gonflable, les modules de sac gonflable, les rétracteurs de ceinture de sécurité et les dispositifs pyromécaniques.

236 Les trousses de résine polyester sont composées de deux constituants: un produit de base (de la classe 3 ou de la classe 4.1, groupe d'emballage II ou III) et un activateur (peroxyde organique). Le peroxyde organique doit être de type D, E ou F, ne nécessitant pas de régulation de température. Le groupe d'emballage est II ou III selon les critères de la classe 3 ou de la classe 4.1 comme il convient, appliqués au produit de base. La quantité limite indiquée dans la colonne (7a) du tableau A du chapitre 3.2 s'applique au produit de base.

237 Les membranes filtrantes, telles qu'elles sont présentées au transport (avec, par exemple, les intercalaires en papier, les revêtements ou les matériaux de renfort), ne doivent pas pouvoir transmettre une détonation lorsqu'elles sont soumises à l'une des épreuves de la série 1, type a) de la première partie du *Manuel d'épreuves et de critères*.

En outre, sur la base des résultats des épreuves appropriées de vitesse de combustion tenant compte des épreuves normalisées de la sous-section 33.2 de la troisième partie du *Manuel d'épreuves et de critères*, l'autorité compétente peut décider que les membranes filtrantes en nitrocellulose, telles qu'elles sont présentées au transport, ne sont pas soumises aux dispositions applicables aux solides inflammables de la classe 4.1.

238 a) Les accumulateurs peuvent être considérés comme inversables s'ils sont capables de résister aux épreuves de vibration et de pression différentielle indiquées ci-après, sans fuite de leur liquide.

Épreuves de vibration: L'accumulateur est assujetti rigidement au plateau d'un vibrateur qui est soumis à une oscillation harmonique simple de 0,8 mm d'amplitude (soit 1,6 mm de course totale). On fait varier la fréquence, à raison de 1 Hz/min entre 10 Hz et 55 Hz. Toute la gamme des fréquences est traversée, dans les deux sens, en 95 ± 5 minutes pour chaque position de montage de l'accumulateur (c'est-à-dire pour chaque direction des vibrations). Les épreuves sont faites sur un accumulateur placé en trois positions perpendiculaires les unes par rapport aux autres (et notamment dans une position où les ouvertures de remplissage et les trous d'évent, si l'accumulateur en comporte, sont en position inversée) pendant des périodes de même durée.

Épreuves de pression différentielle: À la suite des épreuves de vibration, l'accumulateur est soumis pendant 6 heures à $24\,°C \pm 4\,°C$ à une pression différentielle d'au moins 88 kPa. Les épreuves sont faites sur un accumulateur placé en trois positions perpendiculaires les unes par rapport aux autres (et notamment dans une position où les ouvertures de remplissage et les trous d'évent, si l'accumulateur en comporte sont en position inversée) et maintenu pendant au moins 6 heures dans chaque position.

b) Les accumulateurs inversables ne sont pas soumis aux prescriptions de l'ADN si d'une part, à une température de 55 °C, l'électrolyte ne s'écoule pas en cas de rupture ou de fissure du bac et il n'y a pas de liquide qui puisse s'écouler et si, d'autre part, les bornes sont protégées contre les courts-circuits lorsque les accumulateurs sont emballés pour le transport.

239 Les accumulateurs ou les éléments d'accumulateur ne doivent contenir aucune matière dangereuse autre que le sodium, le soufre ou des composés du sodium (par exemple les polysulfures de sodium et le tétrachloroaluminate de sodium). Ces accumulateurs ou

éléments ne doivent pas être présentés au transport à une température telle que le sodium élémentaire qu'ils contiennent puisse se trouver à l'état liquide, à moins d'une autorisation de l'autorité compétente du pays d'origine et selon les conditions qu'elle aura prescrites. Si le pays d'origine n'est pas un pays partie à l'ADN, l'autorisation et les conditions fixées doivent être reconnues par l'autorité compétente du premier pays partie à l'ADN touché par l'envoi.

Les éléments doivent être composés de bacs métalliques hermétiquement scellés, renfermant totalement les matières dangereuses, construits et clos de manière à empêcher toute fuite de ces matières dans des conditions normales de transport.

Les accumulateurs doivent être composés d'éléments assujettis et entièrement renfermés à l'intérieur d'un bac métallique, construit et clos de manière à empêcher toute fuite de matière dangereuse dans des conditions normales de transport.

240   *(Supprimé)*

241   La préparation doit être telle qu'elle demeure homogène et qu'il n'y ait pas séparation des phases au cours du transport. Les préparations à faible teneur en nitrocellulose qui ne manifestent pas de propriétés dangereuses lorsqu'elles sont soumises à des épreuves pour déterminer leur aptitude à détoner, à déflagrer ou à exploser lors du chauffage sous confinement, conformément aux épreuves du type a) de la série 1 ou des types b) ou c) de la série 2 respectivement, prescrites dans la première partie du *Manuel d'épreuves et de critères*, et qui n'ont pas un comportement de matières solides inflammables lorsqu'elles sont soumises à l'épreuve N.1 de la sous-section 33.2.4 de la troisième partie du *Manuel d'épreuves et de critères* (pour cette épreuve, la matière en plaquettes doit si nécessaire être broyée et tamisée pour la réduire à une granulométrie inférieure à 1,25 mm) ne sont pas soumises aux prescriptions de l'ADN.

242   Le soufre n'est pas soumis aux prescriptions de l'ADN lorsqu'il est présenté sous une forme particulière (exemple: perles, granulés, pastilles ou paillettes).

243   L'essence destinée à être utilisée comme carburant pour moteurs d'automobiles, moteurs fixes et autres moteurs à allumage commandé doit être classée sous cette rubrique indépendamment de ses caractéristiques de volatilité.

244   Cette rubrique englobe par exemple les crasses d'aluminium, le laitier d'aluminium, les cathodes usées, le revêtement usé des cuves et les scories salines d'aluminium.

247   Les boissons alcoolisées titrant plus de 24 % d'alcool en volume mais pas plus de 70 %, lorsqu'elles font l'objet d'un transport intervenant dans le cadre de leur fabrication, peuvent être transportées dans des tonneaux en bois d'une contenance supérieure à 250 l et d'au plus 500 l satisfaisant aux prescriptions générales du 4.1.1 de l'ADR, dans la mesure où elles s'appliquent, à condition que:

a)   L'étanchéité des tonneaux ait été vérifiée avant le remplissage;

b)   Une marge de remplissage suffisante (au moins 3 %) soit prévue pour la dilatation du liquide;

c)   Pendant le transport, les bondes des tonneaux soient dirigées vers le haut;

d)   Les tonneaux soient transportés dans des conteneurs qui répondent aux dispositions de la CSC. Chaque tonneau doit être placé sur un berceau spécial et calé à l'aide de moyens appropriés afin qu'il ne puisse en aucune façon se déplacer en cours de transport.

249 Le ferrocérium, stabilisé contre la corrosion, d'une teneur en fer de 10 % au minimum n'est pas soumis aux prescriptions de l'ADN.

250 Cette rubrique ne vise que les échantillons de substances chimiques prélevées à des fins d'analyse en relation avec l'application de la Convention sur l'interdiction de la mise au point, de la fabrication, du stockage et de l'emploi des armes chimiques et sur leur destruction. Le transport de matières au titre de cette rubrique doit se faire conformément à la chaîne de procédures de protection et de sécurité prescrites par l'Organisation pour l'interdiction des armes chimiques.

L'échantillon chimique ne peut être transporté qu'après qu'une autorisation a été accordée par l'autorité compétente ou par le Directeur général de l'Organisation pour l'interdiction des armes chimiques et à condition que l'échantillon satisfasse aux dispositions suivantes:

a) être emballé conformément à l'instruction d'emballage 623 des Instructions techniques de l'OACI; et

b) pendant le transport, un exemplaire du document d'autorisation de transport, indiquant les quantités limites et les prescriptions d'emballage doit être attaché au document de transport.

251 La rubrique TROUSSE CHIMIQUE ou TROUSSE DE PREMIERS SECOURS s'étend aux boîtes, cassettes, etc., contenant de petites quantités de marchandises dangereuses diverses utilisées par exemple à des fins médicales, d'analyse, d'épreuve ou de réparation.

Ces trousses doivent contenir uniquement des marchandises dangereuses autorisées en tant que:

a) Quantités exceptées ne dépassant pas les quantités indiquées par le code figurant en colonne (7b) du tableau A du chapitre 3.2, à condition que la quantité nette par emballage intérieur et la quantité nette par colis soient telles que prescrites aux 3.5.1.2 et 3.5.1.3; ou

b) Quantités limitées comme indiqué en colonne (7a) du tableau A du chapitre 3.2, à condition que la quantité nette par emballage intérieur ne dépasse pas 250 ml ou 250 g.

Leurs constituants ne doivent pas pouvoir réagir dangereusement les uns avec les autres (voir sous "réaction dangereuse" au 1.2.1). La quantité totale de marchandises dangereuses par trousse ne doit pas dépasser 1 litre ou 1 kg.

Aux fins de la description des marchandises dangereuses dans le document de transport suivant le 5.4.1.1.1, le groupe d'emballage figurant sur le document doit être le groupe d'emballage le plus sévère attribué aux matières présentes dans la trousse. Lorsque la trousse ne contient que des marchandises dangereuses auxquelles aucun groupe d'emballage n'est affecté, il n'est pas nécessaire d'indiquer un groupe d'emballage dans le document de transport.

Les trousses qui sont transportées à bord de bateaux à des fins de premiers secours ou opérationnelles ne sont pas soumises aux prescriptions de l'ADN.

Les trousses de produits chimiques et les trousses de premier secours contenant des marchandises dangereuses placées dans des emballages intérieurs qui ne dépassent pas les limites de quantité pour les quantités limitées applicables aux matières en cause telles qu'elles sont indiquées dans la colonne (7a) du tableau A du chapitre 3.2, peuvent être transportées conformément aux dispositions du chapitre 3.4.

252 Les solutions aqueuses de nitrate d'ammonium ne contenant pas plus de 0,2 % de matières combustibles et dont la concentration ne dépasse pas 80 % ne sont pas soumises aux prescriptions de l'ADN, pour autant que le nitrate d'ammonium reste en solution dans toutes les conditions de transport.

266 Cette matière, lorsqu'elle contient moins d'alcool, d'eau ou de flegmatisant qu'il est spécifié, ne doit pas être transportée, sauf sur autorisation spéciale de l'autorité compétente (voir sous 2.2.1.1).

267 Les explosifs de mine du type C qui contiennent des chlorates doivent être séparés des explosifs qui contiennent du nitrate d'ammonium ou d'autres sels d'ammonium.

270 Les solutions aqueuses de nitrates inorganiques solides de la classe 5.1 sont considérées comme ne répondant pas aux critères de la classe 5.1, si la concentration des matières dans la solution à la température minimale que l'on peut atteindre en cours de transport n'excède pas 80 % de la limite de saturation.

271 Le lactose, le glucose ou des matières analogues, peuvent être utilisés comme flegmatisant à condition de contenir au moins 90 % (masse) de flegmatisant. L'autorité compétente peut autoriser l'affectation de ces mélanges à la classe 4.1, sur la base d'épreuves du type c) de la série 6 de la section 16, de la première partie du *Manuel d'épreuves et de critères*, effectuées sur trois emballages au moins, tels que préparés pour le transport. Les mélanges contenant au moins 98 % (masse) de flegmatisant ne sont pas soumis aux prescriptions de l'ADN. Il n'est pas nécessaire d'apposer une étiquette conforme au modèle No 6.1 sur les colis emplis de mélanges contenant au moins 90 % (masse) de flegmatisant.

272 Cette matière ne doit pas être transportée selon les dispositions de la classe 4.1, à moins que cela ne soit autorisé explicitement par l'autorité compétente (voir No ONU 0143 ou No ONU 0150, selon qu'il convient).

273 Il n'est pas nécessaire d'affecter à la classe 4.2 le manèbe stabilisé et les préparations de manèbe stabilisées contre l'auto-échauffement lorsqu'il peut être prouvé par des épreuves qu'un volume de 1 m³ de matière ne s'enflamme pas spontanément et que la température au centre de l'échantillon ne dépasse pas 200 °C lorsque l'échantillon est maintenu à une température d'au moins 75 °C ± 2 °C pendant 24 heures.

274 Les dispositions du 3.1.2.8 s'appliquent.

278 Ces matières ne doivent être ni classées ni transportées, sauf autorisation de l'autorité compétente compte tenu des résultats des épreuves de la série 2 et du type c) de la série 6 de la première partie du *Manuel d'épreuves et de critères* exécutées sur des colis tels qu'ils sont préparés pour le transport (voir 2.2.1.1). L'autorité compétente doit affecter le groupe d'emballage en se fondant sur les critères du 2.2.3 et du type d'emballage utilisé pour l'épreuve 6 c).

279 Cette matière a été classée ou affectée à un groupe d'emballage compte tenu de ses effets connus sur l'homme plutôt que de l'application stricte des critères de classification définis dans l'ADN.

280 Cette rubrique s'applique aux dispositifs de sécurité pour les véhicules, bateaux ou aéronefs, par exemple aux générateurs de gaz pour sac gonflable, modules de sac gonflable, rétracteurs de ceinture de sécurité et dispositifs pyromécaniques, et qui contiennent des marchandises dangereuses relevant de la classe 1 ou d'autres classes, lorsqu'ils sont transportés en tant que composants et lorsque ces objets tels qu'ils sont présentés au transport ont été éprouvés conformément à la série d'épreuve 6 c) de la première partie du *Manuel d'épreuves et de critères*, sans qu'il soit observé d'explosion du dispositif, de fragmentation de l'enveloppe du dispositif ou du récipient à pression,

ni de danger de projection ou d'effet thermique qui puissent entraver notablement les activités de lutte contre l'incendie ou autres interventions d'urgence au voisinage immédiat. Cette rubrique ne s'applique pas aux engins de sauvetage tels que décrits dans la disposition spéciale 296 (Nos ONU 2990 et 3072).

283   Les objets contenant du gaz destinés à fonctionner comme amortisseurs, y compris les dispositifs de dissipation de l'énergie en cas de choc, ou les ressorts pneumatiques ne sont pas soumis aux prescriptions de l'ADN, à condition que:

a)   chaque objet ait un compartiment à gaz d'une contenance ne dépassant pas 1,6 litres et une pression de chargement ne dépassant pas 280 bar lorsque le produit de la contenance (en litres) par la pression de chargement (en bars) ne dépasse pas 80 (c'est-à-dire compartiment à gaz de 0,5 litres et pression de chargement de 160 bar, ou compartiment à gaz de 1 litre et pression de chargement de 80 bar, ou compartiment à gaz de 1,6 litres et pression de chargement de 50 bar, ou encore compartiment à gaz de 0,28 litres et pression de chargement de 280 bar);

b)   chaque objet ait une pression d'éclatement minimale quatre fois supérieure à la pression de chargement à 20 °C lorsque la contenance du compartiment à gaz ne dépasse pas 0,5 litres et cinq fois supérieure à la pression de chargement lorsque cette contenance est supérieure à 0,5 litres;

c)   chaque objet soit fabriqué avec un matériau qui ne se fragmente pas en cas de rupture;

d)   chaque objet soit fabriqué conformément à une norme d'assurance de la qualité acceptable pour l'autorité compétente; et

e)   le modèle type ait été soumis à une épreuve d'exposition au feu démontrant que l'objet est protégé efficacement contre les surpressions internes par un élément fusible ou un dispositif de décompression de sorte qu'il ne puisse ni éclater ni fuser.

Voir aussi 1.1.3.2 d) de l'ADR pour l'équipement utilisé pour le fonctionnement des véhicules.

284   Un générateur chimique d'oxygène contenant des matières comburantes doit satisfaire aux conditions suivantes:

a)   S'il comporte un dispositif d'actionnement explosif, le générateur ne doit être transporté au titre de cette rubrique que s'il est exclu de la classe 1 conformément aux dispositions du NOTA sous 2.2.1.1.1 b);

b)   Le générateur, sans son emballage, doit pouvoir résister à une épreuve de chute de 1,8 m sur une aire rigide, non élastique, plane et horizontale, dans la position où un endommagement résultant de la chute est le plus probable, sans perdre de son contenu et ni se déclencher;

c)   Lorsqu'un générateur est équipé d'un dispositif d'actionnement, il doit comporter au moins deux systèmes de sécurité directs, le protégeant contre tout actionnement involontaire.

286   Quand leur masse n'excède pas 0,5 g, les membranes filtrantes en nitrocellulose de cette rubrique ne sont pas soumises aux prescriptions de l'ADN si elles sont contenues individuellement dans un objet ou dans un paquet scellé.

288 Ces matières ne doivent être ni classées, ni transportées, sauf autorisation de l'autorité compétente sur la base des résultats des épreuves de la série 2 et d'une épreuve de la série 6 c) de la première partie du *Manuel d'épreuves et de critères* sur les colis prêts au transport (voir 2.2.1.1).

289 Les dispositifs de sécurité à amorçage électrique et les dispositifs pyrotechniques de sécurité montés sur des véhicules, des wagons, des bateaux ou des aéronefs ou sur des sous-ensembles tels que colonnes de direction, panneaux de porte, sièges, etc., ne sont pas soumis à l'ADN.

290 Lorsque cette matière radioactive répond aux définitions et aux critères d'autres classes tels qu'ils sont énoncés dans la partie 2, elle doit être classée conformément aux dispositions suivantes:

a) Lorsque la matière répond aux critères qui s'appliquent aux marchandises dangereuses transportées en quantités exceptées indiquées dans le chapitre 3.5, les emballages doivent être conformes au 3.5.2 et satisfaire aux prescriptions relatives aux épreuves du 3.5.3. Toutes les autres prescriptions applicables aux colis exceptés de matières radioactives, énoncées au 1.7.1.5, doivent s'appliquer sans référence à l'autre classe;

b) Lorsque la quantité dépasse les limites définies au 3.5.1.2, la matière doit être classée conformément au danger subsidiaire prédominant. Le document de transport doit contenir une description de la matière et mentionner le numéro ONU et la désignation officielle de transport qui s'appliquent à l'autre classe, ainsi que le nom applicable au colis radioactif excepté conformément à la colonne (2) du tableau A du chapitre 3.2. La matière doit être transportée conformément aux dispositions applicables à ce numéro ONU. Un exemple des renseignements pouvant figurer dans le document de transport est donné ci-après:

UN 1993, liquide inflammable, n.s.a. (mélange d'éthanol et de toluène), matières radioactives, quantités limitées en colis exceptés, 3, GE II.

En outre, les prescriptions du 2.2.7.2.4.1 doivent être appliquées;

c) Les dispositions du chapitre 3.4 relatives au transport de marchandises dangereuses emballées en quantités limitées ne doivent pas être appliquées aux matières classées conformément à l'alinéa b);

d) Lorsque la matière répond à une disposition spéciale exemptant cette matière de toutes les dispositions concernant les marchandises dangereuses des autres classes, elle doit être classée conformément au numéro ONU de la classe 7 applicable et toutes les prescriptions définies au 1.7.1.5 s'appliquent.

291 Les gaz liquéfiés inflammables doivent être contenus dans des composants de la machine frigorifique qui doivent être conçus pour résister à au moins trois fois la pression de fonctionnement de la machine et avoir été soumis aux épreuves correspondantes. Les machines frigorifiques doivent être conçues et construites pour contenir le gaz liquéfié et exclure le danger d'éclatement ou de fissuration des composants pressurisés dans des conditions normales de transport. Lorsqu'ils contiennent moins de 12 kg de gaz, les machines frigorifiques et éléments de machines frigorifiques ne sont pas soumis aux prescriptions de l'ADN.

NOTA : Aux fins du transport, les pompes à chaleur peuvent être considérées comme des machines frigorifiques.

292 (*Supprimé*)

293 Les définitions ci-après s'appliquent aux allumettes:

a) Les allumettes-tisons sont des allumettes dont l'extrémité est imprégnée d'une composition d'allumage sensible au frottement et d'une composition pyrotechnique qui brûle avec peu ou pas de flamme mais en dégageant une chaleur intense;

b) Les allumettes de sûreté sont des allumettes intégrées ou fixées à la pochette, au frottoir ou au carnet, qui ne peuvent être allumées que par frottement sur une surface préparée;

c) Les allumettes non de sûreté sont des allumettes qui peuvent être allumées par frottement sur une surface solide;

d) Les allumettes-bougies sont des allumettes qui peuvent être allumées par frottement soit sur une surface préparée soit sur une surface solide.

295 Il n'est pas nécessaire de marquer ni d'étiqueter individuellement les accumulateurs si la palette porte la marque et l'étiquette appropriées.

296 Ces rubriques s'appliquent aux engins de sauvetage tels que canots de sauvetage, engins de flottaison individuels et toboggans autogonflables. Le No ONU 2990 s'applique aux engins autogonflables et le No ONU 3072 s'applique aux engins de sauvetage qui ne sont pas autogonflables. Les engins de sauvetage peuvent contenir les éléments suivants:

a) Artifices de signalisation (classe 1) qui peuvent comprendre des signaux fumigènes et des torches éclairantes placés dans des emballages qui les empêchent d'être actionnés par inadvertance;

b) Pour le No ONU 2990 seulement, des cartouches et des cartouches pour pyromécanismes de la division 1.4, groupe de compatibilité S, peuvent être incorporées comme mécanisme d'autogonflage à condition que la quantité totale de matières explosibles ne dépasse pas 3,2 g par dispositif;

c) Gaz comprimés ou liquéfiés de la classe 2, groupe A ou O, conformément au 2.2.2.1.3;

d) Accumulateurs électriques (classe 8) et piles au lithium (classe 9);

e) Trousses de premiers secours ou nécessaires de réparation contenant de petites quantités de matières dangereuses (par exemple, matières des classes 3, 4.1, 5.2, 8 ou 9); ou

f) Des allumettes non "de sûreté" placées dans des emballages qui les empêchent d'être actionnées par inadvertance.

Les engins de sauvetage emballés dans un emballage extérieur rigide robuste d'une masse brute totale maximale de 40 kg, ne contenant pas de marchandises dangereuses autres que des gaz comprimés ou liquéfiés de la classe 2, groupe A ou groupe O, dans des récipients d'une capacité ne dépassant pas 120 ml et montés uniquement aux fins du déclenchement de l'engin, ne sont pas soumis aux prescriptions de l'ADN.

300 La farine de poisson, les déchets de poisson et la farine de krill ne doivent pas être chargés si leur température au moment du chargement est supérieure à 35 °C, ou à 5 °C au-dessus de la température ambiante, la valeur la plus élevée étant retenue.

301 Cette rubrique ne s'applique qu'aux objets tels que machines, appareils ou dispositifs contenant des marchandises dangereuses en tant que résidus ou en tant qu'élément intégrant. Elle ne doit pas être utilisée pour des objets qui font déjà l'objet d'une désignation officielle de transport dans le tableau A du chapitre 3.2. Les objets transportés sous cette rubrique ne doivent contenir que des marchandises dangereuses dont le transport est autorisé en vertu des dispositions du chapitre 3.4. La quantité de marchandises dangereuses contenues dans les objets ne doit pas dépasser celle qui est indiquée pour chacune d'elles dans la colonne (7a) du tableau A du chapitre 3.2. Si les objets contiennent plus d'une marchandise dangereuse, les matières doivent être enfermées individuellement de manière à ne pas pouvoir réagir dangereusement entre elles durant le transport (voir 4.1.1.6 de l'ADR). S'il est prescrit que les marchandises dangereuses liquides doivent garder une orientation déterminée, des flèches d'orientation doivent être apposées sur au moins deux faces verticales opposées, les pointes des flèches pointant vers le haut, conformément au 5.2.1.10.

302 Les engins de transport sous fumigation ne contenant pas d'autres marchandises dangereuses sont soumis uniquement aux dispositions du 5.5.2.

303 Le classement de ces récipients doit se faire en fonction du code de classification du gaz ou du mélange de gaz qu'ils contiennent conformément aux dispositions de la section 2.2.2.

304 Cette rubrique ne doit être utilisée que pour le transport d'accumulateurs non-activés qui contiennent de l'hydroxyde de potassium sec et qui sont destinés à être activés avant utilisation par l'adjonction d'une quantité appropriée d'eau dans chaque élément.

305 Ces matières ne sont pas soumises aux prescriptions de l'ADN lorsque leur concentration ne dépasse pas 50 mg/kg.

306 Cette rubrique n'est applicable qu'aux matières trop insensibles pour relever de la classe 1 selon les résultats de la série d'épreuves 2 (voir la Partie I du *Manuel d'épreuves et de critères*).

307 Cette rubrique ne doit être utilisée que pour les engrais au nitrate d'ammonium. Ils doivent être classés conformément à la procédure définie dans le Manuel d'épreuves et de critères, troisième partie, section 39 sous réserve des restrictions du 2.2.51.2.2, treizième et quatorzième tirets. Utilisée dans ladite section 39, l'expression "autorité compétente" désigne l'autorité compétente du pays d'origine. Si le pays d'origine n'est pas une Partie contractante à l'ADN, la classification et les conditions de transport doivent être reconnues par l'autorité compétente du premier pays Partie contractante à l'ADN touché par l'envoi.

309 Cette rubrique s'applique aux émulsions, suspensions et gels non sensibilisés se composant principalement d'un mélange de nitrate d'ammonium et d'un combustible, destiné à produire un explosif de mine du type E, mais seulement après un traitement supplémentaire précédant l'emploi.

Pour les émulsions, le mélange a généralement la composition suivante: 60-85 % de nitrate d'ammonium, 5-30 % d'eau, 2-8 % de combustible, 0,5-4 % d'émulsifiant, 0-10 % d'agents solubles inhibiteurs de flamme, ainsi que des traces d'additifs. D'autres sels de nitrate inorganiques peuvent remplacer en partie le nitrate d'ammonium.

Pour les suspensions et les gels, le mélange a généralement la composition suivante: 60-85 % de nitrate d'ammonium, 0-5 % de perchlorate de sodium de potassium, 0-17 % de nitrate d'hexamine ou nitrate de monométhylamine, 5-30 % d'eau, 2-15 % de combustible, 0,5-4 % d'agent épaississant, 0-10 % d'agents solubles inhibiteurs de flamme, ainsi que des traces d'additifs. D'autres sels de nitrate inorganiques peuvent remplacer en partie le nitrate d'ammonium.

Les matières doivent satisfaire aux critères de classification en tant qu'émulsion, suspension ou gel de nitrate d'ammonium servant à la fabrication d'explosifs de mine (ENA) de la série d'épreuve 8 du *Manuel d'épreuves et de critères*, première partie, section 18 et être approuvées par l'autorité compétente.

310 Les prescriptions des épreuves de la sous-section 38.3 de la troisième partie du *Manuel d'épreuves et de critères* ne s'appliquent pas aux séries de production composées d'au plus 100 piles ou batteries ni aux prototypes de pré-production des piles ou batteries lorsque ces prototypes sont transportés pour être éprouvés et qu'ils sont emballés conformément à l'instruction d'emballage P910 du 4.1.4.1 ou LP905 du 4.1.4.3 de l'ADR, selon les cas.

Le document de transport doit contenir la mention suivante: "Transport selon la disposition spéciale 310".

Les piles, batteries ou piles et batteries contenues dans des équipements, endommagées ou défectueuses, doivent être transportées conformément à la disposition spéciale 376.

Les piles, batteries ou piles et batteries contenues dans des équipements, transportées en vue de leur élimination ou de leur recyclage peuvent être emballées conformément à la disposition spéciale 377 et à l'instruction d'emballage P909 du 4.1.4.1 de l'ADR.

311 Les matières ne doivent pas être transportées sous cette rubrique sans que l'autorité compétente ne l'ait autorisé sur la base des résultats des épreuves effectuées conformément à la 1ère partie du *Manuel d'épreuves et de critères*. L'emballage doit assurer que le pourcentage de diluant ne tombe pas en dessous de celui pour lequel l'autorité compétente a délivré une autorisation, à aucun moment pendant le transport.

312 *(Supprimé)*

313 *(Supprimé)*

314 a) Ces matières sont susceptibles de décomposition exothermique aux températures élevées. La décomposition peut être provoquée par la chaleur ou par des impuretés (par exemple, métaux en poudre (fer, manganèse, cobalt, magnésium) et leurs composés);

b) Pendant le transport, ces matières doivent être protégées du rayonnement direct du soleil ainsi que de toute source de chaleur et placées dans une zone à l'aération adéquate.

315 Cette rubrique ne doit pas être utilisée pour les matières de la classe 6.1 qui répondent aux critères de toxicité à l'inhalation pour le groupe d'emballage I, tels que décrits au 2.2.61.1.8.

316 Cette rubrique s'applique seulement à l'hypochlorite de calcium sec, lorsqu'il est transporté sous forme de comprimés non friables.

317 La désignation "Fissiles-exceptés" ne s'applique qu'aux matières fissiles et colis contenant des matières fissiles exceptés conformément au 2.2.7.2.3.5.

318 Aux fins de la documentation, la désignation officielle de transport doit être complétée par le nom technique (voir 3.1.2.8). Lorsque les matières infectieuses à transporter sont inconnues, mais que l'on soupçonne qu'elles remplissent les critères de classement dans la catégorie A et d'affectation aux Nos ONU 2814 ou 2900, la mention "Matière infectieuse soupçonnée d'appartenir à la catégorie A" doit figurer entre parenthèses après la désignation officielle de transport sur le document de transport.

319 Les matières emballées et les colis marqués conformément à l'instruction d'emballage P650 de l'ADR ne sont soumis à aucune autre prescription de l'ADN.

321 Ces systèmes de stockage doivent être considérés comme contenant de l'hydrogène.

322 Lorsqu'elles sont transportées sous forme de comprimés non friables, ces marchandises sont affectées au groupe d'emballage III.

323 *(Réservé)*

324 Cette matière doit être stabilisée lorsque sa concentration ne dépasse pas 99%.

325 Dans le cas de l'hexafluorure d'uranium non fissile ou fissile excepté, la matière doit être affectée au No ONU 2978.

326 Dans le cas de l'hexafluorure d'uranium fissile, la matière doit être affectée au No ONU 2977.

327 Les générateurs d'aérosol et les cartouches à gaz mis au rebut envoyés conformément au 5.4.1.1.3.1 peuvent être transportés sous les Nos ONU 1950 ou 2037, selon le cas aux fins de recyclage ou d'élimination. Ils n'ont pas besoin d'être protégés contre les mouvements et les fuites accidentelles, à condition que des mesures empêchant une augmentation dangereuse de la pression et la constitution d'atmosphères dangereuses aient été prises. Les générateurs d'aérosol mis au rebut, à l'exclusion de ceux qui présentent des fuites ou de graves déformations, doivent être emballés conformément à l'instruction d'emballage P207 de l'ADR et à la disposition spéciale PP87 de l'ADR, ou encore conformément à l'instruction d'emballage LP200 de l'ADR et à la disposition spéciale L2 de l'ADR. Les cartouches à gaz mises au rebut, à l'exclusion de celles qui présentent des fuites ou de graves déformations, doivent être emballées conformément à l'instruction d'emballage P003 et aux dispositions spéciales d'emballage PP17 et PP96 de l'ADR, ou à l'instruction d'emballage LP200 et à la disposition spéciale d'emballage L2 de l'ADR. Les générateurs d'aérosol et les cartouches à gaz qui présentent des fuites ou de graves déformations doivent être transportés dans des récipients à pression de secours ou des emballages de secours, à condition que des mesures appropriées soient prises pour empêcher toute augmentation dangereuse de la pression.

NOTA: Pour le transport maritime, les générateurs d'aérosol et les cartouches à gaz mis au rebut ne doivent pas être transportés dans des conteneurs fermés.

Les cartouches à gaz mises au rebut qui contenaient des gaz non-inflammables et non-toxiques du groupe A ou O de la classe 2, et ont été percées ne sont pas soumises aux prescriptions de l'ADN.

328 Cette rubrique s'applique aux cartouches pour pile à combustible, y compris celles qui sont contenues dans un équipement ou emballées avec un équipement. Les cartouches pour piles à combustibles installées dans ou faisant partie intégrante d'un système de piles à combustible sont considérées comme contenues dans un équipement. On entend par cartouche pour pile à combustible un objet contenant du combustible qui s'écoule dans la pile à travers une ou plusieurs valves qui commandent cet écoulement. La cartouche, y compris lorsqu'elle est contenue dans un équipement, doit être conçue et fabriquée de manière à empêcher toute fuite de combustible dans des conditions normales de transport.

Les modèles de cartouche pour pile à combustible qui utilisent des liquides comme combustibles doivent satisfaire à une épreuve de pression interne à la pression de 100 kPa (pression manométrique) sans qu'aucune fuite ne soit observée.

À l'exception des cartouches pour pile à combustible contenant de l'hydrogène dans un hydrure métallique, qui doivent satisfaire à la disposition spéciale 339, chaque modèle de cartouche pour pile à combustible doit satisfaire à une épreuve de chute de 1,2 m réalisée sur une surface dure non élastique selon l'orientation la plus susceptible d'entraîner une défaillance du système de rétention sans perte du contenu.

Lorsque les piles au lithium métal ou les piles au lithium ionique sont contenues dans un système de pile à combustible, l'envoi doit être expédié sous cette rubrique et sous les rubriques appropriées des Nos ONU 3091 PILES AU LITHIUM MÉTAL CONTENUES DANS UN ÉQUIPEMENT ou 3481 PILES AU LITHIUM IONIQUE CONTENUES DANS UN ÉQUIPEMENT.

329   *(Réservé)*

331   *(Réservé)*

332   Le nitrate de magnésium hexahydraté n'est pas soumis aux prescriptions de l'ADN.

333   Les mélanges d'éthanol et d'essence destinés à être utilisés comme carburant pour moteurs d'automobiles, moteurs fixes et autres moteurs à allumage commandé doivent être classés sous cette rubrique indépendamment de leur caractéristiques de volatilité.

334   Une cartouche pour pile à combustible peut contenir un activateur à condition qu'il soit équipé de deux moyens indépendants de prévenir un mélange accidentel avec le combustible pendant le transport.

335   Les mélanges de matières solides non soumises aux prescriptions de l'ADN et de liquides ou solides dangereux du point de vue de l'environnement doivent être classés sous le No ONU 3077 et peuvent être transportés au titre de cette rubrique à condition qu'aucun liquide excédent ne soit visible au moment du chargement de la matière ou de la fermeture de l'emballage ou de l'engin de transport. Chaque engin de transport doit être étanche lorsqu'il est utilisé pour le transport en vrac. Si du liquide excédent est visible au moment du chargement du mélange ou de la fermeture de l'emballage ou de l'engin de transport, le mélange doit être classé sous le No ONU 3082. Les paquets et les objets scellés contenant moins de 10 ml d'un liquide dangereux du point de vue de l'environnement, absorbé dans un matériau solide mais ne contenant pas de liquide excédent, ou contenant moins de 10 g d'un solide dangereux pour l'environnement, ne sont pas soumis aux prescriptions de l'ADN.

336   Un seul colis de matières LSA-II ou LSA-III solides non combustibles, s'il est transporté par voie aérienne, ne doit pas contenir une quantité d'activité supérieure à 3 000 A2.

337   S'ils sont transportés par voie aérienne, les colis du type B(U) et du type B(M) ne doivent pas contenir des quantités d'activité supérieures:

   a)   Dans le cas des matières radioactives faiblement dispersables: à celles qui sont autorisées pour le modèle de colis comme spécifié dans le certificat d'agrément;

   b)   Dans le cas des matières radioactives sous forme spéciale: à 3 000 A_1 ou à 100 000 A_2 si cette dernière valeur est inférieure; ou

   c)   Dans le cas de toutes les autres matières radioactives: à 3 000 A_2.

338   Toute cartouche pour pile à combustible transportée sous cette rubrique et conçue pour contenir un gaz liquéfié inflammable:

   a)   Doit pouvoir résister, sans fuite ni éclatement, à une pression d'au moins deux fois la pression d'équilibre du contenu à 55 °C;

b)   Ne doit pas contenir plus de 200 ml de gaz liquéfié inflammable dont la pression de vapeur ne doit pas dépasser 1 000 kPa à 55 °C; et

c)   Doit subir avec succès l'épreuve du bain d'eau chaude prescrite au 6.2.6.3.1 de l'ADR.

339   Les cartouches pour pile à combustible contenant de l'hydrogène dans un hydrure métallique transportées sous cette rubrique doivent avoir une capacité en eau d'au plus 120 ml.

La pression dans la cartouche ne doit pas dépasser 5 MPa à 55 °C. Le modèle de cartouche doit pouvoir résister, sans fuite ni éclatement, à une pression de deux fois la pression de calcul de la cartouche à 55 °C ou de 200 kPa au-dessus de la pression de calcul de la cartouche à 55 °C, la valeur la plus élevée étant retenue. La pression à laquelle cette épreuve est exécutée est mentionnée dans les dispositions concernant l'épreuve de chute et l'épreuve de cyclage en pression à l'hydrogène en tant que "pression minimale de rupture".

Les cartouches pour pile à combustible doivent être remplies conformément aux procédures spécifiées par le fabricant. Ce dernier doit fournir des informations sur les points suivants avec chaque cartouche:

a)   Opérations d'inspection à exécuter avant le remplissage initial et la recharge de la cartouche;

b)   Mesures de précaution et dangers potentiels à prendre en compte;

c)   Méthode pour déterminer le point où la capacité nominale est atteinte;

d)   Plage de pression minimale et maximale;

e)   Plage de température minimale et maximale; et

f)   Toutes autres conditions auxquelles il doit être satisfait pour le remplissage initial et la recharge, y compris le type d'équipement à utiliser pour ces opérations.

Les cartouches pour pile à combustible doivent être conçues et fabriquées pour éviter toute fuite de combustible dans des conditions normales de transport. Chaque modèle type de cartouche, y compris les cartouches faisant partie intégrante d'une pile à combustible, doit subir avec succès les épreuves suivantes:

Épreuve de chute

Épreuve de chute de 1,8 m de hauteur sur une surface rigide selon quatre orientations différentes:

a)   Verticalement, sur l'extrémité portant la vanne d'arrêt;

b)   Verticalement, sur l'extrémité opposée à celle portant la vanne d'arrêt;

c)   Horizontalement, sur une pointe en acier de 38 mm de diamètre, celle-ci étant orientée vers le haut;

d)   Sous un angle de 45° à l'extrémité portant la vanne d'arrêt.

Il ne doit pas être observé de fuite lors d'un contrôle effectué avec une solution savonneuse ou par une autre méthode équivalente en tous les points de fuite possibles, lorsque la cartouche est chargée à sa pression de remplissage nominale. La cartouche doit ensuite être soumise à un essai de pression hydrostatique jusqu'à destruction. La pression de rupture enregistrée doit dépasser 85% de la pression minimale de rupture.

Épreuve du feu

Une cartouche pour pile à combustible remplie à sa capacité nominale d'hydrogène doit être soumise à une épreuve d'immersion dans les flammes. Le modèle type, qui peut comporter un dispositif d'évent de sécurité intégré, est considéré comme ayant subi l'épreuve avec succès:

a)   S'il y a chute de la pression interne jusqu'à zéro sans rupture de la cartouche;

b)   Ou si la cartouche résiste au feu pendant une durée minimale de 20 min sans rupture.

Épreuve de cyclage en pression à l'hydrogène

Cette épreuve vise à garantir que les limites de contrainte de calcul de la cartouche ne soient pas dépassées en service.

La cartouche doit être soumise à des cycles de pression d'une valeur de 5% au plus de la capacité nominale d'hydrogène et à 95% au moins de celle-ci, avec retour à la valeur inférieure. La pression nominale de remplissage doit être utilisée pour le remplissage et les températures doivent être maintenues dans l'intervalle des températures opératoires. Il doit être exécuté au moins 100 cycles de pression.

Après l'épreuve de cyclage en pression, la cartouche doit être chargée et le volume d'eau déplacé par la cartouche doit être mesuré. Le modèle type de la cartouche est considéré comme ayant subi avec succès l'épreuve de cyclage en pression à l'hydrogène si le volume d'eau déplacé par la cartouche après l'épreuve ne dépasse pas celui mesuré sur une cartouche n'ayant pas subi l'épreuve chargée à 95% de sa capacité nominale et pressurisée à 75% de sa pression minimale de rupture.

Épreuve d'étanchéité en production

Chaque cartouche pour pile à combustible doit être soumise à une épreuve de contrôle de l'étanchéité à 15 °C ± 5 °C, alors qu'elle est pressurisée à sa pression nominale de remplissage. Il ne doit pas être observé de fuite lors d'un contrôle effectué avec une solution savonneuse ou par une autre méthode équivalente en tous les points de fuite possibles.

Chaque cartouche pour pile à combustible doit porter une marque permanente indiquant:

a)   La pression nominale de remplissage en MPa;

b)   Le numéro de série du fabricant ou numéro d'identification unique de la cartouche;

c)   La date d'expiration de validité sur la base de la durée de service maximale (année en quatre chiffres; mois en deux chiffres).

340   Les trousses chimiques, trousses de premiers secours ou trousses de résine polyester contenant des marchandises dangereuses dans des emballages intérieurs en quantités ne dépassant pas, pour chaque matière, les limites pour quantités exceptées fixées dans la colonne (7b) du tableau A du chapitre 3.2 pour lesdites matières, peuvent être transportées conformément aux dispositions du chapitre 3.5. Les matières de la classe 5.2, bien qu'elles ne soient pas individuellement autorisées en tant que quantités

exceptées dans la colonne (7b) du tableau A du chapitre 3.2, le sont dans ces trousses et sont affectées au code E2 (voir 3.5.1.2).

341   (*Réservé*)

342   Les récipients intérieurs en verre (tels que les ampoules ou les capsules) destinés uniquement à l'utilisation dans des stérilisateurs, lorsqu'ils contiennent moins de 30 ml d'oxyde d'éthylène par emballage intérieur, avec un maximum de 300 ml par emballage extérieur, peuvent être transportés conformément aux dispositions du chapitre 3.5, que l'indication E0 figure ou non dans la colonne (7b) du tableau A du chapitre 3.2, à condition que:

        a)   après le remplissage, chaque récipient intérieur en verre ait été soumis à une épreuve d'étanchéité dans un bain d'eau chaude; la température et la durée de l'épreuve doivent être telles que la pression interne atteigne la valeur de la pression de vapeur de l'oxyde d'éthylène à 55 °C. Tout récipient intérieur en verre dont cette épreuve démontre qu'il fuit, qu'il se déforme ou présente un autre défaut ne peut être transporté en vertu de la présente disposition spéciale;

        b)   utre l'emballage prescrit au 3.5.2, chaque récipient intérieur en verre soit placé dans un sac en plastique scellé compatible avec l'oxyde d'éthylène et capable de retenir le contenu en cas de rupture ou de fuite du récipient intérieur en verre; et

        c)   chaque récipient intérieur en verre soit protégé par un moyen d'empêcher le verre de perforer le sac en plastique (par exemple des manchons ou du rembourrage) au cas où l'emballage serait endommagé (par exemple par écrasement).

343   Cette rubrique s'applique au pétrole brut renfermant du sulfure d'hydrogène en concentration suffisante pour que ses émanations puissent présenter un risque par inhalation. Le groupe d'emballage attribué doit être déterminé en fonction du danger d'inflammabilité et du danger par inhalation, conformément au degré de danger présenté.

344   Les dispositions du 6.2.6 de l'ADR doivent être satisfaites.

345   Le gaz contenu dans des récipients cryogéniques ouverts ayant une contenance maximale de 1 litre et comportant deux parois en verre séparées par du vide n'est pas soumis à l'ADN, à condition que chaque récipient soit transporté dans un emballage extérieur suffisamment rembourré ou absorbant pour le protéger des chocs.

346   Les récipients cryogéniques ouverts conformes aux prescriptions de l'instruction d'emballage P203 du 4.1.4.1 de l'ADR qui ne contiennent pas de marchandises dangereuses à l'exception du No ONU 1977 (azote liquide réfrigéré) totalement absorbé dans un matériau poreux, ne sont soumis à aucune autre prescription de l'ADN.

347   Cette rubrique ne doit être utilisée que lorsque les résultats de l'épreuve de type 6 d) de la première partie du Manuel d'épreuves et de critères ont démontré que tout effet dangereux résultant du fonctionnement demeure contenu à l'intérieur du colis.

348   L'énergie nominale en wattheures doit être inscrite sur l'enveloppe extérieure des piles fabriquées après le 31 décembre 2011.

349   Les mélanges d'un hypochlorite avec un sel d'ammonium ne sont pas admis au transport. L'hypochlorite en solution (No ONU 1791) est une matière de la classe 8.

350   Le bromate d'ammonium et ses solutions aqueuses ainsi que les mélanges d'un bromate avec un sel d'ammonium ne sont pas admis au transport.

351 Le chlorate d'ammonium et ses solutions aqueuses ainsi que les mélanges d'un chlorate avec un sel d'ammonium ne sont pas admis au transport.

352 Le chlorite d'ammonium et ses solutions aqueuses ainsi que les mélanges d'un chlorite avec un sel d'ammonium ne sont pas admis au transport.

353 Le permanganate d'ammonium et ses solutions aqueuses ainsi que les mélanges d'un permanganate avec un sel d'ammonium ne sont pas admis au transport.

354 Cette matière est toxique par inhalation.

355 Les bouteilles d'oxygène pour utilisation d'urgence transportées au titre de cette rubrique peuvent être équipées de cartouches assurant leur fonctionnement (cartouches pour pyromécanismes, de la division 1.4, groupe de compatibilité C ou S), sans changement de classification dans la classe 2, si la quantité totale de matière explosive déflagrante (propulsive) ne dépasse pas 3,2 g par bouteille. Les bouteilles équipées de cartouches assurant leur fonctionnement, telles que préparées pour le transport, doivent être équipées d'un moyen efficace les empêchant d'être actionnées par inadvertance.

356 Les dispositifs de stockage à hydrure métallique destinés à être montés sur des véhicules, des wagons, des bateaux, des machines, des moteurs ou des aéronefs doivent être agréés par l'autorité compétente du pays de fabrication[1], avant d'être acceptés pour le transport. Le document de transport doit mentionner que le colis a été agréé par l'autorité compétente du pays de fabrication[1] ou bien un exemplaire de l'agrément délivré par l'autorité compétente du pays de fabrication[1] doit accompagner chaque envoi.

357 Le pétrole brut contenant du sulfure d'hydrogène en concentration suffisante pour libérer des vapeurs présentant un danger par inhalation doit être transporté sous la rubrique No ONU 3494 PÉTROLE BRUT ACIDE, INFLAMMABLE, TOXIQUE.

358 La nitroglycérine en solution alcoolique avec plus de 1% mais pas plus de 5% de nitroglycérine peut être classée dans la classe 3 et affectée au No ONU 3064 à condition que toutes les prescriptions de l'instruction d'emballage P300 du 4.1.4.1 de l'ADR soient respectées.

359 La nitroglycérine en solution alcoolique avec plus de 1% mais pas plus de 5% de nitroglycérine doit être classée dans la classe 1 et affectée au No ONU 0144 si toutes les prescriptions de l'instruction d'emballage P300 du 4.1.4.1 de l'ADR ne sont pas respectées.

360 Les véhicules mus uniquement par des batteries au lithium métal ou au lithium ionique doivent être affectés à la rubrique ONU 3171 véhicule mû par accumulateurs. Les batteries au lithium installées dans un engin de transport, conçues uniquement pour fournir de l'énergie hors de l'engin de transport doivent être affectées à la rubrique ONU 3536 BATTERIES AU LITHIUM INSTALLÉES DANS DES ENGINS DE TRANSPORT batteries au lithium ionique ou batteries au lithium métal.

361 Cette rubrique s'applique aux condensateurs électriques à double couche avec une capacité de stockage d'énergie supérieure à 0,3 Wh. Les condensateurs avec une capacité de stockage d'énergie inférieure ou égale à 0,3 Wh ne sont pas soumis à l'ADN. Par capacité de stockage d'énergie, on entend l'énergie retenue par un condensateur, telle que calculée en utilisant la tension et la capacité nominales. Tous les condensateurs auxquels cette rubrique s'applique, y compris les condensateurs contenant un électrolyte

---

[1] *Si le pays de fabrication n'est pas un pays Partie contractante à l'ADN, l'autorisation doit être reconnue par l'autorité compétente d'un pays Partie contractante à l'ADN.*

qui ne répond pas aux critères de classification dans une classe de marchandises dangereuses, doivent remplir les conditions suivantes:

a)   Les condensateurs qui ne sont pas installés dans un équipement doivent être transportés à l'état non chargé. Les condensateurs installés dans un équipement doivent être transportés soit à l'état non chargé ou être protégés contre les court-circuits;

b)   Chaque condensateur doit être protégé contre un danger potentiel de court-circuit lors du transport de la manière suivante:

   i)   Lorsque la capacité de stockage d'énergie du condensateur est inférieure ou égale à 10 Wh ou lorsque la capacité de stockage d'énergie de chaque condensateur dans un module est inférieure ou égale à 10 Wh, le condensateur ou le module doit être protégé contre les court-circuits ou être muni d'une bande métallique reliant les bornes; et

   ii)   Lorsque la capacité de stockage d'énergie d'un condensateur ou d'un condensateur dans un module est supérieure à 10 Wh, le condensateur ou le module doit être muni d'une bande métallique reliant les bornes;

c)   Les condensateurs contenant des marchandises dangereuses doivent être conçus pour résister à une différence de pression de 95 kPa;

d)   Les condensateurs doivent être conçus et fabriqués de manière qu'une augmentation de la pression qui pourrait se produire au cours de l'utilisation puisse être compensée par décompression en toute sécurité à l'aide d'un évent ou d'un point de rupture dans l'enveloppe du condensateur. Tout liquide qui est rejeté lors de la mise à l'air libre doit être contenu par l'emballage ou l'équipement dans lequel le condensateur est placé; et

e)   Les condensateurs doivent être marqués avec la capacité de stockage d'énergie en Wh.

Les condensateurs contenant un électrolyte ne répondant pas aux critères de classification dans une classe de marchandises dangereuses, y compris lorsqu'ils sont installés dans un équipement, ne sont pas soumis aux autres dispositions de l'ADN.

Les condensateurs contenant un électrolyte répondant aux critères de classification dans une classe de marchandises dangereuses, avec une capacité de stockage d'énergie de 10 Wh ou moins ne sont pas soumis aux autres dispositions de l'ADN lorsqu'ils sont capables de subir une épreuve de chute de 1,2 mètre, non emballés, sur une surface rigide sans perte de contenu.

Les condensateurs contenant un électrolyte répondant aux critères de classification dans une classe de marchandises dangereuses, qui ne sont pas installés dans un équipement et avec une capacité de stockage d'énergie supérieure à 10 Wh sont soumis à l'ADN.

Les condensateurs installés dans un équipement et contenant un électrolyte répondant aux critères de classification dans une classe de marchandises dangereuses ne sont pas soumis aux autres dispositions de l'ADN, à condition que l'équipement soit emballé dans un emballage extérieur robuste fabriqué en un matériau approprié, présentant une résistance suffisante et conçu en fonction de l'usage auquel il est destiné et de manière à empêcher tout fonctionnement accidentel des condensateurs lors du transport. Les grands équipements robustes contenant des condensateurs peuvent être présentés au transport non emballés ou sur des palettes lorsque les condensateurs sont munis d'une protection équivalente par l'équipement dans lequel ils sont contenus.

NOTA: Les condensateurs qui, de par leur conception, maintiennent un voltage terminal (par exemple, les condensateurs asymétriques) ne font pas partie de cette rubrique.

362   *(Réservé)*

363   Cette rubrique peut être utilisée uniquement lorsque les conditions de la présente disposition spéciale sont remplies. Aucune autre prescription de l'ADN ne s'applique.

a)   La présente rubrique s'applique aux moteurs ou machines fonctionnant à l'aide de combustibles* classés comme marchandises dangereuses, par l'intermédiaire d'un système à combustion interne ou de piles à combustible (par exemple, moteurs à combustion interne, compresseurs, turbines, modules de chauffage, etc.), autres que les équipements des véhicules affectés au No ONU 3166 visés dans la disposition spéciale 666;

   NOTA: Cette rubrique ne s'applique pas aux équipements visés au 1.1.3.2 a), d) et e), 1.1.3.3 et 1.1.3.7.

b)   Les moteurs ou machines exempts de combustible liquide ou gazeux, et ne contenant aucune autre marchandise dangereuse, ne sont pas soumis à l'ADN;

   NOTA 1: Un moteur ou une machine est considéré comme étant exempt de combustible liquide si le réservoir de combustible liquide a été vidangé et que le moteur ou la machine ne peut pas fonctionner par manque de combustible. Il n'est pas nécessaire de nettoyer, drainer ou purger les éléments du moteur ou de la machine tels que les conduites de combustible, les filtres à combustible et les injecteurs pour qu'ils soient considérés comme exempts de combustible liquide. En outre, il n'est pas nécessaire que le réservoir de combustible liquide soit nettoyé ou purgé.

   2: Un moteur ou une machine est considéré comme exempt de combustible gazeux si les réservoirs de combustible gazeux sont exempts de liquide (pour les gaz liquéfiés), la pression à l'intérieur des réservoirs ne dépasse pas 2 bars et la vanne d'arrêt de combustible ou d'isolation est fermée et verrouillée.

c)   Les moteurs et machines qui contiennent des combustibles répondant aux critères de classement de la classe 3 doivent être expédiés sous les rubriques ONU 3528 MOTEUR À COMBUSTION INTERNE FONCTIONNANT AU LIQUIDE INFLAMMABLE ou ONU 3528 MOTEUR PILE À COMBUSTIBLE CONTENANT DU LIQUIDE INFLAMMABLE ou ONU 3528 MACHINE À COMBUSTION INTERNE FONCTIONNANT AU LIQUIDE INFLAMMABLE ou ONU 3528 MACHINE PILE À COMBUSTIBLE CONTENANT DU LIQUIDE INFLAMMABLE, selon le cas;

d)   Les moteurs et machines qui contiennent des combustibles répondant aux critères de classification des gaz inflammables de la classe 2 doivent être expédiés sous les rubriques ONU 3529 MOTEUR À COMBUSTION INTERNE FONCTIONNANT AU GAZ INFLAMMABLE ou ONU 3529 MOTEUR PILE À COMBUSTIBLE CONTENANT DU GAZ INFLAMMABLE ou ONU 3529 MACHINE À COMBUSTION INTERNE FONCTIONNANT AU GAZ INFLAMMABLE ou ONU 3529 MACHINE PILE À COMBUSTIBLE CONTENANT DU GAZ INFLAMMABLE, selon le cas;

---

*   *Le terme combustible inclut également les carburants.*

Les moteurs et machines fonctionnant à la fois à l'aide d'un gaz inflammable et d'un liquide inflammable doivent être expédiés sous le No ONU 3529 sous la rubrique appropriée;

e)   Les moteurs et machines qui contiennent du combustible liquide répondant aux critères de classification du 2.2.9.1.10 pour les matières dangereuses pour l'environnement et ne répondant aux critères de classification d'aucune autre classe doivent être expédiés sous les rubriques ONU 3530 MOTEUR À COMBUSTION INTERNE ou ONU 3530 MACHINE À COMBUSTION INTERNE, selon le cas;

f)   Les moteurs ou machines peuvent contenir des marchandises dangereuses autres que du combustible (par exemple batteries, extincteurs, accumulateurs à gaz comprimés ou dispositifs de sécurité) nécessaires à leur fonctionnement ou à leur utilisation en toute sécurité sans être soumis à d'autres prescriptions en relation avec ces autres marchandises dangereuses, à moins qu'il n'en soit spécifié autrement dans l'ADN. Cependant, à moins qu'il n'en soit prévu autrement dans la disposition spéciale 667, les piles au lithium doivent satisfaire aux dispositions du 2.2.9.1.7;

g)   Le moteur ou la machine, y compris le moyen de rétention contenant les marchandises dangereuses, doivent être conformes aux prescriptions de construction de l'autorité compétente du pays de fabrication[2];

h)   Toute soupape ou ouverture (par exemple, dispositifs d'aération) doit être fermée pendant le transport;

i)   Le moteur ou la machine doivent être orientés de manière à éviter toute fuite accidentelle de marchandises dangereuses et être arrimés par des moyens permettant de retenir le moteur ou machine pour éviter tout mouvement pendant le transport qui pourrait modifier l'orientation ou les endommager;

j)   Pour les Nos ONU 3528 et 3530:

Si le moteur ou la machine contient une quantité de combustible liquide supérieure à 60 l pour une capacité supérieure à 450 l mais ne dépassant pas 3000 l, une étiquette doit y être apposée sur deux côtés opposés conformément au 5.2.2;

Si le moteur ou la machine contient une quantité de combustible liquide supérieure à 60 l pour une capacité supérieure à 3000 l, une plaque-étiquette doit y être apposée sur deux côtés opposés. Les plaques-étiquettes doivent correspondre aux étiquettes prescrites dans la colonne (5) du tableau A du chapitre 3.2 et être conformes aux spécifications du 5.3.1.7. Les plaques-étiquettes doivent être appliquées sur un fond de couleur contrastante, ou être entourées d'une bordure en trait continu ou discontinu;

NOTA: *L'étiquetage et le placardage conformes aux présentes dispositions des moteurs et machines de capacité supérieures à 450 l mais contenant une quantité de combustible liquide ne dépassant pas 60 l sont autorisés.*

k)   Pour le No ONU 3529:

---

[2]   *Par exemple, conformité avec les dispositions appropriées de la Directive 2006/42/CE du Parlement Européen et du Conseil du 17 mai 2006 relative aux machines et modifiant la directive 95/16/CE (Journal officiel de l'Union européenne No L 157 du 9.06.2006, p. 0024 – 0086).*

Si le réservoir de combustible du moteur ou de la machine a une contenance en eau supérieure à 450 l mais ne dépassant pas 1000 l, une étiquette doit être apposée sur deux côtés opposés conformément au 5.2.2;

Si le réservoir de combustible du moteur ou de la machine a une contenance en eau supérieure à 1000 l, une plaque-étiquette doit être apposée sur deux côtés opposés. Les plaques-étiquettes doivent correspondre aux étiquettes prescrites dans la colonne (5) du tableau A du chapitre 3.2 et être conformes aux spécifications du 5.3.1.7. Les plaques-étiquettes doivent être appliquées sur un fond de couleur contrastante, ou être entourées d'une bordure en trait continu ou discontinu;

l) Lorsque le moteur ou la machine contient une quantité de combustible liquide supérieure à 1000 *l* pour les Nos ONU 3528 et 3530, ou a une contenance en eau supérieure à 1000 *l* pour le No ONU 3529:

– Un document de transport conformément au 5.4.1 est requis. Ce document de transport doit contenir la mention suivante: "Transport selon la disposition spéciale 363";

m) Les prescriptions de l'instruction d'emballage P005 du 4.1.4.1 de l'ADR doivent être appliquées.

364 Cet objet ne peut être transporté selon les dispositions du chapitre 3.4 que si le colis, tel que présenté pour le transport, est capable de subir avec succès l'épreuve 6 (d) de la Partie I du *Manuel d'épreuves et de critères* tel que déterminé par l'autorité compétente.

365 Pour les appareils et objets manufacturés contenant du mercure, voir le No ONU 3506.

366 Les appareils et objets manufacturés contenant au plus 1 kg de mercure ne sont pas soumis à l'ADN.

367 Aux fins de la documentation:

La désignation officielle de transport "Matières apparentées aux peintures" peut être utilisée pour des envois de colis contenant à la fois des "Peintures" et des "Matières apparentées aux peintures";

La désignation officielle de transport "Matières apparentées aux peintures, corrosives, inflammables" peut être utilisée pour des envois de colis contenant à la fois des "Peintures, corrosives, inflammables" et des "Matières apparentées aux peintures, corrosives, inflammables";

La désignation officielle de transport "Matières apparentées aux peintures, inflammables, corrosives" peut être utilisée pour des envois de colis contenant à la fois des "Peintures, inflammables, corrosive" et des "Matières apparentées aux peintures, inflammables, corrosives"; et

La désignation officielle de transport "Matières apparentées aux encres d'imprimerie" peut être utilisée pour des envois de colis contenant à la fois des "Encres d'imprimerie" et des "Matières apparentées aux encres d'imprimerie".

368 Dans le cas de l'hexafluorure d'uranium non fissile ou fissile excepté, la matière doit être classée sous le No ONU 3507 ou le No ONU 2978.

369 Conformément au 2.1.3.5.3 a), cette matière radioactive dans un colis excepté présentant des propriétés toxiques et corrosives est classée dans la classe 6.1, assortie des dangers subsidiaires de radioactivité et de corrosivité.

L'hexafluorure d'uranium peut être classé sous cette rubrique uniquement si les conditions des 2.2.7.2.4.1.2, 2.2.7.2.4.1.5 et 2.2.7.2.4.5.2 et, pour les matières fissiles exceptées, 2.2.7.2.3.5 sont remplies.

Outre les dispositions applicables au transport des matières de la classe 6.1 présentant un danger subsidiaire de corrosivité, les dispositions des 5.1.3.2, 5.1.5.2.2, 5.1.5.4.1 b), 7.5.11 CV33 (3.1), (5.1) à (5.4) et (6) de l'ADR s'appliquent.

L'apposition d'une étiquette de la classe 7 n'est pas obligatoire.

370   Cette rubrique s'applique uniquement au nitrate d'ammonium qui répond à l'un des critères suivants:

a)   Nitrate d'ammonium contenant plus de 0,2% de matière combustible, y compris les matières organiques exprimées en équivalent carbone, à l'exclusion de toute autre matière; ou

b)   Nitrate d'ammonium ne contenant pas plus de 0,2% de matière combustible, y compris les matières organiques exprimées en équivalent carbone, à l'exclusion de toute autre matière, lorsqu'il donne un résultat positif selon la série d'épreuves 2 (voir la première partie du *Manuel d'épreuves et de critères*). Voir aussi No ONU 1942.

Cette rubrique ne doit pas être utilisée pour le nitrate d'ammonium pour lequel une désignation officielle de transport existe dans le tableau A du chapitre 3.2 y compris le nitrate d'ammonium mélangé au gazole (ANFO) ou tout nitrate d'ammonium de qualité commerciale.

371   1)   Cette rubrique s'applique aussi aux objets contenant un petit récipient à pression muni d'un dispositif de détente. Ces objets doivent satisfaire aux prescriptions ci-après:

a)   La contenance en eau du récipient à pression ne doit pas dépasser 0,5 litre et la pression de service ne doit pas dépasser 25 bar à 15 °C;

b)   La pression d'éclatement minimale du récipient à pression doit être d'au moins quatre fois la pression du gaz à 15 °C;

c)   Chaque objet doit être fabriqué de manière à éviter toute mise à feu ou décharge involontaire dans les conditions normales de manutention, d'emballage, de transport et d'utilisation. Cette prescription peut être satisfaite par le montage d'un dispositif supplémentaire de verrouillage relié au dispositif d'activation;

d)   Chaque objet doit être fabriqué de manière à empêcher des projections dangereuses du récipient à pression ou de fragments de ce récipient;

e)   Chaque récipient à pression doit être fabriqué avec un matériau qui ne se fragmente pas en cas de rupture;

f)   Le modèle type de l'objet doit être soumis à une épreuve du feu pour laquelle ce sont les dispositions des 16.6.1.2 à l'exception de l'alinéa g), 16.6.1.3.1 à 16.6.1.3.6, 16.6.1.3.7 b) et 16.6.1.3.8 du *Manuel d'épreuves et de critères* qui s'appliquent. Il doit être démontré que l'objet perd sa pression par l'intermédiaire d'un joint pyrodégradable ou d'un autre dispositif de décompression, de manière à ce qu'il ne se fragmente pas et à ce que cet objet ou ses fragments ne soient pas propulsés à plus de 10 mètres;

g)   Le modèle type de l'objet doit être soumis à l'épreuve suivante. Un mécanisme de stimulation doit être utilisé pour déclencher un objet au milieu de l'emballage.

On ne doit pas observer d'effet dangereux en dehors du colis tel que l'éclatement du colis, l'expulsion de fragments métalliques ou du récipient lui-même à travers l'emballage.

2)   Le fabricant doit fournir une documentation technique au sujet du modèle type, de sa fabrication, des épreuves et de leurs résultats. Il doit appliquer des procédures pour veiller à ce que les objets fabriqués en série soient de bonne qualité, conformes au modèle type et susceptibles de satisfaire aux prescriptions énoncées à l'alinéa 1). Il doit communiquer ces renseignements à l'autorité compétente, sur demande.

372 Cette rubrique s'applique aux condensateurs asymétriques ayant une capacité de stockage d'énergie supérieure à 0,3 Wh. Les condensateurs ayant une capacité de stockage d'énergie inférieure ou égale à 0,3 Wh ne sont pas soumis à l'ADN.

Par capacité de stockage d'énergie, on entend l'énergie retenue dans un condensateur, telle que calculée en utilisant l'équation suivante:

$$Wh = 1/2C_N(U_R^2-U_L^2) \times (1/3600),$$

dans laquelle C_N est la capacité nominale, U_R la tension nominale et U_L la tension de limite inférieure nominale.

Tous les condensateurs asymétriques auxquels cette rubrique s'applique doivent remplir les conditions suivantes:

a)   Les condensateurs ou modules doivent être protégés contre les courts-circuits;

b)   Les condensateurs doivent être conçus et fabriqués de manière que l'augmentation de la pression qui pourrait se produire au cours de l'utilisation puisse être compensée par une décompression en toute sécurité à l'aide d'un évent ou d'un point de rupture dans l'enveloppe du condensateur. Tout liquide qui est rejeté lors de la mise à l'air libre doit être contenu par l'emballage ou l'équipement dans lequel le condensateur est placé;

c)   La capacité de stockage d'énergie en Wh doit figurer sur les condensateurs;

d)   Les condensateurs contenant un électrolyte qui répond aux critères de classification dans une classe de marchandises dangereuses doivent être conçus pour résister à une différence de pression de 95 kPa;

Les condensateurs contenant un électrolyte qui ne répond pas aux critères de classification dans une classe de marchandises dangereuses, y compris lorsqu'ils sont configurés dans un module ou installés dans un équipement, ne sont pas soumis aux autres dispositions de l'ADN;

Les condensateurs contenant un électrolyte qui répond aux critères de classification dans une classe de marchandises dangereuses, avec une capacité de stockage d'énergie maximale de 20 Wh, y compris lorsqu'ils sont configurés dans un module, ne sont pas soumis aux autres dispositions de l'ADN s'ils sont capables de subir une épreuve de chute de 1,2 m non emballés, sur une surface rigide sans perte de contenu;

Les condensateurs contenant un électrolyte qui répond aux critères de classification dans une classe de marchandises dangereuses qui ne sont pas installés dans un équipement et dont la capacité de stockage d'énergie est supérieure à 20 Wh sont soumis à l'ADN;

Les condensateurs installés dans un équipement et contenant un électrolyte qui répond aux critères de classification dans une classe de marchandises dangereuses ne sont pas soumis aux autres dispositions de l'ADN à condition que l'équipement soit emballé dans un emballage extérieur robuste fabriqué en un matériau approprié, présentant une résistance suffisante et conçu en fonction de l'usage auquel il est destiné et de manière à empêcher tout fonctionnement accidentel des condensateurs lors du transport. Les grands équipements robustes contenant des condensateurs peuvent être présentés au transport non emballés ou sur des palettes lorsque les condensateurs sont munis d'une protection équivalente par l'équipement dans lequel ils sont contenus.

NOTA: Nonobstant les dispositions de cette disposition spéciale, les condensateurs asymétriques au nickel-carbone contenant des électrolytes alcalins de la classe 8 doivent être transportés sous le No ONU 2795 ACCUMULATEURS électriques REMPLIS D'ÉLECTROLYTE LIQUIDE ALCALIN.

373   Les détecteurs de rayonnement neutronique contenant du trifluorure de bore gazeux non pressurisé peuvent être transportés au titre de cette rubrique à condition que les conditions suivantes soient satisfaites:

    a)   Chaque détecteur de rayonnement doit satisfaire aux conditions suivantes:

        i)   La pression absolue dans chaque détecteur ne doit pas dépasser 105 kPa à 20°C;

        ii)   La quantité de gaz ne doit pas dépasser 13 g par détecteur;

        iii)   Chaque détecteur doit être construit selon un programme d'assurance de la qualité enregistré;

        NOTA: La norme ISO 9001 peut être utilisée à cette fin.

        iv)   Chaque détecteur de rayonnement neutronique doit être construit en métal soudé et comporter des connecteurs de traversée assemblés par brasage céramique-métal. La pression d'éclatement minimale de ces détecteurs, telle que démontrée par épreuve sur modèle type, doit être de 1 800 kPa; et

        v)   Avant le remplissage, chaque détecteur doit être soumis à une épreuve pour assurer une étanchéité standard de 1×10^{-10} cm^3/s.

    b)   Les détecteurs de rayonnement transportés comme composants individuels doivent être transportés comme suit:

        i)   Les détecteurs doivent être emballés dans une doublure intermédiaire en plastique scellé comportant un matériau absorbant ou adsorbant en quantité suffisante pour absorber ou adsorber la totalité du contenu gazeux;

        ii)   Ils doivent être emballés dans un emballage extérieur robuste. Le colis complet doit être capable de subir une épreuve de chute de 1,8 m sans qu'il se produise de fuite du gaz contenu dans les détecteurs;

        iii)   La quantité totale de gaz dans tous les détecteurs par emballage extérieur ne doit pas dépasser 52 g.

    c)   Les systèmes complets de détection de rayonnement neutronique contenant des détecteurs qui satisfont aux prescriptions du paragraphe a) doivent être transportés comme suit:

        i)   Les détecteurs doivent être emballés dans une enveloppe extérieure robuste scellée;

ii)   L'enveloppe doit contenir suffisamment de matériau absorbant ou adsorbant pour absorber ou adsorber la totalité du contenu gazeux;

iii)   Les systèmes complets doivent être placés dans des emballages extérieurs robustes capables de supporter une épreuve de chute de 1,8 m sans qu'il se produise de fuite sauf si l'enveloppe extérieure du système assure une protection équivalente.

L'instruction d'emballage P200 du 4.1.4.1 de l'ADR ne s'applique pas.

Le document de transport doit contenir la mention suivante: "Transport selon la disposition spéciale 373".

Les détecteurs de rayonnement neutronique contenant au plus 1 g de trifluorure de bore, y compris les détecteurs à joints en verre de scellement ne sont pas soumis à l'ADN à condition qu'ils satisfassent aux prescriptions du paragraphe a) et qu'ils soient emballés conformément au paragraphe b). Les systèmes de détection des rayonnements contenant de tels détecteurs ne sont pas soumis à l'ADN s'ils sont emballés conformément au paragraphe c).

374   *(Réservé)*

375   Ces matières, lorsqu'elles sont transportées dans des emballages simples ou combinés contenant une quantité nette par emballage simple ou intérieur inférieure ou égale à 5 *l* pour les liquides ou ayant une masse par emballage simple ou intérieur inférieure ou égale à 5 kg pour les solides, ne sont soumises à aucune autre disposition de l'ADN à condition que les emballages satisfassent aux dispositions générales des 4.1.1.1, 4.1.1.2 et 4.1.1.4 à 4.1.1.8 de l'ADR.

376   Les piles et batteries au lithium ionique et les piles et batteries au lithium métal identifiées comme endommagées ou défectueuses de manière à ce qu'elles ne soient plus en conformité avec le type éprouvé suivant les dispositions applicables du *Manuel d'épreuves et de critères*, doivent satisfaire aux prescriptions de la présente disposition spéciale.

Aux fins de la présente disposition spéciale, il peut notamment s'agir, mais pas seulement, de:

–   Piles ou batteries identifiées comme défectueuses pour des raisons de sécurité;

–   Piles ou batteries qui présentent des signes de fuite de liquide ou de gaz;

–   Piles ou batteries qui ne peuvent pas être diagnostiquées avant le transport; ou de

–   Piles ou batteries ayant subi une détérioration physique ou mécanique.

NOTA: Afin de déterminer si une pile ou batterie peut être considérée comme endommagée ou défectueuse, une estimation ou une évaluation doit être effectuée sur la base des critères de sécurité du fabricant de la pile, de la batterie ou du produit fini ou par un expert technique connaissant les éléments de sécurité de la pile ou de la batterie. Une estimation ou évaluation peut inclure, sans s'y limiter, les critères suivants:

a)   Danger important tel que présence de gaz, incendie ou fuite d'électrolyte;

b)   Utilisation qui a été faite de la pile ou de la batterie ou usage impropre de celle-ci;

c)   Signes de dommages physiques, tels que déformation du boîtier de la pile ou de la batterie, ou couleurs sur le boîtier;

d)   Protection contre les courts-circuits externes et internes, tels que les mesures de tension ou d'isolation;

e)   Etat des éléments de sécurité de la pile ou de la batterie; ou

f)   Dommages à tout composant de sécurité interne, tel que système de gestion de la batterie.

Les piles et batteries doivent être transportées conformément aux dispositions applicables aux Nos ONU 3090, 3091, 3480 et 3481, à l'exception de la disposition spéciale 230 et à moins qu'il n'en soit spécifié autrement dans la présente disposition spéciale.

Les piles et batteries doivent être emballées conformément aux instructions d'emballage P908 du 4.1.4.1 ou LP904 du 4.1.4.3 de l'ADR, selon les cas.

Les piles et batteries identifiées comme endommagées ou défectueuses et susceptibles de se démonter rapidement, de réagir dangereusement, de produire une flamme ou un dangereux dégagement de chaleur ou une émission de gaz ou de vapeur toxiques, corrosifs ou inflammables, dans les conditions normales de transport doivent être emballées et transportées conformément aux instructions d'emballage P911 du 4.1.4.1 ou LP906 du 4.1.4.3 de l'ADR, selon les cas. L'autorité compétente de toute Partie contractante à l'ADN peut autoriser des conditions d'emballage ou de transport alternatives et peut également reconnaître l'approbation par l'autorité compétente d'un pays qui ne serait pas Partie contractante à l'ADN à condition que cette approbation ait été accordée conformément aux procédures applicables selon le RID, l'ADR, l'ADN, le Code IMDG ou les prescriptions techniques de l'OACI. Dans les deux cas, les piles et batteries sont affectées à la catégorie de transport 0.

Les colis doivent porter l'indication "PILES AU LITHIUM IONIQUE ENDOMMAGÉES/DÉFECTUEUSES" ou "PILES AU LITHIUM METAL ENDOMMAGÉES/DÉFECTUEUSES" comme approprié.

Le document de transport doit contenir la mention suivante: "Transport selon la disposition spéciale 376".

Le cas échéant, le transport doit être accompagné d'une copie de l'approbation de l'autorité compétente.

377   Les piles et batteries au lithium métal ou au lithium ionique et les équipements contenant de telles piles et batteries transportées en vue de leur élimination ou de leur recyclage, en mélange ou non avec des piles ou batteries autres qu'au lithium, peuvent être emballées conformément à l'instruction d'emballage P909 du 4.1.4.1 de l'ADR.

Ces piles et batteries ne sont pas soumises aux dispositions des 2.2.9.1.7 a) à g).

Les colis doivent porter la marque "PILES AU LITHIUM POUR ÉLIMINATION" ou "PILES AU LITHIUM POUR RECYCLAGE".

Les batteries identifiées comme endommagées ou défectueuses doivent être transportées conformément à la disposition spéciale 376.

378   Les détecteurs de rayonnement contenant ce gaz en récipients à pression non rechargeables ne répondant pas aux prescriptions du chapitre 6.2 et de l'instruction

d'emballage P200 du 4.1.4.1 de l'ADR peuvent être transportés au titre de cette rubrique à condition que:

a) La pression de service de chaque récipient ne soit pas supérieure à 50 bar;

b) La contenance du récipient ne soit pas supérieure à 12 l;

c) Chaque récipient ait une pression d'éclatement minimale d'au moins trois fois la pression de service lorsqu'il est muni d'un dispositif de décompression et d'au moins quatre fois la pression de service lorsqu'il ne comporte pas de dispositif de décompression;

d) Chaque récipient soit fabriqué avec un matériau qui ne se fragmente pas en cas de rupture;

e) Chaque détecteur soit fabriqué conformément à un programme d'assurance de la qualité enregistré.

NOTA: La norme ISO 9001 peut être utilisée à cette fin.

f) Les détecteurs soient transportés dans un emballage extérieur robuste. Le colis complet doit être capable de subir une épreuve de chute de 1,2 m sans rupture du détecteur ou de l'emballage extérieur. Les équipements contenant un détecteur doivent être emballés dans un emballage extérieur robuste à moins que l'équipement lui-même n'apporte au détecteur qu'il contient une protection équivalente; et

g) Le document de transport contienne la mention suivante: "Transport selon la disposition spéciale 378".

Les détecteurs de rayonnement, y compris les détecteurs contenus dans des systèmes de détection des rayonnements, ne sont soumis à aucune autre prescription de l'ADN si les détecteurs répondent aux prescriptions des alinéas a) à f) ci-dessus et si la capacité des récipients de ces détecteurs ne dépasse pas 50 ml.

379 L'ammoniac anhydre adsorbé ou absorbé dans un solide contenu dans des systèmes de génération d'ammoniac ou des récipients destinés à équiper ces systèmes n'est pas soumis aux autres dispositions de l'ADN si les conditions suivantes sont respectées:

a) L'adsorption ou absorption présente les caractéristiques suivantes:

i) La pression engendrée par une température de 20 °C dans le récipient est inférieure à 0,6 bar;

ii) La pression engendrée par une température de 35 °C dans le récipient est inférieure à 1 bar;

iii) La pression engendrée par une température de 85 °C dans le récipient est inférieure à 12 bar.

b) Le matériau adsorbant ou absorbant ne doit pas avoir des propriétés de danger correspondant aux classes 1 à 8;

c) Le contenu maximal d'ammoniac par récipient est de 10 kg; et

d) Les récipients contenant l'ammoniac adsorbé ou absorbé doivent satisfaire aux conditions suivantes:

i)   Les récipients sont fabriqués en un matériau compatible avec l'ammoniac tel qu'indiqué dans la norme ISO 11114-1:2012 + A1:2017;

ii) Les récipients et leurs moyens de fermeture sont hermétiques et sont capables de contenir l'ammoniac généré;

iii) Chaque récipient doit être capable de résister à une pression générée par une température de 85 °C avec une expansion volumétrique non supérieure à 0,1 %;

iv) Chaque récipient doit être équipé d'un dispositif permettant à une pression supérieure à 15 bar l'évacuation des gaz sans éclatement violent, explosion ni projection; et

v)   Chaque récipient doit être capable, lorsque le dispositif de surpression est désactivé, de résister à une pression de 20 bar sans fuite.

Lorsqu'ils sont transportés dans un générateur d'ammoniac les récipients doivent être connectés au générateur de telle sorte que l'ensemble présente les mêmes garanties de résistance qu'un récipient isolé.

Les propriétés de résistance mécaniques mentionnées dans cette disposition spéciale doivent faire l'objet d'une vérification sur un prototype de récipient ou de générateur rempli à sa capacité nominale, par une épreuve d'élévation de température conduisant à l'atteinte de pressions mentionnées.

Les résultats d'épreuves doivent être documentés et traçables, et être communiqués aux autorités compétentes à leur demande.

380   (*Réservé*)

381   (*Réservé*)

382   Les polymères en granulés peuvent être du polystyrène, du poly(méthacrylate de méthyle) ou un autre matériau polymère. Il n'est pas nécessaire de classer les polymères en granulés expansibles sous ce numéro ONU lorsqu'il peut être démontré qu'il n'y a pas dégagement de vapeurs inflammables, résultant en une atmosphère inflammable, selon l'épreuve U1 (Méthode d'épreuve pour les matières susceptibles de dégager des vapeurs inflammables) de la sous-section 38.4.4 de la troisième partie du *Manuel d'épreuves et de critères*. Cette épreuve ne devrait être réalisée que lorsque la dé-classification de la matière est considérée.

383   Les balles de tennis de table fabriquées à partir de celluloïd ne sont pas soumises à l'ADN lorsque la masse nette de chaque balle ne dépasse pas 3,0 g et que la masse nette totale des balles ne dépasse pas 500 g par colis.

384   (*Réservé*)

385   (*Supprimé*)

386   Si les matières sont stabilisées par régulation de température, ce sont les dispositions du 2.2.41.1.21, du 7.1.7, de la disposition spéciale V8 du chapitre 7.2 de l'ADR, de la disposition spéciale S4 du chapitre 8.5 de l'ADR et les prescriptions du chapitre 9.6 de l'ADR qui s'appliquent. Si l'on a recours à la stabilisation chimique, la personne qui présente l'emballage, le GRV ou la citerne au transport doit veiller à ce que le niveau de stabilisation soit suffisant pour éviter une polymérisation dangereuse de la matière qui s'y trouve, à une température moyenne du chargement de 50 °C, ou, dans le cas d'une citerne mobile, de 45 °C. Lorsqu'il se peut que la stabilisation chimique devienne

inopérante à des températures inférieures pendant la durée anticipée du transport, une régulation de température s'impose. Pour ce faire, les facteurs dont il faut tenir compte sont, notamment, la contenance et la forme de l'emballage, du GRV ou de la citerne, la présence éventuelle d'une isolation et ses effets, la température de la matière lorsqu'elle est présentée au transport, la durée du voyage et les conditions de température ambiante normalement attendues pendant le trajet (compte tenu de la saison de l'année), ainsi que l'efficacité et les autres propriétés du stabilisateur employé, les contrôles opérationnels applicables prescrits par la réglementation (par exemple prescriptions concernant la protection contre les sources de chaleur, y compris d'autres chargements transportés à température supérieure à la température ambiante), entre autres facteurs pertinents.

387   Les batteries au lithium conformes au 2.2.9.1.7 f), contenant à la fois des piles primaires au lithium métal et des piles au lithium ionique rechargeables, doivent être affectées aux Nos ONU 3090 ou 3091 selon le cas. Lorsque ces batteries sont transportées conformément à la disposition spéciale 188, la teneur totale en lithium de toutes les piles au lithium métal contenues dans la batterie ne doit pas dépasser 1,5 g et la capacité totale de toutes les piles au lithium ionique contenues dans la batterie ne doit pas dépasser 10 Wh.

388   Les rubriques ONU 3166 s'appliquent aux véhicules mus par un moteur à combustion interne ou une pile à combustible fonctionnant au moyen d'un liquide inflammable ou d'un gaz inflammable.

Les véhicules propulsés par un moteur pile à combustible doivent être affectés aux rubriques ONU 3166 VÉHICULE À PROPULSION PAR PILE À COMBUSTIBLE CONTENANT DU GAZ INFLAMMABLE ou ONU 3166 VÉHICULE À PROPULSION PAR PILE À COMBUSTIBLE CONTENANT DU LIQUIDE INFLAMMABLE, selon qu'il convient. Ces rubriques incluent les véhicules électriques hybrides propulsés à la fois par une pile à combustible et par un moteur à combustion interne avec des accumulateurs à électrolyte liquide ou des batteries au sodium, au lithium métal ou au lithium ionique, transportés avec ces accumulateurs ou batteries installés.

Les autres véhicules comportant un moteur à combustion interne doivent être affectés aux rubriques ONU 3166 VÉHICULE À PROPULSION PAR GAZ INFLAMMABLE ou ONU 3166 VÉHICULE À PROPULSION PAR LIQUIDE INFLAMMABLE, selon qu'il convient. Ces rubriques incluent les véhicules électriques hybrides, mus à la fois par un moteur à combustion interne et par des accumulateurs à électrolyte liquide ou des batteries au sodium, au lithium métal ou au lithium ionique, transportés avec ces accumulateurs ou batteries installés.

Si un véhicule est propulsé par un moteur à combustion interne fonctionnant au liquide inflammable et au gaz inflammable, il doit être affecté à la rubrique ONU 3166 VÉHICULE À PROPULSION PAR GAZ INFLAMMABLE.

La rubrique ONU 3171 ne s'applique qu'aux véhicules mus par accumulateurs à électrolyte liquide ou par des batteries au sodium ou des batteries au lithium métal ou au lithium ionique et aux équipements mus par des accumulateurs à électrolyte liquide ou par des batteries au sodium, qui sont transportés pourvus de ces batteries ou accumulateurs.

Aux fins de la présente disposition spéciale, les véhicules sont des appareils autopropulsés conçus pour transporter une ou plusieurs personnes ou marchandises. On peut citer comme exemple de tels véhicules les voitures, motocycles, scooters, véhicules ou motocycles à trois et quatre roues, camions, locomotives, bicyclettes (cycles à pédales motorisés) et autre véhicules de ce type (par exemple véhicules auto-équilibrés ou véhicules non équipés de position assise), fauteuils roulants, tondeuses à gazon autoportées, engins de chantier et agricoles autopropulsés, bateaux et aéronefs. Sont inclus les véhicules transportés dans un emballage. Dans ce cas, certaines parties du véhicule peuvent en être détachées pour tenir dans l'emballage.

Au nombre des équipements on peut citer les tondeuses à gazon, les appareils de nettoyage ou modèles réduits d'embarcations ou modèles réduits d'aéronefs. Les équipements mus par des batteries au lithium métal ou au lithium ionique doivent être affectés aux rubriques ONU 3091 PILES AU LITHIUM MÉTAL CONTENUES DANS UN ÉQUIPEMENT ou ONU 3091 PILES AU LITHIUM MÉTAL EMBALLÉES AVEC UN ÉQUIPEMENT ou ONU 3481 PILES AU LITHIUM IONIQUE CONTENUES DANS UN ÉQUIPEMENT ou ONU 3481 PILES AU LITHIUM IONIQUE EMBALLÉES AVEC UN ÉQUIPEMENT, selon qu'il convient. Les batteries au lithium ionique ou batteries au lithium métal installées dans un engin de transport et conçues uniquement pour fournir de l'énergie hors de l'engin de transport doivent être affectées à la rubrique ONU 3536 BATTERIES AU LITHIUM INSTALLÉES DANS DES ENGINS DE TRANSPORT batteries au lithium ionique ou batteries au lithium métal.

Les marchandises dangereuses telles que les piles ou batteries, les sacs gonflables, les extincteurs, les accumulateurs à gaz comprimé, les dispositifs de sécurité et les autres éléments faisant partie intégrante du véhicule qui sont nécessaires à son fonctionnement ou à la sécurité de son conducteur ou des passagers, doivent être solidement fixées dans le véhicule et ne sont pas soumises par ailleurs à l'ADN. Cependant, à moins qu'il n'en soit prévu autrement dans la disposition spéciale 667, les piles ou batteries au lithium doivent satisfaire aux dispositions du 2.2.9.1.7.

Quand une pile ou batterie au lithium installée dans un véhicule ou équipement est endommagée ou défectueuse, le véhicule ou l'équipement doit être transporté suivant les conditions définies dans la disposition spéciale 667 c).

389   Cette rubrique s'applique uniquement aux batteries au lithium ionique ou batteries au lithium métal installées dans un engin de transport et conçues uniquement pour fournir de l'énergie hors de l'engin de transport. Les batteries au lithium doivent répondre aux dispositions des 2.2.9.1.7 a) à g) et contenir les systèmes nécessaires pour prévenir la surcharge et la décharge excessive des batteries.

Les batteries doivent être solidement arrimées à la structure intérieure de l'engin de transport (par exemple sur des étagères ou dans des armoires) de manière à empêcher tout court-circuit, tout fonctionnement accidentel ou tout mouvement significatif lorsque l'engin de transport subit des chocs, est manutentionné, ou est soumis à des vibrations inhérentes au transport. Les marchandises dangereuses nécessaires au bon fonctionnement de l'engin de transport et à sa sécurité (par exemple les systèmes d'extinction d'incendie et les systèmes de climatisation) doivent y être correctement assujetties ou installées et ne sont pas par ailleurs soumises aux dispositions de l'ADN. Des marchandises dangereuses qui ne sont pas nécessaires à son bon fonctionnement et à sa sécurité ne doivent pas être transportées à l'intérieur de l'engin de transport.

Les batteries à l'intérieur de l'engin de transport ne sont pas soumises aux prescriptions relatives au marquage ou à l'étiquetage. Sauf dans les cas prévus au 1.1.3.6 du RID ou de l'ADR, l'engin de transport doit porter des panneaux orange conformément au 5.3.2.2 et des plaques-étiquettes conformément au 5.3.1.1 sur deux côtés opposés.

390   Si un colis contient à la fois des piles au lithium contenues dans un équipement et des piles au lithium emballées avec un équipement, les prescriptions suivantes s'appliquent aux fins du marquage du colis et de la documentation:

a)   Le colis doit porter la mention "UN 3091" ou "UN 3481", selon le cas. Si un colis contient à la fois des piles au lithium ionique et des piles au lithium métal emballées avec un équipement et contenues dans un équipement, le colis doit porter les marques requises pour les deux types de piles. Cependant, il n'est pas nécessaire de prendre en compte les piles bouton installées dans un équipement (y compris les circuits imprimés);

b)   Le document de transport doit porter la mention "UN 3091 Piles au lithium métal emballées avec un équipement" ou "UN 3481 Piles au lithium ionique emballées avec un équipement", selon le cas. Si un colis contient à la fois des piles au lithium métal et des piles au lithium ionique emballées avec un équipement et contenues dans un équipement, le document de transport doit indiquer à la fois "UN 3091 Piles au lithium métal emballées avec un équipement" et "UN 3481 Piles au lithium ionique emballées avec un équipement.

391   *(Réservé)*

392   Pour le transport des systèmes de confinement de gaz combustible qui sont conçus pour être installés sur des véhicules automobiles, qui sont approuvés à cette fin et qui contiennent ce gaz, il n'y a pas lieu d'appliquer les dispositions du 4.1.4.1 et du chapitre 6.2 de l'ADR s'ils sont transportés en vue de leur élimination, de leur recyclage, de leur réparation, de leur inspection, ou de leur entretien, ou depuis leur lieu de fabrication vers un atelier de montage de véhicules, si les conditions ci-après sont satisfaites:

a)   Les systèmes de confinement de gaz combustible satisfont aux prescriptions des normes ou règlements applicables aux réservoirs à carburant destinés aux véhicules automobiles, suivant le cas. Des exemples de normes et règlements applicables sont:

Réservoirs à GPL	
Règlement ONU No 67, Révision 2	Prescriptions uniformes relatives à l'homologation: I. Des équipements spéciaux pour l'alimentation du moteur aux gaz de pétrole liquéfiés sur les véhicules des catégories M et N; II. Des véhicules des catégories M et N munis d'un équipement spécial pour l'alimentation du moteur aux gaz de pétrole liquéfiés en ce qui concerne l'installation de cet équipement
Règlement ONU No 115	Prescriptions uniformes relatives à l'homologation: I. Des systèmes spéciaux d'adaptation au GPL (gaz de pétrole liquéfié) pour véhicules automobiles leur permettant d'utiliser ce carburant dans leur système de propulsion; II. Des systèmes spéciaux d'adaptation au GNC (gaz naturel comprimé) pour véhicules automobiles leur permettant d'utiliser ce carburant dans leur système de propulsion
Réservoirs à GNC et GNL	
Règlement ONU No 110	Prescriptions uniformes relatives à l'homologation: I. Des organes spéciaux pour l'alimentation du moteur au gaz naturel comprimé (GNC) et/ou au gaz naturel liquéfié (GNL) sur les véhicules; II. Des véhicules munis d'organes spéciaux d'un type homologué pour l'alimentation du moteur au gaz naturel comprimé (GNC) et/ou au gaz naturel liquéfié (GNL) en ce qui concerne l'installation de ces organes

Règlement ONU No 115	Prescriptions uniformes relatives à l'homologation: I. Des systèmes spéciaux d'adaptation au GPL (gaz de pétrole liquéfié) pour véhicules automobiles leur permettant d'utiliser ce carburant dans leur système de propulsion; II. Des systèmes spéciaux d'adaptation au GNC (gaz naturel comprimé) pour véhicules automobiles leur permettant d'utiliser ce carburant dans leur système de propulsion
ISO 11439:2013	Bouteilles à gaz – Bouteilles haute pression pour le stockage de gaz naturel utilisé comme carburant à bord des véhicules automobiles
Série des normes ISO 15500	Véhicules routiers – Composants des systèmes de combustible gaz naturel comprimé (GNC) – Différentes parties applicables
ANSI NGV 2	Compressed natural gas vehicle fuel containers
CSA B51– Deuxième partie:2014	Code sur les chaudières, les appareils et les tuyauteries sous pression – Deuxième partie: Exigences s'appliquant aux cylindres à haute pression servant à l'entreposage de carburant à bord de véhicules automobiles
Réservoirs à hydrogène sous pression	
Règlement technique mondial n° 13 (RTM)	Règlement technique mondial sur les véhicules à hydrogène à pile à combustible (ECE/TRANS/180/Add.13)
ISO/TS 15869:2009	Hydrogène gazeux et mélanges d'hydrogène gazeux – Réservoirs de carburant pour véhicules terrestres
Règlement (CE) No 79/2009	Règlement (CE) No 79/2009 du Parlement européen et du Conseil du 14 janvier 2009 concernant la réception par type des véhicules à moteur fonctionnant à l'hydrogène et modifiant la directive 2007/46/CE
Règlement (UE) No 406/2010	Règlement (UE) No 406/2010 de la Commission du 26 avril 2010 portant application du Règlement (CE) No 79/2009 du Parlement européen et du Conseil concernant la réception par type des véhicules à moteur fonctionnant à l'hydrogène
Règlement ONU No 134	Prescriptions uniformes relatives à l'homologation des véhicules automobiles et de leurs composants en ce qui concerne les prescriptions de sécurité des véhicules fonctionnant à l'hydrogène
CSA B51– Deuxième partie:2014	Code sur les chaudières, les appareils et les tuyauteries sous pression – Deuxième partie: Exigences s'appliquant aux cylindres à haute pression servant à l'entreposage de carburant à bord de véhicules automobiles

Le transport des réservoirs à gaz conçus et fabriqués conformément aux précédentes versions des normes ou règlements pertinents, applicables aux réservoirs à gaz destinés aux véhicules automobiles, en vigueur au moment de l'homologation des véhicules pour lesquels ces réservoirs ont été conçus et construits, reste autorisé;

b) Les systèmes de confinement de gaz combustible doivent être étanches et ne présenter aucun dommage externe susceptible d'affecter la sécurité;

NOTA 1: Les critères sont énoncés dans la norme ISO 11623:2015 Bouteilles à gaz – Construction composite – Contrôles et essais périodiques (ou ISO

19078:2013 Bouteilles à gaz − Inspection de l'installation des bouteilles, et requalification des bouteilles haute pression pour le stockage du gaz naturel, utilisé comme carburant, à bord des véhicules automobiles).

> *2: Si les systèmes de confinement de gaz combustible ne sont pas étanches ou s'ils sont trop remplis ou s'ils présentent des dommages qui pourraient affecter la sécurité (par exemple, dans le cas d'un rappel relatif à la sécurité), ils ne peuvent être transportés que dans des récipients à pression de secours conformes à l'ADN.*

c) Si le système de confinement des gaz est équipé d'au moins deux robinets intégrés en série, les deux robinets doivent être obturés de manière à être étanches au gaz dans les conditions normales de transport. Si un seul robinet existe ou fonctionne correctement, toutes les ouvertures, à l'exception de celle du dispositif de décompression, doivent être obturées de façon à être étanches aux gaz dans les conditions normales de transport;

d) Les systèmes de confinement de gaz combustible doivent être transportés de façon à éviter toute obstruction du dispositif de décompression et tout endommagement des robinets et de toute autre partie sous pression des systèmes de confinement de gaz combustible et tout dégagement accidentel de gaz dans les conditions normales de transport. Le système de confinement de gaz combustible doit être fixé de façon à ne pas glisser, à ne pas rouler et à ne pas subir de déplacements verticaux;

e) Les robinets doivent être protégés par l'une des méthodes décrites au 4.1.6.8, alinéas a) à e) de l'ADR;

f) Sauf dans le cas des systèmes de confinement de gaz combustible transportés en vue de leur élimination, de leur recyclage, de leur réparation, de leur inspection, ou de leur entretien, les systèmes de confinement de gaz combustible ne doivent pas être remplis à plus de 20 % de leur taux de remplissage nominal ou de leur pression de service nominale, selon qu'il convient;

g) Nonobstant les dispositions du chapitre 5.2, lorsque les systèmes de confinement des gaz combustibles sont expédiés dans un dispositif de manutention, les marques et étiquettes peuvent être apposées sur ledit dispositif; et

h) Nonobstant les dispositions du 5.4.1.1.1 f), les renseignements relatifs à la quantité totale de marchandises dangereuses peuvent être remplacés par les renseignements ci-après:

   i) Le nombre de systèmes de confinement de gaz combustible; et

   ii) Dans le cas des gaz liquéfiés, la masse nette totale (kg) de gaz pour chaque système de confinement de gaz combustible et, dans le cas des gaz comprimés, la capacité totale en eau (*l*) de chaque système de confinement de gaz combustible, suivie de la pression nominale de service.

Exemples de renseignements à mentionner sur le document de transport:

Exemple 1: "UN 1971 gaz naturel, comprimé, 2.1, un dispositif de stockage de gaz combustible d'une capacité totale de 50 l, 200 bar".

Exemple 2: "UN 1965 hydrocarbures gazeux en mélange, liquéfié, N.S.A., 2.1, trois dispositifs de stockage de gaz combustible, la masse de gaz étant pour chacun de 15 kg".

393 La nitrocellulose doit remplir les critères de l'épreuve de Bergmann-Junk ou du papier réactif au violet de méthyle qui figurent à l'appendice 10 du Manuel d'épreuves et de critères. Il n'est pas nécessaire de réaliser les épreuves de la série 3 c).

394 La nitrocellulose doit remplir les critères de l'épreuve de Bergmann-Junk ou du papier réactif au violet de méthyle qui figurent à l'appendice 10 du Manuel d'épreuves et de critères.

395 Cette rubrique ne doit être utilisée que pour les déchets médicaux solides de catégorie A transportés en vue de leur élimination.

396 Les objets de grande taille et robustes peuvent être transportés raccordés à des bouteilles à gaz dont les robinets sont ouverts indépendamment du 4.1.6.5 de l'ADR, à condition que :

a) Les bouteilles de gaz contiennent de l'azote du No ONU 1066 ou un gaz comprimé du No ONU 1956 ou de l'air comprimé du No ONU 1002 ;

b) Les bouteilles de gaz soient raccordées à l'objet par l'intermédiaire de détendeurs et de tuyauteries fixes de telle sorte que la pression de gaz (pression manométrique) dans l'objet ne dépasse pas 35 kPa (0,35 bar) ;

c) Les bouteilles de gaz soient correctement fixées, de telle façon qu'elles ne puissent se déplacer par rapport à l'objet et soient équipées de tuyaux et conduites robustes et résistants à la pression ;

d) Les bouteilles de gaz, les détendeurs, la tuyauterie et les autres composants soient protégés contre les dommages et les impacts pendant le transport par des harasses en bois ou par un autre moyen approprié ;

e) Le document de transport contienne la mention suivante : "Transport selon la disposition spéciale 396";

f) Les engins de transport contenant des objets transportés avec des bouteilles dont les robinets sont ouverts contenant un gaz présentant un risque d'asphyxie soient bien ventilés et marqués conformément au 5.5.3.6.

397 Les mélanges d'azote et d'oxygène contenant au moins 19,5 % et au plus 23,5 % d'oxygène (volume) peuvent être transportés sous cette rubrique si aucun autre gaz comburant n'est présent. Pour les concentrations ne dépassant pas cette limite, l'utilisation de l'étiquette de danger subsidiaire de la classe 5.1 (modèle No 5.1 voir 5.2.2.2.2) n'est pas nécessaire.

398 Cette rubrique s'applique aux mélanges de butylènes, au butylène-1, au cis-butylène-2 et au trans-butylène-2. Pour l'isobutylène, voir le No ONU 1055.

NOTA: *Pour les informations supplémentaires à ajouter dans le document de transport, voir 5.4.1.2.2 e).*

399 - 499 *(Réservés)*

500 *(Supprimé)*

501 Pour le naphtalène fondu, voir le No ONU 2304.

502 Les matières plastiques à base de nitrocellulose, auto-échauffantes, n.s.a. (No ONU 2006) et les déchets de celluloïd (No ONU 2002) sont des matières de la classe 4.2.

503 Pour le phosphore blanc, fondu, voir le No ONU 2447.

504 Le sulfure de potassium hydraté contenant au moins 30 % d'eau de cristallisation (No ONU 1847), le sulfure de sodium hydraté contenant au moins 30 % d'eau de cristallisation (No ONU 1849) et l'hydrogénosulfure de sodium hydraté contenant au moins 25 % d'eau de cristallisation (No ONU 2949) sont des matières de la classe 8.

505 Le diamidemagnésium (No ONU 2004) est une matière de la classe 4.2.

506 Les métaux alcalino-terreux et les alliages de métaux alcalino-terreux sous forme pyrophorique sont des matières de la classe 4.2.

Le magnésium ou les alliages de magnésium contenant plus de 50 % de magnésium, sous forme de granulés, de tournures ou de rubans (No ONU 1869) sont des matières de la classe 4.1.

507 Les pesticides au phosphure d'aluminium (No ONU 3048), contenant des additifs empêchant le dégagement de gaz inflammables toxiques sont des matières de la classe 6.1.

508 L'hydrure de titane (No ONU 1871) et l'hydrure de zirconium (No ONU 1437) sont des matières de la classe 4.1. Le borohydrure d'aluminium (No ONU 2870) est une matière de la classe 4.2.

509 Le chlorite en solution (No ONU 1908) est une matière de la classe 8.

510 L'acide chromique en solution (No ONU 1755) est une matière de la classe 8.

511 Le nitrate de mercure II (No ONU 1625), le nitrate de mercure I (No ONU 1627) et le nitrate de thallium (No ONU 2727) sont des matières de la classe 6.1. Le nitrate de thorium, solide, l'hexahydrate de nitrate d'uranyle en solution et le nitrate d'uranyle, solide sont des matières de la classe 7.

512 Le pentachlorure d'antimoine, liquide (No ONU 1730), le pentachlorure d'antimoine en solution (No ONU 1731), le pentafluorure d'antimoine (No ONU 1732) et le trichlorure d'antimoine (No ONU 1733) sont des matières de la classe 8.

513 L'azoture de baryum sec ou humidifié avec moins de 50% (masse) d'eau (No ONU 0224) est une matière de la classe 1. L'azoture de baryum humidifié avec au moins 50% (masse) d'eau (No ONU 1571) est une matière de la classe 4.1. Les alliages pyrophoriques de baryum (No ONU 1854) sont des matières de la classe 4.2. Le chlorate de baryum, solide (No ONU 1445), le nitrate de baryum (No ONU 1446), le perchlorate de baryum, solide (No ONU 1447), le permanganate de baryum (No ONU 1448), le peroxyde de baryum (No ONU 1449), le bromate de baryum (No ONU 2719), l'hypochlorite de baryum contenant plus de 22 % de chlore actif (No ONU 2741), le chlorate de baryum en solution (No ONU 3405) et le perchlorate de baryum en solution (No ONU 3406), sont des matières de la classe 5.1. Le cyanure de baryum (No ONU 1565) et l'oxyde de baryum (No ONU 1884) sont des matières de la classe 6.1.

514 Le nitrate de béryllium (No ONU 2464) est une matière de la classe 5.1.

515 Le bromure de méthyle et la chloropicrine en mélange (No ONU 1581) et le chlorure de méthyle et la chloropicrine en mélange (No ONU 1582) sont des matières de la classe 2.

516 Le mélange de chlorure de méthyle et de chlorure de méthylène (No ONU 1912) est une matière de la classe 2.

517   Le fluorure de sodium, solide (No ONU 1690), le fluorure de potassium, solide (No ONU 1812), le fluorure d'ammonium (No ONU 2505), le fluorosilicate de sodium (No ONU 2674), les fluorosilicates, n.s.a. (No ONU 2856), le fluorure de sodium en solution (No ONU 3415) et le fluorure de potassium en solution (No ONU 3422), sont des matières de la classe 6.1.

518   Le trioxyde de chrome anhydre (acide chromique solide) (No ONU 1463) est une matière de la classe 5.1.

519   Le bromure d'hydrogène anhydre (No ONU 1048) est une matière de la classe 2.

520   Le chlorure d'hydrogène anhydre (No ONU 1050) est une matière de la classe 2.

521   Les chlorites et les hypochlorites solides sont des matières de la classe 5.1.

522   L'acide perchlorique en solution aqueuse, contenant en masse plus de 50 % mais au maximum 72 % d'acide pur (No ONU 1873) est une matière de la classe 5.1. Les solutions d'acide perchlorique contenant en masse plus de 72 % d'acide pur, ou les mélanges d'acide perchlorique contenant un liquide autre que l'eau, ne sont pas admis au transport.

523   Le sulfure de potassium anhydre (No ONU 1382) et le sulfure de sodium anhydre (No ONU 1385) ainsi que leurs hydrates, contenant moins de 30 % d'eau de cristallisation, ainsi que l'hydrogénosulfure de sodium contenant moins de 25 % d'eau de cristallisation (No ONU 2318) sont des matière de la classe 4.2.

524   Les produits finis en zirconium (No ONU 2858) d'une épaisseur au moins égale à 18 μm sont des matières de la classe 4.1.

525   Les solutions de cyanure inorganique ayant une teneur totale en ions cyanure supérieure à 30 % sont affectées au groupe d'emballage I, les solutions dont la teneur totale en ions cyanure est supérieure à 3 % sans dépasser 30 % sont affectées au groupe d'emballage II et les solutions dont la teneur en ions cyanure est supérieure à 0,3 % sans dépasser 3 % sont affectées au groupe d'emballage III.

526   Le celluloïd (No ONU 2000) est affecté à la classe 4.1.

527   *(Réservé)*

528   Les fibres ou les tissus imprégnés de nitrocellulose faiblement nitrée, non auto-échauffants (No ONU 1353) sont des matières de la classe 4.1.

529   Le fulminate de mercure, humidifié contenant, en masse, au moins 20 % d'eau ou d'un mélange d'alcool et d'eau est une matière de la classe 1 (No ONU 0135). Le chlorure mercureux (calomel) est une matière de la classe 6.1 (No ONU 2025).

530   L'hydrazine en solution aqueuse ne contenant en masse pas plus de 37 % d'hydrazine (No ONU 3293) est une matière de la classe 6.1.

531   Les mélanges dont le point d'éclair est inférieur à 23 °C et qui contiennent plus de 55 % de nitrocellulose, quelle que soit sa teneur en azote, ou qui ne contiennent pas plus de 55 % de nitrocellulose ayant une teneur en azote supérieure à 12,6 % (masse sèche) sont des matières de la classe 1 (voir No ONU 0340 ou 0342) ou de la classe 4.1 (Nos ONU 2555, 2556 ou 2557).

532   L'ammoniac en solution, contenant entre 10 % et 35 % d'ammoniac (No ONU 2672) est une matière de la classe 8.

533 Les solutions de formaldéhyde inflammable (No ONU 1198) sont des matières de la classe 3. Les solutions de formaldéhyde, non inflammables et contenant moins de 25 % de formaldéhyde ne sont pas soumises aux prescriptions de l'ADN.

534 Nonobstant que l'essence peut, sous certaines conditions climatiques, avoir une pression de vapeur à 50 °C supérieure à 110 kPa (1,10 bar), sans dépasser 150 kPa (1,50 bar), elle doit continuer à être assimilée à une matière ayant une pression de vapeur à 50 °C ne dépassant pas 110 kPa (1,10 bar).

535 Le nitrate de plomb (No ONU 1469), le perchlorate de plomb, solide (No ONU 1470) et le perchlorate de plomb en solution (No ONU 3408) sont des matières de la classe 5.1.

536 Pour le naphtalène solide, voir le No ONU 1334.

537 Le trichlorure de titane en mélange (No ONU 2869), non pyrophorique, est une matière de la classe 8.

538 Pour le soufre (à l'état solide), voir le No ONU 1350.

539 Les solutions d'isocyanate dont le point d'éclair est au moins égal à 23 °C sont des matières de la classe 6.1.

540 L'hafnium en poudre humidifié, (No ONU 1326), le titane en poudre humidifié (No ONU 1352) et le zirconium en poudre humidifié (No ONU 1358) contenant au moins 25 % d'eau sont des matières de la classe 4.1.

541 Les mélanges de nitrocellulose dont la teneur en eau, en alcool ou en plastifiant est inférieure aux limites prescrites sont des matières de la classe 1.

542 Le talc contenant de la trémolite et/ou de l'actinolite est couvert par cette rubrique.

543 L'ammoniac anhydre (No ONU 1005), l'ammoniac en solution contenant plus de 50 % d'ammoniac (No ONU 3318) et l'ammoniac en solution contenant plus de 35 % mais au maximum 50 % d'ammoniac (No ONU 2073) sont des matières de la classe 2. Les solutions d'ammoniac ne contenant pas plus de 10 % d'ammoniac ne sont pas soumises aux prescriptions de l'ADN.

544 La diméthylamine anhydre (No ONU 1032), l'éthylamine (No ONU 1036), la méthylamine anhydre (No ONU 1061) et la triméthylamine anhydre (No ONU 1083) sont des matières de la classe 2.

545 Le sulfure de dipicryle humidifié, contenant en masse moins de 10% d'eau (No ONU 0401) est une matière de la classe 1.

546 Le zirconium sec, sous forme de feuilles, de bandes ou de fil d'une épaisseur inférieure à 18 μm (No ONU 2009) est une matière de la classe 4.2. Le zirconium sec, sous forme de feuilles, de bandes ou de fil d'une épaisseur de 254 μm ou plus n'est pas soumis aux prescriptions de l'ADN.

547 Le manèbe (No ONU 2210) ou les préparations de manèbe (No ONU 2210) sous forme auto-échauffante sont des matières de la classe 4.2.

548 Les chlorosilanes qui, au contact de l'eau, dégagent des gaz inflammables sont des matières de la classe 4.3.

549 Les chlorosilanes dont le point d'éclair est inférieur à 23 °C et qui, au contact de l'eau, ne dégagent pas de gaz inflammables sont des matières de la classe 3.

Les chlorosilanes dont le point d'éclair est égal ou supérieur à 23 °C et qui, au contact de l'eau, ne dégagent pas de gaz inflammables sont des matières de la classe 8.

550   Le cérium, en plaques, lingots ou barres (No ONU 1333) est une matière de la classe 4.1.

551   Les solutions de ces isocyanates dont le point d'éclair est inférieur à 23 °C sont des matières de la classe 3.

552   Les métaux et les alliages de métaux sous forme de poudre ou sous une autre forme inflammable, susceptibles d'inflammation spontanée, sont des matières de la classe 4.2. Les métaux et les alliages de métaux sous forme de poudre ou sous une autre forme inflammable qui, au contact de l'eau, dégagent des gaz inflammables sont des matières de la classe 4.3.

553   Ce mélange de peroxyde d'hydrogène et d'acide peroxyacétique ne doit, lors d'épreuves de laboratoire (voir le Manuel d'épreuves et de critères, deuxième partie, section 20), ni détoner à l'état cavité, ni déflagrer, ni réagir au chauffage sous confinement, ni avoir de puissance explosive. La préparation doit être thermiquement stable (température de décomposition auto-accélérée d'au moins 60 °C pour un colis de 50 kg) et avoir comme diluant de désensibilisation une matière liquide compatible avec l'acide peroxyacétique. Les préparations ne satisfaisant pas à ces critères doivent être considérées comme des matières de la classe 5.2 (voir le Manuel d'épreuves et de critères, deuxième partie, par. 20.4.3 g)).

554   Les hydrures de métal qui, au contact de l'eau, dégagent des gaz inflammables sont des matières de la classe 4.3.

Le borohydrure d'aluminium (No ONU 2870) ou le borohydrure d'aluminium contenu dans des engins (No ONU 2870) est une matière de la classe 4.2.

555   La poussière et la poudre de métaux sous forme non spontanément inflammable, non toxiques mais qui cependant, au contact de l'eau, dégagent des gaz inflammables sont des matières de la classe 4.3.

556   (*Supprimé*)

557   La poussière et la poudre de métaux sous forme pyrophorique sont des matières de la classe 4.2.

558   Les métaux et les alliages de métaux sous forme pyrophorique sont des matières de la classe 4.2. Les métaux et les alliages de métaux qui, au contact de l'eau, ne dégagent pas de gaz inflammables et ne sont ni pyrophoriques ni auto-échauffants, mais qui s'enflamment facilement sont des matières de la classe 4.1.

559   (*Supprimé*)

560   Un liquide transporté à chaud, n.s.a., à une température d'au moins 100 °C (y compris les métaux fondus et les sels fondus) et, pour une matière ayant un point d'éclair, à une température inférieure à son point d'éclair est une matière de la classe 9 (No ONU 3257).

561   Les chloroformiates ayant des propriétés corrosives prépondérantes sont des matières de la classe 8.

Les composés organométalliques spontanément inflammables sont des matières de la classe 4.2. Les composés organométalliques hydroréactifs inflammables sont des matières de la classe 4.3.

563   L'acide sélénique (No ONU 1905) est une matière de la classe 8.

564   L'oxytrichlorure de vanadium (No ONU 2443), le tétrachlorure de vanadium (No ONU 2444) et le trichlorure de vanadium (No ONU 2475) sont des matières de la classe 8.

565   Les déchets non spécifiés qui résultent d'un traitement médical/vétérinaire appliqué à l'homme ou aux animaux ou de la recherche biologique, et qui ne présentent qu'une faible probabilité de contenir des matières de la classe 6.2, doivent être affectés à cette rubrique. Les déchets d'hôpital ou de la recherche biologique décontaminés qui ont contenu des matières infectieuses ne sont pas soumis aux prescriptions de la classe 6.2.

566   Le No ONU 2030 hydrazine en solution aqueuse contenant plus de 37% (masse) d'hydrazine est une matière de la classe 8.

567   *(Supprimé)*

568   L'azoture de baryum ayant une teneur en eau inférieure à la limite prescrite est une matière de la classe 1, No ONU 0224.

569 à 579   *(Réservés)*

580   *(Supprimé)*

581   Cette rubrique couvre les mélanges de propadiène avec 1 à 4% de méthylacétylène ainsi que les mélanges suivants:

Mélange	Teneur, en % vol.			Nom technique permis aux fins du 5.4.1.1
	méthylacétylène et propadiène: pas plus de	propane et propylène: pas plus de	hydrocarbures C$_4$ saturé: au moins	
P1	63	24	14	«Mélange P1»
P2	48	50	5	«Mélange P2»

582   Cette rubrique couvre, entre autres, les mélanges de gaz, indiqués par "R..." ayant les propriétés suivantes:

Mélange	Pression de vapeur maximale à 70 °C (en MPa)	Masse volumique minimale à 50 °C (en kg/l)	Nom technique permis aux fins du 5.4.1.1
F1	1,3	1,30	"Mélange F1"
F2	1,9	1,21	"Mélange F2"
F3	3,0	1,09	"Mélange F3"

NOTA 1: *Le trichlorofluorométhane (réfrigérant R11), le trichloro-1,1,2 trifluoro- 1,2,2 éthane (réfrigérant R113), le trichloro-1,1,1 trifluoro-2,2,2 éthane (réfrigérant R113a), le chloro-1 trifluoro-1,2,2 éthane (réfrigérant R133) et le chloro-1 trifluoro-1,1,2 éthane (réfrigérant R133b) ne sont pas des matières de la classe 2. Ils peuvent cependant entrer dans la composition des mélanges F1 à F3.*

  2: Les masses volumiques de référence correspondent à celles du dichlorofluorométhane (1,30 kg/l), dichlorodifluorométhane (1,21 kg/l) et chlorodifluorométhane (1,09 kg/l).

583   Cette rubrique couvre, entre autres, les mélanges de gaz ayant les propriétés suivantes:

Mélange	Pression de vapeur maximale à 70 °C (en MPa)	Masse volumique minimale à 50 °C (en kg/l)	Nom technique permis[a] aux fins du 5.4.1.1
A	1.1	0.525	"Mélange A" ou "Butane"
A01	1.6	0.516	"Mélange A01" ou "Butane"
A02	1.6	0.505	"Mélange A02" ou "Butane"
A0	1.6	0.495	"Mélange A0" ou "Butane"
A1	2.1	0.485	"Mélange A1"
B1	2.6	0.474	"Mélange B1"
B2	2.6	0.463	"Mélange B2"
B	2.6	0.450	"Mélange B"
C	3.1	0.440	"Mélange C" ou "Propane"

[a]   *Pour le transport en citernes, les noms commerciaux "butane" ou "propane" ne peuvent être utilisés qu'à titre complémentaire.*

584   Ce gaz n'est pas soumis aux prescriptions de l'ADN lorsque:

–   il ne contient pas plus de 0,5 % d'air à l'état gazeux;

–   il est contenu dans des capsules métalliques (sodors, sparklets) qui sont exemptes de défauts de nature à affaiblir leur résistance;

–   l'étanchéité de la fermeture de la capsule est garantie;

–   une capsule n'en contient pas plus de 25 g;

–   une capsule n'en contient pas plus de 0,75 g par cm^3 de capacité.

585   *(Supprimé)*

586   Les poudres de hafnium, de titane et de zirconium doivent contenir un excès d'eau apparent. Les poudres de hafnium, de titane et de zirconium humidifiées, produites mécaniquement, d'une granulométrie d'au moins 53 μm, ou produites chimiquement et d'une granulométrie d'au moins 840 μm, ne sont pas soumises aux prescriptions de l'ADN.

587   Le stéarate de baryum et le titanate de baryum ne sont pas soumis aux prescriptions de l'ADN.

588   Les formes hydratées solides de bromure d'aluminium et de chlorure d'aluminium ne sont pas soumises aux prescriptions de l'ADN.

589   *(Supprimé)*

590   L'hexahydrate de chlorure de fer n'est pas soumis aux prescriptions de l'ADN.

591   Le sulfate de plomb ne contenant pas plus de 3 % d'acide libre n'est pas soumis aux prescriptions de la classe 8 de l'ADN.

592 Les emballages vides non nettoyés, y compris les GRV vides et les grands emballages vides, véhicules-citernes vides, wagons-citernes vides, citernes démontables vides, citernes mobiles vides, conteneurs-citernes vides et petits conteneurs vides ayant renfermé cette matière ne sont pas soumis aux prescriptions de l'ADN.

593 Ce gaz, lorsqu'il est utilisé pour refroidir des marchandises ne répondant aux critères d'aucune classe, par exemple des échantillons médicaux ou biologiques, et qu'il est contenu dans des récipients à double parois qui satisfont aux dispositions de l'instruction d'emballage P203 6), applicables aux récipients cryogéniques ouverts, du 4.1.4.1 de l'ADR, n'est pas soumis aux prescriptions de l'ADN excepté tel qu'indiqué au 5.5.3.

594 Les objets ci-dessous, s'ils sont fabriqués et remplis conformément aux règlements appliqués dans le pays de fabrication, ne sont pas soumis aux prescriptions de l'ADN:

a) Extincteurs (No ONU 1044) munis d'une protection contre les ouvertures intempestives:

– s'ils sont placés dans un emballage extérieur robuste; ou

– s'il s'agit de grands extincteurs qui sont conformes aux exigences de la disposition spéciale d'emballage PP91 de l'instruction d'emballage P003 de la sous-section 4.1.4.1;

b) Objets sous pression pneumatique ou hydraulique (No ONU 3164) conçus pour supporter des contraintes supérieures à la pression intérieure du gaz grâce au transfert des forces, à leur résistance intrinsèque ou aux normes de construction, lorsqu'ils sont placés dans un emballage extérieur robuste.

NOTA: On entend par "dispositions appliquées dans le pays de fabrication" les dispositions applicables dans le pays de fabrication ou celles qui sont applicables dans le pays d'utilisation.

596 Les pigments de cadmium, tels que les sulfures de cadmium, les sulfoséléniures de cadmium et les sels de cadmium tirés d'acides gras supérieurs (par exemple le stéarate de cadmium) ne sont pas soumis aux prescriptions de l'ADN.

597 Les solutions d'acide acétique ne contenant en masse pas plus de 10 % d'acide pur ne sont pas soumises aux prescriptions de l'ADN.

598 Les objets ci-dessous ne sont pas soumis aux prescriptions de l'ADN:

a) Les accumulateurs neufs, à condition:

– qu'ils soient assujettis de telle manière qu'ils ne puissent glisser, tomber, s'endommager;

– qu'ils soient munis de moyens de préhension, sauf en cas de gerbage, par exemple sur palettes;

– qu'ils ne présentent extérieurement aucune trace dangereuse d'alcalis ou d'acides;

– qu'ils soient protégés contre les courts-circuits;

b)   Les accumulateurs usagés, à condition:

–   qu'ils ne présentent aucun endommagement de leurs bacs;

–   qu'ils soient assujettis de telle manière qu'ils ne puissent fuir, glisser, tomber, s'endommager, par exemple par gerbage sur palettes;

–   qu'ils ne présentent extérieurement aucune trace dangereuse d'alcalis ou d'acides;

–   qu'ils soient protégés contre les courts-circuits.

Par "accumulateurs usagés", on entend des accumulateurs transportés en vue de leur recyclage en fin d'utilisation normale.

599   *(Supprimé)*

600   Le pentoxyde de vanadium, fondu et solidifié, n'est pas soumis aux prescriptions de l'ADN.

601   Les produits pharmaceutiques (médicaments) prêts à l'emploi, fabriqués et conditionnés pour la vente au détail ou la distribution pour un usage personnel ou domestique ne sont pas soumis aux prescriptions de l'ADN.

602   Les sulfures de phosphore contenant du phosphore jaune ou blanc ne sont pas admis au transport.

603   Le cyanure d'hydrogène anhydre non conforme à la description du No ONU 1051 ou du No ONU 1614 n'est pas admis au transport. Le cyanure d'hydrogène (acide cyanhydrique) contenant moins de 3 % d'eau est stable si son pH est égal à 2,5 ± 0,5 et si le liquide est clair et incolore.

604 à 606   *(Supprimés)*

607   Les mélanges de nitrate de potassium et de nitrite de sodium avec un sel d'ammonium ne sont pas admis au transport.

608   *(Supprimé)*

609   Le tétranitrométhane contenant des impuretés combustibles n'est pas admis au transport.

610   Cette matière n'est pas admise au transport lorsqu'elle contient plus de 45% de cyanure d'hydrogène.

611   Le nitrate d'ammonium contenant plus de 0,2 % de matières combustibles (y compris les matières organiques exprimées en équivalents carbone) n'est pas admis au transport, sauf en tant que constituant d'une matière ou d'un objet de la classe 1.

612   *(Réservé)*

613   L'acide chlorique en solution contenant plus de 10 % d'acide chlorique et les mélanges d'acide chlorique avec tout liquide autre que l'eau ne sont pas admis au transport.

614   Le tétrachloro-2,3,7,8-dibenzo-p-dioxine (TCDD), en concentrations considérées comme très toxiques d'après les critères définis au 2.2.61.1, n'est pas admis au transport.

615   *(Réservé)*

616   Les matières contenant plus de 40 % d'esters nitriques liquides doivent satisfaire à l'épreuve d'exsudation définie au 2.3.1.

617   En plus du type d'explosif, le nom commercial de l'explosif en question doit être marqué sur le colis.

618   Dans les récipients contenant du butadiène-1,2, la teneur en oxygène en phase gazeuse ne doit pas dépasser 50 ml/m^3.

619 à 622   *(Réservés)*

623   Le trioxyde de soufre (No ONU 1829) doit être stabilisé par ajout d'un inhibiteur. Le trioxyde de soufre pur à 99,95 % au moins peut être transporté sans inhibiteur en citernes à condition qu'il soit maintenu à une température égale ou supérieure à 32,5 °C. Pour le transport de cette matière, sans inhibiteur en citernes à une température minimale de 32,5 °C, la mention **"Transport sous température minimale du produit de 32,5 °C"** doit figurer dans le document de transport.

625   Les colis contenant ces objets doivent porter clairement la marque suivante: **"UN 1950 AEROSOLS"**

626 à 631   *(Réservés)*

632   Matière considérée comme spontanément inflammable (pyrophorique).

633   Les colis et les petits conteneurs contenant cette matière doivent porter la marque suivante: **"Tenir à l'écart d'une source d'inflammation"**. Cette marque sera rédigée dans une langue officielle du pays d'expédition et, en outre, si cette langue n'est ni l'allemand, ni l'anglais ni le français, en allemand, en anglais ou en français, a moins que les accords, s'il en existe, conclus entre les pays concernés par l'opération de transport n'en disposent autrement.

635   Pour les colis contenant ces objets, l'étiquette conforme au modèle No 9 n'est pas nécessaire, sauf si un des objets est complètement masqué par l'emballage, une caisse ou autre chose et ne peut donc être directement identifié.

636   Lorsqu'elles sont transportées jusqu'aux lieux de traitement intermédiaire, les piles et batteries au lithium dont la masse brute ne dépasse pas 500 g par unité, les piles au lithium ionique dont l'énergie nominale en wattheures ne dépasse pas 20 Wh, les batteries au lithium ionique dont l'énergie nominale en wattheures ne dépasse pas 100 Wh, les piles au lithium métal dont la quantité de lithium ne dépasse pas 1 g et les batteries au lithium métal dont la quantité totale de lithium ne dépasse pas 2 g, qui ne sont pas contenues dans un équipement, qui sont collectées et présentées au transport en vue de leur tri, élimination ou recyclage, en mélange ou non avec des piles ou batteries autres qu'au lithium, ne sont pas soumises aux autres dispositions de l'ADN, y compris la disposition spéciale 376 et le 2.2.9.1.7, s'il est satisfait aux conditions suivantes:

a)   Les piles et batteries sont emballées selon les dispositions de l'instruction d'emballage P909 du 4.1.4.1 de l'ADR, à l'exception des dispositions supplémentaires 1 et 2;

b)   Un système d'assurance de la qualité est mis en place garantissant que la quantité totale de piles et batteries au lithium dans chaque unité de transport ne dépasse pas 333 kg;

      NOTA: *La quantité totale de piles et batteries au lithium dans le lot peut être déterminée par une méthode statistique comprise dans le système d'assurance de* la qualité. Une copie des relevés effectués dans le cadre du système d'assurance de la qualité doit être mise à disposition de l'autorité compétente si elle en fait la demande.

c) Les colis portent la marque "PILES AU LITHIUM POUR ÉLIMINATION" ou "PILES AU LITHIUM POUR RECYCLAGE" comme approprié.

637 Les micro-organismes génétiquement modifiés et les organismes génétiquement modifiés sont ceux qui ne sont pas dangereux pour l'homme ni pour les animaux, mais qui pourraient modifier les animaux, les végétaux, les matières microbiologiques et les écosystèmes d'une manière qui ne pourrait pas se produire dans la nature.

Les micro-organismes génétiquement modifiés et les organismes génétiquement modifiés ne sont pas soumis aux prescriptions de l'ADN lorsque les autorités compétentes des pays d'origine, de transit et de destination en autorisent l'utilisation[3].

Les animaux vertébrés ou invertébrés vivants ne doivent pas être utilisés pour transporter des matières affectées à ce No ONU, à moins qu'il soit impossible de transporter celles-ci d'une autre manière.

Pour le transport de matières facilement périssables sous ce numéro ONU, des renseignements appropriés doivent être donnés, par exemple: **"Conserver au frais à +2/+4 °C"** ou "**Ne pas décongeler**" ou "**Ne pas congeler**".

638 Cette matière est apparentée aux matières autoréactives (voir 2.2.41.1.19).

639 Voir 2.2.2.3, code de classification 2F, No ONU 1965, Nota 2.

640 Les caractéristiques physiques et techniques mentionnées dans la colonne (2) du tableau A du chapitre 3.2 déterminent l'attribution de codes-citernes différents pour le transport de matières du même groupe d'emballage dans des citernes conformes au chapitre 6.8 du RID ou de l'ADR.

Pour permettre d'identifier les caractéristiques physiques et techniques du produit transporté dans la citerne, les indications suivantes doivent être ajoutées, seulement en cas de transport dans des citernes conformes au chapitre 6.8 du RID ou de l'ADR, aux mentions à inscrire dans le document de transport:

"Disposition spéciale 640X", où "X" est l'une des majuscules apparaissant après la référence à la disposition spéciale 640 dans la colonne (6) du tableau A du chapitre 3.2.

On pourra toutefois se dispenser de cette mention dans le cas d'un transport dans le type de citerne qui répond au minimum aux exigences les plus rigoureuses pour les matières d'un groupe d'emballage donné d'un numéro ONU donné.

641 *(Réservé)*

642 Sauf si c'est autorisé en vertu du paragraphe 1.1.4.2, cette rubrique du Règlement type de l'ONU ne doit pas être utilisée pour le transport d'engrais en solution contenant de l'ammoniac non combiné. Dans les autres cas, pour le transport de l'ammoniac en

---

[3] *Voir notamment la partie C de la Directive 2001/18/CE du Parlement européen et du Conseil relative à la dissémination volontaire d'organismes génétiquement modifiés dans l'environnement et à la suppression de la Directive 90/220/CEE (Journal officiel des Communautés européennes, No L.106, du 17 avril 2001, pp. 8 à 14) qui fixe les procédures d'autorisation dans la Communauté européenne.*

solution, voir les numéros ONU 2073, 2672 et 3318.643   L'asphalte coulé n'est pas soumis aux prescriptions applicables à la classe 9.

644   Le transport de cette matière est admis, à condition que:

–   le pH mesuré d'une solution aqueuse à 10% de la matière transportée soit compris entre 5 et 7;

–   la solution ne contienne pas plus de 93 % de nitrate d'ammonium;

–   la solution ne contienne pas plus de 0,2 % de matière combustible ou de composés du chlore en quantité telles que la teneur en chlore dépasse 0,02%.

645   Le code de classification mentionné à la colonne (3b) du tableau A du chapitre 3.2 ne doit être utilisé qu'avec l'accord de l'autorité compétente d'une partie contractante à l'ADN avant le transport. L'agrément doit être délivrée par écrit sous la forme d'un certificat d'agrément de classification (voir 5.4.1.2.1 g)) et doit recevoir une référence unique. Lorsque l'affectation à une division est faite conformément à la procédure énoncée au 2.2.1.1.7.2, l'autorité compétente peut demander que la classification par défaut soit vérifiée sur la base des résultats d'épreuve obtenus à partir de la série d'épreuve 6 du Manuel d'épreuves et de critères, première partie, section 16.

646   Le charbon activé à la vapeur d'eau n'est pas soumis aux prescriptions de l'ADN.

647   Sauf pour le transport en bateaux-citernes, le transport de vinaigre et d'acide acétique de qualité alimentaire contenant au plus 25 % (en masse) d'acide pur est soumis uniquement aux prescriptions suivantes:

a)   Les emballages, y compris les GRV et les grands emballages, ainsi que les citernes doivent être en acier inoxydable ou en matière plastique présentant une résistance permanente à la corrosion du vinaigre ou de l'acide acétique de qualité alimentaire;

b)   Les emballages, y compris les GRV et les grands emballages, ainsi que les citernes doivent faire l'objet d'un contrôle visuel par le propriétaire au moins une fois par an. Les résultats de ces contrôles doivent être consignés et conservés pendant au moins un an. Les emballages, y compris les GRV et les grands emballages, ainsi que les citernes endommagés ne doivent pas être remplis;

c)   Les emballages, y compris les GRV et les grands emballages, ainsi que les citernes doivent être remplis de telle façon que le contenu ne déborde ni reste collé sur la surface extérieure;

d)   Le joint et les fermetures doivent résister au vinaigre et à l'acide acétique de qualité alimentaire. Les emballages, y compris les GRV et les grands emballages, ainsi que les citernes doivent être hermétiquement scellés par la personne responsable de l'emballage et/ou du remplissage, de telle sorte qu'en condition normale de transport aucune fuite ne se produise;

e)   L'emballage combiné avec emballage intérieur en verre ou en plastique (voir l'instruction d'emballage P001 du 4.1.4.1 de l'ADR répondant aux prescriptions générales d'emballage des 4.1.1.1, 4.1.1.2, 4.1.1.4, 4.1.1.5, 4.1.1.6, 4.1.1.7 et 4.1.1.8 de l'ADR est autorisé.

Les autres dispositions de l'ADN, excepté celles relatives au transport en bateaux-citernes, ne s'appliquent pas.

648 Les objets imprégnés de ce pesticide, tels que les assiettes en carton, les bandes de papier, les boules d'ouate, les plaques de matière plastique, dans des enveloppes hermétiquement fermées, ne sont pas soumis aux prescriptions de l'ADN.

649 (*Supprimé*)

650 Les déchets comprenant des restes d'emballages, des restes solidifiés et des restes liquides de peinture peuvent être transportés en tant que matières du groupe d'emballage II. Outre les dispositions du N° ONU 1263, groupe d'emballage II, les déchets peuvent aussi être emballés et transportés comme suit:

a) Les déchets peuvent être emballés selon l'instruction d'emballage P002 du 4.1.4.1 de l'ADR ou selon l'instruction d'emballage IBC06 du 4.1.4.2 de l'ADR;

b) Les déchets peuvent être emballés dans des GRV souples des types 13H3, 13H4 et 13H5, dans des suremballages à parois pleines;

c) Les épreuves sur les emballages et GRV indiqués aux a) et b) peuvent être conduites selon les prescriptions du chapitre 6.1 ou 6.5 de l'ADR comme il convient, pour les solides et pour le niveau d'épreuve du groupe d'emballage II.

Les épreuves doivent être effectuées sur des emballages ou des GRV remplis avec un échantillon représentatif des déchets tels que remis au transport;

d) Le transport en vrac est permis dans des wagons bâchés, des wagons couverts/véhicules bâchés, des conteneurs fermés ou des grands conteneurs bâchés, tous à parois pleines. Les wagons, les conteneurs ou la caisse des véhicules doivent être étanches ou rendus étanches, par exemple au moyen d'un revêtement intérieur approprié suffisamment solide;

e) Si des déchets sont transportés suivant les prescriptions de cette disposition spéciale, ils doivent être déclarés dans le document de transport, selon le 5.4.1.1.3.1 comme suit: "UN 1263 DÉCHETS PEINTURES, 3, II", ou "UN 1263 DÉCHETS PEINTURES, 3, GE II".

651 La disposition spéciale V2 (1) de l'ADR n'est pas applicable si la masse nette de matières explosibles par unité de transport ne dépasse pas 4 000 kg, sous réserve que la masse nette de matières explosibles par véhicule ne dépasse pas 3 000 kg.

652 (*Réservé*)

653 Le transport de ce gaz dans des bouteilles dont le produit de la pression d'épreuve par la capacité est de 15,2 MPa.litre (152 bar.litre) au maximum n'est pas soumis aux autres dispositions de l'ADN si les conditions suivantes sont satisfaites:

– Les prescriptions de construction, d'épreuve et de remplissage applicables aux bouteilles sont respectées;

– Les bouteilles sont emballées dans des emballages extérieurs qui satisfont au moins aux prescriptions de la Partie 4 pour les emballages combinés. Les dispositions générales d'emballage des 4.1.1.1, 4.1.1.2 et 4.1.1.5 à 4.1.1.7 de l'ADR doivent être observées;

– Les bouteilles ne sont pas emballées en commun avec d'autres marchandises dangereuses;

– La masse brute d'un colis n'est pas supérieure à 30 kg; et

– Chaque colis est marqué de manière distincte et durable de l'inscription "UN 1006" pour l'argon comprimé, "UN 1013" pour le dioxyde de carbone, "UN 1046" pour l'hélium comprimé ou "UN 1066" pour l'azote comprimé; cette marque est entourée d'une ligne qui forme un carré placé sur la pointe et dont la longueur du côté est d'au moins 100 mm x 100 mm.

654 Les briquets mis au rebut, recueillis séparément et expédiés conformément au 5.4.1.1.3.1, peuvent être transportés sous cette rubrique aux fins de leur élimination. Ils ne doivent pas être protégés contre une décharge accidentelle à condition que des mesures soient prises pour éviter l'augmentation dangereuse de la pression et les atmosphères dangereuses.

Les briquets mis au rebut, autres que ceux qui fuient ou sont gravement déformés, doivent être emballés conformément à l'instruction d'emballage P003 de l'ADR. En outre, les dispositions suivantes s'appliquent:

– seuls des emballages rigides d'une contenance maximale de 60 litres doivent être employés;

– les emballages doivent être remplis avec de l'eau ou tout autre matériau de protection approprié pour éviter l'inflammation;

– dans des conditions normales de transport, l'ensemble des dispositifs d'allumage des briquets doit être entièrement recouvert d'un matériau de protection;

– les emballages doivent être convenablement aérés pour éviter la création d'une atmosphère inflammable et l'augmentation de la pression;

– les colis ne doivent être transportés que dans des wagons/véhicules ou conteneurs ventilés ou ouverts.

Des briquets qui fuient ou sont gravement déformés doivent être transportés dans des emballages de secours, des mesures appropriées devant être prises pour assurer qu'il n'y a pas d'augmentation dangereuse de la pression.

NOTA: La disposition spéciale 201 et les dispositions spéciales d'emballage PP84 et RR5 de l'instruction d'emballage P002 au 4.1.4.1 de l'ADR ne s'appliquent pas aux briquets mis au rebut.

655 Les bouteilles conçues, fabriquées, agréées et marquées conformément à la Directive 97/23/CE[4] ou à la Directive 2014/68/UE[5] et utilisées pour des appareils respiratoires, peuvent être transportées sans être conformes au chapitre 6.2 de l'ADR, à condition qu'elles subissent les contrôles et épreuves définis au 6.2.1.6.1 de l'ADR et que l'intervalle entre les épreuves défini dans l'instruction d'emballage P200 du 4.1.4.1 de l'ADR ne soit pas dépassé. La pression utilisée pour l'épreuve de pression hydraulique est celle marquée sur la bouteille conformément à la Directive 97/23/CE ou à la Directive 2014/68/UE.

656 *(Supprimé)*

---

[4] *Directive 97/23/CE du Parlement européen et du Conseil du 29 mai 1997, relative au rapprochement des législations des États membres concernant les équipements sous pression (PED) (Journal officiel des Communautés européennes No L 181 du 9 juillet 1997, p. 1 à 55)*

[5] *Directive 2014/68/UE du Parlement européen et du Conseil du 15 mai 2014, relative à l'harmonisation des législations des États membres concernant la mise à disposition sur le marché des équipements sous pression (PED) (Journal officiel de l'Union européenne No L 189 du 27 juin 2014, p. 164 à 259).*

657 Cette rubrique doit être utilisée uniquement pour la matière techniquement pure; pour les mélanges de constituants du GPL, voir le No ONU 1965 ou le No ONU 1075 et le NOTA 2 du 2.2.2.3.

658 Les BRIQUETS de No ONU 1057 conformes à la norme EN ISO 9994:2019 "Briquets – Spécifications de sécurité" et les RECHARGES POUR BRIQUETS de No ONU 1057 peuvent être transportés en étant soumis aux dispositions des paragraphes 3.4.1 a) à f), 3.4.2 (à l'exception de la masse brute totale de 30 kg), 3.4.3 (à l'exception de la masse brute totale de 20 kg), 3.4.11 et 3.4.12 sous réserve que les conditions suivantes soient réunies:

a) La masse brute totale de chaque colis ne dépasse pas 10 kg;

b) Au maximum 100 kg de masse brute sous forme de colis de ce type sont transportés dans un wagon ou véhicule ou grand conteneur;

c) Chaque emballage extérieur est clairement et durablement marqué comme suit: "UN 1057 BRIQUETS" ou "UN 1057 RECHARGES POUR BRIQUETS", selon le cas.

659 Les matières auxquelles les dispositions spéciales PP86 ou TP7 sont affectées dans la colonne (9a) et la colonne (11) du tableau A du chapitre 3.2 de l'ADR et qui nécessitent donc que l'air soit éliminé de la phase vapeur ne doivent pas être utilisées pour le transport sous ce numéro ONU mais doivent être transportés sous leurs numéros ONU respectifs tels qu'énumérés dans le tableau A du chapitre 3.2.

NOTA: *Voir aussi 2.2.2.1.7.*

660 *(Supprimé)*

661 *(Supprimé)*

662 Les bouteilles non conformes aux dispositions du chapitre 6.2 de l'ADR qui sont utilisées exclusivement à bord d'un navire ou d'un aéronef peuvent être transportées à des fins de remplissage ou de contrôle, ainsi que pour le trajet de retour, si ces bouteilles sont conçues et construites conformément à une norme reconnue par l'autorité compétente du pays d'agrément et si toutes les autres prescriptions pertinentes de l'ADN sont satisfaites, y compris:

a) Les bouteilles doivent être munies d'une protection du robinet conformément aux dispositions du 4.1.6.8 de l'ADR;

b) Les bouteilles doivent être marquées et étiquetées conformément aux dispositions des 5.2.1 et 5.2.2; et

c) Toutes les prescriptions pertinentes concernant le remplissage de l'instruction d'emballage P200 du 4.1.4.1 de l'ADR doivent être satisfaites.

Le document de transport doit contenir la mention suivante: "Transport selon la disposition spéciale 662".

663 Cette rubrique ne doit être utilisée que pour des emballages, des grands emballages ou des GRV, ou des parties d'entre eux, ayant contenu des marchandises dangereuses et qui sont transportés en vue de leur élimination, de leur recyclage ou de la récupération de leurs matériaux, sauf à des fins de reconditionnement, de réparation, d'entretien de routine, de reconstruction ou de réutilisation, et qui ont été vidés de façon à ne plus contenir que des résidus adhérant aux éléments des emballages lorsqu'ils sont présentés au transport.

Domaine d'application:

Les résidus présents dans les emballages au rebut, vides, non nettoyés ne peuvent être que des matières dangereuses appartenant aux classes 3, 4.1, 5.1, 6.1, 8 ou 9. En outre, il ne doit pas s'agir:

– De matières affectées au groupe d'emballage I ou pour lesquelles "0" figure dans la colonne (7a) du tableau A du chapitre 3.2; ni

– De matières classées comme étant des matières explosibles désensibilisées de la classe 3 ou 4.1; ni

– De matières classées comme étant des matières autoréactives de la classe 4.1; ni

– De matières radioactives; ni

– D'amiante (ONU 2212 et ONU 2590), de diphényles polychlorés (ONU 2315 et ONU 3432), de diphényles polyhalogénés, de monométhyldiphénylméthanes halogénés ou de terphényles polyhalogénés (ONU 3151 et ONU 3152).

Dispositions générales:

Les emballages mis au rebut, vides, non nettoyés, souillés de résidus qui présentent un danger principal ou subsidiaire de classe 5.1 ne doivent pas être chargés en vrac en même temps que des emballages mis au rebut, vides, non nettoyés, souillés de résidus qui présentent un danger d'une autre classe. Les emballages mis au rebut, vides, non nettoyés, souillés de résidus qui présentent un danger principal ou subsidiaire de classe 5.1 ne doivent pas être emballés dans le même emballage extérieur que d'autres emballages mis au rebut, vides, non nettoyés, souillés de résidus qui présentent un danger d'une autre classe.Des procédures de tri documentées doivent être mises en œuvre sur le site de chargement afin d'assurer que les prescriptions applicables à cette rubrique y sont satisfaites.

NOTA: Toutes les autres dispositions de l'ADN s'appliquent.

664 *(Réservé)*

665 Excepté dans le cas du transport en vrac, la houille, le coke et l'anthracite non-pulvérisés, remplissant les critères de classification de la classe 4.2, groupe d'emballage III, ne sont pas soumis aux prescriptions de l'ADN.

666 Les équipements mus par des accumulateurs et les véhicules, visés par la disposition spéciale 388, transportés en tant que chargement, ainsi que les marchandises dangereuses qu'ils contiennent qui sont nécessaires à leur fonctionnement ou au fonctionnement de leur équipement, ne sont soumis à aucune autre disposition de l'ADN, à condition que les conditions suivantes soient remplies:

a) Pour les combustibles* liquides, tout robinet d'arrivée situé entre le moteur ou l'équipement et le réservoir de combustible doit être fermé pendant le transport, sauf s'il est indispensable que l'équipement demeure opérationnel. Le cas échéant, les véhicules doivent être chargés debout et être fixés pour ne pas tomber;

---

* *Le terme combustible inclut également les carburants.*

b) Pour les combustibles gazeux, le robinet d'arrivée situé entre le réservoir de gaz et le moteur doit être fermé et le contact électrique doit être coupé, sauf s'il est indispensable que l'équipement demeure opérationnel;

c) Les systèmes de stockage à hydrure métallique doivent être agréés par l'autorité compétente du pays de fabrication. Si le pays de fabrication n'est pas une Partie contractante à l'ADN, l'autorisation doit être reconnue par l'autorité compétente d'une Partie contractante à l'ADN;

d) Les dispositions des alinéas a) et b) ne s'appliquent pas aux véhicules qui sont exempts de combustibles liquides ou gazeux.

NOTA 1: Un véhicule est considéré comme étant exempt de combustible liquide si le réservoir de combustible liquide a été vidangé et que le véhicule ne peut pas fonctionner par manque de combustible. Il n'est pas nécessaire de nettoyer, drainer ou purger les éléments des véhicules tels que les conduites de combustible, les filtres à combustible et les injecteurs pour qu'ils soient considérés comme exempts de combustible liquide. En outre, il n'est pas nécessaire que le réservoir de combustible liquide soit nettoyé ou purgé.

2: Un véhicule est considéré comme exempt de combustible gazeux si les réservoirs de combustible gazeux sont exempts de liquide (pour les gaz liquéfiés), la pression à l'intérieur des réservoirs ne dépasse pas 2 bar et la vanne d'arrêt de combustible ou d'isolation est fermée et verrouillée.

667 a) Les dispositions du 2.2.9.1.7 a) ne s'appliquent pas aux prototypes de pré-production de piles ou batteries au lithium ni aux piles ou batteries issues de séries de production composées d'au plus 100 piles ou batteries installées dans les véhicules, moteurs ou machines.

b) Les dispositions du 2.2.9.1.7 ne s'appliquent pas aux piles ou batteries au lithium installées dans des véhicules, moteurs ou machinesendommagés ou défectueux. Dans ce cas les conditions suivantes doivent être satisfaites:

i) Si le dommage ou défaut n'a pas d'impact significatif sur la sécurité de la pile ou batterie, les véhicules, moteurs ou machinesendommagés ou défectueux peuvent être transportés sous les conditions définies dans les dispositions spéciales 363 ou 666, comme approprié;

ii) Si le dommage ou défaut sur le véhicule a un impact significatif sur la sécurité de la pile ou batterie, la pile ou batterie au lithium doit être enlevée et transportée conformément à la disposition spéciale 376.

Cependant, s'il n'est pas possible d'enlever en toute sécurité la pile ou batterie ou s'il est impossible d'en vérifier l'état, le véhicule, le moteur ou la machine peut être remorqué ou transporté comme indiqué en i);

c) Les procédures décrites à l'alinéa b) s'appliquent aussi aux piles ou batteries au lithium endommagées contenues dans les véhicules, moteurs ou machines.

668 Les matières destinées au marquage routier transportées à chaud ne sont pas soumises aux autres prescriptions de l'ADN, pour autant que les conditions suivantes soient réunies:

a) Elles ne répondent pas aux critères de classes autres que la classe 9;

b) La température de la surface externe de la chaudière ne dépasse pas 70 °C;

c)   La chaudière est fermée de manière à éviter toute perte de produit pendant le transport;

d)   La capacité maximale de la chaudière est limitée à 3 000 l.

669   Toute remorque dotée d'un équipement fonctionnant à l'aide d'un combustible liquide ou gazeux ou d'un dispositif de stockage et de production d'énergie électrique, qui est destiné à fonctionner pendant un transport effectué au moyen de cette remorque en tant que partie d'une unité de transport, doit être affectée aux Nos ONU 3166 ou 3171 et doit être soumise aux mêmes conditions que ces Nos ONU lorsqu'elle est transportée en tant que chargement sur un bateau, sous réserve que la capacité totale des réservoirs pour combustible liquide ne dépasse pas 500 litres.

670   a)   Les piles et batteries au lithium contenues dans des équipements provenant des ménages collectés et présentés au transport en vue de leur dépollution, démantèlement, élimination ou recyclage ne sont pas soumises aux autres dispositions de l'ADN, y compris la disposition spéciale 376 et le 2.2.9.1.7, si:

i)   Elles ne sont pas la source d'alimentation principale pour le fonctionnement de l'appareil dans lequel elles sont contenues;

ii)   L'équipement dans lequel elles sont contenues ne contient aucune autre pile ou batterie au lithium comme source d'énergie principale; et

iii)   Elles sont protégées par l'équipement dans lequel elles sont contenues.

Des exemples des piles et batteries visées par ce paragraphe sont les piles boutons utilisées pour l'intégrité des données dans les appareils ménagers (par exemple les réfrigérateurs, machines à laver, lave-vaisselles) ou dans d'autres équipements électriques ou électroniques;

b)   Lorsqu'elles sont transportées jusqu'aux lieux de traitement intermédiaire, les piles et batteries au lithium, qui ne répondent pas aux prescriptions de l'alinéa a), contenues dans des équipements provenant des ménages, collectés et présentés au transport en vue de leur dépollution, démantèlement, élimination ou recyclage, ne sont pas soumises aux autres dispositions de l'ADN, y compris la disposition spéciale 376 et le 2.2.9.1.7, s'il est satisfait aux conditions suivantes:

i)   Les équipements sont emballés selon les dispositions de l'instruction d'emballage P909 du 4.1.4.1 de l'ADR, à l'exception des dispositions supplémentaires 1 et 2; ou ils sont emballés dans des emballages extérieurs solides comme par exemple des récipients de collecte spécialement conçus qui répondent aux prescriptions suivantes:

–   Les emballages doivent être fabriqués en matériaux appropriés et être de résistance suffisante et conçus en fonction de leur capacité et de leur utilisation prévue. Il n'est pas nécessaire que les emballages répondent aux prescriptions du 4.1.1.3 de l'ADR;

–   Des mesures appropriées doivent être prises pour minimiser les dommages aux équipements lors de leur mise en emballage et lors de la manipulation des emballages, par exemple l'utilisation de tapis de caoutchouc; et

–   Les emballages sont fabriqués et fermés, lorsqu'ils sont préparés pour l'expédition, de façon à exclure toute perte du contenu durant le transport, par exemple à l'aide de couvercles, de doublures intérieures résistantes ou de couverture de transport. Des ouvertures destinées au remplissage sont acceptables pour autant qu'elles soient conçues de manière à éviter les pertes de contenu;

ii) Un système d'assurance de la qualité est mis en place garantissant que la quantité totale de piles et batteries au lithium par unité de transport ne dépasse pas 333 kg;

NOTA: La quantité totale de piles et batteries au lithium dans les équipements provenant des ménages peut être déterminée par une méthode statistique comprise dans le système d'assurance de la qualité. Une copie des relevés effectués dans le cadre du système d'assurance de la qualité doit être mise à disposition de l'autorité compétente si elle en fait la demande.

iii) Les colis portent la marque "PILES AU LITHIUM POUR ÉLIMINATION" ou "PILES AU LITHIUM POUR RECYCLAGE", selon le cas.

Si des équipements contenant des piles ou batteries au lithium sont transportés non emballés ou sur des palettes conformément à la prescription d'emballage P909 3) du 4.1.4.1 de l'ADR, cette marque peut alternativement être fixée sur la surface extérieure des véhicules, des wagons ou des conteneurs.

NOTA: Par "équipements provenant des ménages" on entend les équipements qui proviennent des ménages et les équipements d'origine commerciale, industrielle, institutionnelle et autre qui, en raison de leur nature et de leur quantité, sont similaires à ceux des ménages. Les équipements susceptibles d'être utilisés à la fois par les ménages et les utilisateurs autres que les ménages doivent en tout état de cause être considérés comme étant des équipements provenant des ménages.

671 Aux fins des exemptions liées aux quantités transportées à bord des bateaux (voir 1.1.3.6), la catégorie de transport doit être déterminée en fonction du groupe d'emballage (voir troisième paragraphe de la disposition spéciale 251):

–   catégorie de transport 3 pour les trousses assignées au groupe d'emballage III;

–   catégorie de transport 2 pour les trousses assignées au groupe d'emballage II;

–   catégorie de transport 1 pour les trousses assignées au groupe d'emballage I.

Les trousses contenant uniquement des marchandises dangereuses auxquelles aucun groupe d'emballage n'est assigné doivent être affectées à la catégorie de transport 2 aux fins de l'établissement des documents de transport et des exemptions liées aux quantités transportées par unité de transport (voir 1.1.3.6).

672 Les objets tels que machines, appareils ou dispositifs transportés sous cette rubrique et conformément à la disposition spéciale 301 ne sont soumis à aucune autre disposition de l'ADN à condition qu'ils soient soit:

–   emballés dans un emballage extérieur robuste, construit en matériau approprié, et d'une résistance et d'une conception adaptées à la capacité d'emballage et à l'utilisation prévue, et satisfaisant aux prescriptions applicables du 4.1.1.1 de l'ADR; ou

–   transportés sans emballage extérieur si l'objet est construit et conçu de manière à ce que les récipients contenant les marchandises dangereuses bénéficient d'une protection adéquate.

673   *(Réservé)*

674   Cette disposition spéciale s'applique aux contrôles et épreuves périodiques des bouteilles surmoulées telles que définies au 1.2.1.

Les bouteilles surmoulées pour lesquelles le 6.2.3.5.3.1 de l'ADR s'applique doivent être soumises à des contrôles et épreuves périodiques conformément au 6.2.1.6.1 de l'ADR, modifiés par la méthode alternative suivante:

–   Remplacer l'épreuve prescrite au 6.2.1.6.1 d) de l'ADR par des essais destructifs alternatifs;

–   Réaliser des essais destructifs spécifiques supplémentaires relatifs aux caractéristiques des bouteilles surmoulées.

Les procédures et les prescriptions relatives à cette méthode alternative sont décrites ci-après.

Méthode alternative:

a)   Généralités

Les dispositions suivantes s'appliquent aux bouteilles surmoulées construites en série à partir d'enveloppes de bouteilles en acier soudées conformément aux normes EN 1442:2017, EN 14140:2014 + AC:2015 ou à l'annexe I, parties 1 à 3, de la Directive 84/527/CEE du Conseil. La conception de la coque surmoulée doit prévenir l'infiltration d'eau jusqu'à l'enveloppe de la bouteille intérieure en acier. Le procédé de transformation de l'enveloppe de la bouteille en acier en une bouteille surmoulée doit satisfaire aux dispositions applicables des normes EN 1442:2017 et EN 14140:2014 + AC:2015.

Les bouteilles surmoulées doivent être munies de robinets à fermeture automatique.

b)   Population de base

Une population de base de bouteilles surmoulées est définie comme étant la production de bouteilles provenant d'un même fabricant de surmoulage utilisant des enveloppes de bouteilles intérieures en acier nouvelles fabriquées par un même fabricant au cours d'une même année civile, utilisant le même modèle type et les mêmes matériaux et procédés de production.

c)   Sous-groupes de population de base

Au sein de la population de base définie ci-dessus, les bouteilles surmoulées appartenant à différents propriétaires doivent être séparées en sous-groupes spécifiques, un pour chaque propriétaire.

Si l'ensemble de la population de base appartient à un seul propriétaire, le sous-groupe équivaut à la population de base.

d)   Traçabilité

Le marquage des enveloppes de bouteilles intérieures en acier conformément au 6.2.3.9 de l'ADR doit être reproduit sur le surmoulage. En outre, chaque bouteille surmoulée doit être munie d'un dispositif individuel d'identification électronique résistant. Les caractéristiques détaillées des bouteilles surmoulées doivent être enregistrées par le propriétaire dans une base de données centrale. La base de données doit être utilisée pour:

– Identifier le sous-groupe spécifique;

– Mettre à disposition des organismes de contrôle, des centres de remplissage ou des autorités compétentes, les caractéristiques techniques spécifiques des bouteilles comprenant au moins le numéro de série, le lot de production des enveloppes de bouteilles en acier, le lot de production des surmoulages et la date du surmoulage;

– Identifier la bouteille en faisant le lien entre le dispositif électronique et la base de données, grâce au numéro de série;

– Vérifier l'historique de chaque bouteille et de déterminer les mesures à prendre (par exemple: remplissage, échantillonnage, nouveaux essais, retrait);

– Enregistrer les mesures prises, y compris la date et l'adresse du lieu de leur mise en œuvre.

Les données enregistrées doivent être conservées à disposition par le propriétaire des bouteilles surmoulées pendant toute la durée de vie du sous-groupe.

e)   Échantillonnage pour évaluation statistique

L'échantillonnage doit être effectué de manière aléatoire parmi un sous-groupe tel qu'indiqué à l'alinéa c). La taille de chaque échantillon par sous-groupe doit être conforme au tableau de l'alinéa g).

f)   Procédure d'essai destructif

Les contrôles et épreuves prescrits au 6.2.1.6.1 de l'ADR doivent être effectués, sauf l'épreuve prescrite au d) qui doit être remplacée par la procédure d'essais suivante:

– Essai de rupture (conformément à la norme EN 1442:2017 ou EN 14140:2014 + AC:2015).

En outre, les essais suivants doivent être effectués:

– Essai d'adhérence (conformément à la norme EN 1442:2017 ou EN 14140:2014 + AC:2015);

– Essais de pelage et de corrosion (conformément à la norme EN ISO 4628-3:2016).

L'essai d'adhérence, les essais de pelage et de corrosion, et l'essai de rupture doivent être effectués sur chaque échantillon correspondant, d'après le tableau de l'alinéa g), et être effectués après les trois premières années de service puis tous les cinq ans.

g)   Évaluation statistique des résultats des essais – Méthode et prescriptions minimales

La procédure d'évaluation statistique, suivant les critères de rejet correspondants, est décrite ci-dessous.

Intervalle entre les essais (en années)	Type d'essai	Norme	Critères de rejet	Niveau d'échantillonnage du sous-groupe
Après 3 ans de service (voir f))	Essai de rupture	EN 1442:2017	Le point de pression de rupture de l'échantillon représentatif doit être au-dessus de la limite inférieure de l'intervalle de tolérance indiquée sur le Tableau de Performance des Echantillons $\Omega_m \geq 1 + \Omega_s \times k3\ (n;\ p; 1-\alpha)$ [a] Aucun résultat individuel ne doit être inférieur à la pression d'épreuve	$3\sqrt[3]{Q}$ ou Q/200 la valeur la plus petite étant retenue et un minimum de 20 par sous-groupe (Q)
	Pelage et corrosion	EN ISO 4628-3:2016	Degré de corrosion max: Ri2	Q/1 000
	Adhérence du polyuréthane	ISO 2859-1:1999 + A1:2011 EN 1442:2017 EN 14140:2014 + AC:2015	Valeur d'adhérence > 0,5 N/mm^2	Voir ISO 2859-1:1999 + A1:2011 appliquée à Q/1000
Puis tous les 5 ans (voir f))	Essai de rupture	EN 1442:2017	Le point de pression de rupture de l'échantillon représentatif doit être au-dessus de la limite inférieure de l'intervalle de tolérance indiquée sur le Tableau de Performance des Echantillons $\Omega_m \geq 1 + \Omega_s \times k3\ (n;p;1-\alpha)$ [a] Aucun résultat individuel ne doit être inférieur à la pression d'épreuve	$6\sqrt[3]{Q}$ ou Q/100 la valeur la plus petite étant retenue et un minimum de 40 par sous-groupe (Q)
	Pelage et corrosion	EN ISO 4628-3:2016	Degré de corrosion max: Ri2	Q/1 000
	Adhérence du polyuréthane	ISO 2859-1:1999 + A1:2011 EN 1442:2017 EN 14140:2014 + AC:2015	Valeur d'adhérence > 0,5 N/mm^2	Voir ISO 2859-1:1999 + A1:2011 appliquée à Q/1000

[a]   *Le point de pression de rupture (BPP) de l'échantillon représentatif est utilisé pour l'évaluation des résultats de test au moyen d'un Tableau de Performance des Echantillons:*

Étape 1: Détermination du point de pression de rupture (BPP) d'un échantillon représentatif

Chaque échantillon est représenté par un point dont les coordonnées sont la valeur moyenne et l'écart type des résultats des essais de rupture de l'échantillon, chacun normalisé par la pression d'épreuve correspondante.

$$BPP: \left(\Omega_s = \frac{s}{PH};\ \Omega_m = \frac{x}{PH} \right)$$

où

x = valeur moyenne de l'échantillon;

s = écart type de l'échantillon;

PH = pression d'épreuve.

Étape 2: Tracé sur un Tableau de Performance des Echantillons

Chaque point de pression de rupture est porté sur un Tableau de Performance des Echantillons avec les axes suivants:

— *Abscisse: écart type normalisé par la pression d'épreuve (Ω_s);*

— *Ordonnée: moyenne normalisé par la pression d'épreuve (Ω_m).*

Étape 3: Détermination de la limite inférieure de l'intervalle de tolérance appropriée dans le Tableau de Performance des Echantillons

Les résultats concernant la pression de rupture doivent d'abord être contrôlés conformément au Essai conjoint (essai multidirectionnel) en utilisant un niveau de signification α = 0,05 (voir le paragraphe 7 de la norme ISO 5479:1997) afin de déterminer si la distribution des résultats pour chaque échantillon est normale ou non-normale.

— *Pour une distribution normale, le moyen de déterminer la limite inférieure de l'intervalle de tolérance est expliqué à l'étape 3.1.*

— *Pour une distribution non-normale, le moyen de déterminer la limite inférieure de l'intervalle de tolérance est expliqué à l'étape 3.2.*

Étape 3.1: Limite inférieure de l'intervalle de tolérance pour les résultats respectant une distribution normale

Conformément à la norme ISO 16269-6:2014 et en considérant que la variance est inconnue, l'intervalle statistique de tolérance unilatéral doit être considéré pour un niveau de confiance de 95 % et une proportion de la population égale à 99,9999 %.

Dans le Tableau de Performance des Echantillons, la limite inférieure de l'intervalle de tolérance est représentée par une ligne de taux de survie constant déterminée par la formule suivante:

$$\Omega_m = 1 + \Omega_s \times k3\,(n; p; 1 - \alpha)$$

où

k3 = facteur fonction de n, p et 1- α;

p = proportion de la population choisie pour l'intervalle de tolérance (99,9999 %);

1- α = niveau de confiance (95 %);

n = taille de l'échantillon.

La valeur de k3 correspondant aux distributions normales est donnée dans le tableau à la fin de l'étape 3.

Étape 3.2: Limite inférieure de l'intervalle de tolérance pour les résultats respectant une distribution non-normale

L'intervalle statistique de tolérance unilatéral doit être calculé pour un niveau de confiance de 95 % et une proportion de la population égale à 99,9999 %.

La limite inférieure de tolérance est représentée par une ligne de taux de survie constant déterminée au moyen de la formule donnée à l'étape 3.1 précédente, où les facteurs k3 sont basés et calculés selon les propriétés d'une distribution de Weibull.

La valeur de k3 correspondant à une distribution de Weibull est donnée dans le tableau suivant à la fin de l'étape 3.

Tableau pour k3 $p = 99,9999 \%$ et $(1\text{-}\alpha) = 0,95$		
Taille de l'échantillon n	**Distribution normale** $k3$	**Distribution de Weibull** $k3$
20	6,901	16,021
22	6,765	15,722
24	6,651	15,472
26	6,553	15,258
28	6,468	15,072
30	6,393	14,909
35	6,241	14,578
40	6,123	14,321
45	6,028	14,116
50	5,949	13,947
60	5,827	13,683
70	5,735	13,485
80	5,662	13,329
90	5,603	13,203
100	5,554	13,098
150	5,393	12,754
200	5,300	12,557
250	5,238	12,426
300	5,193	12,330
400	5,131	12,199
500	5,089	12,111
1000	4,988	11,897
∞	4,753	11,408

NOTA: *Si la taille de l'échantillon se situe entre deux valeurs, il faut sélectionner la taille inférieure la plus proche.*

h)   Mesures à prendre si les critères d'acceptation ne sont pas respectés

Si un résultat des essais de rupture, des essais de pelage et corrosion ou des essais d'adhérence ne respecte pas les critères détaillés dans le tableau de l'alinéa g), le propriétaire doit séparer le sous-groupe de bouteilles surmoulées affecté pour examens complémentaires et ces bouteilles ne doivent pas être remplies, présentées au transport ou utilisées.

En accord avec l'autorité compétente, ou l'organisme Xa qui a délivré l'agrément de type, de nouveaux essais doivent être effectués pour déterminer la cause première de l'échec.

Si la cause première de l'échec ne peut être prouvée comme étant limitée au sous-groupe du propriétaire concerné, l'autorité compétente ou l'organisme Xa doivent prendre des mesures concernant toute la population de base et éventuellement d'autres années de production.

Si la cause première de l'échec peut être prouvée comme étant limitée à une partie du sous-groupe, l'autorité compétente peut autoriser le retour en service des parties non affectées. Il doit être prouvé qu'aucune bouteille surmoulée individuelle remise en service n'est affectée.

i)   Prescriptions applicables aux centres de remplissage

Le propriétaire doit mettre à la disposition de l'autorité compétente la preuve que les centres de remplissage:

–   Respectent les dispositions du paragraphe 7) de l'instruction d'emballage P200 du 4.1.4.1 de l'ADR et que les prescriptions de la norme sur les contrôles préalables au remplissage mentionnées dans le tableau du paragraphe 11) de l'instruction d'emballage P200 du 4.1.4.1 de l'ADR sont satisfaites et appliquées correctement;

–   Disposent de moyens appropriés pour identifier les bouteilles surmoulées au moyen du dispositif d'identification électronique;

–   Ont accès à la base de données telle que définie à l'alinéa d);

–   Ont la capacité de mettre à jour la base de données;

–   Appliquent un système qualité conforme aux normes de la série ISO 9000 ou à des normes équivalentes certifié par un organisme indépendant accrédité et reconnu par l'autorité compétente.

675   Pour les colis contenant ces marchandises dangereuses, le chargement en commun avec des matières ou objets de la classe 1, à l'exception du 1.4 S, est interdit.

676   Pour le transport de colis contenant des matières qui polymérisent, il n'est pas nécessaire d'appliquer les prescriptions de la disposition spéciale 386 conjointement avec celles des 7.1.7.3, 7.1.7.4, 5.4.1.1.15 et 5.4.1.2.3.1, lorsque ces matières sont transportées en vue de leur élimination ou de leur recyclage, pour autant que les conditions suivantes soient remplies:

a)   Avant le chargement, un examen a montré qu'il n'y a pas d'écart significatif entre la température extérieure du colis et la température ambiante;

b)   Le transport a lieu dans un délai maximum de 24 heures à compter de cet examen;

c)   Les colis sont protégés de la lumière du soleil directe et des effets d'autres sources de chaleur (par exemple, d'autres colis transportés au-delà de la température ambiante) pendant le transport;

d)   Pendant le transport, la température ambiante est inférieure à 45 °C;

e)   Les véhicules et les conteneurs sont correctement ventilés;

f)   Les matières sont transportées dans des emballages d'une capacité maximale de 1 000 litres.

Au cours de l'évaluation des matières devant être transportées suivant les prescriptions de cette disposition spéciale, des mesures supplémentaires visant à prévenir les dangers liés à la polymérisation peuvent être envisagées, par exemple l'ajout d'inhibiteurs.

800   Les graines oléagineuses, graines égrugées et tourteaux contenant de l'huile végétale, traités aux solvants, non sujets à l'inflammation spontanée, sont affectées au No. ONU 3175. Ces matières ne sont pas soumises à l'ADN lorsqu'elles ont été préparées ou traitées pour que des gaz dangereux ne puissent se dégager en quantités dangereuses (pas de danger d'explosion) pendant le transport et que mention en est faite dans le document de transport.

801   Le ferrosilicium dont la teneur en masse de silicium est comprise entre 25 et 30 % ou supérieure à 90 % est une matière dangereuse de la classe 4.3 pour le transport en vrac ou sans emballage par bateau de navigation intérieure.

802   voir 7.1.4.10.

803   La houille, le coke et l'anthracite, lorsqu'ils sont transportés en vrac, ne sont pas soumis aux dispositions de l'ADN si:

a)   La température de la cargaison a été déterminée au moyen d'une procédure de mesure appropriée et n'est pas supérieure à 60° C avant, durant ou juste après le chargement de la cale;

b)   en fonction de la température de la cargaison avant, durant et juste après le chargement de la cale, la durée prévue du transport sans surveillance de la température n'est pas supérieure aux durées maximales de voyage indiquées dans le tableau ci-après:

Température maximale lors du chargement en °C	Durée maximale du voyage en jours
60	10
50	18
40	32
30	57

c)   en cas de durée de transport effective supérieure à la durée maximale du voyage indiquée à la lettre b), une surveillance de la température est assurée dès le premier jour de dépassement. L'appareil nécessaire à la surveillance de la température doit se trouver à bord du bateau dès le premier jour de dépassement de la durée maximale du voyage;

d)   le conducteur reçoit, au moment du chargement et sous une forme traçable, des instructions sur la manière de procéder en cas d'échauffement significatif de la cargaison.

CHAPITRE 3.4

MARCHANDISES DANGEREUSES EMBALLÉES EN QUANTITÉS LIMITÉES

3.4.1 Le présent chapitre donne les dispositions applicables au transport des marchandises dangereuses de certaines classes emballées en quantités limitées. La quantité limitée applicable par emballage intérieur ou objet est spécifiée pour chaque matière dans la colonne (7a) du tableau A du chapitre 3.2. Lorsque la quantité "0" figure dans cette colonne en regard d'une marchandise énumérée dans la liste, le transport de cette marchandise aux conditions d'exemption du présent chapitre n'est pas autorisé.

Les marchandises dangereuses emballées dans ces quantités limitées, répondant aux dispositions du présent chapitre, ne sont pas soumises aux autres dispositions de l'ADN, à l'exception des dispositions pertinentes:

a) de la partie 1, chapitres 1.1, 1.2, 1.3, 1.4, 1.5, 1.6, 1.8, 1.9;

b) de la partie 2;

c) de la partie 3, chapitres 3.1, 3.2, 3.3 (à l'exception des dispositions spéciales 61, 178, 181, 220, 274, 625, 633 et 650 e));

d) de la partie 4, paragraphes 4.1.1.1, 4.1.1.2, 4.1.1.4 à 4.1.1.8 de l'ADR;

e) de la partie 5, 5.1.2.1 a) i) et b), 5.1.2.2, 5.1.2.3, 5.2.1.10 et 5.4.2; et

f) de la partie 6, prescriptions de fabrication du 6.1.4. et paragraphes 6.2.5.1 et 6.2.6.1 à 6.2.6.3 de l'ADR.

3.4.2 Les marchandises dangereuses doivent être exclusivement emballées dans des emballages intérieurs placés dans des emballages extérieurs appropriés. Des emballages intermédiaires peuvent être utilisés. En outre, pour les objets de la division 1.4, groupe de compatibilité S, il doit être entièrement satisfait aux dispositions de la section 4.1.5 de l'ADR. L'utilisation d'emballages intérieurs n'est pas nécessaire pour le transport d'objets tels que des aérosols ou des "récipients de faible capacité contenant du gaz". La masse totale brute du colis ne doit pas dépasser 30 kg.

3.4.3 Sauf pour les objets de la division 1.4, Groupe de compatibilité S, les bacs à housse rétractable ou extensible conformes aux dispositions des 4.1.1.1, 4.1.1.2 et 4.1.1.4 à 4.1.1.8 de l'ADR peuvent servir d'emballages extérieurs pour des objets ou pour des emballages intérieurs contenant des marchandises dangereuses transportées conformément aux dispositions de ce chapitre. Les emballages intérieurs susceptibles de se briser ou d'être facilement perforés, tels que les emballages en verre, porcelaine, grès, certaines matières plastiques etc., doivent être placés dans des emballages intermédiaires appropriés qui doivent satisfaire aux dispositions des 4.1.1.1, 4.1.1.2 et 4.1.1.4 à 4.1.1.8 de l'ADR et être conçus de façon à satisfaire aux prescriptions relatives à la construction énoncées au 6.1.4 de l'ADR. La masse totale brute du colis ne doit pas dépasser 20 kg.

3.4.4 Les marchandises liquides de la classe 8, groupe d'emballage II, contenues dans les emballages intérieurs en verre, porcelaine ou grès doivent être placées dans un emballage intermédiaire compatible et rigide.

3.4.5 et 3.4.6 *(Réservés)*

3.4.7 Marquage des colis contenant des quantités limitées

3.4.7.1 Les colis contenant des marchandises dangereuses en quantités limitées doivent porter la marque représentée à la figure 3.4.7.1, sauf pour le transport aérien:

Figure 3.4.7.1

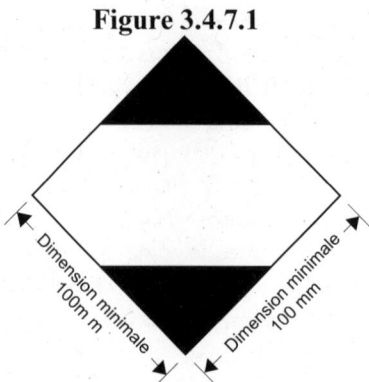

Marque pour les colis contenant des quantités limitées

La marque doit être facilement visible, lisible et doit pouvoir être exposée aux intempéries sans dégradation notable.

La marque doit avoir la forme d'un carré posé sur un sommet (en losange). Les parties supérieures et inférieures ainsi que la bordure doivent être noires. La partie centrale doit être blanche ou constituer un fond suffisamment contrasté. Les dimensions minimales doivent être de 100 mm x 100 mm et l'épaisseur minimale de la ligne formant le carré de 2 mm. Lorsque les dimensions ne sont pas spécifiées, tous les éléments doivent respecter approximativement les proportions représentées.

3.4.7.2   Si les dimensions du colis l'exigent, les dimensions extérieures minimales indiquées à la figure 3.4.7.1 peuvent être réduites jusqu'à un minimum de 50 mm x 50 mm à condition que la marque reste bien visible. L'épaisseur minimale de la ligne formant le carré peut être réduite à un minimum de 1 mm.

3.4.8   Marquage des colis contenant des quantités limitées qui répondent aux dispositions du chapitre 4 de la partie 3 des Instructions techniques de l'OACI

3.4.8.1   Les colis contenant des marchandises dangereuses emballées conformément aux dispositions du chapitre 4 de la partie 3 des Instructions techniques de l'OACI peuvent porter la marque représentée à la figure 3.4.8.1 pour certifier la conformité avec les présentes dispositions:

Figure 3.4.8.1

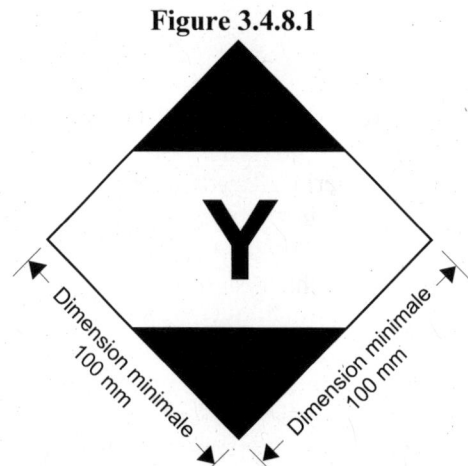

Marque pour les colis contenant des quantités limitées qui répondent aux dispositions du chapitre 4 de la partie 3 des Instructions techniques de l'OACI

La marque doit être facilement visible, lisible et doit pouvoir être exposée aux intempéries sans dégradation notable.

La marque doit avoir la forme d'un carré posé sur un sommet (en losange). Les parties supérieure et inférieure et la bordure doivent être noires. La partie centrale doit être blanche ou constituer un fond suffisamment contrasté. Les dimensions minimales doivent être de 100 mm x 100 mm et l'épaisseur minimale de la ligne formant le carré de 2 mm. Le symbole "Y" doit être placé au centre de la marque et être bien visible. Lorsque les dimensions ne sont pas spécifiées, tous les éléments doivent respecter approximativement les proportions représentées.

3.4.8.2   Si les dimensions du colis l'exigent, les dimensions minimales extérieures représentées à la figure 3.4.8.1 peuvent être réduites jusqu'à un minimum de 50 mm x 50 mm, à condition que la marque reste bien visible. L'épaisseur minimale de la ligne formant le carré peut être réduite à un minimum de 1 mm. Le symbole "Y" doit respecter approximativement les proportions représentées à la figure 3.4.8.1.

3.4.9   Les colis contenant des marchandises dangereuses qui portent la marque représentée à la section 3.4.8 avec ou sans les étiquettes et marques supplémentaires requises pour le transport aérien sont réputés satisfaire aux dispositions de la section 3.4.1, comme approprié, et des sections 3.4.2 à 3.4.4. Il n'est pas nécessaire d'y apposer la marque représentée à la section 3.4.7.

3.4.10   Les colis contenant des marchandises dangereuses en quantités limitées qui portent la marque représentée à la section 3.4.7 et qui sont conformes aux dispositions des Instructions techniques de l'OACI, y compris en ce qui concerne toutes les marques et étiquettes requises dans les parties 5 et 6, sont réputés satisfaire aux dispositions de la section 3.4.1, comme approprié, et des sections 3.4.2 à 3.4.4.

3.4.11   Utilisation des suremballages

Les dispositions suivantes s'appliquent pour un suremballage contenant des marchandises dangereuses emballées en quantités limitées:

À moins que les marques représentatives de toutes les marchandises dangereuses contenues dans le suremballage soient visibles, celui-ci doit:

a)   Porter une marque indiquant le mot "SUREMBALLAGE". Les lettres de la marque "SUREMBALLAGE" doivent mesurer au moins 12 mm de hauteur. La marque doit être dans une langue officielle du pays d'origine et également, si cette langue n'est pas l'anglais, le français ou l'allemand, en anglais, français ou allemand à moins que des accords conclus entre les pays intéressés au transport, s'il en existe, n'en disposent autrement; et

b)   Porter les marques requises dans le présent chapitre.

Sauf dans le cas du transport aérien, les autres dispositions énoncées au 5.1.2.1 sont applicables uniquement si d'autres marchandises dangereuses, qui ne sont pas emballées en quantités limitées, sont contenues dans le suremballage. Ces dispositions s'appliquent alors uniquement en relation avec ces autres marchandises dangereuses.

3.4.12   Préalablement au transport, les expéditeurs de marchandises dangereuses emballées en quantités limitées doivent informer de manière traçable le transporteur de la masse brute totale de marchandises de cette catégorie à transporter.

3.4.13   a)   Les unités de transport de masse maximale supérieure à 12 tonnes transportant des marchandises dangereuses emballées en quantités limitées doivent porter une marque conforme au 3.4.15 à l'avant et à l'arrière, sauf dans le cas d'unités de transport contenant d'autres marchandises dangereuses pour lesquelles une signalisation orange conforme au 5.3.2 est prescrite. Dans ce dernier cas, l'unité de transport peut porter uniquement la signalisation orange prescrite ou porter, à la fois, la signalisation orange conforme au 5.3.2 et les marques conformes au 3.4.15.

b)   Les wagons transportant des colis contenant des marchandises dangereuses en quantités limitées doivent porter des marques conformes au paragraphe 3.4.15 sur les deux côtés, sauf s'ils portent déjà des plaques-étiquettes conformes à la section 5.3.1.

c)   Les conteneurs transportant des marchandises dangereuses emballées en quantités limitées, sur les unités de transport d'une masse maximale dépassant 12 tonnes, doivent porter un marquage conforme au 3.4.15 sur les quatre côtés, sauf dans le cas de conteneurs contenant d'autres marchandises dangereuses pour lesquelles un placardage conforme au 5.3.1 est prescrit. Dans ce dernier cas, le conteneur peut porter uniquement les plaques-étiquettes prescrites ou porter, à la fois, les plaques-étiquettes conformes au 5.3.1 et les marques conformes au 3.4.15.

Si les conteneurs sont chargés sur une unité de transport ou un wagon, il n'est pas nécessaire de porter les marques sur l'unité de transport ou le wagon, sauf lorsque les marques apposées sur les conteneurs ne sont pas visibles de l'extérieur de ceux-ci. Dans ce dernier cas, les mêmes marques doivent également figurer à l'avant et à l'arrière de l'unité de transport, ou sur les deux côtés du wagon porteur.

3.4.14   Les marques prescrites au 3.4.13 ne sont pas obligatoires si la masse brute totale des colis contenant des marchandises dangereuses emballées en quantités limitées transportés ne dépasse pas 8 tonnes par unité de transport ou wagon.

3.4.15   Les marques prescrites au 3.4.13 sont les mêmes que celles prescrites au 3.4.7, à l'exception des dimensions minimales qui sont de 250 mm × 250 mm. Ces marques doivent être enlevées ou couvertes si aucune marchandise dangereuse en quantité limitée n'est transportée.

CHAPITRE 3.5

MARCHANDISES DANGEREUSES EMBALLÉES EN QUANTITÉS EXCEPTÉES

3.5.1   **Quantités exceptées**

3.5.1.1   Les quantités exceptées de marchandises dangereuses autres que des objets relevant de certaines classes qui satisfont aux dispositions du présent chapitre ne sont soumises à aucune autre disposition de l'ADN, à l'exception:

      a)   Des prescriptions concernant la formation énoncées au chapitre 1.3;

      b)   Des procédures de classification et des critères appliqués pour déterminer le groupe d'emballage (partie 2);

      c)   Des prescriptions concernant les emballages des 4.1.1.1, 4.1.1.2, 4.1.1.4 et 4.1.1.6 de l'ADR.

NOTA: Dans le cas d'une matière radioactive, des prescriptions relatives aux matières radioactives en colis exceptés figurant au 1.7.1.5 s'appliquent.

3.5.1.2   Les marchandises dangereuses admises au transport en quantités exceptées, conformément aux dispositions du présent chapitre, sont indiquées dans la colonne (7b) du tableau A du chapitre 3.2 par un code alphanumérique, comme suit:

Code	Quantité maximale nette par emballage intérieur (en grammes pour les solides et ml pour les liquides et les gaz)	Quantité maximale nette par emballage extérieur (en grammes pour les solides et ml pour les liquides et les gaz, ou la somme des grammes et ml dans le cas d'emballage en commun)
E0	Non autorisé en tant que quantité exceptée	
E1	30	1000
E2	30	500
E3	30	300
E4	1	500
E5	1	300

      Dans le cas des gaz, le volume indiqué pour l'emballage intérieur représente la contenance en eau du récipient intérieur alors que le volume indiqué pour l'emballage extérieur représente la contenance globale en eau de tous les emballages intérieurs contenus dans un seul et même emballage extérieur.

3.5.1.3   Lorsque des marchandises dangereuses en quantités exceptées et auxquelles sont affectés des codes différents sont emballées ensemble, la quantité totale par emballage extérieur doit être limitée à celle correspondant au code le plus restrictif.

3.5.1.4   Les quantités exceptées de marchandises dangereuses auxquelles sont affectés les codes E1, E2, E4 et E5 avec une quantité maximale nette de marchandises dangereuses par emballage intérieur limitée à 1 ml pour les liquides et les gaz et à 1 g pour les solides et avec une quantité maximale nette de marchandises dangereuses par emballage extérieur ne dépassant pas 100 g pour les solides ou 100 ml pour les liquides et les gaz sont uniquement soumises:

a) Aux dispositions du 3.5.2, sauf en ce qui concerne l'emballage intermédiaire qui n'est pas requis lorsque les emballages intérieurs sont solidement emballés dans un emballage extérieur rembourré de façon à éviter, dans des conditions normales de transport, qu'ils ne se brisent, soient perforés ou laissent échapper leur contenu; et dans le cas des liquides, que l'emballage extérieur contienne suffisamment de matériau absorbant pour absorber la totalité du contenu des emballages intérieurs; et

b) Aux dispositions du 3.5.3.

3.5.2   **Emballages**

Les emballages utilisés pour le transport de marchandises dangereuses en quantités exceptées doivent satisfaire aux prescriptions ci-dessous:

a) Ils doivent comporter un emballage intérieur qui doit être en plastique (d'une épaisseur d'au moins 0,2 mm pour le transport de liquides) ou en verre, en porcelaine, en faïence, en grès ou en métal (voir également 4.1.1.2 de l'ADR). Le dispositif de fermeture amovible de chaque emballage intérieur doit être solidement maintenu en place à l'aide de fil métallique, de ruban adhésif ou de tout autre moyen sûr; les récipients à goulot fileté doivent être munis d'un bouchon à vis étanche. Le dispositif de fermeture doit être résistant au contenu;

b) Chaque emballage intérieur doit être solidement emballé dans un emballage intermédiaire rembourré de façon à éviter, dans les conditions normales de transport, qu'il se brise, soit perforé ou laisse échapper son contenu. Dans le cas des liquides, l'emballage intermédiaire ou extérieur doit contenir une quantité suffisante de matériau absorbant pour absorber la totalité du contenu de l'emballage intérieur. Lorsqu'il est placé dans l'emballage intermédiaire, le matériau de rembourrage peut faire office de matériau absorbant. Les matières dangereuses ne doivent pas réagir dangereusement avec le matériau de rembourrage, le matériau absorbant ou l'emballage ni en affecter les propriétés. Le colis doit être capable de contenir la totalité du contenu en cas de rupture ou de fuite, quel que soit le sens dans lequel il est placé;

c) L'emballage intermédiaire doit être solidement emballé dans un emballage extérieur rigide robuste (bois, carton ou autre matériau de résistance équivalente);

d) Chaque type de colis doit être conforme aux dispositions du 3.5.3;

e) Chaque colis doit avoir des dimensions qui permettent d'apposer toutes les marques nécessaires;

f) Des suremballages peuvent être utilisés, qui peuvent aussi contenir des colis de marchandises dangereuses ou de marchandises ne relevant pas des prescriptions de l'ADN.

3.5.3   **Épreuves pour les colis**

3.5.3.1   Le colis complet préparé pour le transport, c'est-à-dire avec des emballages intérieurs remplis au moins à 95% de leur contenance dans le cas des matières solides ou au moins à 98% de leur contenance dans le cas des matières liquides, doit être capable de supporter, comme démontré par des épreuves documentées de manière appropriée, sans qu'aucun emballage intérieur ne se brise ou ne se perce et sans perte significative d'efficacité:

a)　Des chutes libres d'une hauteur de 1,8 m, sur une surface horizontale plane, rigide et solide:

    i)　Si l'échantillon a la forme d'une caisse, les chutes doivent se faire dans les orientations suivantes:

        – à plat sur le fond;

        – à plat sur le dessus;

        – à plat sur le côté le plus long;

        – à plat sur le côté le plus court;

        – sur un coin;

    ii)　Si l'échantillon a la forme d'un fût, les chutes doivent se faire dans les orientations suivantes:

        – en diagonale sur le rebord supérieur, le centre de gravité étant situé directement au-dessus du point d'impact;

        – en diagonale sur le rebord inférieur;

        – à plat sur le côté;

NOTA: Les épreuves ci-dessus peuvent être effectuées sur des colis distincts à condition qu'ils soient identiques.

b)　Une force exercée sur le dessus pendant une durée de 24 heures, équivalente au poids total de colis identiques empilés jusqu'à une hauteur de 3 m (y compris l'échantillon).

3.5.3.2　Pour les épreuves, les matières à transporter dans l'emballage peuvent être remplacées par d'autres matières, sauf si les résultats risquent de s'en trouver faussés. Dans le cas des matières solides, si l'on utilise une autre matière, elle doit présenter les mêmes caractéristiques physiques (masse, granulométrie, etc.) que la matière à transporter. Dans le cas de l'épreuve de chute avec des matières liquides, si l'on utilise une autre matière, sa densité relative (masse spécifique) et sa viscosité doivent être les mêmes que celles de la matière à transporter.

3.5.4　Marquage des colis

3.5.4.1　Les colis contenant des marchandises dangereuses en quantités exceptées en vertu du présent chapitre doivent porter, de façon durable et lisible, la marque présentée au 3.5.4.2. Le premier ou seul numéro d'étiquette indiqué dans la colonne (5) du tableau A du chapitre 3.2 pour chacune des marchandises dangereuses contenues dans le colis doit figurer sur cette marque. Lorsqu'il n'apparaît nulle part ailleurs sur le colis, le nom de l'expéditeur ou du destinataire doit également y figurer.

3.5.4.2   *Marque désignant les quantités exceptées*

Figure 3.5.4.2

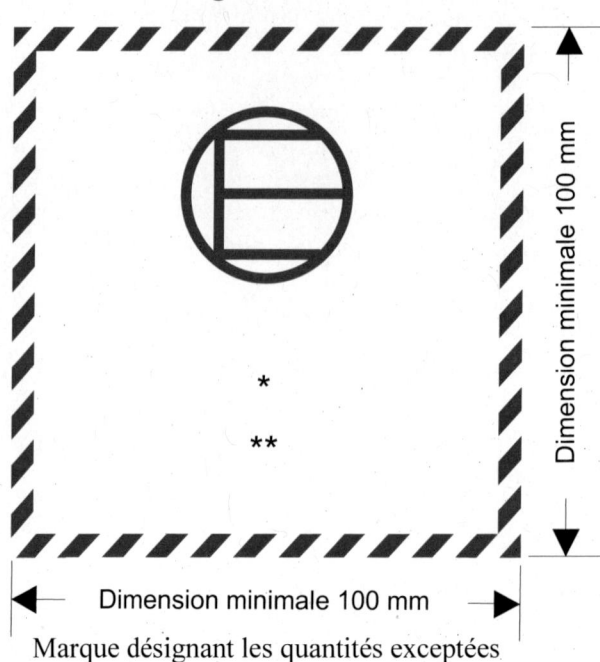

Marque désignant les quantités exceptées

*   *Le premier ou seul numéro d'étiquette indiqué dans la colonne (5) du tableau A du chapitre 3.2 doit être indiqué ici.*

**   *Le nom de l'expéditeur ou du destinataire doit être indiqué ici, s'il n'est pas indiqué ailleurs sur le colis.*

La marque doit avoir la forme d'un carré. Le hachurage et le symbole doivent être de la même couleur, noir ou rouge, sur un fond blanc ou offrant un contraste suffisant. Les dimensions minimales doivent être de 100 mm x 100 mm. Lorsque les dimensions ne sont pas spécifiées, tous les éléments doivent respecter approximativement les proportions représentées.

3.5.4.3   *Utilisation des suremballages*

Les dispositions suivantes s'appliquent pour un suremballage contenant des marchandises dangereuses emballées en quantités exceptées:

À moins que les marques représentatives de toutes les marchandises dangereuses contenues dans le suremballage soient visibles, celui-ci doit:

a)   Porter une marque indiquant le mot "SUREMBALLAGE". Les lettres de la marque "SUREMBALLAGE" doivent mesurer au moins 12 mm de hauteur. La marque doit être dans une langue officielle du pays d'origine et également, si cette langue n'est pas l'anglais, le français ou l'allemand, en anglais, français ou allemand à moins que des accords conclus entre les pays intéressés au transport, s'il en existe, n'en disposent autrement; et

b)   Porter les marques requises dans le présent chapitre.

Les autres dispositions énoncées au 5.1.2.1 sont applicables uniquement si d'autres marchandises dangereuses, qui ne sont pas emballées en quantités exceptées, sont contenues dans le suremballage. Ces dispositions s'appliquent alors uniquement en relation avec ces autres marchandises dangereuses.

3.5.5   **Nombre maximal de colis dans tout véhicule, wagon ou conteneur**

Le nombre maximal de colis dans tout véhicule, wagon ou conteneur ne doit pas dépasser 1 000.

3.5.6   **Documentation**

Si un document ou des documents (tel que connaissement, lettre de transport aérien, ou lettre de voiture CMR/CIM) accompagne(nt) des marchandises dangereuses en quantités exceptées, au moins un de ces documents doit porter la mention "Marchandises dangereuses en quantités exceptées" et indiquer le nombre de colis.